四川省 2020—2021 年度重点图书出版规划项目

曾康森读书笔记

Zeng Kanglin Dushu Biji

缪明杨 主编

西南财经大学出版社
Southwestern University
of Finance & Economics Press

图书在版编目(CIP)数据

曾康霖读书笔记/缪明杨主编.—成都:西南财经大学出版社,2021.7
ISBN 978-7-5504-4932-9

Ⅰ.①曾… Ⅱ.①缪… Ⅲ.①读书笔记—中国—现代 Ⅳ.①G792

中国版本图书馆 CIP 数据核字(2021)第 122384 号

曾康霖读书笔记

缪明杨 主编

责任编辑:汪涌波
装帧设计:穆志坚
责任印制:朱曼丽

出版发行	西南财经大学出版社(四川省成都市光华村街55号)
网 址	http://cbs.swufe.edu.cn
电子邮件	bookcj@swufe.edu.cn
邮政编码	610074
电 话	028-87353785
照 排	四川胜翔数码印务设计有限公司
印 刷	成都金龙印务有限责任公司
成品尺寸	185mm×260mm
印 张	32.25
插 页	8 页
字 数	568 千字
版 次	2021 年 7 月第 1 版
印 次	2021 年 7 月第 1 次印刷
书 号	ISBN 978-7-5504-4932-9
定 价	98.00 元

图中左为曾康霖教授，右为缪明扬主编。

学而不思则罔　思而不学则殆

西南民族大学
SOUTHWEST MINZU UNIVERSITY

传承　创新　发展——社科名家谈治

曾康霁　　　　　　　蔡方鹿　　　　　　赵心愚　　　　　　侯水平

非学无以广才　非志无以成学

主题报告：　　　　　主题报告：　　　　　　　主题报告：
对如何治学的几点看法　我与西南民族研究　　　　学术研

主办单位：四川省社会科学界联合会
承办单位：西南民族大学社科联

故书不厌百回读 熟读深思子自知

莫道桑榆晚 为霞尚满天

3

头顶一个天 脚踏一方土
胸怀在蓝天 深情藏沃土

序言

一

"思曰睿"①，"至千里"；"成江海"②。曾康霖先生的学术成就来源于他热爱真知，敏于求索，责任学教，勤谨著述，执着学业，极富效率地不懈工作。我们整编出版《曾康霖读书笔记》，期望以此和读者朋友一起体会曾康霖先生的治学精神。

曾康霖先生时常谦逊地谈道：①自感功底薄，先天不足，后天欠缺。他说，作为高校教师，必须有自知之明。②理论是对实际的升华，绝不是空穴来风。以马克思主义经济学为指导，就应熟知它的来龙去脉，不能一知半解，不能似是而非。关键是要把握住马克思主义的立场、观点、方法。③马克思主义遵循历史唯物主义和辩证唯物主义的认识论，建立和完善自己的科学理论，实践出真知。马克思主义的建立完善有一个过程。在这个过程中，需要吸取前人的研究成果，扬弃前人的错误、谬论。阅读经典著作，必须注重经典作家采用的是既批判又肯定的研究方法；对前人的思想理论，怎样去粗取精、去伪存真。④马克思主义是在发展中前进的。当代，马克思主义需要中国化、时代化、大众化。对此，必须密切结合中国实际，调查研究，从感性认识到理性认识，同时必须努力从经典作家的思想理论中吸取营养，指导中国实践，

---

① 参见《尚书·洪范》。
② 参见《荀子·劝学》。

并运用于教学与科研工作。所有这些，展示了曾康霖先生勤奋、开放、严谨的治学精神，这也正是我们整编并出版《曾康霖读书笔记》将其奉献给广大读者的初衷。

这部根据曾康霖先生大量手稿整编出版的《曾康霖读书笔记》，严格忠实于曾康霖先生原读书笔记手稿，仔细地梳理并阐释其逻辑分析思路，尽可能地保留曾康霖先生阅读经典著作原笔记手稿中的所有旁注、标记，且将其在书中一一标示。这些旁注、标记，不仅仅是曾康霖先生对经典著作中某一表述的精辟概括、补记，更是他对相关问题在读书思考中获得的新体会的真实记录。为真实呈现曾康霖先生原有阅读笔记手稿中的思考轨迹，在编辑过程中，我们对这些旁注、标记均以楷体或加粗文字、脚注一一说明，期望以此能够真实清晰地再现曾康霖先生在阅读中是如何边学习边思考，不断丰富自己阅读体会的思想过程的。

"非淡泊无以明志，非宁静无以致远。"(《诸葛亮集·诫子书》) 在"吾生也有涯，而知也无涯"(《庄子·养生主》) 的感召下，曾康霖先生"业精于勤，行成于思"(《韩愈文集·进学解》)，夯实拓展了对事物的认知。尤其是他与时俱进，密切结合中国经济金融理论与实践，思考在中国当代怎样建设哲学社会科学学科体系、学术体系、话语体系，如何坚持马克思主义，真正传承弘扬中华文明等问题。为此，曾康霖先生反复研读经典著作，学习马克思主义政治经济学，力求进一步理解、领会马克思、恩格斯是怎样研究经济学和他们研究经济学的思想转变过程，并进一步把握他们研究经济学的立场、观点、方法。他重读马克思的《1861—1863年经济学手稿》《哲学的贫困》《雇佣劳动与资本》，重读《资本论》，进一步深深感到，马克思的著作博大精深，既是政治经济学，又是社会学，是研究人类社会怎么发展的科学；他进一步震撼地认识到，马克思的著作处处充满着辩证唯物主义，在《资本论》中，在讨论商品、货币、劳动、价值、剩余价值这些问题时，马克思的思维逻辑，绝不是简单的因果关系，而是特殊与一般、对立与统一、抽象与具体、本质与形式、单纯与复杂、静态与动态、整体与局部、否定之否定、是与不是、复杂中的单纯与单纯中的复杂，等等。马克思严密的逻辑思维，细致的分析推理，朴实的表达风格，让人惊叹！让人折服！在读书笔记中，他坦率地说，理解马克思的各种二重性理论必须下大功夫，绝不能平铺直叙，浅尝辄止。应当说在坚持马克思主义，传承弘扬中华文明，发展中国当代的哲学社会科学的过程中，马克思恩格斯的经典著作能不断给予当代哲学社会科学工作者以立场、观点、方法的激励和指导。

二

当今世界正处在大发展大变革大调整时期[①]。置身于当今世界的中国大学，置身于科学坐标下，一个以人才培养为本，传习知识，求索真

---

① 参见习近平《决胜全面建成小康社会 夺取新时代中国特色社会主义伟大胜利——在中国共产党第十九次全国代表大会上的报告》。

知，激励创新，增进智慧，养成能力，福利家国，由师生及服务师生的机构所组成的学术、技术共同体的当今的中国大学，建设知行合一的大学事业，我们迫切需要有思想——知行合一地读书。有思想——知行合一地读书是人类智慧生活的重要内容，是开发人类智慧的重要途径。

曾康霖先生从教 60 年来，涵泳书海，精读马恩经典著作，研读外国经济名著，认真学习领会党和国家权威文件，认知理论，评价学说，解读社会经济、金融、教育、法律、历史、文化等信息，不懈思考，执着实践，知行合一，以其有思想——知行合一的读书，拓展视野，启迪后学，交流思想，耕耘专业。这部《曾康霖读书笔记》共计五编 50 余万字，包括学习经典著作编、学习外国名著编、学习权威文件编、温故而知新见微而知著编、信息知多少贵在敏与思编。

第一编学习经典著作读书笔记。呈现在读者面前的读书笔记，主要有：学习马克思《资本论》第一卷（法文版）、学习《资本论》第二卷手稿第一章、学习《资本论》第三卷、学习《马克思恩格斯〈资本论〉书信集》、学习马克思《政治经济学批判》笔记、学习《1861—1863 年马克思经济学手稿》和学习恩格斯《反杜林论》笔记。

第二编学习外国名著读书笔记。呈现在读者面前的读书笔记，我们选取了六篇。读者可以从这些读书笔记中去体会一位心系学教，笔耕不辍，孜孜以求，境界卓越的学者，在其看似平常的阅读中，是怎样去宏微兼具、举重若轻地把握历史，审视世界，立足国事，洞彻专业的。

第三编学习权威文件笔记。本编主要收集整理了曾康霖先生学习权威文件写下的若干笔记。读者从这些笔记中，可以非常清晰、深切地感受到一位学者心系民族命运，秉持专业济世的理性、智慧和情怀。

第四编温故而知新见微而知著，选取曾康霖先生 21 世纪前十年的部分读书笔记。从这部分读书笔记中，读者可以真切感知，进入 21 世纪后，曾康霖先生一如既往，深入调查，潜心研究经济金融理论，关注学界业界许多看似为人们所熟知的经济金融理论和实际问题，对其不懈深掘拓宽思维模式，致力于"温故而知新，见微而知著"。

第五编信息知多少贵在敏与思，选取的是曾康霖先生 21 世纪第二个十年的读书笔记。21 世纪以来，人们在信息交流中大量使用便捷的微信等信息工具。海量的各种信息每日生长，并通过微信等信息渠道传播四方。曾康霖先生时常浏览微信等信息平台。他以学者的敏锐、智识，常常从这些信息平台中去发现、发掘开启其传递的诸多认知，给予我们"信息知多少，贵在敏与思"的深刻启示。这一编，曾康霖先生把他从众多信息平台中提取的 11 个认知，以读书笔记的形式呈现给读者。

出版《曾康霖读书笔记》，赠书给相关高校图书馆及学院，希望为弘扬大学读书文化，传承读书思想，铸就读书自信，贡献读书智慧，为中国特色社会主义大学人才培养尽一份力。

三

"经世济民，孜孜以求""开放包容，求是创新"。为了让更多的读者领略曾康霖先生的学术思想源流，启迪学术，助力人才培养，在西南财经大学领导的大力支持下，得以出版这部《曾康霖读书笔记》。

《曾康霖读书笔记》的内容，源自学校图书馆、博物馆的曾康霖先生读书笔记手稿的复印稿，学校图书馆、博物馆对曾康霖先生著作目录的整理及读书笔记复印件的典藏。在相关部门、相关同事、同学、校友的积极参与下，顺利启动《曾康霖读书笔记》的文字录入、文稿打印、资料复印等准备工作，推进出版立项、编辑校对等出版工作。这里，首先要特别感谢曾康霖先生给予编者的充分信任、细致指导。要特别感谢学校相关部门组织协调相关资源，给予《曾康霖读书笔记》编辑出版以各种极大帮助的学校科研处、学工部、中国金融研究中心、金融学院、经济学院、国际商学院、马克思主义学院、社会发展研究院、校友会、校史馆、图书馆、货币金融博物馆、出版社。要特别感谢况勋泽、张隽莉、徐培文校友，李林益、范益嘉、钟定萍、杜文静同学，周铭山、赵峰、何毅、吕刚、谢红、严荣、闫霖泽、毛剑飞、聂富强、卿太祥、杨露、谭波、尤娟、张瑶、邓可人、周国靖、曾劲松、欧阳品山、刘小凤、马玲、李春光、李杰、尚元、贝蕾、赵丹、李容、汪涌波同事。没有他们前前后后给予的各种切实扶助，这项工程难以顺利竣成。

缪明杨

2021 年 5 月

曾康霖教授的学术思想及其学科建设贡献

一、引言

曾康霖（1935—），曾名曾启光，四川省泸县人，著名金融学家，金融学科与人才培养的大师，金融学基础理论建设的创新者，中国转轨金融理论奠基人。

中华人民共和国成立后他从事过几年税务工作。1956 年考入四川财经学院财政与信贷专业，毕业后留校任教。1983—1990 年任四川财经学院（1985年更名为西南财经大学）金融系主任，1991—1999 年任西南财经大学金融研究所所长，2000 年至今任教育部人文社会科学重点研究基地——西南财经大学中国金融研究中心名誉主任，二级教授，博士生导师。曾任西南财经大学学术委员会主任，中国金融学会常务理事，全国金融学术委员会委员，四川省人民政府学位委员会委员，四川省金融学会副会长。1981 年至 1983 年荣获成都市劳动模范，1991 年首批国务院特殊津贴获得者，1993 年当选为中国人民银行系统优秀教师，1996 年获全国金融系统劳动模范称号。1990 和 1997年两次获得国家级优秀教学成果奖；多部专著获得国家和省部级优秀科研成果奖。1994 年被载入英国剑桥国际名人传记中心《国际名人传记辞典》第 23卷。2013 年，鉴于曾康霖教授取得的杰出的教学和科研成就，他荣获中国金融学界的最高奖项——"中国金融学科终身成就奖"。

二、概述[①]

20 世纪 60 年代以来，曾康霖教授一直致力于金融、经济方面的教学、研究，早期出版了金融理论系列专著，如《金融理论问题探索》《资产阶级古典学派货币银行学》《货币论》《资金论》《信用论》《利息论》《银行论》《微观金融论》《宏观金融论》等 12 部专著，其中 8 部获得国家、省级奖励；其后他与弟子们共同研究课题，并出版多部专著，如《曾康霖文集》（七部）、《百年中国金融思想学说史》（全三卷），《经济学研究的思维逻辑及模式选择：侧重于金融的认知》、《为中国金融立论》等；先后主编《货币银行学》《商业银行经营管理学》《商业银行经营管理研究》《金融学教程》等教材 6 部。几十年来，他在《经济研究》发表《关于流动资金实质的几个问题》《怎样看待双币流通》《关于通货紧缩的几个问题》等论文，在各种学术期刊发表论文计 300 余篇。

曾康霖教授在其数十年的教学研究生涯中，尊重经典，但不迷信经典，秉持理论的生命力在于运动发展理念，时刻把马克思主义经济学的基本原理与中国经济金融不断发展变化的实际紧密结合；注重调查研究，从实际升华到理论，注重研究区域金融和群体金融，注重研究金融消费，先后提出了不少具有理论和实践价值的思想观点与金融学说。在其从教生涯中，共培养博士生 76 名、博士后 11 名，对推动我国改革开放以来金融理论创新、金融学科发展与金融人才培养做出了重大贡献。

---

① 本节文字主要依据《百年中国金融思想学说史》第二卷 "曾康霖金融思想学说概要" 编写。参见：曾康霖，刘锡良，缪明杨. 百年中国金融思想学说史：第二卷［M］. 北京：中国金融出版社，2015.

研读曾康霖教授的宏富著述,我们可以非常清晰地从中认知其所凸显的曾康霖教授的金融思想学说即学术思想。其学术贡献主要有:

(一) 系统地确立了人民币是信用货币的理论

经济建设成为 20 世纪 80 年代我国经济社会发展的主旋律,货币发行与货币流通等金融问题成为社会关注的焦点,很有必要厘清人民币的性质与运行特点。在此社会背景下,曾康霖教授在 1981 年出版的专著《金融理论问题探索》中,系统地评价了"马克思主义的信用货币理论",系统探讨了人民币与一般等价物、人民币与黄金、人民币与商业票据和银行票据、人民币与纸币等多种关系,旗帜鲜明地指出"人民币是信用货币",第一次提出"作为信用货币的人民币不是直接的一般等价物",有区别地分析了人民币与黄金的联系[①]。

曾康霖教授较早明确提出了人民币是信用货币。为了立论人民币是信用货币,他指出:①人民币是在银行信用的基础上产生的。信用货币是在商业信用和银行信用的基础上产生的。我国银行是社会主义信用的中心,银行具有创造信用流通工具的职能,这是人民币成为信用货币的基础和条件。②作为信用货币的人民币,不是以金属货币作基础的,人民币仍然是价值符号,仍然是对价值的索取权。之所以凭它能索取到价值,是因为它代表着货币的社会使用价值,即购买一切商品的能力。人民币购买商品的能力要以商品价格为尺度。因为购买力是价格的倒数。我国商品的价格基本稳定,这就保证了人民币购买力的相对稳定,也就保证了人民币社会使用价值的发挥。作为信用货币的人民币的币值稳定是以商品作保证的,它的流通以商品流通为基

---

① 曾康霖. 金融理论问题探索 [M]. 北京:中国金融出版社,1981.

础。③作为信用货币的人民币不是直接的一般等价物。他诠释"等价物"本来的含义，考察了"一般等价物"这一概念的来龙去脉和马克思揭示货币是一般等价物的真实含义。他指出人民币不是一般等价物，但又把人民币看成货币，这在那些坚持货币是一般等价物的人看来是不相容的。他论述了货币与一般等价物不能完全画等号，指出一般等价物既是货币的本质（或性质）又是货币的形式。如果一定要把人民币的性质称作一般等价物，那也不是马克思所说的"一般等价物"，而必须赋予一般等价物新的含义。④人民币与黄金有联系，但黄金并非我国的货币商品，执行一般等价物的职能。纸币与黄金的联系有三种情况：一是以黄金作为纸币值的保证。在纸币能够兑换黄金的情况下便是如此。二是以黄金的价值作为确定国际上货币的比价，在以铸币平价为基础确定两国外汇汇率的情况下便是如此。三是以黄金作为价值尺度衡量商品的价值，在典型的金本位货币制度下便是如此。按照讨论人民币的价值基础问题就是讨论我国有没有货币商品，人民币是不是一般等价物这一特定含义的要求，显然，前两种所谓的联系不在讨论范围之列，只有第三种联系才是要讨论的问题。因此，一般地说纸币与黄金有联系，因而说人民币的价值基础是黄金，在理论上是不严谨的。从历史上看，1935年我国法币改革后，应当说法币与黄金有联系了，但当时国内商品的价值并没有以黄金为尺度。从国外看，资本主义国家的纸币规定了含金量，当初主要的作用还在于便于确定与别国货币的比价。而在国内，并没有以每单位货币包含的含金量的价值作为商品的价值尺度，从而表现商品价格。此外，如果以黄金作为价值尺度，在一般商品的劳动生产率为既定的条件下，则商品的价格就应随黄金劳动生产率的变化而变化，如黄金价值降低，商品价格应提高，但我国的物价并没有随黄金的劳动生产率的变化而变化。

　　曾康霖教授指出，人民币作为信用货币具有五个特征：间接的一般等价物；直接的商品价值符号；国家的负债，信用货币是债务货币；在一定条件下能够转化为纸币；独立的货币形式①。

　　曾康霖教授提出人民币信用货币论，具有人民币地位与作用发生巨变的经济金融历史背景与社会环境，且在当时，学术界对人民币性质认识存在分歧。曾康霖教授提出的人民币信用货币论，其价值及影响突出表现在：

1. 人民币信用货币论是对马克思信用货币理论的继承与发展

　　曾康霖教授主要从四个方面认识、评介与发展马克思、恩格斯的信用货币理论：①信用货币产生和发展的条件，是商业信用和银行信用。信用货币是在资本主义商业信用和银行信用广泛发展的基础上产生的，商业信用和银行信用是信用货币产生和发展的条件。②商业票据并非真正的信用货币，银行票据是真正的信用货币。曾康霖教授在评述了信用货币产生和发展的条件后，对什么是信用货币做了概括。他说："根据信用货币产生的条件，我们能够把信用货币这个概念定义为：在信用关系的基础上产生的能够执行货币职能的一种符号。符号只不过是象征性的代表，因此，又可以说信用货币是象征性地代表货币起作用的一种信用凭证，它包括商业票据和银行票据。"③信用货币是价值符号，必须以现实的货币作基础。曾康霖教授在他的著作中指出信用货币是一种符号。符号本身是不具有内在价值的，它凭什么来表现、衡量、转移、保存商品的价值呢？凭有内在价值的货币作基础。信用货币作为一种价值符号，是对价值的索取权，虽然它本身没有价值，但能凭它索取到价值。而之所以凭它能索取到价值，是因为信用货币代表着货币的社会使

---

① 曾康霖. 货币银行学［M］. 北京：中国金融出版社，1993.

用价值，即购买一切商品的能力。④作为银行券的信用货币的流通，表现为从一个中心辐射到圆的各点，再由圆的各点回到这个中心。

2. 人民币信用货币论是对人民币理论认识上的重要突破

曾康霖教授对人民币是信用货币的论述，既遵循了经典作家的论述，又密切结合中国实际。他的论述较之其他研究者，有以下不同：①他的人民币是信用货币的概念既包括商业票据，又包括银行票据，并指出真正的信用货币是银行票据，银行票据是银行的信用流通工具，它产生于银行贷款，并派生银行存款，银行存款能转化为银行券，所以，他所谓的作为信用货币的人民币既包括现金，又包括存款，而不仅指流通中的现金。②他指出作为信用货币的人民币体现着信用关系主要是债权债务关系，而这种关系无论是在资本主义经济制度下，还是在社会主义经济制度下都存在，并没有"姓资姓社"之分，无须冠以"社会主义"性质，把人民币称为社会主义信用货币。③他指出作为信用货币的人民币不是马克思所谓的"货币是一般等价物"，如果一定要说人民币是一般等价物，则必须赋予一般等价物新的含义。④他指出作为信用货币的人民币仍然是价值符号，但不是黄金的价值符号，它是对价值的索取权，因为它有购买一切商品的能力。⑤他指出，作为信用货币的人民币区别于典型的纸币，但在一定的条件下，也能转化为纸币。⑥他指出，作为信用货币的人民币与黄金有联系，但黄金不是人民币的价值基础。⑦他指出，作为信用货币的人民币是债务货币，国家银行供给货币欠的是持币人的债。以上七点是曾康霖教授论述人民币是信用货币的独到见解，当然，这样的见解符不符合实际，能否完全成立，还需经过实践检验。但应当承认，他在前人研究的基础上，对人民币的理论认识有了重要突破，前进了一大步。

3. 人民币信用货币论是指导我国货币金融政策调控的理论依据

从实践层面来看，讨论人民币的性质与特征，确立人民币信用货币的属性，最重要的意义在于有助于我国制定正确的货币政策和物价政策。简言之，就在于要求稳定人民币的币值与国内物价。而要求稳定物价就必须稳定人民币的价值，因为物价是商品价值和货币价值的比值，在商品价值已定的条件下，物价总水平就取决于货币的价值了。货币贬值，物价必然上涨。在使用纸币的条件下，很容易过多地发行纸币，导致货币贬值，物价上涨。因此，人民币的价值贵在稳定。那么，怎样稳定人民币的价值呢？这就涉及人民币的价值基础问题，于是，就出现了各种观点的分歧。所以，讨论人民币的价值基础，明确提出人民币是信用货币，就并非单纯的概念之争，而是具有极为重要的现实意义的。

曾康霖教授的人民币信用货币论，理论体系完整，论证论述深刻，社会影响较大，其重要观点在形成专著《货币论》出版后，其主要内容被收入中国人民银行统编教材《货币银行学》，是人民币研究领域的重要理论成果。

（二）深入地分析了信用形式与货币流通关系说

曾康霖教授立足我国国家调节经济生活离不开商业信用、银行信用、国际信用等信用形式的历史背景和社会环境，提出了他的信用形式与货币流通关系说。

曾康霖教授指出，财政收不抵支、出现赤字要靠信用去弥补；企业资金短缺、运转不灵，要靠信用去融通；生活消费货币收支要靠信用去疏导；社会总供给与总需求的平衡在相当大的程度上要靠信用调节。基于此，有人说现代商品经济就是信用经济。发展商品经济需要资金，而资金的融通离不开信用。不同形式的信用在融通资金中有不同的运行机制，而且与货币、金融等范畴紧密相连，"当代货币是信用货币，信用货币取决于信用规模"，"对货币的需求也就是对信用的需求"，"货币的供给也就是信用流通工具的供给"，"货币供给既决定于银行信用规模，也决定于其他信用规模"①。货币流通与银行信用等不同信用形式之间有密切的联系，货币供给存在于信用关系的时差之中。

把货币流通所包含的货币需求、货币供给与信用形式联系起来，需要考察不同信用形式对货币流通的影响。曾康霖教授分别考察了银行信用、商业信用、财政信用、股份信用、租赁信用、民间信用、国际信用与货币流通的关系。对银行信用，他认为马克思揭示的银行信用与货币流通关系的四个要点（对这四个要点进行诠释）仍然有指导意义，要考察银行信用对货币流通的影响，必须认识到货币流通既能够在银行体系外部进行，又能够在银行体系内部进行，其中在银行系统内流通的货币是能够作为转账结算的活期存款，这是货币流通的主体。银行信用的各种形式，如存款的存入与提取，贷款的发放与收回，转账结算，以及贴现等，都会对货币流通产生直接的影响。对商业信用，他指出："在信用货币流通的条件下，商业信用流通工具也起到货币的作用"，"商业汇票是一种商业信用货币，在商品经济中，商业票据是能够流通的，它能替代银行信用货币或者金属货币执行职能，使商品流通的过程变成了商品—票据—商品的过程。在这一过程中，票据替代了货币的作用"。"商业票据作为信用货币具有的特点：商业票据是派生意义上的信用货币；商业票据作为信用货币流通具有特定的程序和手续，即人们通常说的票据行为；商业票据作为信用货币占的比重很大，其数额超过其他信用货币总和。"银行信用与商业信用在融通资金中关系密切，应相互配合，因为银行信

---

① 曾康霖. 金融学教程［M］. 北京：中国金融出版社，2006.

用会导致出现商业信用问题，商业信用问题也会导致银行信用问题；清理商业信用的拖欠，必须借助于银行信用，同样，清理银行信用的拖欠，必须借助于商业信用。财政信用以买卖公债、国库券和以公债、国库券兑现的方式融通资金。他指出："这种融通是以国家金库为中介调剂货币资金的余缺，它也是一种间接融资，但在我国的条件下，带有更多的行政色彩，往往导致货币供给量的增加。这已经不是本来意义上的融通。"国际信用即国际货币的借贷，要通过外汇收支来实现。他指出："这一部分外汇收支对货币流通的影响要从直接和间接两个方面来考察。从直接方面考察，外汇资金的借贷对国内货币流通的影响主要通过借入国对国内生产商的买卖、借贷外汇表现出来；从间接方面考察，借用外汇收支对货币流通的影响，主要是由于对这一部分外汇收入的利用而引起的配套货币资金的投放。"

曾康霖教授对不同信用形式及其对货币流通的影响的认识，系统且深刻：①"货币供给既决定于银行信用规模，又决定于其他信用规模"，"货币的供给也就是信用流通工具的供给"，在一定条件下，信用流通工具相互替代。信用流通工具相互替代能够区分为两类：一类是各种货币相互替代；另一类是货币与有价值证券相互替代。前一类替代主要取决于各种货币的价格高低和价值的稳定程度。后一类替代主要取决于"三性"的偏好。②在多种信用形式中，其对银行信用的论述很有现实意义。在相当长的历史时期，我国银行的地位曾被概括为"三大中心"，即信贷中心、结算中心和现金出纳中心。在他提出"信用形式与货币流通关系学说"的年代，"三大中心论"还没有被摒弃。他坚定地认为："我国银行是经济生活的调节者。这样来认识银行的地位是为了突破狭义的银行地位论。银行是物质生产的一个流通部门，在物质资料的生产和流通中起到桥梁和纽带作用，像交通运输部门一样是国民经济的动脉，它通过组织商品价值形式的转移服务于生产和消费。"他对银行信用的认识，突破了"三大中心论"的束缚，对我国发挥银行作用，具有重要价值。他指出："各种信用形式融通的资金主要是货币资金，货币资金也是货币，现代银行是货币的创造者，银行信用在各种信用形式中处于核心和主导的地位。""国家对经济生活的干预要运用财政、货币政策。政府要靠负债去建设和管理，企业要靠负债去消费和生活，从这样的角度去观察问题，我国银行信用的作用不是已经充分发挥了，而是远远发挥得不够。""当前银行信用的作用不能正常发挥，或者说出现扭曲，不是我们过高地估价了它的作用，而是不具备客观条件，如产权关系不明确、利益机制不完整、法制不健全等。银行信用的作用主要是通过银行拥有的各种经济杠杆发挥出来，而各种经济杠杆必须有相应的土壤和气候才能存在并发挥应有的作用。"① 客观而论，其时，他已经很明确地指明了我国经济体制改革的方向，也准确预言了随后二十年我国银行业的大发展。

曾康霖教授的这一学说，写入21世纪金融类研究生系列教材《金融学教程》以及专著《信用论》，部分观点发表于《金融研究》等学术刊物，受到学术界的高度关注与认可。

（三）开创性地率先提出扶贫金融论

"银行只愿意贷款给那些不缺钱的人。"银行的传统业务如此，中间业务亦如此。银行对穷人的歧视即"金融排斥"存在于包括发达国家在内的世界各国。据报道，英国7%左右的家庭没有金融产品，20%的家庭只有银行账户，处在金融服务的边缘；在那些低收入家庭中金融排斥的状况更加严重。发展中国家的金融排斥现象就更加普遍。有关学者的研究表明，近年来中国

① 曾康霖著作集（六）：信用论［M］. 北京：中国金融出版社，2004.

也存在相当严重的金融排斥现象，尤其是在农村和西部贫困地区。曾康霖教授关注世情，研究国情，对金融排斥现象进行深入调查研究，在国内首先提出扶贫金融概念。他先后三论扶贫性金融，多次倡导要以科学发展观为指导发展扶贫性金融，从而完善包括扶贫性金融在内的金融体系构架，满足商业性、政策性、互助性、扶贫性等不同层次的金融需求。

2004 年，曾康霖教授"一论扶贫性金融"，提出"目前在我国，只有商业性金融和政策性金融是不够的，因为这两类金融能够实现企业融资和政府融资，而难以实现家庭融资、弱势群体的融资"。因此，"既要商业性金融、政策性金融，又要互助性金融、扶贫性金融"。"扶贫性金融作用于弱势群体融资，它的表现形式有助学信贷、扶贫信贷等。"[①] 在他看来，扶贫性金融是一种独立的金融形式，把扶贫性金融纳入政策性金融是不妥当的。扶贫性金融不具有商业性金融和政策性金融的特点，但具有互助性金融的优点和共同点，即缓解社会成员特别是弱势群体生产和生活中的困难，具有针对性和救急性。由于政府承担着主要的扶贫任务，从这个意义上说，扶贫金融具有财政的实质、金融的实现形式，或者说扶贫的内容，以金融方式运作。扶贫性金融的载体也能够有正规的金融机构和其他社会组织，也可以有非正规的社会组织和个人，可以有银行，也能够有非银行的金融机构。扶贫性金融融资的资金应当来源于政府的财政拨款，也应当来自社会资源强势群体的资助、捐赠；它融资的回报，有确定的，有不确定的。如扶贫对象的归还能力有限，应当区别对待。

他指出："扶贫"是个广义的概念。总的说来，金融扶贫要关心、扶助弱势群体，但怎样科学地界定弱势群体是必须研究的。我们能够以现行的生活

---

① 曾康霖. 我国金融事业发展的缺陷需要弥补：从以科学发展观发展金融事业谈起 [J].
金融研究，2004（12）.

贫困状况来界定弱势群体，比如处在平均生活水平以下的人群、失业享受社保的人群等；也能够以未来预期不确定、承担着较大的社会风险而不能自己消除贫困来界定弱势群体，比如缺乏固定收入来源的人群、在市场竞争中处于弱势地位的一些个体及小型工商业者等。总之，弱势群体相对强势群体而言，它的特点是不仅要面对现行的生活和生产经营的困难，而且面临着未来的较多的不确定性。从广义来讲，没有承受力的创业投资企业特别是搞科技开发的小企业也是弱势群体，因为它们面临着较多的不确定性，承受着较大的风险。弱势群体是个发展变化的概念，但在一定时期是相对固定的，因而金融扶贫的需求也是能够确立的。弱势群体存在于一定的空间。从空间考察，扶贫金融的需求构成有：家庭扶贫性金融、行业扶贫性金融、地区扶贫性金融。

一种立论要能成立，并被社会公众接受，必须寻求其理论基础。一般说来，理论基础是确立事物存在的机理，主要回答某一事物为什么，因什么因素产生和发展。曾康霖教授在《再论扶贫性金融》中，从我国现阶段的经济、金融的实际出发进行理性探讨，论述了扶贫性金融存在与发展的理论基础：①金融系统具有分配、再分配功能，在分配机制中既讲求效率，又注重公平，是扶贫性金融的根本理论基础。②金融必须把闲置的货币收入转化为现实的货币收入，如果说当代银行业展业的趋向是扩展家庭金融，则弱势群体也必须纳入，这是扶贫性金融的又一理论基础。③弱势群体面临着诸多的风险即不确定性，金融机构为他们降低风险、减少不确定性，是构建和谐社会的重要内容，风险补偿是扶贫性金融又一理论基础。④金融的法理基础是信用，金融活动是建立在社会人信用素质的基础上的，对此，他曾撰文系统地论述：富人的信用素质不比穷人高。他指出"应当说作为社会人都是具有信用素质的，人无信不立，事无信不成"①。我国学界有人曾引用孟子"无恒产者无恒心"
"无恒心者无信用"来佐证信用制度的建设必须建立在产权明晰的基础上，这
自然是无疑的，但不能以此表明只有有产者才讲信用，无产者就不讲信用。
他进一步指出：制度经济学中有两种合约，一种是正式合约，表现为书面的
契约文件；另一种是非正式的合约，表现为口头承诺。对于两种合约的履行
有三种选择：一是"各自实施"，即双方各自信守自己的承诺；二是"相互实
施"，即互相监督，如果某一方不信守自己的承诺，另一方可实施报复，比如
要违约者付出代价或进行赔偿等；三是由第三者保证实施，即要第三者如政
府、社会中介组织等出场监督，保证合约执行，付诸法律裁定是由第三者监
督保证实施的集中表现。三种选择的信任度各不相同：应当说由合约双方各
自实施的信任度大于由合约双方相互实施的信任度，而相互实施的信任度又
大于由第三者监督保证实施的信任度。在现实经济生活中，穷人的合约多由
各自实施，而富人的合约多由第三者监督保证实施，表明穷人之间的信任度
大于富人之间的信任度。从这点上讲，穷人比富人更讲信用。他强调指出：
不讲信用是一种机会主义行为，一个人，一个群体，一个阶层讲不讲信用往
往取决于他存不存在机会主义的动机和有没有条件采取机会主义行为，一般
说来，富人比穷人更有"心计"，只要有条件采取机会主义行为，就会存在机
会主义动机。他这样的立论表明：社会成员讲不讲信用，不完全取决于拥有
财产的多少。只要加强制度建设，讲求"权利与义务"的制衡，信用观念就
能建立，信用制度就能健全。在合适的条件下人们都会讲信用，不论他们是
强势群体还是弱势群体，"在信用面前人人平等"是扶贫性金融终极的理论
基础。

---

① 曾康霖著作集续集 [M]. 北京：中国经济出版社，2010：610.

通常说制度就是"一个社会的游戏规则"，作为"社会游戏规则"，自然要对社会成员的行为产生约束。讨论扶贫性金融制度的安排，需要认识：我国的扶贫受到什么因素约束；扶贫性金融需求的构成；扶贫性金融供给的建立，以及金融改革的方向。曾康霖教授强调："金融扶贫制度的供给应按科学发展观的需求，要靠两只手，一要靠市场，二要靠政府。靠市场要一步一步地走，超前则违背了事物发展的规律是要受到惩罚的；靠政府不能推出一个模式，从上到下，统一执行，要承认差别，尊重下面的创造力。""扶贫性金融制度的安排最终要取决于金融制度的改革。我国金融制度的改革总的说来是市场化取向，市场化取向符合建立社会主义市场经济制度的要求自然是可取的、正确的，但要看到，我国金融制度不仅存在着垄断，而且存在着雷同，垄断排除竞争能够取得垄断利润；雷同难以突出特色，加大展业费用。在这种情况下扶贫性金融制度的安排，必须承认差别，整体安排协调发展，其中特别要建立真正的政策性银行和社区性金融机构。""扶贫性金融，以救急救穷、推动发展、激励奋进为目标，具有公益性、准财政性和特殊性。在特定的领域和特定的时期，创造金融资源，利用金融手段，扶助弱势群体，使这一部分人也能享受金融产品和金融服务。"

结合我国的现实，按扶贫金融需求的构成，其运作模式可以分为家庭扶贫性金融的运作模式、行业扶贫性金融的运作模式、地区扶贫性金融的运作模式；行业扶贫性金融的运作，除对农业的信贷支持外，还需要关注从事科技开发和承受力弱的小企业。曾康霖教授"三论扶贫性金融"时提出，中小企业最有活力和创新精神，"中小企业融资是世界性的难题"这种流行的说法其实并不准确，各国和各地区都注意对中小企业的扶持。在我国，中小企业融资难讨论了若干年，有关部门也采取了一些措施去缓解，但成效不大。中小企业融资缺乏制度环境，缺少专门为中小企业服务的金融机构，金融机构特别是商业银行不仅垄断而且雷同，表现在：组织结构雷同——都是股份制商业银行；经营对象雷同——都是选择大体相同的客户；经营模式雷同——拉存款、放贷款、避风险、改名做大；考核业绩雷同——大体相同的考核指标与办法；监管模式雷同——都是看重几个约束指标。雷同就抹杀了特色，雷同会加大运营成本。由此，他提出有两个问题值得思考：一是不同的金融机构，没有明确分工的问题；二是相同的金融机构，没有办出特色的问题。研究与解决中小企业融资难，要有新思路，在改变、改善制度环境的同时，重要的是一定要有政策扶持，在政府承担一定风险、弥补一部分损失的前提下，大力发展政策性金融与扶贫性金融，依靠金融的力量撬动社会资源，共同支持中小企业的持续稳定发展（参见：曾康霖《中小企业融资难出路何在——要借鉴，更要有新思路》）。

继 2004 年曾康霖教授提出"扶贫性金融"这一概念后，2006 年，他接受《中国金融》杂志采访时强调："安排扶贫金融制度是从我国现阶段的实际出发的：①现阶段中国是发展中国家，一部分人先富起来了，但不可否认存在着更多的弱势群体；②中国是大国，贫富不均始终存在；③国力有限，财力有限，在政府财力不足的情况下，需要借助于金融；④采取金融方式扶贫，能够建立起激励机制和约束机制，发挥财政方式不能发挥的作用；⑤采取金融方式扶贫具有针对性、可选择性和差别性，由此可实现部分金融资源的优化配置。"基于此，扶贫性金融能够存在于我国特定的时期、特定的领域，作用于特定的对象。

曾康霖教授指出：现阶段我国金融制度的安排大体分为两类，即商业性金融与政策性金融。这是基于市场经济学原理：经济社会的发展既要靠"看得见的手"，又要靠"看不见的手"。"在我国现阶段，只有商业性金融和政策性金融是不够的，因为这两类金融能够实现企业融资和政府融资，而难以实现家庭融资、弱势群体的融资。按科学发展观的导向，金融制度的安排既要适应社会经济发展要求又要适应社会公众需要，在我国现阶段还需要发展互助性金融和扶贫性金融"，这样才能有效应对金融排斥，让金融资源的配置有利于社会大多数群体。

扶贫性金融理论就是在科学发展观的大背景下提出来的。扶贫性金融这一理论，是曾康霖教授运用科学发展观思考金融经济发展模式的思想结晶。科学发展观提出后，金融业怎样以科学发展观为指导进行发展，自然是人们关心的课题。当时对这一课题有深度的思考并见诸文献的并不多，在理解上也存在一些不同看法。曾康霖教授在 2007 年进一步强调，需要准确地把握科学发展观的内涵，并按科学发展观审视我国金融业的发展。他分析，按科学发展观审视我国金融业的发展，能够从多角度考察：从金融商品的角度考察，需要审视金融商品的品种、数量、质量能否满足市场的需要；从金融企业的角度考察，需要审视金融企业的规模、速度、效益能否达到最佳状态；从金融结构的角度考察，需要审视金融组织完不完善，配不配套，协不协调；从金融市场的角度考察，需要审视各类市场是否互补、互替，效率高不高；从金融制度的角度考察，需要审视正规金融机构与非正规金融机构是否各尽其职，各得其所；从金融资源配置的角度考察，需要审视金融资源配置合不合理，能否实现良性循环，等等。

曾康霖教授的扶贫金融论，其理论价值及影响在于：

1. 对科学发展观的科学运用

科学发展观确立的是社会经济如何发展的理论，它是关于社会经济发展的一种观点、一种思路、一系列价值判断。曾康霖教授认为："它要讨论的是在不同的时空当中，事物为什么发展、如何发展、怎样发展，而不是讨论事物本身的存在状态以及对事物的管理、运作，所以有些问题尽管与发展相关，但不属于科学发展观要讨论的范围。"从金融领域来说,健全金融企业有效的内部管理机制,选择有利于金融市场竞争的经营策略,建立科学的金融业绩考核指标体系,树立良好的金融企业形象等,尽管与金融业的发展相关,但不是金融科学发展观应当包含的内容。

科学发展观是一种基于发展的理念和学说,它的本质是以人为本,它的核心内容简单地说是协调、统筹,在协调、统筹的理念和学说指导下,寻求发展的目标,选择发展的道路,确立发展的模式。以科学发展观来审视金融发展,重要的是关注社会需求的满足程度,不能忽视金融排斥现象的普遍存在。在我国现阶段,只有商业性金融和政策性金融是不够的,因为这两类金融能够实现企业融资和政府融资,而难以实现家庭融资、弱势群体的融资。因此,他主张"按科学发展观的导向,从金融制度的安排既要适应社会经济发展要求又要适应社会公众需要出发,在我国现阶段还要发展互助性金融和扶贫性金融"。

2. 金融研究"以民为本"的集中体现

曾康霖教授提出:金融研究也要"以民为本"[①]。他指出:在我国现阶段的制度环境下,金融研究产生的更多的是从属于官场的金融理论与实践,研究的目的主要是为政府、管理层服务,如研究得更多的是货币政策、宏观调控、总量控制、金融监管等。这样的研究具有针对性、应时性,但这样的研究主要是为决策者服务,具有时间的局限性。定位决定思维,角色产生观点,这样的研究难免会使思想—理论的发展趋于单一化,有碍多元化。此外,这样的研究怎样推动学说的发展和创新,也需要思考。他指出,应当承认:改革开放以来,我国金融研究在不断前进。概括地说,从"官场金融理论与实

---

① 曾康霖. 漫谈金融研究 [J]. 中国金融,2010(4).

践研究逐步进入市场金融理论与实践研究"，再进入"社会金融理论与实践研究"。具体地说，1997 年亚洲金融危机以后，我国金融注重风险、利率、汇率的研究，注重商业银行经营管理的研究。近年来，注重金融服务方面的研究，注重在扶助弱势群体、扶贫、维护投资者权益、救灾等方面的研究。官场金融研究主要为政府，市场金融研究主要为企业，社会金融研究主要为公众。这样概括反映了我国金融改革开放的实际和业内人士的认识过程。他指出：金融研究应适应形势的变化。但有一点必须确立：金融展业要以民为本，金融研究也要以民为本。以民为本的含义丰富而深刻，在金融领域，可概括为：稳定币值，让人们在生产、生活中能够合理安排和预期；建立健全和维护金融市场秩序，促使人们诚信履行相互的权利和义务；创造条件让更多的群众获得财产性收入；建立有效机制，帮助群众避免、转移风险，保障财产免损和安全；满足金融服务需求，提高服务质量。扶贫金融的理论和实践，是他倡导金融研究"以民为本"的集中体现。

3. 对弱势群体的大爱情怀

金融发展为了谁？研究金融问题是否要关注弱势群体？曾康霖教授给我们以肯定的回答："弱势群体在制造社会财富包括金融资源中的贡献——他们以负债的方式分配占有金融资源的一部分借以进行智力、物力投资并开发，也就是现在和将来对社会发展、创造财富的贡献。所以，只允许强势群体以负债的方式分配占有金融资源，不允许弱势群体以负债的方式分配占有金融资源是不合理的，未充分体现社会公平。社会公平不能只建立在现实的显性的偿债能力基础上，也应当建立在未来的隐性的偿债能力基础上。"

这些年来我国经济持续高速增长，但与此同时城乡居民的收入差距进一步拉大，基尼系数在 0.45 以上，超过国际警戒线。收入差距拉大有各种原因，不可否认金融在拉大收入差距中起了作用。现在的问题是：金融在缩小收入分配差距中应怎么定位？有何作为？回答这个问题，必须确立金融系统（包括银行）在国民经济中具有分配、再分配功能的认识，即金融活动也是一种分配机制。国民收入通过初次分配和再分配，形成政府、企业和家庭的资产，其实除国民收入外，一国的资源也存在经由分配、再分配形成各自资产的问题。金融系统在其活动中既有对国民收入、社会资源的分配，也有对国民收入、社会资源的再分配。比如，利息收支是对国民收入的初次分配，而存贷款是对金融资源的再分配等。现阶段多数人的共识是，初次分配要着力讲效率，再分配要着力讲公平，这样的理念也反映在金融领域中：在社会经济生活中，人们习惯上认为金融总是"嫌贫爱富"，其行为总是"锦上添花"而不会"雪中送炭"。其实，这只是商业性金融领域银行家的经营理念之一，而不能概括一切金融活动。有的金融活动不以营利为目的，如互助性金融，在国外甚至把金融活动作为公务员的福利待遇之一，比如美国"公务员信贷联盟"对公务员发放优惠贷款。

在学术研究中，学者们通常把商业银行定性为经营货币资金的金融企业，这只是商业银行展业的一个方面（当然也是重要的方面）。其实，商业银行不仅经营货币资金，而且经营风险，经营风险实质上是通过金融创新帮助社会化解、转移、消除可能带来的损失，而自己从中获取一定的手续费。在经营管理中，金融企业家们通常讲要注重效率，其实除注重效率外，也讲求公平，实行优惠的货币信贷政策、加强金融监管等，就包含着公平，实现着公平。要正确认识金融系统的分配、再分配功能，在分配机制中既讲求效率，又注重公平。

扶贫性金融理论的提出，充分表明"民生"是曾康霖教授学术研究的重要追求。在 2010 年举行的第六届金融学会上，曾康霖教授再次表明自己的立场"金融展业、金融研究要以民为本"。与此相关，在这之前，他在《金融风险、金融危机与金融安全》一文中则明确提出"防范金融风险为了谁的利益"这一问题,"防范金融风险,无非是维护三个方面的利益,即国家利益、集体利益和普通老百姓的利益"。"现在我们在这一方面存在的问题是:重视中间,忽略两头,也就是说更注重金融风险给企业带来的影响。在当代中国,怎样让老百姓在金融活动中避免风险,少遭受损失,是建设和谐社会的题中应有之义。"

4. 推动金融理论的发展

传统经济学从效用、效率出发,容易让人走进"效率至上"的误区,给人的感觉是"经济学不讲道德",而这种漠视贫困、漠视真实世界中人的痛苦与愿望的状况,被世界著名小额信贷专家尤努斯认为是经济学的最大失败。扶贫性金融理论,恰恰是对传统经济学理论的一种纠偏。缓解社会成员特别是弱势群体生产生活中的困难,为什么要安排扶贫金融制度去适应?曾康霖教授认为可以从财富形成和分配学的角度去解释:金融不仅是财富形成和分配的中介,而且其本身也具有财富占有和流动的内容。社会成员以金融为依托,形成、分配、占有和流动财富,必须以信用为基础,信用体现为他们的承诺兑现和现实的偿债能力。弱势群体缺乏现实的偿债能力,但不能否定他们的承诺兑现。尤努斯创立的帮助穷人的格莱珉银行,以及 2006 年被介绍到中国的尤努斯的著作《穷人的银行家》,正是基于同样的判断。而联合国开发计划署 2005 年推广的"普惠金融"概念,也是基于同样的扶助弱势群体的目的。无疑,扶贫性金融这一理论认识,是对金融学科的一种丰富与发展。

金融发展离不开市场机制,也离不开"政府之手"。探讨金融发展过程中"政府之手"如何正确发挥作用,是现阶段我国金融经济发展的重要课题。曾康霖教授在"三论扶贫性金融"中针对中小企业融资提出要研究"中小企业融资与政府行为的关系",认为重要的是"一定要有政策扶持,要有政策性金融与扶贫性金融"。在《科学发展既要市场机制也要政府推动》一文中，他更旗帜鲜明地强调了政府对于金融发展的作用。曾康霖教授研究的"穷人的经济学"，他对弱势群体的关注，对扶贫金融和普惠金融的研究，已逐步被人们接受，也得到社会各界的高度赞誉。

（四）基于中国大国的实际提出区域金融论

我国地域辽阔、人口众多、经济发展不平衡，特别是改革开放以来，地区经济发展的差距逐渐拉大，沿海与内地、特区与非特区、城市与农村呈现出不同的经济态势与发展趋势。在金融领域，地区间的差距日渐明显，存在着值得关注的信息之一是：全国各金融机构均出现了存贷差（即存贷差额），而且有连续扩大的趋势。这种状况是否表明金融系统资金富裕，是否表明可利用的金融资源没有被充分利用，是否表明资金分布不平衡，是否表明金融机构"惜贷"等。与这些问题相关联并值得思考的问题是：巨额存贷差能否作为资本金看待，充当资本金发挥资本金功能。曾康霖教授从存贷差这种现象出发，深入探讨了地区间商业银行信贷差额问题。

曾康霖教授的区域金融论是在他进行了大量调查研究的基础上形成的。他在各地的调查研究中，发现了不少问题，思考了不少问题，也与实际部门的相关人士讨论了不少问题：①地区财政收支的状况与地区金融机构资金来源与运用有什么关系？如收大于支的地区，财政收入上缴，会怎样影响商业银行存贷；收小于支的地区，财政收入下拨，会怎样影响商业银行存贷？②中央宏观调控的政策传导，是否先影响发达地区，后影响欠发达地区？③利率的作用，是否在经济发达地区作用力大；在经济欠发达地区，作用力小？④是否在民营经济发达地区，民间融资就一定活跃；在民营经济欠发达的地区，民间融资就不活跃（浙江民营经济发展或占主导地位，能否说整个浙江地区民间借贷就很活跃)？⑤在地区之间影响资金流向流量的是哪些因素起主要作用？农村资金流向城市，为什么是个不可逆转的规律？"农村的钱用于农村"是否是一个科学的口号？⑥是否经济越发达，金融风险就越大；或者反过来说，经济越不发达，金融风险越小？与此相联系，又引申出：经济越发达地区是否金融机构的绩效就越好；经济越不发达，金融机构的绩效就越差。⑦不同的地区应当有不同的金融制度安排，因为需要不同的中介服务。在我国农村，广大农民究竟需要哪些金融服务？金融管理部门应作出什么样的金融制度安排？

针对这些问题，曾康霖教授研究区域金融，在理论上和实践中，以认识差别，缩小差别为宗旨。关注地区差别就是要让地区之间互进、互补、互动、互助。他特别强调：在经济欠发达地区，需要商业性金融与政策性金融配套发挥作用。经济贫困地区，更需要政策性金融发挥作用。在我国农村，需要政策性金融发挥作用。在什么地区建立农村商业银行，需要考察这个地区市场化的程度。所以，提出区域金融论不仅具有理论价值，更具有实践意义。他从历史视角，关注区域金融中的民间金融，对民间金融的积极方面与消极方面进行客观分析，对它的生存机理和运行机制进行了理论研究。

曾康霖教授研究的区域金融论其价值和意义在于：

1. 得出了一个地区金融业的发展主要决定于流动性资产和金融意识的论断

早在 1995 年曾康霖教授在《要注重研究区域金融》一文中就提出：与金融相关的变量是一个地区社会成员的流动性资产（社会成员包括政府、企业、家庭，流动性资产包括现金、可转让的有价证券及实物资产）。资产的流动性表明社会成员的追求，而社会成员的追求表明要实现某种价值。要实现这种价值必须要借助市场,金融以市场为依托。怎么去考察政府、企业、家庭资产的流动性?这需要调查和研究。他断言,地区社会成员持有的这部分资产存量越多,这个地区金融业越发达。这就是说,在他看来,一般地讲经济决定金融是抽象的、笼统的,必须具体到社会成员资产的流动性,各社会成员有多大量的流动性资产。继而,曾康霖教授在《二元金融与区域金融》专著中指出:一个地区人们金融意识强不强与推动该地区的金融业发展关系密切,同时提出衡量人们金融意识强不强的标志是对货币资金的价格即利率敏不敏感。在他看来,流动性资产都要追求"三性"即盈利性、流动性和安全性的最佳组合,在金融市场上流动性资产追求这"三性"的最佳组合,是金融业发展的条件和表现。

曾康霖教授进一步指出,关于地区金融业的发展主要决定于流动性资产和金融意识的论断,实质上是考察金融业发展与经济市场化的关系。一般来说,经济越发展,市场化的程度越高。但有的地区的情况未必如此。他强调要研究经济发展与市场化的关系。与此相关,要研究金融业发展与市场化程度相关度高,还是与经济发展的相关度高。他认为是前者。需要研究区域金融业发展与区域市场化的程度。

2. 提出金融宏观调控要关注地区经济差别

曾康霖教授提出"经济差距引起金融差距,如资金利税率上的差别、资金周转速度上的差别、资金余缺上的差别、物价波动上的差距、引进外资上的差距等",他说金融上的差距反映在融资主体中会呈现出许多特点:"①居民个人的储蓄存款多,增长幅度快,他们不仅有作为收入的储蓄,且有作为资金的储蓄。由于储蓄增加,拥有金融资产多,要求有更多的金融商品可供买卖,有更多的信用流通工具可供选择。②企业的货币资金在资金总量中的比例增大，这是为了增强资产的流动性和足够的清偿力。③政府财政收支增大，对财政管理体制的约束具有较大的弹性，一般来说不会出现'负债财政'，相反可能有更多的结余。④金融机构的存贷款激增。由于受金融管理当局的调控，很可能出现存款>贷款，即呈现为地区存贷差。⑤货币当局的再贷款不一定与存款货币银行的贷款同步增长，但现金投放可能大量增加，很可能对现金的基础货币要求会大于其他地区对现金基础货币的需求。"这些差别是金融宏观调控必须关注的。

他进一步指出："内地资金以各种方式流入沿海地区和特区，这不仅因为在那里有更多的资金需求，而且由于经济效益好有较高的借入资金承受力。""资金分布更不平衡，这种不平衡表现为从事物质产品生产流转的企业之间资金不仅余缺拉大，而且表现为非物质产品生产流转的企事业单位和个人之间资金余缺拉大。""金融系统中区域之间汇差清算的工作量大，且相互抵销的可能性相对缩小，容易产生债务锁链。"①

3. 提出需要辩证地看待金融机构中的存贷差

经济、金融发展的不平衡，反映在一个地区或一个金融机构中，会呈现为借差或存贷差。曾康霖教授认为："仅仅从存贷款的变动去分析存贷差或借差的增减是不够的，因为银行除了外部资金往来外，还有内部资金往来，外部资金往来产生的存贷差，会被内部资金往来占用，外部资金往来产生的借差，会占用内部资金。进一步说，当出现借差时，则可能是：①向中央银行的借款增加；②占用代理中央银行业务资金；③占用应付汇差；④增加同业拆入。当出现存贷差时，则可能是：①增加在中央银行的存款和库存现金；

---

① 曾康霖. 要注重研究区域金融［M］//曾康霖著作集（九）：微观金融论. 北京：中国金融出版社，2004.

②垫付代理中央银行业务资金；③被汇差占用；④增加同业拆出。这样，反映在某一家银行的资产负债表上总是平衡的。借差或存贷差合不合理，需要进一步考察。"①

他在分析金融机构中存贷差的发展形势后，针对地区间普遍存在的存贷差现象进一步指出："存大于贷是当代商业银行的必然状况。""随着金融业的发展和金融改革的推进，商业性金融机构的经营呈多元化的趋势。在资金来源多元化运用的条件下，存款大于贷款是必然的，它表明资金来源中只有一部分甚至少部分用于贷款，其余部分用于储备资产和其他资产选择。"

他十分重视区域金融业中民间金融的研究，指出，"民间金融之所以经久不衰，是因为其存在和发展有必然性和必要性"，"有它得以存在和发展的经济基础、组织基础和思想基础。商品经济的存在和发展是民间金融存在和发展的经济基础，多种经济成分的存在和发展是民间金融存在和发展的组织基础，金融意识的增强是民间金融存在和发展的思想基础"。"民间金融存在的必要性能够从微观的角度即从借贷双方的需要去分析，也能够从宏观的角度即社会经济的运行机制去分析。人们发展商品经济对货币资金的需要是民间金融存在和发展的原动力，人们生活消费上的临时困难和消费的最佳组合与重新选择是民间金融得以存在的土壤，金融市场不够发达是民间金融存在的客观环境，区域性的高利率是民间信用发展的诱导原因。"②

---

① 曾康霖. 要注重研究区域金融 [M] //曾康霖著作集（九）：微观金融论. 北京：中国金融出版社，2004.

② 曾康霖. 二元金融与区域金融 [M]. 北京：中国金融出版社，2008.

4. 为我国建立地区性金融机构（其中包括地方银行）奠定了理论基础

区域金融论提出了政府也是社会成员，地方政府作为社会成员应有资产—负债。金融机构的资产—负债状况与一个地区经济实力关系密切。地方政府的经济实力，取决于它是否是净资产；一届政府的资产—负债状况是这届政府社会经济发展的基础，反映一个地区的承受力和人们的生活质量。所以，在中国这样的大国里，社会经济的发展需要分层次。既需要全国性大银行，更需要地方性的小银行。地方政府要参与、扶持、监管！要增强实力，要承担风险。区域金融论对一个地区的经济和金融的差别立论，为建立地区性金融机构奠定了理论基础。

5. 提出一个地区金融机构有没有钱不在于存贷差，而在于金融机构资产的流动性

一个区域内的金融机构有没有钱，关系到该机构自身的经营状况，也关系到该机构能否支持地方经济发展。一个地区金融机构有没有钱在于什么呢？直观上很容易得出结论，那就是"存贷差"。其实不然，曾康霖教授指出："一个地区金融机构有没有钱在于资产的流动性。这就是说不能简单地认为这个地区金融机构有存贷差，便有钱，存贷差越大越有钱。"因为，存款是金融机构的负债，它是存款人的钱，不是金融机构自己的钱。存贷差与钱的关系在于这个差额如何运用。存款的运用能够形成金融机构的各种资产，这些资产能不能当钱来用（也就是它能不能形成偿债力），取决于它们的流动性。构成金融机构流动性资产的有：库存现金，在中央银行和上级行的机构户存款，能够迅速转让出去的有价证券和外汇，能够收回的短期贷款。也就是说它们能不能形成现实的清偿力取决于这些资产的变现能力。"按这样的理论来考察，我国各地区金融机构有没有钱，则要考量各地区金融机构拥有上述资产的多少。"按已掌握的有限资料，假定有价证券的变现能力强，并假定外汇的

相当部分比如 40%（60% 作为储备）是能够转让出去的，则从地区看，大体说来我国东部地区金融机构的流动性资产占 53.5%，中部地区金融机构的流动性资产占 11.24%，西部地区的流动性资产占 10.08%，东北三省金融机构的流动性资产占 6.7%，金融机构总行占 18.55%。从省份上看，排名靠前的是上海、浙江、广东、江苏、山东。

　　商业银行巨额存贷差，似乎与一段时间社会热议的"流动性过剩"直接相关。曾康霖教授指出："讨论与'流动性过剩'相关或不相关的问题，需要从两个不同的视角考察：从存款者的角度来说，如果在商业银行的存款主要是可用于转账支付的，即可直接构成购买手段和支付手段的货币，则它的流动性强，如果在商业银行的存款主要是定期存款即准货币，则它的流动性弱。"实际情况是：这些年来我国货币供给持续高幅增长，绝对额达 32 万亿元之多，其中活期存款和库存现金占 1/3 强，准货币占 2/3 弱，这种状况应当说整体货币的流动性弱，货币供给量的流通速度趋慢。按凯恩斯的基于三种动机的货币需求理论，应当说这种状况反映着基于交易动机持有的货币占的比重小，而基于谨慎动机和投机动机持有的货币量的比重大。所以，难以从社会成员持有货币构成的这种变化，诠释货币作为金融资产的"流动性过剩"。"从商业银行的角度来说，如果商业银行的存款作为资金来源主要运用于短期性能迅速变现的资产，则流动性强，如果主要运用于长期性的难以迅速变现的资产，则流动性弱。"实际情况是：我国商业银行作为资金来源的存款其运用除了购买长短期国债外，相当大一部分购买了政策性银行的债券，而政策性银行的资金运用大部分是长期投资，这种状况也难以说明商业银行作为资金来源的存款运用其流动性是强还是弱。从这个意义上说，他认为："巨额存贷差的存在与'流动性过剩'既相关，又不相关。说它'既相关'是指巨额存贷差的存款为商业银行购买短期性能迅速变现的资产创造了条件；

说它'又不相关'是指巨额存贷差的存在为商行购买长期性难以迅速变现的资产创造了条件。所以,仅就巨额存贷差而言,相关或不相关,最终决定于商行的资产选择。"

6. 对民间金融的存在进行了制度分析

这些年来,我国民间金融得到了很大发展,融资活动半公开化,融资行为趋于理性,生产性融资比重增加,利率水平明显上升。这种状况表明民间金融已经不完全是最初意义上的民间信用互助行为,而是从自发性发展为有组织性,从互助性发展为逐利性,成为人们经济生活中不可缺少的组成部分,成为合规金融的补充。在民营经济发达的地方,民营企业缺乏运营资金,甚至主要求助于民间金融,这就产生了一个问题:民间金融的发展能取代合规金融,特别是银行融资吗?据曾康霖教授在浙江温州的调查,答案是否定的。他认为:"民间金融不可能取代合规金融,更多的是作为合规金融的补充而存在。"民间金融的发展对银行的挑战是融资成本,即民间资金利率高于银行存款利率,银行还能吸收存款吗?是否要抬高整个银行的资金成本?经过他的调查,得出的答案同样是否定的。在民间借贷活跃、利率又高的情况下银行怎么组织资金来源?他总结温州城市商业银行的做法是:"将民间资金组合成可操作的信贷资金,引导资金供给委托银行向成长型企业贷款,"采取"三三制",即1/3作为委托贷款,1/3购买信托产品,1/3作为存款,这样可以提高资金供给者的回报率。作者分析了银行为什么要这样做?一是占领了客户资源;二是增加了资金来源。这样做有三个效应:将部分地下金融转化为地上金融产生社会效应;维护客户忠诚度,产生开展多种业务的相关效应;增强银行流动性,产生溢出效应。

曾康霖教授对非合规民间金融与合规金融怎样互补有独到的见解:"非合规金融与合规金融的互补,一般说来有两个途径,即横向互补和纵向互补。

横向互补主要体现在服务对象、领域的分工中，可以设想：合规金融主要服务于大中型客户和生产领域；非正规金融主要服务于小型客户和生活领域。也可以设想：合规金融主要发展有抵押品的融资业务；非合规金融主要发展无抵押品的融资业务。还可以设想：合规金融从事经常性的金融服务；非合规金融从事临时性的金融服务等。横向互补着眼于分工，分工是为了提高效率，如互补不能提高效率，则需要另寻途径。""纵向互补主要体现在资金力量的相互支持方面。一般说来合规金融机构的资金实力强，它有条件对非合规金融中介进行资金主持。如农村信用合作社在资金上支'银背''捎客'等。但这种支持是有条件的，主要看能不能降低融资成本，减少交易费用。非合规金融对合规金融进行资金支持也会产生，这主在拆借和存款方面。"

　　曾康霖教授的区域金融论受到学术界的普遍关注，《二元金融与区域金融》是他于 2008 年出版的一部有影响力的学术专著。在这之前，他的区域金融论的相关学术观点已先后在《微观金融论》等学术期刊上发表。

（五）对金融学科建设的贡献

　　曾康霖教授执着于金融学科建设，着力于金融作用于经济的理论基础、基本关系、假定条件、互动效果等方面的研究，特别是强调当代金融活动的绝对和相对的独立性、金融经济的虚拟性，以及对传统金融理论模式的再认识；着力于区域金融和群体金融研究，特别是结合我国经济发展不平衡，东西部差异和城乡差别大的实际，探讨按科学发展观进行金融制度建设和金融机制的完善；着力于跨学科的研究和探索，特别是既探讨现实问题，又继承传统，着力于思维视角和研究方法的研究，探索怎样使传统的中国式金融学科与现代金融学科结合，实现其相互包容、相互促进，进而建立起具有中国特色的金融学科体系。曾康霖教授是我国改革开放后，金融学科建设的领军人和推动者，其做出的主要贡献在于：

1. 把握住学科的发展史，理顺本学科的来龙去脉

曾康霖教授倡导科学研究应"承前启后，继往开来"。20 世纪 80 年代初期，他就系统地研究了前人的货币金融学说。1984 年中国金融出版社出版了他的专著《资产阶级古典学派货币银行学说》，该书不仅系统地评介了前人的思想、观点、学说，而且着力考察了前人发现、研究问题的立场、方法，使人们可以了解前人的学术研究是怎么一步一步地走过来的。该著作获得"四川省第三届哲学社会科学研究成果一等奖"，《中国社会科学》杂志发表的对该书的书评指出，它是一部"评价金融学说的力作"。

进入 21 世纪以后，曾康霖教授为了彰显中国人在推动经济发展和社会进步中所展现的金融智慧；为了展示业内人士在推动金融事业和金融学科发展方面所做出的贡献；为了能使后人了解和把握前人在金融领域中想了些什么、说了些什么、做了些什么，也是为了给后人留下一笔值得学习、思考、参照的精神财富，他主持编写了《百年中国金融思想学说史》。他提出"以人物为标志，以著述为基础，以学说思想、主张为线索"，编写中国金融思想学说史的主张。他选择从辛亥革命起至 2010 年这一百年中，有相当知名度和有作为的学者，按"既述又作"的指导思想，概括其精华，阐释其背景，评价其价值。2015 年 5 月，《百年中国金融思想学说史》全书三卷，近 300 万字，在中国金融出版社出版。这一著作的出版，展现了中国人的智慧，填补了中国金融思想学说史的空白。

2. 遵循学科发展的逻辑，着力于金融基础理论的系统研究

曾康霖教授从 1987 年就开始组织并自己动手撰写"金融理论系列专著"。

从 1987—1997 年十一年间已出版系列专著八部，即《货币论》《货币流通论》《资金论》《信用论》《利息论》《银行论》《银行资产负债管理论》《投资基金论》，其中前五部获得省部级奖。

2004 年《曾康霖著作集》在中国经济出版社出版。这套著作记录了曾康霖教授几十年来的学术思考及学术生涯。该著作集共 12 部，9 本专著和 3 部论文集，是曾康霖教授对真理孜孜不倦的追求，对经济改革热切关怀的集萃，是不断升华的智慧的结晶。这些著作反映了曾康霖教授在推动金融学科建设中以前人的研究成果为基础，密切联系中国实际所做的系统研究，也反映了作者研究的层次和研究的思维逻辑。

3. 注重密切联系实际，着力前沿和热点问题的研究

曾康霖教授对学科前沿有着自己独到的见解。他认为，学科前沿应该代表这个学科发展的方向，体现这个学科与其他学科的融合，它必须是当代社会经济中存在的、要急于作出回答的热点问题，而且还应该就这些问题提出有价值的具有前瞻性的理论。

早在 1980 年 10 月，曾康霖教授就在《人民日报》上发表文章，提出"现行财政银行体制需要改革"。该文章指出把银行称为'三大中心'，不能确切地说明银行在国民经济中的地位，不能深入揭示银行在社会再生产过程中的作用。该文章强调银行是国民经济的'神经中枢'，是国民经济的一个综合部门，要发挥出银行对整个社会经济生活的调节作用。这篇文章当时引起了政府有关部门和业界的高度关注并引起了争论。实践证明：曾康霖教授的见解是正确的，1978 年以来，我国财政银行体制逐步进行了改革，取得了成效。只不过，当时还不为一些人认同和接受。

曾康霖教授不仅密切联系实际关注前沿和热点问题的研究，还深入探索金融学与经济学的基本关系。金融与经济之间的关系、金融学与经济学之间的关系是确立金融学科自身定位的基本依据，如《略论经济学研究中的几次革命》《漫谈经济学研究》等文章，对经济学的基本问题，如研究对象、研究方法等进行了有价值的讨论，这些方面的学术研究既具有基础性，又具有超前性，也是金融学研究的前沿理论问题。曾康霖教授在这方面进行了广泛和深入的探讨。

4. 展望发展趋势，着力交叉学科的研究

曾康霖教授洞悉当代经济学发展的新趋势，提出经济学研究早已经突破了生产、分配、交换、消费等再生产过程四个环节而广泛地涉猎于其他领域的论断。他将当代经济学研究领域以其演进的进程分为四个方面，即研究资源配置、研究交换关系、研究人的行为和研究制度环境等。在金融与经济的关系上，他认为两者并不只是决定与被决定的"双向关系"，而且有"辐射、折射"等多层次关系，金融对经济既能发生正面效应，又能发生负面效应。在金融学与经济学关系上，他在一篇论文中将两者关系总结为四种组合进行了全面的分析：金融学是经济学的分支；金融学从经济学中分离出来，呈现并驾齐驱的趋势；金融学与经济学混为一体；金融学与经济学和其他学科相互交叉。他敏锐地提出，不仅存在经济全球化、金融一体化的趋势，而且不可忽视经济金融化的趋势。他强调当代金融运行有了新的特征和趋势，金融正在主导着社会经济运行和人类经济行为，金融的地位和作用空前增强，这些深刻变化有可能使金融学与经济学产生分离且呈并驾齐驱之势。

如果说金融学与经济学有分离的趋势，那么两者的研究对象必然会有所区别。曾康霖教授认为，金融学研究的不是物质资源的配置，而是金融资源的配置；金融资源配置会形成人们手中的金融资产，金融资产作为一种权力

总是存在于在债权债务关系之中；金融资产作为商品能够在市场上交换，这种交换不仅是一个特殊的领域，而且还有特殊的规律、交换方式和操作规则。因此，可以说，金融学是研究金融商品生产、分配、交换和消费的社会科学，其着力点在于由此发生的以货币形式表现的债权债务关系，由此金融学可以被认为是研究以货币形式表现的信用关系体系以及社会成员相互间的信用关系。

曾康霖教授研究的领域比较广泛，除了基础理论研究、热点问题研究外，还有跨学科研究。他指出：在当代，金融学科建设要注重与其他学科的交叉融合。如与数理经济学的交叉融合，与心理学、社会学的交叉融合，与法学的交叉融合，与消费经济学的交叉融合等。

曾康霖教授认为，金融与数理经济学的交叉融合，比较典型的代表作是1952年马科维茨发表的《证券投资组合》一文，这篇论文被视为现代金融的开端。但他强调，数理分析不仅需要数据，而且需要假定。马科维茨的资产组合选择理论就是建立在若干假定的基础上，例如预期财富最大化假定、均值方差假定、同质预期假定、价格接受者假定、零交易成本假定等。他的这些基本假定集中表明了一个问题，即人的行为是完全理性的，人们完全可以在理性选择的基础上借助于数理分析进行决策，求得效用最大化。

在关注金融与心理学、社会学的交叉融合中，曾康霖教授在学习西方行为金融学的基础上，联系中国的实际，解读了投资者的心理状况，2003年在发表的《解读行为金融学》一文中，他指出："投资者并非都是理性的，主要原因是掌握和理解信息的差别性。但非理性投资者能继续存在，原因是在某些情况下，非理性投资者能获得比理性投资者更高的收益。"

曾康霖教授特别重视金融与法学的交叉融合。他曾指出：从一定意义上说，金融就是以货币为载体的社会契约关系。他关注到近年来，国内外学术界重视法与金融活动的研究。不仅如此，曾康霖教授还密切结合中国实际，连续发表了有关金融与法学的文章。2006 年他研究了《道德风险与金融职务犯罪的关系》，提出了要从市场经济的视角去把握道德风险的真正含义；不能把违背职业道德、金融职务犯罪说成是道德风险；道德风险的防范，重要的是信息公开、公正、透明。2007 年他发表了《论投资者法律保护与金融发展》一文，他指出："法律质量和执法效率决定了一国投资者法律保护水平；投资者法律保护水平影响到一国金融体系融资模式选择和所有权结构；而融资模式选择和所有权结构决定公司治理水平；公司治理水平影响到公司价值和绩效；公司价值和绩效决定金融业的增长和发展。"他这样的逻辑推断，揭示了法律保护与金融发展的必然联系。2008 年他研究了"法与金融风险"，指出除了从保护投资者的权益的视角去防范金融风险外，还讨论了"企业破产法与金融风险""法律诉讼与金融风险""法治观念与金融风险""行长任期与金融风险"等。他提出"法律是社会契约的确立和认同，因而可以说金融是以货币为载体的社会契约关系体系"。

关于金融与消费经济学的交叉融合问题，曾康霖教授率先提出了"金融消费"这一概念，并发表了多篇论文。在这些论文中，他指出：金融消费这个概念怎么规范，需要研究，可以有广义的金融消费，也可以有狭义的金融消费，不论是广义的还是狭义的，都应当与金融投资区分开来。他的概括是：金融消费是社会成员实现金融需求，购买金融公共产品和享有或占有金融服务的一种行为。他指出，考察金融与消费经济学的交叉融合，需要讨论的问题是：如何保护金融消费者的权利；金融机构如何提供金融产品，引导、协助社会成员金融消费；如何提高整个社会的金融消费质量等。在这些方面，他指出必须借助于消费经济学的理论和技术。当然,除了借助于消费经济学的理论和技术外,还要借助于其他经济学,比如如何收费就必须参照商品交易学和财务管理学等。

此外,曾康霖教授还强调指出:在我国,研究金融不能不研究财政,并撰文论述这二者在哪些方面值得关注。

5. 注重思维逻辑,着力范式的研究

在金融研究领域中运用数理经济学,离不开建立数学模型,国内曾有人认为数学模型只是一种方法,没有思想,不可取,毫无价值。但曾康霖教授却认为:数学模型也是一种思维逻辑的表达方式,也就是以数学语言把自己研究的逻辑表达出来,在数学模型中反映各种变量的传导关系,不能说它只有方法而没有思想。但数学模型不完全能求出值,因而它又不能等同于计量,数学推导是计算研究的基础。在金融实践中,计量研究是必要的,刻画和描述金融活动的发展规律和程度,进而可对现实模拟和预测,较之定性分析和文字叙述方法更具有说服力,并更加形象和生动。他强调:我们并不反对运用数学工具来研究实践问题,相反提倡积极利用具有严密性和科学性的数学思维,并加强数量分析和实证研究的训练,研究出符合中国国情的模型和理论,要批判的是对待外国经典著作和先进模型"照搬、照抄、照转"的拿来主义和"短平快"的功利主义行为。理论研究离不开脚踏实地、离不开长期修养,不能一边倒、一阵风,需要保持理性和独立,他于2021年4月出版了专著《经济学研究的思维逻辑及模式选择:侧重于金融的认知》。

该著作系统地评介了马克思主义经济学的思维逻辑及研究模式,他指出:马克思主义经济学是在批判前人思维逻辑和模式选择的基础上建立起来的,对资本主义生产关系的研究,思维缜密,博大精深。该著作扼要地评介了古典政治经济学、新古典经济学、新古典综合派经济学的思维逻辑及研究模式。他指出：

近现代西方经济学代表人物研究经济学的思维方式表明在经济学研究什么的问题上，大体说来可概括为四类：

（1）研究财富的生产、分配和消费。由于财富的生产、分配和消费需要资源，因而以此为研究对象的，主张经济学应研究资源的配置，资源的耗费和资源的节约。他们所谓的经济学研究的三大问题即生产什么，怎样生产，为谁生产，前两者是资源的配置、耗费和节约问题，后者是产品的分配问题。

（2）研究人的行为，特别是经济行为。他们认为，人的行为受人的本性支配，而对人的本性的解释有多种多样，如人是自私的，人具有"感觉力"和"活动力"（巴斯夏），人追求愉快，愉快与痛苦并存（西尼尔），人具有欲望，欲望与努力并存（马歇尔），人的满足程度是具有边际的（庞巴维克）等。研究人的行为特别是经济行为也就是研究人类所追求的特定目标如何实现。

（3）研究制度。他们对"制度"含义的解释很广泛，其中包括经济单位的组织形式、文化素养、传统习惯、思想意识、法律规范，等等。用他们当中有的人的话说，"制度"是集体行为活动对个人活动的控制和约束。经济学对于制度的研究大体说来有两种状况：一是研究"制度"对经济人行为的约束；二是研究制度本身，如制度的结构制度的变迁等。

（4）研究"交换"。着力于研究交换的过程、交换的制度、交换的成本等，而且把研究的范围扩大到政府与社会公众之间，着眼于"契约"关系。

近现代西方经济学把研究的对象确立为这几类，与马克思主义经济学研究的对象，自然有着本质的差别。马克思主义经济学研究生产关系，生产关系决定于生产力，生产力与生产关系构成经济基础，经济基础决定上层建筑，因而马克思主义经济学是密切结合生产力、上层建筑去研究生产关系。

近现代西方经济学代表人物其经济研究的思维方式表明：在怎样研究经济学问题上，有各种各样的方法。大体说来可概括为：

（1）逻辑演绎法。这种方法强调观念的规范、发展、推理、概念与概念之间的联系。

（2）历史归纳法。这种方法强调实证分析和经验总结，用历史事实证实或证伪。

（3）时态分析法。这种方法强调对静态状况的评价不同于对动态状况的评价，以及静态与动态的结合。

（4）系统分析法。这种方法强调社会经济是一个系统，要从"总量""宏观"去观察问题，做出评价。

（5）行为分析法。这种方法强调人的行为的动机、手段、目的、效果。

（6）制度分析法。这种方法强调客观环境，已有的状况对人的行为、对新事物的约束。

（7）比较分析法。这种分析方法立足于寻求个别事物之间的差别，评价其发展变化的趋势。注重规模、效率、代价、成本、效益。

（8）数理分析法。这种分析强调量的尺度，数的统计、函数公式的建立、模型的设计。这种分析注重经济活动中各种数量关系，包括多与少、大与小、总量与个量、定量与变量。以数学推导代替理论分析，以数学公式表示研究结论。

不同时期西方经济学的代表人物，或同一时期不同的代表人物，主张或强调经济学研究方法的某一方面。但有几点原则在他们的研究中是都离不开的：

（1）心理原则。也就是以人的心理变化、主观判断、思想动机去研究整体或个体的经济活动。

（2）价值评价原则。从效用的大小、多少去评价事物的价值的高低，边际分析法实际上也是一种价值评价。

（3）假定原则。在分析某一个问题时，假定某些条件已具备或是不变的、既定的，以排除干扰，集中讨论所要讨论的问题。

（4）均衡原则。考察某一事物时，总要立足于供求双方，观察和求得它的均衡或非均衡，"一般均衡"或"局部均衡"。

（5）预测原则。所讨论的经济问题，不是注重过去、现在，而是注重未来。带有更多的愿望和预见的成分。

近现代西方经济学研究问题的方法与马克思主义经济学研究问题的方法也有本质区别。有人把这种差别归结为：马克思主义经济学采用的是系统抽象法；西方经济学采用的是现象描述法。马克思认为系统抽象，才能揭示事物的本质，而现象描述是粉饰资本主义的矛盾。这种概括是科学的，因而是正确的。马克思说："在经济形态的分析上，既不能用显微镜，也不能用化学反应剂，而必须用抽象力代替二者。"① 马克思是抽象思维的大师，他的思维形式主要是概念、判断、推理以及比较、分类、论证，并把这些思维形式有机地结合起来，构成系统，成为系统抽象。进一步说，所谓系统抽象，就是研究者为了特定的目的，对一定的现象进行判断和推理，形成概念，进而通过概念的运动，即它的展开、改造、批判、完善和转化，找出经济现象的本质，说明经济现象。比如为了揭示资本剥削剩余价值的关系，马克思先确立

---

① 马克思恩格斯全集：第 23 卷［M］．北京：人民出版社，1995：5.

了劳动力与劳动的概念，然后确立了劳动力价值与劳动所创造的价值的概念，再进行比较，提出了剩余价值这一概念。为了表明马克思主义经济学中"价值"概念的科学性，马克思批判地继承了前人关于"价值"等概念。可见，马克思主义经济学研究经济问题的系统抽象思维，离不开从实际出发占有材料，同时进行辩证思维，形成概念，继后以概念运动为主体，进行定性、定量分析，得出结论。但是科学地肯定马克思主义经济学研究方法的同时，也要看到马克思也进行系统研究、定量研究，在定量研究中也注重增量研究，也可以说他采用了边际分析方法。

相对马克思主义经济学研究问题的方法而言，西方经济学研究经济问题的方法是现象描述，自然无可非议。但这样评价较笼统、简单，也可以说肤浅。西方经济学家研究经济问题运用了哲学、社会学、伦理学、法学、生物学、数学、历史学等，不能简单地说他们只是对资本主义经济表面的现象描述。现在西方有不少人认为：经济学是人类生存学；经济学是社会学；经济学是政策学；经济学是经验科学；经济学是人类行为学；经济学是广义的生物学。可见，这是他们用广阔的视野和对经济学的再认识。应当说，他们多学科或跨学科地对经济学进行综合研究，是经济学研究的发展，是时代的客观需要。

继后，曾康霖教授在该书中对中国经济（含金融）的研究提出了自己的认知。他在《认知Ⅰ》中，指出了：

（1）经济研究的领域扩展

经济研究自然要着眼于经济领域，经济按经典著作的解释是生产、分配、交换、消费的活动过程，因而经济学通常按再生产过程的这四个环节划分为部门经济。但是当代经济学科的发展很快，它早已突破了再生产过程的四个环节而广泛地涉猎于其他领域；而且把哲学、伦理学、心理学、生物学、物理学、数学等与经济学结合起来研究经济（金融）问题，出现了不少边缘学科、新兴学科。并简要地以近年来诺贝尔经济学奖得主的研究成果来说明经济研究的领域扩展，以及研究思维方式的革新。

（2）经济研究的价值判断

经济学研究离不开价值判断。价值判断通常有几种情况：

①是否达到预定的目标？如要完成的任务完成没有，要起到的作用起到没有，等等。

②事先没有预定的目标，仅仅是事后对它的评价，评价包括积极的、消极的，正面的、负面的。

③站在局部角度进行价值判断和站在全局角度进行价值判断。如外汇体制改革的成效，可以站在外汇管理这个局部去评价，如果改革使汇率稳定，外汇储备增加，调动了创汇积极性，可以说这一改革是成功的。如果站在国民经济的运行这个全局去评价，则就要考虑是否由此引起货币变动？这一改革给企业、外汇经营银行、居民的消费与储蓄等带来了什么影响？

④当事者的价值判断，"旁观者"的价值判断。同一个问题，不同的人看法不同，同一个人从不同的角度看也不同。再以外汇管理体制改革来说，有关部门认为，这一改革形成了统一的外汇市场，实现了在经常项目中人民币的自由兑换。但有人认为这样的改革，还没有形成真正的市场，因经营外汇的"市场主体"没有建立，外汇价格还不是真正由供求关系决定的，对此，有的国家还指责我国政府操纵外汇价格。通常说"旁观者清"，这种说法不一定表明"旁观者"的看法都是正确的，但能使当事者更加"清醒"。

⑤不同国情、不同观念、不同生活方式下的价值判断。每一个国家都有自己的国情，不同国情下有自己的价值判断标准。如我国人口众多，经济发展不平衡，贫富差距较大，在建设现代化的过程中，是否每家每户都要有小

汽车，才算向国际惯例靠拢呢？我看这就是问题。如果汽车像自行车那样多，恐怕难以提高行驶速度。每一个民族都有自己的生活方式，不能强求，也不能简单模仿、攀比，如什么算幸福、什么算享受，每个人都有自己的观点和标准。富裕不等于幸福，优越不等于享受，这恐怕是大家的共识。

⑥经济学的价值判断与相关学科的价值判断。如一个城市经济建设发展很快，人们很快富起来了，但环境污染了（空气混浊，噪音增加，公害增多等），这从经济学的角度来说，评价是正面的；但从环境保护学的角度来说，肯定不好。再如物质文明建设和精神文明建设，这二者往往存在着矛盾。物质文明建设与精神文明建设的矛盾怎样解决，需要兼顾社会学和伦理道德学的要求，比如，如何看待"红灯区"，如何看待"赌场"？有人认为，要靠"赌场"去满足寻求刺激的需要。这是不正确的。投资是要追求利润，不是追求刺激。刺激可有多种方式，不一定非要"赌场"。追求刺激是精神生活空虚的表现。关键在于提高人的素质，素质不仅在于能力，还在于精神文明建设；不仅在于教育，还在于提供条件，创造环境，虚实并举，如"五个一工程"等。要以正确的舆论去引导人，以优秀的作品去鼓舞人，以健康的思想去武装人。精神文明建设，不仅要进行爱国主义、社会主义教育，还要培养人的高尚情操。人要自重、自爱、自觉、自律。所谓"饱暖思淫欲，饥寒起盗心"，那是在封建社会的特定条件下的产物，条件变了，那就不是真理。

这里有几个关系要处理好：致富与拜金主义；竞争与欺诈；娱乐消遣与社会不正之风；职能部门的作用与见义勇为。

致富与拜金主义的界限应当是很清晰的。致富应当是勤劳致富，通过诚实的劳动和正当经营富起来；拜金主义，是唯利是图，见钱眼开，不择手段。与这个问题相关的是如何认识投资与投机。有人说投资致富是合法的，投机致富是非法的；用钱于生产流通是投资，"以钱找钱"是投机。曾康霖教授认为这种说法值得研究。应当看到，投资与投机具有一致性，即都要冒风险，都是为了求得增值，宁愿冒较大的风险去获得较大的收益。它们只有风险程度的不同，没有追求目的的不同。投机与诈骗是有区别的，法律应当限制、惩罚诈骗，而不应当抑制、惩罚投机。

竞争应在公开、公正、公平的条件下进行，欺诈是"设圈套"，这二者的界限是很清楚的。

娱乐消遣是业余爱好，社会不正之风是嗜好。说"十亿人民八亿赌"这是歪曲，这是诽谤。

职能部门的作用应忠于职守，如民警，在发生了损害群众生命财产情况时，必须立即到场尽心尽责（香港规定，警察三分钟必到出事地点，否则违规）。不能责怪群众不"见义勇为"。群众应当"见义勇为"，但是必须激励群众，崇尚爱心。

（3）经济研究的政策导向

经济学的研究要为制定、贯彻政府政策服务，要为此提供理论依据，提出行为准则，提高认识水平。但经济学的研究不等于政策学的研究。政府的政策具有统一性（不能政出多门）、稳定性（不能朝令夕改）、差别性（没有差别便没有政策）、滞后性（有传导机制过程）和效应性（对实施某项政策的评价）。政策学除了研究它的理论依据外，主要应研究这"五性"的建立机制过程。而且政策学往往立足于政府，因为政府是政策的主体。而经济学是研究人类社会致富的科学，人类社会致富要靠政府的政策指引，但更重要的在于人类自身的思想观念、行为。同一个问题，从经济学的角度去考察不同于从政策学去考察。如"收入公平"的问题，如果仅从政策学的角度考察，则要看贫富差距的拉大是否与分配政策、分配体制有关；但如果从经济学的角度考察，则要看贫富差距的拉大与效率、资源分配、社会财富增长的关系。

随着经济社会的发展，我国经济生活中存在着的贫富差别，从经济学的角度研究，有其合理性，这种合理性就在于我们承认"效率优先"，承认"按劳分配"和"按资分配"，但也要注意社会公平防止"两极分化"。

贫富差别与两极分化是两个不同的概念：贫富差别表明在机会均等的条件下由于获得财富的能力有强有弱，由此造成占有财富的多与少；两极分化不表明机会均等，而是表明在拥有特殊权力下聚敛财富，使一部分人有，另一部分人无。前者是多与少的问题，后者是有与无的问题。前者可通过努力缩小差别，后者不是当事者通过努力能够弥补的。要看到收入差距继续拉大会导致"两极分化"的趋势。因此，从政府来说要注意这个问题，如墨西哥由于收入差距拉大两派发生争斗。我国政策注意发展边疆和少数民族地区的经济，全国支持西藏和新疆的建设。但对群众和每个单位来说，要承认差别，要正确对待先富与后富的关系。承认差别，不是甘于落后，甘受贫穷，而是承认只有提高效率，才能公平。这就是要正确处理效率与公平的关系，权威文件上对这二者的关系确定为"效率优先，兼顾公平"，"消除贫困，实现共同富裕"。

这里有一个问题：什么是"效率"，什么是"公平"？利用特权不是效率，享受优惠不是效率，拉关系走后门不是效率。效率是单位的产出，效率要从竞争中来，要从利用先进的科学技术中来。至于什么是公平：平均主义不是公平，"吃大锅饭"不是公平，"轮流坐庄"不是公平。公平是效率的函数，付出的代价与得到的收获成正比，便是公平。公平从效率中来，公平是相对的。

承认差别，是要求得"心理平衡"。别人先富是别人的本事，是别人"取之有理"，不要眼红，也不要忌妒。当然，如果不是这样，而是凭特权、投机"钻空子"富起来的，则另当别论。

西方经济学认为，如果经济研究直接为政策服务，容易把经济学的研究纳入政府意图，跟着某些人的意志转，这样会使经济学研究政治化、政府化。为了避免这一点，他们主张面向实际，实际中有什么问题，就研究什么问题。

（4）经济研究的制度分析

当代经济学的研究掀起了"制度"热，概括地说，就是致力于通过分析制度因素去理解和把握人类的行为和提出政策性建议。这种研究问题的思维方式始于"制度经济学"。制度经济学已经有近百年的历史，从土生土长于美国，后扩展到西欧。这种学说是在与传统经济学的对立中产生的，它批评传统经济学，又受到传统经济学的批评，经历着起落、兴衰，但20世纪70年代以后便形成了学派。

制度经济学的研究对象是"制度"本身。关于"制度"的含义在一些代表人物的著述中说法不一，大体说来指的是：存在于一定时空界限内的、被众多人接受并习以为常的社会系统，包括经济因素和非经济因素。进一步来说，这些因素有：思想观念、行为准则、权力分配、生活方式等。制度经济学认为，这些因素受到传统、体制、法律、信仰等的控制和约束，是人类活动在特定的客观环境下的反映，是人类适应客观环境不断变化的结果。客观环境是集体行动的产物，因此，接受某一种制度，便是接受集体行动对个人行为的控制和约束。制度经济学的理论核心是：制度是演进的、相互影响的，其演进的基础是技术变迁。制度经济学研究的侧重点是权利的交换过程及其进步。其代表人物的观点是：从事经济活动的关键因素是"获得并运用权力""谁在进行控制和约束""谁受益"。制度经济学的政策倾向是：对现实制度进行分析，提出政策主张。

制度经济学与传统经济学相比较主要有以下特点：①传统经济学认为，经济学的存在是资源的稀缺，研究资源的有效配置是经济学的主要内容；而制度经济学认为，经济行为是人类适应环境的结果，要回答我们的生活水平为什么会这样，为何有的人生活水平高，有的人生活水平低，只能从分析中得到。②传统经济学认为，经济学的研究要寻求经济变量之间的均衡；而制度经济学认为一切事物是相互依存的，根本不存在什么均衡。③在研究问题的方法上，传统经济学认为，经济学的认识来源是个体现象或个人主义；制度经济学认为，经济学的认识来源是群体现象或集体主义。④传统经济学的表述方式，多侧重于变量分析、模型分析、静态分析；而制度经济学认为，这样的分析具有局限性，因为既有经济变量，又有非经济变量，而且有的经济变量不能量化，在这种情况下建立起来的模型是不精确的，是封闭的、狭隘的，是脱离实际的，它仅仅是一种"智力体操"。因此，制度经济学主张积极参加社会经济活动，在活动中诊断、理解利益冲击，寻找解决问题的杠杆，改变僵化的制度。他们相信：人类智慧和技术的融合、发展，会实现价值目标，能消除"是"和"应该"之间的鸿沟。

在制度经济学的"制度是演进的、相互影响的，其演进的基础是在技术变迁"的理论指导下，致力于这方面研究的学者，多主张通过"改革"去改变僵化的制度。在我国，有的学者提出了"改革成本"问题。什么是改革的成本，很值得研究。有人认为：改革的成本是贫富差距拉大，不讲信用，贪污腐败。他们举例说，有人认为，让一部分人钻政策的空子先富起来，是改革付出的成本。他们认为，不要怕差距拉大，差距拉大了才能调动积极性，才有改革动力，人为地扭曲之，副作用可能更大。他们说在那里人们的观念是：谁的名片上的"头衔"最高，最有本事；谁的财富越多，贡献越大，只要取之有理，就不是不义之财；不要怕攀比，只要您能攀比。

有人认为：出了一批贪污腐败分子，处理一批干部，也是改革付出的成本。

有的人认为，改革有两种成本，一种是摩擦成本，它来自阻力。渐进改革，阻力小，成本大。另一种叫实施成本，如价格改革，是一次到位，还是分次到位。一次到位，成本小，分次到位成本大。此外，还有人提出"信用成本"，认为渐进改革，人们的信用降低，带来的损失大。

曾康霖教授认为，改革不付出成本是不可能的，应力求少付一点。但研究改革成本问题，要明确什么算成本，什么不算成本，不能把不是改革的成本，算在改革头上，如不讲信用，贪污腐败等。要知道市场经济与腐败没有必然联系，腐败与"权力"才有必然的联系。我们今天的腐败不是因为搞市场经济，而是因为还存在"权力经济"。有了权力，便可以"以权谋私""权利交换""利转化为权，权转化为利"。

有一种"寻租理论"，通俗地讲就是用较低的贿赂成本，取得较高的收益。这种状况的产生是有条件的：一是政策更多地干预，如实行"配额制"，扩大审批的范围。规章制度中强调集中，因为这样便会扭曲市场，市场扭曲，就要产生"经济租金"。二是信息的透明度不高。如涉及利益分配的事，不公开，内部处理，就会产生不公正、不公平。如不公开官员持有的财产清单。

保持廉洁，关键在监督：舆论监督、组织监督、相互监督。总之，要有一套机制，要有法制。对此，有人提出"高薪养廉"，曾康霖教授认为不是绝对的，也许有点作用，这一点新加坡做得较好。

针对我国现阶段的情况分析，制约中国经济发展有两大因素，一是制度，二是人口。这里说的制度因素，不是社会制度，也不是某项规章制度，而是客观环境对人的行为、思想的约束。其中包括政治的、政策的、经济的、法律的、道德的，等等。人口因素，不仅指人口数量，而且要着力提高人口质量。要尽力克服这两个问题，变不利为有利。①要提高人的素质，如能力素质、道德素质。②要建立健全宏观的调控与基础，特别是现代企业制度改革。

③要着力解决农村问题、农业问题、农民问题。要靠科技、投入、政策。只有农业，农民问题解决好了，才有供给，才有购买力，才有市场。④转变政府职能，哪些该管，哪些不管；该管的管起来，不管的放开。

为了减少改革成本，有人提出渐进式的改革好还是激进式的改革好的问题。曾康霖教授认为是渐进好还是激进好，要看条件，要看承受力。改革不仅是新的体制建立，利益分配，而且还是观念转变。利益分配差距大，有一个承认差别、缩小差别的过程。此外，还有取得经验的过程。改革不成功，失败了，才是付出的真正的改革成本。

(5) 经济研究的历史评价

经济过程是连续的，经济研究总离不开历史。我国经济体制改革的目标是建立社会主义市场经济体制，而市场经济的历史是计划经济体制，如何评价计划经济体制，便成了经济研究不可回避的问题。在评价中，曾康霖教授认为：①要把这种体制放到当时的环境中去评价，指出建立和发展它的经济基础、政治基础、思想基础和组织基础；②要正确地、恰当地评价这种体制的"优劣功过"，即指出它的历史作用；③要分析这种体制的副作用，即指出它对人们观念行为的影响，并提出怎样矫正这种观念行为的对策；④要探索两种体制的过渡途径，采取激进的方式"破"和"立"是不可取的，新事物总是从旧事物中发展起来的，破了如果没有立，难以立，会形成"真空"，如预计到这种情况，就不要急于"破"。

结合我国的实际，在历史评价中，如何看待现阶段国有企业的资金短缺问题，有人认为这是过去"统收统支"的历史造成的，是"政府欠的债"。这种看法有无道理，在这里不再评论。要指出的是，历史评价不是"讨账"。因为这一段历史是过去众多人的选择，不应当是"谁欠谁的"。

在经济研究中注重历史，除了对历史作出评价外，还有以下目的：①从历史事件、数据中引出值得肯定的理论和方法、值得重视的经验和教训；②从历史事件、数据中探索其发生发展的规律；③以历史事实、数据证明或验证已经发现的规律和真理；④"承上启下"表明了事物的"来龙去脉"；⑤肯定过去的成绩，鼓励将来的进取，等等。

（6）经济研究的信息掌握

信息是人类智慧的传递，掌握、传递信息的部门形成了一个产业即信息产业。市场经济发达的国家，信息产业都很发达。经济研究要掌握的信息除了由专门的部门提供外，还要亲手动手收集、整理。这除了从文字资料中寻求外，还要善于观察，从一些日常现象中分析判断经济形势。

（7）经济研究的数学运用

对于这个问题，西方经济学中有两派：一派主张经济数学化，认为没有数学模型的经济论文，不是科学论文；另一派则认为经济论文数学化，不是经济论文，而是纯数学的推导，没有意义。西方有的人认为，萨缪尔森的宏观总量是根本算不出来的，是无法加总的。再说有的问题如组织结构、制度、规则不能数学化。

在我国不少的经济研究论文中，用数字去分析论证问题，表明从实际出发，进行实证研究，是应当倡导的。问题在于数字要运用得恰当，用得准确。所谓用得恰当就是要表明数与数、数与事物之间的因果关系。任何两个数都可求得比例关系，但比例关系不一定都是因果关系。所谓用得准确，一是数字本身要真实或不会有多少误差；二是恰到好处，不累赘。要知道，有的数据会有"虚假"，而在论文中堆积数据，反而会冲淡理论分析。

经济论文中的数学运用，除数据运用外，还有建立函数公式、建立数学模型。公式和模型能简化、代替文字说明，而且给读者以直观、形象的感觉，运用得当能增添论文的表达力和说服力，但也不要把简单的问题复杂化，甚至故弄玄虚。

（8）经济研究的心态考察

在西方经济学中有适应性预期和理性预期之说，而且后者还形成了一个学派，叫"理性预期学派"。一般认为美国经济学家约翰·穆勒是这个学派的创始人，他在 1961 年率先提出"理性预期"这个概念。

适应性预期是货币主义者提出的，主要是对价格的预期，如今年某一种商品的价格趋涨，则会刺激明年更多的生产等。

在我国，人们的心理预期对经济生活有重大影响。如果人们预期经济形势看好，则愿意多投资；如果人们认为某种商品的价格涨了还要涨，则乐意购进；如果人们认为某种商品短缺，则会导致抢购等。预期是对未来变化的认识从而采取的"适应性"的行为。这里存在着误差即预期得是否准确。这种准确主要取决于两个因素：一是信息，二是人的素质。信息准确、灵通，人的素质高，预期的误差小，相反误差大。但不论误差大小，均会对经济生活产生影响。所以经济研究不能小看这一问题。

人们对经济问题的预期，受各种因素的影响，比如社会各阶层人们的心态变化，所以经济研究要运用心理学，分析人们的心态变化。

曾康霖教授在《认知Ⅱ》中提出了，必须关注的经济研究的共十一条见解，即：①要以马克思主义经济学的基本原理为指导；②要以我国社会主义的基本理论和党的方针政策为指导；③要借鉴西方经济学中有用的理论和方法，但不要生搬硬套；④一切从实际出发，不要有"框框"，更不要为了适应某些人的意图而有偏见；⑤要善于比较，但要注意它们的可比性；⑥既要做定性分析，更要做定量分析；⑦要正面论述，但不排斥反面探讨；⑧要借鉴别人的研究成果，要善于从公布的资料中分析问题；⑨要准确地运用概念，赋予概念具体内容，不要似是而非，令人难以捉摸；⑩要直接、鲜明地表达自己的见解，不要转弯抹角含糊其词，更不要搞文字游戏；⑪要注重文风，深入浅出，不要故弄玄虚，哗众取宠。这十一条见解对经济研究具有普遍意义和指导作用。

值得特别提出的是，曾康霖教授在学科建设中反对"拿来主义"和"崇洋媚外"。他经常给学生讲，不能认为从西方引进的、"洋人"讲的才是理论，中国人有聪明才智，理论来自实际，对实际做出大部分人都认同的概括，实际便升华到理论。当然，西方经济学家的观点，特别是他们研究问题的思维方式和方法，是需要学习和借鉴的，学科建设也不能例外。他还认为，金融学科建设要站在理论前沿，但站在学科前沿还要结合实际，要一步一步地去消化和接受。站在前沿不能一知半解，更不能把它弄成"玄学"，让人云里雾里。学问是人做出来的，做出来的学问是丰富人的思想和指导人的行动的。为此，需要考虑师资队伍的适应程度、学生的接受程度以及实际部门的运用程度等问题。

6. 不断思考如何推动学科建设，怎样凝练金融学科研究方向

关于推动学科建设，曾康霖教授提出：①怎样有效地让科学研究推动学科建设？科学研究能够建立新的理论模式，能够提出新观点和新的政策主张，但这些不等于就是学科建设。学科建设要讨论的问题是：存在的时间、空间有何变化；考察的对象范围有何推展；知识要素和理论脉络有何创新；研究方法和范式有何突破。而这些不是把国外的（西方的）搬过来就行了，而要密切结合中国现实，为此必须深入实际，调查研究。②学科建设不是独立的，它有赖于其他学科的发展，包括哲学、自然科学、社会学、经济学和法学。

在这方面，跨学科的研究大有可为。③学科建设除推动学科发展，推动人类文明进步，丰富人们认识外，要有利于提高人的素质和培养人才质量。在这一方面还需努力，如只是要求发表文章（哪怕在高层次刊物）不要求致力于教学，从高校来说，这是不可取的。国内高校，学科建设要取各家之长，补自己之短，必须持续加强各学科之间的配合、协作、交流，在适时强化转变教学模式、转变研究模式、转变管理模式的同时，还必须持续强调强化调查研究、理论密切联系实际、学界之间相互交流，切实形成浓厚的学术氛围。

关于怎样凝练金融学科研究方向，曾康霖教授指出，要根据当代本学科建设和发展的状况，根据繁荣发展我国社会学科的需要，根据国家和本地区建设和发展的需要，凝练研究方向既要继承成果，又要扬长避短，人有我先，站在前沿，研究方向不宜按金融行业确定，研究方向也不等于研究课题名称，研究方向的内涵应当明确、有意义有深度广度、内容有创新，代表这个学科发展现阶段需要研究的各方面问题的集群，这包括若干理论和实际问题。为此，他提出了若干可供确立相关研究方向参考的命题，如：①现代金融与中国传统金融理论、学说包容、协调研究；②金融宏观调控微观基础、手段及配套措施研究；③经济全球化条件下，国际货币流通及储备研究；④现代商业银行制度建设及竞争力研究；⑤商业保险、社会保障与建设和谐社会研究；⑥金融工具创新与金融资产定价研究。

7. 理顺学科建设与培养人才的关系，强调科研为教学服务

1981 年，曾康霖教授就在《金融研究》上发表长篇文章，提出"金融理论教学的内容需要更新和丰富""要突破苏联教材的束缚""要摆脱传统观念的影响""要排除'左'的思想和错误的干扰"。此外，曾康霖教授还分析了教材建设与学科体系建设、人才培养之间的关系。他指出：应当说学科体系

与课程建设、人才培养有联系，但不能等同，不要局限于学科体系去培养人才。换句话说，培养人才要跳出经济学与管理学的思维模式范畴。人才要在实践中培养，不是课堂上能培养出来的，如形象的树立、谈判技巧、适应能力等。他指出：应当注重培养复合型人才，这集中体现在能力方面。在能力方面，有总的需求，如：应变能力、交往能力、理论联系实际的能力。但也要分层次，具体地说：在教学上，本科生要选好教材，培养他们通过课堂学习，系统地吸收消化学习前人知识的能力；硕士生要在本科生的基础上培养他们具有明辨是非，有自己见解，能够承担研究问题的能力；博士生要在硕士生的基础上，具有善于发现问题、研究问题、解决问题的能力。在培养博士生的路上，他提出了"20字"的学习准则，即："拓宽领域，以专带博，充实功底，掌握方法，小题大做"；在思想政治方面，他提出主要是与博士生交流怎样做人，具体地说就是帮助他们排忧解难。

从金融教学角度说，曾康霖教授主张应适应我们经济社会形势发展的需要，从我国现有状况出发，必须把货币金融学与金融管理学区分开来。他认为前者属于宏观经济学的范围，后者属于微观经济学的范围。把金融学纳入管理学科符合金融业发展的趋势，也是社会对金融企业的作用的认同，也就是增加微观主体自我运作、自担风险的理念和知识的教育。

曾康霖教授一直主张，要把科研成果转化为智力，丰富教学内容，科研为教学服务。

曾康霖教授倡导金融研究需要在特色、气魄、创新上下功夫。①所谓特色，就是立足国情，坚持理论联系实际，努力形成自己的特点和风格。根据经济发展的实际，我国通常被归入发展中国家和转型经济国家。除了这两点，还应该看到，我国是大国，大国不仅意味着幅员辽阔、人口众多，在全球经济中举足轻重，而且意味着适应性、包容性强，差异性大。他指出，从我国实际出发研究经济问题，不仅要研究物质资源的开发和配置，而且要研究人力资源的培育和配置；不仅要研究宏观和微观经济问题，而且要研究区域经济协调发展问题。在金融领域，要研究大国金融在全球金融中的地位、权利与义务，要研究大国同时又是发展中国家的金融话语权。中国金融的特色是大国金融、社会主义金融、发展中的金融。大国金融主要体现在：其一，扶贫金融是大国金融的组成部分，农村金融制度建设始终是大国金融的重头戏，大国要特别关注货币政策效力的区域差异，地区间资金流动是大国金融的关注点，聚焦国际金融资源配置是大国金融的担当；其二，社会主义金融体现在：金融活动主要以政府信用为支撑，中央银行相对不独立，商业银行相对高度集中，金融机构展业存在"亲政府倾向"，财政与金融具有同一性且统一平衡；其三，发展中的金融主要体现在：它处于变化、发展和前进中，发展要遵循经济社会发展的客观规律，发展的最终目标是建立现代金融体系，现代金融是现代化经济体系的组成部分，现代金融就是创新金融、协调金融、绿色金融、开放金融和共享金融①。②所谓气魄，就是自信自强，坚持发扬优良传统，努力体现中华民族深厚的文化底蕴。中华民族在五千年的发展史中，曾经创造出灿烂辉煌的中华文明，中国经济曾经长期处在世界前列。在新的时代条件下，中华民族一定能够创造新的辉煌，实现伟大复兴。对此，我们要有充分信心。反映在经济学研究方面，就是既要注重博采众家之长，又要坚持以我为主。学习、引进、借鉴国外的经济思想是必要的，但目的是为我所用，不能抱有"外来的和尚会念经"的心理，更不能生搬硬套。③所谓创

---

① 曾康霖. 大国金融及其特色：为中国金融立论［J］. 中国高校社会科学，2019（3）.

新，就是与时俱进，坚持站在学科前沿，努力有所发现、有所创造、有所进步。改革开放以来，我国经济发展成就巨大，经济学研究也取得了长足发展。但我们不能满足于已经取得的成绩，而应当清醒地看到经济发展中还存在许多突出矛盾和问题，需要认真研究解决。比如，怎样使国民收入分配向老百姓倾斜，怎样提高内需型消费在 GDP 中的比重，怎样扮演大国的角色，投资与消费怎样制衡？怎样调整经济结构、转变经济发展方式、增强自主创新能力？他指出，我们不仅需要从经济学的视角去研究这些问题，也要从金融学的视角去研究这些问题，而研究的思路和方法不能固守原来的套路，必须大胆创新。创新不仅要体现在理念上，而且要体现在方法上。所以，必须进一步解放思想，敢于打破陈规，勇于突破前人的思维模式。

三、结语

曾康霖教授数十年如一日，系统研究金融基础理论，不懈探索，勤奋著述，1987—1997 年，先后出版的《货币论》等 8 部金融理论系列专著，均获得省部级奖。2002 年的《金融经济学》较早研究了金融和经济的基本关系，荣获刘诗白奖励基金一等奖，中国教育发展基金会 2004 年金融教育科研成果优秀著作奖。2004 年，他出版了《曾康霖著作集》。其后，他又出版了《曾康霖著作集续集》《曾康霖主编教材集》《曾康霖文集》。这些著作反映了他 60 年的教学和科研生涯与成就。在 2005 年第三届四川省杰出创新人才活动评选中，他被誉为"中国转轨金融理论奠基人"。其后，2011 年，他领衔编著《百年中国金融思想学说史》，先后获得孙冶方经济学金融创新一等奖、四川省第十七次哲学社会科学优秀成果一等奖、教育部第八届高等学校科学研究优秀成果奖（人文社会科学）一等奖。

　　曾康霖教授长期执着于金融学科建设，系统研究金融基础理论，研究前沿、热点问题和经济范畴间的相互关系，研究经济金融发展趋势和交叉学科，着力于推动中国的经济金融学的建设。在他的学术成果中，既有金融与财产性收入、财产性收入与中产阶级形成关系的阐述，又有"研究金融必须研究经济的主张"，强调"在我国研究金融不能不研究财政"；要研究弱势群体的金融需求，结合我国农村发展研究农村金融，提出扶贫性金融理论及制度安排构想；主张中国的社会科学研究，要有特色、有气魄、能创新，要从中国的实际出发，站在学科前沿，与时俱进。

　　曾康霖教授主持制定的高校金融人才培养方案，注重五个方面的结合：一是中国传统教育思想与欧美近现代教育思想的结合；二是师徒传授，因材施教和集体培养、规范教育相结合；三是提高学生金融理论素养和参与金融改革能力培养相结合；四是金融学科研究与多学科、跨学科研究相结合；五是现实与未来相结合。

　　曾康霖教授在教学和科研中，注重厘清问题之间的关联和知识点之间的逻辑关系，把知识系统化、程序化，以传授知识条理清楚、讲授方式生动以及语言艺术吸引学生，并不断深化教学内容，激发学生学习研究的热情和兴趣。

　　近年来，随着金融改革的不断深化和国际化发展，金融研究的领域也在不断扩展，金融风险预警、抵御金融危机、金融安全控制以及对虚拟资本、虚拟经济的探索实践，都对金融研究、金融人才培养提出了新的挑战，这也成为曾康霖教授学术研究的新视角和新领域。

参考文献：

[1] 曾康霖著作集 ［M］. 北京：中国经济出版社，2004.

[2] 曾康霖著作集续集 ［M］. 北京：中国经济出版社版，2010.

[3] 曾康霖主编教材集 ［M］. 北京：中国金融出版社，2011.

[4] 徐培文，吕晖蓉. 曾康霖：深耕金融 ［N］. 中国经济时报·理论周刊，2013-06-26.

[5] 曾康霖，刘锡良，缪明杨. 百年中国金融思想学说史 ［M］. 北京：中国金融出版社，2015.

[6] 李光磊，安仁. 彰显百年中国金融思想光辉 访《百年中国金融思想学说史》主编曾康霖 ［N］. 金融时报，2016-05-06（职场）.

[7] 刘方健，杨继瑞. 曾康霖学术思想考 ［M］. 成都：西南财经大学出版社，2016.

[8] 张小军，秦立军，马玥. 知行金融　曾康霖 ［M］. 武汉：华中科技大学出版社，2016.

[9] 曾康霖文集（基础与前沿）［M］. 成都：西南财经大学出版社，2018.

[10] 曾康霖. 大国金融及其特色：为中国金融立论 ［J］. 中国高校社会科学，2019（3）.

目 录

第一编　学习经典著作读书笔记

　　一、学习马克思《资本论》第一卷（法文版）笔记　/3

　　　　附录　《资本论》（法文版）的独立的科学价值　/26

　　二、学习恩格斯《反杜林论》笔记　/33

　　三、学习马克思《政治经济学批判》笔记　/56

　　四、学习马克思《1861—1863年经济学手稿》笔记　/69

　　五、学习《资本论》第二卷手稿第一章笔记　/89

　　六、学习《资本论》第三卷笔记　/102

　　七、学习《马克思恩格斯〈资本论〉书信集》笔记　/186

　　八、马克思主义在实践中发展　/195

第二编　学习外国名著读书笔记

　　一、学习《旧制度与大革命》笔记　/203

　　二、学习《21世纪资本论》笔记　/215

　　三、学习《欧元的思想之争》笔记　/228

　　　　附录一　论欧洲货币联盟的理论、思想和价值基础　/242

　　四、学习《美国货币史（1867—1960）》笔记　/250

　　　　附录二　量化宽松的货币政策的理论基础、传导机制及效应
　　　　　　　　评价　/266

　　　　附录三　大国末路:从卢布崩溃看美国人怎么玩金融　/269

　　五、学习《金融创新》笔记　/274

　　六、学习《债务危机:我的应对原则》笔记　/278

第三编　学习权威文件笔记

一、对社会主义基本经济制度的认知　/289

　　附录一　邓小平同志对社会主义本质的认知　/290

　　附录二　邓小平理论之社会主义初级阶段　/298

　　附录三　"社会主义初级阶段理论"形成的幕后故事　/299

二、对推进国家治理现代化的理解　/305

三、学习《坚持、完善和发展中国特色社会主义国家制度和法律制度》的
　　体会　/307

四、学习习近平总书记关于金融问题的讲话体会　/309

　　附录四　习近平谈金融经济：

　　　　　　经济是肌体，金融是血脉，两者共生共荣　/317

五、学习习近平总书记论改革与经济发展的体会　/322

六、对"百年未有之大变局"的体会　/343

第四编　温故而知新　见微而知著

一、经济发展的反思　对外依存度　美国赤字　/349

二、金融本质认知　金融制度变迁　德国全能银行
　　银行中介融资与市场融资　/356

三、怎样看待银行不良债权　/362

四、论中央银行的本和利　对中央银行货币政策调控操作的认知　/367

五、对国有商业银行的认知　为客户保密　资产证券化　/376

六、经济学科研究　新经济　通货膨胀视角　/381

七、一些基本理论问题需要再认识　/387

八、企业的社会责任　国有化与私有化　/391

九、货币政策的松与紧　宏观调控　/396

十、关注国外学者关于金融与经济关系的论述　/404

十一、学习国内学者关于经济与金融相互关系的论述　/407

十二、按科学发展观设计我国的金融制度　/412

十三、经济增长归根结底要以人为本　/418

第五编　信息知多少　贵在敏与思

一、乡村振兴报告的亮点　/423

二、土地流转相关的问题　/425

三、刘易斯拐点中的拐点：年轻人不愿意进工厂打工　/426

四、对市场在资源配置中起决定作用的理解　/429

五、对企业家精神的认知　/430

六、收入多少算是中国穷人　/432

七、我国房地产价格在相当长的时期为什么降不下来　/434

八、对各国公众理财方式的评析　/436

九、国内专业人士对互联网的看法　/439

十、对哈耶克商业周期理论的评析　/442

十一、经济全球化带来的影响　/444

后记　/448

第一编　学习经典著作
读书笔记

编者导读：本编呈现在读者面前的是曾康霖先生数十年如一日沉潜经典，探究学术，所记下的部分经典著作读书笔记。这些笔记是由曾康霖先生大量读书笔记手稿整理而成的，渗透了曾康霖先生独立思考、深刻体会的思想精华，主要有：学习马克思《资本论》第一卷（法文版）、学习《资本论》第二卷手稿第一章、学习《资本论》第三卷、学习《马克思恩格斯〈资本论〉书信集》、学习马克思《政治经济学批判》、学习马克思《经济学手稿（1861—1863）》和学习恩格斯《反杜林论》笔记。

一、学习马克思《资本论》第一卷（法文版）笔记
　　附录　《资本论》（法文版）的独立的科学价值

二、学习恩格斯《反杜林论》笔记

三、学习马克思《政治经济学批判》笔记

四、学习马克思《1861—1863 年经济学手稿》笔记

五、学习《资本论》第二卷手稿第一章笔记

六、学习《资本论》第三卷笔记

七、学习《马克思恩格斯〈资本论〉书信集》笔记

八、马克思主义在实践中发展

一、学习马克思《资本论》第一卷（法文版）①笔记

编者导读：《资本论》第一卷（法文版），1983 年在我国翻译出版。学界认为它有其独特价值。曾康霖先生常常在教学研究中强调，研读《资本论》第一卷（法文版），可以使我们对其中所涉及的许多理论和实际问题的认识变得更加明确、具体、深刻。本部分内容，即根据曾康霖先生读书笔记手稿整理，并呈献给读者。

学习第一篇 第一章《商品》笔记

商品的两因素

（1）商品的使用价值是指它的有用性。有用性决定于商品体的属性，商品体，即商品的实体属性，即自然性质，它本身具有的性质。

使用价值离开了商品体就不存在。"使用价值只是在使用或消费中得到实现""不论财富的社会形式如何，使用价值构成财富的物质"②，这说明财富会以不同的社会形式出现，货币是财富的社会形式之一。财富的物质与财富的社会形式是有区别的。

在商品生产的社会形式下，使用价值是交换价值的物质承担者。马克思之所以讲物质承担者，是因为交换价值是一种关系，要讲清楚以什么对象物来承担这种关系。

---

① 马克思. 资本论：第一卷 [M]. 法文版. 中共中央马克思、恩格斯、列宁、斯大林著作编译局，译. 北京：中国社会科学出版社，1983.

② 马克思. 资本论：第一卷 [M]. 法文版. 中共中央马克思、恩格斯、列宁、斯大林著作编译局，译. 北京：中国社会科学出版社，1983：12.

注：该笔记所引用原文均为曾康霖教授的读书笔记所阅文，引用时在引文后直接标注出页码。全书同。

（2）"交换价值首先表现为量的关系。"这里的"首先""表现"值得注意。"首先""表现"不能作为交换价值的定义。定义要揭示概念的内涵，而概念的表现与概念的内涵是不同的。可以说商品首先表现为能满足人们某种需要的物，但不能说商品的定义就是能满足人们某种需要的物。下定义的科学方法是：类加种差，其公式是被下定义的概念＝种差＋邻近类概念。交换价值最邻近的类概念是什么呢？商品有两种属性，一方面满足人们的某种需要，另一方面用来交换别种物品。因此"商品效用"，是使用价值和交换价值最邻近的类的概念。而满足需要和用于交换是他们所反映的商品效用属性上的种差。按照"类加种差"的下定义的方法，交换价值定义应是"商品能够用于交换的效用"。马克思在另外一个地方还讲，交换价值是它具有的与其他商品相交换的能力。

交换价值所反映的比例关系，随着时间、地点不同会改变，但不管怎么改变，总是可以用一个等式来表示，X 量的小麦 ＝ Y 量的铁，这一等式说明，小麦和铁有一种共同的东西，这是第三种东西，它既不是第一种物（小麦）也不是第二种物（铁），这个第三种物不会是使用价值，不可能是它的自然属性（如重量形状等），因为"很清楚，商品的使用价值在商品交换时被抽象掉了"（14p）。

作为使用价值，商品首先有质的差别，作为交换价值，商品只能有量的差别。因为，使用价值是满足需要的属性，不同商品有不同的属性。因为，交换价值是在与别的商品的比例中反映自己的交换能力，只有质上相同的东西才能比较，所以，把质相同作为一个前提，然后比较量。

"如果把商品的使用价值撇开，商品就只剩下一个性质，即劳动的产品。"（14p）

（3）商品作为一种劳动产品来看待。"具有同一的幽灵般的现实性"（14p），"幽灵般的"是看不见摸不着，但又是已经确实存在的东西（客观存在的东西），这个东西便是"在他们的生产上耗费了人类劳动力，积累了人类劳动"（15p）。

价值量由生产商品的社会必要劳动时间决定，社会必要劳动时间"是在一定社会的正常的条件下，在平均熟练程度和劳动强度下劳动所需要的时间"（15p）。"在这里单个商品是被当作该种商品的平均样品"来看待的。这说明这是确立同种商品的社会必要劳动时间。

价值量随劳动生产力变动而变动，与劳动生产力成反比。

劳动生产力不等于劳动生产率，"劳动生产力是由多种情况决定的，其中包括：劳动者的平均熟练程度，科学的发展水平和他在工艺上应用的程度、生产资料的规模和效能，以及纯粹的自然条件"（16p）。劳动生产率是有用劳动在一定时间内的效率（以高低衡量），它取决于生产力，生产力以强弱、大小衡量。劳动生产率与劳动生产力成正比。

（4）一物可以是使用价值而不是价值。它分为非人类劳动产品和人类劳动产品，但不是商品。为自己生产使用价值，要生产商品，它不仅要生产使用价值，而且要为别人生产使用价值，即生产社会的使用价值（17p）。但是价值物必须是有用的，如物没有用，劳动就不创造价值。

商品所体现的劳动的二重性

（1）"没有这种分工就没有商品生产，虽然不能反过来说，商品生产对社会分工是不可缺少的。"（18p）这里讲社会分工与商品生产的关系。这种分工"包括与各种使用价值的总和相对应的"各种各样的分工。有一种使用价值的生产就有一种分工。由于有生产不同的使用价值的分工，产生交换的必要（分工与交换并没有必然联系，如工厂内部有系统的分工，但没有交换，这里所谓的"交换"是指交换价值的交换）。

（2）商品都是"物质和劳动这两种要素的结合"的产物。这里说的物质，指"某种天然存在的、完全不依赖人的东西"（19p），人的劳动改变物质的形态，在改变物质形态的过程中还要经常依靠自然力的帮助。劳动不是使用价值的即物质财富的唯一源泉；劳动是价值的唯一源泉。

（3）劳动的计量单位是时间，是"简单平均劳动"。把复杂劳动化为简单劳动，就是"化为当作它们的计量单位的简单劳动的不同比例"（21p）。

本来简单劳动"是每个没有任何专业的普通人肌体具有的简单的力量的耗费"（21p）。但在不同的国家、不同的时代有不同的性质。为什么？因为没有任何专业的普通人能把自己具有的劳动力耗费出去，必须符合劳动的要求，满足劳动的条件。

马克思说"生产力属于具体的有用劳动，它不再同抽去了有用形式的劳动有关"（22p）。这是说生产力变化直接关系着具体劳动的形式，而与抽象劳动无关。无论生产力怎样变化，在一定时间内，同样的时间内执行职能的同一劳动，总是凝固为同一价值。

价值形式

（1）价值是看不见摸不着的商品，作为价值物总是不可捉摸的（24p）。从哪里证明它的客观存在（现实性）呢？马克思说"这种社会的现实性只能在社会交换中，在商品同商品的关系中表现出来"（24p）。这里"现实性"是"客观存在的东西"的意思。"一个商品的价值就是通过它表现为交换价值而得到表现的"（38p），这里纯粹（完全）指价值是抽象劳动的纯粹凝结。为什么加"纯粹"二字，因为古典政治经济学如威廉·配第所注，价值中包括使用价值的元素。

这种社会现实性即人类劳动的表现，是把不同的物化为同一的社会单位经过交换，才获得的。这表明：处于等价形式上的商品不能同时处于相对价值形式上，它不表现自己的价值，只是为与之交换的商品的价值表现提供材料。这也表明：同一商品在同一价值表现中，不能同时具有这样两种形式，换句话说，同一商品在不同的价值表现中，能具有这两种形式。在这个关系中是处于等价形式，在另一关系中处于相对价值形式。

相对价值形式

（1）不同的物只有化为同一单位后，才能在量上互相比较。上衣和麻布作为价值量是同一单位的表现。

（2）一个商品在没有与另一个商品发生关系时，它作为价值是人类劳动的凝结，是价值抽象，价值的性质没有显露出来，这时它仅仅以有用物的自然形式出现。但在一个商品和另一个商品发生价值关系时，价值的性质显露出来了，并且表现为"决定它与另一个商品的关系的固有的属性"。意思是说不仅显露出来，而且表现出了这种性质决定它们之间的关系。

马克思分析处在相对价值形式的那个商品的相对量的四种变化后说，"可见，价值量的实际变化不能明确地，也不能完全地反映在价值量的相对表现上。即使商品的价值不变，它的相对价值也可能发生变化，即使商品的价值发生变化，它的相对价值也可能不变"（31p）。

（3）处于流动状态的人类劳动力形成价值，但本身不是价值，只有在凝固（劳动，劳动力处于流动状态中）的状态时，在物的形式上才成为价值。这就是只有将劳动物化。把劳动化（凝固）在物中，才形成价值。

为什么价值量的相对表现，不能明确地，也不能完全地反映价值量的实际变化，因为价值量的相对表现，要受货币价值量变化的影响。如商品价值量增加，货币价值量下降，则会表现为更多的相对价值量。

（4）"一切商品作为价值都是同一单位即人类劳动的可以相互代替的相同的表现。因此，一种商品一旦具有一种使它表现为价值的形式，它就可以同另一种商品交换"（32p）（这段话德文版没有）。这是说将一切商品作为价值，由于单位相同，可以比较，从而能相互代替（交换）。但交换需要有价值形式，一旦具有价值形式，就可以交换。

由于等价物的自然形式成了价值的表现形式，这就使得它直接以价值的形式与其他商品发生作用，具有直接的交换能力。

其他商品不是以价值形式出现，而是以使用价值形式出现，这样就需要把自己的使用价值形式变换为价值形式，才能与其他商品交换，所以不具有直接交换的形式。

等价物→以价值形式的身份出现→不需要再转化为价值形式→具有直接交换的形式。

其他商品→以使用价值形式出现→需要转化为价值形式→不具有直接交换的形式。

商品→（转化为）价值形式→（交换）商品。

在两个商品的价值形式中，处于相对形式上的那个商品总是表现为价值量，处于等价形式的那个商品总是表现为有用物的单纯量。意思是只把处于相对价值形式上的那个商品以价值量表现出来了。等价物自身的价值量没有表现出来。

为什么使用价值成了价值的表现形式呢？

这说明处于等价物上的商品，不是以能满足人们的某种需要的身份出现，而是以能满足人们的社会需要的身份出现。

马克思说："因为任何商品都不能作为等价物同自己发生关系，也不能使自己的自然形式成为自己的价值形式，所以，它必须把另一商品当作等价物，从而使另一商品的使用价值成为它的价值的形式。"（34p）核心的意思是自己不能成为自己的等价物，必须把别的商品当作等价物。别的商品的价值不能表现，能表现的只是它的使用价值，所以，只能用使用价值表现价值。

马克思说"商品形式的发展是同价值形式的发展一致的"（34—40p），这是说在历史发展的进程中，劳动生产物是怎样取得商品形式的。马克思说"劳动产品的价值，一旦取得了价值形式，它就取得了商品形式"（39p）。他又说，"在社会的历史发展中，只是一定的时代，也就是生产使用物所耗费的劳动表现为这些物固有的性质即它的价值的时代，才使劳动产品普遍转化为商品"（39p）。如果商品的价值只取得了简单的形式，那么，劳动产品还只是商品的最初形式，最初形式是一种不充分的、萌芽的形式。这说明从逻辑上说，先具有价值形式，后取得商品的形式。

等价形态的三特征

第一个特征：使用价值成为价值的表现形式，这是一种"转换"，这种"转换"只有在价值关系中才能产生（马克思说，资产阶级经济学家从价值形式的完成形态出发，才注意到货币是商品，是用使用价值表现价值）。

为什么只能是"使用价值成为价值的表现形式"呢？马克思讲了一个"因为"，即"因为任何商品都不能作为等价物同自己发生关系，也不能使用自己的自然形式成为自己的价值形式，所以，必须把另一商品当作等价物，从而使另一商品的使用价值成为它的价值形式"（34p）。意思是：①自己不能成为自己的等价物；②自己不能成为自己的价值形式，所以要别的另一种商品的使用价值来表现。

第二个特征：具体劳动成为抽象劳动的表现形式。因为等价物是一个具体的物体，是具体劳动的产品。

在价值关系中，生产等价物的具体劳动有用性不在于"造了衣服"，而在于造了一个"使人看得到的价值的物体"。这说明马克思进一步分析了生产等价物的劳动的作用。

第三个特征：私人劳动"终究变成了直接社会形式上的劳动"。等价物是私人劳动的产品，因而生产它的劳动是私人劳动。但在价值关系中，由于要把它拿来"当作无差别的人类劳动的表现"，使它与生产别种商品的劳动具有同等的形式，因而就使得它"变成了直接的社会形式的劳动"，这里值得注意的是，马克思的推理，具体劳动表现了抽象劳动，抽象劳动是一种社会意义上的劳动（具有社会意义），使得私人劳动变成了"直接社会形式上的劳动"。私人劳动不需要通过中介活动就能成为社会劳动。

"价值表现的秘密"是什么？马克思说"一切劳动由于而且只是由于都是人类劳动而且有的等同性和同等意义"，即一切劳动都是人类脑力和体力的支出。支出量具有共同的单位，劳动时间能够等同。

总和的或扩大的价值形式

扩大价值形式说明价值能够表现在不同的使用价值上。如麻布的价值表现在上衣上，我们就说麻布的上衣价值；如麻布的价值表现在谷物上，我们就说麻布的谷物价值。这说明，同一商品的价值具有种种不同的相对表现。

位于左端的商品处于扩大的相对价值形式上，处在这一形式上，说明它与任何与它交换的商品都具有"等同"的性质，即人类劳动的性质，说明一种商品能和一切商品发生社会关系，说明价值表现是无限的，能表现在"一切特殊形式"的使用价值上。

在扩大价值形式中，一种商品的价值能表现在各种商品上，而且表现在不同的（所有者）交换者上。无数商品但其量"总是不变的"。这说明"不是交换调节商品的价值量，恰好相反，是商品的价值量调节商品的交换比例"（41p）。

在扩大价值形式中，等价物是特殊等价物，其之所以特殊，是因为具有不同的"自然形式"，使用价值特殊（种种不同的商品体）。

扩大价值形式的缺点是从两方面分析的：

从相对价值形式方面分析是一个"无穷无尽的价值表现系列"；

从等价形式方面分析不完全、不充分。

不完全是说这若干等价物并列，而且"每一种商品的自然形式在这里都是一个特殊的等价形式"（42p）。这样"其中每一个都排斥另一个"，意思是说，如果由某一种商品充当等价物，其他都不能充当，即不能完全充当等价物。

不充分是指人类劳动的表现"不充分"。因为在每一次交换中，能够表现商品价值的商品只有一种，这种商品是特殊劳动的产品，这时这一特殊劳动作为抽象劳动的代表表现出来了，其他的则不能，所以不充分。

一般价值形式

为什么一般价值表现的形式是简单的和共同的，因而是"一般的"（44p）。说明一般是个抽象（简单即单纯，抽掉了复杂因素，以一个东西作标准，如标准牛、标准羊、假定它的价值不变）。共同的即同一种商品上（简单是指数量，共同是指种类）。

"第一种形式和第二种形式都只是使一种商品的价值表现为一种与它自身使用价值或物质不同的东西"（44p），这说明在这两种形式中，价值是什么样子，只是同被表现的商品的使用价值不同，而不能说明价值与一切商品的使用价值都不同。因为这时，都是以各种不同的商品的使用价值来表现价值的。

在一般价值形式下，各种商品实际上才彼此作为价值发生关系。因为这时价值表现在一种唯一的、同一的商品上。这说明价值的存在形式只与这种商品的使用价值相同，而与其他一切商品的使用价值相区别。反过来说，一切商品的价值都以这种商品表现出来，或者说一切商品都以它代表自己的价值，这样，就为彼此当作价值发生关系创造了条件。

这是质的飞跃

在前两种价值形式中，一种商品的价值要以什么形式表现，"可以说是每个个别商品的私事，它完成这件事情是不用其他商品帮助的"（45p），"对它来说，其他商品只是起着被动的等价物的作用"（45p）。说明在简单和扩大价值形式下，等价物是"被动的等价物"，因为一种商品要成为等价物还要接受某一商品的选择认定，从这个意义上讲它是被动的。

在一般等价物形式下，等价物是"商品总体共同活动的结果"，这时当等价物的商品不再需要选择、认定，谁持有这种商品，谁就能表现商品的价值。所以，可以说是主动的等价物。

一般相对价值形式的产生是商品总体共同活动的结果

"一种商品所以获得一般的价值表现，只是因为其他一切商品同时也用同一个等价物来表现自己的价值，而每一种新出现的商品都要这样做。"（45p）这里讲了一个时间、空间界限。"同时都用一个等价物""出现了新商品也要用同一个等价物"，如果不这样，价值表现一般就不存在。

作为等价物的商品是"单纯社会物的商品"（45p）这种商品存在于商品交换的系列关系中。在一般价值形式下，等价物是"商品总体共同活动的结果"，这时充当等价物的商品不再需要选择，认定谁持有这种商品，谁就能表现商品的价值。所以能够说是主动的等价物。

一般等价物的性质是怎样确立的呢？马克思说："商品世界的一般的相对价值形式，给被排挤出商品世界的等价物商品印上了一般等价物的性质。"（45p）这说明由于商品世界的相对价值形式取得了"一般的形式"以后，才给等价物印上一般等价物的性质的。

因为"麻布能够与其他一切商品直接交换，因此，它的自然形式同时就是它的社会形式"（45p）。注意逻辑推理。

相对价值形式和等价形式的发展关系

"等价形式的发展只是相对价值形式发展的表现和结果"（46p）偶然的等价物→特殊的等价物→一般等价物，这一发展过程是相对价值形式发展的主动要求。也就是价值要求怎样来表现，就有什么样的等价物。

"价值形式发展到什么程度，它的两极即相对价值和等价形式之间的对立，也就发展到什么程度。"（46p）

在简单价值形式下，相互关系的对立没有固定下来，意思是说在麻布＝上衣的等式中，如果把麻布处于左端，即处于相对价值形式，则上衣处于等价物；如果把上衣处于左端，即处于相对价值形式，则麻布处于等价物。说明两项可以互换，也可以倒过来。

在扩大价值形式中，一切商品作为等价物与一种商品对立，"在这里，不能再颠倒等式的两项"（47p）。也就是不能把一切商品置于相对价值形态，把一种商品置于等价形态。如果能够这样，就不是扩大价值形式了。如果能这样，价值形式的性质便改变了。所以，在扩大价值形式中，等式两端的对立固定下来了。

在一般价值形式中，由于处于等价形式的商品只有一种商品充当，因而赋予商品总体的是"一般的和单一的相对价值表现"。这时，"除了一个唯一的例外，他把一切商品都从等价形式中排除了"。由于其他商品都不是处于等价形式上，所以，麻布才能处于与其他一切商品直接交换的形式上。这说明，只有一般等价物才能与其他一切商品直接交换。

处于与其他一切商品直接交换的地位上的商品，和处于与其他一切商品不能直接交换的地位上的商品，是相互联系、相互对立的。说他们相互联系，就是彼此分不开。各以自己的对立方面作为自己存在的前提。说他们相互对立，就是彼此排斥，我要能取得直接交换，你就不能取得。这说明，商品要有一般的相对价值形式，就必须有一般的等价形式，没有一般等价形式，就没有一般的相对价值形式。商品要能交换，必须先取得"一般的相对价值形式"，不能取得就不能交换。所以蒲鲁东、布雷、格雷要商品能直接交换只能是空想。

在一般价值形式下，价值形式的两极的对立，不仅相对地固定了，也不能颠倒，而且使这种对立处于一般的形式中。即左端是一般的相对价值形式，右端是一般的等价形式。处于左端的商品的相对价值，都以一般等价物表现出来；处于右端的一般等价物的相对价值，便以左端商品世界中某一种表现出来。由于取得了一般的形式，所以，这时第三种形式能够倒过来读。倒过来读，便是一般等价物的相对价值，表现在左端某一种商品上。这一点在扩大价值形式下便不行。不能说，在扩大价值形式下，特殊等价物的相对价值，在没有交换以前便表现在与之相交换的商品上，因为在这样的条件下，等价物是被动的。

从一般价值形式到货币价值形式的过渡

价值的货币形式的确定，是金在历史过程中取得了特权地位后确立的。马克思认为价值的货币形式从第一种到第二种，从第二种到第三种都发生了本质的变化。但从第三种到第四种"毫无区别"（49p）。

金之所以充当货币，是因为在以前它便是商品，而且是因为它过去就起等价物的作用。金曾充当过偶然等价物、特殊等价物、一般等价物（在或大或小范围内）。

"当它在商品世界的价值表现中独占了这个地位，它就成为货币商品。"（49p）马克思说："理解货币形式的困难，无非是理解一般等价形式，也就是说理解一般等价形式即第三种形式的困难。"（50p-51p）

马克思说："劳动产品的价值形式是现实生产方式的最抽象、最一般的形式，这就使现实的生产方式获得了历史的性质，即特殊的社会生产方式的性质。如果人们错误地把这种形式看作是一切社会中一切生产的自然的永恒的形式，那么，就必然看不到价值形式，进而看不到商品形式及其在更高发展阶段上的货币形式、资本形式等的特殊的方面。"（50p 的附注）这一段话说明，劳动产品以价值的形式存在，具有历史的性质，在生产方式发展的历史长河中，它是一个特殊阶段。但价值形式是最抽象的、最一般的形式。也就说，劳动产品作为价值形式已经存在于现实生活中，人们不觉得它有什么特殊的地方，它已经是最一般的形式。但人们要进一步问，劳动产品为什么都以价值形式出现？这不容易理解。因为，这种存在是最抽象的。也就是说，它是人经过思维后才能把握的。

马克思说：如果把劳动产品的价值形式看作一切社会中一切生产的自然的永恒的形式，那么，就必然看不到价值形式、货币形式、资本形式等的特殊的方面（50p）。这说明，劳动产品以价值形式存在，是发展变化的，是历史长河中的一个特殊阶段。资产阶级古典经济学家，在用劳动时间作为衡量价值量的尺度上，这一点上完全一致（即没有不同意见）。"但在货币上。也就是说，在一般等价物的固定形式上，他们的意见却各不相同，充满矛盾。"（50p）这说明他们对于货币的产生、本质、职能的认识各不相同，充满矛盾。其原因在于他们没有看到价值形式的特殊的方面。

学习第一篇 第二章《交换》笔记

（1）商品对所有者来说，只是这样的使用价值：①是价值的承担者；②是交换手段。这个使用价值，是就自然属性而言。这两方面的使用价值，都不是直接的使用价值，而是间接的使用价值。

由于"一切商品对他们的所有者是非使用价值，对他们的非所有者是使用价值"，所以必须全面转手，形成商品交换。

（2）商品在能够作为使用价值实现以前，必须表现为价值；商品在能够作为价值实现以前，必须被确认是使用价值。这两句话联系起来说，要实现使用价值→就要表现价值；只有表现才能实现；但要实现，必须确认。

（3）从什么意义上说，交换是个人的事情（个人的行为），从换取自己需要的使用价值的意义上说。

从什么意义上说，交换是一般社会的行为，从实现自己商品的价值的意义上说，是一般社会的行为。

（4）"对每一个商品所有者来说，每个别人的商品都是他的商品的特殊等价物，从而他的商品是其他一切商品的一般等价物。"（66p）这说明，特殊与一般是相对来说的。如果你把其他一切商品都当作特殊等价物，则就把自己的商品当作其他一切商品的一般等价物。这对每一个商品所有者来说，都是如此。如果大家都这样做，实际上就没有一般等价物。等价物这个概念是从交换中产生的。

一般等价物是作为比较物而存在的，它起到中介的作用。马克思指出，对商品所有者来说，"他们只有使他们的商品同任何另一种在它们面前表现为一般等价物的商品相比较，才能使他们的商品作为价值，从而作为商品相比较"（66p）。"如果不同商品的主人不把他们的不同商品作为价值与同一个第三种商品相交换、相比较，商品所有者就绝不能拿自己的物品同其他种物品相交换、相比较。"（68p）

（5）货币究竟是特殊商品还是一般商品？马克思说"一种特殊商品由于

其他商品的共同行动而分离出来，被用来表现这些商品各自的价值"（66p）。他又说"一般等价形式，固定在一个特殊种类的商品上，便转化为货币形式"。这是讲特殊是从自然属性来讲的。由于这种商品的自然属性宜用来表现别的商品的价值，这就比其他商品特殊。

马克思又讲，货币是一般商品，"既然一切商品只是货币的特殊等价物，而货币是他们的一般等价物，所以货币在它们面前充当一般商品，而它们在货币面前只代表特殊商品"（70p）。这再一次说明特殊与一般是相对的，而且是从什么样的等价物的意义上来讲的。从一般等价物的意义上来讲，货币是一般商品（显然，在这里，不是从使用价值来讲的，是从自然属性讲的）。

（6）劳动产品在交换中才能转化为商品。"在交换中，各种不同的劳动产品事实上彼此等同，从而转化为商品。"（67p）

商品具有价值与使用价值，价值是什么样子？交换的发展，要求产生一种可以感觉到的价值形式，而且需要一直存在，也就是说要求人们把商品体和货币体区别开来。这是一个过程，这个过程是随着劳动产品向商品的普遍转化才完成的。这说明，商品向货币的转化，是在商品普遍化的条件下完成的。从商品交换发展史来看，只有当"交换成为有规则的社会的事情"的条件下，交换的比例才作为价值量固定下来。从这时起"物满足直接需要的效用（使用价值）和物用于交换的效用（交换价值）"（68p）才明显地分离开来。

价值形式有独立化的必要，换句话说，交换者个人需要独立的价值形式，在直接的产品交换条件下，价值形式不独立。因为在物物交换条件下，一个商品要能成为等价物，必须对它的非所有者有用，成为非所有者的使用价值。交换成立后，它就作为使用价值退出流通领域，价值形式便消失了。这时价值形式与其使用价值结合在一块，没有从它本身的使用价值独立出来。

（7）价值形式发展到（取得了）"一般价值形式"后，一般等价物还没有"专门固定在一个特殊种类的商品上"，或者说，还没有结晶为货币。这时一般等价物还只在狭小的范围内发挥作用。并且"这种一般等价物形式同引起这个形式的暂时的社会接触一起产生和消失"（68p）。这说明，这时价值形式还没有固定，也还没有独立。

（8）充当一般等价物的商品"有两种情况起着决定作用"：①固定在最重要的外来物品上，外地有，本地没有，需要互通有无。②固定在本地可以让渡的财产上，财产可不可以让渡，需要条件，一是剩余生产物，二是可以移动的，三是财产所有者经常与社会接触。所以"游牧民族最先发展了货币形式，因为他们的一切财产和一切所有物都具有可以移动的因而可以直接让渡的形式，又因为他们的生活方式使他们经常和别的社会接触，因而促使他们进行产品交换"（69p）。

（9）资产阶级古典学派也讲货币是商品，与马克思讲货币是商品有什么不同呢？①资产阶级古典学派从商品的完成形态出发来分析货币本身是商品。马克思不是从商品的完成形态出发分析货币是商品，而是从萌芽状态出发分析的。②从完成形态出发，得出货币与其他商品的关系，与商品和商品的关系没有什么两样。从萌芽形态出发，揭示了货币生产的过程，揭示出货币是特殊商品又是一般商品。③弄清货币是一般商品，就弄清了在交换中货币给予商品的不是价值，而是它的价值形式。而资产阶级古典学派认为，在交换中，货币给予商品的是价值，不是价值形式。④弄清货币是特殊商品，是劳动产品，本身便有价值。而资产阶级古典学派认为，货币的价值纯粹是想象。⑤资产阶级认为货币是商品，是转瞬即逝的存在。马克思认为货币作为商品有静态与动态之分，作为静态的货币商品不是转瞬即逝的存在。⑥资产阶级古典学派认为货币是生产的产物，马克思认为货币是交换的产物，卖的产物，即承不承认货币。在罗马，皇帝曾下令禁止把货币当作商品，任何人不得购买货币，货币是为公共使用而设的。⑦金属货币是不是符号？马克思说，看从什么意义上说。如果从货币这种物掩盖着社会关系的意义上说，它是符号。马克思曾认为"每个商品都是一个符号，因为它只有作为在生产它时所耗费的人类劳动的物质外壳才是价值"（71p）。价值表明社会关系，"物质外壳"是符号，这种关系需要物质外壳来代表，所以是符号。

应当说，一种商品之所以能成为货币，是因为其他商品都要通过它来相互表现自己的价值。不应当说，因为这种商品是货币，所以其他商品才通过它来表现自己的价值。后者颠倒了因果关系。

学习第一篇 第三章《货币或商品流通》笔记

价值尺度

金履行价值尺度的职能，只不过是"为全部商品提供一种把它们的价值表现为同名、同质并且在量上可以比较的量的材料"（74p）。

正是由于金执行价值尺度的职能，金这个等价商品才成为货币。在这里，把金能够执行价值尺度的职能作为金成为货币的唯一原因。

"货币的价值量表现在各式各样的商品上。"（75p）这说明货币的价值量也是以各式各样商品的使用价值量表现的。马克思说把一份行情表上的价目倒过来读，就可以看出货币的价值量。为什么要倒过来读？价格倒过来就是货币的购买能力。如果一件商品价格 2 元，倒过来读，就是 2 元一件商品。1 元呢？则半件，说明每元货币的购买力是半件，也就是每元货币的价值表现在半件商品上。

商品的价格是商品价值的货币形式，表现价值的价格是观念的货币，它通过交换者的语言，或标签来表明，价格是多少。"既然商品在金上的价值表现仅仅是观念的，所以要表现商品的价值，只需要用观念的金或者只存在于想象中的金。"（76p）这里值得注意的是，逻辑推理既然是观念上的，所以要表现价值，只需要想象的金就够了。但想象必须以实在的货币材料作为基础（根据）。如果以铜作币材，则表现为铜价格，如果以金作币材，表现为金价格。币材不同，价格不同。以什么实在的货币材料为依据，又不是凭空捏造的，而是以"已作为货币商品处在市场上"为依据，马克思说："金所以充当观念的价值尺度，只是因为它已作为货币商品处在市场上。"（84p）

能不能用两种币材来估值呢？英国历史上曾采取金和银同时充当价值尺度，结果造成币制的长期混乱。因为采取两种金属同时充当价值尺度必须要有条件，即物化在它们中的价值（劳动）固定不变。在这个条件下，价值较低的贱金属，实际上是价值较高的贵金属的"一个固定不变的分数"。如一盎司金的价值为 1 500 小时，15 盎司银的价值为 1 500 小时，则它们的比例关系为 1∶15。这表明，一盎司银是 1 盎司金的 1/15。但实际上，它们的价值是变动的，因而比例关系也是可变的。当它们的实际价值由于劳动生产率变化而改变以后，它们的比例关系就应改变。如果它们的名义价值的比例与实际价值的比例不一致，就会产生某一种金属的实际价值高于或低于名义价值的现象。如金与银名义价值的比例关系为 1∶15，现在，银的劳动生产率提高，每盎司银的价值不是 100 小时而是 80 小时，金的劳动生产率不变，每盎司仍然 1 500 小时，这时，金与银的比例关系不是 1∶15 而是 1∶1 500/80，即 1∶18.75。也就是银的实际价值在名义价值之下。反过来说，即人们过高地估计了银的价值。在这样的条件下，人们就宁愿用银，而不用金。因为如果是 1∶15 兑换，实际上是 1 500 小时的金兑换（15×80）1 200 小时。

马克思说：在两种金属同时作为价值尺度的情况下，估价过低的金属，会退出流通，被熔化、输出；只有估价过高的那种金属才起着价值尺度的作用。

马克思说"价值尺度的职能同价值尺度的二重化是不相容的"（76p）。货币作为价值的尺度，把商品的价值表现为同名、同质的量，可以比较的量必须统一于一种金属，如不统一，则会丧失它的同名同质，这样就不能比较。

有了价值尺度，为什么还要价格标准？马克思说，这是技术上的需要，即把一定量的货币"分成等分"。而之所以要分成等分是为了不同量的金能互相比较和互相计量。如磅、盎司、担都是计量单位。

作为价值尺度和作为价格标准，金执行着两种完全不同的职能。作为一般等价物，它是价值尺度；作为固定的金属重量，它是价格标准。马克思说"作为人类劳动的社会化身，它是价值尺度；作为规定的金属重量，它是价格标准"[1]。

价格标准是金属的一定的使用价值量，它只能计量不同的金量，不能计量金的价值。

金之所以能够充当价值尺度，"只是因为本身是劳动产品，也就是说，是可变的价值"（78p）。这里说明金的价值是可变的。"金的价值变动也不会妨碍金执行价值尺度的职能。"（78p）马克思的这个观点与资产阶级古典学派不同，他们认为，执行价值尺度的东西本身的价值充当是稳定的。

为什么不妨碍？因为金的价格标准不变，不管价值多少和金的重量不变。表现为更多的价格标准。

能不能说"货币价值的提高会引起商品价格的相应地降低，货币价值的降低会引起商品价格相应地提高呢？"马克思说，不能得出这样的结论，要得出这样的结论，必须有条件，即商品的价值不变。

价格标准为什么要法律规定，这是因为需要社会公认。有了价格标准，人们就可以直接用价格标准来把商品的价值确立为多少货币量。这时，货币充当计算货币。

"货币名称既表示商品价值，同时又表示金的重量的等分。"（81p）马克思说："一个商品的相对价值表现总是两个商品等价的表现。"（81p）因此，"商品同它在价格上表现出来的那个货币量等价，不过是同义反复"（81p）。

---

[1] 马克思恩格斯全集：第23卷［M］.北京：人民出版社，1972：116.

这是把商品的价值量与它价格上表现出来的那个货币量的价值量相等（等同），没有另外的意义。但实际上，二者并不相等。因为，不能说"商品同货币的交换比例的指数，必然是商品价值量的指数"（81-82p）。"商品价格和它的价值量之间可能出现量的差距。""价格是物化在商品内的劳动的货币名称，价格是商品的货币名称，价格是观念的价值形式。"价格是观念的金，必须转化为实在的金，因为只有转化为实在的金，才能对它的所有者起一般等价物的作用（83p）。

流通手段

（1）商品的形态变化。商品在它的交换者手里时是现实的使用价值形式，观念的价值形式；货币在它的交换者手里时是现实的价值形式，观念的使用价值形式。

商品交换是商品同它的价值形态交换，<u>货币同商品的使用价值形态交换</u>。两者的交换都存在着从观念的形态转化为现实的形态的问题。

进入市场的货币，总是代表已经实现了的商品价格。这是因为，"撇开金在产地同商品的交换不说，金在每个既是生产者又是交换者的人手里都是卖的产物"（89p）。是一切其他商品普遍让渡的产物。如果金在产地同商品交换，金就不是已经实现了的商品的价格，它是直接的劳动产品。生产金的劳动是直接的社会劳动。

"商品流通和商品生产是极不相同的生产方式都具有的现象，尽管它们在范围和程度方面各不相同。"（95p）"因此，只知道这些生产方式所共有的抽象的商品流通的范畴，还是根本不能了解这些生产方式的不同特征，也不能对这些生产方式作出判断。"（95p）这两段话说明，不能把资本主义生产当事人之间的关系，仅仅归结为商品流通所产生的关系。

（2）货币的流通。商品流通赋予货币的运动，不是循环，而是不断离开它的出发点。这时商品流通是物质变换，卖是为了买，所以，货币处于不断流通中。货币作为购买手段的职能是实现商品的价格。货币流通从现象来看，是同一运动不断的、单调的重复，即买的运动。商品总是在卖者方面，货币总是作为购买手段在买者方面。购买是流通的一个方面，是商品流通展现在人们面前的现象。购买是从货币流通方面来看商品交换；出卖是从商品流通方面来看商品交换。

是货币流通使商品流通，还是商品流通使货币流通。马克思说，使商品流通的不是货币流通。货币流通使之流通的价值索取权，使商品流通的是运输工具①。

应当说由于商品要双方面的运动，使货币流通。从整体上看，从运动的连续性看（也就是把两过程连起来看）是商品流通使货币流通，因为商品要变换形态需要借助于货币。

但由于商品流通第一阶段完成以后，商品就退出了流通，这时运动的连续性就只表现为买，是单方面的运动。这样，人们看到的是由于买使商品运动起来，由于买使商品从把它们当作非使用价值的人手里，转到把它们当作使用价值的人手里。所以，从局部来看，从运动的一方面来看，是货币流通使商品流通。

"货币流通本身从商品流通转到它的动力和方向。"（101p）货币流通的速度，反映商品形式变换的速度（使用价值形式转化为价值形式）；反映新商品代替老商品的速度；反映退出流通进入消费领域的状况。

货币流通加速，表现出来的卖和买的"流水般的统一"（101p）；货币流通的缓慢，表现出来的卖和买的中断→物质变换的中断。至于这种中断由什么引起，从流通本身看不出来。

马克思说："货币所以具有流通手段的职能，只因为货币是商品的已实现的价值形式。"（97p）"已实现的价值形式"，即卖的结果，卖为了买，所以卖了，接着买后，就使商品流通。

货币价值变动对商品价格的影响

（1）货币在执行价值尺度职能时，本身的价值是既定的，也就是在确定价格的那一瞬间是既定的。

（2）货币价值变动以后，怎样影响商品价格呢？这有一个过程。

首先，表现在产地同其他商品的交换中，如货币价值降低，则同量的货币交换到的商品量少。反过来说，同量的商品量，交换到的货币量多。这样商品实现的价格就提高了。但在这种情况下，非产地的商品价格仍然不变。

其次，一些商品的价格提高了，逐渐影响其他商品的价格。价格变动的传导作用其过程的时间要多长，马克思说："要看世界市场的发展程度。"（98p）因为，在马克思看来，金都是从国外流入的，所以先影响出口商品价

---

① 马克思恩格斯全集：第46卷［M］．北京：人民出版社，1979．

格，后影响国内销售的商品价格，也就是出口商品价格提高，引起国内商品价格提高。最后导致所有的商品都按货币金属的新价值来估价。

最后，由于出口，货币流入增加，从而增加流通中的货币量。

价格增加到什么程度，货币就增加到什么程度。为什么会这样呢？先影响出口商品，应当说，出口商品增加到什么程度，货币就增加到什么程度。问题在于出口商要买，要把货币转给国内其他商品生产者，使国内商品生产者的商品价格增加。

马克思说"如果一个货币加快流通速度，另一个货币就会放慢流通速度，甚至完全退出流通领域"（101p）。"因为流通领域只能吸收这样一个金量，这个金量乘以它的平均流通次数，等于待实现的价格总额。"（101p）这说明，如果一部分货币的流通加速，就会使另一部分放慢流通速度，一个地区的货币流通加速，会使另一地区的货币放慢流通速度，甚至完全退出流通。因为容量是一定的，有一定的饱和程度，这个道理也适用于信用货币的流通。

待实现的价格总额以及这个价格总额所需要的流通手段量，可能有多种组合

（1）在价格不变的条件下，流通手段的量随商品量的增加、货币流通速度减慢而增加；相反，流通手段的量随商品量的更少，货币流通速度加快而减少。

（2）在价格普遍提高的条件下（水平）。如果流通中的商品量的减少同商品价格的上涨保持相同比例，则流通手段的量不变；如果流通中的商品量的减少比商品价格的上涨更迅速，则流通手段的量更少。如果流通中的商品量不变，而货币流通速度的增加同价格的上涨一样迅速，流通手段的量不变；如果流通中的商品量不变，而货币流通速度的增加比价格的上涨更迅速，流通手段的量减少。

（3）在价格普遍降低的条件下（价格水平）。如果商品量的增加同商品价格的下降保持相同的比例；如果货币流通速度的降低同商品价格下降保持相同的比例，流通手段的量依然不变。如果商品量的增加比商品价格的降低更迅速；如果货币流通速度的降低比商品价格的降低更迅速，货币量会增加。

在（2）（3）的条件下，强调商品量、货币流通速度对流通手段的量的影响。商品量对货币量的影响是间接的，商品量的增减→价格总额增减→货币量增减。

货币流通速度对货币量的影响是直接的，货币流通速度快→货币量减；货币流通速度慢→货币量增。至于商品量的减少、商品量价格的上涨：保持相同比例→流通手段量不变。这也是有条件的，条件是变动的结果使价格总水平不变。这一点告诉我们，这两个因素对货币量的影响可以相互抵消。流通速度加快、商品价格上涨：保持相同比例→流通手段量不变。这也是有条件的，条件是货币流通加速的结果能适应价格总量增加所需要的货币量。

这一点又告诉我们，这两个因素对货币量的影响也可以相互抵消。

铸币或硬币——价值符号

铸币或硬币——价值符号，在郭大力和王亚南翻译的《资本论》中，其标题为"铸币：价值符号"，这样，有的读者认为这二者等同。其实，铸币与价值符号是不能等同的①。

铸币也就是执行流通手段的货币，与货币材料即金条，开始只有形状的差别，也就是把金条铸造成铸币，一种形式变为另一种形式。这时金币的名义价值与实际价值没有分离，铸币有着十足的价值，从这个定义上讲它不是价值符号。

但是后来，由于铸币在流通中磨损，名义价值与实际价值分离。铸币在流通中发挥职能与它代表的价值无关，这时铸币就变成了价值符号，磨损的铸币只有已经失去的重量部分，才"实际上变成了单纯的符号或象征"。

在这种条件下"金不再是它必须实现其价格的那些商品的真正等价物"。（106p）

价值符号，可以是贱金属铸成的辅币和纸币。由贱金属铸成的辅币（如银记号或铜记号）的流通与它们的价值无关，完全是一个符号。"只有当金仅仅执行铸币或流通手段的职能时，金才可以被代替"，即被贱金属的辅币、纸币代替。

发行的纸币，只要是代替同名的金的重量来流通，那么，"它们的运动就只反映现实货币流通的规律"。（107p）也就是说，在这样的条件下，是货币流通规律的要求。

纸币流通规律就是："纸币的发行必须同它象征地代表的实际流通的金（或银）的数量成比例。"（108p）

———————————

① 读者笔记旁注，读者新的体会。

多发货币无异于改变价格标准，即降低货币单位的含金量。

马克思讲，货币作为流通手段执行职能，能够独立。作为价值尺度职能的货币与作为流通手段职能的货币能分离。后者能由货币符号来代替。

货币

贮藏手段职能"可以通过代表来执行"（110p）。

作为贵金属贮藏起来的货币，执行着与贵金属作为价值尺度、流通手段时不同的职能。

贵金属是价值形态的独立存在，是交换价值唯一的固定的代表，是作为价值形式与一切商品的使用价值相对立而存在的。马克思说"贵金属"执行了真正意义上的货币的职能。

货币贮藏

货币产生的条件是卖后没有继之以买。

起初，贮藏的货币代表使用价值的多余部分，为了保存多余财富而贮藏。

后来，贮藏的货币代表"社会的抵押品，为生产而贮藏，把商品当作交换价值来保存"。

马克思说，在贵金属产地交换，是只卖不买。商品所有者把产品卖给金银所有者，金银所有者不是买商品。为什么？马克思说，买要有一个前提，即作为买者的金银必须是出售他的商品的产物。应当是先卖后买，金银生产者没有先卖产品取得金银，所以用生产的金银交换，严格地说不是买。不是买，是什么呢？"不过是把贵金属分配给一切交换者。"（112p）

货币贮藏执行着种种不同的职能，第一个职能是货币流通的蓄水池，即调节货币流通。

支付手段

支付手段是在债权债务关系出现的条件下产生的，在赊销赊购中，货币被用来支付债务，后来，它又被用来支付利息，税款等。

在赊销的条件下，卖者成了债权人，买者成了债务人，在这里，商品的形态变化采取了新的形态。什么是新的形态？商品与货币不再同时出现在两极上。

（1）买者到期支付的货币都由契约规定。

（2）这里的货币执行着观念的购买手段，存在于买者的承诺中。

（3）欠债者为了支出不管其个人的情况如何，都必须把商品变为货币，成了社会的必要性。商品转化为货币，成了社会的必要（不仅是个人的必要）。

由于赊销商品的形态变化，采取了这样的新的形态，货币也就取得了新的职能（支付手段）。

预付，为什么不是货币发挥支付手段职能呢？马克思说："这里货币总是作为购买手段起作用，没有取得任何新的特殊形式。"（118p 附注）预付货币转让在前，实现了商品的价格。商品转让在后。虽然货币与商品也不再同时出现两极性，但不存在（1）（2）（3）种情况。所以，马克思认为商品的形态变化，没有取得新的特殊形式，从而货币也没有取得特殊形式。

前者特殊在什么地方呢？价格的实现必须后补，需要补充实现商品的价格，即价值的观念形态转化为价值的现实形态，需要有一个社会监督的过程（作用）。而后者不存在。后者观念的使用价值形式转化为现实的使用价值形式，需要有一个社会作用的过程。

支付手段流通的速度决定于两种情况：第一，债权人和债务人的关系锁链，即密切的程度；第二，支付的间隔期（实现各次支付的期限的间隔）。关系密切，支付间隔期短，流通速度快，需要量少；关系不密切，支付间隔期长，流通速度慢，需要的量多。

支付越集中，支付的差额相对地就越小，因而流通的支付手段量也相对地越小。因为相互抵消的可能性大，债权债务相互抵消后，不需要货币现实地发挥支付手段的职能。这时，货币只在观念上发挥计算货币的职能，即价值尺度的职能。但在实际支付时，货币不是充当产品转移的媒介，而是"充当社会劳动的单个化身，充当交换价值的唯一实现（独立存在），充当绝对商品"。（119p）

支付手段的量与支付期限的长短，究竟是成正比还是成反比，应当是成"反比"，因为支付期长，在此期间内票据之间抵销的可能性大，相对说来需要支付的量就成反比。这个问题要结合（120p 附注 52）来理解。

普通货币

（1）在世界市场上，货币才充分地以它的自然形式作为"一般人类劳动的社会化身"起作用，这意味着在国内市场上，货币还没有像这样充分发挥作用。

（2）在世界市场上，"货币的存在方式"才与"货币的概念"相结合，以商品的身份存在，说明它是具有使用价值与价值的商品。

（3）普通货币执行三种职能：①支付手段，在平衡国际差额时发生；②购买手段，在购买商品时发生；③一般财富的社会材料，把财富从一国转移到另一国时发生（不是买，也不是支付）。

（4）货币发挥世界货币的职能，需要准备金，准备金来自国内外。

（5）金银会由于两种因素引起而流动，一是用商品直接在产地与金银交换，这样使金银流出出口国。二是随汇率变化而运动，金银流入那些汇率高的国家。

学习第一篇 第四章《资本的总公式》笔记

（1）"两大陆的贸易和市场的建立在 16 世纪揭开了资本的近代史。"（129p）这说明现代经济学意义上的资本，是从 16 世纪才开始形成，其条件是世界市场的建立。

（2）货币是商品流通的最后产物，是资本的最新表现形式。这里强调货币产生的过程，强调货币的完成形式。

（3）历史上资本首先是作为货币财产出现的，是与地产相对立而出现的。地产是以人身的统治关系和依附关系为基础；货币财产不以统治关系和依附关系为基础。

（4）作为货币的货币与作为资本的货币的区别：流通的形式不同。

商品流通的直接形式：M→A→M 为买而卖。

A→M→A 为卖而买，在这种形式中，货币已经转化为资本。

上式即 A→M→A 包括买、卖两个阶段，这两个阶段通过用货币购买商品，又用商品购买货币统一起来。运动的结果是货币与货币交换。如果 A＝A 就没有意义。

两式具有特征意义上的区别，即循环的起点终点不同，充当的媒介不同。

两式实际上的区别，作为资本流通的货币要增值；作为货币流通的货币不增值。

在第一种形式下，货币转化为使用价值，货币最终是花掉了（进入流通）。

在第二种形式下货币转化为卖者的收入，从流通中再取回货币。拿出货币时，就蓄意要重新得到它，所以货币只是被预付。

（5）这两种形式的共同点。两种形式都把运动分为两个对立的阶段，在每个阶段上，都是买与卖的对立和统一。参与这两个阶段买卖的是三个人，"一个只是卖，一个只是买，一个既买又卖"。

（6）这两种运动形式的不同点。在第一种形式中，同一块货币两次变换位置，使货币从一个人手里转到另一个人手里。

在第二种形式中，同一件商品两次变换位置，使货币流回到它的出发点。货币流回到它的出发点与是否贱买贵卖没有关系，只要买进的商品再卖掉，就会发生货币流回的现象。

在第一种形式中，如果重复地卖，货币还是会流回到卖者手中，但这种流回与卖者的货币的支出没有任何关系。这就是说，不是因为买来卖使货币流回，而是由于它重复地卖。

在第一种形式中，买是卖的补充和完成；在第二种形式中，如果货币没有流回，活动就失败了，运动就中断或没有完成。在第二种形式中，卖是买的补充和完成。如果货币没有流回，说明这一阶段没有实现。

M→A→M 循环的最终目的是使用价值，卖后商品转入消费；

A→M→A 循环的最终目的是交换价值，卖后商品没有转入消费；

M→A→M 是不同物质的交换，两极的价值相等，目的使用价值；

A→M→A 两极的经济形式相同，其量不同，目的是增值。

（7）资本家是资本运动的代表，有意识的承担者。在 A→M→A 中，商品和货币这二者仅仅作为价值本身的不同形式执行职能；A 是价值的一般形式，M 是价值的特殊形式，这两种形式的不断转化，而且不断改变着自己的量。如果价值停留在货币形式上，资本便是货币；如果价值停留在商品形式上，资本便是商品。

变为资本的价值的这两种形式，货币形式与商品形式的作用不同，必须从货币形式上开始→结束→重新开始，自行增值的过程。

必须以商品形式两次变换位置作为预付货币流回起点并增值的条件。马克思说，如果撇开商品形式，货币就不能成为资本。

附录

《资本论》（法文版）的独立的科学价值 ①

（一）价值与交换价值

商品的二重性和二因素是一回事。

法文版《资本论》中"商品的两个因素：使用价值和交换价值或价值本身（价值实体，价值量）"这一改动，一方面，反映了论述次序，先分析使用价值，进而分析交换价值，接着从交换价值中引出价值。另一方面，体现了简便的做法。马克思说，在了解了交换价值与价值的区别后，说明商品是使用价值和交换价值就没有害处，"而只有简便的好处"（第 1 卷 75p）。

交换价值和价值，马克思早在《1857—1858 年经济学手稿》中就进行了区分，他写道，"一定劳动时间物化在具有特殊属性并与需求发生特殊关系的一定特殊商品中；而作为交换价值，劳动时间必须物化在这样一种商品中，这种商品只表现为劳动时间的份额或数量而同劳动时间的自然属性无关，因而可以变形为——即交换成——体现着同一劳动时间的其他任何商品"（《马克思恩格斯全集》第 46 卷上 115p）。在这里"交换价值"是作为抽象劳动的结晶"价值"来使用的。

（二）简单劳动、复杂劳动和非熟练劳动、熟练劳动

"较高级劳动和简单劳动，熟练劳动和非熟练劳动的区别，一部分是根据单纯的幻想，或者至少是根据早就不现实的、只是作为传统惯例而存在的区别"（第 1 卷 224p 注 18）法文版改为"复杂劳动与简单劳动（熟练劳动和非熟练劳动）之间的区别，常常是根据单纯的幻想"。这说明：高级劳动、复杂劳动、熟练劳动是一回事情，并没有什么区别。

（三）社会平均劳动与生产金银劳动

在法文版《资本论》中，马克思增加了一大段："另一方面，当问题涉及价值生产时，较高级的劳动总是要化为社会平均劳动，例如一日复杂劳动化为两日简单劳动。如果有某些有修养的经济学家反对这种

---

① 参见：冯文光.《资本论》的独立的科学价值 [J]. 中国社会科学，1983（2）.

'武断的言论'，那么用一句德国谚语来说，他们只见树木不见森林！他们指责这是分析的诡计，但他们所指责的恰恰是在世界各地每个角落天天都在发生的过程。极其不同的商品价值到处都无差别地表现为货币，即表现为一定量的金或银。因此，这类价值所代表的不同种的劳动，已经按不同的比例化为唯一的、同种的普通劳动所生产金银的劳动的一定量。"

社会平均劳动或简单劳动都是抽象劳动，因此，都带有抽象的性质。为了更进一步说明社会平均劳动或抽象劳动，马克思在法文版中把它同生产金银的劳动等同起来。复杂劳动化为社会平均必要劳动或简单劳动也就是化为生产金银的劳动。社会平均劳动所实现的价值就是这种劳动在同一时间内所生产的金量。

这样修改，一方面，社会平均劳动或简单劳动具体化了，变得更容易理解，更容易捉摸了；另一方面，马克思着重强调了金银的价值尺度职能。

（四）个人使用价值和社会使用价值

个人使用价值不能成为商品，社会使用价值才能成为商品。

社会使用价值是从分析一定的经济结构中得出的概念。马克思在评阿·瓦格纳的《政治经济学教科书》时说："在我看来，使用价值起着一种与在以往的政治经济学中完全不同的重要作用，但是——这是必须指出的——使用价值始终只是在这样一种场合才予以注意，即这种研究是从分析一定的经济结构得出的，而不是从空谈'使用价值'和'价值'这些概念和词得出的。"（第 19 卷 414p）

作为商品这个使用价值和交换价值的统一体中的使用价值是马克思研究对象的组成部分。如研究商品的二重性、价值形式，一种商品的价值通过另一种商品的使用价值表现出来，劳动力使用价值的特殊性等。

（五）关于物质生产力、社会关系和人的意识的关系

法文版将德文版中"一定的生产方式以及与它相适应的生产关系"一句改为"一定的生产方式以及从这种生产方式中产生的社会关系"。这里所说的"一定的生产方式"就是指物质生产力的一定发展阶段，"产生"就是指"决定"。在德文版另一处，马克思还指出："劳动生产

力处于低级发展阶段，是这些古老的社会机体的特征，因而……决定了人们之间的关系以及人们同自然之间的关系的狭隘性。"

法文版《资本论》对德文版序言中的一段话，即"除了现代的灾难而外，压迫着我们的还有许多遗留下来的灾难，这些灾难的产生，是由于古老的陈旧的生产方式以及伴随着它们过时的社会关系和政治关系"做了修改，即"……与这种生产方式相伴随的还有它所产生的过时的社会关系和政治关系"，在这里增加了"还有它所产生"几个字，强调这种关系都是由物质生产力的发展水平决定的。

法文版强调了物质生产和社会关系的变革，"使人的头脑发生变革"。

（六）关于生产方式

对于生产方式有不同的理解：

①指生产关系；②生产力与生产关系的统一；③指用什么工具进行生产；④劳动方式，也指生产的社会形式；⑤是生产力与生产关系的中间环节。

在法文版的改动中，生产方式大致有两方面的含义：一是指某种生产（形式），某种社会制度或经济制度；二是指生产技术工艺或生产技术方式。在《资本论》一卷中，"生产方式"是指劳动的生产条件，包括技术条件和社会条件。法文版"改造技术条件和社会条件，即生产方式"。

（七）关于《资本论》研究对象

研究资本主义生产方式，法文版中说就是研究资本主义生产。资本主义生产方式这个概念在法文版中，有时被改为"资产阶级社会""资本主义制度"，但在许多场合"资本主义生产方式"和"资本主义生产"同时并用。

在《资本论》第3卷中，马克思指出了资本主义生产的三个主要事实："1. 生产资料集中在少数人手中，因此不再表现为直接劳动者的财产，而是相反地转化为社会的生产能力……2. 劳动本身由于协作、分工以及劳动和自然科学的结合而组织成为社会的劳动……3. 世界市场的形成。"（第3卷296p）从这一意义上说：生产力也应列入《资本论》的考察范围。

（八）货币价值、商品价格、货币流通量的变化

流通手段量的变化是由货币本身引起的，但引起这种变化的不是货币作为流通手段的职能，而是货币作为价值尺度的职能。在论述这一原理时，《资本论》第 1 卷德文第 2 版，第 97 页上写道："先是商品价格同货币价值成反比例的变化，然后是流通手段量同商品价格成正比例的变化。"（第 1 卷 137p）法文版把这段话改为"在这些场合首先是货币价值发生变化。然后是商品价格同货币价值成反比例的变化，而最后是流通货币量同商品价格成正比例的变化"。这段话的修改强调了"首先是货币价值发生变化"，从而也就更突出了货币的价值尺度职能引起流通手段量变化的思想。

德文版《资本论》第 1 卷中说"先是商品价格同货币价值成反比例的变化"，意思不明确，甚至还可能产生错误的理解。商品价格同货币价值成反比例的变化，可以有两种情况，或者是商品价格的提高或下降，引起货币价值的下降或提高，或者是货币价值提高或下降，引起商品价格下降或提高。如果从前一种情况出发来理解问题，就有可能割断货币的价值尺度职能同流通手段量的变化之间的联系。

李嘉图认为，在流通领域，货币价值不是由劳动时间来确定的，而是由供求规律决定的。在他看来，流通领域的货币量是一定的，货币的价值取决于货币量和商品量的比例。他从另外的出发点回答了货币数量论。其公式是：流通中货币量变化→货币价值变化→商品价格变化。马克思在批评数量论时指出，首先是货币价值变化→商品价格变化→流通中货币量变化。

（九）比较价值

在德文版《资本论》第 1 卷 98 页，马克思指出，如果价值尺度本身的价值降低，那么首先会影响在贵金属产地同贵金属相交换的那些商品的价格，"可是，通过商品间的价值关系，一种商品会影响另一种商品，于是这种商品的金价格或银价格会逐渐同商品价值本身所决定的比例趋于一致，直到最后所有的商品价值都相应地根据货币金属的新价值来估价"（第 1 卷 137-138p）。这一段话以及紧接它的上下文的意思可以归纳为：金产地的价值下降→金产地的商品价格提高→别的商品价格也随之

提高→商品的金价格按照商品与金相比而言的价值改订→商品的价格普遍改订到什么程度，实现商品价格总额的金属数量就增加到什么程度。在金价值、商品价格、流通中金属数量的这种变化系列中，"商品的金价格按照商品与金相比而言的价格改订"一环，就是上面那句引文"这些商品的金价格或银价格会逐渐同商品价值本身所决定的比例趋于一致"所说的意思。但是，这样表述不是很清楚。因此，马克思在法文版中对这段文字做了如下修改："一种商品通过它同另一种商品的价值关系会逐渐地对另一种商品产生影响；商品的金价格或银价格逐渐同商品的比较价值保持平衡，直到最后所有的商品价值都根据货币金属的新价值来估价……"

商品的比较价值，即相对价值（交换价值）用它来代替"商品价值本身所决定的比例"，显然更清楚易懂。

（十）关于亚细亚生产方式

亚细亚生产方式指原始的生产形式，特点是生产资料公有；个人尚未脱离同氏族或公社的脐带（即个人尚未割断同母体的联系）。

（十一）关于未来的社会必要劳动

德文版《资本论》第1卷，谈到未来社会的必要劳动："如果整个工作日缩小到这个必要的部分，那么剩余劳动就消失了，这在资本主义的制度下是不可能发生的。只有消灭资本主义生产形式，才允许把工作日限制在必要劳动上。但是，在其他条件不变的情况下，必要劳动将会扩大自己的范围。一方面，是因为工人的生活条件日益丰富，他们的生活需求日益增长；另一方面，是因为现在的剩余劳动的一部分将会列入必要劳动，即形成社会准备基金和社会积累基金所必要的劳动。"（第1卷578p）

法文版对此做了修改，修改归纳为两点：①明确指出剩余劳动在资本主义制度被消灭以后就会消失；②指出资本主义制度中，剩余劳动的一部分在未来社会将会被看作是必要劳动。

（十二）关于暴力的一段名言的改动

改为"暴力是每一个临产的旧社会的助产婆"，改得更科学，只有革命条件成熟后，才能通过暴力为新社会催生。

（十三）关于一种商品固定为货币的论述

德文版第 1 卷 105 页 "货币结晶是交换过程的必然产物……可见，随着劳动产品转化为商品，商品就在同一程度上转化为货币"。

在法文版中对这段话做了多处修改，关键是对最后一句话的修改 "……交易的需要本身迫使人们赋予这一对立的躯体，要求产生一种可以感觉到的价值形式，这个需要一直存在，直到由于商品分为商品和货币这种二重化而最终取得这个形式为止。可见，随着产品向商品的普遍转化的完成，一种商品向货币的转化也就完成了"。德文版强调的是一个过程，就是在交换过程中，劳动产品越来越具有商品性质，商品就越来越转化为货币。法文版强调的则是，只有在产品普遍转化为商品的时候，一种商品才固定为货币。这里补加的"普遍"二字是关键。产品普遍转化为商品的时期也就是真正的商品生产的时期，即劳动产品从一开始就是为了市场而生产的那一时期，即第一章第三节所分析的商品具有一般价值形式的时期。

商品形式的发展同价值形式的发展是一致的。

商品的简单价值形式同时又是劳动产品的简单商品形式。

生产一个使用物所耗费的劳动表现为价值的时代，即表现为该物的"对象的"属性，才使劳动产品转化为商品。法文版改为"才使劳动产品普遍转化为商品"。指具有一般价值形式的时期。

马克思在《哲学的贫困》中曾指出交换经历了三个发展时期，第一个阶段，人们只是交换剩余物，这时价值形式是偶然的。第二阶段，是一切产品都纳入商业范围的阶段，这时产品一开始就是为市场而生产的。第三个阶段是普遍贿赂、普遍买卖的时期。这里的第二个阶段就是劳动产品普遍转化为商品的时期。（价值形式发展到一般价值形式的时期产品才普遍转化为商品）

法文版加上"普遍"二字，其意义在于说明：商品早就存在，有商品也就有货币（是否有商品就有货币呢?）。但商品形式和货币形式都有一个发展过程。只有到了一定的时期，商品的价值形式和货币才取得完成的形态。

（十四）对重农学派的评价

"重农学派最大的功劳，就在于他们在自己的《经济表》中，首次企图在年产品离开流通的形式上说明年产品的再生产的情况。他们的阐述在许多方面比他们的后继者更接近真理。"（德文版第 1 卷 258p–259p）后继者指亚当·斯密等人，"更接近真理"指剩余价值的起源问题。

（十五）对蒲鲁东的评价

蒲鲁东等人认为，商品不能直接交换是"现在生产形式的主要缺点"，故而主张保留商品生产、交换，废除货币。

在法文版《资本论》中，马克思说：我们可以根据这一点来评价资产阶级社会主义。资产阶级社会主义既想使商品生产永恒化，又想废除"货币和商品的对立"，就是说废除货币本身，因为货币只是存在于这种对立中。关于这个问题，详见我所著《政治经济学批判》第61页以及以下各页。

在这里，资产阶级社会主义显然是指蒲鲁东的社会主义。

二、学习恩格斯《反杜林论》① 笔记

编者导读：曾康霖先生在他的读书笔记中，把学习恩格斯《反杜林论》的笔记分为"前言""恩格斯对杜林的批判""读者的体会"三个部分。

（1）"前言"部分，是评价杜林是何许人，有些什么思想和主张，为什么受到马克思、恩格斯的高度重视，并对其进行批判。

（2）"恩格斯对杜林的批判"部分，是针对杜林的"三大著述"。恩格斯概括地批判了杜林的哲学思想，私有制度产生于暴力的谬论，以及对马克思劳动价值论的歪曲。特别是剖析了杜林唯心主义和形而上学的世界观和方法论。这一部分能够说是众所周知的，因为它绝大部分是源于媒体的报道。

（3）"读者的体会"部分，是读者读《反杜林论》的体会，它密切结合杜林在自己著述中的论述，仔细地剖析其谬论和错误所在。能够说这一部分更具有针对性、具体性和可读性。马克思主义哲学政治经济学是科学社会主义的理论基础，本部分对杜林的哲学思想进行了深入剖析，并系统地论证了马克思主义哲学的基本原理。然后，侧重从马克思主义政治经济学的原理来阐明什么是科学的社会主义和怎样实现共产主义。

前言

读过马克思、恩格斯著作的人都知道，关于恩格斯主著的《反杜林论》，杜林何许人，有些什么思想主张，为什么受到马克思、恩格斯的高度重视，并予以批判？这需要从头说起。卡尔·欧根·杜林（Keral Eugen Duhring），19 世纪德语作家、哲学家、庸俗经济学家，被认为是小资产阶级社会主义的

---

① 参见：恩格斯. 反杜林论 ［M］. 中共中央马克思恩格斯列宁斯大林著作编译局，译. 北京：人民出版社，1970.

代表。1833 年 1 月 12 日生于柏林，1921 年 9 月 21 日逝于德国的偌瓦维斯。杜林出生于一个普鲁士的官吏家庭。1853—1856 年在柏林大学学法律，毕业后在柏林法院担任律师和见习法官。后因患眼疾退出司法界。1861 年获柏林大学哲学博士学位。1863—1877 年任柏林大学历史、哲学和国民经济学讲师。杜林原先是一个社会改良主义者。从 19 世纪 70 年代开始，宣布改信社会主义，并以社会主义的行家和改革家自居。1867 年在报刊上撰文对马克思的《资本论》进行抨击。其后，出版《国民经济学和社会主义批判史》（1871）、《国民经济学和社会经济学教程》（1873）和《哲学教程——严格的科学世界观和人生观》（1875）等主要著作，系统地阐述了他的折中主义的哲学、庸俗的经济学和反动的社会主义理论体系，并向马克思主义全面挑战，声称自己在哲学、政治经济学和社会主义等领域都做了全面的变革。

概括地说，他的思想主张有：

（1）先验论。

杜林在哲学上鼓吹唯心主义论的先验论，认为先有模式、原则和范畴，然后把它们应用于自然界和人类社会，构成现实世界。

（2）政治经济学。

在政治经济学方面，他攻击马克思的剩余价值学说，反对废除私有制，把暴力看作产生剥削的根源，否认暴力革命在历史上的作用。

（3）社会主义理论。

他站在自己本阶级的角度考虑问题，主张不改变资本主义生产方式，实行平均主义的小资产阶级社会主义。

其实他所谓的思想和主张，绝大部分是抄袭别人的。马克思与恩格斯在《反杜林论》中指出，杜林在其著作中对前人和当代人著作的抄袭是非常严重的。他不仅抄袭像康德和黑格尔这样的德国古典哲学家的著作，而且抄袭像亚当·斯密这样的英国古典政治经济学家的著作，甚至连空想社会主义者欧文和傅立叶的著作也不例外。至于在抄袭的内容方面，则不仅抄观点，而且抄体系。例如，杜林的哲学体系就是从黑格尔的《哲学全书》中抄来的：黑格尔的哲学体系分为逻辑学、自然哲学、精神哲学三大部分，而杜林的哲学体系也是如此。恩格斯在谈到这一点时讽刺地说：杜林"如此忠实地抄袭《全书》（指《哲学全书》），竟使黑格尔派的永世流浪在柏林的犹太人米希勒教授感激涕零。"① 当然，杜林在抄袭他人著作的时候，也并不都是全盘照搬的，而是注意到了用自己的语言来表达，并且有所取舍。例如，他杜撰出来的所谓"定数律"的概念就是从康德《纯粹理性批判》中关于时间空间有限性命题中抄来的，但他却摈弃了康德在同一个地方提出的另一个十分重要的命题——时间和空间无限性命题。正如恩格斯所说："他孜孜不倦地从康德的二律背反中抄下对他有用的东西，而把其余的东西抛在一边。"② 另外，杜林在抄袭他人著作时，也并不全是为了弥补自己思想的贫乏和知识的不足，有时还为了贬低别人，抬高自己。例如，他说黑格尔的全部著作就不过是一些"热昏的胡话"，而欧文、博利叶和圣西门三个空想社会主义者则被他称为"社会炼金术士"，至于马克思的全部著作则不过是"历史幻想与逻辑幻想的杂种荒谬观念"，等等。他甚至认为，谁要是不同意他的这些观点，谁就只能是"白痴"。杜林抄袭他人著作的行为给他带来的后果是十分严重的：这不仅使他的著作变得毫无独立价值可言，还使他受到同时代人的批判和唾弃；而且从此之后，其著作再也无人问津。后来他又因其他事由被柏林大学校方剥夺了讲课权力，从此其晚景凄凉，并于 1921 年离世。

尽管如此，必须承认他的三大著述涉及哲学、政治经济学、社会主义学说三大领域，洋洋数十万言，在当时德国思想界包括社民党内都产生了广泛影响，以致引起马克思与恩格斯的高度重视，并联手写下了《反杜林论》一书与之论战。然而，也正是在《反杜林论》发表以后不到一年，杜林的社会影响就销声匿迹了，从此以后，再无人关注他的著作和思想，若非阅了马克思和恩格斯的《反杜林论》一书，我们今天也是绝不会知道历史上还有过杜林这一人的。那么，究竟是什么原因导致了杜林先生的这一悲惨结局呢？我想，除了像马克思和恩格斯所指出的其理论上的错误以外，一个十分重要的原因就是其著作的抄袭性。

恩格斯对杜林的批判

恩格斯的《反杜林论》最先用德文写于 1876 年 9 月—1878 年 6 月，以《欧根·杜林先生在科学中实行变革》为题陆续发表在德国社会民主党中央机

① 马克思恩格斯选集：第 3 卷 [M]. 北京：人民出版社，1995：374.
② 马克思恩格斯选集：第 3 卷 [M]. 北京：人民出版社，1995：389.

关报《前进报》及其副刊上。1878 年 7 月才作为专著出版。《反杜林论》共分五个部分，即序言、引论、哲学、政治经济学、科学社会主义。序言主要有三版，是说明《反杜林论》一书出版的历史背景。引论部分设有两章，其中心思想是阐述社会主义怎样从空想变成科学的。哲学设有十二章，恩格斯严厉批判了杜林反动的唯心主义先验论，系统地论述了马克思主义的唯物主义反映论。政治经济学共有十章，其中第十章是马克思写的。前四章论述政治经济学的基本观点和方法，科学地说明了政治经济学的历史性和阶级性，批判了杜林在政治经济学上的先验主义和形而上学观点；第五章到第九章论述了政治经济学的主要范畴、价值和价值规律等，批判了杜林的庸俗政治经济学；第十章是政治经济学说史的论述，批判了杜林的历史虚无主义。科学社会主义共有五章，这是全书最重要的部分，是全书的核心。马克思主义哲学、政治经济学是科学社会主义的理论基础，科学社会主义是前两者的落脚点和归宿。

剖析了杜林唯心主义和形而上学的世界观，系统地论证了马克思主义哲学的基本原理

（1）批判了杜林的唯心主义先验论，阐明了唯物主义的反映论，论述了思维、意识是对物质的反映这一根本观点。

马克思主义哲学——辩证唯物主义和历史唯物主义，是整个马克思主义学说的重要部分，是无产阶级的科学的世界观和方法论。杜林认为，人类认识的出发点不是客观存在的物质世界，而是某些"原则"，他主张"原则在先"，即先有思想后有物质，否认物质世界的客观性，把人的意识看成纯粹思维的产物。恩格斯指出，思维、意识来源于实践，它们也必须同实际情况相结合，如果离开实践，它就会成为不可想象的东西。思维和意识具有相对的独立性。不应当使物质世界与思维相适应，而应当使思维去适应物质世界。通过对杜林谬论的批判，恩格斯简明地论述了意识的起源和本质，阐明了包括意识的相对独立性和能动性在内的认识辩证法，论证了认识对实践的依赖关系，从而坚持了唯物论的反映论，捍卫了在认识论基本问题上的唯物主义路线。

（2）批判了杜林的世界统一于存在的折中主义，论述了世界统一于物质这一唯物主义原理。

杜林认为，因为人的思维是统一的，所以现实世界才是统一的。在世界统一于什么这个问题上，杜林玩了一个折中主义手法，提出"世界统一于存在"。杜林所说的"存在"，与我们通常所说的"存在决定意识"这个命题里的"存在"其含义是不同的。我们所说的"存在"是指客观存在的东西，它与"自然界""物质"等是同一系列的概念。而杜林所说的"存在"，是十分含混的，它的含义相当于"有"这个概念。按照杜林的说法，"精神""上帝"都是"存在"的。恩格斯指出："世界的真正的统一性是在于它的物质性。"只有这个科学命题，才能真正揭示问题的本质：世界上的现象无论多么千差万别，都是根源于物质的统一性，都是物质的表现形态，都是不以人们的意志为转移的。

（3）批判了杜林的时间、物质、运动问题上的谬论，论述了运动是物质存在的方式，时间和空间是物质存在的形式。

杜林认为，世界在时间上是有开端的，在空间上也是有限的，并胡说物质可以脱离时间而存在，时间也可以脱离物质而运动。恩格斯指出："一切存在的基本形式是时间和空间，时间以外的存在和空间以外的存在，同样是非常荒诞的事情。"物质是运动的，物质的运动只能在时间、空间中进行，时间和空间是物质存在的形式。

在物质和运动的关系问题上，杜林认为，自然界最初处于物质和机械力统一的状态，即所谓的不动的"宇宙介质的状态"，物质和运动是可以分离的。恩格斯深刻地批判了杜林的形而上学观点，阐述了马克思主义的运动观。"运动是物质的存在方式。无论何时何地，都没有也不可有没有运动的物质"，"没有运动的物质和没有物质的运动是同样不可想象的"，阐释了物质运动形式是多种多样的，并且是由低级向高级发展的，运动是绝对的，静止是相对的，运动是永恒的、客观的，它没有起点和终点。

驳斥了杜林的庸俗经济学观点，全面地论证和发挥了马克思主义政治经济学说

杜林全面攻击马克思主义政治经济学的基本原理，这正是他的先验主义哲学在政治经济学领域中的具体表现。他歪曲政治暴力和经济的关系，夸大暴力的作用，否定经济的决定作用；他攻击马克思劳动价值学说、剩余价值学说，意在为普鲁士地主资产阶级效劳。恩格斯在这部著作的政治经济学部分对杜林的观点进行了透彻的批判，系统地论述了马克思主义政治经济学的基本原理。

（1）私有制产生的根源在于经济，不在于暴力。

恩格斯深刻地批判了杜林对经济和政治暴力关系的歪曲，他指出：历史上基础性的东西不是暴力，而恰恰是经济。在资本主义制度下，资产阶级对无产阶级的政治统治，就是为了榨取工人的剩余价值。

①私有制产生的根源即在于经济领域，而不在于暴力。②资本主义制度的产生也不是暴力作用的结果，而是商品生产进一步发展的产物。③暴力是以武器的生产为基础的。④必须全面分析暴力在历史上的作用。

恩格斯进一步指出，对暴力在历史上的作用应做全面分析，不能一概否定，应当看暴力在具体历史条件下所起的积极作用。暴力违背经济规律时，当然会对社会经济发展起阻碍作用，但是当暴力适应经济规律时，对社会发展就会起到重要的推动作用。

（2）劳动价值论不容歪曲。

马克思主义政治经济学认为：商品的价值是凝结在商品中的无差别的人类劳动，商品的价值量决定于商品生产时所耗费的社会必要劳动时间。价格是商品价值的货币表现，价格以价值为基础。可是杜林把商品的价值与价格混为一谈，认为两者没有区别，只是表现形式不同：价格用货币来表现，价值不用货币来表现。这是对马克思劳动价值论的巨大歪曲。

关于简单劳动是计量价值的标准，杜林认为，任何劳动时间都是等价的，企图否定马克思关于简单劳动和复杂劳动的学说。恩格斯指出，劳动决定价值，但劳动还有简单劳动和复杂劳动之分。劳动本身没有价值，它只能是价值的尺度。关于剩余价值学说。杜林硬说马克思认为资本是由货币产生的。这是明目张胆的歪曲。恩格斯对此进行了批判，论述了马克思关于资本和剩余价值的学说。他指出，货币与资本是有本质区别的，货币作为资本和货币作为商品的一般等价物流通的形式是不同的。货币流通公式是商品—货币—商品。但货币作为资本时，它的流通公式是货币—商品—货币。据此，马克思科学地揭示了剩余价值的来源，从根本上揭示了资本主义社会剥削的秘密，找到了无产阶级和资产阶级对立的经济根源，并进一步揭示了资本主义社会发生、发展和灭亡的规律。

揭露了杜林假社会主义的实质，进一步阐述了社会主义从空想到科学的发展过程和科学社会主义的基本原理

关于社会主义的问题，在《反杜林论》中恩格斯从生产、分配和社会组织等方面批判了杜林的"社会主义"理论，阐明了科学社会主义基本原理。

（1）消灭旧的分工，消灭城乡差别是实现共产主义的必要条件。

在分工问题上，杜林认为，城市和乡村的对抗，"按事物的本性来说是不可避免的"；在选择职业上，"只要注意到各种不同的自然状况和个人能力"就行了。为了深入批判杜林在这方面散布的谬论，恩格斯阐述了消灭旧分工和城乡分离的必要性。恩格斯指出，消灭旧的分工和城乡对立的物质条件就是社会化大生产。只有在改变了大工业的资本主义性质，建立了社会主义制度的情况下，大工业才能合理地分布。

杜林认为，社会主义根本不是历史发展的必然产物，更不是资本主义经济条件的产物，并从他的历史观出发，歪曲了资本主义经济危机的根源，把它归之于"群众消费水平低"，或个别资本家的急躁和个人考虑不周的结果。恩格斯指出，消费水平低并不是什么新情况，"群众消费水平低，是一切建立在剥削基础上的社会形式，从而也是资本主义社会形式的一个必然条件；但是，只有资本主义的生产形式才使这种情况达到危机的地步"。杜林否认经济危机是资本主义的必然产物，从而否定变革资本主义生产方式的必要性，而把资本主义生产方式搬进他的"社会主义"，这说明杜林的社会主义是假社会主义。

（2）社会主义的分配原则，绝不是等量劳动与等量劳动的交换。

杜林认为，资本主义方式很好，可以继续存在，但资本主义分配方式很坏，一定得消灭。他把生产和分配看成毫无联系的，认为分配不是由生产决定的，而是由纯粹意志行为决定的。他认为社会主义的分配原则是等量劳动和等量劳动相交换。恩格斯批判了"等量劳动和等量劳动相交换"的谬论，指出每个社会成员都领取他的全部劳动价值，这正是拉萨尔的"不折不扣的劳动所得"的翻版。恩格斯还论述了价值和货币的基本概念。他指出，只有商品才有价值，不是商品就无所谓价值。商品是为社会需要而生产的，所以商品必须有两个因素：使用价值和价值。使用价值能满足人们的某种需要，当商品被社会承认为社会必要劳动时，才具有一定的价值。商品的价值是由其他商品来表现的。货币成为商品的价值。

（3）在资本主义制度下，绝不会有"普遍公平原则"。

杜林并不否定资本主义的生产方式，而是主张通过改变分配方式来消除资本主义的一切弊端。在社会主义理论方面，他否认共产主义代替资本主义的历史必然性，反对马克思主义的革命学说，主张在保留原有国家机器的基础上，实行"普遍公平原则"，企图用他的"共同社会体系"学说代替科学社会主义理论。恩格斯指出，杜林的学说不过是"假科学的最典型的代表之一"。

读者的体会

学习《反杜林论》的体会，就从杜林假设的剥削的产生从抽象的两个男人开始。

抽象的两个男人，不能说明剥削的产生

杜林认为：人要进行生产劳动（劳动进行生产），是经济的自然规律，这是永恒的。也就是把生产看作人与自然界的关系。生产出来的东西，怎样进行分配呢？杜林用抽象（组成）的两个男人来说明问题。他认为人类社会最简单的元素就是两个抽象的男人。他说两个人，其中一人或者压迫对方或者不压迫对方（而后者实际上不存在）。杜林说："在这里可以设想两个人在平等的基础上共同劳动，也可以设想以完全压服一方的办法把力量合在一起，于是这一方被迫作为奴隶或单纯的工具去从事经济的服役，而且也只是作为工具被养活。"于是压迫者用他的"暴力"强迫另一方为他劳动，占有他的劳动成果，于是分配就出现了剥削、产生了贫富。这样，就犯了所谓的"（原）罪"。杜林为什么要用两个男人来说明分配问题？因为在杜林看来，人对自然界的统治，必须以人对人的统治为前提。恩格斯说："他这样就把全部分配理论从经济学的领域，搬到道德和法的领域中，使分配按照他所预想的平等、正义方式来安排。"杜林把全部历史归结为人对人的奴役。

阶级和统治关系是怎样产生的呢？

马克思主义认为，在阶级社会中剥削阶级"主要地、几乎完全地依靠和通过对物的支配来进行对人的支配"。恩格斯说阶级和统治关系的产生经历了两条道路：一条道路是，在原始社会中，由于生产水平很低，没有剩余产品，人们共同劳动，共同分配产品，不存在阶级和统治关系。当时，在公社内部，

为了维护各成员之间的共同利益，就有必要推选出一些人来进行监督或调解纠纷。在公社之间，为了维护各公社之间的共同利益和反对相抵触的利益，有必要建立一些机构和推出一些代表来执行社会职能。随着生产的发展，社会有了剩余产品，剥削成为可能。这时这些执行社会职能的人就有条件把剩余产品据为己有，从而产生了阶级。另一条道路是，由于劳动生产率的提高，剩余产品的出现，战俘变成了奴隶，从而产生了阶级。继后，恩格斯又补充说道：阶级的产生可以从人的劳动的这种相对不发展的生产率中得到说明。这是说，阶级的产生是由于生产有了发展，但又不是很发展的结果。生产发展，有了剩余产品，公社一些人（例如，执行某种社会公共职能的人）有条件不劳而获，利用职权占有剩余产品，战争中的俘虏也可以不杀掉，将其变成奴隶。这表明马克思、恩格斯的论述完全遵循了历史唯物主义。可是杜林从历史唯心主义的观点出发，把阶级和统治关系的产生，归结为暴力和掠夺的结果，即一人"手持利剑"强迫另一人进行劳动，掠夺占有别人的劳动产品，便产生了阶级和统治关系。乍一听起来，似乎有点道理，因为在原始公社崩溃的末期，不是把战俘作为奴隶，从而促进了奴隶制的建立。其实这完全是欺人之谈。恩格斯指出：并不是每个人都能使用奴隶服役。为了使用奴隶，必须掌握两种东西。第一，奴隶劳动所需要的工具和对象；第二，维持奴隶困苦生活所需要的资料。在原始公社时期，战俘为什么被杀掉呢？就是因为当时生产力低下，还不具备使用奴隶这两个条件。而后来把战俘变成奴隶也正是由于生产的发展，有了剩余产品，具备了这两个条件。因此阶级的产生，奴隶制的产生，完全不是基于暴力，而是生产的发展的结果。

不能混淆概念，篡改历史

恩格斯说：虽然财产可以由掠夺而得，但无论如何，财产必须先由劳动生产出来，然后才能被掠夺。暴力虽然可以改变占有状况；但是不能创造私有财产本身。

杜林为了反对马克思主义阶级是由生产发展的结果产生的，杜撰暴力产生阶级和统治关系的谬论，还捏造了一个所谓"人对自然界的统治，是以人对人的统治为前提"的欺人之谈（无知谎言）。为了证明"人对自然界的统治，是以人对人的统治为前提"，杜林先是直截了当地把"自然界"变为"大面积的地产"，而且又立即把这个地产转变为大地主的财产，然后提出问题，如果没有大地主对奴隶的统治（人对人的统治），如何能设想大地主一个人怎么能够经营大面积的地产呢？

恩格斯痛斥了杜林故意混淆概念的恶劣手法。他指出：对自然界的统治和地产经营绝不是一回事。对自然界的统治规模，在工业中比在农业中大得多。怎么能把人对自然界的统治，仅仅说成对地产的经营呢？其次恩格斯揭露了杜林惯用的像变戏法那样，故意偷换概念。恩格斯说，怎么能够主观臆断"大面积的地产"所有者就一定是大地主呢？"我们在所有的文明民族的历史初期所看到的不是'大地主'——而是土地共有的氏族公社和农村公社。"在这些公社里，土地为公社公有，由公社共同经营。杜林这种捏造，只能证明他的无知。恩格斯还说，断言大面积的地产经营需要有地主和被奴役者，这种说法纯粹是他的"自由创造和想象物"。在整个东方，公社或国家是土地的所有者，在那里的语言中，甚至都没有地主这个名词。

杜林为什么要把这种关系颠倒过来呢，用政治暴力来解释经济现象呢？恩格斯指出：杜林这样做，就是出于反动的政治目的而狂妄地篡改历史。

马克思主义认为，价值是劳动决定的。一件商品的价值是由生产这件商品的社会平均必要劳动时间决定的。

价值论充满着胡言乱语

杜林认为，价值就是价格。一个物品有若干个价格，就有若干个价值。那么，价值由什么决定呢？杜林说：由我们在物品里面投入的自己的力量的多少决定。对杜林这种歪曲，恩格斯进行了批判，恩格斯指出：第一，问题在于把力量投入什么物品；第二，是怎样投入的。如果把力量投入一件没有使用价值的物品，那么，他投入的力量就不构成价值；如果他用手工方法去制造一种物品，而机器生产的这种物品比他制造的便宜20倍，那么他投入的力量也不构成价值。

杜林还认为，商品的价值包括两部分：一是生产价值，即商品本身包含的劳动；二是分配价值，即所谓手持利剑逼出来的附加税。断言目前存在的价值是垄断价格。对此恩格斯进行了揭露，他说：如果一切商品都具有垄断价格。那么，在商品交换中，卖者以垄断价格卖出商品，又以垄断价格把商品买进来，结果买卖双方没有增加一点价值。如果作为附加税表现为真实价值通过交换被垄断阶级占有了，那么，这个价值额也不是什么分配价值，而是生产这个商品的劳动所创造的。这只能以马克思的剩余价值理论来说明。

不仅如此，杜林又说：生产价值与分配价值尽管不同，但它们有一个共同的基础。这个基础就是它们都是以人力的花费来计量。恩格斯揭露说：杜林的这个观点是与分配价值论相矛盾的。既然分配价值是手持利剑逼出来的附加税，那怎么能够以人力的花费来计量呢？恩格斯进一步指出：杜林的商品的价值以"人力的花费来计量"的观点，不是他的创造发明，而是从李嘉图——马克思的价值论中剽窃来的（马克思说商品的价值是体现在它们里的劳动决定的）。只不过杜林把他们说得很混乱，很模糊而已。但杜林这一观点和马克思劳动价值论是有原则性的区别的。杜林所说"人力的花费"就是劳动者为了生存即为了获得生活资料在劳动中所花费的时间，即生存时间。杜林说这个时间花费多少，商品的价值就是多少。马克思认为劳动者的劳动时间和生存时间是两个不同的量，前者大于后者，不能混淆。商品的价值是体现在商品中的劳动决定的，只指劳动时间而绝非生存时间。如按生存时间决定价值量的观点，那就等于说商品的价值是由工资决定的。这样，杜林的说法与庸俗经济学的说法就完全一样了，价值是生产费用决定的。杜林这种说法就是为了说明每个人在他的工资中得到了他的劳动产品的价值，而资本家阶级对雇佣劳动阶级的剥削就成为不可能。

马克思主义认为，商品的价值是包含在商品中的人的劳动决定的。其价值量是社会必要劳动量决定的。社会必要劳动，是指在一定的生产技术水平条件下，生产某种商品的平均简单劳动的时间。但是这种平均，是在生产者背后，由社会过程来决定的。如果生产商品的劳动是复杂劳动，那么一定量的复杂劳动，就要转化为多倍的简单劳动。这种转化，不是商品生产者自觉完成的，而是在商品生产者背后由自发的社会过程实现的。价值量是由社会商品交换规定必须用简单劳动为尺度计量的，这不是由生产者规定的。所以必须转化为简单劳动，也就是自发转化的。

剩余价值发生在所购买的商品的使用价值中

列宁说：剩余价值学说是马克思经济理论的基础。要知道什么是剩余价值，就要知道什么是价值。马克思主义认为，剩余价值就是工人在生产过程中创造的剩余产品的价值。资本家占有工人的无偿劳动是资本主义生产方式及其对工人剥削的基本形式。剩余价值是怎样来的呢？马克思从形式到内容进行了分析。

从形式看来：资本的流通形式与商品的流通形式是不同的：资本的流通形式，为卖而买，用符号表示即 G→W→G；商品的流通形式，为买而卖，用符号表示即为 W→G→W。

　　"G"这个更多的货币就是剩余价值，怎样来的呢？恩格斯说：它既不能来自买者以低于商品的价值购买商品，也不能来自卖者高于商品的价值出卖商品。因为，在这两种情况，每个人的赢利和亏损由于彼此交替地成了买者和卖者而互相抵消了。比如：

$$
\begin{array}{ccc}
(1)\ 甲 & 乙 & 丙 \\
\uparrow & \uparrow & \uparrow \\
G \rightarrow & W \rightarrow & G \\
\downarrow & \downarrow & \downarrow \\
100 \neq & 110 \neq & 100
\end{array}
$$

　　这种情况是卖者（甲）高于商品的价值出售商品。从这个商品的卖者来说似乎多得了"10"，但从这个商品的买者（乙）来说就是高于商品的价值购买了商品。如按等价交换是商品交换的规律来说，那就还是只能卖100元。这样乙就要损失"10"。因此，从整个资本家阶级来说，并没有增加一点价值。

$$
\begin{array}{ccc}
(2)\ 甲 & 乙 & 丙 \\
\downarrow & \downarrow & \downarrow \\
G \rightarrow & W \rightarrow & G \\
\downarrow & \downarrow & \downarrow \\
100 \neq & 80 \neq & 100
\end{array}
$$

　　这种情况买者低于商品的价值买进商品，然后按商品价值把商品卖出去。从"乙"来说虽然多得了20，但从"甲"来说就损失了20，因此从整个资本家阶级来说也没有增加一点价值。恩格斯还说剩余价值也不能来自欺骗，因为欺骗固然能牺牲一个人而使另一个人发财致富，但是不能增加两个人所拥有的总数，因而也不能增加流通的价值总额。

　　那么剩余价值究竟是从什么地方来的呢？恩格斯说：这种变化必定发生在所购买的商品中，发生在商品的使用价值中。

　　货币—商品（劳动力）—生产（劳动力的使用）—商品—更多的货币。恩格斯所指出的"所购买的商品"，这种商品就是劳动力。由于劳动力的使用，所创造的价值大于它本身的价值，所以资本家当购买了劳动力后，尽量地使用，从而占有更多的剩余价值。恩格斯说，这个问题的解决是马克思著作划时代的功绩。他揭露了现代资本主义生产方式以及以它为基础的占有方式的结构，揭示了整个现代社会制度在其周围凝结起来的核心。马克思奠定了剩余价值的学说，从而揭露了资本的实质。资本就是生产剩余价值的价值。恩格斯说：一定的价值额，只有在它利用自己造成剩余价值时，才变为资本。它体现剥削和被剥削的关系。可是，杜林肆意歪曲马克思的剩余价值学说和资本的实质：他说，马克思认为资本是货币产生的。而马克思仅说过货币是资本的最初表现形式。他说：时而把资本看成已经生产出来的生产资料。时而又把不经生产的生产资料如土地、自然资源也看成资本。时而又说资本是经济的权力的主干，它被用来继续进行生产并构成一般劳动力成果中的份额，并说这是资本的社会职能。

恩格斯指出：把资本说成是生产资料，这是庸俗经济学者一贯玩弄的概念。目的在于掩盖资本反映的是剥削与被剥削的关系。至于说资本是经济的权力的主干，它被用来继续生产以体现它的社会职能。实际上就是说生产资料用于生产能够生产剩余产品。恩格斯说，这是剽窃了马克思剩余劳动的理论。杜林为了掩饰他的剽窃行为，故意把这个概念说得更玄妙，说得更没有条理。但是不能把能够提供剩余劳动的生产资料都说成资本。马克思说：资本并没有发明剩余劳动。恩格斯说：只有当这种剩余劳动的产品采取了剩余价值的形式。当生产资料所有者找到了自由劳动者来作为剥削对象，并且为生产商品而剥削劳动者的时候，只有在这个时候，在马克思看来，生产资料才具有资本的特殊性质。总之，货币和生产资料本身不是资本。黑人就是黑人，只有在一定的关系条件下，他才成为奴隶。纺纱机是纺棉花的机器，只有在一定的关系下，它才能成为资本。

利润、利息和地租都是剩余价值的转化形式

马克思主义认为，剩余价值包括工业资本家的利润、商业资本家的利润、银行信贷资本家的利息、地主的地租等形式。其目的是说明资产阶级作为一个阶级，他们都共同剥削工人的剩余劳动。剩余价值为什么要转化为利润、利息、商业赢利、地租等形式呢？马克思说，这是资本的内在本性所决定的。资本的内在本性就是一切为了赚钱，赚更多的钱。这是资本主义的内在规律即剩余价值规律。由于这个规律的作用，竞争在资本家之间是不可避免的。由于这一点，所以竞争使剩余价值转化为各种形式。比如，工业资本家为了竞争，不得不向银行贷款，而银行资本家贷款不能不要利息。再如，工业资本家为了竞争，不得不求助于商业资本家，为此，工业资本家不能不把自己

产品低于商品的价值卖给商人。

但是，杜林竭力反对马克思关于剩余价值转化为利润、利息、商业赢利、地租等形式的学说。硬说剩余产品在一切情况下都被工业资本家所占有，并按它的全部价值出卖。他否认竞争是资本主义的规律，从而否认剩余价值的转化形式。他煞有介事地提出问题：互相竞争的企业家怎么能够持续地按照远远高出自然生产费用的价格出卖包括剩余产品在内的全部劳动产品呢？恩格斯批驳这一问题，除用了马克思的话来说明竞争是资本主义的不可避免的以外，还进一步说明，在马克思那里，剩余产品本身根本没有任何生产费用，它是资本家不花一文钱得到的一部分产品。所以，如果互相竞争的企业家要按照他的自然生产费用出卖剩余产品，那么他们就应该把它赠送出去。

恩格斯进一步指出杜林这样提出问题，目的在于把暴力引进来，说什么资本赢利是暴力的产物，赢利规模，取决于这种统治施行的范围和强度。对于杜林说资本赢利是暴力的产物的谬论，恩格斯深入地进行了批判。恩格斯说：①如果说资本赢利是暴力的产物，那么，资本是怎样获得这种暴力的？②暴力从哪里夺取这种赢利的？③暴力是怎样夺取赢利的？恩格斯说赢利是实实在在的东西。必须有可分配的东西，不然即使有最强大的暴力，也还是没有什么可分配的。在一无所有的地方，任何暴力也丧失了权力。暴力可以夺取它，但不能生产它。杜林在不能回答自己提出来的问题之后，不得不直接抄袭马克思的《资本论》。他采取极其狡猾的手腕，粗暴地篡改马克思的原意，以掩盖他的剽窃行为。

马克思说：资本并没有发明剩余劳动。

杜林说：在任何情况下，因利用劳动力而得到的纯利益构成雇主的收入。这是直接抄袭马克思的剩余劳动和剩余价值学说。杜林把工资改称为报酬，把资本的利润改称为财产租金。

恩格斯说：马克思的整本书（《资本论》）都是以剩余价值为中心的。

马克思指出：同一个剩余价值率可以表现为极不相同的利润率。恩格斯以 c 代表不变资本的价值，以 v 代表可变资本的价值，以 m 代表剩余价值，然后按他设计的公式表示：

如 $c80 + v20 + m20 = 120$，则 $\dfrac{m20}{v20} = m'$（表示剩余价值率）$= 100\%$，则

$\dfrac{m20}{c80 + v20} = p'$（表示利润率）$= 20\%$

如 $c80+v40+m40=160$，则 $\dfrac{m40}{v40}=m'=100\%$，则 $\dfrac{m40}{c80+v40}=p'=33\%$

这表明：在一定的条件下，相同的剩余价值率，能表现为不同的利润率。

马克思还指出：在一定的情况下，不同的剩余价值率可以表现为同一利润率。

如 $c80+v20+m20=120$，则 m'（即剩余价值率）$=\dfrac{m20}{v10}=200\%$，p'（即利润率）$=\dfrac{m20}{c90+v10}=20\%$

这表明：剩余价值率 m/v，随必要劳动时间与剩余劳动时间关系的变化而变化；而利润率 $m/c+v$，随剩余价值率的变化而变化外，还受资本的有机构成和周转速度的影响。

经济的自然规律、地租

杜林吹嘘他自己发现了国民经济的自然规律。什么规律呢？一个是因发明和发现要提高劳动生产率的规律。另一个是因分工要提高劳动生产率的规律。这实际上不是什么发明创造，而是把一些不言而喻的问题、平淡问题，加上一些神谕式的大话，把它吹嘘为公理、原则、规律。

什么是地租？马克思主义认为地租有封建地租和资本主义地租之别。封建地租，是地主直接剥削农民的产品和劳动的一部分（它包括实物地租、货币地租、劳役地租），它反映的是封建剥削关系。而资本主义地租则是地主间接剥削农民的剩余价值。它反映的是资本主义剥削关系。但是杜林认为地租是土地所有者本身从土地上得到的收入。它是剥削农业劳动力的全部剩余产品。他说无须把这全部产品分为土地所有者的地租和租地农场主的利润，而把它统统看成土地所有者的收入。土地所有者把地租给一部分租地农场主，变成他们的工资。这种说法，不仅歪曲了事实，而且掩盖了资本主义剥削关系。事实是地主将土地租给农业资本家，农业资本家把剥削得来的剩余价值，除一部分给地主作为地租外，剩余的即自己的利润。这既反映了资本主义的剥削关系，又反映了地主与农业资本家共同瓜分剩余价值。

对科学社会主义理论的评论

在《反杜林论》的理论这一章中，恩格斯讲了七个问题：

（1）科学社会主义的理论基础。

科学社会主义的理论基础是什么呢？历史唯物主义。这一方面说明科学社会主义是历史发展的必然结果，另一方面说明"一切社会的变迁""应当从生产方式和交换方式中去寻找"。因为，物质资料的生产是社会存在的物质基础。恩格斯说一个社会之所以划分为阶级或等级，产品怎样分配是由生产什么，怎样生产，以及怎样交换决定的。我对这一段话是这样理解的：生产什么指生产发展的程度。当社会总劳动所提供的产品除了满足社会全体成员最起码的生活需要以外只有少量剩余，因而劳动还占去社会大多数成员的全部或几乎全部时间的时候，这个社会必然划分为阶级。这就是阶级的产生是生产发展的结果，阶级的存在是以生产不太发展为前提，而生产的较大发展又为阶级的消灭创造条件。因为生产发展了能提供剩余产品，剥削成为可能。而生产的不太发展，使在大多数人的身旁，形成了一个脱离生产劳动的阶级，从事社会的共同事务。从而这个阶级便把大多数人劳动的剩余产品据为己有，从而产生剥削。从这个意义上，恩格斯说：分工的规律是阶级划分的基础。怎样生产是指采取什么样的生产方式。由地主把土地租给农奴，然后由农奴向地主纳地租，这就是封建主义的生产方式。由资本家占有生产资料，然后雇佣工人进行生产，资本家剥削工人的剩余价值，是资本主义生产方式。怎样交换？是指产品要不要采取商品形式进行交换？恩格斯指出科学社会主义的理论基础是唯物主义历史观，这样就把科学社会主义与形形色色的社会主义区别开来。因为后者尽管五花八门而都是建立在唯心史观的基础上的。

（2）科学社会主义的经济根源。

这个根源就在于资本主义生产力与生产关系的矛盾，这是不以人们意志为转移的。这个矛盾就是说"新的生产力已经超过了这种生产力的资产阶级利用形式"而阻碍生产的发展。只有这种生产力的资产阶级利用形式才能使生产得到发展。

（3）资本主义生产方式的根本矛盾及其表现。

资本主义生产方式的根本矛盾就是生产的社会化与资本家私人占有之间的矛盾。生产的社会性包括：①生产资料的社会化，只能由大批人共同使用生产资料，才能把它们变为强大的生产力。②生产本身的社会化，即生产本身也从一系列的个人行动变成一系列的社会行动。③生产的产品也社会化了。产品也从个人的产品变化为社会的产品。它们是许多工人的共同劳动的产品，谁也不能说"这是我做的，这是我的产品"。资本主义占有，就是资产阶级把生产资料、产品，甚至劳动力占为己有。即所有权是属于私人的。这种占有与小商品者的占有不同，小商品生产者的占有是"以自己的劳动为基础的"，而资本主义占有是剥削他人的劳动为基础，由于这一矛盾的发展使资本家愈来愈富，工人愈来愈穷。因此这一矛盾的第一个表现为，无产阶级与资产阶级的对立。资本主义生产是私有制为基础的商品生产。在每个以私有制为基础的商品生产的社会里，生产者都丧失了对他们自己的社会关系的支配权。即社会需要什么商品，需要多少，他们自己无法事先知道。他们的个人产品是否真正为人所需要，是否会收回他的成本，或者是否能卖出去，谁也不知道。就是说生产的无政府状态占统治地位。但与商品生产相关联的价值规律，即商品按照生产它价值进行交换的规律在强制性的发生作用。价值规律不顾无政府状态，在无政府状态中，通过无政府状态为自己开辟道路（即通过竞争，在竞争当中发挥作用）。资本主义商品生产的出现，使无政府状态走向极端。这一方面因为社会化的生产需要更广阔的市场，另一方面资本主义企业为了在竞争中取得优胜也在日益加强企业的组织性。在资本家和资本家之间，在产业与产业之间以及国家与国家之间，生存问题都决定于天然的或人为的生产条件的优劣。失败者被无情地清除掉。因此，社会化生产和资本主义占有之间的矛盾表现为个别工厂中生产的组织性和整个社会的生产的无政府状态之间的对立。

（4）资本主义矛盾的发展，经济危机的出现。

生产的无政府状态引起竞争，竞争迫使资本家不断改进自己的机器。机器的改进一方面使愈来愈多的劳动者受到排挤变为失业工人。另一方面又增强工人的劳动强度，加强了对工人的剥削。从而使无产阶级愈来愈贫困。而机器的改进，又扩大了工业的生产能力。一方面是生产的过度扩张，另一方面是消费市场的进一步缩小，这就是一个矛盾。这一矛盾的发展就会导致经济危机。经济危机是周期性的，它给社会生产以极大的破坏，给人民群众带来极大的痛苦。经济危机的实质是生产过剩。

杜林不遗余力地反对马克思主义关于资本主义经济危机的理论。他否认资本主义经济危机是周期性的，说危机只不过对"常态"的偶然偏离，并胡说危机的实质不是生产过剩，而是消费不足，是人民消费水平低，并鼓吹以"在自产阶级自身的圈子里寻找它的销路"。他否认资本主义经济危机是资本主义矛盾发展的结果，而说危机只不过是"个别企业家的急躁和个人考虑不周"引起的。

恩格斯批判了杜林的反动论点。恩格斯说，群众消费水平低并不是什么新的现象。自从有了剥削阶级和被剥削阶级以来这种现象就存在着。而由生产过剩引起的经济危机是近五十年来才更加明显。固然群众消费水平低，是危机的一个先决条件。但它既没有向我们说明过去不存在危机的原因，也没有向我们说明现在存在危机的原因。恩格斯说，不从经济事实上来分析危机的原因，而从什么"个别企业家的急躁和个人考虑不周"来解释危机产生的原因，这是一种"道德非难"，是杜林自己的"过度的急躁"。

（5）资本主义垄断组织的产生，矛盾达到顶点。

资本主义垄断组织的产生是资本主义矛盾尖锐化的产物。在资本主义制度下生产的社会化与资本主义私人占有之间的矛盾，表现为个别工厂内部的组织性和整个社会的生产的无政府状态之间的对立。这种对立，加剧了竞争和经济危机的到来。而竞争和经济危机的结果，一方面是小资本家的破产，另一方面是大资本的猛烈积聚。这样资本主义生产方式不能不把大批的生产资料变为资本，因此，产业后备军也不得不闲置起来。因为在资本主义社会里，生产资料要不先变为资本，变为剥削人的劳动力的工具，就不能发挥作用，因为这是生产资料具有资本的必然性。这个必然性，妨碍了工人的劳动和生活。因此，一方面资本主义生产方式暴露了自己无法继续驾驭这种生产力。另一方面这种生产力本身也要求摆脱它作为资本的属性，要求在事实上承认它作为社会生产力的那种性质。生产力要求承认它作为社会生产力的这种属性，迫使资产阶级内部在一切可能的限度内，愈来愈把生产力当作社会生产力看待，他们成立股份公司把生产资料推向社会化。或者把生产资料交给国家由国家经营，自己拿红利，剪息票。这种股份公司和资本主义国有化就是资本主义垄断组织的形式。但是，无论转化为股份公司，还是转化为国家财产，都没有消除生产力的资本属性。资本主义国家是资本主义的机器，是资本家的国家，是总资本家。在这种情况下，资本关系并没消灭，反而将其推到了顶点。

（6）无产阶级革命，矛盾的解决。

恩格斯说："生产力的国家所有不是冲突的解决，但是它包含着解决冲突的形式上的手段，解决冲突的线索。"这一"形式上的手段"和"线索"是什么呢？就是进行无产阶级革命，砸碎资本主义国家机器，建立无产阶级专政，改变资本主义所有制，改革资本主义生产方式，解放社会生产力。恩格斯说，无产阶级将取得国家政权，并且首先把生产资料变为国家财产。

（7）共产主义社会的基本特征。

①生产资料归全社会共有；

②计划生产；

③商品生产将被消除；

④消灭了阶级和阶级差别；

⑤国家已经消亡；

⑥人类成了社会和自然的主人。

杜林设想的"经济公社"是什么货色

杜林的社会主义是建立在唯心主义基础上的。他认为社会的简单元素是人，而人在意志上就是要求平等的。两个男人平等地在一起劳动，平均分配产品，就是他头脑里提出来的社会主义。因此，杜林反对科学社会主义是社会发展的必然结果，是资本主义物质经济条件的产物。而乱谈什么社会主义是"社会的自然体系"，意思是自然而然的，不言而喻的。他鼓吹他的社会主义要建立在"普遍公平原则"之上。因而他设想了一种社会主义的组织（模式）形式，叫"经济公社"或"共同公社"。在这种公社里，劳动资料归公共所有，"即公共权利"。公社成员共同行动，共同分配收入。旧的分工不变，生产照旧进行。奢谈这种"公共权利"与工人社团的"集体所有制"不同，前者不存在（雇佣劳动和）剥削和竞争，而后者"不排除互相竞争和剥削"。

恩格斯揭露了杜林的经济公社到底是什么货色。恩格斯说，杜林鼓吹的所谓"公共权利"到底是怎么一回事不清楚？让未来的经济公社的资本家去伤脑筋吧！但是无论如何有一点（看来）是（清楚）的：一个经济公社对自己的劳动资料的公共权利，至少对任何其他经济公社，以至于对社会和国家来说，是独占的财产权。既然一个公社的公共权利对别人是独占的财产权，而多个经济公社由于贫富的不同，必然会引起社员的迁徙，从而产生竞争。这样，这种公共权利实质上就是资本主义所有制。只是公社，代替了资本家而已。杜林说，为了消除多个公社之间的竞争，在多个公社之外设立一个全国性的商业组织，即商业公社，来分配产品，支配财产（包括土地、住宅和生产设备）。恩格斯说这样生产资料的所有权就不是一个公社的了，而是整个国家民族的了。杜林所说的这种"公共权利"就不仅仅是"不清楚的和可疑的"，而且是自相矛盾的，是"个人的同时又是社会的财产"的"模糊的杂种"。

杜林设想的公社分配模式可行吗？

杜林在他设想的经济公社里如何分配产品，提出了一套"合理的幻想"

的模式，这一套模式的内容为：①一种劳动按照平等的估价原则与别种劳动相交换。就是说不管什么人，不管他生产的物品是多些还是少些，只要它花费了时间和力量的都可看作劳动的支出，从而得到等量劳动的报酬。②公社的社员，都能得到全部的劳动价值，比如一天做 6 小时工，他就可以领取 6 小时的货币量。③社员拿货币去公社交换物品，交换不发生在个别人之间。交换中保存商品价值货币关系。④公社的物品怎样规定价格呢？杜林说，按照每类物品的平均生产费用，规定一个统一的价格。那么平均生产费用怎么估计呢？杜林说，这种估计，要考虑到参与人数的多少，还要考虑生产跟自然的关系，以及生产跟社会价值增值权利的关系等。⑤对工作得好的人，可通过适当的增添消费来表彰。⑥如果分配以后私人有剩余物资，可以互相交换，即向他购买。这样他就不会得到利息或利润，从而就不能为这些剩余找到资本式的应用。⑦可以继承遗产。杜林认为他这一套模式实现以后，普遍的公平原则就实现了，资本主义的分配方式就消失了，社会主义就完成了。

恩格斯对此进行了深入的批判。如果按照杜林所说等量劳动与等量劳动相交换，公社社员每天劳动多少小时就相应地领取多少小时的工资，然后与公社交换得到相等价产品。这样公社就没有积累。同时杜林所说的对工作好的人以增添消费的方式来奖励又从哪里来呢？很显然杜林的这一套模式是矛盾和混乱的。如果公社以提高产品的价格的办法，把积累和增添消费转嫁到其他公社身上，而其他一切经济公社也同样采取这种办法，结果负担还是落在自己社员身上。如果公社采取减少社员工资即低于社员所生产的物品的价值付给社员的报酬的办法来积累。那么这样就是马克思所说的剩余价值。这是资本主义的方式。

恩格斯指出，如果照杜林说的，在公社与社员之间的交换仍以货币来进行，公社与公社之间的交换仍然要保有货币。那么货币就要发挥货币的职能，它是人的劳动的社会体现，劳动的真实尺度，一般流通的手段。在贫富不均的情况下，因为等量的分配不能等量的消费，因为在公社不加任何考虑接受金钱支付的情况下，就必然产生高利贷、剥削，货币贮藏者必然迫使货币需要者支付利息。另外从公社外部来说，货币仍然执行世界货币的职能，即一般的支付手段和贮藏手段，财富的绝对的社会体现。这样货币贮藏者、高利贷者就必然利用货币的这一职能做生意，从而变成富人，变成银行家，变成流通手段和世界货币的支配者，因而变成生产的支配者，变成生产资料的支配者，成为公社的主人。这样经济公社、商业公社就被这个人操纵。这个人把公社控制起来，为他们的钱袋勇敢地竭尽全力地工作。这样的公社还叫什么社会主义呢？只能是由少数金融寡头操纵的资本主义集团。

混乱的概念和模糊的观念

恩格斯在批判了杜林的所谓的社会主义的模式——经济公社以后，分析了杜林这些奇怪的论调，混乱的概念和模糊的观念产生的根源。恩格斯说杜林的经济公社遭遇到的所有这些奇怪的论调，是在杜林先生的对价值和货币的模糊观念中产生的。恩格斯为了深入批判杜林的所谓的"劳动的价值"，首先从正面系统地阐述了马克思主义的商品价值、货币等基本概念。

（1）什么是商品？

①它首先是私人产品（必须是劳动创造的产品）；②它不是为自己消费的，而是为他人消费的；③它是通过交换进入社会消费的。因此商品虽然是私人的产品，同时又是社会的产品。这种私人产品的社会性表现在：①它具有使用价值即它们都能满足人的某种需要；②它们虽然是极不相同的劳动产品，但同时也是一般人的劳动的产品，即人的劳动力的简单耗费的产品。

（2）什么是价值？

恩格斯说"经济学所知道的唯一的价值就是商品价值"。这就告诉我们，只有商品才有价值，不是商品就无所谓价值。价值表现着商品生产者之间的生产关系。

（3）商品的价值量是怎样确定的？

商品既然是劳动的产品，它们是为他人消费而生产的，因此必须进入社会交换。进入交换怎样比较呢？在相同的社会条件下，两个相同的私人产品可能包含不等量的私人劳动。它们在交换中就是按照自己所包含的这种劳动量互相比较，被认为相等或不相等。什么是一般人的劳动呢？所谓一般人的劳动就是在正常的平均熟练程度下，一个劳动者生产商品所花费的劳动。私人劳动，只有在它是社会必需的劳动的时候，才包含着一般人的劳动。

（4）什么是货币？

恩格斯说：社会为了使表现商品价值的迂回途经尽可能地缩短，从一般的平常商品中造出一种权威性的商品，其他一切商品的价值都可以永久由这种商品来表现，这种商品被当作社会劳动的直接体现，所以能够直接地无条件地用一切商品相交换，这种商品就是货币。它是发展了的价值。商品的价值在货币中得以独立的存在。恩格斯说，一件商品的价值表现在另外一个商品上，这种价值的表现不像用工作小时或工作日等来计量劳动时间那样，是直接的、绝对的，而是迂回的、相对的，通过交换来进行的。迂回的，就是说不是直接以多少劳动时间来表示而是通过另外一种商品来表示。相对的，就是说一件商品的价值量的多少表现在与另一种的比例关系中。货币商品表现商品的价值量像"化学把氢的原子量当作一，并把其他一切元素的原子量简化为氢，使之表现为氢原子量的倍数"一样。通过交换，商品价值才得以实现。

（5）商品价值、货币不是从来就有的，也不是永存的，是一个历史范畴。

以下是恩格斯批判杜林的企图永久保留价值、货币而幻想消除其弊病的观点。恩格斯说，价值概念是商品生产的经济条件的最一般的，因而也是最广泛的表现。因此，价值概念不仅包含了货币的萌芽，而且还包含了商品生产和商品交换的一切进一步发展了的形式的萌芽。

恩格斯说：价值是私人劳动产品中包含的社会劳动的表现，这一概念包含着社会劳动与私人劳动之间的差别的可能性。这种差别，恩格斯说了两个方面：①当社会的生产方式在不断进步而私人生产者仍按旧的生产方式进行生产，这样私人生产者所花费的私人劳动就可能有相当一部分不能被承认为社会劳动；②当某类商品生产超过需要的时候，也同样有相当一部分私人劳动不能被承认为社会劳动。

恩格斯还说，一个商品的价值只能用另一个商品来表现并且只有在和另一个商品交换时才能实现。这一形式就包含着或者交换根本不能成立，或者是商品的真正价值不能实现。在劳动力成为特殊商品的情况下，价值形式就包含着整个资本主义生产方式、资本家和雇佣工人的对立、产业后备军和危机的萌芽。恩格斯以分析价值形式所包含的矛盾（或问题）来说明杜林用制造"真正的价值"的办法来消灭资本主义生产形式，建立所谓社会主义只能是欺人之谈。

恩格斯对杜林所谓的"劳动价值论"的批判

杜林的劳动价值论是什么呢？他不是用劳动的时间来衡量劳动，而是用劳动的产品来衡量劳动。一个人在一定时间里劳动，生产多少产品就是这个人劳动的价值。他设想工人应当获得"全部劳动所得"。即劳动一个小时与另一个小时的产品相交换，以实现所谓的普遍的公平原则。恩格斯说：如果这样，那全部产品就被分掉了。那么社会的积累从哪里来呢？在个人可以随意处置自己所得而贫富仍然存在的情况下，社会过去积累起来的生产资料就会重新分散于个人手中。这样就否定了公社的前提。

我们说劳动创造价值，但劳动本身没有价值，价值是按劳动的时间来计量的。如果劳动有价值，那么就会陷入按劳动时间来计量劳动时间这种荒唐的矛盾之中。事实上，劳动没有价值，正像热不能有特殊的温度，重不能有特殊的重量一样。

三、学习马克思《政治经济学批判》① 笔记

编者导读：本部分根据曾康霖先生学习马克思《政治经济学批判》"流通手段和货币的学说"一章所做读书笔记整理。曾康霖先生在该笔记中：①简要评介马克思《政治经济学批判》这部著作；②评价了古典政治经济学代表人物，如休谟、李嘉图、穆勒、图克等的货币学说。曾康霖先生在该读书笔记中特别强调："学习、评介马克思的《政治经济学批判》'流通手段和货币的学说'一章，也就是弘扬经济学说史（主要是货币学说）在马克思政治经济学中的地位和作用。"

马克思的《政治经济学批判》

《政治经济学批判》是马克思第一部公开发表的政治经济学著述，写于1857—1858 年。1859 年 6 月由柏林敦克尔出版社出版。全书由三部分组成，即序言、商品和货币或简单流通三章。中译本载于《马克思恩格斯全集》第13 卷。

19 世纪中叶，欧洲经过资产阶级民主革命和工业革命后，资本主义得到了发展，同时资本主义社会的矛盾已日益暴露和加深。在这样的背景下，马克思总结了他研究政治经济学的历史，揭示了：

（1）研究社会的生产方式：不能从所谓的"人类精神的一般发展来理解"，而必须立足于"社会物质生活"；人们在自己生活中发生的不以他们的意志为转移的关系，是一定发展阶段的生产力决定的；生产关系的总和构成经济基础；经济基础决定上层建筑，上层建筑包括社会意识。

---

① 参见：马克思. 政治经济学批判［M］//马克思恩格斯全集：第 13 卷［M］. 北京：人民出版社，1955.

（2）社会历史的发展：首先是生产力发展的推动；生产力与生产关系的矛盾是生产方式内部的矛盾，这一矛盾是始终存在的；矛盾发展到一定程度，是社会革命的物质根源。所以社会主义必然要取代资本主义。这是马克思在序言中的精辟概括，是揭示社会历史发展的必然规律。

在商品一章中，马克思揭示了商品具有二重性，即价值与交换价值。以商品的二重性，进一步推论劳动的二重性。劳动二重性学说，是理解马克思政治经济学的枢纽。应当指出：对资本主义经济制度的考察从商品开始，而不是从价值开始，由此推论商品二重性和劳动二重性是马克思主义政治经济学与古典政治经济学的重大区别之一，进而确立了形成价值的劳动的社会性。

在货币或简单流通一章中，马克思揭示出由于商品的内在矛盾而必然产生货币，货币是商品交换的价值形式，是一般等价物。这是价值理论和货币理论上的重大革命。

马克思政治经济学是在"批判"中创立的。在这以前，古典政治经济学多停留在对资本主义经济的直观描述和实证考察，而马克思实现了对实证主义的批判性超越。这种超越，就是从现象到本质，从静态到动态，从继承到发展，从简单到复杂，从个别到一般，从具体到抽象。

关于流通手段和货币的学说

学习、评介马克思的《政治经济学批判》流通手段和货币的学说一章，也就是弘扬经济学说史（主要是货币学说）在马克思政治经济学中的地位和作用。

需要说明的是：这一部分关于流通手段和货币的学说是针对重商主义来评析的，早期的重商主义又称货币主义或重金主义。早期重商主义的代表人物，在英国有威廉·史密斯，在法国有孟克列钦；晚期重商主义的代表人物，在英国有托马斯·曼和米塞尔顿，在法国有柯尔培尔等。早期重商主义者把货币看作是财富，政府要干预工商业的发展，对外贸易金银要只进不出，拥有金银越多越好。恩格斯称之为"守财奴"。晚期重商主义者，把资本与金银联系起来，认为只有把货币即金银投入流通，才能增值，单纯把金银储藏起来，不是好的选择。**能够说早期重商主义追求货币差额论，晚期重商主义追求贸易差额论**。马克思在《政治经济学批判》中，把早期重商主义纳入"庸俗经济学"，把晚期重商主义纳入"古典经济学"，因为后者适应了历史发展潮流。在这一章里，马克思侧重批判了早期重商主义代表人物的货币学说。

马克思说："到目前为止，澳大利亚当地的金矿的出现还没有影响金银的价值比例。""到目前为止"，即到马克思写《政治经济学批判》时为止，即1858年8月—1859年1月。澳大利亚的金银矿是1848年发现的，也就是说金矿出现了十年后，还没有影响金银的价值比例。马克思用了一个具体的数字说明：1850—1858年用金表示的银的平均价格比1830—1850年几乎提高3%。1852—1858年，个别月份银的价格也有变动（137p）。但马克思说这种变动绝不是由于新发现的金矿的金的供给造成的，而"完全是由于亚洲对于银的需要造成的"。照理，金矿发现，金的价值量下降，金的供给量增加，银的价格应上升，但是实际上对银的价格影响不大。这是什么原因？

马克思说："货币主义创造人宣布金银即货币是唯一的财富，正确地说出了资产阶级社会的使命就是赚钱。"重商主义和货币主义者认为金银即货币是唯一的财富，并不是因为金银的价值大，而是因为金银是财富的最适当形式。马克思说："这里的问题不在于交换价值的大小，而在于它的最适当的形式。"（138p）

马克思分析了货币主义者和重商主义者之所以把世界贸易以及同世界有关的部门当作财富的唯一的真正源泉，是因为只有这些部分才创造财富，是由于那个时代决定的。那个时代还处于封建形式中，生产出来的产品大部分不转化为商品，因而也不转化为货币。大部分产品还是"当作直接的生存源泉为生产者本身服务"（138p），因而不表现为一般抽象劳动的化身，实际上不形成资产阶级财富（138p）。在这里，马克思说由于大部分产品不参加总的社会物质交换，因而不表现为"一般抽象劳动的化身"，"一般抽象劳动的化身"是指货币。一般抽象劳动要不要有它的"化身"与存在不存在一般抽象劳动是两码事。不能因为没有它的化身而否定一般抽象劳动也不存在。

货币主义者"把货币当作流通的目的，就是把交换价值或抽象财富……当作决定生产的目标和推动生产的动机"（138p）。货币主义者坚持交换价值的形式（货币是交换价值的形式，这种形式是坚实的、可以捉摸的和闪闪发光的形式，这种形式是同一切特殊商品对立的一般商品的形式）。坚持这一观点，是同资产阶级的萌芽阶段相适应的。因为在当时真正的资产阶级的经济领域，是商品流通的领域。所以货币主义者就从这个领域来看问题。看到资产阶级生产受交换价值支配，看到了受货币的支配。马克思认为这一点看法是"一分为二"的，说他们"坦率地吐露了资产阶级生产的秘密：即资产阶级生产受交换价值支配"。但是他们这种看法，又混淆了货币和资本。服务于流通的是货币，为货币而流通的是资本。由于货币主义者吐露了资产阶级生产的秘密。因而古典经济学家不断与货币主义者和重商主义者做斗争。把货币当作流通的目的，当作决定生产的目的和推动生产的动机。这种目的和动机表明：资本就是剩余价值的价值，资本追求的是货币。但交换价值的形式是货币，追求交换价值的形式与交换价值本身不能混淆。

马克思说，应当承认货币主义者和重商主义者的理论是政治经济学的"基本原理的野蛮形式"，也就是说，他们的理论是原始的、粗糙的。李嘉图攻击货币主义者、重商主义者的理论是纯粹的幻想和完全虚构的理论，"那是错误的"（138p）。

马克思说，货币主义者和重商主义者不仅在历史上成立，而且在现代也成立。因为在商品生产条件下，价值仍然要采取货币形式。而且"在生产过程的一切阶段，财富总是不断有一刹那再回到商品这个一般元素形式"。对此，马克思讲了两个问题：①生产过程的一切阶段，这个"一切"指的是生产、分配、交换、消费这几个阶段。②在这四个阶段中，财富（指抽象财富，不是指具体财富，使用价值）是要再回到货币形式上。当然这种作为货币形式的财富存在是"一刹那"的即暂时的。因为在生产过程中价值形式要变化。"商业这个一般元素形式"（138p-139p）是指货币。

金银作为货币，抽象地代表财富"这一特殊职能"，在最发达的资产主义经济中也没有取消，就是说也会存在，但要受到限制。这说明在发达的资本主义社会，由于信用代替了货币流通，抽象的财富不完全以金银为代表，而以其他东西（如地产、房屋、拥有的资本等）为代表。

古典政治经济学"由于唯恐染上货币主义者的偏见，长期对货币流通现象失去判断能力"，唯有金银才有真正价值，只有外贸部门和生产物资的部门在创造财富。所谓"对货币流通现象失去判断能力"就使他们不能通过货币流通的现象认识到货币流通的规律。古典政治经济学能认识的是价值符号流通的规律，因为他们把货币作为流动的形式来理解。就是说，他们只认识到货币的流通手段的职能，没有认识到货币的价值尺度的职能。他们对于货币就是从它作为流通手段的形式规定性上来认定，而不是从它作为货币的形式规定性上来认定。货币作货币的规定形式是什么呢？是价值体。这种价值体不都处于流动的形式上，还会处于静态中。货币主义者和重商主义认为货币是流通中的结晶体和价值体。可是，古典政治经济学的认识与货币主义者、重商主义者相反。由于古典政治经济学把货币认为就是铸币，而铸币会转化为价值符号，因而提出了价值符号流通的规律。这一规律的内容是："商品价格就是流通中的货币量"（货币→铸币→价值符号）决定的。

货币流通的实际内容是：金银的价值降低→商品价格提高→应有较多的金银流通（从量上看）→应有较多的铸币代表金流通，金银的价值提高→商品价格降低→应有较少的金银流通（从量上看）→应有较少的铸币代表金流通。

流通中铸币量多→商品价格提高；流通中铸币量少→商品价格降低，而当金银的价值提高时→商品的价值降低→应有较少的金流通→则应有较少的铸币流通。可是表面的现象是：流通中的铸币量多→商品的价格提高，流通中铸币量少→商品的价格降低。

这也就是把前面的逻辑公式倒过来。本来流通中的铸币量的多少是一定的，有一个必要的水平。而且如果实际量超过了必要水平，就会通过商品价格的提高强制转化为必要水平；相反，如果实际量降低，必要水平就会通过商品价格降低强制转化为必要水平。怎样强制转化为必要水平？

实际量多→价格高→需要有较多的铸币流通。

实际量少→价格低→需要有较少的铸币流通。

可见，通过商品提高或降低来强制，也就是通过供求关系来强制。

在这两种情况下：金银价值降低或提高→商品价格提高或降低，铸币量的多与少→商品价格提高或降低似乎是产生的同一结果，然而不是同一原因产生的同一结果：前者是金银价值变动，使商品价格变动；后者是流通手段的变动使商品价格变动。可见休谟紧紧抓住了这种表面现象。

休谟等人只看到了货币流通的现象

马克思指出这一点是为了指出货币流通的内容与现象不一致，同时指出休谟等人只看到了现象。

马克思接着分析了休谟的货币数量说产生的历史背景。这一历史背景就是处于贵金属的价值降低的革命年代。由于美洲矿山的发现，黄金的劳动生产率提高，费用降低，因而贵金属价值降低，从而使商品价格提高。本来是贵金属价格降低→商品价格提高。可是休谟却认为贵金属量的增多→产品价格提高。马克思说，贵金属价值的变动。首先出口商品价格的变动，然后才影响国内商品价格的变动。因为马克思假设金属都是出口换来的。在出口时，出口商品与金银相交换。这样按降低了的价值量来估算商品的价格。然而在国内，商品与价格继续以金银的价值来估算。这样，在同一个国家就会出现双重价格：出口商品价格高，国内商品价格低。这种双重性只能是暂时的，慢慢会彼此拉平。因为商品的价格会按变动后的金银价值来估计。

这就是说从银行价值变动到国内商品价格变动有一个过程，在资本生产还不是很发达的时期，由于对外贸易不多，所以这一拉平过程发展极为缓慢。这告诉我们：不能说流通中金银量一旦增加，商品价格就要上涨。

马克思指出"休谟的门徒喜欢引用古罗马由于征服马其顿、埃及和小亚细亚而引起价格上涨的事实"（141p）来说明国内贵金属增加，物价上涨。马克思批判说这是"文不对题"，指出由于暴力把货币财富由一国运到另一国，使某个国家贵金属多，从而导致商品价格上涨。这不涉及货币流通的内在规律。因为暴力掠夺并不增加或降低贵金属的价值量，只有生产劳动的增减才会增加或降低贵金属的价值量。

马克思说，仔细研究货币流通有条件。一是需要可靠的商品价格史；二是需要关于流通中媒介物的膨胀和紧缩的资料；三是需要贵金属的输入和输出的资料。而这些资料只有在银行业充分发展时才能提供，可是，休谟手中缺乏这些资料，却妄加评论，这只能是无稽之谈。

马克思把休谟的货币流通理论归结为三点（141p），并进行了评价。

第一点，休谟认为，一国中商品的价格决定于国内存在的货币量。国内存在的货币量包括实在的货币或象征性的货币，进一步说，国内存在的货币量包括实际进入流通和还未进入流通的货币量。也就是说在休谟看来：一国中商品的价格决定于国内存在的货币量，包括未进入流通但最终要进入流通的货币量。马克思批判地说，休谟把计算货币与流通手段看成一回事了，两者都是铸币（coin）。事实上不是一回事。如果看成一回事，就看不到贵金属价值变动使商品价格变动。从理论上讲计算货币是计量商品的价值，流通手段是媒介商品交换。作为计算货币的货币是实在的，但不需要现存的银。作为流通手段的货币可以是象征性的。把这二者看成一回事，就只看到贵金属的变动是商品价格变动。所以休谟就得出第一个结论。

第二点，休谟认为，一国中流通着的货币代表国内现有的所有商品。并按照货币的数量成正比例增加。也就是说货币所代表的被代表物有多少，就有多少。马克思批判地说，这样就把商品与货币的关系只看成了数量关系。商品量/货币量。这就否定了商品的价值与货币的价值。如果商品没有价值，就不成为商品了。而且马克思还指出：贵金属的增加并不立即影响商品价格。如16—17世纪金银数量增加了，但"商品价格在过了半个多世纪之后，才显出有一点变动，至于商品交换价值普遍按照金银降低了的价值来估计，即这一革命掌握所有商品价格，那更是很久以后的事了"（143p），这从历史的情况进一步证明：货币数量与商品价格没有必然联系。

第三点，休谟认为商品增加，商品的价格就降低，或货币的价值就提高；相反，货币增加，商品的价格就提高，货币的价值就降低。马克思批判地说，这种论断就把金属本身看成没有价值，货币的价值是虚拟的了。就把货币的价值决定于商品量/货币量之比了。换句话说，就是商品价格高，货币价值低；商品价格低，货币价值高。这样，货币价值与商品价格呈反比例变化。马克思指出：这种论断也就是认为"它们的这种价值是由它们自己的数量和商品数量之间的比例决定的"（144p），也就是把商品放在一边，把货币放在另一边。商品有多少价值，就取 1/X 的金属来表现。这里的核心问题是：在没有进入流通以前的货币没有价值，商品没有价格。

关于信用货币的学说

马克思指出：应当承认在货币问题上詹姆斯·斯图亚特·穆勒比休谟、孟德斯鸠进了一步。他是第一个提出流通中的货币决定于商品价格的人。他"发现了货币的各种基本的形式规定性和货币流通的一般规律"（145p）。他发现的货币基本形式规定性，可归纳为两点：支付债务，购买东西。此外，他发现的货币流通的一般规律是所需的现金数量受商业和工业的状况，居民的生活方式和日常开支的调节。这是他发现的第一条规律。他发现的第二条规律是："以信用为基础的流通回到自己的出发点。"（145p）并抨击了各国利率差异对贵金属在国际输入输出上产生的影响。对于这两个问题，马克思说不属于简单货币流通这个题目要研究的问题，在这里存而不论。这里要考察的是信用货币的问题。马克思说，信用货币也是一种象征性的货币。这种货币只能在国内流通，不能在世界上流通。这里马克思把信用货币叫作纸币。"纸币是社会的货币，而金银是世界的货币"（146p）（马克思曾经把银行券叫作纸币）。

法国历史学派把亚当·斯密看作斯图亚特学说的创立者。事实上，亚当·斯密没有发展斯图亚特的研究成果。而"把斯图亚特的研究成果当作死的事实记录下来"（147p）。在货币理论问题上亚当·斯密偷偷地采用了斯图亚特的理论，说"一国中存在的金银一部分转化为铸币，一部分积累起来，在没有银行的国家变成商人准备金，在有信用流通的国家则变成银行准备金，一部分当作贮藏货币用来平衡国际支付，一部分被加工成奢侈品。他把流通中的铸币量问题悄悄地抹掉了，因为他完全错误地把货币当作单纯的商品"（147p）。对这些观点，马克思进行了评论，指出亚当·斯密关于信用货币的观点是独创的而且是深刻的（147p）。独创深刻在什么地方？从上面这段话可以看出：流通中的铸币的一部分，在使用信用货币流通的国家中会变成银行的准备金，信用货币需要银行准备金。但斯密混淆了流通手段与货币之间的区别。马克思说：在"国富论"中找不到"currency"和"money"，即流通手段和货币之间的区别。

从 19 世纪开始，对货币本质的研究，不是直接由金属流通的现象引起的，而是由银行券流通的现象引起的，古典资产阶级经济学家之所以要研究前者，是为了发现银行券流通的规律。

马克思说：1797 年以来英格兰银行停止了银行券兑现，金银的市场价格高于造印局价格，商品价格上涨。1809 年银行券贬值，在英国议会中引起了一场争执，一边是内阁大臣和主战派，一边是议会反对派即辉格党和主和派，争论的直接原因有四个（148p）。在这场争论中，不少经济学家写了许多著作。在研究李嘉图的货币理论时，不能跳过 1800—1809 年的许多经济学家的著作。如孟德斯鸠、休谟、斯图亚特等。如法国历史学派就把李嘉图看成是休谟学说的创立者。马克思也认为李嘉图使休谟的学说更加完善。在上述的经济学家的著作中，他们把银行券即信用货币流通与强制通用的国家纸币流通混为一谈。

李嘉图把货币与商品、货币与铸币混淆起来

李嘉图最初出版的著述，正好在英格兰银行与其反对者进行最激烈争论的时期，因而在李嘉图的著述中有的是直接参加争论的。后来他又在政治经济学著作中重复并进一步发展了这些观点。

马克思说李嘉图从来没有研究过货币的本质。李嘉图认为：①金银的价值是物化在金银中的劳动时间量决定的；②金银作为具有一定价值的商品，用来衡量一切其他商品的价值；③一国中流通手段的数量，一方面决定于货币单位价值，另一方面决定于商品交换价值总额；④这个数量因支付手段的节约而变更；⑤流通中的货币量决定于商品的价格；⑥价值符号是金的符号；

⑦价值符号的价值决定代表的金属量的比例。马克思说这七点说对了，这是说明问题的正路。

但当李嘉图研究贵金属在国际流通时，它的货币理论就混乱不清了，也就是他走上了"邪路"。为了批判李嘉图的谬论，首先马克思按照他的思路把李嘉图的理论整理了一番。

（1）如果商品的价值不变，价格＝价值/单位货币价值，如分子不变，价格的高低决定货币的价值，价格指示的量就是货币流通量。

（2）如果商品的价值总额减少（或者矿山提供的金增多），流通中的货币就超过正常水平，这样金的价值，就跌到本身的价值之下，商品价格也就提高。

（3）如果商品的价值总额增加（或者矿山提供的金不足以补偿被磨损了的金量）流通中货币量就低于正常水平，这样金的价值就升到它本身的价值之上，商品的价格就降低。

对于（1）理论，马克思没有进行评价，因为这种说法是正确的。

对于（2）（3）理论，马克思进行了评价。这两种理论都假定金本身的价值不变，但又为什么金的价值会跌落到它本身价值之下，或上升到它本身的价值之上呢？李嘉图认为这是流通中货币量增减的缘故。而流通中货币量的增减又决定于两个因素，一是商品价值的变动，二是矿山提供的金的多少。所以后两种理论的逻辑程序是：

这实际上否定了商品与货币交换是等量劳动的交换。商品价值变化，如减少→流通中货币量过多→金的价值下降→价格上涨，如增多→流通中货币量过少→金的价值上升→价格下跌。

两种理论的核心问题是，把金也看成了价值符号，本身没有价值。它的价值只不过取决于商品价格与货币的对比。即货币的价值＝商品价值/货币量。照李嘉图的理论，金的价值变动以后，一切商品就以变动后的货币的价值来估计，价格经过重新估计以后，流通中的货币量又恢复到正常水平。因为价格水平提高了，将容纳更多的金量。但是产生了一个矛盾，即流通中的金量与贵金属生产费用（价值＝耗费的劳动）相矛盾。也就是金的名义价值与金的实际价值相矛盾（名义价值决定于流通中的金量，实际价值决定于生产费用）。这个矛盾怎么解决呢？李嘉图认为：

当金的名义价值>它的实际价值（即升到它自己的价值之上）→金的生产增加（为什么会增加？黄金价格上涨，利润增加）→供给量增加→使金的名义价值降低→商品价格提高。

当金的名义价值<它的实际价值（即下降到它的价值之下）→金的生产减少→供给量减少→使金的名义价值提高→商品价格降低。

总之，流通中金的价值会因它的数量的多少变成一个或大或小的量，用这个观点来解释银行券也是一样，就是说银行券的价值会随着它在流通中的数量的多少，增加或减少。

李嘉图认为，不可兑现的纸币要双重贬值。一是由于它发行过多贬值，使银行券跌到它所应该代表的金属的价值之下；二是由于贵金属的贬值，也会使银行券的名义价值跌到它代表的金属货币的价值之下。用公式说明：银行券名义价值＝金属货币的名义价值/银行券的发行量。这里可以看出，如分子金属货币的名义价值贬值（流通量过多），银行券发行量不变，银行券名义价值下降。如分母银行券发行量增多，金属货币的名义价值不变，银行券名义价值下降。当然，银行券的名义还会由于分子分母同时变动而降低。总之，李嘉图认为纸币与金币可以共同贬值。即一国的流通手段总量（包括银行券和金币）会贬值。马克思讽刺地说，这是李嘉图的主要发现之一。奥维尔斯顿利用了这一发现，来作为英格兰银行立法的原理。

以上是马克思对李嘉图货币理论的梳理（150p-152p），以后马克思进行了评价。马克思说，如果李嘉图的这套理论成立，就应当：①证明"商品价格或金的价值决定于流通中的金量"；②证明无论贵金属多少，价值高低，都必须成为流通手段。可见李嘉图没有证明这两个命题，而武断了事。马克思说李嘉图抹杀了货币除了流通手段职能以外的一切其他职能。

马克思说李嘉图的这套理论是空虚的，基本思想是渺小的。为了掩盖这个缺陷，他给他的理论涂上了一层国际色彩，即把这套理论推广到国际上。他认为一个国家的货币量要与这个国家的财富、实业相适应。如果相适应，货币流通就处于正常水平。这样货币就不会流出流入国境。如果不相适应，货币流通量就会高于或低于正常水平，这样货币就会流出流入国境。他的基本思想是：流通中货币量变动（变动的原因也有二：商品价值变动，矿山提供金量变动），流通中货币量增多→商品价格上涨→金的名义价值跌到金的实际价值之下→金就会输出→商品就会输入。由于国内商品价格上涨，国内的人认为买商品不划算，宁愿把金银输出国外买商品。这样金输出产品输入。如果上述状况相反，结果也相反。可见，李嘉图的这套理论是建立在一国中存在的货币必然进入流通，价值规律（等价交换）和金可以在国际自由流入流出的条件下的，如果这三个条件不具备，这套理论也不成立。

李嘉图的教条：货币只是铸币，一国的金量必然进入流通；进入流通以后，如果货币增大，代表的价值会低于本身价值。这样，会在国内使金的生产减少。在国外会使金输出；相反如金进入流通以后，货币量并没增大，而是减少，会使金代表的价值高于本身价值。这样，在国内会使金生产增加，在国际上会使金输入。

李嘉图用这个教条来解释实际现象。

一个例子是：1800—1820 年英国常常遇到荒年，需要输入谷物，他认为输入谷物的原因是英国的金贬值了（荒年财富减少，使金的名义价值低于实际价值）。

另一个例子是：拿破仑实行大陆封锁。不能同大陆国家进行贸易（即不能向大陆输出商品），英国人向大陆只能输出金。这一事实李嘉图认为是英国的货币贬值了。

马克思还指出："李嘉图把货币和商品、货币和铸币混淆起来。"（156p）李嘉图说，如英国需要谷物，别的国家谷物也有多余，但不需要别的商品，这时别的国家会不会输出谷物呢？李嘉图说由于这个国家不需要别的商品，它就不需要输出谷物去换取货币，因为货币不是任何国家绝对需要而相对需要的一种商品（见李嘉图《金银条块价格高昂》75p）。

马克思说，这是李嘉图不懂得"商品就是货币""货币就是商品"。"商品就是货币"，意思是说商品一定要转化为货币，否则就不成为其商品。所以"商品就是货币，货币就是商品"，意思是货币是商品交换的媒介，商品价值的形式，有了货币就有了商品。这就是说，有多余谷物的国家，尽管暂时不需要别的商品，也会把谷物输出去。因为"商品就是货币""货币就是商品"。

对詹姆斯·穆勒的货币理论评析

马克思把詹姆斯·穆勒（1773—1836）的货币理论归纳如下：

（1）货币的价值，就是货币所交换的商品量。

（2）如果商品量为一定，货币量多，价值就低，货币量少，价值量高。所以货币的价值量实际上是取决于货币的数量。

（3）货币总量=货币量×流通速度。流通速度增加一次，等于增加一倍货币。

（4）货币总量的价值量＝单位货币的价值量×货币总量。

马克思说："穆勒的全部智慧不外是一套强词夺理的假定。"（159p）他假定：①流通中商品的数量和交换价值不变；②货币的流通速度不变；③货币的价值不变；④假定流通中的金属货币量，同一国现存货币量成比例增加或减少。把应当证明的东西都假定好了，然后再来立论，有什么意义呢？

马克思说，穆勒犯了同休谟一样的错误，认为处在流通中的是使用价值，而不是具有一定交换价值的商品。马克思说即使货币的流通速度不变，货币的价值也不变，流通中商品的数量也不变，只要商品的价值变动了，流通中的货币量就要变。"有时大一点，有时小一点。"（159p）马克思说穆勒看到了一国中现存的货币一部分在流通，另一部分停留不动这个事实。但是，他又假定一国中全部货币实际上都在流通，这是十分可笑的。这告诉我们，设计货币的流通速度，只能以流通中的货币来计算，不能以一国的全部货币量来计算。如一国中的金银有1亿元，但只有1 000万元在流通。这1 000万元每年购买两次，即货币总量为2 000万元。这样从1亿元来说，就等同于每个货币5年才购买一次。

此外，穆勒已经认识到了"一国的商品总量"并不是一下子"同货币总量交换，而是分成一部分一部分地，在一年中的不同时期同货币的不同部分进行交换"（160p）。假定"不同部分"和"不同时期"的交换不存在，而假定商品全部在同一时期发生交换。这样以全部的货币量（不论它进入，还是没有进入流通）与全部商品量（使用价值量）对比，来求货币价值的高低就没有什么意义了。按照穆勒的逻辑，全部商品量/全部货币量＝单位货币的价值量。而单位货币的价值量×全部货币量＝全部货币的价值量。这实际上这是说全部货币的价值量＝全部商品量。而商品量又是以使用价值来表现的，这样就等于全部货币的价值量以全部商品的使用价值来表示。

马克思说，从1825年开始，资本主义世界出现了商业危机。对危机产生的原因，资产阶级经济学家就从货币流通这个领域去找根源，去寻找抵御它的方法，因为这些人仍然以李嘉图的货币理论作为信条。

货币→铸币＞正常水平→铸币价值下降→商品价格上涨；

货币→铸币＜正常水平→铸币价值上升→商品价格下降。

马克思认为从货币流通领域去寻找经济危机的根源和抵御它的方法没有说明问题。因为按李嘉图的教条，商品价格上涨是因为货币价值跌落，商品价格跌落是因为货币价值上涨。同样，我们可以反过来说，因为商品价格上涨，使货币价值跌落，因为商品价值跌落，使货币价值上涨。这样互为因果关系，是同义反复，不能说明什么问题！

对托马斯·图克货币理论的评析

图克从研究价格史去寻找货币理论，他研究了 1793—1856 年的价格史。《价格史》第一版是 1823 年出版的，在这一版中他还完全受着李嘉图学说的影响。可是在后来的继续研究中，使他不得不看到李嘉图的理论完全是臆想出来的。而货币量多→货币价值下跌→商品价格上涨；货币量少→货币价值上升→商品价格下跌。

马克思说："当贵金属的价值不变时，流通手段的膨胀和紧缩始终是价格波动的结果，而不是它的原因；货币流通只是居于第二位的运动。"（164p）这告诉我们：价格波动是原因，货币的多少是结果，不能把货币的多少说成是价格波动的原因。因为货币流通只是属于第二位的运动，是商品流通决定货币流通。价格上涨要求更多的货币媒介因而使货币膨胀；反之，则使货币紧缩。而价格波动的原因是商品的供求，而供求不平衡又是生产与消费不平衡的结果。这就告诉我们流通领域只是现象，要从生产领域，也要从生产与消费中去寻找原因。

马克思说：图克这一派（包括富拉顿、威尔逊）从货币的不同要素上来理解货币，这是全面的。但他们只注重材料，一是不关注货币各要素之间的联系。他们的错误是把作为流通手段的货币与货币资本混淆起来。二是把作为流通手段的货币同商品混淆起来。

马克思认为，把金输出国外与把任何商品输出国外一样，都是输出资本。在这里的区别不是作为流通手段的货币与资本的区别，因为都是输出资本，而是作为货币资本与商品资本的区别。但从国际交换这一角度讲，金的作用又不是资本的作用，而是交换手段的作用。就是说在这种状况下，金既是货币又是资本，既发挥货币的作用又发挥资本的作用。

四、学习马克思《1861—1863 年经济学手稿》笔记

编者导读：《资本论》研究者认为，马克思《1861—1863 年经济学手稿》，是马克思在创作《资本论》的过程中继《1857—1858 年经济学手稿》之后写成的又一部手稿，共 23 个笔记本，马克思亲自编了连贯的页码，共计 1 472 页。手稿标题为《政治经济学批判》，写作从 1861 年 8 月开始，到 1863 年 7 月结束①。早在 20 世纪 80 年代初，曾康霖先生据《〈资本论〉研究资料和动态》第 4 集所载信息②，悉心研读马克思" 资本主义再生产中的货币回流运动"，撰写了 1 万余字的读书笔记。在该读书笔记中，曾康霖先生精心梳理了四部分内容：①资本再生产过程中货币形式的变化，商业资本在流通中的作用；②剩余价值在流通中的实现；金生产者在资本主义再生产过程中的作用；③社会生产两部类之间的交换；④商业资本的总运动，货币资本的积累。而在这四部分内容中，他特别提出值得关注的是：在两大部类产品的交换中，需要多少现实的作为金的货币流通。其后，他密切结合中国经济金融实际，持续关注思考相关问题，不断充实该读书笔记，最终使其成为一篇论析金融宏观调控，为中国金融立论的精彩论文③。这里，谨把曾康霖先生发表于《征信》的论文原文呈现给读者。

一国的货币供给量取决于进入市场中流通的商品和能够反映商品使用价值和价值的商品价格量的总和。必须遵循货币的供给是有限的，能够计量的，而不是任意的，不能计量的。货币供给量是有限的，靠货币供给量着力于金

---

① 参见：1861—1863 年经济学手稿中共中央［M］// 马克思恩格斯全集：第 37 卷. 马克思恩格斯列宁斯大林著作编译局，编译. 北京：人民出版社，2019.

② 参见：中国《资本论》研究会，《资本论研究资料和动态》编辑组.《资本论》研究资料和动态：第 4 集［M］. 南京：江苏人民出版社，1981.

③ 曾康霖. 论金融宏观调控：再为中国金融立论［J］. 征信，2020（10）.

融宏观调控的力量是有限的。"央行行为的哲理"是金融宏观调控的艺术和必修课。经济社会的重大变化表现为：人口老龄化——社会保障巨额增加——国内储蓄与投资难以均衡；贫富差距拉大，要迈过"中等收入陷阱"，造就中等收入阶层；中美之争，以及关联度成为全球经济问题的核心。金融宏观调控关注的基点是：要关注国民实际收入的变化；要关注区域经济的建设和发展；要把社会就业始终作为金融宏观调控的首要目标；要密切关注财政信贷收支的综合平衡；要关注经济周期和金融周期。建立现代中国中央银行制度就要提高对金融市场变迁的敏感度和适应能力，增强中央银行独立性。

2018 年遵照教育部巡视组领导的指示，要着力研究中国金融。2019 年 3 月笔者以《大国金融及其特色——为中国金融立论》为题，在教育部主管、教育部高等学校社会科学发展研究中心主办的《中国高校社会科学》刊物上发表长篇文章论述了"中国金融的特色是大国金融、社会主义金融和发展中的金融"[1]。

这篇源自笔者学习马克思《1861—1863 年经济学手稿》，持续关注相关问题记下的读书笔记，所撰写成的文章，遵循马克思主义经济学的基本原理，密切结合中国内外的实际，从五个层面讨论金融宏观调控的基本理论与行为特征、经济社会的重大变化，以及金融宏观调控要把握住的基点。

金融宏观调控与货币供给

金融宏观调控，是中国社会主义市场经济中，资源配置的重要组成部分。金融领域的资源配置，重要的是货币供给，因而金融宏观调控，必须从货币供给说起。

马克思主义经济学中货币供给的理论要点是：货币随商品流通而进入流通；流通中的货币量决定于进入流通的商品供给量。之所以如此，是因为商品的价值必须靠货币表现和实现。在马克思《1861—1863 年经济学手稿》的补充部分中马克思设计了一个理论模型，表明需要供给多少货币，实现两部类之间的价值交换[2]。他假设：

第 I 部类产品价值总额 2 800 000＝c1 944 445＋v388 888＋m466 667

第 II 部类产品价值总额 5 000 000＝c3 055 555＋v1 111 112＋m833 333

其中，I 代表生活资料的产品，II 代表生产资料的产品，c 代表不变资本的价值，v 代表可变资本的价值，m 代表剩余产品的价值。

它们的价值都是以同一货币单位计量的，因而都能相加的和对等交换的。在模型中马克思设定的货币单位为英镑。

马克思设定：第 I 部类剩余产品的价值是（$c+v$）的 20%，即 2 333 333×20%＝466 667；第 II 部类剩余产品的价值也是（$c+v$）的 20%，即 4 166 667×20%＝833 333。在这样的设定条件下，两部类之间要多少货币进行交换呢？马克思的分析是，在第 I 部类内部：①用于可变资本 v 流通的货币，每周付一次，全年 52 周，需要 388 888÷52＝7 479。②用于分配剩余产品价值的货币必须考虑两个因素（因为这一部分价值需要分解为利息、地租和企业主收入）：第一，用于各种收入开支，假定全年平均支付 10 次，则 1/10，就应需要 46 667÷10（466 667＝46 667）；第二，分解为利息、地租和企业主收入后，成为他们的货币收入，为了生活他们就要用于购买消费品，假定用于购买消费品的货币平均周转 10 次，则就需要货币 4 667（46 667÷10＝4 667）。经过这样的分析，马克思的认知是：在第 I 部类内部，为了使可变资本 v 的流通就需货币 7 479，为了使剩余产品价值 m 的流通就需要货币 4 667，两者合计共需要 12 146 个单位的货币（7 479＋4 667）。在第 II 部类内部：用于可变资本 v 流通的货币，也是每周付一次，全年 52 周，需要 21 367 个货币单位（即 1 111 112÷52＝21 367）；用于媒介剩余产品价值的货币，假定每年 10 次，全年则需要 83 333 个单位的货币（833 333÷10＝83 333）。经过这样的分析，马克思的认知是：在第 II 部类内部，为了使可变资本 v 的流通就需要 21 367 个货币单位，为了媒介剩余产品价值 m 的流通就需要 83 333 个货币单位。两者合计共需要 104 700 单位的货币（21 367＋83 333）。

由于第 I 部类再生产的需要的生产资料都要向第 II 部类购买，其购生产资料价值 1 944 445 的货币，假定全年 1 次性全额支付，则需要 1 944 445 单位的货币。但马克思假定第 I 部类向第 II 部类购买生产资料的货币都是在第 I 部类实现 $v+m$ 后取得的，不需要额外增加供给货币。此外马克思还假定，第 II 部类内部不变资本的流通，有 1/10 的实物形式上得到补偿，即 3 055 555÷10＝305 555，是不需要转化为货币的，只有 90% 的补偿需要货币媒介，这样就只有 2 750 000 的生产资料在内部互相转移才需要货币。同时，马克思又指出，"这里货币多半是作为支付手段流通，而只是用货币来支付差额"，只需要 2 750 000 的 1/20，即 137 500 个单位的货币。

综合上述分析，马克思设计的理论模型表明：要实现两部类总额为 780 万产品价值的流通，总共需要货币 12 146（在第 I 部类内部流通）＋104 700

（在第 I 部类和第 II 部类之间流通）+137 500（在第 II 部类内部流通），共计只需要 254 346 个单位的货币（注：马克思在手稿中货币的单位是镑），相当于两个部类产品总值的 0.032%。这样的分析表明：①随商品流通而进入流通的货币量大大少于进入流通中的商品量；②货币的购买手段的次数即它们的周转速度代表了进入流通的绝对货币量；③在再生产中生产资料的补偿不需要转化为货币；④绝大部分货币通过支付手段转移生产资料，在这种情况下，只需要现实的货币来支付差额；⑤ $I v+m = II c$，这是马克思假定的两部类再生产和前提条件，由于 $I v+m = II c$，所以再生产不需要额外供给货币。

马克思设计的这一模型，揭示了作为媒介消费品的货币流通和作为媒介生产资料的货币流通，前者是货币作用于消费品分配和交换的货币供给，后者是货币作用于生产资料分配和交换的货币供给。前者，马克思称作"简单商品流通的货币流通，表现为 W→G→W 的过程"；后者，马克思称作"再生产过程的货币流通"，表现为 G→W→G 的过程。

再生产过程中货币流通有以下特点：

马克思说"G→W→G 这种形式也包含着特殊的货币流通"[3]。我们将这种特殊性概括为以下几个方面：

（1）存在垫支与回流的过程。货币的预付包含着货币回流的条件，因为再生产的组织者必须先当买者，要使再生产过程能继续进行，就必须继之以卖。作为简单商品流通的货币流通却不存在这样的过程和条件。

（2）回流的货币一般要增值。这是因为它包含着直接的生产过程，而直接的生产过程既是使用价值的创造过程，又是新价值的形成过程。其新增价值以货币表现即△g。作为简单商品流通的货币流通不体现增值，因为一般说来它以等价交换为条件。

（3）货币作用于多个过程。作为再生产过程的货币流通，货币既作用于交换过程，又作用于生产、分配、消费过程。作为简单商品流通的货币流通，货币只作用于交换过程。

（4）能够区分为生产性的货币流通和生活消费性的货币流通。这是因为社会产品的价值是区分为资金和收入的。作为简单商品流通的货币流通不存在这种区分，因为它不体现所交换的产品的价值成分和用途。

（5）一部分货币的回流需要以下一个再生产过程提供的产品为条件。这就是说，上一个再生产过程预付的货币的一部分要用下一个再生产过程生产的产品来回流，因为上一个再生产过程生产的产品，由于储备的需要不可能全部销售出去。这样，仅从这一过程看是货币预付的多，回流的少。这说明在再生产过程中货币的预付与回流是交错发生的，作为简单商品流通的货币流通则不存在这种状况。

马克思关于再生产过程中的货币流通理论主要表明：再生产要能正常进行，必须有货币资金的垫支，而且垫付的货币资金必须回流；否则，再生产过程就无法继续。这是一个不以人的意志为转移的客观规律。

马克思讲："在再生产（无论是简单的还是规模扩大的）正常进行中由资本主义生产者垫付到流通中去的货币，必须流回到它的出发点（而不论这种货币是他们自己所有的，还是借来的），这是一个规律。"[4] 这之所以是一个规律，是因为要使再生产过程正常进行，买者必须转化为卖者。作为买者，他投放货币；作为卖者，他使货币回流。这说明再生产过程的货币流通要呈现为 G→W→G 的形式。这一形式包括"货币转化为商品——生产资料和生活资料；然后，这些商品作为要素进入流通过程，因而再作为商品同货币相对立的时候起，商品又是过程的结果；最后，商品再转化为货币，因为完成的商品只有在它先转化为货币之后，才能重新同它的生产要素交换"[5]。

再生产过程中需要的货币，既然是生产者或企业家垫付到流通中去的货币，其量的多少取决于流通时间的长短，而流通时间长短又取决于生产者或企业家从买者转化为卖者的时间长短。这表明：作为资金的货币，其供给量取决于市场经济中生产者或企业家的行为。

还必须指出的是：作为资金的货币的供给，不仅取决于物质产品的生产、再生产过程生产者或企业家对货币资金的垫付，而且取决于为了推动经济社会进步和发展对货币的需求。推动经济社会发展的货币需求：既有物质产品又有精神产品；既有劳动创造的产品，又有非劳动创造的产品（如土地、矿山及其他自然资源）。在这种状况下，货币的供给就不完全是实现物质产品和精神产品的价值，而且推动各种生产要素与劳动的结合，推动供给与需求的结合。其需要供给的货币量，也取决于它们在市场中的价格，价格的高低、涨落取决于对货币量的供求。

总之，一个国家的货币供给量正如马克思所揭示的被影响的因素很多，但重要的因素仍然是取决于进入市场中的流通中的商品，能够反映商品使用价值和价值的商品价格的总和。这是马克思主义经济学的基本原理。按这个原理进行金融宏观调控，必须遵循货币的供给是有限的，能够计量，而不是任意的，不能计量。

中国货币的供给与 M2-M1 的超额增长

中国人民银行最新公布的数据显示：中国自 2020 年 1 月来，广义货币量（M2）余额为 202.31 万亿元，同比增长 8.4%。与 2019 年的国内生产总值（GDP）990 865 亿元相比，M2 是 GDP 的 204%，即货币供给量相当于国内生产总值的 2 倍还多。这样的比例关系不仅超过了发达的市场经济国家，而且其增长的趋势即速度大大超出了不少发展中的国家。怎样看待中国货币供给量的迅速增长，中国学术界及实际部门曾经进行过深入讨论，分析了中国货币供给超额增长的原因、去向。笔者于 2013 年撰文《研究我国货币供给超额增长要有创新思维》，其主要观点是：

（1）要把货币与准货币区别开来。笔者指出在现实中，只有货币（M1）发挥购买手段和支付手段的职能，与经济社会的现实增长和发展产生密切关系，而准货币（M2-M1）是潜在的货币，在现实中发挥着储备手段的职能，成为政府、企事业单位、居民家庭的货币积累，与投资发生密切的关系。政府、企事业单位、居民家庭货币积累的迅速增长可视为货币供给超额增长的重要因素之一。但从货币积累到投资，从投资到经济增长有一个过程。在这一过程中，以一定时期（如一年）以来 M2 的存量与一定时期中 GDP 的流量相比较，难以表明这二者合理或不合理、均衡或不均衡的关系，因为准货币（M2-M1）与潜在的经济增长密切相关，不会与现实的经济增长密切相关。

（2）要研究货币供给超额增长的时期跨度和转折点。笔者认为，在中国基于经济周期与政治周期密切相关，我国改革开放实际上是 1992 年邓小平"南方谈话"后才全面起步，所以将 1992—2012 年这 21 年作为时期跨度。在这 21 年的时期跨度前 10 年中，引起货币供给大量增加的主要因素是引进外资和鼓励出口；后 11 年中引起货币供给大量增加的主要因素是房地产业的发展以及与此相关的地方"土地财政"。在前 10 年中 1998 年是个转折点，这一年的货币供给第一次超过 10 万亿元。在后 11 年中，2005 年和 2009 年是转折点，2005 年货币供给近 30 万亿元，而 2009 年货币供给超过了 60 万亿元。并指出在我国过去的 21 年中，M1 的增长率基本上与经济增长率和物价水平率之和相一致，不存在超额供给的现象，而真正出现超额供给的是"作为资产的货币"，即准货币。我们认为"作为资产的货币"在一定程度上可以视为市场参与者的储蓄，这部分储蓄转化为投资的过程就是超额供给的货币通过动员社会资源来实现经济发展的过程，而资产会在此过程中形成。值得注意的是，资产形成效率决定着负债的偿还能力。如果过度通过超额供给货币来发展无效资产，那么资产所对应的负债就只有由后人来偿还[6]。

现在看来，仅指出以上两点是不够的。近年来，金融领域面临着"数字货币"的挑战。数字货币的出现改变了对法定货币的供求。数字货币是建立在信用关系的基础上的，数字货币就是社会成员之间信用关系的量化，社会成员既是货币需求者，也是货币供给者。这种状况强化了货币供给的不确定性。它的出现拓展了金融服务，既节约了成本，又提高了效率，同时增大了金融风险的可能性和现实性。此外，在金融宏观调控中，中国中央银行建立并编制了"社会融资规模"这一考察指标，这一指标以金融机构资产负债表的资产方有关数据为基础，综合反映各种金融机构通过各种途径对实体经济领域的货币资金供给。

考察它的意义是：在金融宏观调控中，通过货币、信贷等政策的传导，真实地进入实体经济的货币资金是多少，并旁证货币供给量与社会融资规模的相关性。2020 年 1 月末中国人民银行统计的社会融资规模为 256.36 万亿元，同比增长 10.7%，这与同期货币供给量 M2 的增幅比较，多了 2.3 个百分点。从社会融资规模的结构考察，2020 年 1 月末，人民币贷款余额为 155.06 万亿元；外币贷款余额为 2.13 万亿元；委托贷款余额为 11.45 万亿元；依托贷款余额为 7.49 万亿元；未贴现的银行承兑汇票余额为 3.47 万亿元；企业债券余额为 23.93 万亿元；政府债券余额为 38.49 万亿元；非金融企业境内股票余额为 7.42 万亿元。非金融企业境内股票融资是合伙人模式，就是你买我的股票，你的钱交到我手上，企业经营得好你可以获得分红，经营差了你可能连本金都拿不回，所以这是一种风险共担的模式。在这样的社会融资结构当中，除了非金融企业境内股票融资之外，其他都可以理解为社会累计借入的资金，其资金总额为 248.94 万亿元。目前非金融企业境内股票余额是 7.42 万亿元。所以，我们能够得出结论：社会融资规模也是物质产品生产领域承担的一种负债，规模越大，对社会的负债规模就越大。

在中国社会主义制度下，人民币主要是国家银行供给的。人民币是信用货币，信用货币是一种债务凭证，国家银行供给信用货币形成一种债权债务关系，也就是对社会的一种负债，即欠了持币人的债。欠持币人的债是什么性质的债呢？在信用货币能兑换黄金的条件下，国家银行欠持币人的是黄金债，也就是说当持币人要兑换黄金时，国家银行要保证有黄金能够兑换。在信用货币能购买商品的条件下，国家银行欠持币人的是商品债，也就是说当持币人需要购买商品时，国家银行要保证有满足需要的商品能够购买。在中国现阶段，人民币不能直接兑换黄金，只能购买商品。但不可否认，黄金仍然是维护人民币币值的保证。尽管在一定条件下，国家银行供给的信用货币能够不还，也就说债权人即持有人长期持有，不向债务人索取（兑换黄金或购买商品），但必须保证信用货币的权威性——价值稳定、正常兑换、有序流通，以此推动经济社会发展，防范金融风险，保障人民所得利益。

总之，结合现实，在中国现有的货币供给量其基数已经相当于 GDP 的两倍，且绝对数高于发达的市场经济国家和相对数高于发展中的市场经济国家的态势下，货币供给量是有限的，靠货币供给量着力于金融宏观调控的力量是有限的。人们必须在理论上深刻地认知这一点，必须在实践中把握好这一点。

金融宏观调控的理论基础和行为哲理

政府干预，宏观调控，大都认为始于 20 世纪 30 年代凯恩斯经济学的诞生。20 世纪 30 年代西方发生了经济危机。凯恩斯认为产生这次危机的重要原因是需求不足，必须实行政府干预，实行宽松的财政货币政策，增加货币供给以扩大需求。因而学术界大都认为，凯恩斯经济学是宏观调控的理论基础。而马歇尔经济学是市场经济的理论基础。这样的认定可以讨论。但必须承认，经济社会的发展既要靠政府推动，也要靠市场推动。还必须指出，在马歇尔、凯恩斯以前已经存在着两大思潮：无政府主义的经济思想包含着经济社会发展排斥政府干预的成分；而马克思则早就预见到资本主义自由竞争发展到一定程度，会引起供求之间、不同群体之间矛盾的激化，会产生经济危机，解决经济危机的途径是社会权威机构去协调，而社会权威机构自然包括政府。这表明：崇尚市场行为或崇尚政府行为，长期就存在。

在这里，还必须指出的是：凯恩斯经济学中的政府干预，是指调控"总需求与总供给"，特别是对总需求的调控，他主要通过财政政策，而非货币政策调控总需求。后凯恩斯学派对政府宏观调控的理论虽有丰富和发展，但先前的这一核心观点没有动摇。现在的问题是：随着时代的进步，科学技术的发展，新的矛盾的出现，人们认识的深化，使政府干预的基点有了转移，宏观调控的内容更加丰富。比如有人主张政府干预主要在于制定游戏规则，维护市场秩序；要制定产业政策指导经济社会发展；不仅要调控总量，而且要调控经济结构等。特别强调政府不能一般性干预，而要切实地掌握资源，特别是重要的资源要由政府集中合理配置。

政府干预、宏观调控是政府的行为。从制定、颁布、实施货币政策来说，通过增减货币供给量，通过调整利率、汇率升降货币资金的价格，通过信息的传递导向，影响被调控者的行为。总的说来，就是通过货币数量、货币价格和信息传递这三方面对经济社会发生作用。增减货币数量，在于发挥货币媒介、投资功能；升降货币资金价格在于发挥利益机制功能；而信息的传递在于影响人们知识结构和信心。所以货币政策在金融宏观调控中，能起多大作用，通过什么途径起作用，完全在于理性的认知和感性的实践。

结合中国的实际，在制定、颁布、实施货币政策时，必须在理论上明确：①货币政策不等于信贷政策。货币政策是中央银行的行为，信贷政策是商业性金融机构的行为。但在中国，贯彻实施货币政策又不能不纳入信贷政策。有人还指出信贷政策是货币政策的组成部分，或广义的货币政策。②有效需求不足不等于各经济主体支付能力不足。因为有效需求指能够成为货币购买力的需求，它是货币供给量中的一部分，而各经济主体的支付能力决定于它们的信用状况及持有的资产中的流动性（即现金流）。③物价下跌不等于通货紧缩。因为引起物价下跌的因素很多：技术进步、劳动生产率的提高，人们的预期心理，供给过多，涉外因素的影响，政策的干预等，而通货紧缩是个特定的概念和有多种解释的概念。学术界公认的概念是在一定时期经济状况的下降或萎缩，它不一定表现为流通中货币的紧张和物价下跌。划清这些概念的界线，明确所处的经济环境和态势，为制定、实施货币政策提供理论指导。

总结国内外经验，吸取已有的教训，在制定、颁布、实施货币政策过程中，应掌握基本理念和方法。本文将其基本理论和方法称作"央行行为的哲理"，内容包括：

（1）坚持持续稳定，一以贯之。因为实现稳定币值、稳定金融始终是货币政策追求的首要目标。稳定币值、稳定金融不仅关系着经济社会发展而且关系着广大群众的切身利益。要实现这两个目标，有一个长期的过程。看来实施稳健的货币政策，我国必须长期坚持下去，中外一些国家中央银行的行长继续连任，也是"央行行为的哲理"，这在情理之中。在追求和实现长期目标中，有时货币政策也要"相机抉择"，那是针对经济社会发展的短期行为，是局部的调节。局部的调节，不能违背总体调控的最终目标。

（2）调控心理预期，推动经济社会均衡发展。一般来说，在一定时期内，由于人们的价值观念不同，预期不同，行为的效果不同，货币政策正面效应的发挥会产生阻滞，甚至发生负面作用。还需要指出的是，货币政策与其他宏观经济政策的调控必须配合，影响配合不到位、不保质、不达标的因素较多，在这种状况下，就要切实调控人们的心理预期，推动经济社会的均衡发展。通常说政策要"熨平波动"，经济要平衡运行。形象地说，经济过热时就要压一压，不要火上浇油；经济下行时就要守住底线，要雪中送炭。这用专业的语言表达，叫逆周期调整，逆风而动。

（3）进退有度，防患于未然。比如中央银行现在的加息，是为了以后的降息，这是给以后的相机抉择预先留下可运作的空间。这是中央银行调控的基本功，可叫作"多退少补，拾遗补阙"。

（4）丰富手段，可供选择。有的人曾批评美联储为了无限地实施量化宽松 QE，绕开商业银行，直接下场购买企业短期无担保的商业票据，抛弃了美联储的原则，损伤了美元的信誉。其实，这样做是有条件的，那就是财政部的担保，因而这次 7 000 亿美元的 QE 购买的仍然是国债和有抵押的贷款证券。只不过绕开商业银行下场直接购买，更有针对性和有效性，它在增强市场流动性的同时，更有利于货币资金进入实体经济，扶持中小企业。

（5）"既要又要"，周全表述，彰显公平。在短期政策的调整中，比如中央银行实施精准的扶贫政策和扶持中小微经济体的政策，往往会带来整体利益与局部利益的矛盾，在这种情况下，就要有辩证思维，它具体化为"既要又要"，兼顾多方面的表述。这样的表述在一些人看来概念模糊，不知所措。其实在这样的表述中既有不确定性又有倾向性。因为当代实施货币政策，既要调控总量，又要调整结构；既要调控需求，又要调控供给；既要作用于静态，又要作用于动态，而且作用的过程具有不确定性。政策具体化为"既要又要"的表达，似乎不太集中、透明。要说是个模糊的概念，也是一个不太集中透明的概念。如果政策过度集中透明则会导致市场各经济主体行为"一边倒"，而"一边倒"将带来较大的震动。要知道，中央银行货币政策的预期功能是相互的：政府预期经济社会发展走势和怎样与国际经济政策相适应和接轨，而社会公众预期货币政策给自己带来的利弊。相互预期，消除不确定性，减轻震动，以实现均衡。

"央行行为的哲理"是金融宏观调控的艺术。建立和发展这门艺术，就会有展示身手的平台，有了展示身手的平台，就能取得预期的效果。这是金融宏观调控的必修课。

经济社会的重大变化与金融宏观调控的调整

在讨论金融宏观调控以前，值得考察的是近年来特别是 21 世纪以来经济社会的重大变化：

人口老龄化，社会保障巨额增加，有的国家难以为继

有关资料显示，据权威机构或人士的研究，21 世纪标志性的特征就是不可阻挡的人口老龄化[7]。截至 2018 年，在联合国选定的工业化国家中，65 岁及以上的人口占 18%以上。当今，还有很大一部分人到了退休年龄没有退休仍在工作，坚持工作的原因很多，没有理想的福利待遇是其中重要的原因之一。由于人口老龄化，社会保障支出巨额增加，有的国家难以为继，如北欧国家瑞典，在改革课税制度，还是改革福利制度问题上，政府与学术界一直争论不休，各执一词，相互不让，影响了经济发展和社会安定。

储蓄状况逐步降低，国内储蓄与投资难以均衡

美国在过去的 50 年中，储蓄总额和政府的社保支出总和一直占 GDP 的 30%，其中政府的社保支出增长，储蓄总额下降，这表明社保支出挤压了储蓄上涨空间[7]。这种状况在欧洲其他国家如德国、英国、法国、意大利、西班牙等同样存在。由于社会福利保障支出挤压国内储蓄，储蓄与投资的均衡靠国外储蓄平衡。有资料记载，从 1929 年甚至 1929 年以前开始，美国国内投资总额一直与国内储蓄总额接近，即基本平衡，但近几年，投资已经超过了国内储蓄，二者的差额来自国外借来的资金填补，这笔国外借来的资金表明为美国国际的投资净额，目前已近 10 万亿美元。权威人士说："近年来，我们发现美国国内的生产力的增速有所下降，原因是福利的支出挤占了国内储蓄总额的空间，进而挤出了国内投资总额。而国内投资总额是生产力增长的主要决定性因素。"[7]

中国国内储蓄不断增长，据权威人士的考察"中国国民储蓄率高"，但进入 21 世纪以后有了显著的变化[8]。

在经济学教科书中，国民储蓄包括政府储蓄、企业储蓄和家庭储蓄。政府储蓄一般指各级政府经常性收入减经常性支出的结余。在经常性支出中只包括消费性支出，不包括投资性支出。但投资性支出也是政府的储蓄，将这部分收入转化为投资，表明政府参与了从储蓄转化为投资的过程。在经济社

会建设中，我国政府的投资占有相当大的一部分，这部分投资应当看作政府储蓄的绝大部分，它能转化为企业储蓄和家庭储蓄，但大大超过企业储蓄和家庭储蓄。由于政府在经济社会建设中的投资主要集中于国有企业，而不是所有企业，因而政府的投资性支出，大都用于与国有企业做强、做优、做大以有利于扩大经营的项目，如扩大基础设施建设等。在这种情况下，国民储蓄中的绝大部分，不会通过资本市场转化为投资成为企业的股本以减轻企业的债务负担和降低企业杠杆率。至于中国居民的家庭储蓄，在居民收入主要来源于工资性收入且工资收入刚性、较长时期不变或变动较小的条件下，家庭储蓄不可能有较快增长。目前的状况是：由于减税让利，政府的经常性收入相应减少，由于新冠疫情的影响，政府的突发性支出急剧扩大，再加上2020年中国要实现全面脱贫，经常性支出的负担较重。所以综合考察这些因素，政府的有待于转化为投资的国内货币资金储蓄不容乐观。近期国家财政赤字逐步扩大就是证明。这是第一个显著变化。第二个显著变化是由于新冠疫情，不少国内企业停工停产，外资企业撤资退单，使得企业营业收入减少，利润降低甚至亏损，在这种状况下，何来储蓄？第三个显著变化是居民家庭储蓄，绝大部分积累在拥有的房产和有价证券（如股票）上，以货币资金积累的储蓄逐步下降。前些年银行的"脱媒"，定期存款相应下降就是证明。还需要指出的是：在人口老龄化的情况下，银行的定期存款相当大的部分，不是真正意义上的储蓄，而是预存的养老金，这是客观存在的事实。

以上的分析表明：中国在这方面的情况与世界其他国家相似，储蓄与投资难以实现均衡。要通过金融渠道实现二者均衡，必须开辟新的途径。

两极分化，贫富差距拉大

20世纪末、21世纪初全球先后发生了两次金融经济危机，其重要表现之一是在一些国家不同阶层的人群贫富差距拉大，特别在某些发达的市场经济国家，表现得更加充分。美国经济学家西蒙·史密斯·库兹涅茨（1953）对这一现象进行了研究，他认为：这是工业化和城市化过程中发生的收入分配差距的经济现象，而且这种现象还会发生趋势性变化。库兹涅茨将经济增长设定为两个部门。即传统的农业部门与现代的产业部门，并假设收入分配的差距由三个因素决定：①按部门划分的个体数的比率；②部门之间收入的差别；③部门内部各方收入分配不平等的程度。根据他的设定，他对1913—1948年美国经济发展与收入分配的数据进行处理，发现在经济发展初期，由于不平等程度较高的非农业部门的比率加大，整个分配趋于不平等；一旦经济发展达到较高水平，由于非农业部门的比率居于支配地位，比率变化所起的作用将缩小，部门间收入差别将缩小，使不平等程度提高的重要因素——财产收入所占的比率将降低，再加上政府政策对收入再分配发挥作用，使各部门内部的分配趋于平衡。库兹涅茨将经济过程发展中收入分配的变化，用数字函数表示，横轴表示经济发展的某些指标（如人均产值），纵轴表示收入分配不平等的程度，如基层系数，他发现这样的函数图形呈"倒 U 形"。他在1953 年出版的《高收入阶层在收入和储蓄中占有的份额》中，分析了经济发展与收入分配的状况：这种状况呈现为"倒 U 形"，即在经济发展过程开始时，国民人均收入分配逐步改善，趋于公平。学术界把库兹涅茨的"倒 U 形"曲线称作"库兹涅茨曲线"，这一曲线在西方发达国家经济学界有着巨大影响，具有里程碑的意义[9]。

在中国，特别是 21 世纪以后，存不存在两极分化，可以讨论。权威人士早就提出要注意"两极分化"，权威文件始终没有肯定出现"两极分化"，这是需要关注的。但必须肯定，中国贫富差距正在加大是不争的事实。这表现在基尼系数的变动中。中国社会科学院收入分配课题组曾根据城乡入户调查数据估算，2002 年全国的基尼系数达到 0.454，超过了国际公认的贫富差距的基尼系数的警戒线 0.4。但根据国家统计局的计量，城镇内部的基尼系数1988 年只有 0.23，到 2002 年增加到 0.319，农村内部的基尼系数 1988 年为0.303，到 2002 年增加到 0.366，都没有超出国际公认的贫富差距的基尼系数警戒线 0.4。这样的统计是"分块测定"，即分别城乡认知，但如果把两个群体加起来测算，基尼系数就高得多。因为基尼系数是在一定的范围内测定收入差距，"分块测定"测定的范围小，其收入差距就小，把两个群体合并起来测定，其收入差距就大得多。这个状况表明：中国最大的贫富差距，在于城乡差别，要改变这种状况，必须从缩小城乡差别抓起。

收入分配状况体现效率、公平、正义。在我国社会主义制度下，我们曾经强调"效率优先、兼顾公平"的方针，1993 年 11 月，党的十四届三中全会提出：建立以按劳分配为主、效率优先、兼顾公平的收入分配制度，鼓励一部分地区和一部分人先富起来，走共同富裕的道路。党的十九届四中全会通过的《中共中央关于坚持和完善中国特色社会主义制度、推进国家治理体系和治理能力现代化若干重大问题的决定》，提出了坚持按劳分配为主体、多种分配方式并存，促进效率和公平的有机统一；明确了社会主义分配制度有利于鼓励先进，促进效率，最大限度激发活力，又有利于防止两极分化，逐步实现共同富裕，使人民群众共享改革发展成果。要有针对性地完善相关制度和政策，坚持和完善社会主义分配制度。这一权威文件的精神，显然与上个文件有显著的差别：①不是"效率优先，兼顾公平"，而是"促进效率与公平的有机统一"；②不仅是按劳分配为主，而且多种分配方式并存，特别是指出要按生产要素的贡献决定报酬机制；③没有提到"先富带后富"，而是提出要在解放和发展社会生产力中改善人民生活，维护社会公平正义，实现共同富裕。

在这里需要指出的是：媒体报道 2002—2010 年城镇财产最多的 10% 人群占有的财产份额从 32% 上升为 55%，而农村的这部分人群的财产份额从 33% 上升到 62%，全国这部分人群的财产份额从 39% 上升到 64%[10]。这表明：中国的贫富差距不仅表现在收入上，更表现在财产上，这种状况的产生，与中国房地产和股市的兴起及发展密切相关，也就是说这两个市场为投资者和投机者发财致富创造了机会和条件。引起中国人群财产贫富差距扩大的因素还有：经济运行机制的不合理（收入高的人比收入低的人避税途径更多，换句话说，收入低的人比收入高的人缴纳的税更多）；不平等的竞争存在；社会保障制度还有待完善等。这些问题，需要深入考察，进一步研究。但需要强调的是：中国缩小贫富差距的根本措施是迈过中等收入陷阱，实行区别对待的政策，扩大中等收入阶层，比如限制高收入阶层的收入水平，提高低收入阶层的收入水平。据世界银行的划分标准，人均国民收入超过 1.2 万美元，就是高收入国家，如果经济增长率维持在 6% 左右，再过若干年中国成为高收入国家，是指日可待的。

缩小贫富差距的重要意义在于：经济稳定、社会稳定、建立起以中等阶层为主体的社会基础，有利于金融业的建设和发展。

中美之争，关联度成为全球经济问题的核心

21 世纪第二个十年的末期，发生了"中美之争"，这是 21 世纪全球的重大事件。怎么看待这一事件，各国官方和学者们发表了不少意见。从道理上说，必须用生产力决定生产关系、经济基础决定上层建筑这一马克思主义的基本原理来剖析中美之争。对此，首先要看到自 20 世纪上半叶，美国经济结构的变化、社会结构的变化、国家核心利益的变化。二战以后，美国的经济结构发生了变化，从一个制造大国变成了一个金融大国，从电报电话大国变成了一个网络大国。这样的变化可概括为：经济结构金融化，能源结构网络化。这样的变化，使美国社会分裂：富人越来越富，穷人越来越穷，中产阶级面临着威胁。或者说，人们对社会财富的占有越来越不平衡。

特朗普上台就是美国社会分裂的结果。具体地说，就是美国所谓的"铁锈地带"的三个州，俄亥俄州、宾夕法尼亚州、佛罗里达州，全力支持特朗普，使特朗普在竞选中大获全胜。

二战以后，美国建立了一套世界运转的秩序，其他各国围绕着这套秩序运转，这是美国的国家核心利益所在。美国之所以同意中国加入 WTO，就是要让中国加入这套运转体系中去，围绕着它转，服务于它的国家的核心利益。可是，中国不完全听美国的，比如加入 WTO 后 18 年，没有完全开放资本市场等。我们不仅没有围绕着美国的秩序运转，而且提出：要实现中华民族振兴，做了我们应当做的事，所以美国提出"中国威胁论"。这个威胁论，就是中国"不听话"。中国"不听话"怎么办？就要惩罚，贸易战是它惩罚中国的开始。

所以这场中美之争，绝不仅仅是特朗普上台以后个人挑起的事件，而是美国经济结构、社会结构变化的结果。也绝不是个别人的偏见，换一个总统上台，也不会改变。这必将是一场持久战，我们不能乞求对方改变态度，而要有利、有理、有节地斗争。

在斗争中，我们既要有战略的部署，也要有战术上的应对。战略上的部署：一是核心技术怎样摆脱对美国的依赖。必须承认美国的科学技术总体上在全球领先，我们要学习、引进、运用它的科学技术，特别是核心技术。比如，中兴事件，虽然我们被罚了款，但也反映了难以摆脱对美国核心技术的依赖。二是在货币体系方面，中国怎样摆脱对"美元体系"的依赖。必须承认"美元体系"是主导世界货币体系的。我们中国的货币供给、国际结算、对外投资都需要依赖美元体系。比如货币供给，我们很大程度上靠美元计价、结算，债权债务关系很大程度上靠美元体系建立和消除。为此，我们要稳住美元体系。购买美国国债也就是"稳住美元体系"。如美元不稳、贬值，持有的美国国债也会遭受损失。这也是我国被迫大量地购买美国国债的原因之一。

《21 世纪资本论》的作者，法国年轻的经济学家托马斯·皮凯蒂在这个著作中提醒读者，要注意外部冲击在一定时期中对某个国家收入不平等减缓的重要作用；要把分配问题重新置于经济分析的核心；要考察全球财富在一国国内和多国间如何分配；要考察财富为谁所拥有[11]。应当说，皮凯蒂的提示对各国中央银行怎样建立政策调控体系是有意义的。

金融宏观调控的关注基点

基于经济社会的重大变化，结合国内外的实际，金融宏观调控值得关注的基点是：

要关注国民实际收入的变化

国民收入来自经济的发展和绩效，因为经济的发展和绩效创造着社会财富，这通常表现为一个国家权威部门（如国家统计局）在一定时期公示的GDP（国内生产总值）或GNP（国民生产总值）。但不能认为一定时期公示的GDP或GNP，都对等地创造着社会财富，因为GDP或GNP有多种统计方法，统计的方法不同，其经济含义不同。中国现阶段统计GDP的方法是"支出法"，支出法的经济含义就是要把一定时期的"投入"视为这一时期的"增加值"，算作GDP或GNP。如2019年我国GDP为990 865亿元，它的计算就是各部门的"净投入"，包括货币形态的资金和实物形态的资产，其来源或者是本部门自身的积累，或者是借入的负债。从负担来说自身的积累越多越好，借入的负债越少越好。但实际情况是在推动GDP或GNP增长中，借入的负债投入也不少。所以，要把握好在借入的负债投入到GDP或GNP中的比重。学术界的共识是：在GDP和GNP中，只有能体现"最终产品"的部分才创造社会财富，所谓"最终产品"是指在一定时期内生产的可供人们直接消费或使用的物品和服务。要能直接消费和使用必须通过交换，只通过交换实现其价值从而实现其使用价值的物品和服务，才能成为财富，这是马克思主义经济学的基本原理。不符合这个原理，将"中间产品"统计在GDP或GNP中，只能是虚增社会财富或不能直接消费的财富。2019年中国实现了人均1万美元GDP的目标后，有人著文肯定"人均GDP代表人均创造财富的能力"，在这之前全球人均GDP达1万美元的国家人口近15亿，中国加入后，全球人均达1万美元的国家人口就达30亿人，中国的经济总量就与日本、德国、英国、法国四个主要发达国家的经济总量之和相当。其实这样的肯定是不准确的、值得商榷的。再说这样的比较其意义何在，也需要斟酌。还要指出的是：一个国家一定时期人均国民总收入（GNI）不等于居民人均可支配收入。人均国民收入等于国内生产总值加上来自国外的初次分配收入净额，它反映初次分配的收入；而居民人均可支配收入是指居民可用于最终消费和储蓄的总和，是衡量居民收入水平的主要指标。也就是说这二者有"初次分配"与最终消费与储蓄的区别。据国家统计局的统计，2018 年中国人均国民总收入为 9 732 美元，而人均可支配的收入为人民币 28 228 元（按 1∶6.8 汇率计算），相当于 4 151 美元，只相当于人均国民总收入的 42.65%。这就表明：人均国民总收入并非人均个人收入，人均个人收入只是人均国民总收入的少部分。但世界银行是以人均国民总收入作为衡量一个国家的富裕程度的，2018 年中国人均总收入达到了 9 732 美元，就把中国确定为"中等偏上的收入国家"。这样的确定与大多数老百姓的感受是有差距的。它表明大多数老百姓还不富裕。

这里要讨论的是要"关注国民实际收入的变化"，除要关注大多数老百姓货币收入的变化之外，还要考察通货膨胀的因素。只有扣除通货膨胀的影响，才是老百姓的实际收入。

关注国民实际收入变化的初衷，是考察中国中等收入阶层的形成程度，因为中等收入阶层是社会的基础，也是金融制度建设和展业的基础。要知道，提高中等收入阶层的比重，事关国家的长治久安，有助于真正扩大内需，有助于建立起一道抵御外来风险冲击、维护国内经济安全的防火墙。

要关注区域经济的建设和发展

中国人口众多，经济发展不平衡，在推动经济社会建设和发展中，必须实施区域协调发展的战略。进入 21 世纪以来，在实施区域发展战略中，已经确立了：珠江三角区及建设粤港澳大湾区的战略、长江三角洲及长江经济带的发展战略、京津冀联合发展的战略、黄河生态经济带及成渝经济带发展战略等。划分不同的区域发展经济社会，有利于充分利用该区域的各种资源，协调发展，更有利于该区域民众实际收入的提高。这对于金融领域来说，有利于协调人口老龄化→社会保障增加→储蓄减少与投资增加之间的矛盾平衡。

中国现阶段，既要狠抓经济发展，更要着力推动社会进步！经济发展与社会进步，相关相连，互为因果，但二者仍有区别：经济发展的价值体现主要是收入增加，人们生活水平提高；社会进步的价值体现主要是人的素质提高，传承文明。把二者结合起来，应称作中国经济社会发展。

中国经济社会发展，长期以来，以大中城市为重心，忽视了县级区域（县级区域指：县级及县级以下城镇的广大农村地区）发展。这种状况必须得到高度重视，因为：一是城市，特别是大中城市的资源有限，承受力有限；二是大中城市生活成本高，不利于人的素质提高；三是造成县以上特别是农村资源的巨大浪费。基于以上认知，我们主张中国社会经济的发展应着力以县级区域为基础，以广大农村作为前沿基地。这当中，值得重视的因素有：①中国 14 亿人口，绝大部分常年生活在县级区域。除少数有条件的人跨区域旅游外，多数人一辈子都生活在县级区域中。习近平总书记说：小康不小康，关键看老乡。这样的老乡就是常年生活在县级区域范围内的居民，中国社会经济的发展着力点应以县级区域为基础，以广大农村作为前沿基地，归根到底就要让这部分人早点富起来，实现全面小康。②人们生活水平的提高，生活质量的提升，总要反映到"吃、穿、住、行、乐"中。而这五个要素，都要依托广大土地，而农村是土地的源泉。实践证明：人们生活在县级区域，其"含金量"是大中城市不可比的。要知道，当代人们对生活目标的追求，不一定都是"高、大、上"，也有较多人追求绿色，富于健康，利于长寿。这不仅有利于提高人们的生活水平，而且有利于提高人的素质。③经济社会发展的初衷是使拥有劳动力而又愿意劳动的人口充分就业。就业问题始终是社会经济发展的中心问题。现阶段的就业状况是：数以百万计的大中院校毕业生，就业的选择都集中在大中城市，很少愿意回到县级以下城镇和农村。这种状况需要改变，必须改变。乡村振兴已经作为战略目标，写入十九大报告。我们曾在调研的基础上提出：乡村振兴的切入点在于树人，乡村振兴的压舱石在于产业导向，乡村振兴的推进在于打造小城镇。尽管是一家之言，但符合区域经济发展的实际。

要把社会就业始终作为金融宏观调控的首要目标

中国人民银行易纲行长在《求是》杂志中发文指出："在推动经济高质量发展中牢牢把握我国发展的重要战略机遇期，都要求我们坚守币值稳定目标，实施稳健货币政策。"因为"货币政策与每一家企业、每一个家庭息息相关，关乎大家手中的票子，关乎广大人民群众的切身利益"。这自然是完全正确的，具有深远的意义。但必须先有货币，才能谈得上管住货币，所以把社会就业始终作为金融宏观调控的首要目标，是必需的，符合中国人口众多的实际。当代，有的西方发达的市场经济国家，改变了货币政策与最终目标之间的关系，把追求国际收支平衡当成货币政策的首要目标，而放弃了充分就业的目标，比如美国。但在中国不能放弃，因为经济社会的发展，必须有充足的人力资源。"金融活，经济活；金融稳，经济稳。"就业关系着社会的稳定，这是习近平总书记指出的金融在经济发展和社会生活中的重要地位和作用，道理就这样简明、充分[12]。

要密切关注财政信贷收支的综合平衡

中国是中国共产党领导的具有中国特色的社会主义国家，财政金融体制的高度集中统一，实现财政信贷收支的综合平衡，是中国金融宏观调控的特色。这方面的表现是：财政收支作用于信贷收支，或者信贷收支作用于财政收支，比如财政发生赤字所发行的国债主要由国家银行购买等。此外，地方政府的债务状况，也需要中央银行关注，因为财政风险与金融风险不仅能交叉，而且能转移。求得二者的综合平衡是防范化解金融风险的重要保证。

要关注经济周期和金融周期

中国人民银行易纲行长著文指出：要把坚守币值的稳定作为货币政策的根本目标，同时中央银行也要强化金融稳定的目标[12]。币值稳定不等于金融稳定，这二者的含义不同，衡量的方式方法不同，产生的时机也不同。强化金融稳定，就是要防范系统性金融风险，而系统性金融风险与经济周期、金融周期密切相关，它集中地表现在股市和楼市等金融资产价格的波动上。学术界的研究把股市和楼市价格的谷底和峰值作为系统性金融风险的临界线和转折点。在这种状况下，金融宏观调控就要密切关注经济周期和金融周期。一国国内的这两个周期与国际上的这两个周期相互关联，相互渗透，相互反应，因而一国的调控不能离开国际。历史上，一国系统性金融危机的爆发，往往涉及若干国家，这是我们要密切关注这两个周期的初衷。

站在新时代的高度，坚持和完善中国特色的社会主义制度，推进国家治理体系和治理能力现代化，是中国乃至中华民族的担当。在市场经济体制的国家，建设现代中央银行制度就是要提高对金融市场变迁的敏感度和适应能力。在这方面，就要完善基础货币投放机制和健全基准利率和市场化利率体系。为此就要：①增强中央银行的独立性，让中国中央银行真正成为一个社会的银行；②理顺基准利率与市场利率的传导机制，让货币的价格灵活地、精准地、有效地作用于货币的数量，从而服务于实体经济。

综上所述，以上五个方面既是现阶段金融宏观调控的关注点，也是建设现代中央银行的诉求。当然，建设现代中央银行制度，还有更多的学问。

参考文献：

［1］曾康霖. 大国金融及其特色：为中国金融立论［J］. 中国高校社会科学，2019（3）：19-34，157.

［2］马克思. 资本论研究资料和动态：第四集［M］. 南京：江苏人民出版社，1983：39-53.

［3］马克思恩格斯全集：第49卷［M］北京：人民出版社，2002：263.

［4］马克思恩格斯全集：第24卷［M］北京：人民出版社，2002：503.

［5］马克思恩格斯全集：第26卷［M］北京：人民出版社，2002：328.

［6］曾康霖，徐培文，罗晶. 研究我国货币供给超额增长要有创新思维［J］. 财贸经济，2014（2）：11-18.

［7］艾伦. 格林斯潘. 谈全球经济、中美贸易摩擦和数字货币等热点话题［EB/OL］.（2019-11-19）［2020-04-15］https://baijiahao.baidu.com/s？id＝1650570687692143176&wfr＝spider&for＝pc.

［8］周小川. 在2016中国发展高层论坛上的讲话及答问［EB/OL］.（2016-03-22）［2020-04-15］. https://www.sohu.com/a/64868246_119663.

［9］KUZNETS S. Shares of Upper Income Groups in Income and Savings［J］. Nber Books，1950（6）.

［10］胥会云. 财富差距扩大速度 令社会政策效果不彰［EB/OL］.（2014-11-13）［2020-04-15］. http://opinion.jrj.com.cn/2014/11/13015418344155.shtml.

［11］托马斯·皮凯蒂. 21世纪资本论［M］. 巴曙松，等译. 北京：中信出版社，2014：56-78.

［12］易纲. 坚守币值稳定目标 实施稳健货币政策［EB/OL］.（2019-12-01）［2020-04-15］. http://www.qstheory.cn/dukan/qs/2019-12-01/c_1125288270.htm.

五、学习《资本论》第二卷手稿第一章①笔记

编者导读：《资本论》第二卷是论述资本的流通过程。曾康霖先生在学习《资本论》第二卷手稿第一章的读书笔记中，梳理了资本运动的不同形态，比较了货币资本、生产资本和商品资本的不同，得出了在流通中货币和商品既不创造价值又不创造剩余价值的结论。此外，曾康霖先生在该读书笔记中，还讨论了生产过剩、商业货币、资本的价值诸问题。曾康霖先生在该读书笔记手稿中，做了大量旁注、标记。这些旁注、标记，不仅仅是对经典著作中某一表述的概括、补记、标识，更是他对相关问题在思考中获得的新体会的真实记录。为真实呈现曾康霖先生读书笔记手稿中的思考轨迹，编辑中，我们对这些旁注、标记均以楷体加粗文字等方式说明以完整呈现给读者。

马克思说，假定两个资本家相互直接出卖自己的商品；在这种情况下货币只是充当计算货币。这里说的"直接出卖"就是以物当物，但仍然要用货币计算（如 8 000 磅棉纱卖 600 磅，与 600 磅的棉花交换），在这种情况下，交换双方都是以自己的商品作为等价物。

价格只在观念上是价值的货币形式

剩余价值的创造与剩余价值的实现不能混淆，前者在生产领域，后者在流通领域，没有实现就不能以货币形式占有剩余价值。在现实过程中，如果价格低于价值，那么，他的剩余产品的相当部分，就是为伙伴致富而生产的，就等于给买家送了礼。相反，如果资本家高于商品的价值出卖商品，那么，资本家就从邻人那里摘下了金苹果，因为这高于商品价值的部分，是别人生

---

① 参见：《经济研究参考资料》，第 63 期，1983.4.26.

产出来的。在这两种情况下，在单个资本家生产的剩余价值和他出卖商品所实现的剩余价值之间出现了量的差别。在这种情况下，交换的某一方就没有付出"等价物"。价格高于价值→卖者少付了等价物，买者多付出了等价物；价格低于价值——卖者多付出了等价物，买的少付出了等价物。

在不同阶段上，资本运动的不同形态

马克思说：G→W 是货币转化为资本的准备阶段（第一阶段）。G→W 这个阶段的职能是资本在物资上被规定了，即规定为特殊的使用价值。

资本作为价值，最初以生产形式存在，它在这一形式上开始自己的运动。为什么资本作为价值，最初必须以货币形式存在，因为生产是"一般等价物形式"。有了它就能转化为极不相同的商品。有了不同的商品，才能在生产领域发挥不同的作用。

第二阶段：P 是对生产资料和劳动力这些商品的消费，劳动力通过劳动本身被消费；"生产资料被劳动力消费，劳动把它们作为自己活动的物的要素，作为劳动材料与劳动资料吃掉"。（**在消费过程中，"有更多的劳动力转入流动状态"**。）这里说劳动的流动状态是指劳动。相对劳动力的固定状态而言。劳动的固定状态蕴藏在劳动者身体中。这里讲"更多"是相对劳动力的价值而言。这是说劳动时所花费的劳力，W 构成劳动力价值的劳动还多。要知道，劳动力有三种状态：流动状态→劳动；潜在状态→存在于劳动者自身；物化状态→劳动产品。

P 这一阶段，同 G→W 阶段相比，发生了"实际形态变化"，第一阶段货币与商品换位，价值从货币形式转化为商品形式，只发生"单纯形式上的形态变化"。第二阶段 P，发生"实际形态变化"，即"双重的形态变化"。一方面生产了"物质的形态变化"创造出新产品。这种产品在实物形式上与在市场上购买到的形成产品的各要素不同。另一方面，资本价值发生了价值变化。资本价值创造出了超过以货币形式预付在购买商品—劳动力和生产资料上—的价值的余额，这是价值形成过程的结果。

马克思说：物质因素—生产资料—在生产开始转化为资本时，不是必须作为商品出现在市场上的。例如，厂房、机器等是根据订货生产的。这里的货币在形式上起过支付手段的作用（就是说，在发货以后立即支付的状况下也是如此）。在这里，马克思强调，作为生产资料以商品出现在市场上，用货币进行购买才发挥流通手段的职能。如果不作为商品出现在市场上，而是"根据订货生产"，这时货币起支付手段的作用，即使交货以后，立即支付也是如此。

马克思说：在 W→G→W 的公式中，包含着市场的因素，也就是说这种交换是在商品市场上进行的。而且一经交换，商品便退出流通，进入消费，商品一旦进入消费，它便退出流通。在 G→W→G 的公式中，G 作为资本的价值购买了商品以后，也退出了流通，但进入了生产消费，在生产消费中，资本价值的形式与价值量都发生了实际形态变化。马克思说：商品一经转化为生产并从生产再转化为商品，商品便退出流通而进入消费。

第三阶段 W′→G′ 与第一阶段 G→W 一样，只是纯粹形态上的变化，这个阶段不是单纯地卖，而是商品上的资本价值和剩余价值的实现。实现以后预付资本的价值返回到它的最初的货币形式，也是剩余价值在货币上的实现。

在 W′→G′ 阶段，对买者说，W′ 就是 W，也就是一定价值的商品，对买家说 W′→G′（即别人的出卖）就是他的购买，买者把他看成是简单的流通行为。

但作为资本循环的两个阶段 G→W 和 W′→G′ 有着本质的差别。G→W 是使预付价值增值必须经过的过程。W′→G′ 是预付价值的增值，已经实现的过程，这两个阶段，对资本家来说第一个阶段的热情（G→W）没有比第二阶段高。即买的愿望比卖的愿望更强烈。

马克思最后归纳说：资本循环 G→W→P→W′→G′，一方面和一般商品流通结合在一起，加入其中，构成它的一部分。另一方面，它构成资本价值自己的独立运动（对资本家而言，资本家使用自己的货币，让它们发挥资本的职能），这一运动，一部分在一般商品流动范围内进行，另一部分在一般商品流动的范围外进行。

马克思指出货币流回到它的出发点，是买继之的卖的结果。他说：由于购买商品，货币投入流动，而商品则退出流通。由于随后补充的卖，商品又投入流通，而生产则退出流通，或投入流动的生产从流通中流回到它们的出发点。货币从它们的出发点回流，是对买商品进行补充的卖商品的必然结果。马克思说从货币离开它的出发点到回流，这一过程中会停顿。如买来后将商品进行生产消费。但流回出发点这种运动，不会因停顿而改变，"货币一定会发生向它们的出发点的回流"。（**资本家作为卖者流回的货币多于作为买者在投入流通的货币，是因为它投入流通的商品 W′ 的价值比通过买从流动中取出**

的商品 W 具有更大的价值。)

马克思说商品必须卖给买者，才能进行消费。这个买者必须是生产消费者和个人消费者。马克思说的消费者为最终的消费者。如果买者不是最终的消费者，而是商人，则一切买和卖的行为都是暂时的，不是最终的行为。因为这样的买者归根到底必须销售商品。在销售过程中，如商品不能出售，或只能降价出售，那么最后对生产者的反作用就变得明显了。

对一般商品流通来说"货币资本只不过是货币"，资本家在市场上购买劳动力，货币充当他的购买手段和支付手段。对卖者说，货币充当他的商品的转化形式，即货币形态上的商品。这里没有讲流通手段因为资本家先购买后支付。

马克思讲贮藏货币，如果具有职能上的作用。那它便是充当购买手段或支付手段的准备金。相反，如果货币作为财富最终绝对的形式一直保存下来，那么贮藏货币只是金银的毫无意义地积累起来的储备。

对于资本家来说，他主观上是不会把货币"作为财富的最终的绝对的形式一直保存下来的"，"他没有以贮藏货币形式保存自己货币的夙愿"，但往往出于种种原因，一些货币停滞在他那里成为贮藏货币。这时货币"不执行任何职能"。

马克思说这是"单纯的贮藏货币"，是"潜在货币资本"。

马克思比较了货币资本与生产资本、商品资本的不同

生产资本是已经转化为生产要素的资本，它只能在以生产要素为条件的生产过程中起作用；商品资本在它没有卖出以前，就既不能在同一生产部门中，也不能在其他生产部门中，作为资本重新发挥作用。但货币资本则不同，货币作为商品的一般等价形式，具有直接交换一切商品的性质，从而具有转化为任何使用价值的能力，而不论所得到的使用价值是否为已经上市的商品，还是按照订货生产的。货币资本这种转化能力，对于节省社会资本，在不同的投资领域中不断变化的分配来说，起着很大的作用。这种能力不是它作为资本的性质，而是它作为货币的性质。

马克思说：货币资本不是独立的资本形式；它只是过程中的资本价值，在其循环或形态变化的系列中所采取的特殊形式之一。因此，不能把它和独立的资本形式混为一谈，例如和生息资本混为一谈。其区别点在于它是否能

自己增值。马克思说英国人在谈到资本时使用了 monitd capitaf 这与 money cap-itat 是有区别的，前者是货币的资本，后者是货币资本。

货币资本作为货币所产生的东西与货币资本作为资本所产生的东西不能混淆。货币资本是作为过程中的资本价值，在过程中时而采取，时而抛弃，为剩余价值的生产创造条件。货币资本作为货币具有直接交换一切商品的性质。

马克思说生产资本的职能，就是"资本主义生产过程本身"在这一个过程中生产剩余价值。

资本之所以成为生产资本，是因为价值把形成价值的力量加在自己身上，是因为生产资料掌握了劳动力，而不是劳动力掌握了生产资料。这里说的"价值"指过去的物化的死劳动即生产资料。这里说"形成价值的力量"指劳动力，意思是**生产资料把劳动力加到自己身上，所以形成了生产资本**。生产资本的主体不是人，而是物，物支配人掌握了人在进行生产。生产资料是作为吸收劳动的手段发挥职能的。

马克思对"生产资本就是处于劳动过程的生产资料"这一说法进行了评论。他认为生产资本是讲资本的生产性。而资本之所以具有生产性，是因生产资料吸收剩余劳动。也就是这些生产资料作为资本，把剩余劳动转入流动状态(**应当说把剩余劳动力转入流动状态**)①，即劳动。生产资料本身是生产的，这是不言而喻的问题。问题是资本为什么是生产的，因为生产资料能吸收剩余劳动(**资本的使用价值**)②。

马克思指出，商品的唯一职能是商品的出卖，是商品转化为货币，在这里马克思又用了"职能"二字，说明产品作为商品，它在发生发展过程中要承担的职责功能，就在于转化为货币，否则它就不是商品。

马克思说：资本家把一部分产品直接用于他个人的消费，这时这部分产品就不会作为商品执行职能，就不会转化为货币；同样，资本家把一部分产品作为生产资料再加入生产过程，这时，这部分产品也不作为商品进入流通。这部分产品的价值，在资本家的簿记中作为"计算货币存在，它并不实际转化为货币"。

商品总是要运往市场，但可以暂时存放起来，暂时存放起来的商品是潜

---

① 读者笔记旁注，读者新的体会。
② 读者笔记旁注，读者新的体会。

在的商品资本。

马克思说：在 G→W→G→W′→G′，这一公式中，似乎资本两次作为商品资本发挥职能。一次是 G→W，另一次是 W′→G′，他说，这要从不同的角度看。在 G→W 这过程，如果假设 W 是商品资本，**（即假设资本主义生产完全占了统治地位，支配了国内全部生产）**①，则对卖者来说是商品作为资本发挥职能，但对买者来说就不是作为商品资本发挥职能。这时买者只是想把自己的资本价值从生产形式变为消费形式。其实，资本家购买的不完全是作为资本的商品，而是纯粹的商品，如工人的劳动力，在没有卖给资本家以前，在自己手中只是商品，而不是商品资本，小生产者出卖自己的产品给资本家的也是商品，而不是商品资本。**（马克思说：只有奴隶的劳动能力才可能具有商品资本的形式。）**②

购买劳动力和生产资料后，就成为它生产资本的形式，不管是立即投入生产过程，还是作为生产储备。

W′→G′，从卖者说 W′→G′ 作为商品资本发挥职能，但对买者说却是作为商品看待的。

由于在这一过程中，同一个资本家只当一次买者，又当一次卖者，所以，在这一过程中，资本作为商品资本只发挥一次职能。

马克思说，资本的循环总是和商品流通的两个阶段交织在一起，资本在商品流通中或是充当货币，或是充当商品，即 G→W 和 W′→G′，而生产领域是这一循环的暂时阶段。作为货币资本时而采取，时而抛弃。在这里表现为生产过程和流通过程的统一；同时，生产过程在这里只表现为流通过程的媒介，表现为流通过程的暂时阶段。如果把中介环节去掉，便是 G→G′，使 G→G，则是预付货币的流通。

马克思说，货币积累与积累过程有本质区别，因为货币贮藏形成潜在的货币资本，而再生产过程本身不能扩大。反过来也是一样。这里所说的积累过程，即扩大再生产过程。指出它们的区别，是说二者是对立的。之所以要形成潜在的货币资本，是由于资本主义生产者不可能直接扩大自己生产过程的规模。

马克思说，商品为订货而生产时，货币在形式上作为支持手段发挥职能。

---

① 读者笔记旁注，读者新的体会。
② 读者笔记旁注，读者新的体会。

当货物生产出来，交给买主后。买主经过一段时间才支付，这时货币作为特有的支付手段发挥职能。这就是说把商品赊销出去，只使产品转化为债务的要求权，转化为对等价物的所有权，还没有转化为货币。

马克思说：货币资本、生产资本、商品资本不是特殊种类的资本，而只是过程中的同一资本价值采取的职能上一定的不同形式。这说明，货币资本、生产资本、商品资本，都是过程中的同一资本，即生产过程中执行不同职能的同一资本。由于生产过程是划分为阶段的，因此在不同阶段上，不同形态的资本执行不同的职能。过程是由序列组成的，在序列中同一资本价值轮流地为货币、生产、商品资本的价值出现(**轮流就是并存地时而采取，时而抛弃这些形式**)①，为什么要轮流，因为要回到自己最初的形式，以便重新开始同样形式的循环。

可是，资产阶级古典政治经济学，把货币资本、生产资本、商品资本的职能硬化起来，独立起来，把它们看成特种资本，单独一类资本家的职能。马克思说这个问题在《资本论》第三卷中有更详细的说明。

马克思说：资本家不是卖给消费者，而是卖给再把棉纱转手出卖的那种买者。对于棉纱的资本主义生产者来说，棉纱一经卖出，他的资本循环便宣告完成。但是，对于棉纱形成所代表的价值来说，只要棉纱是完成自己代表的那部分社会资本的商品形式，实际上这种循环就没有完成，并且也不会完成。

马克思把棉纱卖给"购买者而又出卖它的一切人"手里，就没有完成 W→G→W 的过程，而只是 W→G 行为的不断重复。马克思说：只有当商品卖给消费者时(**而不管这些消费者是把它用作个人消费品，还是用作生产消费品**)②，才会最终完成。只有在这个时候，卖者才完成棉纱到货币形态的变化，买者才完成货币到使用价值形态的变化。

这说明，从个别资本家来看，商品卖出后，虽然实现了价值，但从社会观点来看，实际上尚未完成流通过程。

马克思说：当资本价值按时间顺序逐步通过它的全部周期性的形态变化时，它同时不断地停留在这些阶段的每一个阶段上。他又说：实际过程的不间断性，是通过这些形态变化的并列存在实现的，或通过资本同时分配在它的不同阶段上实现的。

---

① 读者笔记旁注，读者新的体会。
② 读者笔记旁注，读者新的体会。

（社会资本——它的运动是各个单个资本运动的复合——当然总是处在生产资本、商品资本和生产资本的不同形式上和职能上，因此，它的运动总是三种循环形态的具体统一。

货币和商品在自己的流通中既不形成价值，也不形成剩余价值，而只是改变自己价值形式。）

资本价值在商品形式上会使它的价值丢失。商品的使用价值下降，商品的交换价值也会减少。

信用能使流通时间等于零。如果资本家为订货的生产，产品的价格在交付产品的时候一部分以他自己的生产要素的形式，一部分以支付工资的货币形式支付给他，那么他的资本的流动时间便接近于零。这就是因为买主早已订货，产品一旦生产出来，生产者就把产品交给订货者，取得补偿，因而产品实际上没有流通时间。

马克思说，资本从货币形式转化为商品形式，或相互转化，是资本家的事情。这是说买卖时间是资本家作为资本主义生产者的中断，是非生产的，但是必要的。说明资本主义再生产过程，包括非生产过程。

马克思说，收付货币要花费劳动力，花费劳动以后，谁也没有给他补偿，因而是流通费用，是一种非生产费用。非生产费用是劳动和价值的一种支出。这种支出不改变产品的使用价值和价值量，只充当交换价值形式转化的媒介。这些价值既不加入他的个人消费，也不加入生产消费。

价值在流通中改变自己的躯体（即形态），价值只具有一种独立的形式，即货币形式。如果出卖商品获得货币，就使价值具有了独立的形式（**这说明价值的其他形式不独立**）[①]。价值在流通中还会升华为"单纯的债务要求权"。

马克思说，资本作为价值过着双重的生活（生活是生命活动的反映），一重是，在市场在生产中过着具体的，以不同的方式被利用的生活（**如以货币的方式被利用，被实物的方式被利用**）[②]，另一重是在簿记上过着抽象的，单一的生活。

马克思说：资本主义生产不仅造成特殊的，只是它所固有的费用，而且大大地增加它和其他社会生产方式共同的费用，尽管这些费用表现的形式不同。如对生产资料和消费品的分配，要通过买卖从而产生流通费用，但不能

---

① 读者笔记旁注，读者新的体会。
② 读者笔记旁注，读者新的体会。

认为在资本主义制度下，一切分配都通过商品流通，只能认为一部分生产资料和消费品的分配通过商品流通，从而产生流通费用。在"一切生产资料都属于社会财产的社会"流通费用的一部分会以另一种形式存在。如需要簿记，需要设置记账员，这些方面所需费用，是从社会产品的扣除来补偿的。

分配不能只是买和卖

马克思说不能认为在资本主义条件下，社会财富的一切分配都通过商品流通来实现。因为分配本身不是仅由买和卖这两个行为构成的商品流通的环节。分配不能只是买和卖。在资本主义制度下，分配包括：社会产品在资本家与个人之间的分配，剩余价值和资本家与土地所有者等之间进行分配。这样的分配，尽管要以流通为前提，即将产品投入流通实现价值的货币形态，然后进行分配，但分配不仅是买卖两个行为，它还要包括其他的环节，这主要是少数人对生产资料和生活资料的所有权。

关于储备形式的问题

斯密认为没有分工没有交换就没有必要储备。斯密认为储备是为了交换，因此都是商品储备。但马克思认为，不能说储备是因商品交换社会分工产生的。

马克思认为，任何社会都有生产资料和消费品的储备，只不过在资本主义生产方式里，储备的形式更有发展。他认为直接形式上的消费储备，是消费者本人支配的消费储备会减少，因为工人阶级的收入有限全部换来的东西吃光了(**马克思说，真正的消费基金是社会产品中用于个人消费的部分**)[1]。

生产储备是生产消费者手里积累起来的生产资料。这部分生产资料是由原料、半成品和辅助材料构成的，它不处于生产过程中，而是处于储备中，是潜在的生产资本。这一点与劳动资料、机器、厂房等完全不同。因为劳动资料、机器、厂房已经作为生产资本包括在生产过程中。

为了生产储备，还要消费资本（费用）如建筑物、容器、保管人员的劳动力这方面花的费用，是对储备的生产资料价值的追加。

---

[1] 读者笔记旁注，读者新的体会。

生产储备量的多少，取决于：①生产地的远近；②生产运输的批量和速度。而这又由交通运输发展的程度而定。交通运输发展的程度，又受资本主义生产发展的程度而定。生产地远，在生产储备上预付的资本就会多。商品储备是进入市场的储备，如果一个生产者按照订货进行生产产品，生产出来以后即为货币购买，不进入市场，则不形成商品储备。但仍然要承认，在这样的条件下，产品作为商品完成了自己的形态变化。

畸形的商品储备是非正常的，由此产生的费用是非生产费用。

一个国家生产规模越大，它的资本主义形式越发达，为形成商品储备所需要的社会财富的量就越大。

产品的移动以运输为媒介，但没有商品的物体运动也有商品流通，A 把房屋卖给 B，没有物品的移动但是有商品流通。投机者反复买卖，但产品还在原地不动，没有发生位置的变化，只发生所有权证书的变化，但已经发生了若干次流通。没有商品流通，也有运输，即产品在场所上的交换。

运输过程是"生产使用价值的过程"，物品的使用价值只有在物品消费过程中，在个人消费或生产消费过程中实现。而物品消费可以使物品的位置变化成为必要。这是说没有位置的变化，就不能实现消费，就不能让使用价值进入消费过程。**因而运输是追加生产过程。运输费用是追加的价值。**

运输追加到商品中去的绝对价值与运输业的生产力成反比，与运输距离成正比。但运输追加到商品中去的相对价值和商品的规模和比率成正比，和商品的价值成反比。后者的意思是说运输费用在商品价值中占的比例，如：商品价值低，占的比重高，成反比；商品价值高，占的比重低，成反比。商品多，运输费用大；商品少，运输费用少，成正比。

对生产过剩的反思①

一方面是实业家与实业家之间的交易，另一方面是实业家和消费者之间的交易，两种交易是不同的。前者是资本的让渡，后者是收入同资本的交换，前者是通过它自己的货币存款，后者是通过自己的金属货币现金。

一切危机都实际表明：实业家和实业家之间的交易，常常逾越实业家和消费者之间的交易所给予它的限制(**这里说"常常逾越即不受后者限制"**)②。

① 参见：经济学动态，1978（9）.

② 读者笔记旁注，读者新的体会。

而实业家和实业家之间的交换，必然要受实业家和消费者之间的交换限制。因为向消费者交换出售的价格是最后价格，它反过来必须补偿在以前的交易中耗费的生产费用连同利润（**这里说的"必然要受"即最终还是要受后者限制**）①。

实业家和消费者之间的交换，至少有 3/4 是工人和零售商品及手工业者之间的交换，而后者这种交换又依赖于工人和工业资本家之间的交换，工人和工业资本家之间的交换又为实业家和实业家之间的交换所制约。

实业家这个概念，看样子包括工业资本家、投机家、零售商、手工业者，即一切掌握实物的交换者。这一段说明：①工人和零售商以及手工业者的一切交换依赖于工人和工业资本家的交换。意思是工人得多少收入决定于资本家给多少。②工人和工业资本家之间的交换，又为实业家与实业家之间交换"所制约"。即工业资本家能雇多少工人，决定于实业家能买多少生产资料。

有人说许多国家内的实业家和实业家之间的交易，受一个国家内实业家和消费者之间的交易的限制，这是错误的。如果这种（实业家与实业家之间的）交易是世界性的，那么它就受世界市场上实业家和消费者之间的交易所限制。

随着工人阶级收入的降低，生产和消费之间的不相适应的情况便发生了，从而发生生产过剩。这在多数时候是正确的，但是，由于有资产阶级日益奢侈，这种状况发生了变化。

为什么"在大多数时候是正确的"，因为资产阶级日益奢侈，也就是说生产过剩不仅仅工人收入降低，而是有产阶级为了赚更多的钱大量生产。

实业家和实业家之间的交易，造成大量实业家和消费者之间的交易。

实业家和消费者之间的交易，大都由于实业家和实业家之间的交易而最后遭到破坏。危机总是最先发生在实业家和消费者之间的交易中。

这里说明二者的关系，为什么"大量造成"，因为它会使工人充分就业提高工资，为什么又最后遇到破坏，因为在实业家与实业家交易中，有的是投机性的，当投机导致破产后，只有大批解雇工人。

（**生产过剩不能仅仅归咎于不合比例的生产，也归咎于资本家阶级和工人阶级之间的关系。即归咎于资本主义制度，雇佣劳动关系。**）

至于货币，它出现在两种不同的交易形式中，一种是真正意义的交易中

---

① 读者笔记旁注，读者新的体会。

的通货，另一种是上述①②两种意义上的通货，即资本部分交换中的通货。

真正意义的通货，即在商品交易中货币发挥价值和流通手段的作用，它是商品交换的媒介。后面指上述①②两种意义上的通货，是收入同商品的交换。

私人的货币，消费者的货币，总之，居民中非商业阶级的收入超过自己日常支出的以及他们自己认为随时保有支配权力是必要的，因而自己贮藏起来的那部分货币的剩余部分，是形成存款的主要来源，而存款又形成商业货币的重要基础。这里，马克思讲，存款是发挥货币的贮藏手段职能。商业货币，指支票资本的让渡，信贷活动。总之，商业界内部整个的货币运动，都是建立在商业界大部分居民存款的基础上的。

把资本让渡，信贷活动称为整个货币运动。

说在危机时期仅仅是信用紧缩的问题而与通货膨胀无关，这是错误的。根据上述理由，不言而喻，在这个时期内，通货按其量说是最大的，这正是因为：一方面，它的流通的速度减慢了；另一方面，在过去不需要现金的大量交易中，现在需要现金了。说危机时期流通中的货币量增大，原因是两方面，即速度减慢，大量交易也需要现金。

资本的价值恰恰在于可交换性

这句话的意思是货币要实现自己的价值，必须同货币相互交换，期票是商业货币，它的价值代表商业资本。真正的困难是商品即实际资本不能兑现金和银行券。

那时凡是有实际资本的地方，都能通过发行国库券和银行券带来好处。但仍然不能断定，这种证券和银行券就是资本。它们仅仅是通货。危机没有消失，但货币危机消失了。

这里讲，通过增发银行券的办法来实现商品流通，表面上货币危机消失了，但经济危机没有消失，因为银行券最终要兑现的，而银行券能否兑现，要以货币制度为基础。

货币贬值，即货币的实际价值比名义价值低，指银行券对金的贬值；商品贬值，指商品对银行券的贬值。如原来1元金＝1元银行券，现在1元金＝1.5元银行券，则银行券贬值了33%（$1-\dfrac{1}{1.5}=33\%$）。再如原来1元的商品＝

1 元银行券，现在贬值了，1 元的商品＝0.5 元银行券，价格下降 50%（$1-\dfrac{50}{100}=$ 50%）。

银行券之所以对金能贬值，仅仅是因为商品对银行券能贬值。这里说明：银行贬值的原因，是因为商品对银行券能贬值。

一般说来，银行券贬值是什么意思呢？这是说商品即它的价值不能随时都能变为金和银，商品和金或替换物之间的每一个中间环节，仍然只是替换物，因此没有价值。

替换物指银行券，银行券替换金。银行券贬值商品卖不出去，在流通中即每一个中间环节，仍然是替换物即银行券，商品卖不出去所以叫"没有价值"。

所以主要问题始终是商品，资本本身不能兑现。有人说，缺少的不是货币而是资本，通货是无关紧要的。这种意思是荒谬的。因为问题在于：①资本即商品和货币之间是有区别的。②资本不再是货币，不再能够流通，不再是价值。

他们企图通过修改货币制度来消除资本不可兑现，更加荒谬。因为资本不可兑现，已经包含在现实存在的货币制度中，如果在此基础上改变这一点，那也就剥夺了货币作为货币的属性，就是不承认资本仍然具有总是可交换的属性。作为货币的属性是一般等价物，媒介商品流通。资本的属性是要现实价值，这就是说要想改变货币制度来使资本兑现，就等于否认了货币的属性和资本的属性。

货币本身又决定了信用制度。企图通过发行大量货币或使货币本位贬值来消除货币的弊病，是愚蠢的，想保留货币而又要货币不应具有货币的属性的人，也是蠢人。

（迄今，在一切建立的社会制度中，货币是这种组织的一个根本的组成部分，货币制度历次都是它们没落和繁荣的表现。）

收入变为金或银，抹杀和掩盖了阶级性质。资本主义社会里的表面平等即由此而来。另外在一个货币制度充分发展的社会里，就他们占有货币这一点来说，个人的真正的资产阶级平等实际上也由此而来。

购买的范围是由收入本身的性质决定的（收入性质如工资、利润、地租、地息），收入的性质还取决于获得收入本身的性质。在消费者和实业家之间的交易活动中，其阶级差别便消失在量的差别中，消失在买者所提供的货币的多少中。

六、学习《资本论》第三卷①笔记

编者导读：本笔记根据曾康霖先生学习《资本论》第三卷第五篇主要章节的读书笔记手稿整理。内容分为三个部分，即：第一部分（第21~26章），第二部分（第27~32章），第三部分（第33~36章）。

《资本论》第三卷，是恩格斯根据马克思的手稿整理并于1894年出版的。第三卷的标题是《资本主义生产总过程》。所谓"总过程"是指资本主义的直接生产过程、流通（交换过程）和分配过程的统一。这一卷揭示了资本运动过程中，各种具体形式如产业资本、商业资本、生息资本以及土地资本等是怎样分割剩余价值的。在分割中，各种资本形态又是怎样相互作用，相互竞争的。可以说在《资本论》第三卷中，资本主义生产过程既"总体"，又具体。它不仅给读者理性认识，又带给读者感性认识。

《资本论》第三卷第五篇，研究的对象是"生息资本"，在资本主义制度下表现为借贷资本。本篇的中心思想，是要回答借贷资本家是如何获得利息的。

第一部分　学习《资本论》第三卷第21~26章笔记

学习前言笔记

产业资本的前身是商业资本。商业资本分为商品经营业和货币经营业。商品经营业的利润和货币经营业的利息，都是剩余价值的转化形式。要研究

---

① 参见：马克思. 资本论：第三卷（上下）[M]. 中共中央马克思恩格斯列宁斯大林著作编译局，译. 北京：人民出版社，1975.

利息的实质，必须先了解借贷资本。借贷资本的主体是银行。银行的前身是货币经营业，因此要了解银行的性质是什么，必须先了解货币经营业的业务活动。货币经营业"首先是从国际交易中发展起来的"。由于各个国家的货币不同，在外国购买货物的商人，就得把本国的货币换成当地的货币，或把当地的货币换成本国的货币。这种兑换就是货币经营业的基础之一。要兑换就要一部分本钱，这部分本钱是从哪里来的？马克思说：是从"产业资本中分离出来的"。分离出来的本钱是一部分货币资本。这部分货币资本处于流通过程中，但它与流通过程中"一般的货币资本"的作用不同，一般的货币资本是掌握在产业资本家手里，用来购买劳动力和生产资料，而这一部分货币资本，从产业资本家手中独立出来，专门用来开展货币的收付、结算、保存等业务活动。马克思认为，这是一种"纯粹技术性的业务"。这种纯粹技术性的业务本身形成一种劳动。这种劳动不创造价值，但是必要的。因为这种劳动，如果独立出来由"特殊的代理人"替整个资本家阶级担负起来，这种劳动时间就会缩短。劳动时间之所以能缩短，是因为货币经营业产生以后，就成为各个资本家的总出纳，就成为各个资本家的支付中介，从而货币流通中各种技术性的业务，就会"集中、缩短和简化"。马克思说，货币经营业者所完成的各种活动，只是他们为之服务的商人和产业家的活动。

货币经营业的这些业务活动与货币的职能有关，或者说开展这些业务活动就是为了发挥货币的职能。货币的收支、结算、兑换是为了发挥货币的流通手段、支付手段的职能，货币的保存是为了发挥货币的贮藏手段职能。而贮藏的目的，就是为支付手段、购买手段作准备金。马克思说，贮藏货币不断分解为流通手段和支付手段。这种贮藏货币不断地流通着，它不断地进入流通，并不断地从流通中流回。

"银行"这个概念，在历史上是何时出现的没有确切的说法。马克思在《资本论》中引用了菲塞林 1860 年出版的一书中的一段话（书名为《实用国民经济手册》）："在 1609 年阿姆斯特丹汇兑银行创立以前很久在尼德兰各商业城市已经有汇兑出现了。"很久，究竟多久呢？马克思没有明确说，最近看到一个材料，说意大利佛罗伦斯银行是 1211 年成立的。这说明在 12—13 世纪"银行"这个概念就出现了。所以银行在前资本主义社会也有。但资本主义性质的银行是资本发展到一定程度才出现的。第一家资本主义银行，要数 1694 年成立的英格兰银行。1694 年是英国资产阶级革命后的第 54 年。1640 年是世界历史上的一个大的分期，在以前称中世纪，在以后，称世界进入了资本主义时代。

值得注意的是，马克思说银行资本是产业资本中分离出来的。这种货币资本的运动，仍然不过是处在自己的再生产过程中的产业资本的一个独立部分的运动。

学习第二十一章《生息资本》笔记

"生息资本"顾名思义就是产生利息的资本。这种资本的监护人是甲、乙两方，甲方把钱借给乙方，乙方借钱以后经过一定的时期还给甲方，并付利息。说起来这么简单，但问题并不仅于此。比如这种借钱还钱是什么样的经济关系？生息资本的运动与其他资本的运动有什么区别和联系？利息是从哪里来的？代表着什么样的经济关系？这些都是我们要研究的问题。

马克思在这一章中是从三个方面来研究这些问题的：①生息资本运动的形式；②生息资本的实质和特征；③利息的性质。

1. 生息资本运动的形式

生息资本的运动经历了两个阶段，即借和还。用符号来表示即 G→G 和 G′→G′。把借与还联系起来则 G→G′，这个式子说明，出发点是货币，归宿点也是货币。这种运动的形式与产业资本运动的形式不同，也与商业资本的运动不同。商业资本的运动是 G→W→G′，产业资本的运动形式是 G→W…P…W′→G′。可是生息资本的运动离不开产业资本的运动和商业资本的运动。这不仅是因为借贷资本的出发点 G 是从产业资本和商业资本运动中分离出来的，而且没有产业资本的运动，借出去的钱要收利息也是问题。所以借贷资本的运动是以产业资本的运动为基础。它的整个运动形式应当是 G→G→W…P…W′→G′→G′。这个式子中 G→G，即甲把钱借给乙，这种把钱借出去，既不表示买，也不表示卖。因为，第一，甲把钱借出去，没有得到任何等价物，不像商品买卖那样，一手交钱，一手交货；第二，甲把钱借出去，没有丢失对这个钱的所有权，而一般的商品买卖，是要转移所有权的。甲既没有得到等价物，又没有丢失所有权，既不表示买，也不表示卖，表示什么呢？表示使用权的让渡。即把这部分钱的使用权转让给你。让给你做什么？让给你为产业资本的循环做准备。所以在 G→G 这一阶段中，还不是资本再生产的要素。只有当乙借得钱以后，用来购买生产资料和劳动力，才变成生产的要素。

这个式子中的 G′→G′，是乙把钱还给甲。这个阶段只不过是第一阶段的补充。这个阶段之所以存在，也是第一阶段决定的。第一阶段 G→G，不表示买卖关系，是借贷关系，借贷关系没有表示所有权的转移，当然要还。所以后者是前者的继起和补充。但是必须注意，从 G→G，只是在可能性上是资本。即甲把钱借与乙，使乙有可能把这部分钱变成资金。将这种可能性要变成现实性，还必须买到生产资料和劳动力。而从 G′→G′，是已经实现的资本，G′=G+ΔG，ΔG 就是剩余价值。资本是带来剩余价值的价值，是产生货币的货币。所以在 G′形态上，已经是实现了的资本。

资本运动的共同特征是流回到它的起点。无论是商业资本、产业资本，起点是货币，最终流回来的也是货币。而借贷资本运动的特征是与产业资本的运动相脱离。这是极不合理的。因为这会造成一种假象，好像货币有一种自行增值的天然属性。其实借贷资本的运动离不开产业资本的运动，如果没有资本主义的再生产过程，则借贷资本的运动成为不可能。

2. 生息资本的实质和特征

生息资本实质就是内容。从政治经济学的角度来看就是研究它反映的是什么样的经济关系。从上面的分析我们知道，生息资本的运动形式有借有还。从 G→G，从 G′→G′。这两个阶段可以统一于 G→G′。在这一运动中甲代表货币资本家，乙代表职能资本家。货币资本家借给职能资本家的是什么呢？或者说货币资本家把什么东西让渡给职能资本家呢？同学们可能回答，是钱，是货币或货币资本。可是马克思说，一不是货币，二不是一般的货币资本，而是特殊的货币资本。货币与货币资本是不同的。货币是商品价值的表现形式，只能表现、衡量、实现、转移、保存商品的价值，而货币资本是带来剩余价值的价值，它的职能是购买生产资料与劳动力，为生产过程做准备。一般的货币资本是从产业资本的循环中分离出来的。我们知道，产业资本的循环，要经过三个阶段，处于三种不同的形态。三个阶段是货币资本转化为生产资本的阶段、生产资本转化为商品资本的阶段，以及商品资本转化为货币资本的阶段，三种形式是货币资本、商品资本、生产资本（**第一阶段，货币资本转化为生产资本；第二阶段，生产资本转化为商品资本；第三阶段，商品资本转化为货币资本。三个阶段两个过程：$G→W \{^A_{Pm}···P···W′→G′)$** [①]。一般的货币资本指的是产业资本循环中的货币资本。但是生息资本不是一般的货币资本，而是特殊的货币资本。就是说它也是一种货币资本，但有它的特殊性。特殊在什么地方，特殊在这种货币资本被当作商品来对待。商品是要拿来买卖的。货币资本虽然不是拿来买卖而是拿来借贷，但是从一定的角度

① 读者笔记旁注，读者做了概括。

讲，这种借贷与商品的买卖又有相同之处。这种相同之处就是一方转让一种使用价值，一方得到一种使用价值。马克思说："货币资本家事实上让渡了一种使用价值。因此，他所让出的东西，是作为商品让出的。从这方面说，它完全类似商品本身。"（394p）也就是说，甲把钱借给乙这个行为，从它是转让的一种使用价值这个角度来说，与商品交换一样。那转让的是什么使用价值呢？这个使用价值就是生产剩余价值的能力，或生产平均利润的能力。所以借贷资本是特殊的货币资本。用马克思的话讲，在这里资本是当作商品出现的，或者说，货币当作资本变成了商品。在这里即在借贷关系下，货币资本成了商品。借贷类似商品买卖。说它类似，有些像，但又不完全同。哪些地方不同呢？

（1）商品的买卖，一方得到使用价值，另一方得到价值。即从卖商品的人来说，让出使用价值，得到价值。从买商品的人来说，得到使用价值，付出价值。即要给予等价物。而借贷，则一方让出使用价值，一方得到使用价值，不给予等价物。

（2）商品的买卖，要反映所有权的转移，借贷不反映所有权的转移。

（3）商品的买卖，是价值形态的转变，即从价值的商品的形态转为价值的货币形态，或价值的货币形态转为价值的商品形态。而借贷不改变价值形态，它起点上是货币形态，回归点上也是货币形态。

（4）商品买卖以后，所交换的商品就退出流通领域进入消费领域（包括生活消费和生产消费），而借贷发生以后，这个特殊的货币资本仍然处于流通领域，没有进入消费领域。

既然借贷与商品的买卖有诸多的不同，那马克思为什么又把借贷资本称为"完全类似商品本身"呢？这不是没有原因的。原因是，有一个人，就是普鲁东，他认为生息资本的借贷，与一般商品的买卖，没有什么两样，把二者混同起来。因此马克思花了很大的精力来分析借贷与商品的买卖，认为二者有类似的地方，而更多的是它们的不同。说明借贷不同于一般商品买卖。而这样分析也有一个好处，这个好处就是揭露了借贷资本的实质。这个实质，就是职能资本家从货币资本家手里，取得了一个生产剩余价值的价值。这样分析以后，回答我们刚才提出的那个问题就容易了。货币资本家借给职能资本家的是什么呢？是让渡给他的一种使用价值，这种使用价值就是生产平均利润的能力。

一般的货币资本与特殊的货币资本的联系和区别。从联系方面说，一般的货币资本会转化为特殊的货币资本，当职能资本家有闲置的货币资本的时候，职能资本家就会将这闲置的部分交给货币资本家变成借贷资本。而且特殊的货币资本也会转化为一般的货币资本。也就是货币资本家把钱借给职能资本家的时候。所以二者互相转化，但二者又有区别。区别在于一般货币资本在流通中只起货币的作用，即只发挥购买手段的作用。职能资本家用钱来买东西，是为了交换商品取得使用价值，不是通过交换来使货币增值。而且从买者来说是资本，但从卖者来说，得到这个钱不一定是资本。

马克思指出："资本流回到它的起点，一般地说是资本在它的总循环中的具有特征的运动。这绝不是生息资本的特征。作为生息资本特征的，是它表面的，已经和作为媒介的循环相分离的流回形式。"（388p）这说明，借贷资本流回的特点与资本的现实运动过程分离。

而特殊的货币资本在流通中要起资本的作用。即把钱交给对方是为了增值。而这个钱在双方手里，都是资本，是以资本来看待的。马克思说货币资本在流通中仅仅起货币的作用，等到货币资本购买生产资料和劳动力后，在生产中才起资本的作用。

此外，一般的货币资本在流通中被付出去了，就不再回来，而生息资本在流通中"既不是被付出，也不是被卖出，而是被贷出"。贷出去以后，一定时期是要流回来的。而且流回时，还要增值。这个时间的长短就决定于生产过程的长短。马克思说，货币作为资本贷放的商品，可以在两种形式上贷放：一种是固定资本贷放；一种是流动资本贷放。固定资本贷放就是给职能资本家修厂房、买机器。这种贷放随固定资产的折旧一部分一部分偿还，时间要长一些。如果是流动资本贷放，则会随着流动资本的流回，一次性偿还，时间要短一些。

3. 利息的性质

利息是什么？这是不言而喻的。把钱借给别人，别人拿到这个钱买生产资料和劳动力进行生产，创造新的价值。然后在新的价值中分出一部分给借出钱的人，显然利息是新创造价值的一部分，是剩余价值的一部分，或者说是利润的一部分。

可是这个问题，资产阶级经济学家把它搞得很乱。

有的说利息是资本的价格，有的说利息是公正的报酬。前一种说法的代表人物是蒲鲁东，后一种说法的代表人物是美国资产阶级经济学家费雪。

蒲鲁东认为，贷放是一件坏事。之所以坏，他认为利息增加了商品的价格，这样"工人要买回他自己的劳动产品，就不可能了"。这是与自食其力的原则相矛盾的。他认为利息不是 m 的一部分，是一个额外的附加物。蒲鲁东认为，借贷与一般的商品交换一样都是转移价值。它只处在流通过程不会进入生产过程，因而利息不是新创造的价值的一部分，它是转移的这个价值的价格。马克思说把利息说成是资本的价格，从一开始就是完全不合理的。因为这里讲的借贷资本的价格首先不外是一个货币额，比如这个货币额是 1 000元，即这个价值的价格是 1 000 元。如果这 1 000 元借出去，每年得到 50 元利息。现在如果说这 50 元的利息又是这 1 000 元借贷资本的价格，则这 1 000 元就有了两个价格，一个是 1 000 元，一个是 50 元，这样就违背了价格是价值的货币表现的原理，这是荒谬的。资产阶级经济学家兜售这套理论就是为了抹杀利息是剩余价值的一部分。借贷资本家与职能资本家一样，都对工人进行了剥削。所以马克思在《资本论》中强调了两点。一是绝不要忘记，在这里，资本作为资本是商品，或者说我们这里所说的商品是资本。二是同样不要忘记，这里支付的，是利息，而不是商品的价格。这两个"不要忘记"，告诉我们资本就是要带来剩余价值的价值，而剩余价值是在生产过程中工人创造的。所以，借贷资本的运动不能脱离生产过程。

说利息是"公正报酬"的人，不仅把借贷资本的运动从流通领域中排除出去，而且从整个经济领域中排除出去。把借贷看成纯粹的意志关系，比如他们说借贷是人与人之间的信任。你把钱借给我，是对我的信任，所以我要给你报酬。这种说法，也是在掩盖资本主义的剥削。仅从我愿不愿意把钱借给你，你愿不愿意向我借钱，这一点看是意志行为。马克思还说借钱还钱是"法律上的交易"。但是这种意志关系，产生的意志行为，法律上的交易是在经济关系上产生的。如果不存在商品制度，就不存在货币资金这些范畴。如果资本主义再生产过程中不游离出闲置资本，借贷资本也没有来源，也就不会有一些人专门独立出来搞货币资本的借贷，这样就不会产生"法律上的交易"。所以把借贷行为说成是人与人之间的信任，把它看成是纯粹的意志关系，妄图从整个经济领域中排除出去是荒谬的。

学习第二十二章《利润的分割，利息率，自然利息率》笔记

这一章研究了三个问题：

（1）利润如何分割为几部分，一部分归借贷资本家，一部分归职能资本家？

关于第一个问题。利润之所以要分为两部分，一部分是借贷资本家的利息，一部分是职能资本家的企业利润，这是因为资本存在着所有权与使用权的区别决定的(**同一资本分为所有权和使用权，这两个方面都有分割利润的权利。而利润只能生产一次，只能是一个总额，所以必须分割为两部分**)[①]。我的钱借给你，所有权归我，使用权归你。由于所有权没转移，你必须还我并给利息。给了利息剩余的部分利润，是你的企业利润。所以利润分为两部分是所有权与使用权的不同决定的。

现在的问题是，如果资本的所有权和使用权不分离呢？利润要不要分为两部分呢？同学们可能回答不分。实际上还是要分的。这是因为利息在经济生活中成了一个独立的范畴以后，人们在实践活动中就既要考虑利润又要考虑利息。用马克思的话说：总利润数量上的分割一旦取得了独立的形式，这个独立形式就会生出这种性质上的分割。这就是说，总利润在数量上分割成利息和企业利润以后，在性质上这两种形式就不同。其中利息单纯地表现为资本所有权的结果，表现为资本本身的产物；而企业利润单纯地表现为资本使用权的结果，表现为资本家发挥作用的产物。这样资本家就取得了双重的人格：既是资本的所有者，又是资本的使用者。因为我是资本的所有者，所以要取得利息，因为我是资本的使用者，所以我要取得企业利润。

总利润分割为这两部分，即利息与企业利润。那么利息的最高界限与最低界限是什么呢？利息的最高界限就是利润本身。如利息超过最高界限，职能资本家不仅无利可图还要亏本，这是职能资本家不愿干的事。利息的最低界限不好确定，但最低也不会等于0。如果等于0，货币资本家一点利息也不收，他就不会把钱借出来了。所以利息率的水平就在0到平均利润率之间波动。

利息的最高界限与最低界限，是从绝对数讲它与利润的关系的。从相对数来讲，利息与利润又有什么关系呢？相对数就是利息率。利息率就是利息额与借贷资本额的比例。如利息50元，借贷资本是1 000元，利息率就是5%。这个利息率与总利润有什么关系呢？这个关系就是利息在总利润中占有的比例相对固定的情况下，利息率会随利润率的变化，成正比例变化。如利息占总利润的20%，即1/5。如果利润率是20%，则利息率为4%（$20/100 = 1/5 = 4/100$）。如果利润率是25%，则利息率为5%，即（$25/100 \times 1/5 \times 100\% =$

———————————

[①] 读者笔记旁注，读者概括。

5%）。如果利润率是 30%，则利息率是 6%，即 （30/100×1/5×100% = 6%）。在这种情况下，利润率越高，利润总额的绝对数越大，企业利润和利息的绝对额也越大。所以职能资本家就会随着利润率的提高，支付较高的利息。相反，则只能支付较低的利息。但最高也不会超过平均利润，所以从相对数来说，利息率的最高界限是平均利润率。

从理论分析是这样，在实践中，由于资本主义平均利润率有下降的趋势，所以利息率也有下降的趋势。

除了平均利润率有下降的趋势，会引起利息率有下降的趋势外，还有两个因素使利息率有下降的趋势：一是食利阶层的增加，二是信用制度的发展。这两个因素都会使借贷资本增大。如果有钱借的人多，借钱的人少，利息率就有下降的趋势。

（2）利息率是怎样决定的，受什么调节？

上面我们讲了利率的最高界限是平均利润率，最低界限不会等于 0。利息率就在 0 到平均利润率之间波动。这个波动的大小、高低由什么决定呢？这个大小、高低就决定于借者与贷者之间的竞争。当借贷资本供大于求时，利息会下降；当借贷资本求大于供时，利息就会提高。这种大小、高低与资本主义生产周期有关。当资本主义生产周期处于繁荣阶段，市场上的借贷资本供大于求，利息率会下降；当资本主义生产周期处于危机阶段，市场上借贷资本求大于供，利息率会提高。

这种上升、下降，我们是从资本主义生产的某个阶段来说的。比如在繁荣时期，利息率是多少；在危机时期，利息率是多少。如果从整个资本主义生产周期来看，我们还可以求得一个平均利息率。这个平均利息率怎样算？马克思说："要找出平均利息率，就必须：①算出利息率在大工业周期中发生变动的平均数；②算出那些资本贷出时间较长的投资部门中的利息率。"（406p）这就是说算平均利息率，短期贷款、长期贷款都要考虑。在具体算法上，不应当是把各种利息率加起来简单地平均，而应当算出这个时期短期贷款多少，利息多少，长期贷款多少，利息多少。然后分别把贷款总额和利息加起来，看利息占贷款总额的比例。这个比例就是平均利息率。所以平均利息率与市场利息率是两个不同的概念。平均利息率是根据整个资本主义生产周期来计算的，包括长期、短期贷款的平均利息率。市场利息率，是在资本主义生产周期的某个阶段上，表现出的利息率。平均利息率在较长时期不变，市场利息率随时波动。是市场利息率引申出来的平均利息率，不是平均利息率决定市场利息率。因为平均利息率完全是人为计算的。它的变动"不能由任何规律决定"。从时间上说，在生产周期内，市场利息率表现出有高有低，等到周期完了以后，平均利息率才计算出来。所以先有市场利息率，然后才有平均利息率，而不是相反。

可是，资产阶级经济学家有一种理论，认为平均利息率决定市场利息率，先有平均利息率然后才有市场利息率。他们认为平均利息率等于商品的价值，市场利息率等于商品的价格。价格围绕价值波动，因而市场利息率也围绕着平均利息率波动。

马克思批判了这种错误的观点。马克思说，不能以价格围绕价值波动这个道理，用来推导市场利息率也是围绕平均利息率波动。因为价格围绕价值波动，它有一个标准，即社会平均必要劳动量。同时它之所以波动是因为有时供大于求，有时求大于供。如果供求平衡，则商品的价格等于价值，即社会平均必要劳动量。而利息则不同。利息没有一个固定的标准，没有一个社会平均的必要的利息。这是利息本身的性质决定的。利息是总利润的一部分。总利润之所以要分割为借贷资本家的利息和职能资本家的利润，又是由资本的所有权与使用权分离决定的。使得双方都有权分割利润，但利润又只有一个，所以不得不分。分多少，借贷资本本身不能先定一个标准，不能在借钱的时候我先定一个瓜分你利润的比例。正因为没有一个标准，市场利息率只能在 0 到平均利润率之间波动，不可能围绕平均利息率波动。

马克思还指出：如果说市场利息率是围绕着平均利息率波动，这是供求关系决定的。那么在供求平衡的条件，为什么有的人借出钱得到3%、4%的利息，有的人却得到5%的利息呢？也就是为什么还是有高有低呢？如果资产阶级经济学家制造的这一理论成立，就应当趋于一致，而事实上却不一致。所以马克思讲利息的高低要受竞争的影响，但高多少、低多少，"这种决定本身是偶然的，纯粹经验的，只有自命博学或想入非非的人，才会试图把这种偶然性说成必然性的东西"（407p）。

（3）利息率不同于利润率的特点是什么？

我们知道利息率有市场利息率，平均利息率。市场利息率会随着借贷资本的供求关系的变动而变动。但在一定时期，一定的范围（如一个国家）内还是一个固定的、已知的量。平均利息率呢？在每一个国家，在较长时期内都会表现为一个不变的量。这一点与利润率不同。利润率要表现为个别部门、企业的利润率、一般利润率（即平均利润率）。作为个别部门、企业的利润率，事先不可能是一个确定的、已知的量。"因为单个资本的利润率不是由商品的市场价格决定的，而是由市场平均价格和成本价格之间的差额决定的"（414p）。它要受市场价格的影响，同时要受成本高低的影响。因此不可能是一个确定的、已知的量。至于一般的利润率，即平均利润率，则是部门之间的竞争，通过资本的转移逐渐形成的。而且这种平均，还不可能是一个固定不变的量，而是一种发展趋势，所以它与平均利息率也不同。平均利息率在一个国家，在相当长的时期内是一个确定的量。从质上说利润与资本有一个确定的量，有它的必然性。即多少资本赚多少钱，大体上有它的比例关系。而利息与借贷资本没有一个必然的、确定的量，即不能确定多少借贷资本一定要得到多少利息。

学习第二十三章《利息和企业主收入》笔记

这一章主要研究了三个问题：

（1）利润分为利息和企业利润这种量的分割怎样转变为质的分割？

关于第一个问题，先要明确利息这个范畴只与借贷资本有关，与产业资本本身的运动无关，而与借贷资本的运动有关。因为：第一，是单独决定的，不管赚钱亏本都要收；第二，是事先知道的，不像利润率那样，不可捉摸。如果使用的都是自有的资本，利润在量上就不会分割成利息和企业利润。

这种量的分割，必然导致质的分割。质的分割就是，利息是资本所有权产生的；企业利润是资本使用权产生的。由于存在这种关系，作为一个借入资本经营的职能资本家来说，在他看来，资本的生产物就不是总利润，而是总利润减掉利息。在他看来付利息是理所当然的，因为资本的所有权是别人的。[**"它所以也为后者提供纯利润，并不是因为后者是执行职能的资本家，而是因为他是货币资本家，他把自己的资本作为生息资本贷给作为执行职能的资本家的他自己"（425p）。在一个借钱做买卖的人来看，付利息是理所当然的。分割是资本的所有权和使用权分离的结果。**①]

如果资本的所有权与使用权没有分离，即都是自己的，还要不要分割呢？在量上不分割，没有这个必要，但在质上还是要分割的。因在自有资本的人看来，所有权、使用权都是我的，我就应当得到相当于借入资本的那份利息。利息归我，因为我是资本所有者，企业利润也归我，因为我是资本的使用者，

---

① 读者笔记旁注，读者新的体会。

两个不同的身份，就应当拿双份。所以当利息这个范畴产生以后，就固定化、独立化了，也就是说不管他用的本钱是借入的，还是自有的，用这些本钱赚的钱都要分为两部分：一部分是利息，一部分是利润。利润在质上的分割，不在于分割以后归哪家的问题，在于利润一定要分为这两个独立的范畴。在经济生活中，产生了这样两种关联，即利息与所有权联系，企业利润与使用权联系，存在着这两种概念。如果借入资本，产业资本家与货币资本家进行比较，一个得利息，一个得企业利润。

总之，总利润分割成利息和企业利润首先在借贷资本的场合发生，当这种质的分割不仅在借入资本，而且在自有资本都固定下来以后，一切资本都取得了两重身份，一是所有权资本，一是使用权资本。所有权资本在生产过程之外存在，使用权资本在生产过程之内存在。资本在取得了这两重身份以后，总利润的质的分割就完成了。[**"如果借入资本的产业资本家与自有资本的产业资本家比较，后者与前者的区别，后者把利息装进自己腰包，而不必支付给货币资本家。"**（423p）①]

为什么利息这个范畴（对整个资本和资本家阶级）会独立出来，并被固定化。换句话说，为什么总利润产生这种质的分割以后，整个资本和资本家阶级都要保持这种质的分割。马克思在《资本论》中讲了三点原因：①是大多数产业资本家或多或少都有借入资本，即存在着借贷的经济关系；②生息资本、利息这些范畴在历史上就存在，早就独立出来固定化了；③在社会上已经形成了一个货币资本家阶级，这些人专靠放利为生，就是说在现实经济生活中利息已经代表着一个经济关系，这种经济关系存在，利息就存在。

（2）利润分利息和企业利润以后怎样掩盖资本关系的本质。

资本的实质是剥削工人创造的剩余价值，表现为资本家与工人的对立。可是利润分割成这两部分后，这种对立就被掩盖了。对此，马克思指出了两点：①有了利息这个范畴以后，就产生了当作所有权资本与当作使用权资本的对立，这样就给人一个假象，好像取利息是因为他对资本有所有权，这样就把利息是剩余价值的一部分掩盖起来了。②作为企业利润那一部分，也给人一种假象，好像这是我使用资本的结果，我使用资本有功所以应给我报酬。马克思说："对生产劳动的剥削也要花费气力。"（427p）因此资本家脑袋里必然产生这样的观念：他的收入是一种工资，是监督工资，是高于普通工人的

---

① 读者笔记旁注，读者补记。

工资。因为这是较复杂的劳动，因为资本家支付给自己的工资，事实上有一部分利润，资本家就以工资的形式占有，这样就加强了这一观念。由于这种对立，人们完全忘记了："资本家作为资本家，他的职能是生产剩余价值。"（427p）由于利润分成利息和企业利润两种对立形式，使人们忘记了，二者不过是剩余价值的不同部分。"剥削的劳动，像被剥削的劳动一样，是劳动。"（430p）

（3）批判把企业利润与监督工资混同起来的谬论。

马克思首先指出，在"凡是直接生产过程具有社会结合过程的形态的地方，都必然会产生监督劳动和指挥劳动"（431p）。因为有许多人进行协作劳动，过程的联系和统一必然要有一个人指挥，就像一个乐队要有一个指挥一样。这种指挥劳动，"是一种生产劳动，是每一种结合的生产方式中必须进行的劳动"（431p）。另外，凡是建立在劳动者与生产资料所有者之间对立上的生产方式，都必然会产生监督劳动。对立越严重，监督劳动的作用也就越大。在资本主义生产方式下也不可或缺，因为，在这里，生产过程同时就是资本家消费劳动力的过程（432p）。马克思还指出：指挥和监督劳动，如只是由生产资料所有者和劳动力所有者的对立引起的，就是"奴役直接生产者而产生的职能"（433p）。

监督和指挥劳动，由资本对劳动的统治产生，但是监督和指挥劳动又可以由不是资本家的人来代替。由别人来代替，产生的监督和指挥劳动，属于什么性质呢？马克思说："只要资本家的劳动不是由单纯作为资本主义生产过程的那种生产过程引起，因而这种劳动并不随着资本的消失而自行消失；只要这种劳动不只限于剥削别人劳动这个职能；从而，只要这种劳动是由作为社会劳动的劳动的形式引起，由许多人为达到共同结果而形成的结合和协作引起，它就同资本完全无关，就像这个形式本身一旦把资本主义的外壳炸毁，就同资本完全无关一样。"（435p）这就是说，"资本主义生产方式内部发展起来的形式，能够离开并且摆脱它们的对立的资本主义的性质"（435p）。但要摆脱资本主义性质，必须有一条明确的界限，不能剥削。从这一段话，可以看出，在资本主义条件下，资本家的代理人——经理的劳动有二重性：作为资本家代理人的"劳动"就是剥削劳动的"劳动"；作为联合劳动的组织者的劳动，是一种生产的劳动。这种劳动与前一种劳动有区别。由后一种劳动所取得的工资就是"监督工资"。

学习第二十四章《资本关系在生息资本形式上的外表化》笔记

这一章主要说明，生息资本产生以后，把资本关系神秘化了。资本关系本来是资本剥削雇佣劳动的关系，资本家无偿地占有工人的剩余价值。这个关系是非常明显的。但生息资本产生以后，资本家与工人的关系变成了货币与货币的关系，本金与利息的关系，这样就把生产过程掩盖起来了。从而给人一种假象，好像货币能够生儿，它本身就有生育能力，是它的自然属性。如像桃树能结桃子一样，利息成了资本的真正果实。马克思很形象地说明：生息资本，只要把它贷出：无论它是睡觉，还是醒着，是在国内，还是在国外，是在白天，还是在黑夜，都会有利息加到它的身上。

同时生息资本产生以后，把资本家剥削工人的剩余价值这一严酷的事实掩盖起来。把资本家得到的企业收入说成是他使用资本有功，而得到的报酬。

由于生息资本表现为货币与货币的关系、利息与本钱的关系。因而有的资产阶级经济学家认为，利息可以按几何级数增长。有一个资产阶级经济学家叫普莱斯，1772 年写了一本《评继承支付》的书，在书中讲："一个先令，在耶稣降生那一年以 6% 的复利放出，会增长成一个比整个太阳系所能容纳的还要大的数目。"就是说把一个先令放出去，每年 6% 利息，利滚利，经过 1 700 多年，会得到一个庞大的数目。他说资本增长的规律是 $S = C(1 + Z)^n$。在这个公式中，S ＝资本＋复利的总和，C ＝预付资本，Z 表示利息率，n 代表年数。用上面说的，$S = 1(1 + 6\%)^{1\,772}$ ＝本钱＋利滚利。他把资本当作一个自动的计算机，当作一个会自行增加的数字来考察。马克思说，这种论调"更是想入非非"（445p）。"因为他完全不顾再生产和劳动的条件"（445p）。在现实中是不可能的。马克思指出：利息是剩余价值的一部分，剩余价值是活劳动创造的。活劳动只有同生产资料结合才能创造价值，而且工人支出的活劳动，时间上是有限的。即使一天 24 小时都被资本家占有，也不会"具有按几何级数生产剩余价值的能力"（449p）。剩余价值的生产也不会按几何级数增长。因此，这是谬论。

学习第二十五章《信用和虚拟资本》笔记

这一章主要研究商业信用和银行信用，具体有三个问题：

（1）商业信用与商业货币——期票。

马克思指出：商业信用在简单商品流通条件下，就已经产生了，那时因为商业生产和商业流通还不发达，商业信用还不是普通的东西。随着商业和资本主义生产方式的发展，信用制度也就发展了，扩大化，普遍化了。为什么在简单商品流通的情况下，信用是不可避免的。我们知道，商品流通的形式是 W→G→W，在这种形式下买卖可能脱节，可能先卖后买，可能先买后卖。先卖后买不成问题，卖了东西再买，手中有钱支付。如先买后卖，就有问题了。商品购买者如没有现钱支付，就只好赊购。究竟是先卖后买，还是先买后卖，这也不完全决定于商品购买者的主观意志。它要受客观条件制约，如从事农业的商品生产者在季节到来了，往往要先买后卖，从而产生赊销赊购。

马克思指出：随着商业和只是着眼于流通而进行生产的资本主义生产方式的发展，信用制度的这个自然基础也在扩大、普遍化和发展（**自然基础是什么？是债权人与债务人之间的关系**①）。

在赊销赊购这样的交易中，从卖方看，赊卖是让渡了商品的使用价值，但没有获得价值，即没有获得等价物。商品没有从观念上的货币变成真实的货币。从买方来看，赊购获得了商品的使用价值，但没有付出价值，即没有付出等价物。只开出一个债务凭证，即到若干天以后才付钱。债务到期后，买卖双方的角色变了，卖方不再让渡商品的使用价值，而获得价值。买方不再获得使用价值，而让渡价值。所以信用产生以后，商品生产者之间的关系变了，即从过去的买卖关系，变成债务与债权人的关系。

在简单商品流通时的商业信用，与资本主义类型的商业信用是不同的：①信用的当事人不同。前者双方都是小生产者，而后者是资本家。②信用的对象不同。前者是商品或货币，后者是商品资本或货币资本。

为什么信用到了资本主义阶段获得了广泛的发展？这是因为：①在资本主义条件下，社会分工进一步发展，把各个资本主义企业和部门联系起来，成为一个有机的整体。但各个企业和各个部门的商品生产时间和流通时间是长短不一的。为了不使商品生产过程被中断，在产业资本家之间就产生了在商品买卖上提供信用的必要性。②在资本主义条件下，商业是大规模经营的，并且市场的距离也延长了。在这种情况下，商业资本家也不可能用自己的资本把产业资本家的商品全部买去，然后再拿出来卖。如果没有商业信用，产业资本家的商品的实现过程必然会缓慢下来。因此产业资本家和商业资本家之间的信用是不可缺少的。

---

① 读者笔记旁注，读者新的体会。

商业信用的流通工具是商业票据。商业票据分为两种，即期票和汇票。期票就是债务人开出的交给债权人的债务凭证。在凭证上要注明何时支付。汇票与期票不同。汇票是由债权人开出的，向债务人索取货款的凭证。在资本主义制度下，期票、汇票都是可流通的，即甲可转给乙，乙可转给丙。这种流通实际上是把债务要求权转让给别人，或者说把债权转让给别人。转让时债权人必须在票据上"背书"，即注明他愿意转让出去。汇票则由债务人"背书"，表示他承付。由于票据流通，使商品流通的公式就变成了商品—票据—商品，在这里票据起了货币的作用，发挥了货币的支付手段职能。所以马克思把商业票据称为商业货币。就是说它代替了货币的作用。必须明确票据变成了商业货币，这是在资本主义基础上产生的。在资本主义条件下商品经济进一步发展，买卖频繁，相互间都有支付，所以产生票据流通，使商业票据变成了商品货币。而小商品生产者相互之间赊销赊购的票据是不流通的，因而不会成为商业货币。

商业信用是银行信用的基础。这是因为商业信用有局限性：①商业信用是各职能资本家之间的信用，它的规模要受职能资本家资本数量的限制、资本周转快慢的限制、资本流转方向的限制。产业资本家或商人究竟有多少商品赊销给别人，首先要看自己有多少本钱。同时如果资本周转不快，职能资本家周转不过来，他也不能赊销。再说赊销的商品要对路，如纺织机器是纺织工业部门的生产资料，因此，纺织业的资本家可以从机器制造业资本家的手里赊购。反过来就不一定成立，即机器制造业资本家不一定向纺织业资本家赊购布。因为布不是它的生产资料。②商业信用的流通工具也有局限性。商业票汇不是在任何时候、任何人、任何地点都能代替货币流通。因为票据上有时间、对象、地点的限制。在一个地区内，无论是债权人向债务人开出的汇票，还是债务人向债权人开出的期票，只能在这个地区使用，超过这个地区别人就不要。同时期内，汇票上都有时期，未到期以前可以流通，到期就要兑现，就不能流通了。由于有局限性，所以商业票据，要向银行兑换。这种兑换称为贴现，贴现本来是用商业票据向银行兑换现金，但银行也可以用银行券来代替。银行券是银行的票据，所以贴现无非是以银行的票据来代替商业票据。为什么要贴现？因为银行的票据比职能资本家的票据有更大的信用，有更广泛的用途。也就是说它不受时间、对象、地点的限制。

（2）银行信用与信用货币——银行券。

商业信用和商业票据是银行信用和银行票据产生的基础。就是说银行信用是在商业信用的基础上产生的；银行票据是在商业票据的基础上产生的。马克思指出：互相预付是信用的真正基础，票据流通是银行券产生的基础。互相预付就是借贷，把商品赊销给别人，就是把商品的使用价值预付给别人，也是把商品贷给别人。这里我们可以看出，借贷资本既可以是货币形态，也可以是商品形态。资本主义信用就是借贷资本运动，它包括商业信用和银行信用。

首先，银行信用不是由职能资本家互相提供的信用，而是由银行提供给职能资本家的信用。由于银行把社会上的各种游资集中起来，形成庞大的借贷资本，因此，这种信用就不受个别资本家的资本数量和资本流的限制。

其次，由于银行贷出的不是处在再生产过程中的商品资本，而是闲置的货币资本，因此银行信用的范围也就不受商品流转方向的限制。商业信用只能由商品的出卖者提供给商品的购买者，而银行信用可以由银行提供给任何一个职能资本家。所以银行信用更能适应资本主义发展的需要。

银行信用是由银行家来经营的。银行家是借者与贷者的中介人。中介人即中间人。银行把贷者的钱吸收进来，发放给借者，中介人操作的就是债权人与债务人之间的货币。马克思说"银行一方面代表货币资本的集中，贷出者的集中，另一方面代表借入者的集中。"（453p）贷者的集中，就是"所有贷出者的代表"；货币资本的集中，就是"货币资本的总管理人"；借入者的集中，就是"代表所有借入者"。

银行家的存在，没有改变生息资本的性质。生息资本仍然是商品货币资本，具有额外的使用价值，只不过这些商品货币资本由银行家来买卖，从一些人那里"买"来"卖"给另一些人，但是改变了生息资本的构成。就是生息资本的来源，不仅是职能资本家的货币资本，也来源于货币资本家，也来源于各阶层的货币收入。各阶层的货币收入，原来不是资本，现在经银行资本家转手却成了资本。

银行是从货币经营业发展起来的。"而在资本主义生产中，货币经营业的发展又自然会和商品经营业的发展齐头并进。"（453p）当然，货币经营业的主要任务，是从事货币流通有关的各种技术性的操作。如兑换货币，代入汇兑，保管现金，收入现金，进行结算。但随着资本主义工商业的发展，货币经营业集中起来的货币资本日益增多。这时，它就发展为专事借贷业务。这样货币经营业就逐渐转变为银行了。马克思将银行的资金来源分为四种。第一种是职能资本家的货币资本，包括他们的准备金和收付过程中得到的货币。第二种是货币资本家的存款。第三种是一切阶级的货币积蓄和暂时不用的货币。一切阶级的积蓄和暂时不用的货币，是一批小的金额。这一批"小的金额是不能单独作为货币资本发挥作用的，但它们结合成为巨额后，就形成了一个货币力量。这种收集小金额的活动是银行制度的特殊作用，应当把这种作用同银行在真正货币资本家和借款人之间的中介作用区别开来"（453p-454p）。第四种只是逐渐花费的收入。（**特殊作用是特殊在银行通过吸收这一部分金额，把本来不是资本的货币转化成了借贷资本，从小到大加强了集中。**①）

银行的资金运用（即贷放）：

一是通过汇票的贴现进行的。

二是通过不同形式的贷款进行的。不同形式的贷款，包括以各种票据作保证的抵押贷款。如有息证券、国家证券、各种股票、提货单、栈单（证明库房有这批货）等。

三是通过存款透支等进行的。

银行提供信用，可以采取不同的形式：①向其他银行开出汇票、支票；②开立账户；③发行本银行的银行券（有权发行银行券的银行才行）。

银行券是随时可以兑现的，它实际上是银行家以自己的票据代替私人票据。由于银行券会流通，起货币的作用，马克思称它是信用货币，真正的信用货币，是"流通的信用符号"。发行银行券"在不同程度上是合法的支付手段"，因为有国家信用作保证。也就是说银行券比私人期票享有更大的信用，利用得最广泛。尽管以发行银行券的方式来提供信用"特别令人注目和重要"，但"对银行来说具有最重要意义的始终是存款"（454p）。

由于银行券的流通是代替向银行贴现的商业票据，而商业期票的出现，又是商品交换中的信用引起的，所以银行券的流通是由商品交换的需要来调节的。当商品的交换扩大，商业期票增多；反之，则相反。实际上，银行券只形成批发商业的铸币。

马克思说："在货币短缺时，在进行汇票贴现时，通常不用银行券，而是用一个银行向另一个银行开出的汇票。如果受款人想要银行券，他就只好把

---

① 读者笔记旁注，读者新的体会

这种汇票再拿去贴现。"（455p）马克思说："这一切形式的作用，都在于使支付要求权可以转移。"（455p）银行券虽然以商业信用为基础，但它还款要有黄金（真实的货币）来保证。因为当经济波动或有危险的时候，持有银行券的人就要求兑现。同时大商人要出国做买卖，也必须换成现款。只能用黄金作为保证，银行券才能随时兑现，也只有这样银行券才能作为货币加入一般的流通。所以银行券一方面属于一般票据的范畴，另一方面，它又与一般票据有显著区别。这种区别就是，当银行用银行券来贴现时，银行就把这种信用货币当作资本垫支，并要收取利息。换句话说，银行券变成了生息资本。

银行券以黄金作保证时，发行银行券不会增加银行的资本，这不过是贷款形式的改变，就是用以银行券为保证的凭证来代替硬币。另外，借款人以商业票据来贴现，也没有增加借款人的资本，这只不过是用信用货币代替了商业货币，而商业货币是以商品资本为基础。但是如果银行券完全没有或部分没有信用保证或黄金保证时，这样这部分银行券的全部或部分变成虚拟资本。所谓虚拟资本，它是相对真实资本而言的。真实资本是代表一定的实在的价值，价值的物质承担者是使用价值，所以真实资本都有一定的使用价值作为物质承担者。可是虚拟资本并不代表价值，因而没有一定的使用价值作为物质承担者，它的物质承担者是信用凭证。真实资本处在生产流通过程中，或者处于货币形式，或者处于商品形式，或者处于生产形式。虚拟资本处于生产流通过程之外，它的形式不是处在三种中的一种。真实资本生产现实剩余价值。虚拟资本本身不是价值，也不创造实现剩余价值，但它要占有剩余价值。虚拟资本不仅在质上与实际资本不同，而且在量上也不同于实际资本。虚拟资本的数量等于各种有价证券的总额。实际资本的数量，等于货币资本+商品资本+生产资本的总额。也不能把虚拟资本与借贷资本混淆。借贷资本是特殊的货币资本，它的信用对象是职能资本家。虚拟资本是有价证券表示的资本，有价证券之所以成为资本因为它要带来利息，所以虚拟资本实际上是以别人对他的信用作为资本。但是虚拟资本又只能在借贷资本的基础上产生，就是说由于有借有贷才产生有价证券，而且有价证券之所以是虚拟资本，是因为有价证券本身没有价值，它也不是价值的符号，并且不能在资本主义再生产过程中发挥资本的职能。以股票为例，当人们用货币购买了股票以后，真正的资本就转移到公司去了，而这时留在股票持有者手中的股票，只不过是一种资本所有权的证书，人们凭借它可以从公司领取一定的收入。也就是能凭票占有一定的剩余价值，因此对它的所有者来说，它似乎就是资本，但其实是虚假的资本。

（3）银行信用和信用投机。

银行信用之所以能助长投机活动，主要是因为可以以各种形式向银行取得贷款，从而盲目地生产、流通，使经济造成紊乱。如以未出售的商品向银行作保取得贷款，这实际上是要银行垫支这笔商品的资本。银行垫钱越多，职能资本家就越盲目地扩大生产，扩大流通规模。如以在途商品取得贷款，这实际上就是银行代购买者提前付款，出售商品的人就可提前得到资本，从而有利于他的经营活动。同时由于有银行信用提供资本，资本就能比较顺利地转移，从而有利于竞争。

学习第二十六章《货币资本的积累及其对于利息的影响》笔记

这一章完全是辩论性的，是马克思同银行界的领袖辩论。当时在英国有一个人叫欧维斯坦。这个人曾经担任英格兰银行的总裁，以银行业的理论权威自居，因此他的一套理论影响很大。1844—1845 年，英格兰银行的法律制度就是按照他的观点建立的。他有些什么观点呢？当时在英国，金融界有两大派，一派是"货币流通派"，另一派"银行派"。欧维斯坦属于"货币流通派"。这一派以李嘉图作为自己的理论领袖，欧维斯坦就是李嘉图的信徒。"货币流通派"的观点是：①坚持货币数量说。按照这种学说，商品的价格不决定于价值，而取决于货币数量。流通中的货币数量多，商品价格上涨，流通中的货币数量少，商品的价格下降。他们把这种学说，推广到银行券上。也就是说，按照他们的意见，银行券发行增长会引起商品价格的上涨。因此，他们主张严格控制银行券的发行，要求由一家银行垄断发行。②在贵金属为货币的情况下，流通中的货币可以"自动调节"，一国内的货币不会多，也不会少。按照他们的观点，国内的货币多了，会流出国外，少了，会从国外流进来。之所以会这样，他们说，这是因为货币多会引起商品价格提高，从而使货币贬值。国内商品价格上涨，货币又贬值，有的人就宁愿把钱拿到国外去买东西，然后拿回国内卖。这样货币流出去，商品流进来。货币减少，商品增多。当货币少到一定程度，商品的价格又会降下来，使货币同商品趋于平衡。如果是相反的情况，如国内货币少，商品价格下降，货币的价值就提高。这样，在国内卖东西就不划算，因此，有人就宁愿把东西拿到国外去卖，换回货币。从而使国内商品减少，货币增多，在货币增长到一定程度，商品价格又上涨。所以他们认为，在金属货币流通的情况下，流通中的货币可以自行调节。③银行券的发行要根据银行本身拥有金属货币的多少。即拥有的金属货币多就多发，拥有的金属货币少就少发。也就是要求银行券的发行要有十足的金属货币担保。"货币流通派"的这套理论遭到"银行派"的反对。银行派的头面人物是杜克、富拉吞等，他们都是资产阶级经济学家。

"银行派"的观点是：①银行的贴现业务，只要对真正的商业票据进行贴现，不会发生通货膨胀，即不会出现多余的银行券。因为真正的商业票据的后面有商品，商品是商业票据的物质承担者。而贴现，只不过是一种票据转换为另一种票据，怎么会通货膨胀呢？他们说贴现时，银行券投入流通，清偿贴现时，银行券又回到银行，流通中的银行券不会过多。因此他们主张发行银行券，只需要一部分金属货币担保就行了，不需要全部金属货币担保。②商品的价格变动，不是以货币量的变动为转移。杜克专门写了一本书叫《价格史》，从史实上批驳这一学说。③如果说银行券的发行一定要有十足的金属货币作担保，就要束缚商品流通。他们说商品流通需要的购买手段、支付手段量，取决于商品的价值和货币流通的速度。不依赖于银行金属货币储备的多少。如果完全依赖银行金属货币储备的多少，当金属货币储备不能满足需要时则势必影响商品流通。④他们认为银行券与贵金属货币是不同的，前者是基于信用所创造的货币即信用货币。后者是真实的货币。当人们还相信银行券的信用时，银行券能代表金属货币流通。但这不是说，银行券的发行量一定要等于金属货币的量。

这两派的争论结果，是"货币流通派"战胜了"银行派"。所以 1844—1845 年英国的银行法律制度，就是按照"货币流通派"的观点制定的。按照这个立法规定，英格兰银行是有权发行银行券的银行。英格兰银行有两个部门，发行部和银行部。发行部专门发行银行券。发行银行券一部分以黄金作担保，一部分以国家债券作担保。当时以国家债券作担保的是 1 400 万英镑。银行部运用银行券来贴现。银行部向发行部领取银行券，它的限量，除了这 1 400 万英镑外，其余的就要由黄金来交换。

马克思说，英国的银行立法是不顾商品流通的实际需要，因而是行不通的。1847 年经济危机来了，银行法不得不废止。这说明"货币流通派"的理论是站不住脚的。"货币流通派"与"银行派"的争论，从理论上应当确立以下问题：

（1）什么是资本？

（2）利息率由什么决定？

（3）资本家在什么情况下提出对资本的需求？

（4）票据贴现的实质，以及用商品或其他物品作抵押贷款的实质。

关于这些问题，"货币流通派"的理论很混乱。所以马克思在这一章中，不得不下很大的功夫来清理一番。

什么是资本？

他们有两种说法：一种是以贷款形式给予职能资本家的货币或银行券就是资本；另一种说法是，资本就是生产中所用的商品和劳务。但是有时他们又说，贷给借款人的货币还不是资本，只是用来购买资本的手段。

利息率由什么决定？

马克思引用了大量的当时英国经济学家著作中的材料，说明：①随着资本主义的发展，资本在货币形态上的积累也会增加。如果这种增加没有投资范围的相应扩大，那一定会产生借贷资本的增加，从而引起借贷资本供大于求，使利息率下降。②银行所能供给的货币资本减少，利息率反而上升，银行所能供给的货币资本增加，利息率反而下降。③流通中货币量减少，会引起利息率的提高，但要分析是什么原因使流通中货币量减少。如是因为货币大量流出国外，还是因为银行券的发行受到限制。但不能说凡是利息率提高，都是流通中货币量少了。有时流通中货币量多也会引起利息率升高。如信用不稳定，或信用过紧，有的人怕到时贷不了款，先把现款存起来以应付当时的支出和未来的支出。这时，流通中货币量并不减少，但利息率会由于信用紧而上升。④银行业者会利用经济危机来提高利息率，从而获取暴利。危机时期，由于支付手段需要量增加，借款需求增加，而银行又要紧缩信用，这时通常利息率最高，大银行就以此发大财。

总之，马克思用资本主义经济学家著作中的论述说明，利息率是由借贷资本的供求关系决定的。生息资本积累多，借贷资本供大于求，利息率低；信用过紧，借贷资本求大于供，利息率高。可是"货币流通派"不这样认为。他们也认为利息率的高低决定于供给和需求。可是他们的解释不同。他们说的资本是指"生产上使用的商品和劳务"。资本的供求，就是指商品劳务的供求。也就是认为利息率的高低是商品劳务的供求决定的。商品劳务的供求与利息率有什么直接关系呢？马克思说没有直接关系。商品劳务的供求只会引起市场价格的高低，不会直接引起利息率的升降。商品价格同利息率没有直接关系。

他们还想说明利息率决定于"资本的价值"。什么是资本的价值。他们时而把"资本的价值"说成是带来平均利润的能力，时而又把"资本的价值"说成是资本带来利息的能力。这样就会得出这样的逻辑：即利润高，利息率就高。但事实上同一利润率有不同的利息率。同时也会得出利息高低决定利息率高低的逻辑。这种说法，根本没有说明问题。是同义反复。

他们还提出了这样一个理论，即没有货币的借贷也会产生利息率。他们说：假设纺织工厂的工厂主，要买一批棉花，在购买时，不向银行贷款，而是延期付款，即赊购。而赊购的价格比现付的价格要高一些，这高一些的部分就是利息尺度。所以没有货币的借贷，也会有利息率。马克思说，这也是错误的。刚好相反，是先有银行的利息率，然后才有这个差额，这个赊购与现购价格的差额，是参考银行的利息率决定的。而不是先有这个差额，然后才有利息率。

必须明确，虽然职能资本的增加，与银行借贷资本的增加，它们之间有一定的联系，但是完全不相同的两件事情。职能资本的增加，完全是生产和流通扩大的结果，而借贷资本的增加，则是职能资本中的货币资本增加的结果。如果由于生产流通的扩大，职能资本中的货币资本也增多，这样借贷资本也增多。这在逻辑上是一致的，即生产流通扩大→职能资本增多→借贷资本增多。但也会出现另一种情况，即生产流通扩大→职能资本增多→借贷资本反而减少。问题在于职能资本中的货币资本是不是随着职能资本的增加而增加。在实践中会产生职能资本增加，货币资本反而减少的情况。比如生产的东西卖不出去，资本都停留在商品的形态上，不能取得货币形态。所以货币资本不能增加，借贷资本也不能增加。

既然职能资本的增加与借贷资本的增加是两回事。那么，随着生产流通扩大，借贷资本就不一定必然增大，也就是借贷资本的供给量不一定必然多。但是在大多数情况下借贷资本会增大，即供给量也多。这样利息在繁荣时期会下降。相反，在危机时期，职能资本中商品资本和生产资本并没减少，但货币资本反而减少，这样借贷资本减少，而需求增加，利息率升高。

欧维斯坦说："一样事情的结果会破坏这样事情产生的原因，这个说法不合逻辑。"

在经济生活中，有这样一种现象：如利息率的提高，是营业扩大利润率提高的结果。但利息率提高这一结果，又妨碍着营业的扩大和利润率的提高。马克思说："一物最终能破坏该物自身的原因。"比如"罗马人的强大是他们进行征服的原因，但这种征服破坏了他们的强大。财富是奢侈的原因，但奢侈对财富起着破坏作用。"（477p）

对于这一真理，欧维斯坦说"不合逻辑"。马克思说怎么不合逻辑呢？"只有对那些热衷于高利息的高利贷者来说，才是不合逻辑的说法。"（477p）因为利息率尽管会随着营业扩大以及利润率的提高而提高，但企业主的收入不一定提高。问题在于利息和企业主的收入在总利润中如何分配。如果分配不恰当，利息吞掉了利润的大部分，企业主的收入不高。这样就会挫伤企业主进一步扩大营业的积极性。因此，利息率提高的结果反过来阻碍了营业的扩大。所以"一样事情的结果会破坏这样事情产生的原因"。

资本家在什么情况下对资本提出的需求？

对于这个问题，"货币流通派"有一个观点，认为资本就是货币资本、生息资本，因此只有银行家才是资本家，其余的都不是资本家，他们的资本都不是资本。

欧维斯坦认为一个人拿汇票去贴现，是因为他希望得到更大的资本。其实，职能资本家去贴现，仅仅是因为希望他的货币资本提前实现，以便能加速周转。马克思指出："一个普通的实业家去贴现是为了提前实现他的资本的货币形式，由此使再生产过程继续进行；不是为了扩大营业或获得追加资本，而是为了要用他得到的信用来平衡他所提供的信用。"（480p）马克思说汇票贴现"那只是已经处在他手中的货币资本从一种形式转化为另一种形式"。这就是说贴现并不占有别人的资本，只是货币资本的变形。原来货币资本的形式是汇票，现在货币资本的形式是银行券。原来职能资本家把商品赊销给购买者，是向购买者提供了信用，现在用汇票来贴现，是职能资本家求得银行的信用。原来把信用给别人，现在求得别人的信用，使二者达到平衡。即"为了要用他得到的信用来平衡他所提供的信用"。这个道理是不难理解的。可是，欧维斯坦却认为贴现是银行把资本给别人，扩大营业。他这种看法，就是把贴现的人看成没有资本的人。

于是我们可以得出这样的结论：①在职能资本家以真正的票据去贴现的时候，是对货币的要求；②如职能资本家不是以真正的商业票据去贴现，而是以支票(**此处，应该是汇票，不是支票？**)①去贴现，则是对资本的要求。马克思说"当然，信用骑士为了扩大他的营业，为了用一种骗人的营业来掩盖另一种骗人的营业，会把他的空头汇票拿去贴现；但这不是为了赚得利润，而是为了占有别人的资本"（480p）。空头支票，就是没有真正发生交易凭空

---

① 读者笔记旁注，读者新的体会。

开的，它并不代表某一批商品的价值，没有商品作保证。在这种情况下，去贴现，就不是要求提前取得货币资本，而是另外占有别人的资本。

票据贴现的实质，以及用商品或其他物品作抵押贷款的实质。

对于这个问题，恩格斯说："银行家以现金形式交给他的顾客支配的东西，究竟是资本呢还是只是货币、流通手段、通货呢？为了解决这个本来非常简单的争论，我们必须站在银行顾客的立场上来考虑问题。问题在于：这个银行顾客要求什么，并且得到什么?"（484p）恩格斯分析了三种情况：①如果工商业者不用任何担保品作为抵押，只凭个人信用从银行取得一种借款，他就无条件地获得了一个追加的资本。"他是在货币形式上得到这笔贷款的，因此，他得到的不仅是货币，而且是货币资本"（484p）。②如果他以有价证券等为抵押得到这笔贷款，那么这不是资本的放款。因为有价证券也代表资本。但他拿去抵押，只不过是因为他需要货币。"因此这里是货币的贷放，而不是资本的贷放"（485p）。以抵押品取得贷款的本来意义，就是先借得货币，然后把货币还他。③如果贷款采取汇票贴现的形式，那就连贷款的形式也消失了。这是一种纯粹的买卖。即以汇票向银行购买现款。买卖是价值与使用价值的相互转移。贷放只是价值的单方面转移。一个人把商品卖出去得到汇票，就是把商品转化为一种形式的商业货币，而汇票贴现只是把这种商业货币再转化为另一种形式的信用货币——银行券。所以贴现是一种买卖关系。马克思说："对货币本身的渴求，始终只是这样一种愿望：把价值由商品或债权的形式转化为货币形式。"（483p）贷放就是在得到支付手段的同时，也得到了资本，因为他没有付出等价物就得到了价值。"因此，只有在汇票是一种空头汇票，根本不代表任何已经卖掉的商品的时候，对这种汇票的贴现才是资本的贷放……在正常的贴现业务中，银行顾客得到的绝不是贷款，既不是资本贷款也不是货币贷款，他得到的是由卖掉的商品换来的货币。"必须注意，以汇票去贴现，和以有价证券作抵押取得贷款是不同的。以汇票去贴现，是商品已实现了价值，即卖出去了。使用价值的所有权在别人。以有价证券抵押，商品的价值还没有实现，即没有卖出去。使用价值的所有权还在自己手里。[**"贴现只是促成货币索取权由一种形式转化为另一种形式或转化为现实的货币。"** ①（483p）]

---

① 读者笔记旁注，读者补记。

学习第二十七章　信用在资本主义生产中的作用笔记

这一章马克思集中讲信用的作用。这些作用是从信用与资本主义生产过程的联系来讲的。他讲了四点，但重点在后两点。这四点作用是：

（1）信用有助于平均利润率的形成。

这里要指出三点：①我们知道，平均利润率的形成，是以资本（包括生产资本和劳动）在各个部门之间的自由转移为条件，通过各部门之间的竞争实现的。但资本的转移特别是固定资本的转移并不是没有困难的。一个原来生产钢铁的钢铁厂，现在要把钢铁厂关门，办机器制造厂，原来在钢厂的设备如炼钢炉、轧钢机能用来作为机器制造厂的设备吗？当然不能，只能重新购置。重新购置就涉及钱的问题，要么要有本钱，要么得伸手向别人借。如果有信用资本的帮助，问题就好解决了。通过信用贷款，大批借贷资本流入利润率高的部门，结果使利润率高的部门生产扩大，商品价格下降，从而利润率也下降。原来利润低的部门由于生产缩小，价格上涨，从而利润率又提高。这样一高一低，利润率就有平均化的趋势。（**也就是资本在各生产部门流进流出，从利润低的部门流到利润高的部门。这样使一些部门生产不足，使另一些部门生产过剩。一些部门的产品价格上涨，一些部门生产的产品价格下跌。结果原先利润高的部门的资本又流入原先利润低的部门。在这样流进流出中信用起什么作用呢？起"调整"作用①。**）②信用的这种"调整"作用，并不像有些资产阶级经济学家所说的那样，能够有计划地安排生产。资本主义生产的无政府状态是资本主义私有制决定的。信用的"调整"，只是调整利润率，叫作有助于平均利润率的形成，并不是调节生产。资本主义生产的调节靠竞争。③不能认为利润的平均化趋势是信用制度产生的。资本的利润为什么会产生平均化趋势，这要从资本主义的经济规律去寻找。信用的存在不是产生平均化的原因，它只是起"中介"作用，即"助了一臂之力"。

（2）信用能使流通费用减少。

马克思从两个方面进行了分析：①节约了货币本身的费用。这里说的货币是金属货币。金属货币本身是昂贵的流通费用。因为生产它花费了很多的

---

①　读者笔记旁注，读者补记。

劳动，同时在流通中它的实体还要逐渐磨损。由于信用制度产生以后，就会从三个方面节省由货币本身而产生的流通费用。第一，由于信用制度能使商品买卖的一大部分可以完全不用货币。第二，由于信用制度能使货币流通的速度加快，少量的货币可以完成同样的交易。第三，由于信用制度的发展，流通中的货币可以用纸币来代替。这三个方面是可以不用、用得少、可以代替，因而就节约了货币本身的费用。②信用使生产、流通过程加快了，从而使资本的周转过程也加快了，这样就从两个方面减少了准备金。从个别企业来看，原来企业买东西手里留的现金不少，现在就不用多留，需要时再从银行取。从整个社会来看，停留在货币资本上的现金也减少了。

（3）信用促进股份公司和股份资本的形成和发展。

什么是股份公司？股份公司就是合股经营的资本主义企业。它类似合资经营的企业，但又与合资经营的企业不同。它是采取股份资本的形式。股份资本，就是把资本总额分成若干股，每股的股金相等，并以股票的形式来发行。合资经营，每个当事人的投资有多有少，其投资的金额不相等，而且不以股票的形式发行。

股份资本是资本的新形式。它是靠信用制度发展起来的。因为如果没有发达的货币市场，人们是不能通过发行股票来筹集社会上闲散的资金的。同时股票的发行，往往要通过银行来买卖股票。

股份公司和股份资本的形成和发展，在资本主义生产关系上出现了许多新的特点：①生产规模惊人地扩大了。过去个别资本不可能建立的企业，现在合股经营，出现了；过去由政府经营的企业，现在由股份公司经营。②出现了一种社会资本和社会企业的形式，与私人资本、私人企业相对立。社会资本就是那些直接联合起来的个人的资本。但是社会资本、社会企业还是属于资本主义性质的。马克思说："这是作为私人财产的资本，在资本主义生产方式本身范围内的扬弃。"（493p）也就是在资本主义生产方式范围内，扬弃了私人资本。换句话说，私人资本虽然被扬弃了（即抛掉了），但资本主义生产方式仍然存在。③使资本的所有权与使用权明显地分离，使资本的所有者与使用者明显地分离。这种分离也就是生产者的劳动与生产资料的所有权相分离。（**马克思说利润之所以产生是因为生产资料和劳动者相分离**[①]。）资本的所有权归"单纯的所有者即货币资本家"，资本的使用权归"单纯的经理"，

[①] 读者笔记旁注，读者补记

经理成了别人的资本的管理人。这样全部利润都转化为利息。过去，全部利润还要分为利息和企业利润。现在不分了，因为企业主也变成了单纯的所有者，只凭所有权拿股息就行了。

马克思说："利润表现为对别人的剩余劳动单纯占有，这种占有之所以产生，是因为生产资料已经转化为资本，也就是生产资料已经和实际的生产者相分离，生产资料已经作为别人的财产而与一切在生产中实际活动的个人（从经理一直到最后一个短工）相对立。"（494p）

马克思还说，股份公司内，资本的所有权与使用权相分离，劳动与资本所有权相分离。这是资本主义生产高度发展的结果**（分离为向这一方面过渡创造了条件。过渡点即中间环节，两个分离是从什么过渡到什么的中间环节）**①。这两个分离，是两个过渡点，一"是资本再转化为生产者的财产所必需的过渡点，不过这种财产不再是各个相互分离的生产者的私有财产，而是联合起来的生产者的财产，即直接的社会财产"（494p）。二"是与资本所有权结合在一起的再生产过程中的职能，转化为联合起来的生产者的单纯职能，转化为社会职能的过渡点"（494p）。第一个过渡点是从所有权讲的，即从资本家所有权转化为生产者的财产。第二个过渡点"是从再生产过程讲的，即从资本家代理再生产，转化为由生产者组织再生产"。

必须明确，信用能促进股份公司和股份资本的形成和发展，但不能把股份公司的形成看成信用制度发展的结果，或者把信用制度看成股份公司形成和发展的原因。股份公司形成的原因应当从资本主义生产中去寻找，也就是应从生产关系与生产力的矛盾中去寻找。从理论上说，信用制度是上层建筑，它能反作用于经济基础，但是它决定于经济基础。从实践上说，信用制度的产生先于股份公司的形成。在封建社会，在资本主义发展的初期和中期，都有信用的存在，但那时没有促进股份公司和股份资本的形成和发展。只有当生产力发展到一定阶段，个人资本不能驾驭生产力的发展了，只有联合起来的个人资本才能适应生产发展的要求，所以股份资本才产生。[**"剥夺使社会财产为少数人所占有，而信用使这些少数人越来越具有纯粹冒险家的性质。"**（497p）**因为财产以股票形式存在，而人们就用股票来赌博。在赌博中就大鱼吃小鱼**②**。**]

----

① 读者笔记旁注，读者补记。

② 读者笔记旁注，读者补记。

还有一点必须明确，就是不能把股东与借贷资本家混为一谈。借贷资本家是相对职能资本家说的。借贷资本家是以职能资本家为前提并和它对立；股东则不能以职能资本家为前提。相反，股东的出现，意味着职能资本家的消除，意味着雇用管理人员、经理等代替职能资本家。借贷资本的利息是以总利润为前提并与企业利润相对立。而股东获得利息，意味着全部利润转化为利息。

（4）信用制度的二重性。

马克思讲，信用制度有二重性，一方面把资本主义生产的动力发展成为最纯粹最巨大的赌博欺诈制度，并且使剥削社会财富的少数人越来越少；另一方面，又是转到一种新生产方式的过渡形式。

这二重性，应当理解为：一方面加深了资本主义的矛盾，另一方面，又为新生产方式的产生准备了条件。有的书上说信用制度的二重性是一方面促进了资本主义的发展，另一方面，加深了资本主义的矛盾，我认为这是不准确的。

现在我们按照前一种理解来分析问题。信用为什么加深了资本主义的矛盾。资本主义的基本矛盾是生产社会化与私人资本的矛盾。信用使私人（或私人集团）占有越来越大，也就是加强了资本的聚集和集中。一方面，信用把各个资本主义企业的货币资本集中起来贷给个别资本家，追加资本，这就缩短了个别资本家逐渐积累资本所需要的时间；另一方面，信用还把社会上各阶级各阶层的零星收入动员和集中起来，供给资本家使用，从而扩大了资本积累的规模。

资本的积聚和集中意味着什么？意味着个别人或少数人对社会资本的支配权越来越大，取得对社会资本的支配权就是取得了对社会劳动的支配权。一个人尽管他本人的资本很小，但可以取得比他本身资本大若干倍的社会资本所有权。这样就强化了占有的私人性。同时信用也为少数人投机冒险提供了条件。特别是批发商，他们可以卖空买空，买而不卖，卖而不买。卖空买空，是兴风作浪，买而不卖是囤积居奇，卖而不买，抬高价格。这种投机冒险，马克思说不是拿个人财产，而是拿社会的财产来冒险。因为这种投资冒险的本钱是信用提供的。这种投机冒险，不管是成功还是失败都会导致资本的集中和大规模的剥夺。"大鱼吃小鱼，小鱼吃虾米。"少数人发财，多数人破产。这是加深矛盾的两个方面。

信用为什么又为新的生产方式的诞生准备了条件呢？这里有一个主要的

原因是，信用在资本主义生产方式中，创造了两种企业：一种是股份公司，另一种是合作工厂。这两种企业都扬弃了资本与劳动的对立。前者是消极的扬弃，后者是积极的扬弃。什么是消极的扬弃，笔者理解的只是扬弃了个人资本与劳动的对立，没有扬弃社会资本与劳动的对立。表面上不存在资本与劳动的对立，实际上存在。股份公司，使资本的所有者与资本的使用者分离，从一个企业来看，表面上不存在资本所有者与劳动生产者的对立，但资本家有代理人。代理人与生产者还是对立的。在股份公司出现以前，社会的生产资料是当作个人财产表现的。股份公司出现以后，社会的生产资料是当作社会资本来表现的。即当作集体的个人资本来表现的。形式变了，性质没变，它仍然是资本主义性质。是资本主义性质，就必然是资本与劳动的对立，所以在这个范围内只能是消极的扬弃。什么是积极的扬弃呢？就是既扬弃了个人资本与劳动的对立，也扬弃了社会资本与劳动的对立。积极是相对消极来说的，比消极要进步一些。在合作工厂内，"工人作为联合体是他们自己的资本家，也就是说，他们利用生产资料来使他们的劳动增值。"（498p）也就是说在这种工厂内，不存在社会资本和资本家。要说资本家，他们自己就是资本家。工人既然自己为自己生产，当然不存在社会资本与劳动的对立。

这两种形式的企业，又为什么"应当被看作是由资本主义生产方式转化为联合的生产方式的过渡形式？"过渡形式即准备了条件。因为这种企业表明了，社会的生产资料与社会生产力相结合（这种企业表明，没有资本的所有者与使用权完全可以分离，从而表明生产资料中的所有权与剩余劳动的所有权可以分割）（这样才能促进生产的发展）。

（说准备了条件，也就是在可能性上，要变为现实性，要实现向新的生产方式过渡，还要劳动人民进行革命斗争。）①

对这个问题，马克思有一段总结性的话：信用制度加速了生产力的物质上的发展和世界市场的形成；使二者作为新生产方式的物质基础发展到一定的高度，是资本主义生产方式的历史使命。同时加速了这种矛盾的暴力的爆发，即危机，因而加强了旧生产方式解体的各种因素。前者从物质基础上做了准备。后者从矛盾的加深上做了准备。

学习第二十八章《流通手段和资本 图克和富拉吞的见解》笔记

这一章主要批判图克和富拉吞的错误观点。图克、富拉吞是英国的资产

---

① 读者笔记旁注，读者新的体会。

阶级经济学家，属于"银行派"。这一派在反对"货币流通派"中有些观点是正确的。如商品的价格不会因货币流通量的多少而变化。但有些观点是错误的，其错误观点，集中在以下四个方面：

（1）货币的流通，有别于资本的流通。

在什么是货币的流通与什么是资本的流通问题上，他们认为银行从那些不能直接运用资本的人手里，把资本收集起来分配给能够运用资本的人，是资本的流通。银行从顾客那里把他们的收入吸收进来，然后在顾客需要钱的时候又付还给他，这就是货币的流通。他们有一个中心思想，即实现收入转移的货币才是货币发挥流通手段的职能，发挥什么职能呢，发挥资本的职能。实现收入的转移，就是购买消费品，实现资本的转移，就是资本家之间的借贷。这是两个不同的领域。在这两个领域中，是不是只有实现收入的转移，货币才发挥流通手段职能，而实现资本的转移，货币就不发挥流通手段的职能呢？马克思说不能这样划分。无论在哪一个领域，货币都会发挥自己的职能。马克思说：发挥货币的职能，与买卖收付人手中的货币代表什么是两回事，毫不相干。也就是说，不管买者、卖者、借者、贷者手中的货币是代表收入，还是代表资本，只要货币在商品流通中发挥了中介作用，货币就发挥了流通手段职能；只要货币在借贷中实现价值的单方面转移，货币就发挥支付手段的职能。人们手中的货币代表什么，不改变货币在买卖借贷中发挥自己职能的性质。事实上，同一次货币流通，从不同的角度来看，既是单纯的货币流通，又是资本的流通。如消费者向零售商买东西，从消费者的角度来看是货币的流通，从零售商角度来看是资本的流通。所以不能笼统地说只要购买消费品，就是货币的流通。那么是不是凡是掌握在资本家手中的货币就是资本呢？也不尽然。在资本家手中的货币，有的要用于个人消费，有的要用于再生产。用于个人消费的部分就不是资本，用于再生产购买生产资料、劳动力的部分就是资本。马克思说：货币实现收入转移与货币实现资本转移之间的区别，并不是货币与资本之间的区别，而是"收入的货币形式和资本的货币形式之间的区别"（502p）。（**货币本身既不是资本又不是收入，而只是资本和收入的形式。**）① 不能把收入的货币形式与资本的货币形式混淆起来。判断一种货币形式是收入还是资本，就看用这个钱来干什么。用这个钱来剥削就是资本的货币形式，用这个钱来个人消费就是收入的货币形式。这种资

---

① 读者笔记旁注，读者补记。

本的货币形式与收入的货币形式的区别并不改变货币作为流通手段和作为支付手段的性质。也就是说不要认为资本的货币形式就不执行流通手段和支付手段的职能了。作为货币它仍然要起这方面的作用。诚然，当货币以收入的货币形式出现时，它更多的是作为真正的流通手段（铸币、购买手段）执行职能。当货币以资本的货币形式出现时，主要是执行支付手段的职能。但作为支付手段的货币与作为流通手段的货币之间的区别，是一种属于货币本身的区别，不是货币与资本之间的区别。

（2）把三种不同性质的货币混淆起来。

他们把作为货币的货币和作为货币资本的货币、作为生息资本的货币混淆起来。

作为货币的货币，在流通中单纯地起流通手段、支付手段职能。作为货币资本的资本，在流通中仍然要起流通手段、支付手段职能的作用，但除了起这个作用外，还要起资本的作用，它是可能性上的资本，就是用这部分来购买生产资料和劳动力，可能给他带来剩余价值。把可能性变为现实性还要等到从流通进入生产。作为生息资本的货币，也是一种货币资本。这部分资本，在流通中仍然要起货币的作用，如借贷就起着支付手段的职能，但它是实现了的资本，不是可能性上的资本[**货币资本与生息资本上的货币资本是有区别的，前一种意义上的货币资本，始终只是同资本的其他形式即商品资本和生产资本相区别的资本的一种经过形式（525p-526p）。后者不是经过形式，而是独立的形式**]① 。资本的货币形式与收入的货币形式也有联系，因而实现资本转移的货币流通量，与实现收入转移的货币流通量也有联系。这种联系是生产与消费的联系的反映。待支出的收入总量，表示消费的范围和速度；待支出的资本总量，则表示再生产过程的范围和速度。但是这种联系是不是表明，实现资本转移的货币流通量与实现收入转移的货币流通量同比例增长呢？马克思说：不同甚至相反。比如繁荣时期，实现收入转移那部分货币流通量会增长，但实现资本转移那部分货币流通量不一定增长。相反，在萧条时期，实现资本转移那部分流通量会增长，而实现收入转移那部分货币流通量会减少。这是什么原因呢？这是因为在繁荣时期，工人充分就业，工资增长。由工资构成的那一部分收入就增长。由于工资要以货币的形式预付，所以繁荣时期需要更多的货币量。相反，在萧条时期，由于工人失业，工资下

---

① 读者笔记旁注，读者新的体会。

降，由工资构成的那一部分收入下降，因此需要的货币流通量减少。

而资本转移需要的货币量就不同。在繁荣时期，由于货币周转顺畅，周转快，东西很容易卖出去，钱很快就进来，职能资本家之间的借放通过银行又容易得到银行贷款。因此，现金购买所需的流通量减少。这"一方面，较大的巨额支付，无须货币介入就可以了结；另一方面，在再生产过程非常活跃的时候，同量货币无论作为购买手段，还是作为支付手段都会以较快的速度运动"（506p）。同量的货币会对更多的单个资本的回流起中介作用。

（3）所谓的"货币贷放"与"资本贷放"。

他们认为在繁荣时期，需要增加货币，在萧条时期需要增加资本。因而他们认为，在繁荣时期，银行放贷是货币贷放，在萧条时期，银行放贷是资本贷放。

他们认为这样的认知是错误的。在繁荣时期，货币流通量必然会增加。但这种增加量是不是一定就反映了资本要求贷款呢？不一定！因为在繁荣时期资本家容易得到贷款，银行里有存款。资本家可以从自己的存款里提取现金，这样货币流通量增加了，而资本的需要并没有增加。资本家从自己的存款里取出货币，只不过是在货币形态上取出自己的资本，并没有增加银行的贷款。因此不能认为银行在繁荣时期，贷放的是货币。

如果问什么时期需要资本，什么时期需要货币？那么，不管是繁荣时期，还是停滞时期，都会产生需要。要说区别，那么这只是两个时期的区别：只是在繁荣时期借贷容易得到满足，而在停滞时期借贷不容易得到满足。另外，还有一点区别是：在繁荣时期，消费者和商人之间对流通手段的需要占统治地位，在停滞时期，则是资本家之间对流通手段和支付手段的需要占统治地位。因此，不能说繁荣时期需要的是货币，停滞时期需要的是资本。

富拉吞之所以要这样认为，是因为他们还有一套理论，这套理论就是：银行吸收的存款不是自己的资本，只有银行本身持有的有价证券和持有的金银才是自己的资本。银行用存款来贷放，是用别人的资本来贷放，这不是银行本身的资本贷款，而是货币贷放。在停滞时期，需要贷款的多，银行吸收进来的存款都放完了，只好用自己的资本来贷放。所以这时才是资本的贷放。所以他们讲什么是货币贷放，什么是资本贷放？完全是站在银行本身的立场讲的。对什么是资本这个问题，他们就只把银行本身持有的有价证券和自己的金银看成是资本。

马克思指出：富拉吞认为贷放银行本身的资本就是资本贷放，不是货币贷放，这也是错误的。因为银行贷放本身资本的时候，也是需要货币作为支付手段或流通手段的时候。对于借钱的人来说，他不管银行给的这笔钱是银行的资本，还是别人的存款，这一点借钱的人是不过问的，他要求的是拿这个钱来还债，买东西。也就是说他需要资本，也需要货币发挥支付手段和流通手段职能。这就是说按照富拉吞这个理论，即在贷放自有资本是资本放款时，市场的货币流通量也不会减少。

这个市场货币流通量增加，或者表现为银行券的增加，或者表现为金的增加。问题就看是国外需要，还是国内需要。国外需要就表现为金的增加；国内需要就表现为银行券的增加。"银行派"认为，资金流出国外，是因为货币在国内多了，或者是因为银行券在国内贬值。**（这里是指"货币流通派"的观点，即银行券多了，商品价格上升，银行券相对贬值，在这种情况下，有人认为在国内买东西不划算，便换成黄金。拿到国外去买东西划算）**[①]马克思指出：这也是不对的。黄金是不是流出国外，不在于国内的货币多了，而在于需不需要。如需要，国内货币再少，也要流出国外。而且，如国外需要，借款人向银行借款，也不管是不是自有资本还是别人的存款。它都要变成货币向国外支付，也就是说即使你认为是资本贷款，也要变成真实的货币，让它发挥支付手段的职能。总之，"银行派"以是否用银行本身的资本来贷放，来区别资本贷款和货币贷款是不对的。

那么在什么情况下是以资本放款，什么情况下是货币放款呢？马克思说这取决于资本本身的性质。有三种情形：第一种情形，如借款人只凭他个人的信用，从银行获得贷款，而没有为这种贷款提供任何担保品。在这个场合，他获得的贷款不仅是支付手段，而且必定也是一笔新的资本。这笔资本在归还银行之前，他可以作为追加资本用在他的营业中，并使之增值。第二种情形，如借款人把有价证券、国债券或股票向银行抵押，比如按时价 2/3 获得现金贷款。在这个场合，他获得的是他所需要的支付手段，而不是追加资本。因为他已经把一个比他从银行得到的价值更大的资本价值交给银行了。在这种情况下，借款人与银行之间，发生了一个暂时的资本转移，我把抵押品转移给你，你把银行券转移给我。这当中借款人没有获得任何追加资本。他获得的是货币的支付手段。第三种情形，借款人拿一张汇票向银行贴现，在扣除贴水之后得到一笔现金。这个场合，他是把一个非流动形式的货币资本卖

---

① 读者笔记旁注，读者新的体会。

给银行，而换成了一个流动形式的价值额；也就是把尚未到期的汇票卖掉，而换成现金。现在，这张汇票成了银行的财产。在这里，根本不是什么贷款，而只是通常的买卖。因此，借款人也不需要向银行偿还什么东西；汇票到期时，银行就会通过汇票兑现而得到补偿。在这个场合，在借款人和银行之间也发生了互相的资本转移，但没有获得任何追加资本。借款人获得的是支付手段，他之所以获得，是因为银行把他的汇票转化为货币了。可见，只有在第一种情形下，才谈得上真正的资本贷放。第二、三种情况下，都不是资本的贷放。要说资本的贷放，就只能说借款人把有价证券和抵押品转化为货币资本了。借款人把有价证券和其他抵押品转化为货币资本的目的，还是因为需要货币发挥支付手段的职能。如果不管什么情况，只要你获得货币作为支付手段，就是获得资本的话，那每一次出卖商品，也都可以被看作接受一次资本贷款了。在这里我们必须明确的是，所谓资本贷款，就是通过贷款给借款人追加资本，所谓货币贷放，就是通过贷款没有给借款人追加资本，只提供了购买手段、支付手段。但必须明确，不能把银行资本的增减与现实资本的增减等同起来。按照银行家的观点，银行掌握的有价证券、国债券、股票等是它的自有资本。但是"所有这些东西，都不是实际的资本，也都不是资本的组成部分，并且本身也不是价值"（519p）。因为这些有价证券都是债权，都是占有剩余价值的证明书，它们根本不能够构成生产的要素。"如银行出售国债券，对买者来说是资本，但它本身不是资本而是债权。如果这是不动产抵押单，那它就只是有权获得未来地租的证据。如果这是股票，那它就只是有权取得未来剩余价值的所有权证书"（519p）。这些东西买卖，可以增加银行的存款（如买者把钱又存入银行），银行由原来的所有人变成债务人。但不会增加"国内储备的资本，甚至货币资本的量"。货币资本必须以实际的货币形式存在，如果不是以实际的货币存在，那就作为单纯的资本所有权证书存在。

如银行资本缺乏，要求贷款的人多，并不反映实际资本的减少。相反，正反映"以生产资料和产品形式存在的实际资本多了，并给市场以压力"（519p）。

（4）作为支付手段的货币，也是货币流通。

最后马克思还谈道，流通手段的总量不变，甚至减少，银行得到的有价证券也能增加，银行也能够满足对贷款扩大了的需求。在生产停滞时期，流通中的货币总量会减少，或者不变。这是因为它要受到两方面的限制。一方面，是金的外流，另一方面，人们可以用转账结清交易，不需要现实的货币。正是因为人们可以用转账方式结清交易，所以不增加流通中的货币量，银行也能得到有价证券，还能满足对贷款的需求。这种得到和满足的方式，就是非现金支付或转账支付等。马克思把这种非现金支付称之为"以信用交易来作为支付的媒介"。以信用交易来作为支付媒介就不需要现金的增加，因而"大量的这种交易在不扩大流通手段的情况下也能够进行"（520p）。

但是不要以为开展非现金结算以外，流通中的货币额就不会增加了。要知道，流通的货币总额，包括作为流通手段的货币和作为支付手段的货币两部分。这两部分，一个增加，一个减少。如作为支付手段的货币增加超过了作为流通手段的货币的减少程度，流通中的货币总额还是会增加的。资产阶级经济学家，不把作为支付手段的货币看作货币流通（**因为他们认为作为支付手段发行出去的货币能立即流回银行**）①是不正确的。特别是资本主义危机阶段，作为支付手段的货币量会增大，从而流通总额也增大。因为在这个阶段，信用完全被破坏，支付链条被破坏，除了现钱支付，什么也不行了。富拉吞等人"把作为购买手段的货币和作为支付手段的货币之间的区别，变成通货和资本之间的虚假区别了"（521p），断言当作支付手段的银行流通券不会扩大，这是错误的。

马克思在这一章末尾还提问：在停滞时期，人们缺少的究竟是资本，还是缺少要作为支付手段来用的货币？马克思明确回答，我们不能说，在这样的危机时期，会感到资本的任何缺乏。从国外来说，人们需要的东西是黄金，要用它来作为国际支付手段。黄金本身是有价值的，它本身是货币资本。在这种情况下，人们需要的是资本的货币形式。不存在对作为支付手段的货币的需求和对资本的需求之间的对立。也就是说，需求既是资本，又可作为支付手段。从国内来说，不能因为一出现贷款的需要，就得出结论说这是因为缺乏资本。因为市场已经商品过剩，已经有过多的商品资本。绝不能说这是商品卖不出去，是商品资本缺乏引起的，而应当是货币资本缺乏。货币资本缺乏，是对支付手段、购买手段的需求。

学习第二十九章《银行资本的组成部分》笔记

这一章马克思分析银行资本的目的在于说明，很大一部分银行资本放到

---

① 读者笔记旁注，读者新的体会。

有价证券上，都是虚拟资本。同时说明信用可以使借贷资本以各种形式增加。对此，马克思将其分作三大问题：

（1）虚拟资本及其形式。

马克思首先分析了银行资本的组成：①现金（金和银行券）；②有价证券。有价证券又分为两部分。一部分是商业证券，如汇票；另一部分是公共有价证券，如国债券、国库券、各种股票、不动产抵押单。银行资本这两部分从所有权来说，有的是银行家自有的，有的是别人的存款。别人的存款，称为借入资本。银行本身发行的银行券也属于借入资本的范围。不管是借入资本，还是自有资本。银行资本从物质上分为现金、汇票、有息证券这三种，不会发生变化。为什么要这样分？这是因为，现金与汇票、有价证券不同，而汇票与各种有息证券也有本质的差别。汇票是不能买卖的，后一种是能买卖的。在这个意义上，前一种可称为无价证券，后一种称为有价证券（**有价证券中有的有价格，有的没有价格，如汇票。有价，就是在市场上它有价格，它能变成商品。有价是指有价值的证券。汇票对债务人来说是无息的。他在买进这张汇票时即贴现时就扣除了利息)**[①]。

接着马克思分析了什么是虚拟资本。虚拟资本是相对真实资本、实际资本来说的(**虚拟资本是指本身没有价值，并不是指不代表具有实在价值的资本。股票是真实资本的复本，即代表真实资本)**[②]。真实资本，表现为生产资料和各种商品货币形态。它在生产流通过程中要发挥作用，也就是生产实现剩余价值。而虚拟资本呢？它不表现在生产资料、商品的货币形态上，而表现在有价证券上。如各种股票、公司债券、公债、土地抵押单等。这些证券本身没有价值，也不构成生产的要素，因而不创造和实现剩余价值，但是它要占有剩余价值。要从剩余价值中分一部分。这种能在一定时期给人们带来剩余价值的证券，人们把它看成是资本，认为它是想象中的资本，与实际资本是两码事。关于这一点，马克思以国债券和股票为例来说明。国债即公债，公债是国家信用券。人们买公债就是把钱借给国家，国家每年给你利息，到期还你的本金。因此公债券，实际上就是国家向你借款的证明书，对你来说就是债权证明书。你用钱买公债，你的钱就是货币资本，但国家拿到你的钱以后，并不直接投入生产，而是用于非生产性开支。这说明，你的货币资本

---

① 读者笔记旁注，读者新的体会。
② 读者笔记旁注，读者新的体会。

没有转化为生产资本、商品资本。而是把它花掉了、耗费了。马克思说，"资本本身已经由国家花掉了、耗费了"（527p）。但是作为资本的形态还存在，这个形态就表现在国债券上。持有国债券的人，能定期取得利息。同时公债券又可以买卖。这样对卖公债的人来说本钱又可以拿回来。但无论进行多少次买卖，公债券本身不是实际资本而是虚拟的，是想象中的资本。

马克思说："人们把虚拟资本的形成叫资本化。"（528p）把什么资本化？怎样资本化？就是把收入资本化，通过购买有价证券来资本化，即通过购买有价证券，定期带来固定的收入，这样就把这个收入资本化了。所以虚拟资本要以生息为基础。如果不生息，收入不能自行增值"生下它的幼仔"，它就不能资本化。再以股票为例。股票是股份公司发行的资本所有权的证明书，马克思又称"对未来收益的支取凭证"。人们在公司里去认股，也就是买股票，说明把自己的钱投入公司作资本，自己变成了公司的股东。股票投资的钱，代不代表现实资本呢？要代表。把货币投入这个公司，这个公司用来买生产资料和其他商品。则股票代表这些东西的实际价值，也就是代表实际资本。它之所以能代表，是因为持票人有分割 m 的所有权（**但资本不能有双重的存在，既存在于物资资料上，又存在于股票上。只能存在于物质资料上，而前一种存在，是人们想象的、虚拟的**）[1]。但是股票代表资本只能存在于一处，不能存在于两处。股票代表的资本，只能存在于企业实际投入的或将要投入的资本中。而股票本身，只不过是纸制的资本的复本。这个纸制的复本，虽然能定期取得利息，但是它不是实在的资本，是虚拟的、幻想的。总之，虚拟资本有三个特点：①是一种有价证券；②这种有价证券能够定期带来收入；③这种有价证券能够买卖。

最后，还应当指出，虚拟资本除股票、公司债券、公债券、土地抵押证券外，还包括一部分银行券。哪一部分？就是没有黄金和其他商品抵押品担保而发行的银行券和银行汇票。汇票和期票不属于虚拟资本的范围，没有担保的银行券和银行汇票。因为，银行这一部分并不代表真实资本，但把它投放出去，照样可以带来利益。汇票和期票可以向银行贴现，但不能自由买卖。（**虚拟资本有广义和狭义之分。狭义的虚拟资本，包括公债券、工商业股票、债券。广义的虚拟资本除了狭义的那一部分外，还包括一部分银行券。虚拟资本又是想象的资本，想象的货币财产。从银行把超过储备而发行的银行券**

---

① 读者笔记旁注，读者新的体会。

贷出去，可以获得利息这个意义上来说，银行券是虚拟资本。)①

　　（2）虚拟资本的独立运动。

　　有息证券、有价证券，它会变成一种商品在市场上买卖。既然要买卖，它们的价格如何确定呢？它们的价格决定于三个因素。一是它本身的名义价值；二是它本身能带来多少收入；三是市场利息率有多大。这三个因素，变成一个公式：股票的市场价格＝股票的名义价值×（股息率/利息率），如名义价值是100，股息10%，市场利息率是5%，则股票市场价格＝100×（10%/5%）＝200。这就是说一张票面价值100元的股票能卖200元。为什么卖200元也有人要呢？这是因为买的人认为，拿这200元买股票能带来的收入，与拿这200元存在银行得利息都相等，因此并不吃亏。而且买股票还会有一线希望，即如果企业经营得好使利润率提高了，还可多得一点收入。所以有人就宁愿买股票。从这里可以看出，股票的市场价格与股息率成正比，与银行利息率成反比。必须明确，这个股息率是想象的股息率，也就是预期得到的股息。因此股票的市场价格，带有投机的性质。如果你认为股息是10%，因此，100元的股票在银行利息5%的情况下，卖200元，如果我认为某公司的股息率可能高于10%，如12%，则银行利息率为5%的情况下，我愿多出钱买股票。

　　股票行市价格的高低也受供求关系的影响。在货币紧迫时期，由于市场货币缺乏，大家没有钱买。这时一方面股票供过于求，另一方面利息率也提高，这两个因素都将使股票行市下跌。这两个因素反映在公式上，一方面股息率将降低，另一方面利息率将提高，分子缩小，分母增大，结果就要减少。比如股息由10%下降为2.5%，这时利息率不变仍是5%，一张100元的股票就是100×（2.5%/5%）＝250/5＝50（元）。如果利息率由5%提高到10%，则这100元的股票价格＝100×（2.5%/10%）＝250/10＝25（元）。由于股票行市可以大幅度地波动，因此股票往往成为投机的对象。因为股票的收入即股息不是事先规定的，而是预期收入，它只有在企业年终结算后才确定下来。当人们预测这个企业的经营情况会更好，人们就大量地买这个企业的股票，使这个企业股票上升。反之，如人们预期某个企业的经营情况会更坏，人们就会抛售这个企业的股票，使这个企业的股票价格下降。这样会使一些人破产，一些人发财。

---

　　①　读者笔记旁注，读者新的体会。

尽管股票价格会变动，但并不反映现实资本价值的变动。因此，虚拟资本与实际资本不仅在质上不同，在量上也不同。虚拟资本的量等于各种有价证券的价格总额。刚才说的100元股票如卖200元，这200元都是虚拟资本。而实际资本的量，等于他们在生产流通过程中代表的价值量的总和。因此，虚拟资本数量的变化，可以反映实际资本数量的变化。例如，当由于发行新的股票和债券而引起的实际资本增加时，在这种场合虚拟资本量增加，现实资本量也增加。在企业停业、倒闭而引起股票价格下跌甚至作废时，虚拟资本量下降也反映实际资本量下降。

在世界各国中，各种有价证券的买卖都是通过证券交易所和银行来进行的。证券交易所是专门买卖有价证券的市场，在这里随时公布各种有价证券。有价证券的买卖双方都聚集在这里议价、成交、结算。证券交易所还有经纪人。这种买卖有价证券有什么作用呢？①把货币资本转化为生息资本，买有价证券的人大多都是食利金阶层和投机家。②在一定范围内把货币资本分配到国民经济各部门作为实际资本。当然这种分配是自发的。

（3）银行资本大部分是由虚拟资本构成的。

银行资本，从它的来源方面看，它是由银行业者的自有资本和存款构成的。从它的物质成分来看，它是由现金和有价证券构成的。有价证券，包括商业证券，即汇票和各种公共有价证券。汇票和各种公共有价证券有本质的区别：汇票不能买卖，而各种公共有价证券能够买卖**（汇票不是公共有价证券，它有确定的债权人和债务人）**[1]。在银行资本来源中，大部分是汇票。这些汇票是由债权人向债务人开出，要别人付款的凭证。上面有一定的期限。在未到期以前，经付款人背书，即承认付款，收方可以拿到银行去贴现。贴现实际上是提现要求货币资本而要银行垫支。银行接受贴现，实际上就是以汇票担保把钱贷给别人。由于在贴现时，银行已经按照当时的贴现率，扣除了贴水，因而对拿汇票去贴现的人来说，实际上已付了利息。从这一点上说，汇票也是有息证券，只不过有息是对银行来说的，即对贷款人来说的。

由于银行资本大部分是汇票和其他有价证券（公债、股票），所以银行资本绝大部分是虚拟资本。另外从银行的现金来说，除了金以外，还有银行券。在银行的货币贮藏中有一部分也是银行券。这种银行券是对金的支取凭证。它也属于虚拟资本的范围**（这里说明银行券是虚拟资本，不管它是超过发行，**

---

① 读者笔记旁注，读者新的体会。

还是不超过的发行）①。有价证券的行市在不断变动，因此银行资本也不断变动。必须指出，银行的大部分虚拟资本的来源，都是吸收进来的存款。

说银行的资本是借贷资本，现在又说银行的资本绝大部分是虚拟资本，这二者是不是一回事呢？我们说，借贷资本与虚拟资本有联系，也有区别。

它们的联系就是：①虚拟资本是在借贷资本的基础上发生、发展起来的。这是因为虚拟资本表现为各种有价证券。银行拥有的各种有价证券是用借贷资本买进来的，而买进的价格高低，又受借贷资本的利息高低的影响。②利息率对虚拟资本的量有很大的影响，反过来说，虚拟资本的量受利息率的影响很大（**生息资本与虚拟资本也有联系。虚拟资本是生息资本，但生息资本不一定是虚拟资本。如股票从它能定期带来收入来讲是生息资本，从它不是真实资本的存在来讲是虚拟资本**）②。

区别就是虽然有价证券是借贷资本投资的一种范围，但有价证券本身不是借贷资本。借贷资本是特殊的货币资本。马克思说："没有立据规定较长的期限，随时可由存款人支取的'存款、处在不断流动中。"（532p）马克思还把银行的准备金称为"贮藏货币"，而且还说其中有一部分是"自身没有任何价值的证券"即银行券，这种银行券"只是对金的支配凭证"（532p）。马克思说，存款总是存入货币——金或银行券，或者存入它们的支取凭证（支票）。这些存款除了少部分准备金外，大部分在产业资本家、商人、有价证券的交易人、政府手里。存款起双重作用：一是作为生息资本贷放出去，二是在一定条件下起相互抵销债务的作用。马克思说"全部存款，除了准备金外，只不过是对银行家的贷款"，这是说银行存款都是存户贷给银行家的。马克思又说："随着生息资本和信用制度的发展，一切资本好像都会增加一倍，有时甚至增加两倍，因为有各种方式使用一资本，甚至同一债权在不同人手里以不同形式出现。"（533p）同一货币额也可以完成许多次借贷，借出一次媒介商品就代表一次资本流通。货币在各次借贷中先后代表的各个资本"只不过是以前那种认为货币能先后实现各个商品价值的说法的另一种表现。"（535p）这说明在借贷中先后代表的各个资本量，就是实现的商品的价值量。在信用制度下，同一货币在相互借贷中，也只能代表一个资本的价值，尽管多次借贷，但也只不过表示债权的多次转移。如果有以购买作媒介，则同一货币额

---

① 读者笔记旁注，读者新的体会。
② 读者笔记旁注，读者新的体会。

实际代表多少资本，"就取决于它有多少次作为不同商品资本的价值形式执行职能"（535p）。（A 借 W，W 买 B，B 借 X，X 买 C，C 借 Y，Y 买 D，购买三次借出三次。他们虽然借出的是同一货币，但代表的商品价值不同。A 借的是代表自己的商品价值。B 借的是代表自己的商品价值。C 借的是代表自己的商品价值。）[①] 以购买为媒介的借贷资本的量（放贷量），就等于实现的商品的价值量。

学习第三十章《货币资本和现实资本 I》笔记

第三十~三十二章都是研究在信用制度发展的情况下，货币资本积累与现实资本的积累问题。如：货币资本的积累与现实资本的积累有什么区别？货币资本的积累在多大程度上反映了现实资本的积累？等等。

第三十章主要讲了三个问题：

（1）生息资本在有价证券形态上的积累；

（2）商业信用的积累；

（3）生息资本的积累和现实资本积累之间的关系。

进一步说，剖析这三个问题，要回答：

（1）货币资本过剩仅仅表现为产业资本过剩吗？还表现为什么？

（2）货币资本过剩是否与停止的货币总量相一致？

（3）现实货币过剩，是否是借贷资本过剩的表现？借贷资本在什么程度上与货币不一致。

（生息资本有三种形式：①古老形式——高利贷；②现代形式——借贷资本；③有价证券买卖，但有价证券不是借贷资本。）[②]

（1）生息资本在有价证券形式上的积累。

有价证券本身并不是货币资本，而是虚拟资本。有价证券本身也不是借贷资本而是借贷资本在某个领域的投资。用马克思的话说，"它们是资本的出借的形式"（542p），即有价证券是借贷资本的出借形式。借贷资本借出去以后，就表现在这些有价证券上。但是有价证券又是生息资本的形式（540p）。它们之所以会成为生息资本的形式，一方面是因为它可以带来利息，另一方面可以卖掉它把货币资本收回来。因此，有价证券的积累，也就是生息资本在有价证券形式上的积累。

---

① 读者笔记旁注，读者新的体会。

② 读者笔记旁注，读者新的体会。

有价证券的积累是个什么概念，它的积累就是有价证券的集聚和集中。有价证券本身没有价值，但投在它身上的货币资本有价值。同时它能带来利息，利息是劳动创造的。因此，有价证券的积累表示对劳动占有权的积累。以国债为例：国债的积累，即国债的增加，一方面表示国家债务的增加，另一方面国债持有人债权增加。这种积累不仅表示有权占有当年的剩余劳动，而且表示有权占有以后各年的剩余劳动。因为公债的利息不是一年付清，而是要若干年才付清。再以股票来说，股票是现实资本所有权的证书（商品资本和生产资本）。有了股票说明你对现实资本有所有权，但没有使用权。而且你也不能随心所欲地对这个资本提取，只能在法律上有得到股息的权利。马克思说，股票是"现实资本的纸质复本"。如像提货单那样，它代表有这样一批货物。如股票的积累表示现实资本的积累时，就反映了再生产过程的扩大。但是它又是"纸制复本"，它没有价值，所以又是虚拟资本。（**这个问题马克思举了一个例。马克思说："一部分借贷资本的积累就是产业资本积累的表现，如1857年，英国人要先向美国投资8 000万英镑。这8 000万英镑没有直接拿货币，而是拿商品。英国人把商品卖给美国人然后向美国人开出汇票，要求付款。于是有的人就买这种汇票，寄到美国去投资。说明这种汇票本身是代表商品的，用汇票去投资实际上就是用这些商品去投资。所以借贷资本的增长，实际上是产业资本增长的表现。"**）①

股票能当作商品来买卖，投在股票上的货币资本会随着把股票沽售出去而流回。因此，股票又是生息资本的特殊形式。股票之所以成为生息资本的形式，一是因为它能带来一定收益，二是因为可以通过出卖把本钱拿回来。特殊就特殊在这种生息资本以股票的形式出现，而不是以货币的形式出现。那么，这种生息资本的特殊形式的积累意味着什么呢？意味着股票持有人持有的股票增多，意味着少数人掌握着大量的股票。股票集中在少数人手里是通过买卖来实现的。而股票的买卖要受到利润率高低、利息率高低的影响。在"投机倒把"猖獗的情况下大资本家通过投机来集中股票，投机实际上是赌博。因此马克思说，股票的积累是赌博的结果。赌博代替了劳动，也代替了直接的暴力，成为夺取资本财产的原始方法（541p）。由于股票（这种想象的货币财产）也构成银行家资本的很大一部分，所以我们把货币资本的积累理解为银行家手中财富的积累。这是什么原因呢？因为信用制度的惊人的扩

---

① 读者笔记旁注，读者新的体会。

大，全部信用都被银行家当作自己的私有财产来利用（541p）。这就是说由于信用制度发展，一切货币资本都集中于银行，银行家就把一切存款作为私人资本来利用。

我们所说的货币资本积累与现实资本积累的关系，实际上就是借贷资本的积累与现实资本积累的关系。银行总是以货币的形式或对货币的直接索取权（银行券）**（银行券是对货币的直接索取权）**①的形式占有资本和收入。银行占有资本和收入的增多，故货币积累增加，这样的积累可以按不同于现实积累方向进行。银行积累的货币资本，证明了它握有现实资本的大部分。

（2）商业信用的积累。

由于商业信用是银行信用的基础，所以在研究银行信贷资本积累前，要先研究商业信用的积累。

商业信用是职能资本家之间相互给予的信用。如果说，银行信用贷借的对象是闲置的货币资本，那么商业信用借贷的对象是现实的商品资本，商业信用的凭证是期票。期票实际上是延期付款的凭证。我赊购了你的商品，当时没有钱，开一张欠条，延期付款。这种期票可以转让，但不能买卖。

在商业信用的场合，职能资本家"每个人都会一面给予信用，一面接受信用"，所以会形成信用链。我把商品赊销给你，是我给你的信用，你把商品赊销给别人，是你给别人的信用。甲把商品赊销给乙，乙要给甲的期票，乙把商品赊销给丙，丙要给乙期票，丙把商品赊销给甲，甲要给丙期票。这样乙要付钱甲，丙付钱给乙，甲要付钱给丙，他们的商品贷款就可以用期票来抵消，而不必用现金。如抵消不了，差额才用货币来结算。

[商业信用与银行信用的区别：①产生的对象不同：商业信用的对象是商品资本，银行信用是货币资本；②商业信用借贷商品资本，是处于再生产过程中，因而不是闲置资本。借贷货币资本，是处于再生产过程之外，是闲置资本；③作用不同：（见《资本论》第三卷546p）；④量的变化：商品资本的量决定于价格，货币是决定于货币的贬值程度；⑤利息形式不同。商业信用与银行信用的联系：①银行信用以商业信用为基础；②都是货币信用，银行信用是"真正的货币信用"，商业信用是变相的货币信用。]②

商业信用有以下两个特点：①债权能不能互相抵消，取决于职能资本家

---

① 读者笔记旁注，读者新的体会。

② 读者笔记旁注，读者新的体会。

能不能顺畅取得货币资本。而货币资本能不能顺畅得到，取决于生产和消费过程。②商业信用不会排除现金支付的必要。因为首先要用货币支付工资和债款。其次，在没有收到别人的货款以前，就要支付。最后，在信用链不是圆形发展的条件下，有的人也必须要现金清算。

由于以上两个特点，商业信用的发展就要受到两方面的限制：①要受到工商业者有多少资本垫底的限制，因为你能把商品赊销给别人，别人不立即付款，你都周转得过来，说明你底子厚，有钱垫底。底子越厚，你就越能向别人提供信用；底子不太厚，你就只能少向别人提供信用。②要受商品赊销的时间和价格的限制。如赊销的时间长，要很久才收得回来货款，你就不可能再把商品赊销给别人。如赊销的时间短，很快就把别人的货款收回来了，你就有更宽松的条件把商品又赊销给别人。至于商品价格问题，也涉及货款不能流回问题。如赊销出去的商品是滞销品，价格有下降趋势，别人拿去很久都卖不掉，这时货款就很久都不能回流，就可能要延期付款，货款收回就没有保证。由于货款很久都不能收回，就需要更多的资本垫底，也就是需要更多的准备资本。

从发展趋势看，"生产过程的发展促使信用扩大，而信用又引起工商业活动的增长"（544p）。生产发展，市场会扩大，市场扩大，商品就要在更大范围内推销，这样生产到销售的距离也要拉长。范围扩大，距离拉长，就需要更多的商业资金。商业需要更多的资金，能不能用自己的资金来满足？不能。这是因为商品的销售属于流通过程，流通过程是不创造剩余价值的。如果流通过程过多的占用了资金，则使生产过程少占用资金。所以马克思说："要使一国的资本增加一倍，以便商业能够用自有资本把全国的产品买去并且再卖掉，这是不可能的。在这里，信用就是不可避免的了；信用的数量和生产的价值量一起增长，信用的期限也会随着市场距离的增加而延长。"（544p）这就说明，商业信用与产业资本本身的规模一同增大。

在商业信用的场合，借贷资本和产业资本是一个东西，即是产业资本的组成部分（**说明借贷货币资本不是产业资本的组成部分，不是处于生产过程之中**）[①]；贷出的资本就是商品资本。这些商品资本，不是用于个人消费，就是用于生产消费。所以，这里作为贷出的商品资本是处在再生产过程的一定阶段上。商品资本通过买卖，由一个人手里转到另一个人手里，而这种转移，

---

① 读者笔记旁注，读者新的体会。

反映了再生产过程的不同阶段上需要消费不同的商品。同时在这种转移的过程中都没使用现金，而是延期支付。这样信用就媒介了再生产过程的各个阶段。或者说信用在社会再生产过程中起中介作用。这种中介作用，又可以分为两个阶段，第一阶段，从原材料到制成品的完成，这是在商人同产业本家的买卖之间起中介作用。如甲把棉花赊销给乙，乙把棉纱赊销给丙，丙把棉布赊销给丁（**甲是棉花采购商人，乙是纺纱厂，丙是纺织厂，丁是棉布商**）①。棉花从原材料到了成品——布。这一阶段，商业信用媒介的是生产过程。第二阶段，如棉布从这个批发商人手里又卖给零售商人手里，假设他们也是赊销。在这种场合，信用就媒介的是流通过程。流通过程是再生产过程不可缺少的，所以，借贷商品资本仍然处于再生产过程中。借贷商品资本仍然处在再生产过程中，说明它不是闲置资本。所以商业信用的扩大，并不意味着在再生产过程内有大量的闲置资本。由于存在商业信用，工厂生产的产品能赊销出去，这样就产生了一种假象。好像工厂生产的都是消费需要的。这样工厂就不顾消费的限制，极大的扩大生产能力，结果就会出现产品过剩。从而不得不使商业信用缩小。因为赊购来卖不出去，我为什么还要赊购呢？这样就会产生大量的商品资本找不到销路，大量的商品资本闲置不用。再生产过程就要受到破坏。再生产过程遭到破坏，商业信用减少，因为大家都要现钱交易，不愿赊销。这种情况，不是表明生产资本缺乏，而是表明生产资本过剩，因为大量的生产资本闲置不用[**马克思在 548p 把银行信用称为真正的货币信用，商业信用是变相的货币信用，因为"商品资本本身同时也是货币资本，是表现在商品价格上的一定的价值额"（555p）。即从商品的价值必须通过一定的价值形式表现出来这个意义上讲，它也是货币资本。马克思讲商品资本，是"作为可能的货币资本"。（三卷，555p）**]②

（3）生息资本的积累和现实资本积累之间的关系。

这种关系，可以概括为四个方面：

第一，借贷货币资本的积累和现实资本的积累不是一回事，二者不能混同。

第二，借贷货币资本的积累或扩大，同现实资本的积累或扩大，有联系但不是一致的，往往朝相反方向发展。

---

① 读者笔记旁注，读者新的体会。
② 读者笔记旁注，读者新的体会。

第三，不能把借贷货币资本的增减同流通中货币量的增减等同起来。

第四，不能把借贷货币资本与产业资本循环中的货币资本等同起来。

借贷资本的积累不就是现实资本的积累。

马克思说："借贷货币资本的增加，并不是每次都表现为现实的资本积累或再生产过程的扩大。"（549p）这一点，马克思说在萧条阶段表现得就很明显。在这个阶段，借贷货币资本大量闲置不用。因为这个阶段生意不好，物价下跌，资本家信心不足，不想兴办企业，扩大生产。银行有钱贷不出去，利息率很低。在这种情况下，借贷货币资本的积累，显然大于现实资本的积累和再生产的扩大。

马克思还说"随着银行制度的发展，从前私人贮藏的货币或铸币准备金，都在一定时间内转化为借贷资本。这样造成货币资本的扩大……并不表示生产资本的增加。"（552p）这就是说私人的钱会在一定时期内变成银行存款，银行也可以作为借贷资本来运用。但是能否用得出去，不决定于主观愿望，还要看客观条件。也就是在客观上具不具备发展生产的条件。当资本主义生产周期处于萧条阶段，不具备发展生产的条件时，有钱的人也不愿做生意。这时生产资本的规模并没有变，可是借贷资本比较充裕。如果资本主义生产周期，处在复苏和繁荣阶段，借贷资本的增加才与现实资本的扩大结合在一起。因为这两个阶段上，做生意有利可图，资本家要开办新的企业，旧的企业也要设备更新，同时要用钱买原材料，发工资，所以不得不求助于借贷资本。这时利息率又逐渐提高，直到达到它的平均水平。如果资本主义生产周期处于危机前夕和危机爆发阶段。在这个阶段上，由于生产过剩，因而现实资本也过剩，但借贷货币资本奇缺，这时的奇缺，并不是货币资本或货币的绝对地减少。而是由于信用的破产，人们不愿意把手中的钱存在银行，宁愿把钱留在手中（**关于资本主义生产周期的不同阶段上利息率的变动，马克思的分析如下：他把资本主义生产周期分为：供＞求；供略＞求；供求平衡；供＜求，四个阶段。在供＞求阶段，表现为经济萧条——利率最低；在供略＞求阶段，表明经济复苏——利率高于最低限度，但仍然很低；在供求平衡阶段，表明经济繁荣——利息率达到平均水平；在供＜求阶段，表明经济处于危机阶段——利息很高，高到什么程度呢？高到"把一些过去特别不好的营业部门的利润全部吞掉"）** ①（569p）。

———————————

① 读者笔记旁注，读者新的体会。

关于借贷资本的积累与现实资本的积累，在资本主义生产周期各个阶段上的表现，马克思进行了概括。总的来说，其是按相反的方向进行的。当借贷资本积累扩大、充裕的时候，也就是现实资本积累缩小、下降的时候。当借贷资本积累缩小、缺乏的时候，也就是现实资本积累扩大、上升的时候。只有在这两个阶段上，借贷资本的充裕和现实资本的扩大才结合在一块，这两个阶段就是资本主义生产周期中复苏和繁荣的阶段。这是两个中间阶段，一头一尾，即萧条和危机阶段，都是按相反方向发展。马克思说"在产业周期的开端，低利息率和产业资本的收缩结合在一起，而在周期末尾，则是高利息率和产业资本的过多结合在一起。"（553p）说明萧条阶段，由于产业资本收缩，利息率低，危机阶段，则相反。借贷货币资本积累扩大的时候，正是现实资本收缩的时候；借贷货币资本收缩或奇缺的时候，正是现实资本过多的时候。

马克思除了分析借贷资本积累与现实资本积累的关系外，还分析了信用制度和经济危机的关系。由于资本主义再生产过程都以信用联系起来。所以只要信用联系一中断，危机就会出现。初看起来，好像整个危机是由于信用危机和货币危机产生的。其实，信用危机和货币危机只是经济危机的表现，不是产生经济危机的原因。产生经济危机的原因，是"现实买卖的扩大，远远超过社会需要的限度"（555p）。也就是说是由于生产过剩。

信用危机表现在汇票不能兑换货币。这些不能兑换货币的汇票，有很大一部分是代表"纯粹欺诈的营业"，代表"利用别人的资本来投机"，代表"已经跌价，根本卖不出去的商品"。但这些现象能不能说是由于汇票不能兑换货币造成的呢？不能。这是"人为的再生产过程猛然扩大的结果"。可是，这一切都以真实的形式表现出来。为什么商品卖不出去？为什么产生投机欺诈？人们从表面上看是因为缺乏信用，缺乏货币，其实这是现象，实质的问题是资本主义生产。马克思还指出：商品资本本身同时也是货币资本。说它同时也是货币资本，就是说，商品会卖成钱，转化为货币。但是这只是在可能性上。所以马克思又说商品资本是"可能的货币资本"。这种可能的货币资本，在资本主义生产周期中也总是处于不断扩张和收缩中。在危机前夕和危机期内，表现为收缩。因为商品卖不出去，商品的价格下跌，这样它代表的可能的货币资本就少。马克思还指出，一国的货币信用危机将影响到另一国的货币信用危机。任何国家都会先后卷入危机。为什么？因为任何国家，除少数外，过度的输出和过度的输入，都会使该国的国际收支出现逆差。差额是要支付的，你要支付给我，我要支付给他。如我不能支付，你也不能支付，最后就得拿黄金出来。所以资金外流也是危机的现象。

为什么一切国家的国际收支都会出现逆差呢？逆差是相对顺差讲的。出口大于进口，收大于支，应当是顺差。出口小于进口，支大于收，应当是逆差。照这个理，一些国家是逆差，另一些国家是顺差，不会都是逆差。问题在于我们不能仅就贸易差额来看。仅从贸易差额来看，出口大于进口，当然是顺差。但从整个国际收支来看，就可能是逆差。比如它对外投资，资本输出，把钱借给别国，而且这一部分的支出又大于出口的收入。结果又变成逆差。还有一个情况就是凭信用出口，把商品赊给别人，但别人到期没钱付，表面上该收，但收不到，所以表面上顺差，实际上逆差。关于这一点马克思在《资本论》中也讲了。如英国，由于它提供信用最多，接受信用最少，尽管从贸易差额来说是顺差，但从整个国际收支来看是逆差。同时，进口过剩，就是贸易过剩，出口过剩，就是生产过剩。物价在一切国家上涨，信用在一切国家过度膨胀。金的流出的现象会在一切国家依次发生。"这个现象普遍证明：①金的流出只是危机的现象，而不是危机的原因；②金的流出现象在不同各国的顺序只是表明，什么时候轮到这些国家必须结清总账，什么时候轮到这些国家发生危机，并且什么时候危机的潜在要素轮到在这些国家内爆发。"（557p）这说明这个国家黄金流出的时候就是这个国家结清总账的时候，发生危机的时候。"危机的潜在要素"是什么意思，就是包括在危机当中的构成危机的一切因素。如生产停滞、工厂倒闭、商品积压、信用破产、工人失业等，都是"危机的潜在要素"。黄金流出这一现象表明在这个国家内，生产停滞、工厂倒闭、商品积压、工人失业等发生了。

（电影《生死搏斗》中有个资本家叫殷大维，他是个船厂老板，想靠供稿人雷永生的血长生不老。其中，有个情节，当他飞机失事生命垂危的时候，报纸上就大书特书"殷大维生命垂危"，于是股票猛跌，这时他就趁机兴风作浪，大肆买进股票，等到他身体好转的消息报道后，股票上涨，他又大量抛售。就这样在这一买一卖中，大赚其钱①。）

学习第三十一章《货币资本和现实资本Ⅱ》笔记

这一章继续研究上一章提出的问题。马克思说：关于借贷货币资本形式

---

① 读者笔记旁注，读者新的体会。

进行的资本积累，究竟在多大程度上同现实的积累，即再生产过程的扩大相一致的问题，我们还没有探讨完。

"货币转化为借贷资本，是一件比货币转化为生产资本更简单得多的事情。但是，在这里我们必须把以下两点区别开来：①货币单纯地转化为借贷资本（**单纯的货币，指不代表收入和不代表资本的货币**）① ；②资本或收入转化为货币，这种货币再转化为借贷资本。只有后一点，才能包含真正的，同产业资本的现实积累相联系的借贷资本的积累。"（560p）这就是说，在资本单纯地转化为借贷资本的场合，借贷资本的积累不表示现实资本的积累或再生产的扩大，而且往往与现实资本的积累无关。

这一章对两个问题进一步分析：

（1）货币转化为借贷资本。

在上一章中，马克思分析了借贷资本的积累与现实资本的积累成反比例，但又与现实资本的积累有联系。借贷资本积累过多，产生在生产周期的两个阶段上。第一个阶段是，危机刚过后的周期开始的时期，即萧条阶段。这个阶段，产业资本中的生产资本和商品资本已经收缩，产业资本中的货币资本闲置起来，存入银行，表现为借贷资本增多。第二个阶段是已经开始好转，但还不太需要银行信用的时期，即复苏时期。这个时期，借贷资本开始被使用，但利息率很低。这两个阶段，都表现为借贷资本的过剩。这种过剩，在第一个阶段，表示产业资本停滞，在第二个阶段，表示生意开始好起来，但此时主要是采取自有资本经营和商业信用的形式，很少向银行贷款，即使贷也是少量的，期限较短。在第一个阶段，借贷资本的积累与现实资本的积累正好成反比。一个多一个少，一个扩大，一个收缩。在第二个阶段，情况就有些不同。这一阶段借贷资本积累同现实资本的积累同时都有所增长，但现实资本增长得慢，因而对借贷资本的需求很少，所以在这种情况下，借贷资本仍然是相对过剩。相对过剩，就是同需求相比仍然过剩。但这两个阶段，都有利于现实资本积累的扩大。因为在第一个阶段，虽然物价低廉，但利息很低，资本家仍然有利可图。在第二个阶段，物价缓慢上升了，而利息仍然很低，资本家更有利可图。

在没有任何现实积累时，借贷货币资本的积累也能够增加，这是因为：

第一，借贷货币资本的积累，可以由单纯的技术手段，比如银行业务的

---

① 读者笔记旁注，读者新的体会。

扩大和集中，以及流通准备金或支付手段准备金的节约来实现。银行业务的扩大和集中，会使存款、放款增加，从而增加借贷货币资本。各种准备金的节约，也会转化为货币资本。

第二，再贴现制度的建立，也能使借贷货币资本增加。什么是再贴现？再贴现是相对初次贴现来讲的。商人把汇票拿到银行去贴现是初次贴现。如果银行把汇票再拿到其他银行如中央银行去贴现，就是再贴现。为什么会产生再贴现呢？因为银行的资本有多有少，有的底子厚，有的底子薄。底子薄的，本钱少的，如果需要钱，就会把汇票拿到底子厚的、本钱多的银行去再贴现。马克思在《资本论》中提到了这种情况。为什么有的银行底子厚，有的底子薄？其中有个原因就是有的地区存款多，贷款少，有的地区存款少，贷款多。马克思引用了《经济学家》杂志里的一个材料。说农业区存款多，贷款少，钱用不出去(**怎么用出去呢？一是再贴现，二是贷款，以栈单和提单为担保，为进口商提供方便**)①。而工业区存款少，贷款多，钱不够用。由于银行借贷资本分布的不平衡，有的人就专门成立了一种企业，叫"汇票经纪人"，专门从事资本的分配(**"汇票经纪人"是一种从事资本分配的新型商业，又叫贴现公司。从事这种业务的实际上是资本雄厚的银行家。这种商行，按约定的期内和商定的利息吸收农业区银行的存款，以及股份公司和大商行暂时不用的资金，然后以更高的利息率用出去**)②。就是把工业区银行的汇票拿到农业区银行去再贴现，去吸收它的剩余资本。这种再贴现，对银行来说就是增加借贷货币资本。

第三，股份公司的出现，使出卖股票而收集的大量货币，在没有现实使用之前都存入银行，这也暂时地增加了借贷货币资本的积累。

由于这三点原因，使借贷货币资本的积累超过了现实资本的积累。这种积累都纯粹是货币转化来的。

(**马克思说在第一种情况下，形成的借贷资本是短期的借贷资本，不断地流进流出。一个人把它提出，另一个把它存入，因此又可称"流动性资本"。它的总量，会在同现实资本无关的情况下增加起来**③。)

还必须指出，马克思说，较长时期内利息率的变动是由一般利润率的变

---

① 读者笔记旁注，读者新的体会。
② 读者笔记旁注，读者新的体会。
③ 读者笔记旁注，读者新的体会。

动决定的（《资本论》第三卷，580p）。马克思指出："连续几年的长期平均利息是由平均利润率决定的。"不同国家利息率的差别，是由利润率的差别和信用发展的差别决定的。从较短期来说，利息率的变动取决于借贷资本的供给。"借贷资本的量和通货的量是完全不同的。我们这里所说通货的量，指的是一个国家内一切现有的流通的银行券和包括贵金属条块在内的一切硬币的总和。这个量的一部分，构成银行的数量不断变动的准备金。"（565p）这就是说银行业务库存中的现金要算在流通量当中。

货币流通量，就是流通中存在的货币量。这个货币量表现为银行存放款的差额。借贷资本量是银行的放款量。如果银行有20镑，每天贷出5次，那么就有100镑的货币资本被贷出。20镑怎么变成100镑了呢？就是因为把20镑贷出去，又流回来，流回来又贷出去。流回来4次，贷出去5次，所以20镑货币，当成100镑货币资本被贷出了。在这个场合，货币流通量是20镑，借贷资本量是100镑，二者不同。从这一点我们可以知道，在货币量减少的情况下，存款量、放款量可以增加。这种增加取决于以下两个因素：①同一货币所实行的购买和支付的次数。同一个货币，不是相同的一枚货币的意思，是同一批货币(**这批货币可能是20镑，也可能是30镑，有书翻译为"同一货币"**)①。同一批货币，作为购买和支付的次数，实际上就是货币流通速度，货币流通速度越快（即次数越多），流通中所需的货币量就越少。这一点很重要：就是要把同一个20镑贷出去五次，作为100镑借贷资本的量，必须以购买和支付作为媒介。即贷出去，别人用来购买商品，卖商品的人又把收到的货款20镑存入银行，银行又贷放出来。"如果没有购买和支付作为媒介，它就不会至少4次代表资本的转化形式，从而不会构成100镑的资本，而只会构成5次各20镑的债权。"（566p）因此，银行贷一笔资本出去，就意味着这笔资本执行购买手段和支付手段的职能。同一货币被贷出4次，就代表4个资本的转化形式（商品，其中也包括劳动力），如果不以购买为媒介，那么，同一货币被贷出去4次，也只代表一个资本的价值，在这种情况下，只说明进行了4次债权转移，同时说明银行吸收的存款都是商品资本的转化形式。②同一货币作为存款流回到银行的次数。"同一货币反复执行购买手段和支付手段的职能，是通过它重新转化为存款来完成的。"（566p）这就是说，如果不转化为存款，就不可能反复执行购买手段和支付手段的职能。同一货币流

---

① 读者笔记旁注，读者新的体会。

回到银行的次数与同一货币当作流通手段、支付手段的次数是不同的。前者是"归行速度"，后者是"流通速度"。归行速度取决于持款人愿不愿把钱存在银行里来。流通速度决定于买卖人交付款的时间次数。如有的人把钱拿在手里，你付给我，我付给你，不存入银行。在这种情况下，归行速度可能减少，流通速度会增加。所以二者不是一个概念。归行速度对什么有影响呢？归行速度快，同一货币多次变为存款，也可以多次贷放出去。这样货币量不增加，存款贷款量增加。马克思举了一个例子："一个零售商每周把100镑货币存到银行家那里去；银行家用它来支付工厂主存款的一部分；工厂主把它支付给工人；工人把它付给零售商；零售商重新把它存入银行。如果零售商每周存的100镑都不用，那么经过20周后，就是2 000镑了。在这里我们可以看出这100镑货币作为支付手段2次，作为流通手段1次，然而归行速度（存款2次）。"

关于纯粹的货币转化为借贷资本的积累的考察，证明这种借贷资本的积累与现实资本的积累不同。

（2）由资本或收入转化为货币，再由货币转化为借贷资本。

马克思首先说：这里考察的货币资本的积累，是与产业资本现实积累联系在一起的借贷货币资本的积累。产业资本，包括货币资本、商品资本、生产资本三种形式。产业资本积累在增加，表现为这三种形式的资本累积也要增加。由于信用工业的发展，货币资本绝大部分集中在银行，因此，产业资本中的货币资本的积累，就必然表现为银行信贷资本的积累。这种积累是生产发展的结果，而不是商业信用活动发生了停滞的结果，也不是资本家手中货币的节约的结果，更不是黄金的流入的结果。马克思称，由于生产发展的结果而增加的积累为"积极的积累"，就是说这种积累是生产向前发展的表现，而不是消极的落后的表现。

由于生产的发展，产业资本家积累增加。其积累的源泉是工人创造的剩余价值。资本家得到的剩余价值，一部分用来积累，一部分用来消费。用来积累的部分，在没有购买生产资本和劳动力以前，要表现为货币资本，这部分货币资本被存入银行，就变成了借贷资本。用来消费的部分，在没有购买生活资料消费以前，也存在于货币资本形态上，这部分钱是逐渐用出去的，也会存一部分在银行，使借贷资本积累增加。

借贷资本的积累除了来自产业资本的积累外，还来自各阶层的货币收入，如地租、高级工资、非生产阶级的收入，等等。这些收入在一定时间内采取货币形式，因此可以变为存款，便由此变为借贷资本。马克思总结式地作了以下概括："一切收入，不论是用于消费还是用于积累，只要它存在于某种货币形式中，它就是商品资本转化为货币的价值部分，从而是现实积累的表现和结果，但不是生产资本本身。"（570p）这就是说，一切收入（包括各阶级阶层的收入）最初表现为商品资本，即表现为生产的商品上。商品卖出去以后，这一切收入就表现在货币形式中。这些货币，有的作为积累，有的作为消费。不管用来积累和消费都会变成存款，使借贷资本的积累增加。这种增加，是现实积累的增加结果，也是现实积累增加的表现。但借贷资本还不是生产资本本身。生产资本本身表现为生产资料和劳动力（**马克思指出：货币资本的积累有几种情况：①是由于商业信用活动的停滞，即不是赊卖，而是现金交易，而使销货收入存入银行；②是流通手段的节约，使手持现金存入银行；③再生产当事人准备资本的节约存入银行；④金从口外流入。以上四种情况，都是纯粹的货币转化为货币资本。必须指出，剩余价值转化为借贷资本的问题，与上述四种情况不同）**①。

还必须指出：我们通常把资本主义生产周期分为四个阶段，即萧条、复苏、繁荣、危机。可是马克思对产业循环周期的划分要具体得多。在《资本论》第三卷第404页，马克思讲产业资本运动的周期分为：静止状态、增进着活跃性、繁荣、生产过剩、崩溃、停滞、静止状态，等等。从前一个"静止状态"到后一个"静止状态"，表明产业资本运动的周期，在这一周期中，可能发生货币资本家的积累把职能资本家的利润全部吞掉（**借贷资本的积累与现实积累不同，借贷资本的积累是直接以货币的形式进行，现实积累要由再生产中的资本本身的各种要素的增加来实现。因此借贷资本的积累能够快于现实资本的积累，但是"借贷资本的这种迅速发展是现实积累的结果，因为是再生产过程发展的结果"：①再生产过程的发展，剩余价值的增加，借贷资本的积累，只是对从事再生产的资本家榨取的剩余价值的扣除。扣除的这一部分剩余价值，形成货币资本家的利润，而利润是积累的源泉。②在有的情况下，货币资本家的积累是靠牺牲产业资本家和商业资本家的收入来达到的，如提高利息率，把职能资本家的利润全部吞掉。③通过买卖有价证券，低价买进高价卖出，这种买卖是占有公众一部分货币资本）**②。

---

① 读者笔记旁注，读者新的体会。
② 读者笔记旁注，读者新的体会。

学习第三十二章《货币资本和现实资本Ⅲ（续完)》笔记

在这一章开头马克思就指出："作为借贷货币资本，它们并不是再生产资本的量。"（572p）这就是说，借贷资本的量与再生产资本的量是不同的。为什么？马克思分析了三点原因：一是在产品中用于资本家消费的那部分收入，不表现为再生产资本，但要表现为货币资本的积累。二是在产品中用于外借Ⅱc①的那一部分资本，在没有转化为实物形式以前，通常会转化为借贷货币资本。用于补偿Ⅱc的那一部分资本是什么呢？是Ⅰm②。这部分资本如果不用来追加到生产中，则会闲置起来。三是被用来补偿不变资本的那一部分资本，虽然它的数量和再生产过程的规模一同增长，它本身无论在这个形式上或在那个形式上都不表示积累。但它暂时执行货币资本的职能（572p）。马克思开头就这样指出，是对前一章第二个问题的阐述。在前一章第二个问题中，马克思分析提到资本或收入转化为货币，货币再转化为借贷资本。这里提到两个转化。第一个转化是把商品卖出去取得货币，第二个转化是把钱存到银行里转化为借贷资本。这两个转化，说明借贷资本的积累与现实资本的积累是一致的。但是借贷资本的量与现实资本的量是不同的。因此，这一章首先考察这个问题——货币资本的量与再生产资本的量的区别。

这里重要的一点是，用在消费上的收入部分不会转化为生产资本，但它要转化为借贷资本。所以从这一点上讲，借贷资本的量比再生产资本的量大。用在消费上的收入（**工人的工资除开不谈，因为工人的工资等于可变资本，不是剩余价值的一部分**）③是要用来买消费品的，即要用来与第Ⅱ部类的资本家交换的。在没有用来购买消费品前，会表现为货币形态，这时货币形态存入银行就转化为借贷资本。借贷货币资本的积累说明，产业资本循环过程中需要的货币资本，由银行贷款。过去，在商业信用的基础上，一个人把再生产过程中需要的货币借给另一个人。现在，这一点表现为银行一面吸收存款，一面发放贷款，把这个资本家的钱吸收进来，贷给另一个资本家。银行家表现为恩赐者。借贷资本的支配权，完全落到银行这个中介人的手里。

货币资本的积累有两种形式。①由于原材料等的价格下降，会有一部分货币资本从生产中游离出来。如果生产过程不能立即扩大，这部分游离出来

---

① "Ⅱc" 表示：再生产中第Ⅱ部类生产的不变资本的价值。

② "Ⅰm" 表示：再生产中第Ⅰ部类生产的剩余产品的价值。

③ 读者笔记旁注，读者新的体会。

的货币资本就是多余的，从而转化为借贷货币资本。在这种情况下，借贷资本的积累表示对现实积累过程的促进，即通过积累到一定限度，又能扩大再生产。②特别是在商人那里，只要营业中断，资本就会以货币形式游离出来，从而转化为借贷货币资本。在这种情况下，借贷资本的积累，却表示对现实积累过程的阻碍。因为处于商人那里的资本，本来是服务于商品流通的，如果游离出来，就意味着流通的中断，这样会成为扩大再生产过程的阻碍。

现在再说利润中不用来个人消费而用来积累的部分，是什么原因也要转化为货币资本？这里有两方面的原因。一方面或者是这个部门本身的资本过多，不需要增加新的投资，或者是积累的钱不能满足新投资的需求。在这种情况下，这部分积累先转化为借贷货币资本，也就是先把钱借给别人用着，以后自己再收回来扩大再生产。另一方面是由于积累难以找到用途，找不到投资领域，因为各个部门生产都过分膨胀。在这种情况下，积累要表现为货币资本过剩。确切地说，表现为借贷资本的过剩。借贷资本的过剩，表明生产过剩，生产过剩，证明了资本主义生产的局限性。但不能说借贷资本过剩必然地表现为生产过剩，必然地表示缺少投资领域。因为借贷货币资本，由于各种原因会不断增大（如食利金阶层的增加）。需求减少会过剩，供给增大也会过剩，缺少投资是需求减少，食利金阶层增加时供给增大（**对此，货币资本的积累只是在于，货币作为借贷货币沉淀下来。这个过程，和货币实际转化为资本的过程是很不相同的，这是货币可能转化为资本的形式上所进行的积累**）①。

马克思分析了资本和收入怎样转化为货币，货币又怎样转化为借贷货币资本以后，指出了现实积累扩大与借贷货币资本扩大的关系。他说"货币资本积累的这种扩大，一部分是这种现实积累扩大的结果，一部分是各种和现实积累的扩大相伴随但与它完全不用的要素造成的结果，最后，一部分甚至是现实积累停滞的结果。"（575p）这就是说，借贷资本是货币资本家把别人节约下来的东西，变成自己的资本，把别人提供给他的货币变成了他私人发财致富的源泉（575p）（**"与现实积累的扩大相伴随"是什么意思，这是说由于扩大再生产，会产生贸易过剩、生产过剩、信用过剩，这是伴随着而产生，会引起信用的扩大，从而借贷货币资本的扩大**）②。马克思指出，借贷货币资

---

① 读者笔记旁注，读者新的体会。

② 读者笔记旁注，读者新的体会。

本的扩大，有三种情况。第一种是利润中用于积累部分的增加；第二种是利润中用于消费部分的增加，这部分增加与现实积累的扩大相伴随，但它不是生产要素；第三种是现实资本停滞，即生产东西卖不出去，或买不着原材料，或生产过剩，找不到投资场所。这样会以货币资本形态出现，增加借贷货币资本。由于借贷货币资本的扩大是在这样三种情况下产生的，因而它积累的量不等于再生产资本的量。

（关于信用资本，还要做几点说明：马克思在这里用了"信用资本"这个概念。信用资本就是别人的资本，借来的资本。我理解是以信用形式存在的资本。以信用形式存在的资本与借贷资本有什么不同呢？我认为没有什么不同。它是借贷资本的另一种表述。信用资本的含义表明借贷资本的来源，自有资本不是信用资本，借入资本是信用资本。）①

对同一货币怎样执行借贷资本的职能，马克思说明了三点：

第一，同一货币能够执行多少次借贷资本的职能，完全取决于流通次数；支付的节约和信用制度的发展；同一货币当作存款流回到银行的次数。马克思说："同一货币反复代表借贷资本时，很清楚，它只是在一点上作为金属货币存在，而在所有其他点上，它只是以资本索取权的形式存在。"（576p）**（"在一点上"即在开始时，总是以金或银货币的形式存在，后来贷出去以后，银行就以货币的索取权存在，即银行有权把贷出去的货币索取回来。）**②

第二，由于同一货币可以发挥多次借贷资本的职能，因而借贷资本存入或贷出，最初表现为货币的存入或贷出，而后来表现为对货币的要求权，或对资本的索取权。如甲最初以货币形式把资本存入银行，银行又把这个钱放出去。这样，从甲来说对银行有货币的要求权，从银行来说，对借款人有货币的要求权。要求权表现在书面上，就是所有权证书。甲存款后银行要给予他存折或存单，这是所有权证书。银行贷放出去，借款人要立借据，这也是所有权证书。"因此同一数额的现实货币，可以代表数额极不相同的货币资本"（577p）。马克思在这里还直接指出："单纯的货币，不管是代表已经实现的资本，还是代表已经实现的收入，都会通过单纯的出借行为，通过货币到存款的转化，而变为借贷资本。存款对存款人来说是货币资本。但在银行家手中，它可以只是可能的货币资本。"（577p）"可能的货币资本"就是有可能

---

① 读者笔记旁注，读者新的体会。
② 读者笔记旁注，读者新的体会。

成为货币资本，可能性要变为现实性还需要条件。

第三，随着物质财富的增长，货币资本家阶级也增长起来。这是因为：①食利者人数和财富增长；②信用制度发展了，因此，银行家、贷款人、金融家等人数也增加了；③各种有价证券的量也发展了。所以马克思说："随着信用制度的发展，像伦敦那样大的集中的货币市场就兴起了。"

这一章中马克思对欧维斯坦把借贷货币资本的供求同现实资本的供求混淆起来的错误观点进行了批判。

欧维斯坦有个错误的观点，认为对借贷货币资本的需求，与对现实资本的需求是一致的。供应借贷货币资本，就是供给现实资本。马克思对此进行了批判。在批判以前，马克思又着重指出了决定利息率高低的因素。在二十二章马克思讲了决定利息率高低有两个因素，一是借贷资本的供求，二是利润率的高低。从长期来看，利息率的高低决定于平均利润率的高低，而不是决定于企业主收入率的高低。因此从长期来看，如果利息率高，则说明平均利润率也高，但不说明企业主收入率也高。因为利息率高，可能把企业主收入吃掉大部分。不能把因利润率高，所以对货币资本的需求增加，从而利息率高这种说法同因产业资本需求增加，所以利息率高这种说法混淆起来。这一点，在危机时期表现很明显，危机时期，利息率高，但不是因为产业资本需求增加，而是对借贷资本需求增加。对产业资本需求增加，从而引起对借贷资本需求增加，能够提高利息率。但这种提高，完全是借贷资本需求增加的结果（**两种情况下利息率都会提高。由于利润率高引起，但不是说一定要利润率提高，利息率才会提高；还是由于借贷资本求大于供引起。前者与产业资本的需求增加是一致的，后者不是产业资本需求的增加**）①。

另外，对欧维斯坦的错误，马克思还指出：如果认为因为对产业资本需求增加，利润率提高，所以利息率提高，那就是错误的。这就是说一定把利息率的变动与借贷资本的供求联系起来，不能把利息率的变动与利润率的变动联系起来。马克思为了说明这个道理，还以劳动力的需要增加为例来说明，产业资本需求增加，而利润没有增加，为什么利息率会提高呢？他说，劳动力价值是属于可变资本，这一部分是产业资本的组成部分。如果劳动力的价值增加，反映在工资上就要增加，工资增加，不能增加利润。但由于对可变资本增加，从而对借贷资本的需求增加，利息率也提高了。这是什么道理呢？

---

① 读者笔记旁注，读者新的体会。

这就是借贷资本的供求决定利息率，而不是利润率。欧维斯坦还有一个谬论。认为借贷资本的供求是商品资本的供求决定的。商品资本求大于供，价格上涨，要买这一批商品，就要付更多的钱，就必须向银行贷更多的款。相反，商品资本供大于求，价格下跌，要买这一批商品就要少付钱，因而向银行借的贷款减少。银行贷款多，利息率会提高，银行贷款少，利息率降低。

马克思说，在商品求大于供价格提高的情况下，买商品会付出更多的货币，这个情况是存在的。这种情况，说明用同一金额买来的商品的使用价值量减少了。但在这个情况下，对借贷货币资本的需求会保持不变，因而利息率不会提高。这是因为借贷货币资本的需求，不完全决定于商品的价格。换句话说，不全因为商品的价格上涨了借贷资本需求就必然增加，反之，就必然减少。因为要不要用贷款来买商品，不仅决定于价格，还要决定于其他经济条件，如买来销不销得出去，能否赚钱等。马克思又说，商品供大于求，价格下降的情况下，"对借贷资本的需求会保持不变甚至减少，因为相同的货币额能够得到更多的商品"（583p）。如果有的人趁商品价跌的时机，大量囤积商品，有的囤积来等待以后价格上涨，有的囤积来投机，有的囤积来等到生产有利的时机。这是因为储备商品而增加对借贷资本的需求增加，会提高利息率。仅仅从这一点上说，即从囤积商品增加借贷货币资本的需求上说，借贷资本的需求受到商品资本供求的影响。但是不能认为借贷资本的供求是商品资本的供求决定的。影响作用和决定作用是不同的。因而利息率也不是商品供求决定的。

马克思说："在货币紧迫时期，对借贷资本的需求，就是对支付手段的需求，绝不是什么别的东西，绝不是作为购买手段的需求。"（584p）就是说在这一时期，资本家贷款完全是为了还债，不是为了购买商品。在这一时期，利息率很高，这种高的原因，不受生产资本、商品资本多少的影响。马克思说这个时期，对借贷资本的需求有两种情况：一种是对转化为货币可能性的需求，一种是对货币资本的需求，就是把等价物提供给他。前者在贷款时提供了可靠的担保品，后者是没有任何担保品的放款。

在流行的危机理论中，有的人断言危机是缺乏支持手段，他们眼中只看到那些商品积压的人，要么，他们愚蠢地以为银行有义务也有权力把钞票贷给他们，拯救他们。而这种看法都是错误的。有的人断言，危机是资本家缺少资本。马克思说这是闭着眼睛说瞎话。生产过剩，输入过剩，大批商品不能转化为货币，这是客观存在的。而这时叫嚣"危机是没有资本"，其目的就是要把银行的资本用来帮助他们进行投机。马克思说，货币是交换价值的独立形式。而这之所以成为可能，只是因为某种特定的商品（如黄金）成了表现价值的材料。货币成为交换价值的独立形式后，就同一切其他商品相对立。这一点必然会在两方面显示出来：一方面货币是起一般等价物作用的商品，另一方面是各式各样的其他商品。一方面是在信用收缩或完全停止时显示出来，另一方面是在信用货币的名义价值，绝对地代表现实货币时显示出来。交换价值之所以必须以货币来独立表现，是因为所有其他商品都用特定的商品来衡量自己的价值。货币是真正的商品，这一点必然会在货币为信用经营所代替，为信用货币所代替的情况下显示出来。在货币为信用经营、为信用货币所代替的情况下，一旦信用紧缩，就不能充分地提供支付手段、流通手段，商品就会卖不出去，就会跌价，这时货币就会当作真正的价值存在，与其他商品相对立。也就是说只有得到货币才有价值，得不到货币就得不到价值，货币是价值的代表。因为信用货币贬值会动摇一切现有关系，所以为了保证商品价值在货币上的幻想的、独立的存在，就要牺牲其他商品价值。也就是用商品贬值的办法来保证货币不贬值。马克思说："为了几百万货币，必须牺牲许多百万商品。"（585p）

马克思说：在发达的资本主义国家里，货币在很大程度上一方面为信用经营所代替，另一方面为信用货币代替。"为信用经营所代替"就是为银行的非现金结算所代替**（可见非现金结算也属于货币范围）**[①]，为信用货币所代替，就是为银行券代替。"信用货币本身只有在它的名义价值上绝对代表现实货币时，才是货币"（585p）。如果金流出时，信用货币兑换成货币的可能性就成问题，就会产生信用货币的贬值。"信用货币的贬值会动摇一切现有的关系。"（585p）

马克思最后总结说"如果借贷资本的供求要和一般资本的供求相一致，那就要假定没有贷款人。"（588p）代替贷款人的是那些掌握着机器、原材料的借贷资本家。贷款就是贷机器。在这种情况下，借贷资本家供给的东西，就是产业资本家要的生产要素，商人要的商品，这样就完全一致。但这也不是借贷货币资本的运动了，这是出租实物，如像出租房屋一样。马克思还说，这位先生之所以要制造这个理论，其意图在于说明：借贷资本的利益和产业资本的利益是一致的，没有矛盾。

---

① 读者笔记旁注，读者新的体会。

第三部分　学习第三十三~三十六章笔记

学习第三十三章《信用制度下的流通手段》笔记

这一章主要研究，在信用制度下，节省了流通中的货币量，分为三个问题考察：

（1）信用对流通中货币量的影响。

这个问题从两方面来考察，一方面，信用制度能节省流通中的货币量，一是因为在商业信用的基础上，产生了商业货币，商业货币不仅可以通过背书执行货币的支付手段职能从而节省流通中的货币量，而且可以通过银行相互抵销，使货币很少出现，或根本不出现。如债权债务双方在同一个银行开户的，银行转账就行了，根本不需要货币。如双方不在同一个银行开户的，可通过两家银行交换票据，差额才用货币来支付。二是因为银行信用的介入，加快了货币成为流通手段和支付手段的速度，从而节省流通中的货币量。因为通过银行吸收存款和发放贷款（如票据贴现）的业务活动，能够消除货币在每个人手中停留较长时间和支付链不衔接的问题。对此，马克思举了一个例子，有A、B、C、D、E、F六个人，"A向B买，B向C买，C向D买，D向E买，E向F买。如果他们的买卖是在三个月内进行的，而且都用的是同一货币，比如100元，则这100元在三个月之内就流通了五次。这是在没有银行信用介入时的情形"。如果有银行信用介入。B把A付给他的货币不是停留在手中而是马上存到他的银行那里，银行又马上为C的汇票贴现而把它付给C，C向D买，D把它存到银行，银行再把它贷给E，E向F买，那么这时，流通速度就加速了。为什么加速，是因为这当中增加了四次信用行为，一次是B向银行存款，二次是银行向C贴现，三次是D向银行存款，四次是银行向E贷款。这四次信用行为，加速了货币的转手。如果没有这四次信用行为，C把货卖给B后，要等B把钱付给他才能买卖，这当中时间就会延长，而现在有了银行信用，C把汇票向银行一贴现，就提前得到货币从而加速了货币流通。现在是货币四次作为支付手段，三次作为流通手段，共七次，原来是五次。总之，作为流通手段的货币流通速度，取决于两个因素，一是买卖不断进行，二是支付的衔接。

马克思还说，同一张银行券会在不同的银行里形成存款，也会在同一家银行里形成不同的存款。上面的例子已经说得很清楚。同一个 100 元，在 B 的银行里形成存款，后又在 D 的银行里形成存款。再说银行信用创造了流通工具。这方面的流通工具就是汇票、支票、银行券。银行券实际上是银行发行的一种汇票。它在汇票贴现时发出去，当债务人向银行赎回汇票时，银行又把银行券收回。中央银行发行的银行券是法定的，所以它能代表货币进行流通。银行券的流通也要受货币流通规律的制约。在银行券能保证随时兑现的情况下，"发行银行券的银行就绝不能任意增加流通的银行券的数目"（594p）。

马克思说，纸币与银行券不同。银行券有兑现的银行券与不兑现的银行券。不能兑现的银行券，只有在它实际上得到国家信用支持的地方，才能成为一般的流通手段。纸币和不兑现的银行券，都要受纸币流通规律支配。"流通中的银行券的数量是按照交易的需要来调节的，并且每一张多余的银行券都会立即回到它的发行者那里去。"（594p）

（2）关于查普曼的证言。

查普曼的证言，就是 1857 年向银行委员会作证时的证词。查普曼是英国奥维伦—葛尼公司的代表，这个公司是专门搞证券交易的。马克思针对证言说"利息率并不取决于流通中的货币量"（602p），对证言是肯定还是否定有待学习体会。但以下问题马克思是肯定的：

第一，银行券流通的绝对量，除在危机时期，不会影响利息率。利息率的高低决定于对借贷资本的供求。借贷资本的供求量，与流通中的货币量是两码事。借贷资本供求量表现为银行的准备金的多少。从银行的观点来看准备金多，借贷资本充裕，反之，则短缺。这种充裕和短缺，显然与流通中的银行券是两码事。但它们也有联系，即实际流通中的货币少时，银行的借贷资本可能充裕，实际流通中的货币多时，银行借贷资本可能短缺。但是流通中的货币的多和少，有时完全是技术上的原因。例如在纳税和国债付息时就是这样。纳税，居民需要把大量货币缴入银行，形成流通中货币短缺；国债付息，大量货币要支付给居民，形成流通中货币充裕。在前一种场合，居民可能向银行贷款，获得支付手段。在后一种场合，由于国家把钱交给银行支付国债利息，银行的准备金充裕，利息率会降低。"通货的短缺或充足，始终只是同一数量的流通手段在现款和存款（即借贷工具）之间的不同的分配"（601p）。（注意，这里讲的通货，不是流通中的货币，而是银行的准备金，即

借贷资本。） ①

　　如果通货充足是由于营业扩大，从而引起对货币资本的需求，利息率可能提高。如果通货短缺是由于营业收缩，也会引起对借贷资本的需求，在这时利息率还可能降低。流通中的货币量，只有在紧缩时期，才对利息率产生决定的影响。在这个时期，由于人们不愿意赊销赊购，都要现金交易，所以产生了对贮藏手段的需求。这时流通手段的不足，与借贷资本的供给不足结合在一起才影响利息率提高。除此之外，流通中的货币绝对量不会影响利息率。因为：①流通中的货币量，在流通速度为一定的条件下，是由商品价格和交易总量决定的。②商品的价格与利息率没有内在的联系。马克思说："流通手段的发行和资本贷放之间的差别，在现实的再生产过程中，表现得最清楚。"（602p）社会总资本的各个组成部分之间的交换行为……它们的流通所需求的货币，必须由交换当事人的一方或双方预付。这种货币就会"留在流通中，但交换完成后，总是又回到预付人的手中，因为这种货币是他在他实际使用的产业资本之外预付的。在发达的信用制度下，货币集中于银行手中，银行至少在名义上贷放货币。这种贷放与流通中的货币有关"（602p）。

　　第二，由于输出的增加，也会表现为国内货币流通量的增加，这在危机时期最明显。由于输出是在信用基础上进行的，生产出口商品的工厂主，把出口商品赊销给出口商人，然后开出汇票向银行贴现。这样，银行往往要贴现大量代表输出商品的汇票，这就增加了对货币的需要。

　　第三，在信用制度的基础上，不仅银行券成为流通工具，银行汇票也当作流通手段。汇票流通，也完全由交易决定。不过银行券的流通与汇票的流通不同，汇票的流通在危机时期陷于停顿。马克思曾称，英格兰银行处于"半国家机关的地位"（613p-614p），又说英格兰银行是赋有国家特权的公共机关（616p）。

　　（3）银行创造资本和创造"利润"的方法。

　　银行能用发行银行券的方法，创造出资本来。因为银行券是为汇票贴现而发行的。在贴现时，银行扣除了贴水。这个贴水就是利息，因此发行银行券，对银行来说是借贷资本。如果银行发行没有黄金保证的银行券，这对银行券来说，更是资本，是它的追加资本。发行这种银行券带来的利息就是利润。除此之外，银行创造资本的方法，还有：①各地方银行把手中的中央银

_____

　　①　读者笔记旁注，读者新的体会。

行的银行券交给汇票经纪人，汇票经纪人则把贴现的汇票送给他们。地方银行用这些汇票来为顾客服务，就是通过背书交给顾客，顾客拿来作为支付凭证。②开出汇票，用银行与银行之间的汇票代替银行券流通；付出已经贴现的汇票，这种汇票之所以有信用能力，主要是因为银行的背书。

学习第三十四章《通货原理和 1844 年英国的银行立法》笔记

这一章主要是对"货币流通学派"的批判。

19 世纪，在英国发生了一次货币信用、银行问题的争论。争论分成两派，一派是"货币流通派"，另一派是"银行派"。货币流通派以奥维尔斯顿（有的译作欧维斯坦）、托伦斯等人为代表，"银行派"以杜克、富拉吞等人为代表。他们各自从自己的利益出发，编造了一套理论，为自己的实践辩护。"货币流通派"的理论是，银行券的发行，必须有金属货币作担保。银行拥有的黄金多就多发行，黄金少就少发行。美其名曰这是保证银行券不贬值，保证商品价格的稳定。他们宣扬这套理论是从李嘉图那里来的。在李嘉图的货币理论中，有一个论点，就是货币的价值是由物化在其中的劳动时间决定的。这个劳动时间，只有在货币的数量与商品数量保持恰当的比例的时候，才能准确地表现得出来。如果保持的比例不恰当，如一个多，一个少，都不能准确地表现货币的价值。因此，他认为如果商品少，货币多，则商品的价格就要提高，货币就要贬值。反之，如果商品多，货币少，商品的价格就要下降，**货币就要升值（货币多，商品少，为什么商品价格会提高，货币价值会降低？他们认为，流通中货币不足，使货币的价值超过它的内在价值，反之，货币多余使货币的价值低于他的内在价值）①**。

总之，他认为商品的价格完全由货币的多少来决定。因此要恰当地保持这个比例，就要求货币不多也不少。怎样使货币既不多，也不少呢？他说这是自动调节的。货币多了，商品的价格上涨，人们就不愿买本国的商品，把货币拿到国外去买商品回来，这样，国内的商品就多了，货币就要少，从而商品价格又下降。货币少了，商品价格下降，人们就买商品拿到国外去卖，货币又从国外流回来，这样国内货币就多了，商品又少了，商品价格又上涨。李嘉图认为，保持货币不多不少，维持商品价格的平均水平，这时货币的价值就准确地表现出来了。总的来说，一个国家内的货币不可能多余，不可能

---

① 读者笔记旁注，读者新的体会。

不足，因为会"自动调节"。

奥尔维斯顿把李嘉图的这套理论应用到银行券的流通上，他们认为银行券必须代表黄金的价值，它的发行量必须以黄金的多少为转移。如黄金从国外输入多，就可多发行，如黄金流出国外，就要少发行。"货币流通派"这套理论是错误的。他们错误地把货币作为流通手段需要的量与金属货币本身的量等同起来。认为要这么多货币作为流通手段，就必须保存那么多黄金在那里。他们之所以要坚持这套理论，就是为他们的实践服务。1844年，英格兰的银行法，就是照这个理论建立起来的。"银行派"对"货币流通派"进行了批判，他们认为：①银行券的发行，不需要十足的黄金担保，只要有部分的担保就够了（**金银担保的意义在于兑现。一旦兑现得到保证，实际上就不再需要它了。因为并不是所有的银行券都同时要拿来兑现的。所以只要有一部分金银担保就够了**）①。只要有部分的担保就不会发生通货膨胀。如果要十足的担保，就会把商品流通限制在金属货币贮备的框框里，从而阻碍商品流通。②为什么部分担保就不会发生通货膨胀呢？他们认为，担保只能起到稳定民心的作用，有黄金担保，人们不怕银行券贬值，就放心大胆地用它来交换商品。他们认为银行券只起流通手段、支付手段的作用，是手段不是目的，目的还是取得商品。

马克思认为"银行派"比"货币流通派"高明，他们懂得银行券与金属货币之间的差别，他们看到了银行券的作用。但是"银行派"也有许多糊涂的地方，如他们没有把货币与资本的关系弄明白等。

这一章主要说明1844年英国银行立法在实践上是行不通的。这个立法的内容大致如下；这个条例的名称叫比尔条例，因为当时英国的首相叫比尔，这个人属于英国"货币流通派"，条例由他主持制定通过的，所以以他的名字来命名。比尔条例规定英格兰银行成为发行银行。这个银行分为两个部，一是发行部，二是银行部。发行部管银行券的发行；银行部吸收存款，发放贷款。发行部以国家公债作保证发行银行券1 400万英镑，交给银行部使用。（**为什么规定1 400万英镑呢？这是因为他们认为，1 400万英镑是流通中最低需要的，不会都要求兑现，所以可以用政府借款来保证。**）②如果银行部认为这个数额不够用，必须用黄金向发行部换取银行券；否则，银行券不能多发

---

① 读者笔记旁注，读者新的体会。
② 读者笔记旁注，读者新的体会。

行。就是说发行部发行银行券除了那 1 400 万英镑外，完全要以黄金的流入流出为转移。此发行部也直接向公众发行银行券，这就是要把黄金拿去换，发行部流入 5 镑黄金就发行 5 镑银行券，流出 5 镑黄金就必须有 5 镑银行券流回发行部。英格兰银行划分为两部的结果，使银行不能在紧迫的时期全部利用它的资本，以致发行部虽然有数百万黄金和 1 400 万英镑的担保品原封未动，但银行部已面临破产的威胁。因为银行部在没有黄金交换时，它就不能取得多于 1 400 万英镑的银行券，尽管它的营业非常需要。所以，这样一来，银行在货币紧迫时期，不能用它的银行券来解决对货币的需求。同时，因为在危机时期，往往会有黄金流出国外，而每流出 5 镑黄金，国内流通领域就有 5 镑银行券被撤出。结果流通手段的数量，在大量需要时反而减少。这样，就刺激工商界增加对银行券的贮存。这不仅不能缓和危机，反而会加深危机。

"货币流通派"宣扬这一套，完全是从他们的阶级利益出发的，表面上他们说这样就会避免危机，实际上是为了提高利息率。马克思说"高利息率正是这个法令的目的"（634p）。因为硬性规定银行券发行量一定要受黄金贮备量的限制，这就人为的使货币流通处于紧张状态，使借贷资本求大于供，这就有利于他们提高利息率。

至于经济危机，不仅避免不了，而且还会加剧。经济危机的根源是生产过剩，缺乏银行券只是现象。即使在银行券充分满足流通的情况下，危机仍然不可避免。之所以反而会加剧，主要是人为的减少了货币流通。一是不发行银行券。二是已经发行的银行券大家都把它贮藏起来，不拿出来流通。

学习第三十五章《贵金属与汇兑行市》笔记

这一章主要从国际方面来考察信用与货币流通的关系。我们知道只有贵金属才能执行世界货币，所以资本主义国家间信用与货币流通的关系，就是信用与贵金属的关系。贵金属在各国间的流动主要决定于三种情况：①商品的输出输入。②资本的输出输入。③国外单方面的支出。而贵金属于各国之间的流动，要以汇兑行市为转移。而汇兑行市不仅与各国间的商业信用有关，而且与一个国家的银行信用有关。这也是本部分考查的主要问题。马克思是分两个问题来考察的：

（1）金贮藏额的变动。

金贮藏额的变动，就是指黄金在资本主义国家之间的运动以及这种运动与银行的金属贮备之间有什么关系。这又分两点来说明：

第一，贵金属在各国之间的运动与银行的金属储备。对此，马克思分九点说明：

第1~2点，指出贵金属的流入流出有两种情况要加以区别：一种是从产地流入其他各国，这种流入是绝对的增加。另一种是在不生产贵金属的国家之间的运动。这种运动互有交叉，即相互内有流入流出。流入大于流出的，就是流入国，流出大于流入者，就是流出国。贵金属的流入、流出是商品输出和输入结果的表现。但不仅仅是这样，因为决定贵金属在各国之间流动的，除贸易差额外，还有其他的原因。

第3~5点，指出贵金属的流入流出和中央银行贵金属储备的关系。这种流入流出，大体表现为中央银行贵金属储备的增加和减少。但只是大体上，不能完全反映，更不能画等号。因为从国外流入的贵金属还会分散在国内流通中。同时，中央银行的金储备在国内也有流入流出，因而在没有贵金属从外国流出流入的情况下，储备也会增加和减少。还有贵金属流出增加时，银行的准备金也可能不减少，甚至增加。减少的是已经在流通当中的部分。总之，银行中的准备金只是国内金银的一部分，不是全部。同时它也在银行和个人之间不断变动。因此，国内金银数量可以不变，而银行中的黄金准备的数量能够增加或减少。反之，国内金银的数量变化时，银行的黄金准备能够保持不变或不依相同的比例变化。当然如果贵金属长期外流，使国内黄金减少，使中央银行的黄金储备降到最低限额。这样会引起货币危机。中央银行的黄金储备有三方面的用途：①国际支付准备金。②国内流通准备金。③银行券的兑现准备。凡是影响这三方面的任意一方，都会给中央银行的准备金率带来影响。

第6~8点，马克思指出了贵金属的流出与经济危机的关系，通常，经济危机只在汇兑率发生转变以后，黄金的输入超过输出时爆发。经济危机过去了，黄金又在各国之内重新分配。这种重新分配"是由各国在世界市场上所起的作用决定的"（645p）。这种分配，要有各方面的条件配合，如外汇行市等。黄金流出，说明外贸状况不佳。这种不佳，是再一次危机到来的征兆。

第9点，马克思指出，不要把支付差额与贸易差额等同起来。在贸易差额是顺差的国家，在货币支付可能是逆差。因为支付差额除了贸易差额以外，在国际间还有其他支付。

第二，黄金外流与信用危机。

黄金外流并不是信用危机的原因，而且也并不是每一次黄金外流都会和信用危机结合在一起。但如果黄金外流是在经济危机的时候产生，它能促使信用危机的爆发。

从资本主义生产周期看，通常在危机过后的萧条阶段和复苏阶段，黄金的流入占优势。因为这时借贷资本供大于求，利息率低，出现了有利的汇兑行市。黄金的回流，就是过剩资本。

但是在危机爆发前夕，市场商品过剩，借贷资本求大于供，利息率提高，在这种场合黄金的流出就会大量发生。这是由于存款（借贷资本）的提取，引起黄金的外流。应当指出，只有在这个时期黄金的外流才会促使信用危机的爆发，因为这些，国内对借贷资本的需求已经强烈增加，而银行由于黄金外流使准备金减少，这时提存增加，信用收缩。银行由于没有货币不敢再贴现，或者把贴现率提得很高。这样又刺激工商业者自己储存货币和银行券，信用动摇了，跟着危机就爆发了。

马克思进一步分析说，黄金的输入或输出，不仅在量上发生影响，而且影响着信用危机的爆发。"因为它的作用，像加到天平秤盘上的一根羽毛的作用一样，足以决定这个上下摆动的天平最后向哪一方下坠。"（647p）人们在这黄金流入流出的摆动中，如他认为是流出大于流入，他就拼命提取存款储存黄金。这样银行的信用危机就爆发了。

黄金的流入流出，为什么对经济危机产生这么大的影响？本来黄金在整个资本主义财富中只是很小的一部分，可是这一小部分是信用制度的枢纽、是银行的枢纽。枢纽就是关键所在。枢纽破坏了，整个信用制度就瘫痪了，银行就要垮台。所以为了保住这个枢纽、为了维持黄金的储备，甚至让现实的财富作出最大的牺牲。究其原因是因为，金和银同其他的社会财富不同。金和银是社会财富的独立体现和表现。关键在于"社会"二字（**马克思还打了着重号**）①。而其他一切社会财富，在私有制社会里表现为私人财富。恩格斯说："社会的财富，只是作为私有者个人的财富存在的。它之所以表现为社会的财富，只是因为这些个人为了满足自己的需要，而互相交换不同质的使用价值。在资本主义生产中，他们只有用货币作媒介，才能做到这一点。所以，只是由于用货币作媒介，个人的财富才实现为社会的财富。这个财富的社会性质，就体现在货币这个东西上。"（649p）这就是说社会财富体现在货币上。这一点，在生产流通正常的时候，就会被人们忘记。特别是在信用替代了货

---

① 读者笔记旁注，读者强调。

币流通的情况下，更是如此(**注意马克思在这里把信用称为"财富的社会形式"**)①。但当生产流通不正常的时候人们就会像马鹿要水喝那样，鼓噪着要货币。

马克思说："正是由于对生产社会性质的信任，产品的货币形式才表现为某种转瞬即逝的、观念的东西，表现为单纯想象的东西。"（649p）（**这就是说他们正是相信他们生产的东西是社会需要的，是能卖得出去的。**）②"生产的社会性质"指什么？这里是指信用。因信用是在生产的产品必须交换的情况下产生的。先有生产的社会性，然后才有信用。马克思在这里是从引申的意义上讲的。这就是说，正是因为对信用的信任，所以我的产品不要求现实地转化为金银"而表现为某种转瞬即逝的、观念的东西，表现为单纯想象的东西"，但是一当信用发生动摇，人们就要求把自己的产品转化为现实的货币。

社会财富表现为一种物品（货币），而存在于财富之外。这种情况在前资本主义社会就存在。只要存在商品生产的商品交换，财富的社会性质就要表现在货币上。但只要在资本主义社会上，社会财富与货币的尖锐矛盾就表现出来。因为在资本主义社会，生产完全不是为自己而生产，完全是为社会而生产，财富只是作为社会过程而存在，这个社会过程表现为生产和流通的交织。同时，随着信用制度的发展，资本主义生产突破了金属货币的限制，但又碰到这个限制。这一段话就是说：①由于资本主义生产过程错综复杂，在某一个环节上出了问题都将影响整个资本主义生产体系。②本来随着信用制度的发展，资本主义生产可以不受现实的货币运动限制，可是当生产不正常时，又要受现实货币的限制。归根结底，就是因为社会财富要表现为货币。所以有时为了保证这种社会财富存在的形式，宁肯毁掉具体的财富物质。如资本主义国家把牛奶倒了可保证牛奶价格不下降。这就是毁掉具体财富，保证社会财富存在的形式，说起来是荒唐可笑的。

（2）汇兑行市。

恩格斯有一段插话，主要说汇兑率是黄金在国际流进流出的晴雨表。意思是说通过汇兑率的变动，可以反映出流进流出的情况。他举了一个例来说明。如果英国对德国是支大于收，这样德国的货币马克就会升值，这时用英镑来表示的马克的价格（汇兑率）在伦敦就上涨，用马克表示的英镑的价格

---

① 读者笔记旁注，读者强调。

② 读者笔记旁注，读者新的体会。

在柏林就下跌。在马克升值的情况下，英国向德国支付什么最合算呢？用黄金最合算。因为黄金的价格不会随着英镑的价格下跌而下跌。如果不用黄金而用汇票就要吃亏。比如英国出口商品给德国，英国向德国商人开出汇票，这个汇票是以马克计价的，开出汇票后，向德国商人收款，德国商人就会以新的汇兑率（马克与英镑的比价）来付款。

恩格斯还说，如果黄金输出的量比较大，时期也长，就要减少英格兰银行的储备。这样英国就要采取措施，如提高利息率。提高利息率，使人们少向银行贷款、贴现。因为黄金的外流也是通过贷款、贴现拿出去的。如果黄金的外流并不是由于国际贸易引起，而是由于其他原因（如对外投资、借款给外国）引起。这样伦敦货币市场本身就没有任何理由要提高利息率。于是英格兰银行就公开在市场上借款，人为地制造紧张空气，给人造成"货币短缺"的幻觉，从而提高利息率。可是这种手法越来越行不通了。

现在开始分析正题，汇兑行市。汇兑行市实际上就是本国货币表示的外国货币的价格。

我们知道，在世界市场上，只有黄金才是货币。但这并不是说在世界市场上都是"现金交易"。在这里商业信用也起很大作用。商业货币即汇票也能代替黄金作为支付手段和流通手段起作用。如英国某公司出卖商品给德国某公司，英国向德国开出一张汇票，由德国某公司承兑。如这张汇票马上寄往德国并在那里取得现款，那汇票就不能代替黄金。但是通常这类汇票都是在英国银行中贴现。英国银行则再把它卖给那些需用这种汇票来支付德国债务的公司。在前一种情况下，汇票起支付手段作用，在后一种情况，汇票起流通手段的作用。英国公司用来购买这种汇票的价格就称汇兑行市。如果购买这种汇票的价格过高，对英国公司不利，英国公司就会把金银送往德国。那么这种汇兑行市过高，过低的标准又是什么呢？在什么情况下算过高？在什么情况下算过低呢？按上例说，两个通汇的国家，一个是英国，一个是德国。英国的货币是英镑，德国的货币是马克。英镑和马克之间存在着一个比价。在马克思那个时候，是 13 马克又 $10\frac{1}{2}$ 先令等于 1 英镑。但马克汇票当作商品在英国出卖时，它的价格即行市决定于供给和需求的状况。如果马克是供大于求，它的价格就会落到法定比价之下。反之，它的价格就会涨到上述比价以上。在前一种情况下，汇兑行市对英国有利，在后一种情况下，汇兑行市对英国不利。如果英国对德国的支付差额是逆差，向德国开出的马克汇票，在英国的货币市场上就会出现需求超过供给的情况。这时，马克汇票的英镑价格就会提高。如果高价购买这种汇票不划算，英国欠德国债的人，就宁愿输出黄金到德国去（**划不划算，要把金银本身的价值加上运费来比较**）①。这就是说，英国之所以输出黄金到德国去，是由于不利的汇兑行市引起的。

以下是马克思对威尔逊错误观点的批判。威尔逊是资产阶级经济学家，《经济学人》杂志的创办人和编辑，财政部秘书长，是一位自由贸易论者，货币数量论的反对者。威尔逊有些错误的观点，如：

（1）他把"贵金属的输出对汇兑率的影响和一般资本的输出对汇兑率的影响"等同起来。其实并不是任何形态下的资本输出都能影响汇兑行市。只有在贵金属形态上的资本输出才会对汇兑行市发生影响。因为黄金的输出直接影响国内的货币市场，从而影响该国的利息率。（**利息率与汇兑率有什么关系？马克思说利息率与汇兑率是完全不同的两件事，利息率会影响汇兑率，汇兑率也会影响利息率，但汇兑率变动时，利息率可以不变，利息率变动时，汇兑率也可以不变。利息率决定于国内借贷资本的供求。汇兑率决定于国际间资本流进流出的比例。**）②这又因为黄金是直接的借贷资本，并且是全部货币制度的基础，也会直接影响汇兑率。因为贵金属被输出，就意味着在英国的货币市场上，对印度开出的汇票供不应求，汇兑率因此暂时变得对英国不利。不过这不是对印度负有债务，而是向印度输出资本。结果是增加印度对英国商品的需求，增加印度对欧洲的消费能力。但是如果资本输出不是在黄金上而是普通商品（**马克思举的例是铁轨**）③，就不会影响汇兑行市。因为这种商品形态上的资本输出，并不会对输出国的货币市场发生影响，也不需要输入国对这些东西付款。总之，这种输出既不是商业性质的，也没有支付关系，只有等到以后每年从铁路营业进款中得到收入。所以不会影响汇兑率，因为印度用不着对此付款。

（2）威尔逊企图证明这种影响是存在的。他说，这种商品形态上的资本输出，会引起国内对贷款的额外需求，因此影响利息率，利息率受到影响就要影响汇兑率。马克思说，由于商品形态的资本输出，要反映到生产上来，生产扩大可能影响贷款需求的增加，但贷款需求的增加，不一定就要提高利

---

① 读者笔记旁注，读者新的体会。

② 读者笔记旁注，读者新的体会。

③ 读者笔记旁注，读者新的体会。

息率。信用活动在利息率不变的情况下，也会增加。20世纪40年代在英国出现铁路热时的情况确实是这样（654p）。

马克思在《资本论》中引了纽马奇回答魏格林的话。纽马奇是英国的资产阶级经济学家，统计学家。魏格林是英格兰银行的总裁。魏格林问："如果这种铁轨没有带来任何货币回流，我们怎么能说它们影响汇兑率呢？"纽马奇回答："我不相信，以商品形式输出的那部分投资，会影响汇兑率的状况……我们可以断然说，两国间的汇兑率状况，受到一国提供的债权或汇票的数量和另一国向它提供的债权或汇票的数量之间的比例的影响；这是源于汇率的合理的理论。"（655p）马克思是肯定了这个回答的，认为回答得正确。就是说汇兑率只有受两国国际收支的影响。如果是逆差，就对本国不利，如果是顺差，就对本国有利。逆差就要输出商品或货币去弥补，顺差就要输入（**低的汇兑行市，引起金银外流；高的汇兑行市，引起金银流入。低的汇兑行市，要更多的本国币才能换同样多的外币。原来13马克换1英镑，现在13.5马克换1英镑，从马克来讲汇兑行市低了**）[①]。

这种顺差、逆差在多大程度上影响汇兑率，还要看以什么来弥补。比如1855年英国从印度进口1 267万英镑商品；英国向印度出口1 035万英镑商品。因此印度的顺差是232万英镑，就是说印度的国际收支是顺差，英国是逆差。照理这个差额应当是英国再输出232万英镑商品去弥补，可是情况不是这样。当时，英国人在印度开办了一个东印度公司，东印度公司每年要向英国支付股息和红利。于是这个差额就是东印度公司开出汇票，要英国银行向股东付息。这样，本来英国是该支出的，却变成了收入。这部分收入是印度向英国上缴的贡赋。这部分收入分给股东以后是拿来自己消费还是拿来投资（生产消费）都对汇兑率不发生影响。因为这种情况不减少国内货币市场的容量。

（3）威尔逊还提出了这样一个荒谬的理论："商品过剩，价格下降，必然引起利息率的下降。"马克思说，这是不能成立的。商品降低价格与利息率有什么关系呢？在经济危机过后的萧条复苏阶段，利息率是低的并且只是慢慢地提高，其原因是借贷资本的运动与产业资本的运动不一致。这两个阶段，借贷资本充裕，但由于市场还不景气，生产还未恢复，资本家还不愿大量投资，所以投资较少，这时利息率低。可是低利息不是因为各种商品大量储存、

---

① 读者笔记旁注，读者新的体会。

资本过剩、价格下降引起的。马克思说商品价格低可以使一些人获得较高利润，但获得较高利润不是利息率低的原因，利息率低的原因"在于借贷资本具有不同于产业资本的运动"（662p）。马克思讲"贵金属可以在生产缩减的同时大量流入"。这说明它们的运动不一致，一个缩减，一个增大。而贵金属增大的结果就直接影响到借贷资本的供求。

"如果我们手里的存货充足，我们就可以按低得多的利息获得对这些商品的支配权。"意思就是存货多，本钱足，就能够以此要求降低贷款条件。马克思说，存货多表明市场上商品过剩，这样就要降价。降了价，"现在为一包棉花所需要的货币比以前少了。但绝不能由此得出结论说，购买一包棉花的货币可以更便宜地弄到"（663p）。这段话的意思就是购买商品比以前少付款，并不等于说就容易得到贷款，那是因为商业信用对于银行信用的需要比平常少。在商人和产业家能够容易彼此提供信用时，他们就少要银行信用。正是因为需要的银行信用少，所以利息率降低，利息率降低和贵金属的流入无关。"造成输入品价格低廉的原因，也可以造成输入的贵金属的过剩"（663p）。就是说，输入商品过剩也可以造成黄金过剩。

（4）"商品过剩，货币利息就必然低，商品不足，货币利息就必然高。"这是威尔逊的又一个错误论调。

马克思说，这个问题，难以理解。商品过剩，价格降低。在这种情况下，"即使我对商品市场的需求随着商品价格的下降而增加，我对货币市场的需求仍然不变"。商品价格低廉可以有三个原因：①需求不足（买东西的人少）。这时利息率低是由于生产萎缩而不是由于商品便宜，商品便宜，只是生产萎缩的表现。②供给大于需求。这可以是由于市场商品过剩造成的，商品过剩，出现危机，而在危机期间利息高，这说明不是商品过剩，利息就低。③商品价值已经下降，以至同样的需求可以按较低的价格获得满足。在第三种情况下，利息率为什么会下降呢？是因为利润增加吗？如果因为现在由于价格下降，少付资本，多得利润，则只能说明利润与利息成反比例变化（一个增加，一个减少）。不能说明，商品过剩，利息率就低。总之，"商品的货币价格低和利息率低，不是必然连在一起的"（664p）。

马克思还说，货币的价值变化，不会影响利息率。5%的利息，100 英镑就会带来 105 英镑，如 100 英镑的价值少，分得利息的价值同样少。一定量的商品等于一定量的货币，商品的价值提高了，就等于一个较大的货币额。原来 1 000 英镑的东西现在值 1 500 英镑，按 5%计息，利息也跟着多，但丝毫也不会改变利息率，5%仍然是5%。

说商品过剩货币利息率就必然低，是错误的。在危机时期情况正好相反，商品过剩，不能转化为货币，因此利息率高。在繁荣时期，对商品的需求大，卖出商品很容易收到货币，需要贷款少，利息率低。

总的来说，汇兑率的变化可以由以下三方面的原因引起：①由于暂时的支付差额，不管这种支付差额由何种原因引起，只要引起对外国的现金支付，它就会影响汇兑行市。②由于一国的货币贬值，不管是金属币还是纸币，货币贬值会造成一个极不利的汇兑行市。③如果通汇的两国，是一国用银作"货币"，一国用金作"货币"，这两种金属比价的变动，会影响两国货币的平价，所以会影响汇兑市场。

马克思说：货币主义本质上是天主教的；信用主义本质上是基督教的。苏格兰人讨厌金子。作为纸币，商品的货币存在只是一种社会存在。这说明信用制度代替了货币制度的位置，但信用制度仍然要以货币制度为基础。

人们往往认为纸币和银行券的区别在于纸币是为财政目的而发行的，银行券是为商品流转服务而发行的。这种观点不能自圆其说，纸币也为商品流通服务。所以它们的主要区别，在于银行券的基础是私人票据，归根到底是信用。而纸币是由一般流通制造出来的，它产生于货币充当流通手段的职能，货币充当流通手段可以用货币符号来代表，所以可以用纸币来代表。国家运用发行纸币来提供财政收入，是另外一回事。银行券属于票据的范畴，只是比商业票据享有更大的威信。因为它是由最权威的信用机关发行的。

学习第三十六章《资本主义以前的状态》笔记

这一章是研究资本主义以前各个时代的生息资本，即高利贷资本，以及高利贷资本怎样向现代的信用制度过渡？分为两个问题展开：

（1）高利贷资本产生的前提和它对旧的生产方式的破坏作用。

高利贷资本也是一种生息资本。马克思叫它是"古老形式的生息资本"。在资本主义生产方式以前很早就已经产生，并且出现在极不相同的社会经济形态中。它与商人资本是"孪生兄弟"，是洪水期前的资本形式。高利贷资本产生的前提是商品生产和商品交换的发展。一方面，商品生产和商品交换的发展使一部分人专门从事商品买卖，从而需要资本；另一方面使货币职能得到发展，特别是货币产生了支付手段、贮藏手段的职能。这两方面就为高利贷的产生创造了前提。特别是货币的支付手段职能使利息从而使货币资本得到发展（676p）。货币贮藏只有在高利贷中才是现实的，才会实现它的梦想。货币贮藏者所要的不是资本而是作为货币的货币；但是通过利息，他把这种贮藏货币转化为资本。

高利贷资本的发展是与商人资本的发展，以及货币经营业的发展联系在一起的。货币经营业的发展，使一些人有钱放高利贷，而商人需要资本，一些人又需要钱，一个有钱，一个需要，所以高利贷业务就发展起来了。高利贷者把钱借给商人，是帮助商人赚钱，商人把高利贷者给他的钱当作资本来使用。这一点和现代资本主义社会的银行家与产业资本家的关系一样。在奴隶制度下，为什么货币可以变成资本，这是因为用货币可以购买奴隶，购买土地，从而货币成为占有别人劳动、发财致富的手段。"货币正是因为可以这样使用，所以作为资本可以增值，生出利息。"（672p）高利贷资本，在资本主义生产方式以前，贷放的对象主要是地主、达官贵人，其次是小生产者。地主、达官贵人为什么还要借债，因为要挥霍消费。小生产者为什么要借债，因为小生产者经不起风吹雨打，一遇天灾人祸就处于困境，所以要告贷求人。高利贷的存在是与小生产者这种生产关系的存在相适应的。小生产者主要是农民，既是劳动者，又是私有者。他是他的生产资料和产品的所有者，有权安排他的生产和支配他的生产资料和产品，所以才可能有人把钱借给他，他也才有可能还钱。"在这里，生产者对劳动条件的所有权和占有权以及与此相适应的个体小生产，是根本的前提。"（674p）如果不是小生产者，如奴隶或雇佣工人，他们一无所有，无权安排生产，无权支配生产资料和产品，那别人就不会把钱借给他，他也不会借钱去生产。工人有时候也要借钱，但借钱不是为生产，而是为生活，例如把东西当到当铺去。

高利贷的作用。由于高利贷的利息很高，侵吞了劳动者的全部剩余价值，这是他必要的生活资料，因而使小农经济破产，使一些地主破落衰败。高利贷者是不满足于榨取他人的剩余劳动的，他除了敲骨吸髓外，最后完全剥夺劳动者的劳动权利，也就是剥夺他们的土地、房屋所有权。这样就阻碍了生产力的发展，"不是发展生产力，而是使生产力萎缩"（674p）。所以它在社会发展过程中，不是起促进，而是起促退作用（一方面，高利贷对于古代和封建的财富、对于古代和封建的所有制发生破坏和解体的作用。另一方面，它又破坏和毁灭小农民和小市民的生产）①。

① 读者笔记旁注，读者新的体会。

高利贷与现代银行信贷的区别。一般的看法，认为他们的区别就是一个利息高，一个利息低。利息的高低只是量上的不同，这种高低反映的是在剥削者之间的分配。而它的实质都是全部剩余劳动全部剩余价值。在资本主义社会为高利贷者一个人占有。在资本主义社会下，剩余价值分解为利润、利息、地租，为资本家、银行家、地主共同占有。因此从质来说没有区别。

马克思认为，高利贷资本与现代借贷资本的区别，不在于利息高低，而在于它们反映的经济关系不同，所处的生产方式不同，它们的差别实际上是资本主义生产方式与资本主义前生产方式的差别。高利贷反映的是高利贷者与小生产者的关系。它们之间的关系是剥削与被剥削的关系。高利贷者与地主之间的关系，这种关系是占有与被占有的关系。前者是使旧的生产关系破产，后者是新的剥削关系代替旧的剥削的关系。高利贷者使奴隶主、封建主破产，只不过是要取而代之。奴隶主、封建主把奴隶、土地让给高利贷者，高利贷者就变成了新的奴隶主、封建主。古代的罗马骑士就是这样，旧中国的地主，也有不少是放高利贷起家的。从生产方式讲，高利贷使劳动者的劳动条件完全被剥夺，资本不是直接支配劳动。借贷资本在劳动者已经与劳动条件分离的情况下，在新的生产方式下，使劳动者与生产条件结合起来。马克思将高利贷的利息水平与现代利息水平加以对比，说明利息率下降对工人有好处的说法是荒谬的，高利贷的利息占有全部剩余价值，现代利息只是剩余价值的一部分。但不要忘记工人为资本家提供的除了利息以外，还有利润、地租。这就是说现代利息水平低，对工人没有好处。比如把分散的劳动者联合在大工场内，从事又有分工又有合作的活动。资本要支配劳动。①高利贷剥夺生产者的生产条件，借贷资本不剥夺生产者的生产条件。②高利贷资本有资本的剥削方式，但没有资本的生产方式。借贷资本有资本的剥削方式，也有资本的生产方式。资本的生产方式是现代化的大生产。③高利贷在生产资料分散的地方，把货币财产集中起来。借贷资本在货币财产分散的地方，把生产资料集中起来。这就是说通过高利贷的剥削，使那些分散的小生产者丧失生产资料，然后把他们的财产变为货币集中起来。而借贷资本，则是把那些分散在各阶层手中的货币，吸收进来，集中地贷给资本家，使这些货币财产，转化成生产资料。④所以"高利贷使生产方式陷入贫困境地""迫使再生产在每况愈下的条件下进行"（675p）。而借贷资本使生产力得到发展。所以，在古代，民众都很恨高利贷。

高利贷除了消极作用外，在一定条件下有积极作用。马克思说："高利贷有两种作用：第一，总的来说，它同商人财产并列形成独立的货币财产；第二，它把劳动条件占为己有，也就是说，使旧劳动条件的所有者破产，因此，它对形成产业资本的前提是一个有力的杠杆。"（690p）马克思称它为"革命的作用"。之所以有这个作用，只是因为高利贷能破坏和瓦解旧的所有制形式，而旧的所有制的瓦解，为瓦解政治制度创造了条件。但是它不能改变生产方式，只能为新的生产方式的形成创造条件，这些条件只能起配合作用。"只有在资本主义生产方式的其他条件已经具备的地方的时候，高利贷才表现为形成新生产方式的一种手段；这一方面是由于封建主和小生产遭到毁灭，另一方面是为劳动条件集中为资本。"（675p）

高利贷在历史上之所以重要，在于它是资本的一个产生过程。资本产生的最新要素表现为一定的货币。要积累了相当数量的货币才能转化为资本。要积累相当数量的货币，就必须突破土地所有权。不突破就很难形成资本，地主的钱都是要拿来买地的。而高利贷和商人资本，促进了这种突破。

在前资本主义社会，为什么地主也需要借钱呢？因为从地产中得到的还不够他们挥霍，又不好意思把地产卖掉，所以宁愿以地产为抵押借钱。这从上层建筑来讲，他有挥霍浪费的思想，但从经济基础来讲，是由于商品经济不发展，货币很值钱，有了货币就有了一切。货币表现为真正的财富本身，表现为一般财富，而和财富在使用价值上的有限表现相对立（676p）。有的人为什么贮藏货币？贮藏货币就是为了能够购买一切东西，货币是社会财富的代表。地主贷款，是要作为购买一切东西的手段的货币。小生产者需要货币，首先是为了交纳货币地租、货币税。这两个场合，他们都要的是货币，不是要资本，在这里，货币都是作为货币使用的。高利贷的利息很高（马克思说查理大帝时代，收取100%的利息，1344年，收取$216\frac{2}{3}$利息），之所以那样高，不是决定于主观意志，而是决定于客观经济条件。什么经济条件？就是在商品经济不发展，信用业务不发达，货币很难获得的经济条件下。在这样的经济条件下，"由于货币的流通量少，而在大多数支付上必须使用现金，所以就不得不去借钱"（675p）。借钱就要付利息，利息的高低是贷款的性质决定的。高利贷的借款人不是为了生产，为了追加资本，而是为了获得购买手段和支付手段。如果是为了获得追加资本，那借款人就要考虑到付了利息以后，还能不能获利，如不划算他就不借。但为了获得支付手段和购买手段则是另外一种性质。需要钱的一般都是天灾人祸，比如上交租税，补偿损失，战争祸害，等等。总之，迫不得已。高利贷者面对着借款人的处境，就非得要以高利才贷。高到什么程度呢？高到没有限制。马克思说："高利贷者除了货币需要者的负担能力或抵抗能力外，再也不知道别的限制。"（677p）就是说，只要你负担得起多少，他就要收你多少利息。马克思还说："高利贷好像是生活在生产的缝隙夹缝中。"（677p）就是说，只要生产歉收，农民遇到天灾人祸的情况下，高利贷的活动就猖獗起来。在旧中国也是一样，凡是荒年，高利贷特别盛行。

在古代高利贷者大多是包税者、收税人，因为这些人掌握着货币。在旧中国，高利贷者是商人、地主。高利贷者、商人、地主是"三位一体"。什么叫"三位一体"，这是一个典故。在基督教的教义中，有圣父、圣子、圣灵"三位一体的神"这样的教条，三者都是指耶稣：对上帝来说，耶稣是圣子；对教徒来说，耶稣是圣父；对于教徒能得到启示与灵感来说，耶稣是圣灵。

（2）从高利贷到资本主义银行信用的过渡。

资本主义银行信用是在反对高利贷资本的斗争中产生的。因为资本主义的发展，需要资本主义信用的发展，而高利贷则与资本主义工商业的需要和利息相矛盾。马克思说："信用制度的发展恰好就是表示生息资本要服从资本主义生产方式的条件和需要。"（678p）这是说明信用制度的产生，并不像古代著作家、教父、路德式旧的社会主义者所说的那样，是为了减轻劳动者的负担，是满足群众的需要。恰好相反，是为了满足资本主义生产方式的需要。资本主义信用制度建立起来以后，高利贷依然存在，一些人仍然要受高利贷的剥削，如到当铺借贷；把钱借给那些享乐的商人，供他们挥霍浪费；把钱借给小生产者；把钱借给小资本家等。所以借贷资本与高利贷资本的区别，不在于这种资本本身的性质和特征。它们都是生息资本，他们都要以偿还为条件。区别在于，这种资本发挥作用的条件变化了，借贷双方的关系变化了。借贷资本反映的是货币资本家与工商业资本家的借贷关系，借的钱是资本占有剩余价值。高利贷资本，反映高利贷者与地主、小生产者的借贷关系，他们借钱不是为了获得资本，占有剩余价值，而是为了获得支付手段、流通手段。资本主义生产方式由于有信用制度而得到巩固、发展，所以现代信用制度创始人的出发点，并不是把一般生息资本革出教门，而是相反，对它予以公开承认。

在前资本主义社会怎样反对高利贷的斗争呢？（**这种斗争不能反对借贷关**

系，而是要使借贷资本服从资本主义的需要。）①许多作家、学者、教父、旧的社会主义者都提出了一些主张：①成立银行信用合作组织，来抵制高利贷剥削。如设立"公立当铺"（公共信用机关）②，把它作为一种慈善事业，想通过这种当铺，给贫民提供少量贷款。这种当铺在 14—16 世纪，在德国、意大利都有。再如设立农业银行，以土地所有权为基础，发行纸币，妄图使英国贵族摆脱高利贷的盘剥。②强行压低利息率。如英国在 1545 年，法案规定最高利息率为 10%，但在生息资本被垄断了的情况下，规定利息不起作用。马克思说："这种反高利贷的激烈斗争，这种让生息资本从属于产业资本的要求，只是有机创造物的先声，这种有机创造物以现代银行制度的形式创造了资本主义生产的这些条件。现代银行制度，一方面把一切闲置的货币准备金集中起来，并把它投入货币市场，从而剥夺了高利贷资本的垄断，另一方面又建立信用货币，从而限制了贵金属本身的垄断。"（682p）"有机创造物"是什么？（"有机创造物"从产业资本中分离出一部分货币资本成为借贷资本。是指在相互联系当中产生的东西，这个东西就是"低的利息率"。这段话就是说，在反对高利贷的斗争中，在这种让生息资本从属于产业资本的要求中，首先使我们认识到的是必须从山野资本中分离出一部分货币资本来成为借贷资本，使利息降低，这种利息的降低，为资本主义生产创造了条件。）③

马克思接着分析了在资本主义制度下信用的作用，他指出了以下几点：①不要忘记货币制度是信用制度的基础。这种基础的作用在危机时期表现得更明显，那时，一切信用都丧失，都要求助于现实的货币。信用制度，它固然可以创造信用流通工具来代替货币流通，但这种代替，只不过是表示"货币事实上只是劳动及其产品的社会性的一种特殊表现。"这就是说信用货币是货币的特殊表现，货币是表现产品的社会性的，信用货币也是表现产品的社会性的。但这种社会性，归根到底要表现为一物，表现为一种特殊商品。就是说在结局上劳动生产物，必须表现在货币上。关于这一点，在生产流通顺利进行的时候，货币被人忘记了，信用代替了一切，一旦出现不祥征兆，要求货币呼声又压倒一切，这时只有货币压倒一切。这就证明信用制度不能完全脱离它的基础来成就奇迹。②信用制度以社会生产资料在私人手里的垄断

---

① 读者笔记旁注，读者新的体会。
② 读者笔记旁注，读者新的体会。
③ 读者笔记旁注，读者新的体会。

为前提，所以，一方面，它本身是资本主义生产方式固有的形式，另一方面，它又是促使资本主义生产方式发展到它所能达到的最高和最后形式的动力。这就说明资本主义信用制度是在生产资料私有制的条件下产生的，它本身就是资本主义性质的东西，这种性质的东西，只能促进资本主义矛盾的发展。③"银行制度，就其形式的组织和集中来说，是资本主义生产方式的最精巧和最发达的产物。"（685p）"大银行对商业和工业拥有极大的权力。"（685p）银行制度造成了社会范围的公共簿记和生产资料的公共的分配的形式，但只是形式而已。马克思还说，资本取得平均利润，这种社会性质"只有在信用制度和银行制度有了充分发展时，才表现出来，并完全实现。另外，不仅如此，信用制度和银行制度把社会上一切可用的，甚至可能的，尚未积极发挥作用的资本交给产业资本家和商业资本家支配，以致这个资本的贷放者和使用者都不是这个资本的所有者或生产者。因此信用制度和银行制度扬弃了资本的私人性质，它本身，但也仅仅是就它本身来说，已经包含着资本本身的扬弃"（686p）。仅就所有权与使用权的分离这一点来说，银行制度，扬弃了资本的私人性质。④毫无疑问，在由资本主义的生产方式向联合起来劳动的生产方式过渡时，信用制度才会作为有力杠杆发生作用。但这种作用，只有和其他条件配合时才能发生，它只是其中的因素之一，不是全部因素。所以幻想通过信用制度来消灭资本主义是不可能的。在资本主义制度下的信用制度只能是资本主义的信用制度。

（3）古典经济学家们对货币信用的看法。

亚里士多德，古希腊哲学家，生于公元前384年，逝于公元前322年，恩格斯称他为"最博学的人"。他认为货币的交换，是从一种产品与另一种产品的交换发展起来的。没有货币的时候，交换已经存在，五床＝一屋与五床＝多少货币是没有区别的。这里他把货币看成商品。但对商品与商品为什么相等？他不理解。因为他没有一个共同的尺度，这个尺度就是货币，换句话说，就是因为有价格所以彼此相等。这实际上没有解决为什么相等的问题。

李嘉图，英国资产阶级古典政治经济学家。他认为货币与其他商品一样，它的价值也是生产货币时所消耗的劳动量决定的。这就是说他已经把货币看成商品。但他不懂得货币是作为一般等价物的特殊商品，因为他认为货币只是流通工具。并且他认为货币的价值在流通中要变。为什么要变呢？在他看来，社会上所有的货币都处于流通中。流通中货币多，货币的价值就低；流通中货币少，货币的价值就高。当流通中货币多时，商品的价值就用多量的货币来表现，于是商品价格就上涨，货币的相对价值就降到它的价值以下；当流通中的货币少时，商品价值就以少量的货币来表现，于是商品价格就下跌，货币相对价值在它内在价值以上。李嘉图的货币数量论与他的劳动价值论是相矛盾的。时而讲货币的价值由生产它的劳动量决定，时而讲货币的价值由流通中货币的数量来决定。有人曾经把奴隶当作货币材料，如奴隶主就以奴隶去换土地、东西。李嘉图不懂得货币的本质，把货币只当作流通工具，因而抹杀了金属货币同纸币的差异，认为货币的价值是由流通中的货币数量决定的。在这一理论的基础上，他认为一个国家的货币数量增加，会使货币价值跌落，商品价格上涨。在这种情况下，商品输出减少，输入扩大，形成贸易逆差，黄金流往外国。相反地，货币数量减少，使货币价值上涨，商品价格跌落。在这种情况下，商品输出扩大，输入减少，形成贸易顺差，黄金流入国内。在这样流进流出，各国的黄金储备恰好符合它们商品流通的需要。在他看来，一个国家金银的储备，无非是作为流通工具而已，流进流出是正常的。

货币名目论认为货币仅是价值符号，贵金属的价值是纯属想象的，并不是资产阶级经济学家，而是古代和中世纪的法学家。历史上的货币名目论是作为奴隶制国家和封建制国家的货币政策的辩护而产生的。罗马的法学家就曾用"法定的价值"来为奴隶主国家损坏货币，降低货币成色作辩护。他们断言货币不是商品，是国家权力的创造物，国家有权按自己的意志来降低铸币的金属含量。在公元 5 世纪，罗马的统治者以法律明文规定货币的价值、货币与商品的比价关系，强制通行。当时罗马还没有铸币，用的是青铜碎块作货币。每次交换都要过秤。如有名的"十二铜表法"中规定一头母牛＝10头绵羊＝100斤黄铜（**"十二铜表法"是公元前450年罗马国制定的一条法律。开始是十条用十块铜板刻载，竖立在罗马广场上。后来又增加两条，改名"十二铜表法"**）[1]。后来货币名目论又为资产阶级经济学家鼓吹，如孟德斯鸠（法国）、斯杜亚特（英国），他们认为货币只是个记号，否认货币是商品。他们认为作为货币的贵金属有内在价值的说法是想象的。货币是一个想象的计算单位，就像地图上的比例尺是一个想象的单位一样。货币名目论（重农主义）是在反对货币金属论（重商主义者）的斗争中发展起来的。法国重农主义者是货币名目论的老祖宗。此外，货币名目论的代表人物还有英国唯心

---

① 读者笔记旁注，读者新的体会。

主义哲学家贝克莱和斯图亚特等人。

配第，英国资本主义古典政治经济学的创始人。他在政治经济学史上，第一次为劳动价值论奠定了基础。他认为商品市场价格的背后有一个"自然价格"（价值）。这个"自然价格"的源泉就是耗费掉的劳动时间。"自然价格"的大小，决定于劳动生产率。可是，在配第的观点中，商品的价值同商品的价格还是混在一起的。他一方面竭力想说明商品的"自然价格"由什么来决定，而另一方面却又力图解释为什么购买某种商品得付出一定量的货币。马克思说配第的商品的价值，实际是由商品包含的劳动的比较量来决定的。这就是说，配第不是把商品本身所包含的劳动时间看成是决定商品的价值，而是为了购买某种商品将付出的一定数量金银中所包含的劳动时间，看成决定该商品的价值。既然他认为是货币包含的劳动时间决定商品的价值，所以，他的结论是只有开采金银的劳动才创造价值，而生产其他商品的劳动，只有当商品同金银交换时才形成价值。配第不懂得创造商品的劳动具有二重性。

欧文，空想社会主义者。他接受了李嘉图的劳动价值学说，认为劳动既然是一切财富的基础，是价值的自然尺度，那么商品就应该按照价值来进行交换。他认为人间之所以有富贫，就是因为没有按照价值进行交换。他认为以货币进行交换，就破坏了价值规律。因为货币是人为的尺度。用这个人为的尺度进行交换，有的占便宜，有的吃亏，他认为极不公平，是一切灾难的根源。因此他主张废除货币。废除货币后怎么交换呢？他认为要建立"国民公平交易市场"，在这个市场内，用劳动券进行交换。劳动券上说明你这个产品花了多少劳动，我这个产品花了多少劳动，然后交换。他不仅这样设想，而且这样做了。

1832年，欧文在伦敦办了一个"交换市场"。个人或合作组织生产的商品可以拿到市场内去交换。市场设立了专门的估价人员，你商品拿到市场上来，先由估价人员估价，确定花了多少劳动小时，扣除8.5%的管理费后发给物主人一张收据，即"劳动券"，上面标明劳动小时。执据人可以用它从"市场"仓库里取得相当于劳动券上标明的劳动小时那样多的自己所需要的商品。马克思说欧文的劳动"货币"像戏院的门票一样，不是"货币"。这种"交换市场"最初颇受人欢迎。但矛盾很快暴露出来了，因为这样交换，失去了对商品生产的调节作用，不问你生产的这个产品是否别人需要，反正你拿来，我交换市场就要收，这样就生产了很多别人不需要的产品。于是供求之间矛盾突出了。那些质量好的畅销商品被一抢而空，剩下的都是些别人不要的。

先来的，把好商品选起走了，后来的选不着，就不得不另找门路，有的就不愿意把产品交给市场，有的交给市场了，就把"劳动货币"转让出去，或到私人那里去交换商品。于是"劳动货币"就慢慢贬值了。面对着"交换市场"无法克服的困难，所以欧文在伦敦设立的市场，只存在两年光景就破产了。这说明，在无组织、分散的商品生产条件下，企图取消货币是行不通的。

什么叫"洪水时期"呢？这是《圣经》上的一个故事。据《圣经》记载，上帝创造万物，六天之内就创造出来了，并且按照自己的形象创造了男人和女人，即亚当和夏娃，把他们安置在一个果园里，赐给他们各种果子、蔬菜。但这个园子里有一样东西不能吃，就是一株善恶树结的果子，如吃了就要死。可是有一条蛇告诉夏娃善恶果不仅能吃，而且吃了像上帝那样眼睛明亮，能分辨善恶。于是亚当和夏娃就偷吃了。后来上帝知道了，就治罪他们。后来他们和他们的孩子，就在世上干了很多坏事。但只有一个儿子是好人没有干坏事，这个人叫诺亚，于是上帝很器重他。有一天上帝叫诺亚准备一条船，并叫他把一家人和飞禽走兽都带到船上去。准备好以后上帝就说，我不该造人，造的人都犯罪，现在我下雨把他们淹死，只留你这个好种。于是下了 40 天大雨，万物都淹没了。这就称为"洪水时期"。马克思所说的高利贷资本、商业资本是"洪水时期"的资本，实际上讲的是古老的时期、前资本主义时期的资本。

休谟的货币学说。英国资产阶级经济学家大卫·休谟生于 1711 年，逝于 1766 年，他是 18 世纪"货币数量论"的著名代表。他认为货币是"劳动与商品的代表，它只是对劳动与商品进行计算和估价的手段"。马克思把他的流通理论归结为三点："①一国中商品的价格决定于国内存在的货币量（实在的货币或象征性货币）。②一国中流通着的货币，代表着国内存在的一切商品。每一代表者各得被代表物的多少，依代表者即货币的数量的增加为比例。③如果商品增加，在货币量不变的情况下商品的价格就下降，或货币的价值就高涨（升值）。如货币增加，那么相反，商品的价格就高涨，货币的价值就下降。"休谟抹杀了货币本身具有价值，抹杀了流通中各种因素的不同结合所引起的种种变化，把片面观察到的事实当成一般原理。

杜克、富拉吞、威尔逊，这些人都是英国资产阶级经济学家，都是货币数量论的反对者。杜克从长期商品价格史的研究中，认为：①在贵金属价值不变的情况下，商品价格的波动决定着流通中所需货币数量的多少，而不是相反。因此，货币流通是第二性的运动。②货币除了流通手段职能外还有其他职能。他们之所以有这种看法，是因为在他们看来，金银比其他一切商品好得多，到处可用它们作铸币。并认为在金属存在的条件下货币流通不受贵金属的流进流出的影响，比较稳定。因此，他们是在单纯金属流通的基础上来看信用货币。马克思指出，杜克等虽然看到了货币有不同职能，但他们不了解货币职能间的联系。他们把不同于流通手段的货币错误地同资本甚至商品混淆起来。

银行经济学家杜克、富拉吞站在银行资本家的立场上，把货币看作最重要的财富，所以他们认为：货币在流通中充当资本转移的工具时，是把一定量的货币形态上的资本，交换等量在商品形态上的资本，因而货币是最典型的资本。富拉吞还把银行垫支出去的货币通通看成资本。其实他们既不理解货币，又不理解资本。资本可以采取货币形态，但还有商品形态、生产形态。当作一般购买手段和支付手段的货币，不能使货币增值，并不是资本。

世界上最早的银行早在公元前四世纪就出现了，当时在罗马、希腊、雅典这些地方金融活动盛行，存在着金银兑换业，主要业务是兑换金银和金银的成色。后来就发展为互相兑换，彼此转账。因为当时做生意长途跋涉，路上风险很大，往往会遇到抢劫。公元前 371 年，有一个叫帕西翁（Pasion）的人就成立了几个汇兑银行。

重农学派的创始人魁奈，认为货币只是一种便利交换的流通手段，不是资本。亚当·斯密和李嘉图虽然把货币看成一种商品，认为它具有价值，并不理解货币是一种特殊商品，是作为一般等价物的商品。因为他们和魁奈一样，也把货币仅仅归结为流通手段。亚当·斯密认为货币只是个凭证，货币形态上的借贷资本，就是以货币为凭证把一个人的资本转移到另一个人手中。照他的看法，货币只是实现资本转移的工具。其实，这里的货币不仅是单纯的凭证，它已经是一种资本了，因它能带来追加价值。

蒲鲁东的无偿信用。蒲鲁东是法国的小资产阶级社会主义者经济学家。他认为货币就是资本，资本主义的剥削形式就是利息。因此他认为借贷资本和利息是财产不均和贫富的根源。因此，他认为消灭剥削就要取消利息。怎样取消？搞无偿信用。办法是，由银行无息贷款给小生产者，把生产资料和消费品给工人，而小生产者和工人用将来劳动产品偿还。为了实现这个幻想，蒲鲁东于 1849 年在巴黎一个工人区建立了一个"人民银行"，股本 1 500 万法郎，每股 5 法郎。当时工人们购买了这家银行的股票，但不久就垮台了。因为他企图把工人改造成小生产者，但又容许资本主义所有制存在。

七、学习《马克思恩格斯〈资本论〉书信集》① 笔记

编者导读： 本部分，曾康霖先生在学习《马克思恩格斯〈资本论〉书信集》（以下简称《书信集》）读书笔记中，主要评析了《书信集》中论及的：英国信贷机关发展时间、对纯金属流通情况下金属货币的数量及其增减所涉及的相关问题判断何以是"最新发现"、蒲鲁东《19 世纪革命的总观念》一书提出的改革社会方案、将价值纯粹归结为劳动量的相关分析、关于价格＝商品价值/货币价值的相关表述、为卖而买和为买而卖赋予货币两种不同的流通运动的相关说明这六大部分。

（一）

马克思说："在英国，几乎一切信贷机关都在机器发明以前的 18 世纪初就发展起来了。"（19p）

机器发明是在 17 世纪中叶至 18 世纪中叶，而信贷机关在 18 世纪就发展起来了。

（二）

马克思说："即使在实行纯金属流通的情况下，金属货币的数量和它的增减，也同贵金属的流进或流出，同贸易的顺差或逆差，同汇率的有利或不利，没有任何关系。"（33p）关于这一点，恩格斯称赞马克思："你在经济学上的最新发现。"（38p）。

为什么是最新发现？

---

① 参见：马克思恩格斯《资本论》书信集［M］. 北京：人民出版社，1976.

因为从李嘉图开始，到后来的劳埃德，都有这样一个理论，即，在除纯金属货币流通的情况下，流通中的货币过多→物价就会上涨→商品出口就会减少→从外国进口的商品就会增加→就会出现贸易逆差→（本币）汇率下降（外汇行市上涨）→ 就要输出硬币→货币流通就会减少→商品价格就会下降→商品进口就会减少→商品出口就会增加→货币就重新流进。

李嘉图的这套理论，被后来的英国的货币学派奉为真理，用来指导英格兰银行的实践。每当贵金属流进英格兰银行就增加银行券发行，而贵金属储备减少时，就减少银行券的发行。因为在他们看来，当贵金属流进英格兰时，流通中的货币的减少，所以增加发行。在他们看来，贵金属流出英格兰银行，是货币流量的增加，所以要减少发行。

可是，马克思说："我却认为，银行应当做的恰好相反，也就是说，当贵金属货币减少时，应当扩大自己的贴现业务，而当贵金属储备增加时，贴现业务仍应照常进行，以避免不必要地加剧即将到来的商业危机。"（33p）

马克思为什么这样认为？

（1）他认为国内货币流通量的增减应当决定于商品流通量的增减，不应当决定于银行储备的减少或增加。他说不论储备增加或减少，应当要扩大贴现任务时，就要扩大自己的贴现业务，否则就会加剧商业危机。

（2）他认为国外贵金属的流进流出，决定于国内的经济状况。一般的状况是，在复苏阶段，贵金属流进，在萧条阶段，贵金属流出。

在复苏阶段贵金属为什么流进呢？

马克思说问题很简单，在这个阶段"物价还不高但正在上涨，资本有剩余，出口超过进口"。

贵金属流进，对货币流通有没有影响呢？有影响，它会增加流通中的货币量。但并不影响物价上涨。因为贵金属流进→银行存款增加→降低贷款利率→贷款增加。贷款增加意味着国内商品生产的发展，商品增多，这样货币多与商品多是一致的。

马克思说："只有在业务迅速发展，需要更多的流通手段来进行这些业务的情况下，货币流通才会增加。否则，流通中的过剩的货币就会以支付期票等形式作为存款等流回银行。因此，货币流通在这里不是原因。货币流通的增加归根到底是投资增长的结果，而不是相反。"（34p-35p）可见，在这种情况下，作为直接结果的是存款，即游资的增加，而不是货币流通的增加。

在萧条阶段为什么贵金属输出呢？

马克思认为：

（1）汇率下降（汇率不利）；

（2）农业收成不好，工业需要的原材料缺乏；

（3）需要更多的进口。

为了说明这个问题，马克思举例说明在什么情况下贵金属流出，要影响国内货币流通量，在什么情况下，不影响。

他假定英格兰银行在萧条初期的资金平衡表如下表所示。

英格兰银行在萧条初期的资金平衡表

负债		资产	
资本	1 450 万英镑	国家有价证券	1 000 万英镑
准备金	350 万英镑	期票贴现	1 200 万英镑
存款	1 200 万英镑	金条或铸币	800 万英镑
合计	3 000 万英镑	合计	3 000 万英镑

第一种情况：在贴现业务增加，存款不变的情况下，会不会影响国内货币流通量？

在这种情况下，银行存款 1 200 万英镑，金属储备 800 万英镑，占了存款的 2/3，但按规定 1/3 就够了。所以银行为了增加利润，就降低利率，扩大贴现业务，把余下的 400 万英镑贷出去。

贷出的 400 万英镑增不增加国内货币量呢？

马克思说，不增加。因为商人通过贴现拿出去的这 400 万英镑，是要用来支付进口粮食的款。这就是说，虽然银行的金属储备减少了，并不增加国内货币流通量。马克思说这种情况，只要金属储备与存款的比例大于应当保持的比例时都会发生。

变化后的情况如下表所示。

贷出 400 万英镑后的资金变化平衡表

负债		资产	
资本	1 450 万英镑	国家有价证券	1 000 万英镑
准备金	350 万英镑	期票贴现	1 600 万英镑
存款	1 200 万英镑	金条或铸币	400 万英镑
合计	3 000 万英镑	合计	3 000 万英镑

第二种情况：在存款业务减少贴现业务缩减时，会不会影响国内的货币流通量？

马克思说，存户要求提取存款，作为进口之需银行的现金储备减少。

如减少 300 万英镑，则上面资金平衡表会变化，如下表所示。

减少 300 万英镑后的资金平衡表

负债		资产	
资本	1 450 万英镑	国家有价证券	1 000 万英镑
准备金	350 万英镑	期票贴现	1 400 万英镑 （比原来减少 200 万英镑）
存款	900 万英镑 （比原来减少 300 万英镑）	金条或铸币	300 镑 （比原来减少 100 万英镑）
合计	2 700 万英镑	合计	2 700 万英镑

为什么有这样的变化呢？当存款户提取 300 万英镑时，本来一方面存款减少 300 万英镑，现金减少 300 万英镑，但按规定 900 万英镑存款应当保留 300 万英镑现金。当现金被提取 300 万英镑后，只剩 100 万英镑的情况下，现金就不够了。不够怎么办，于是银行缩减贴现业务 200 万英镑，即收回 200 万英镑现金。这样，使现金储备增加到 300 万英镑，与 900 万英镑保持 1/3 的比例。

本来取 300 万英镑存款要增加货币流通量 300 万英镑，收 200 万英镑贴现要减少货币流通量 200 万英镑，两相抵扣，还要增加 100 万英镑。

但马克思说这多的 100 万英镑流出国外去了（因提取的存款是向国外买东西），这样对国内的货币流通"丝毫不受影响"（37p）。

第三种情况：存款减少，贴现业务也缩减的情况下，对货币流通影不影响？

马克思说，如继续进口粮食，存款要继续减少 450 万英镑。在这种情况下，银行的资产负债如下表所示。

存款继续减少 450 万英镑后的资金平衡表

负债		资产	
资本	1 450 万英镑	国家有价证券	1 000 万英镑
准备金	350 万英镑	期票贴现	1 100 万英镑 （比原来减少 300 万英镑）
存款	450 万英镑 （比原来减少 450 万英镑）	金条或铸币	150 万英镑 （比原来减少 150 万英镑）
合计	2 250 万英镑	合计	2 250 万英镑

存户提取 450 万英镑存款，本来应减少 450 万英镑现金，但这时银行只有 300 万英镑现金，不够支取，于是银行收回贴现金 300 万英镑。应付 450 万英镑以后还有 150 万英镑。这 150 万英镑与 450 万英镑的存款保持 1/3 的比例。增减相抵，只增加 150 万英镑货币流通量。

这种情况下，由于提取了 450 万英镑现金，应当增加 450 万英镑货币流通量，但回收 300 万英镑现金，应当减少 300 万英镑货币流通量，但增加的这 450 万英镑是用于进口国外粮食了，这 450 万英镑有 300 万英镑是从流通中收回的，有 150 万英镑是动用银行库存。所以总的来说国内流通中总的减少了 300 万英镑货币量。

马克思分析这一过程，从萧条初期到萧条后期。

存款从原来的 1 200 万英镑下降到 450 万英镑，即减少了 750 万英镑。（增加货币量）

贴现从原来的 1 600 万英镑下降到 1 100 万英镑，即减少了 500 万英镑。（减少货币量）

现金从原来的 400 万英镑下降到 150 万英镑，即减少了 250 万英镑。

最终黄金输出：400+300+450＝1 150（万英镑）。这 1 150 万英镑是怎么来的？

①银行库存现金 800 万英镑，现在只有 150 万英镑，即拿出来 650 万英镑。

②银行从流通中收回 500 万英镑。

所以事情发展到最后，流通中减少了 500 万英镑现金。减少 500 万英镑，会不会使商品价格下跌呢？不会，因为这是营业缩减。

综上所述：

（1）货币在国际流出，在能够减少银行的现金准备的条件下，并不影响国内的通货量，只减少银行的现金准备。

（2）货币在国际流出，在不能减少银行的现金准备的条件下，只有缩减银行的贴现业务，即把流通中的货币收回。在这种情况下要减少货币流通量。但这样的减少是与商品经济业务的缩减连在一起的。即贴现业务的缩减反映商品经济业务的减少。这样，货币流通仍然与商品流通相适应。不会产生李嘉图说的：输出货币→货币流通量减少→商品价格下降的问题。因为这时商品并不是供>求。

（3）货币从国外流进会不会增大国内货币量要以"国内业务扩大"为条

件。如不能扩大，流进的货币量只好存入银行。

马克思还指出：

"银行可以不缩减自己的贴现业务，而抛售它所掌握的国家有价证券。这在当时的情况下是不利的，但结果是一样的。银行不缩减它本身的准备金和贴现业务，就会缩减把货币换成国家有价证券的私人的准备金和业务。"（38p）这是说，银行可以提供抛售有价证券来回笼现金。也可以通过贴现业务来回笼现金。其效果是一样的。而银行回笼现金则缩小私人的准备金，缩小了私人业务。因私人把他的准备金用来买国家有价证券了。

"以纯金属流通为条件所假定的过程，和以纸币流通为条件一样，可能造成支付的停止。在 18 世纪汉堡曾经两度发生过这种情况。"（38p）

就是说上述的理论，适用纸币流通。如流通中的纸币减少，可能造成支付停止。

（三）

1851 年蒲鲁东写了一本名叫《19 世纪革命的总观念》的书。全书共分七篇，对 19 世纪法国的革命进行了评价，同时提出了一套改革社会的方案。马克思称为"药方"，其中关于货币信用银行部分是这样说的：

（1）宣布法兰西银行不是国家银行，而是"公益机构"。利率将降低到 0.5 厘或 0.25 厘。

（2）金银逐渐停止流通，用纸币代替。至于个人信贷，它应该在工人协会、农业协会和各行业协会中采用。

蒲鲁东妄图借助于国家银行和无息贷款来实现共产主义。其中有一个基本的思想就是取消利息，把支付的利息、地租等作为赎回债务和地产的赎金。没有钱付赎金怎么办？由国家银行贷款，把地产赎回来以后怎么生产？蒲鲁东说："农业劳动排斥集体的形式，"即单干。大工业组织"工人协会"，由"工人协会"组织生产。小作坊、手工业、商业等，"没有成立联合会的可能"也是单干（48p）。

马克思读到蒲鲁东的这本书以后，于 1851 年 8 月 8 号写信给恩格斯，请恩格斯评价。马克思说，蒲鲁东这个人看来有所进步，他终于认识到了财产所有权的真正意义。他也是通过"隐蔽"方式没收各种财产（生产资料）。蒲鲁东要建立一个"没有权威的社会"，要废除国家。恩格斯说："废除国家的真正意义是国家的更加集中。"也就是说，国家要集中生产资料。恩格斯说："普鲁东先生终于认识到：实行或多或少的隐蔽没收是必要的，我已经说过这是一种进步。"

恩格斯说怎样降低银行利息，这是一个问题。"我认为，任何想迅速地、恒久地降低利率的企图，都必然要遭到失败，因为在每一次革命爆发和营业停滞的时期，那些暂时手头拮据，处境困难，因而一时不宽裕的人对于高利贷和信贷的需求不断增加。"（52p）这就告诉我们利息率的变化取决于对借贷资本的供求变化。如果求贷的人多，利息就降不下来，如果硬要下降，只会对大商人有利。蒲鲁东原设想"个人信贷"由工人协会进行，这样可以废除利息。恩格斯说：这是一个骗局，做不到。因为国家不可能对工人协会进行管理和监督。恩格斯说："只要有不宽裕的，没有保证品的，从而恰好非常需要钱用的人存在，国家贷款就无法消灭私人贷款。"（53p）

恩格斯在评论蒲鲁东的方案时，顺便指出："这里就使我想起不久以前我们关于根据你的计划降低利率的讨论，你的计划是成立一个能够垄断纸币流通和停止金银流通的唯一享有特权的国家银行。"（52p）这说明马克思、恩格斯曾计划怎样降低利率？办法是成立一个享有特权的国家银行。

（四）

马克思说："价值，纯粹归结为劳动量；时间作为劳动的尺度。使用价值（无论是主观上把它看作劳动的有用性，或者客观上把它看作产品的有用性）在这里仅仅表现为价值的物质前提，这种前提暂时完全退出经济的形式规定。价值本身除了劳动本身没有别的任何'物质'。"（132p）

这说明价值的"物质"是劳动。价值量就是劳动量。在谈论价值时，使用价值是暂时退出的。

马克思说："价值归纳为劳动量的一个抽象""价值是从这些规定中抽象出来的。"（132p）这种规定本身是从以下的假定的前提出发的：①原始共产主义的解体；②一切不发达的、资产阶级前的生产方式的解体。也就是说，交换在全社会已经完全占据支配地位（而在资本主义以前的生产方式中交换还没有完全占支配地位）。

马克思说：从价值的一般特点（这也是后来表现在货币中的那些一般特点）同它表现为某种商品的物质存在等之间的矛盾中产生出货币这个范畴。

这是说价值不能自己表现，要用等价物表现，从这一点的发展变化产出货币。

货币。马克思在这里把货币分为几种：①作为尺度的货币（等价物）；②作为交换手段的货币；③作为货币的货币（保存价值）。货币材料（贵金属）是货币关系的体现者。

马克思说："转变为货币的商品价值是商品的价格，这种价格暂时只是在同价值的这种纯粹形式上的区别中表现出来。根据一般的价值规律，一定数量的货币只表现一定数量的物化劳动。货币只要是尺度，它自身的价值的变化就无关紧要。"（133p）

这是说价格与价值的区别是"纯粹形式上的区别"。也就是说价格与价值没有本质区别。

为什么作为尺度的货币，货币自己的价值的变化就无关紧要呢？因为货币是以自身的使用价值尺度别的商品的价值量的，一旦这种尺度固定化、比例化以后，人们就知道商品价格多少钱，而与货币本身价值变化无关。

"一定数量的货币只表现一定数量的物化劳动。"这就是一定数量的货币，都以一定数量的货币材料（或使用价值）表现出来。

马克思说："简单的流通就表现为以下两种循环过程或两种终结：$W \overset{\text{卖}}{\to} G \to G \overset{\text{买}}{\to} W$ 和 $G \overset{\text{买}}{\to} W \to W \overset{\text{卖}}{\to} G$（后者构成了向 c 的转化），但是起点和终点绝不重合，或者只是偶然重合。"（133p）这说明两种循环的起点和终点不同，有的是先卖后买，有的是先买后卖，先卖后买者，开始没有。

这是从货币流通本身的范围内来观察货币流通，其他的问题撇开不谈。如属于信用理论的范围就是撇开不谈的。

因此，货币在这里是流通手段（**铸币**），但同时也是价格的实现（不仅仅是一瞬间的**实现**）。商品，在它真正同货币交换以前，在规定**价格**时，已经在想象中同货币交换了，从这一简单的规定中自然地得出下面这个重要的经济规律："**流通媒介的数量由价格决定，而不是相反。**"（133p）这说明货币在简单商品流通中，作为交换手段的货币有两种作用：既是流通手段又把价值实现价格。因为，"在规定**价格**时，已经在想象中同货币交换了"。

马克思说："流通速度可以替代货币数量。"（133p）

马克思说："从阐明流通数量由价格决定这个规律可以看出，在这里设想了一些绝不是一切社会形态下都存在的前提。"（134p）这说明，设想了一些前提，如价格符合价值，等等，但这个设想，绝不是一切社会形态下都存在的。

马克思说:"**作为货币的货币**。这是 $G \to W \to W \to G$ 这一形式的发展。货币是不依赖于流通而独立的价值存在;是抽象财富的物质存在。"（134p）既然货币不仅表现为流通手段,而且还表现为实现着的价格,这一点在流通中就显露出来了。对于特性（c）来说,（a）和（b）只表现为职能,而在特性（c）中,货币则是契约中的一般商品（在这里,由劳动时间所决定的货币的价值的变化变得重要了）,是贮藏的对象（134p）。

这说明:贮藏货币是保存价值,而保存价值则是保存"契约中的一般商品",而且马克思指出,贮藏货币这种职能在古代和中世纪都是重要的。"目前它只从属地存在于银行业务中"（134p）。这是说,储蓄发挥了贮藏手段职能。

马克思说,商业资本是"资本的太古形式"（134p）。"交换只是以另一种物质形式再现同样的价值。"（135p）

（五）

马克思说:"我们假设,货币价值下降 1/10。这时,商品价格在其他条件相同的情况下就会提高 1/10。反过来说,如果货币价值提高 1/10,则商品价格在其他条件相同的情况下会降低 1/10。"（261p）

这个理论可以用以下公式来说明:

价格＝商品价值／货币价值,设 $1 = 100/100$。

如货币价值下降 1/10,即 $100/90 = 1.11$,即价格上涨 1/10。

如货币价值上升 1/10,即 $100/110 = 0.909$,即价格降低 1/10。

（六）

马克思说:"为卖而买,实际上是这样一种交易,其中,货币作为资本执行职能,并且以货币流回它的起点为条件;为买而卖则不同,在这里货币只需要作为流通手段执行职能。卖和买的行为的不同序列,赋予货币两种不同的流通运动。这里包含着的,是货币形式中能表现出来的价值本身的不同状况。"（276p）

为卖而买,货币执行的是资本职能——资本的流通, $G \to W \to G$ 回到出发点。

为买而卖,货币执行的是流通手段职能——货币的流通, $W \to G \to W$ 不回到出发点。

八、马克思主义在实践中发展①

　　1956 年在向科学进军的感召下，笔者有幸跨入了四川财经学院的大门，就读于财政与信贷专业。专业基础课之一《货币流通与信用》，完全按照《资本论》第一卷第一章的体系论述了货币的产生和发展。当时笔者对马克思关于货币产生的逻辑理解得还不深，但从此与马克思主义经济学结下了不解之缘。此后，留在高校任教，为了充实理论功底，我不断地反复地研读马克思主义经济学经典著作，曾写了 23 本读书笔记，回想当年，能够说是全身心投入学习经典中。而今，纪念马克思诞辰 200 周年，我不禁心潮澎湃，思绪万千。

　　在这里，笔者以"马克思主义在实践中发展"为题，准备从三个方面——马克思主义经济学的基本原理仍未过时、应当马克思主义中国化、马克思主义是发展的，和大家分享心得，纪念马克思。

马克思主义经济学的基本原理仍未过时

　　马克思是伟大的思想家，早在一百多年前，他就洞察了资本主义经济的形成和发展，深刻地揭示了在资本主义经济中货币资本积累与现实资本积累的关系。例如在《资本论》第三卷第 30 章、第 31 章和第 32 章中研究了货币、资本、借贷资本之间的转化等。

　　马克思在分析了资本和收入怎样转化为货币，货币又怎样转化为借贷货币资本以后，提出了现实积累扩大与借贷货币资本积累扩大的关系。他说："货币资本积累的这种扩大，一部分是这种现实积累扩大的结果，一部分是各

---

① 曾康霖，《马克思主义在实践中发展》，在西南财经大学纪念马克思诞辰 200 周年座谈会上的发言，2015 年 5 月。

种和现实积累的扩大相伴随但和它完全不同的要素造成的结果,最后,一部分甚至是现实积累停滞的结果。"这就是说,借贷货币资本的扩大,有三种情况:第一种是利润中用于积累部分的增加;第二种是利润中用于消费部分的增加。这部分增加与现实积累的扩大相伴随,但它不是生产要素;第三种是现实资本停滞,即生产的东西卖不出去或是买不到原材料,或生产过剩,找不到投资场所。这样会以货币资本形态出现,增加借贷货币资本。由于借贷货币资本的扩大是在这样三种情况下产生的,因而它积累的量不等于再生产资本的量。

马克思关于"货币资本积累与现实资本积累"的剖析,对我们的启示有以下几点。

(1)供给于社会的货币,必须区分为:作为购买手段和支付手段的货币;作为货币资金的货币(马克思称为货币资本,尽管货币资本也是货币,但作为货币资本有增值的性质);作为商品的货币。货币的职能有所不同,并非所有的货币都成为货币资金。

(2)作为购买手段和支付手段的货币,其量决定于投入流通中的商品价格总额;作为货币资金的货币,其量决定于社会再生产过程中需要垫支的购买劳动力和劳动对象的货币量(其垫支的时间即再生产过程中的流通时间);作为商品的货币,其量决定于以其作为买卖对象的供求关系。换句话说,无论哪一种货币的需求量都是有限的,不是无限的,无限地供给货币,必然产生负效果。

(3)作为货币资金的货币,其载体主要以有价证券和借贷货币资本的形式存在。有价证券和借贷货币资本都能生息,又都统称为生息资本。引起生息资本(特别是借贷资本)量扩大的因素很多,因此生息资本的积累必然大大超过现实资本的积累。

(4)生息资本的积累,在有的情况下与产业资本的积累联系在一起,即是同步的;但在另外的情况下,与产业资本的积累不联系在一起,即不同步。在后一种情况下,借贷资本的积累只是在于货币作为借贷货币沉淀下来。这个过程,和货币实际转化为资本的过程是很不相同的。这是货币在可能转化为资本的形式上所进行的积累。

(5)借贷资本是货币资本家把别人节约下来的东西,变成他自己的资本,把别人提供给他的信用,变成了他私人发财致富的源泉,与现实积累的扩大相伴随。这是说由于扩大再生产,会产生贸易过剩、生产过剩、信用过剩,这是伴随着扩大再生产而产生的,会引起信用的扩大,从而借贷货币资本也扩大。

(6) 大量增发货币会使相当大的一部分成为生息资本。如果全社会的资本大量地存在于生息资本,则是消极的积累,不是"积极的积累"。证券公司再融资的资金并非全部进入实体经济,相当部分以生息资本形式存在,如以借贷资本的形式进入房地产。

应当马克思主义中国化

习近平总书记强调指出:我国哲学社会科学的一项重要任务就是继续推进马克思主义中国化,时代化,大众化,继续发展 21 世纪马克思主义、当代中国马克思主义。应当说,毛泽东思想、邓小平理论就是 20 世纪马克思主义,当代中国马克思主义,而 21 世纪中国的马克思主义则是习近平新时代中国特色社会主义思想。

从一个学者的深度探讨马克思主义中国化,就应当立足中国实际,持续把马克思主义理论与中国实际紧密结合,关注中国问题,研究中国问题。

当代,中国经济快速发展,成就辉煌,令世人瞩目。值得重视的是中国经济的发展给中国社会带来了哪些变化:①人们收入增加,生活水平提高。与此同时,贫富差距不断拉大。②随着数以万计的农民工进城,城市人口规模不断扩大,与此同时,农村空巢老人、留守儿童问题值得关注。③经济发展了,收入增加了,但中国人的素质提高滞后。所以我们认为中国现阶段,既要狠抓经济发展,更要着力推动社会进步!

现阶段值得思考的问题是:中国社会经济发展,长期以来,以大中城市为中心,忽视县级区域。这样的状况必须得到高度重视。

为什么说这些问题必须得到高度重视?

①大中城市生活成本居高不下,会导致家庭矛盾产生。②会导致新生代的农民工"大城市进不去,农村老家也回不来"。③在广大农村,土地资源被浪费的情况相当严重。农民修的新房不少,但少有人住。④城市,特别是大中城市的承受力有限。重要的是在医疗、养老、教育方面优质资源有限,而且相对集中。这种状况难以改变,难以合理分配,不利于人们平等享有优质资源。

基于以上认识,我们认为,中国社会经济的发展,应着力以县级区域为基础,以广大农村作为前沿基地。这当中,不可忽视的因素有:

（1）中国14亿人口，绝大部分常年生活在县级区域。

（2）人们生活水平的提高，生活质量的提升，总要反映到"吃、穿、住、行、乐"中。这五个要素，都要依托广大的土地，要优化土地配置。要知道，当代人们对生活目标的追求，不都是或不一定是"高、大、上"，而且追求绿色，富于健康，有利于人们的健康长寿。

（3）一个国家的经济可区分为下游经济、上游经济、高端经济。下游经济主要是解决人们"吃、穿、住、行、乐"的经济，换句话说，也就是为人们提供最终消费的生活消费品。为适应绝大多数人的生活需要，经济就应当集中在县级区域。

（4）必须确定广大农村与县级及以下城镇的关系：不能忽视这一区域，应为这么多人的生活和人的素质提高创造必须的条件。当代的城镇，是扩大消费媒介体，信息传播的媒介体，接受教育的媒介体，文化传承的媒介体，维护健康的媒介体。这些媒介体的功能是大中城市不全具有，或难以取代的。

（5）社会经济发展的初衷，必须使拥有劳动力而又愿意劳动的人口充分就业。

怎样具体地实现以县级区域为基础，以广大农村为前沿阵地，建设和发展中国社会经济？

（1）首先要有科学的规划，确立不同的生态区；

（2）大力进行基础设施建设；

（3）创造条件大力引进资金、人才；

（4）要有具体的目标要求；

（5）在财政金融上给予支持。

马克思主义是发展的

中国是社会主义国家，经济、金融的研究，必须以马克思主义经济学为指导。以此为指导，除了要遵循马克思主义基本原理外，重要的是坚持马克思主义经济学的立场、观点、方法。立场：为什么人；观点：是否符合实际；方法：科不科学。用现代的语言表述，就是要站在为人民谋福祉的立场上，运用科学的方法去认识客观世界，求得符合实际的成果和得出有价值的结论。

以马克思主义经济学为指导，必须认知马克思主义经济学是不断前进和发展的。

（1）马克思、恩格斯分析问题常常采取从具体到抽象，从抽象到具体，采用抽象法。抽象法实际上是排除干扰去看问题，它或者假定这个因素不存在，或者假定这个问题是既定的，或者把某个问题存而不论，在这样的前提下去讨论问题，去认识事物。如果我们分析问题时把假定不变的因素纳入进来考虑，情况便有可能会有变化，所以应辩证地看待和分析经济现象和问题。

（2）马克思的理论是来源于实践的，实践是不断丰富和发展的。比如说，马克思提出的货币流通规律实际上是金属货币流通规律，在当代，显然需要我们从纸币流通规律、信用货币流通规律、本币流通规律、外币流通规律等去研究有关规律。

（3）要用辩证的思维看待马克思的论断，分析问题要用辩证的思想。要学会马克思从不同的角度分析同一个问题。同一个问题，分析的角度不同，得出的结论不一样，甚至相反。不同角度的分析，有不同的意义，马克思主义经济学中充满着辩证法。

（4）中国是个大国，经济金融研究"要传承中华文明，要与大国的地位相称"。金融研究要在特色、气魄、创新上下功夫。这应当是马克思主义经济学中国化的重要内容。

所谓特色，就是立足国情，坚持理论联系实际，努力形成自己的特点和风格。我国通常被概括为发展中国家和转型经济国家。除了这两点，还应该看到，我国是大国，大国不仅意味着幅员辽阔、人口众多，在全球经济中举足轻重，而且意味着适应性和包容性强，差异性大。在金融领域中，要研究大国在金融全球中的地位、权利与义务，要研究大国同时又是发展中国家的金融话语权。从我国实际出发研究经济问题，不仅要研究物质资源的开发和配置，而且要研究人力资源的培育和配置；不仅要研究宏观和微观经济问题，而且要研究区域经济协调发展问题。

所谓气魄，就是自信自强，坚持发扬优良传统，努力体现中华民族深厚的文化底蕴。中华民族在5 000多年的发展史上，曾经创造出灿烂辉煌的中华文明，中国经济曾经长期处在世界前列。在新时代，中华民族一定能够创造新的辉煌，实现伟大复兴。对此，我们有充分的信心。反映在经济学研究方面，就是要既注重博采众长，又坚持以我为主。学习、引进、借鉴国外的经济思想是必要的，但目的是为我所用，不能抱有"外来的和尚会念经"的心理，更不能生搬硬套。

所谓创新，就是与时俱进，坚持站在学科前沿，努力有所发现、有所创造、有所前进。改革开放以来，我国经济发展成就巨大，经济学研究也取得长足进展。但我们不能满足于已经取得的成绩，而应当清醒地看到经济发展中还存在许多突出矛盾和问题，需要认真研究解决。比如，怎样使国民收入分配向老百姓倾斜，怎样提高内需在 GDP 中的比重，怎样扮演大国的角色？投资与消费怎样制衡？这不仅需要从经济学的视角去研究这些问题，也要从金融学的视角去研究这些问题，而研究的思路和方法不能固守原来的套路，而必须大胆创新。创新不仅要体现在理念上，而且要体现在方法上。所以，必须进一步解放思想，敢于打破陈规，勇于突破前人。

　　总之，中国的经济学研究，立场要为人民谋福利，观点要切合实际，方法要科学。具体说，只有站在为人民谋福利的立场上，通过调研从感性认识上升到理性认识，得出符合实际的结论和有利于经济社会发展的战略和策略，就是遵循了马克思主义！

　　谨以此"马克思主义在实践中发展"为主题，简述关于马克思主义经济学的基本原理仍未过时、应当马克思主义中国化、马克思主义是发展的心得，纪念马克思诞辰 200 周年。

第二编　学习外国名著
　　　　读书笔记

编者导读：这一编，我们从曾康霖先生阅读大量外国名著的读书笔记中，特地选取了六本。读者可以从这些读书笔记中去体会一位笔耕不辍，孜孜以求，执着追求，境界卓越的学者，在其看似平常的阅读中，怎样去宏微兼具、举重若轻地把握历史，审视世界，立足国事，洞彻专业的。

一、学习《旧制度与大革命》笔记

二、学习《21 世纪资本论》笔记

三、学习《欧元思想之争》笔记

  附录一　论欧洲货币联盟的理论、思想和价值基础

四、学习《美国货币史（1867—1960）》笔记

  附录二　量化宽松的货币政策的理论基础、传导机制及效应评价

  附录三　大国末路：从卢布崩溃看美国人怎么玩金融

五、学习《金融创新》笔记

六、学习《债务危机：我的应对原则》笔记

一、学习《旧制度与大革命》① 笔记

编者导读：本部分根据曾康霖先生阅读《旧制度与大革命》时，针对该书提出的若干核心问题所做笔记整理。曾康霖先生在其笔记中写道：等级制度、阶级对立是导致大革命的根本；大革命发生的重要原因是天灾人祸，天怒人怨；启蒙运动是大革命的舆论支撑。此外，曾康霖先生在《旧制度与大革命》一书的读书笔记中，细致梳理了这样几个问题：①大革命不是要摧毁一切社会秩序，而是要摧毁所有社会权力；②托克维尔对"为什么封建权利在法国比其他任何国家更使人民憎恶"的回答；③有史以来作为中央集权式国家的法国，在这种体制下，各阶级、阶层、官民之间的关系怎么建立；④大革命以后，法国人为什么先要改革，后要自由；⑤为什么在君主制最繁荣时期，大革命加速到来。

前言

法国历史学家亚历西斯·德·托克维尔（Alexis de Tocqueville，1805—1859），在1856年出版了《旧制度与大革命》。作者开宗明义地指出：他从事的是对"关于法国革命的研究"，而不是写另一部大革命史。既然是研究，作者就要整理资料，指出问题，分析问题，得出结论。托克维尔阅读、利用了前人从未接触过的大量档案材料，包括古老的土地清册、赋税簿籍、地方与中央的奏章、指示和大臣间的通信、三级会议记录和1789年的陈情书。他是第一个查阅有关国有财产出售法令的历史学家；他还努力挖掘涉及农民状况和农民起义的资料。根据这些史料，他得以深入了解、具体描绘旧制度下的

---

① 参见：亚历西斯·德·托克维尔. 旧制度与大革命 [M]. 冯棠，译. 北京：商务印书馆，1992.

土地、财产、教会、三级会议、中央与地方行政、农民生活、贵族地位、第三等级状况等，并阐发自己的论点。在《旧制度与大革命》一书中，托克维尔叙述了"大革命"的起因和过程，揭示了"旧制度"的维护和弊端，指出了"大革命"的初衷和选择，并把全书分为三大篇。第一篇有五章，核心的内容是：大革命的根本目的并非像人们过去认为的那样，是要摧毁宗教权力和削弱政治权力。第二篇有十二章，核心的内容是："为什么封建权利在法国比其他任何国家更使人民憎恶"，"中央集权制怎样进入旧政治权力并取而代之"。第三篇有八章，核心内容是：法国人何以先要改革，后要自由。有一件事值得注意，那就是，在为大革命做准备的所有思想感情中，严格意义上的公共自由的思想与爱好是最后一个出现，也是第一个消失的。"路易十六统治时期是旧君主制最繁荣的时期，何以繁荣反而加速了大革命的到来。"

（一）

等级制度、阶级对立是导致大革命的根本原因

法国是欧洲大陆上一个典型的封建专制国家。虽然资本主义工商业有一定程度的发展，但农业占统治地位。资本主义的发展受到封建专制制度的严重阻碍。封建等级森严，社会成员分为三个等级：教士（僧侣）为第一等级，贵族为第二等级，第三等级包括农民、工人、城市平民和资产阶级。必须指出的是：第三等级通常是指 18 世纪末期法国资产阶级革命前，有纳税义务的人构成的等级。与那些不纳税、享有封建特权的人构成的第一等级（僧侣）和第二等级（贵族）相对立。具体地说，纳税等级包括农民、手工业者、小商贩、城市贫民和资产阶级等，他们占法国全国人口的 95% 以上。进一步说，他们均属被统治阶级，负担国家的各种赋税和封建义务，没有任何权利。但要知道，贵族与富人是相互转化的。在法国，一些有钱有能力的人群，有机会转化为贵族，据报道 1700—1789 年，就有约 5 万人转化为新贵族。也就是说 18 世纪以后，资产阶级财富与贵族财富界限模糊，换句话说资产阶级在第三等级中经济上最富有，政治上最成熟，居于领导地位。18 世纪末，法国资产阶级革命前夕资产阶级领导的第三等级已成为反封建的主力军。

大革命发生的重要原因是天灾人祸，天怒人怨

从经济背景考察，18 世纪的法国总的说来由于通货膨胀经济日益衰退，

商品滞销，通货膨胀使得社会购买力下降；18世纪80年代地主因歉收加租，进一步消减农民的收入；国内最大的地主罗马天主教会教廷对谷物征收什一税，什一税表面上减轻了国王税项对民众的压力，实际上对每天都饿着肚子的穷人而言是一座大山；国内设置的关卡则限制了国内的经济活动，在间歇性作物歉收时成为运输障碍。有资料显示，贫户家庭在面包上的支出在1788年占家庭收入的一半，1789年则达到80%；居民无事可做纷纷涌入城市，失业率提高，社会动荡不安；对外，由于路易十五时代的过度参战导致国库空虚，带来财政压力。由于战争债务带来的社会负担，当时法国国债总量高达20亿法郎。同时由于贵族阶级，尤其是住在凡尔赛的路易十六和玛丽·安托瓦内特皇后的奢华生活，不仅给平民百姓带来了负担，而且增加了第三等级的怨恨。从革命发生的导火线观察，重要原因是1788年夏天法国的旱灾。旱灾引起饲料不足，致使大批牲畜被宰杀，肥料不足又导致农田荒芜。同年冬天，法国又遇严寒天气、冰雹，大量土地收成全无。这致使法国大革命前夕，面包的价格大幅度上涨（一个4磅面包的价格从8苏涨到1789年年底的12苏），患病人数和死亡率上升，大规模的饥荒和普遍的营养不良。饥荒甚至蔓延到欧洲的多个地区，而且政府缺乏足够的运力致使食品无法运往灾区。所以仅仅指出大革命发生的原因是腐败，这是不够的。

启蒙运动是大革命的舆论支撑

在17世纪至18世纪，欧美地区发生了一场思想文化运动，学界认为这个宇宙的秩序是可以透过理性来掌握的，人类历史从此展开在思潮、知识及信息上的"启蒙"。17世纪启蒙运动的主要代表人物是康德，德国哲学家康德以"勇于求知"的启蒙精神来启迪人类，要理性地看待客观事物，要从不成熟的无知和错误状态中解放出来。18世纪初期启蒙运动的主要人物是伏尔泰、孟德斯鸠等，该世纪后期，主要人物有狄德罗、卢梭、蒲丰以及孔狄亚克、杜尔哥、孔多塞等，他们都是该世纪的名家，致力编辑该世纪伟大成就之一的《百科全书》。由启蒙时代带来的愤恨和渴望，以及由此而生的社会和政治因素使得法国大革命有了舆论支撑。总的说来，由于知识分子和商人对贵族特权和统治的愤恨，使得启蒙运动成为摒弃法国旧制度的法国大革命，并提供了自由的革命思想。特别是孟德斯鸠的主张，对取代旧的君权神授的王朝体制有重要作用，他主张新的共和国的政治体制需要有以理性的宪法为基础。还要指出的是在路易十五当政时期（1715—1774年），由于人民极度不满国王的统治，使其遭到各界的抨击。在这种局面下，涌现出了伏尔泰、孟德斯鸠、卢梭、狄德罗等一大批思想开明的人物，天赋人权、君主立宪、三权分立、主权在民等思想应运而生，并且日益深入人心。

（二）

托克维尔在第一篇第二章中说："把民主社会视为宗教必然的敌人，那就错上加错了：基督教乃至天主教中，几乎没有与民主社会的精神完全对立的东西，甚至不少东西对民主社会利大于弊。此外，历朝历代的历史都在表明，最富有生命力的宗教本身自始至终扎根于人民心中。所有消逝在历史尘埃中的宗教在人民心中仍有自己的位置，而那些想要顺应人民思想感情的种种制度，到头来总是把人类精神导向对宗教的不信任，这简直让人无法理解。"（9p）

这就是说，在他看来，宗教与民主社会不是对立的，而是顺应人民思想感情的"宗教的本能自始至终扎根于人民心中"。

他又说："刚才我对宗教的论述，也很适用于社会权力。大革命一下子推翻了有史以来所有维持社会等级制度和束缚人的一切机构和风俗。人们看到这些便会以为，大革命想要追求的不仅是摧毁个别社会秩序；不仅要摧毁某一政府，而且要摧毁所有社会权力；进而可以这样说，法国革命本质上的特性是无政府主义。可是我却说，这种论断仅仅是看到了表面。"（9p）

这就是说，在他看来：不能认为"大革命不是要摧毁一切社会秩序，要摧毁所有社会权力"。如果这样，就是搞无政府主义。这是他回答第一篇中的核心问题所在。同时他又深刻指出这种无政府主义，在"不得不"的形势下进行。他指出：法国革命不仅希望改变旧政府，而且要进一步废除旧的社会结构，因为这样的目的，它不得不同时攻击现存的一切权力，毁灭一切公认的势力，毁掉各种传统，更新风俗习惯，并且试图把所有一贯培育尊敬服从的思想从人们的脑中清除出去。法国革命如此独特的无政府主义特点由此诞生。

（三）

在第二篇中，托克维尔对"为什么封建权利在法国比其他任何国家更使人民憎恶"的回答，明确且具体。其重要观点是：①法国的下层阶级的所有积蓄都是用来购置土地的，有人估计农民已经占有了法国一半的土地，使得农村的"地产主"也就是土地所有者大量增加。②每个地方的领主享有或专有各种特权，他说"为领主服劳役的情况在各地几乎都不存在。道路通行费大多数被削减或已被取消；只有少数省份还有好几种道路通行费。领主在所有省份征收集市税和市场税。在整个法国，只有领主享有专有狩猎权，这一点无人不知。一般说来，只有领主才能拥有鸽舍和鸽子；几乎在每个地方的领主都在强迫土地耕种者在其磨坊磨面，用其压榨机榨葡萄。那一时期的土地转移和变卖税普遍存在而且极为苛刻，即在领地范围内，人们每次出售或购买土地都要向领主纳税。③所有领地的土地都担负年贡、地租以及现金或实物税，地产主向领主交纳这些捐税，且无法赎买。透过所有这些花样，我们可以看到一个共同点：这些权利几乎全部与土地或其产品有关，全都损害着土地耕种者的利益"（28p）。

　　他进一步指出：那些起源于封建制度的权利曾激起我们先辈最强烈的反抗，它们被视作对正义和文明的背离。什一税、终身租税、不得转让的地租、土地转移和变卖税，这用 18 世纪稍显夸张的说法来说，就是土地奴役。这些税收在当时的英国也仍然部分存在，有好几种直至今日仍可觅其踪影。但是它们并没有对英国农业产生障碍，英国农业可称世界上最完善、最富庶的农业，而且英国人几乎没有感知到它们的存在。

　　但是为什么在法国人民的心中，同样的封建权利却激起了如此强烈的仇恨，甚至浓烈到即使它消失以后依然如故，简直无法熄灭呢？原因有：其一，法国农民已成为真正的土地所有者；其二，法国农民已完全摆脱了领主的统治。当然还存在其他原因，但是我认为这些才是主要原因。因为，如果农民不拥有土地，他对封建制度强加在地产上的多种负担就会毫无感觉。如果他不是承租人，什一税与他有什么关系？但事实上，什一税从他的租金所得中提取。如果他不曾拥有土地，地租与他有什么关系？如果他只是替别人经营，那么经营中的种种盘剥又与他有什么关系？（29p）这表明：在托克维尔眼中，所谓的封建权利就是"土地奴役"。从道理上说，农民已经是土地所有者，摆脱了领主的统治，但领主仍然要利用农民与土地有关并从中进行盘剥，这实际上仍归领主统治，所以农民无法忍受。

　　必须要指出的是：托克维尔剖析这个问题是要揭示法国大革命为什么在

"那些人民受其苛政折磨较轻的地方爆发。他说大革命的特殊目的是要到处消灭中世纪残余的制度，但是革命并不是在那些中世纪制度保留得最多、人民受其苛政折磨最深的地方爆发，恰恰相反，革命是在那些人民对此感受最轻的地方爆发的"。就欧洲而言，法国当时并不是封建权利最深重的地区，相反，它却是封建权利压迫最轻的地方。这是因为法国早已发生了一场静悄悄的革命：农民完全摆脱了领主的统治，而且已变为土地所有者。但是，正因为如此，农民对残存的封建权利就更难忍受。作为土地所有者，农民才会对封建制度强加在地产上的多种负担感到痛苦和愤慨；贵族不再拥有统治领地的权力，贵族的特权乃至他们本身的存在也就愈加可疑。也就是说，不是贵族个人变得穷凶极恶，而是封建制度的瓦解引起社会心理的变化。托克维尔认为：**封建制度已不再是一种政治制度，但它仍旧是所有民事制度中最庞大的一种。范围缩小了，它激起的仇恨反倒更大；人们说得有道理：摧毁一部分中世纪制度，就使剩下的那些令人厌恶百倍。**应当肯定托克维尔的认知，非常唯物辩证。在这部著作中，托克维尔对法国大革命的起因与后果提出了一种开创性的解释。尽管这种解释并没有得出一种完美的结论，但是提出了引发后来者思考与探索的问题。他明确指出：它（大革命）绝不是一次偶然。的确，它使世界措手不及，然而它仅仅是一件长期工作的完成，是十代人劳作的突然和猛烈的终结。即使它没有发生，古老的社会建筑也同样会坍塌……只是它将一块一块地塌落，不会在一瞬间崩溃。大革命通过一番痉挛式的痛苦努力，直截了当、大刀阔斧、毫无顾忌地突然间便完成了需要自身一点一滴地、长时间才能成就的事业。这就是大革命的业绩。这段话可以说是表达了托克维尔解释的核心思想：大革命乃是旧制度下社会演进的结果。在深入研究旧制度的权力结构之后，托克维尔指出：**如果认为旧制度是个奴役与依附的时代，这是十分错误的。**他发现，旧制度乃是向今天人们所说的**"现代性"过渡的转型阶段，是两种体制的复合体，一方面是日益衰落的中世纪封建制度的残余，另一方面是不断强化的中央集权制。**正是这种社会转型不仅没有缓解反而加剧了法国社会的基本矛盾，促成了大革命的爆发。这种因果联系恰恰与人们想象的那种"压迫愈重、反抗愈烈"的方式相反，而是以一种悖论的方式发生的。

（四）

法国，有史以来是一个中央集权式的国家①。在这里笔者主要评析在这种体制下，各阶级、阶层、官民之间的关系是怎么建立的。托克维尔认为，各阶级之间的紧张关系之所以加剧，主要是中央集权制的作用。与许多人的看法相反，托克维尔认为，中央集权制不是大革命的产物，而是旧制度的产物。法国在大革命前已形成欧洲其他国家无法比拟的中央集权政治体制：在王权中央形成了一个集行政、立法和司法权于一身的统一权力机构，由中央政府派出的各省总督，总揽了地方政府的全部权力，中央集权制的政府几乎实现了对全国的绝对控制；更有甚者，旧制度实行官员保护制，专横地庇护大小官员。这样，中世纪各地区、各人民团体和个人的政治自由权利统统丧失了。这里应该指出的是，托克维尔显然是把政治专制与行政集权混为一谈了。托克维尔承认，这种中央集权政府是旧制度的一项成就，是旧制度下"所有活着、动着、生产着的东西"的"新的根源"，也是旧制度中唯一在大革命后保存下来并且能够适应新社会的政治体制。但是，他也发现，这种单一的中央集权制是旧制度时期社会动力之源，也很容易为千夫所指。由于中央政权摧毁了所有中间政权机构，因而在中央政权和个人之间，只存在广阔空旷的空间，因此在个人眼中，中央政府成为社会机器的唯一动力，成为公共生活所必需的唯一代理人。结果，这就导致了人们对中央集权政府的绝对依赖，而这种绝对依赖又很容易转变为另一个极端：当中央政府不能满足人民心愿时，便产生人们对中央政府的极端仇恨。由此托克维尔得出结论：高度的中央集权制和巴黎的至高无上的地位，是法国多次革命的主要条件之一。托克维尔还发现，正是中央集权制的发展，造成法国阶级分离的加剧，使法国社会变成一点即炸的火药桶。首先，三级会议的停开，使得第三等级与贵族在公共生活中再也没有联系。其次，与一般人们想象的相反，贵族的种种免税特权不是中世纪的遗存，而是中央集权制发展的结果。王权逐渐剥夺了贵族的政治权力，但是，为了安抚与王权对立的贵族阶级，作为一种交换，自 15 世纪到法国革命，免税特权一直不断增长。贵族享有的各种特权尤其是免税特权彻底导致了资产者与贵族的不平等和互相孤立。再次，为了获取免税特权，

---

① 编者：在本书第二编学习《欧元的思想之争》读书笔记中，曾康霖先生对此也有相关评价。

资产者设法住进城市并在城市中获得职位，这就导致了资产者和农民的分离。最后，农民成了被遗弃的阶级。不仅其他阶级都离弃农民，而且政府对农民极其冷酷无情：把各种捐税徭役负担强加给他们，以严酷的司法对待他们。各阶级之间彼此隔离的恶果，一方面是，再也组织不起什么力量来约束政府，（但）也组织不起什么力量来援助政府，也就是说，政府实行分而治之，最后京沦为"孤家寡人"；另一方面是，分裂的不同阶级彼此形同路人甚至成为仇敌。在被重重障碍长期隔绝之后彼此重新接触时，他们首先触到的是他们的伤痛处，他们重逢只不过是为着互相厮杀。应当说这是托克维尔一种形象的、夸张的表述，它表明不同阶级之间的矛盾不可调和。值得注意的是：在中央集权制的体制下，大革命以后，政府的本能没有变，但官员的态度在变。托克维尔指出："政府只是听从某种诱惑它们独揽大权的本能，政府官员确实不断变化，但这种本能却自始至终如一。旧政权机构的古老名称和荣誉得到了保留，但权力被渐渐削弱。政府并未将它们从原有的领域中逐出，只是让它们转移。它利用人们的惰性和自私为它争权夺利；它利用旧政权机构的一切流弊，但不曾改正它，只是竭力取而代之，最后，政府终于依靠总督这唯一的代理人取代了旧政权的几乎所有人，而总督，在旧政权问世时至少还是崭新的。"（52p）此外，他还坦率地说："一旦有人向我提问说，这部分旧制度是如何完全置入新社会并与之融合为一体的，我的回答是：如果中央集权制在大革命之后继续存活，那就是说中央集权制即是这场革命的开端和标志；我甚至可以说，人民在其内部摧毁贵族政治也就是自发倾向于中央集权制。在当时，加剧这种倾向显然要比起抑制这种倾向容易得多。人民内部的所有权力自发地趋向于统一，除非运用大量手腕，否则是无法使之分开的。民主革命固然扫荡了旧制度的众多体制，却令人意外地巩固了中央集权制。这场革命所形成的新社会已经为中央集权制预留了它的位置，以至人们心安理得且自然而然地将中央集权制列为大革命的功绩之一。"（53p）

这表明：在托克维尔看来，"中央集权制"这种旧制度能够在大革命后继续存活融入新社会中，在于"人民内部"能够接受，人们想要的是统一，而不是分裂。

（五）

大革命以后，法国人为什么先要改革，后要自由？托克维尔的回答是：

重要的是受"经济学派"的思想影响和主导。他所谓的"经济学派",就是以著名经济学家魁奈为代表的重农学派。这个学派厌恶特权,也憎恨等级制度;他们热爱平等,即使是奴役中的平等也行。一切妨碍他们理想目标的东西都应该被消灭。他们不怎么尊重契约;也毫不关心私人权利;或者,准确地说,在他们眼中,根本不存在什么私人权利,只存在公众利益。这个学派没有考虑过严格意义上的政治自由,但已经拥有行政改革的思想。这种思想的核心就是不主张制约中央权力,魁奈曾说,在政府中设立权力制衡制度是无益而有害的思想。

在经济学派看来,根本无法依靠像最高法院这样的旧工具来完成他们头脑中的革命,也不能依靠已经成为革命主宰的国民来实现他们的计划。如何才能使如此庞大、各部分之间联系紧密的改革体系为全体人民所接纳和使用呢?他们认为,不如让王室政府来为他们的计划服务,这是更有效且合适的方式。要知道这一说法是他们的调侃。经济学派的主张不在于毁灭专制政权,而在于改革专制政权。按照经济学派的观点,国家除了管理国民,更应该以某种方式培养国民:国家应依照某种模式来培养国民;通过在国民的头脑中灌输某种必要的思想同时向公民心中充实某些必要的情感。所以国家的权力不需要任何限制,它的所作所为也应该没有界限;它要做的除了使人们改邪归正,还要使他们焕然一新;经济学派早已熟知中世纪人们闻所未闻的这种名为"民主专制制度"的特殊专制形式。社会不再有等级,不再有阶级,不再有阶层;人民由完全相同、完全平等的个人组成;这么一个复杂的群体被认为是唯一合法的主宰,但与此同时,它又被完全剥夺了领导甚至监督其政府的权力。当然,在人民头上还有个独一无二的代理人,他以人民的名义处理所有事务,而不需要征求人民的意见。能够控制他的是没有机构形式的所谓的公共理智;能够阻止他的,则只有革命。在法律上,他是听命于人的仆人,但事实上他才是主人。经济学派脑海里那个庞大的社会权力当然大于他们眼前的任何政权,而且拥有不同的起源和性质。它的权力来源不是直接出自上帝;也不关传统什么事情;它的权力也不是来源于个人;它不再叫国王,而叫国家;它更非家族遗产,而是代表着所有人,它是使每个人的权利必须服从于它的全体意志。这表明:大革命以后在法国,人们先是要求改革,后要求自由,重要的是广大人民首先渴望的是平等,而不是自由。

托克维尔说,在专制制度下,人们看上去是接受自由,实质上是痛恨主人。那些为自由而生的民族所憎恨的是奴役制本身。他还说"我同样不相信,真正地对自由的热爱是因为自由能带来更多的物质利益，因为这种看法常常模糊了焦点。的确，长期看来，自由可以给那些善于维持自由的人带来富裕、福利甚至财富；但更多的时候，自由暂时使人得不到这些满足；而在其他一些时候，只有专制能使人得到暂时的满足。那些只能欣赏自由带来好处的人，从未长时间的保持自由。世世代代总是有些人一直紧紧依恋着自由，依恋着自由本身的诱惑力和魅力，而并非自由的物质利益；这种魅力就是在上帝和法律的统治下，自由地表达、行动、呼吸的快乐。而在自由中寻求自由本身以外的其他东西的人就只配成为奴仆。"（139p）这表明：在他看来，迷恋着自由的人，只是追求精神上的满足，而非物质利益上的满足。这又是他回答上述问题的核心点。

（六）

为什么在君主制最繁荣的时期，大革命却加速到来？托克维尔的回答是：这是"新精神"的力量。他指出在大革命爆发以前，每个人都在自己的环境中既焦虑又兴奋，每个人都努力改变处境：普遍的人都在追求更美好的生活；但这种追求使人焦急现在，引人诅咒过去，甚至幻想未来，梦想一种与眼前现实完全相反的情况。可是就在大革命爆发前三四十年左右，情况开始有所不同；一种尚未注意到的内在震动开始在社会各个部分出现了。起初只有非常细心的人才能发现；但是逐渐地它越来越突出，也越来越明确。其速度逐年加快；一直到整个民族开始运动，似乎要复活。但要注意：这不是旧生命的复活；其复活的推动力来自新精神；躯体片刻复苏的目的是为了使之解体（141p）。应当说托克维尔的回答是密切结合法国当时实际的、生动的、深刻的、社会动态的。但不能忽视：当时的统治者路易十六的主导和力行。托克维尔指出：老百姓（主要是第三等级）的上述精神也逐渐渗透到政府内部，即使外部毫无变化，但内部已然被改造：法律没有改变，执行法律却完全变了。统治者精神的变化体现在各种捐税的征收中。与过去相比，立法同样不平等，同样专横而严酷，但是在执法时，上述的弊病都减轻了不少。此外，路易十六还亲自负责管理破坏农田应向农民的赔款。托克维尔说，官方文献充分证明了这一点。文献中处处充满着对自由和人的生命的尊重，特别是对苦难的穷人的真正关心，这在以前是完全不可能的。税务部门不再对穷苦人施行暴力，更频繁地赦免捐税，同时给予更多赈济。国王增设各种基金，甚至设立专门用于在农村创办慈善工场或救助贫民的基金（142p）。

官方主导并大力推动了经济的繁荣，这在法国历史上是少有的，是公认的，但还没有直接回答"为什么加速了大革命的到来"。学习《旧制度与大革命》后，曾康霖先生发现，这一问题的回答是下面一段话：革命的发生确实并不一定就是因为人们的处境越来越糟糕。更常见的情况是，一向毫无怨言地忍受着最难以忍受的恶政的人民，一旦压力有所减轻，他们就试图全部推翻。被革命摧毁的政权通常都大大好过于它前面的那个，而且经验告诉我们，一个坏政府最危险的时刻常常就是它开始改革之时。除了最伟大的天才，没有人能够拯救一位着手减轻长期受压迫的臣民负担的君主。人们之所以耐心地承受着苦难，那是因为他们以为这种苦难是不可避免的，但一旦有人提出消除苦难的建议时，它就变得无法继续忍耐了。当时被消除的所有弊病让人们敏感地发现了尚存的其他弊端，于是情绪更加激烈起来：痛苦虽然减轻了，但是感觉却更敏感了。封建制度的黄金时代并不比其接近灭亡时更能激起人们的仇恨；路易十六最轻微的专制举动都比路易十四的整个专制机构更让人无法忍受；短期监禁博马舍竟引起了比路易十四时期龙骑兵迫害新教徒更大的民情激奋。

没有人会觉得 1780 年的法国在走下坡路；相反，人们会说，这时候的法国已经没有能够阻碍进步的限制了。也正是在那时，产生了人可以不断完美的理论。20 年以前，人们对未来不抱期望；现在人们对未来充满憧憬。人们已经沉浸在即将来临的前所未有的幸福中，对现存的福分毫不在意，一心向新事物奔去（145p）。

这一段话有一句画龙点睛之处，就是"人可以不断完美的理论"。这一理论的核心思想是：追求幸福，憧憬未来！

《旧制度与大革命》是世界名著。1856 年出版时，托克维尔对此书的命运忧心忡忡，他写信给他的英国妻子说："我这本书的思想不会讨好任何人：正统保皇派会在这里看到一幅旧制度和王室的糟糕画像，虔诚的教徒……会看到一幅不利于教会的画像，革命家会看到一幅对革命的华丽外衣不感兴趣的画像；只有自由的朋友们爱读这本书，但其人数屈指可数。"出乎作者的意料，到托克维尔逝世那一年（1859 年），此书在法国已印刷发行了 4 版共9 000 册，到 1934 年已印 16 版，共计 25 000 册，在英国、美国、德国都极为畅销。

从 2012 年年末开始，法国历史学家托克维尔的《旧制度与大革命》持续大热，这本 19 世纪中期出版的老书在市面上几次脱销。2012 年 11 月 30 日中纪委召开专家座谈会，时任中纪委书记的王岐山向参加座谈会的专家推荐："我们现在很多的学者看的是后资本主义时期的书，应该看一下前期的东西，希望大家看一下《旧制度与大革命》。"

　　作为一本探究 18 世纪法国大革命起源及特点的著作，能在中国引起广泛关注，除了高层领导人的推荐外，2013 年 1 月 8 日出版的人民日报评论道，更大的原因是书中内容与当下中国的关联性。对于自由民主的追求，不能一蹴而就，政治改革需要大胆而审慎。可以说，经由改革达成代价最小的现代化道路，已经成为人们的共识。问题在于改革怎样推进、制度怎样变革，《旧制度与大革命》这本书能带给我们一些启示。

二、学习《21世纪资本论》① 笔记

编者导读：本部分根据曾康霖先生阅读《21世纪资本论》所做读书笔记整理。在该笔记中，曾康霖先生主要就该书写作的历史背景、对以往经济学家关于"财富分配不均"的评价、值得肯定的方面、不能与马克思《资本论》相提并论、学术界引起的争论及怎样认知中国的贫富差距六个问题做了介绍、思考。

前言

《21世纪资本论》（*Capital in the Twenty-First Century*）是2014年The Belknap Press出版的图书，作者是法国经济学家托马斯·皮凯蒂（Thomas Piketty）。该书中文版由中信出版社出版。该书作者皮凯蒂通过对20多个发达国家过去300年来不同阶层的工资水准做了详尽分析，并列出有关多国的大量收入分配数据，证明近几十年来，不平等现象已经扩大，很快会变得更加严重。他指出：在可以观察到的300来年左右的数据中，投资回报平均维持在每年4%~5%，而GDP平均每年增长1%~2%。5%的投资回报意味着每14年财富就能翻番，而2%的经济增长意味着翻番要35年。在一百年的时间里，有资本的人的财富，是开始的128倍，而整体经济规模只会比100年前大8倍。虽然有资本和没有资本的人都变得更加富有，但他们贫富差异变得非常大。

皮凯蒂认为，近几十年不平等现象之所以变得如此严重，推动经济发展的两大要素资本与劳动力有本质区别：资本可以流动、拥有、无限积累，而劳动力不能被别人拥有，只能被别人使用，个人拥有劳动力可获得报酬，但

---

① 参见：托马斯·皮凯蒂. 21世纪资本论［M］. 巴曙松，译. 北京：中信出版社，2014.

不能无限积累。除此之外，皮凯蒂还指出：当代资本主义存在三大基本定律。

第一基本定律为：$r>g$。r代表资本收益率，g代表经济增长率，$r>g$表示本收益率大于经济增长率，在这种状况下，有资本人的财富，就一定要超过没有资本人的财富。

第二基本定律为：$s \to g \to \beta$。s代表资本积累率，g代表经济增长率，β代表利润率，$s \to g \to \beta$，表示投资增长，导致经济发展，但利润率的水平降低。引起资本积累率增长的主要因素是国民收入中用于积累的比重扩大，而且有不断上升的趋势，引起利润率水平降低的主要因素是资本有机构成的提高和经济增长的速度降低。

第三基本定律为$\alpha = r \times \beta$。α代表收益分配率，r代表资本收益率，β代表利润率，$\alpha = r \times \beta$表示收益分配率决定于资本收益率与利润率的积数。这个积数代表分配给各阶层的收入，在资本所有者按照自己的意志来确定收入分配率的状况下，收益分配肯定有利于资本的所有者，而不利于劳动力。

在《21世纪资本论》中，皮凯蒂对18世纪工业革命至今的财富分配数据进行分析后，认为不加制约的资本主义导致了财富不平等的加剧，而自由市场经济并不能完全解决分配不平等的问题。所以，皮凯蒂建议通过民主制度制约资本主义，这样才能有效改善财富不平等现象。

在该书里皮凯蒂提出了一系列的建议：如征收15%的资本税（财富总额），把最高收入人群的所得税提到80%左右，强迫银行提高透明度，提高通货膨胀，等等。但他认为这些措施是不太可能实现的，因为控制资本主义社会的精英，可能宁可看到这个系统崩溃，也不会愿意让步。

《21世纪资本论》的出版，引起了学术界的高度关注。曾任世界银行经济学家的布兰科·米兰诺维奇（Branko Milanovic）称它是"经济思想史上具有分水岭意义的著作之一"。诺贝尔经济学奖得主保罗·克鲁格曼在《纽约时报》连发三篇评论，盛赞它是"本年度最重要的经济学著作，甚或将是这个10年最重要的一本书"；另一个诺奖得主罗伯特·索洛的评论更直接其标题是"托马斯·皮凯蒂是对的！"

中国经济学界对《21世纪资本论》有褒有贬。褒的方面有三：其一是发达国家的资本与国民收入之比过去30多年来在大幅上升；其二是财富的集中度也在大幅上升，得出了一个推论；其三是现代市场经济出现了系统性问题，解决这一问题必须采取直接对高财富群体和资本高额征税这一极端措施。该研究提出的课题意义重大。但除了经济学理论分析的不足外，还存在两大局限性。其一，皮凯蒂的眼光仅限于 20 多个发达国家，未能把全球作为一体来研究。而必须考虑中国等新兴经济体，才能厘清该书发现的经济现象背后的原因，而整个结论将会被逆转。其二，皮凯蒂没有厘清消费性财富和生产性资本的区别，而简单地将二者相加。

法国年轻的经济学家托马斯·皮凯蒂（Thomas Piketty，1971—）于 2013 年 9 月出版了《21 世纪资本论》法文版，2014 年 3 月又出版了这一著作的英文版，这一著作的中文版是 2014 年 9 月才出版的。据说这一著作出版发行后，销售了 40 余万册，在全球引起了极大的反响。对这一著作的评价褒贬不一。我作为一个学者粗看了他的著作，有如下体会：

写该书的历史背景

皮凯蒂为什么要写《21 世纪资本论》，说是要为了后人"从过去的历史中找到通往未来的钥匙"（36p）。其实，他是为了维护资本主义制度的民主。他指出："当 21 世纪的今天依然重复着 19 世纪上演过的资本收益率超过产生出与收入增长率的剧情时，资本主义不自觉地产生了不可控且不可持续的社会不平等，这从根本上破坏了以民主社会为基础的精英价值观。然而，民主可以重新控制资本主义并且保证公众利益高于个人利益，保持经济开放度，同时避免贸易保护主义和民族主义的影响。"（2p）在他看来资本主义社会的不平等，不利于发扬民主精神，而民主精神的发扬能保证公众利益高于个人利益，能保持经济的开放度，避免保护主义和民族主义。

对以往经济学家关于"财富分配不均"的评价

财富分配不均，怎样影响社会结构变迁和政治稳定呢？皮凯蒂回顾了历史，考察了部分经济学家的研究。古典政治经济学诞生于 18 世纪末 19 世纪初的英、法两国，关于社会分配问题的讨论贯穿始终。具有代表性的人物有两位：一位是英国农学家瑟·扬，他在法国大革命爆发前夕的 1787—1788 年，游历了整个法国，1792 年发表了其著作《游历日记》，描绘了法国乡下人民的贫困生活。他认为法国人口的大幅增长（从 1700 年的 2 000 万人增加到 1780 年的近 3 000 万人），"在一定程度上导致贵族权威以及当时政治统治的日益弱化"（4p）。其理由是"快速的人口增长趋势很大程度上造成了农业收入水平的停滞以及地租的大幅上涨"（4p）。另一位是英国经济学家托马斯·马尔萨斯，1798 年发表了他著的《人口原理》。在该著作中，他提出"人口过剩是影响财富分配的首要因素"。而人口过剩的原因除了人口持续增长外，农村人口的外迁以及工业革命的来临。他认为人口过剩给人们带来的是贫困，因而"他建议要立即停止给穷人的所有福利资助，严格控制人口的高增长速度，否则这个世界将会因人口过剩而变得混乱和痛苦"（5p）。

1817 年李嘉图出版了《政治经济学及赋税原理》，在这一著作中，他关注"土地价格和土地租金的长期演进"，他提出土地是稀缺性资源，它的价格会不断上升。他指出：一旦人口和产出开始稳步增长，相对于其他商品，土地会越来越稀缺；根据供需原理，这意味着土地的价格会不断上升，支付给地主的地租也会上涨，如此地主占国民收入的份额会越来越大，而提供给其他人的份额就会减少，从而破坏社会的平衡。因此，李嘉图认为，社会的发展"将不可避免地要求稳步增加产出和收入的份额"（6p）。同时李嘉图还强调：土地的稀缺意味着几十年后其价格可能上升到非常高的水平。在这种态势下，价格体系就在全球人们的经济活动中扮演着重要角色，这将对全球财富的分配产生巨大的影响。皮凯蒂将李嘉图的"稀缺性原则"运用到当代，他说"我们可以用世界主要国家首都城市的房地产价格或者石油价格，来代替李嘉图模型中农田的价格。在这两种情况下，如果发生在 1970—2010 年的趋势推导至 2010—2050 年或 2010—2100 年，将导致国家之间以及国家内部大规模的经济、社会及政治失衡。"他强调"现在最重要的是要弄明白，某商品相对价格的巨大变化可能会导致财富分配的长期严重不均，而供给与需求的相互影响，也无法排除这种可能性"（7p）。

历史不断前进，社会经济生活发生了变化，19 世纪中叶，当时摆在经济学家面前的不再是人口增长，人们能否养活自己和土地价格飞涨产生社会财富分配不均的问题，而是如何理解工业资本主义的迅猛发展，其原动力来自什么的问题？于是李嘉图提出"稀缺性原则"的一个半世纪后，马克思于 1867 年出版了《资本论》第一卷。

在《资本论》第一卷中，马克思提出了"积累的原则"。这一原则按皮凯蒂的诠释就是"资本将不可逆转地不断积累，并最终掌握在一小部分人手中，是一个没有天然界限的过程"他概括为"无限积累的原则"（10p）。为什么存在这种状况？皮凯蒂认为这是马克思根据 19 世纪英国和法国的工人与工业资本家在国民收入的分配状况得出的结论。皮凯蒂指出："从 19 世纪的第一到第六个十年中，工人的工资一直停滞在非常低的水平，接近，甚至不如 18 世纪及其之前的水平。"而"两国的资本收入（工业利润，土地租金和房屋租金）占国民收入的比重在 19 世纪上半叶大大增加了。皮凯蒂指出：直到 19 世纪下半叶甚至是到最后 30 多年——才出现工资购买力的显著上升"。（8p）皮凯蒂把马克思的"无限积累原则"视为马克思预言资本主义终将灭亡的依据，也就是说在他看来，在资本积累的过程中将致使资本收益率稳步降低（资本家之间的激烈冲突），资本收入在国民收入中的比重无限制地增长，迟早将变成工人运动的导火线。其实，马克思并非这样认为，也没有肯定在资本主义制度下，资本能够"无限积累"。

美国经济学西蒙·史密斯·库兹涅茨认为，工业化和城市化的过程就是经济增长的过程，在这个过程中分配差距会发生趋势性变化。库兹涅茨将经济增长设定为两个部门，即传统的农业部门与现代的产业部门，并假设收入分配的差距由三个因素决定，即：①按部门划分的个体数的比率；②部门之间收入的差别；③部门内部各方收入分配不平等的程度。根据他的设定，他对 1913—1948 年美国 35 年经济发展与收入分配的数据进行处理，发现在经济发展初期，由于不平等程度较高的非农业部门的比率加大，整个分配趋于不平等；一旦经济发展达到较高水平，由于非农业部门的比率居于支配地位，比率变化所起的作用将缩小，部门间收入差别将缩小，使不平等程度提高的重要因素财产收入所占的比率将降低，再加上政府政策对收入再分配发挥作用，使各部门内部的分配将趋于平衡。库兹涅茨将经济过程发展中收入分配的变化，用数学函数表示，横轴表示经济发展的某些指标（如人均产值），纵轴表示收入分配不平等的程度，如基层系数，他发现这样的函数曲线呈"倒U形"。他在 1953 年出版的《高收入群体在国民收入与储蓄中所占份额研究》中，分析了经济发展与收入分配的状况：这种状况呈现为"倒U形"，即在经济发展过程开始时，国民人均收入分配逐步改善，趋于公平。学术界把库兹涅茨的"倒U形"曲线称作"库兹涅茨曲线"。这一曲线在西方发达国家经济学界产生了巨大影响，具有里程碑的意义。

但需要指出的是："库兹涅茨曲线"不适合于发展中国家，且运用的数据多为平均数，其代表性也有局限。在皮凯蒂的《21世纪资本论》中，他对"库兹涅茨曲线"持肯定的态度。他说：从"马尔萨斯、李嘉图、马克思以及其他经济学家，在数十年对收入不平等的讨论中，从未采用过任何数据或不同时期相互比较的方法。这是客观数据第一次成为主角。尽管信息并不完全，但仍然有其可取之处。"（13p-14p）皮凯蒂认为：①任何情形下的不平等都可以用"钟形曲线来解释"。"在工业化和经济发展过程中，收入不平等必然会出现先扩大，后缩小的过程"。②他提醒读者，要注意外部冲击对近期某个国家收入不平等减缓的重要作用。③要把分配问题重新置于经济分析的核心，要考察全球财富在一国国内或多国间如何分配，要考察财富为谁拥有。

值得肯定的方面

皮凯蒂在《21世纪资本论》中的研究，需要充分肯定的是：他基于多个国家的历史数据，考察了收入与财富变化的趋同机制和分化机制以及二者交替地推动着收入与财富的变化。他首先指出：收入与财富的趋同机制，主要是"知识的扩散以及对培训和技能的资金投入"。在这一过程中，会导致劳动收入占国民收入的比重上升。但他更关注的是分化的机制。他指出：分化的力量，第一是高收入者的收入要远远高于其他人。更重要的是，当经济增长疲软而资本回报高的时候，在财富积累和集中的过程中会伴随着一系列的分化力量。这一系列的分化力量中，根本力量是：$r>g$（这里 r 代表资本收益率，包括利润、股利、利息、租金和其他资本收入，以总值的百分比表示；g 代表经济增长率，即收入或产出的增长）。$r>g$ 揭示着资本收益率的增长超过经济的增长。为什么前者的增长能超过后者？皮凯蒂的逻辑是人们的储蓄→财产的继承。他指出"继承财产的人只需要储蓄他们资本收入的一部分，就可以看到资本增长比整体经济增长更快"（27p-28p）。他说，$r>g$ 是收入与财富分化的整体逻辑，是理论分析中的主要力量，它与市场缺陷无关，恰恰相反，资本市场越完善，$r>g$ 的可能性越大。

为什么资本收益率 r 总是大大超过经济增长率 g 呢？按皮凯蒂的考察，先要规范资本、收入、财富这些基本概念。他在《21世纪资本论》著作中指出：本书所谓的资本均不包括人力资本。人力资本包括个人的劳动力、技术、熟练程度和能力。之所以不包括，显而易见的原因就是这些要素都不能被另一个人所有，也不能在市场中永久交易。资本能够按所有权划分为"私人资本"和"公共资本"（如政府、政府机构所有，基金会和教会所有），这样，可以说资本就是在市场中交换的非人力资本的总和。资本是积累的财富如房屋、机器、基础设施等，但土地和自然资源不包括在其中，尽管它们也是财富但无须积累。所有形式的资本都具有双重的角色：既能存储价值，也能作为生产要素。有的物品成为资本也具有"非生产性",比如居民住宅。居民住宅作为一种财产或财富仍能够提供服务,可称为"住宅服务",这样,资本就可区分为直接作为生产要素的资本,和间接作为生产要素的服务资本。资本不仅局限于物质的,而且包括非物质的(如专利和其他知识产权);资本包括了非金融资产,也包括金融资产(如银行账户、共同基金、债券、股票、保险、养老金等)(p48);但必须减去负债。金融资产作为资本的价值,是减去负债的总和。皮凯蒂说在本书中"资本"与"财富"其含义完全相同,相互替换使用。因而国民财富=国民资本,而国民资本又等于国内资本加国外净资本的总和。

皮凯蒂说国民收入=资本收入+劳动收入。国民收入与国内生产总值紧密相关,在国内生产总值中减掉生产中所有的折旧等于国内生产净值,国内生产净值是一年中的"国内产出"通常占国内生产总值的90%左右,它相当于"国民收入",但一国的国民收入还包括国外净收入,因而国民收入=国内产出+国外净收入,国民收入是新创造出来的财富,这些财富以各种形式分配到劳动者和资本所有者手中,所以国民收入=资本收入+劳动收入的总和。

需要考察的是资本与收入之比。皮凯蒂把这一些比例关系定义为经济和社会发展的"第一基本定律"。资本是存量,收入是流量,二者的结合即资本/收入之比,表明:资本存量相当于国民收入的多少倍。他指出:如今发达的资本主义国家,资本存量与国民收入之比即"资本收入比",一般为5~6。而资本存量几乎完全由私人资本组成。他假定这个比例关系的比值为6,并以 $\beta=6$ 表示,则表明一个国家的资本存量总额等于6年的国民收入之和。

皮凯蒂说要诠释资本主义的"第一基本规律",必须考察资本存量与资本创造的收入 d 之间的关系。设资本创造的收入为 d,则 $d=r\times\beta$。r 表明的是资本收益率,则 β 表明的是资本存量与国民收入之比,设 $\beta=600\%$,$r=5\%$,那么 $d=r\times\beta=30\%$。

这个等式表明:如果国民财富即积累的资本等于6年的国民收入,在资本的年收益率为5%的条件下,那么资本所创造的收入在国民收入的比重为30%。换句话说要保障资本家所得到的资本创造的30%的收入,就必须保证资本的年收益率不能低于5%以下。

皮凯蒂说,在《21世纪资本论》中,特别注重考察 $d=r\times\beta$ 这个等式的三个变量是如何决定的,特别是资本存量/国民收入之比是如何决定的?他指出资本存量与国民收入之比决定于储蓄率,投资率和增长率。他指出:这三个变量相互关联：资本创造的收入 d 是固变量，资本收益率 r 和资本/收入比 β 是自变量。换句话说，也就是投资率的高低取决于国民收入中拿多少来积累变为资本，以及资本的收益率。按皮凯蒂的设定资本/收入比 β 是既定的（他考察了多个国家，根据几十年的数据判断），则资本创造的收入占总收入的比重 d，取决于资本收益率 r 的变动。而且他指出：当增长率 g 比较小时，储蓄率对资本收入比，即 β 的影响较大，所以在停滞不前的社会里，以前的积累的财富十分重要。按皮凯蒂的设定，资本有人力资本和非人力资本，有金融资本与非金融资本，有作为物质成为生产要素的资本，有作为非物质要素的资本。这样引起 d 变动的过程和差距，就要从不同的角度进行考察，其中人力资本和非人力资本的要素构成是重要的。

在《21 世纪资本论》中，皮凯蒂从经济的或政治的、制度的或非制度的、内生的或外生的，对资本构成的各种要素进行了考察分析，得出了全球资本主义和发展有扩大财富收入差距的趋势，并提出了缩小收入差距的措施、特别是税收制度的改革，对此，我们认为皮凯蒂的研究不仅有理论价值而且有实际意义。

不能与马克思《资本论》相提并论

皮凯蒂说：如果在 1913 年出版一本书叫"20 世纪资本论"，那是非常狂妄的，言下之意，他在 2014 年出版这本《21 世纪资本论》的书就不狂妄了。他谦逊地说这样的取名，请读者包涵。他说按理应该起名为《21 世纪初资本论》，它的唯一目的是从过去的历史中找到一些通往未来的钥匙（36p）。对此，我认为谦逊是必要的，从过去的历史中找到通往未来的钥匙，也是必需的。我从学者研究学问的角度说，不仅是时间早迟的问题，还应包括覆盖面的问题。在这里需要把皮凯蒂《21 世纪资本论》与马克思 19 世纪的《资本论》作一个简要的比较。

（1）马克思 1867 年出版了《资本论》第一卷，在这一卷中，马克思在研究资本主义经济大量材料的基础上通过科学抽象，形成各种科学的概念、范畴，并按照资本主义的历史发展和内在机制揭示出资本主义经济运动的客观规律。进一步说，在《资本论》的逻辑体系中首先确立了商品→货币→资本这三个范畴，叙述和论证了与商品这一范畴相适应的劳动价值论；继而揭示了价值形态的表现货币学说；接着分析了劳动力成为商品，货币必然转化为资本；进而提出了剩余价值理论；然后，分析了剩余价值的转化形态，即利润、利息、地租。这样的研究从具体到抽象，从抽象到具体，其逻辑体系是辩证的、严密的，对资本主义的认知是深刻的。为了深刻地认知资本主义经济，马克思继承了前人的科学研究成果，了解了资本主义经济的实际，从青年时代开始他就进行了研究和准备，写作《资本论》花了长达 25 年的时间。

皮凯蒂及其团队在搜集整理大量数据的基础上于 2014 年出版了《21 世纪资本论》，考察和研究了 18 世纪末以来资本主义经济中财富和收入分配的不均，而且存在着一种"长期的趋势"，其范围之广集中到法国、英国、美国以及二十几个国家，不能不说是一个巨大的工程，应当说对现阶段和后人关于这个问题的研究有着重大的启示。

但必须指出的是：皮凯蒂及其团队的考察和研究，不能与马克思对资本主义的考察和研究相提并论，同日而语。首先，对什么是"资本"这个问题上，就不能包容：皮凯蒂确立资本指的是能够划分所有权、可在市场中交换的非人力资产的总和，不仅包括所有形式的不动产（含居民住宅），还包括公司和政府机构所使用的金融资本和专业资本（厂房、基础设施、机器、专利等），这就是说在他看来资本是物，而不是生产关系。而马克思在《资本论》中，科学地揭示了"资本不是物，而是一定的社会的、属于一定历史社会形态的生产关系，它体现在物上，并赋予这个物以特有的社会性质"。其次，马克思在《资本论》中，对资本主义生产方式以及和它相适应的生产关系和交换关系进行了全面研究，揭示了资本主义经济的本质、内在矛盾和发展趋势。其中，他指出了在资本主义经济中收入分配的不平等，是生产资料的私有制及剩余价值转化的必然结果。而皮凯蒂在《21 世纪资本论》中，仅探讨了现阶段在资本主义经济中财富和收入不平等的直接原因：资本收益率的增长大于经济的增长，即 $r>g$。

（2）马克思在《资本论》中对资本积累的考察是全面的、深刻的。他指出：资本积累的源泉是剩余价值或者说剩余价值资本化，资本积累的动力是资本家扩大再生产。而且他揭示了影响资本积累规范大小的因素有：①对工人的剥削程度；②劳动生产率的高低；③所用资本与所费资本之间的差额；④资本家垫付资本的大小。并没有如皮凯蒂在《21 世纪资本论》中所指出的，"马克思提出了无限积累的原则"，马克思认为在资本主义经济中资本的积累是一个有限的过程。

（3）马克思揭示了在资本主义制度下资本积累的一般规律。他指出：这个规律就是：社会的财富即执行职能的资本越大，它的增长的规模和能力越大，从而无产阶级的绝对数量和他们的劳动生产力越大，产业后备军也就越大。可供支配的劳动力同资本的膨胀力一样，是由同一些原因发展起来的。因此，产业后备军的相对量的财富和力量一同增长。但是同现役劳动军相比，这种后备军越大，常备的过剩人口也就越多，他们的贫困同他们所受的劳动折磨成反比。工人阶级中贫苦阶层和产业后备军越大，官方认为需要救济的贫民也就越多，这就是资本主义积累的绝对的、一般的规律。概括地说，这个规律就是：一端是财富的积累，另一端是贫困的积累。而皮凯蒂在《21世纪资本论》中，他对财富积累和分配过程的叙述有"乐观派"和"悲观派"之分。"乐观派"以库兹涅茨所谓的"倒 U 形"曲线为理论基础，指出，"经济增长与收入的不平等"会随着资本主义经济工业化的进程出现"先扩大，后缩小"的过程；"悲观派"则曲解马克思的"无限积累原则"，认为，随着资本主义经济的发展，财富和收入分配的差距会扩大。对于皮凯蒂这样的考察和研究，我认为，他对资本主义经济中的这种状况的认知是不确定的、是模棱两可的。所以根本谈不上他揭示了资本主义经济中"资本积累的一般规律"。

学术界引起的争论

2015 年 1 月，英国有个人写了一篇文章，题目是金融学研究的本质是什么？文章指出：金融学主要就研究两个东西，一个是投资者（或者称资本家）到底应该花多少钱买诸如股票、基金、债券、房子或者其他衍生品，即资产定价；另一个是企业家应该如何利用、分配和归还投资者（或者叫资本家）的这些钱，即公司金融。这就是说金融要研究如何挣更多的钱，因为能挣更多的钱，资本家才更愿意把钱源源不断地投到资本市场，企业从资本市场融到这些钱才能进一步扩大生产、投入研发，经济才能不断增长，全社会的人们才能越来越富足。所以，金融越发展，经济也就越发展，社会福利也就越提高。文章指出 200 多年来，经济学家和后来的金融学家们都坚定不移地相信这一机制。还以皮凯蒂新近出版的《21世纪资本论》为佐证。

我认为这是对《21世纪资本论》论述的误解，对金融学者们研究的误导。在《21世纪资本论》中皮凯蒂指出："当资本收益率大大超过经济增长率时（这种情况在 19 世纪前一直存在，也有可能在 21 世纪再次出现），从逻辑上可以推出继承财富的增长速度要快于产出和收入。继承财富的人只需要储蓄他们资本收入的一部分，就可以看到资本增长比整体经济增长更快。在这种情况下，相对于那些劳动一生积累的财富，继承财富在财富总量中将不可避免地占绝对主导地位，并且资本的集中程度将维护在很高的水平上，这一水平可能有违现代民主社会最为根本的精英价值观和社会公正原则"。他强调"如果资本收益率仍在较长一段时间内显著高于经济增长率（这种情况在增长率低的时候更可能发生，虽然并不会自发发生），那么财富分配差异化的风险就变得非常高"。他预测"未来几十年内人口和经济增长率可能减慢，从而使得不平等趋势更令人担忧"（7p）。按皮凯蒂以上的论述，显然他不是肯定社会贫富差距拉大的合理性，相反，他为不平等趋势扩大而担忧。对此，他提出了要压缩资本与收入比，减少资本的积累，在国内减少财富转化为资本，在国际减少资本的引进，他更不主张"以钱炒钱"。所以，我们认为金融学研究的本质是"让社会财富更加不平衡"这一论断是不可取的，是对金融学研究的误导。我认为要研究的问题不是如何在金融领域利用金融手段扩大贫富差距，而是缩小贫富差距。缩小贫富差距是当代发达国家和新兴国家必须密切关注的问题。2015 年 6 月，IMF 亚太项目副主任卡尔帕纳·克哈尔（Kalpana Kochhar）发布了一份有关发达的市场经济国家和新兴国家收入不平等的报告。该报告认为，"发达国家的贫富差距已经达到数十年来最高水平，不平等也正在成为新兴市场面临的主要问题"。该报告认为技术发展和由此造成的技能溢价是导致发达经济体不平等的重要因素，而新兴市场经济体则与存在着机会不平等的状况有关。该报告提出解决收入不平等问题的途径是在政策层面上重视全国人群和中产阶级的消费，培养他们成为推动经济增长的主要力量。IMF 的报告引起了各国经济学界的关注，引起了广泛的讨论，在讨论中虽然有着各种意见的交锋，但有一点是大多数人的共识，即效率不会自动转化为公平。

此外，著名华裔经济学家、美国耶鲁大学教授陈志武对皮凯蒂的观点也提出了异议。他认为，皮凯蒂"只关注财富分配结构、收入分配结构的历史变迁和未来走向，但没有谈到消费分配的变迁史，这是其著作的一项缺陷"[①]。他指出：考察消费分配的变迁史就能发现在原始游牧社会时期，因为没有剩余就无财富分配而言，人口稀少，土地、资源到处都是，也无所谓属于谁的

---

① 陈志武. 21 世纪资本的为何不同 [J]. 财经，2014（8）.

私有财富，所以，只有劳动收入，没有资产性收入。同时，因为没有货币、没有市场交换，收入以猎物、果实的形式表现，所以，收入基本等于消费，收入分配结构就是消费分配结构。即使到了农业社会，多数时期生产为自给自足，货币化交易占比很少，虽然财富分配、收入分配和消费分配三者开始分离，但三者之差不是特别大，财富差距、收入差距和消费差距也基本相当，尤其是收入差距和消费差距基本一致，研究财富差距、收入差距基本等同于研究消费差距。他认为，在过去两个多世纪里，财富分配收入分配和消费分配三者的分离都是货币化、市场化，以及天灾、人惹的祸。但只要金融业的兴起，金融产品的丰富和发展，以及政府保障体系的建立，由此引起的差距不一定是坏事，相反，也会带来发展的动力。

陈志武的分析有没有道理呢？这也要通过历史的实际来检验。美国联邦储备委员会前主席艾伦·格林斯潘（Alan Greenspan）于2019年11月12日在清华大学的经济年会上做了主题为"不确定时代的变与不变"的报告，他指出：21世纪最大的特征是人口的老龄化。由于人口的老龄化，使得在过去50年中，美国的国内储蓄总额和政府社保支出的总和占GDP的比重一直稳定在30%上下，同时指出了社保支出增加的幅度和国内储蓄下降的幅度有与之接近的趋势。格林斯潘指出：这种状况不仅在美国、英国如此，德国、法国、意大利等国的总体情况与美国和英国的情况也差不多。政府的社保支出包括养老金和医疗费等支出，应当纳入消费分配的范畴，它的增长占GDP的比例增加，表明各国储蓄空间的缩小，而储蓄空间的缩小，投资会下降。但美国的情况是近几年投资一直超过了国内储蓄，这是因为相当部分投资来自国外储蓄，也就是从国外借来的资金，目前国际投资净额已达10万亿美元。

应当说21世纪的这种状况，皮凯蒂没有着力考察和研究。他只关注了马尔萨斯人口增长与李嘉图的土地稀缺地租上涨，地主在国民收入中的矛盾。

怎样认知中国的贫富差距

在《21世纪资本论》中，皮凯蒂多次提到中国。如他说"可以肯定的是，贫富国家和新兴国家的高速发展，特别是中国，很可能会被证明是一种在全球层面减少不平等的有效力量，这与1945—1975年发达国家的发展情况类似"（16p）。他在该书第15章中用了相当大的篇幅解析"中国资本管制的秘密"，说中国的货币不能自由兑换，实施资本管制，严格控制资本的流出。

说中国有百万富翁和亿万富翁，但他们是否为财富的真正所有者，能不能把钱转出中国，其答案笼罩着神秘的面纱（551p-552p）。关于皮凯蒂对中国资本管制的评介，我们可以存而不论，因为偏见比无知离真理更远。

这里要指出的是，怎样认知中国的贫富差距。中国的贫富差距一直存在。有关部门统计 2008 年中国的基尼系数就达到 0.47。问题于中国的贫富差距仍在扩大，其扩大的速度超过了收入差距的速度。胥会云（2014）撰文指出，2002—2010 年城镇财产最多的 10% 人群占有的财产的份额从 32% 上升为 55%；农村这部分人群的财产份额从 33% 上升到 62%；全国这部分人群的财产份额，则是从 39% 上升到 64%。这表明：中国的贫富差距主要不表现在收入上，而是表现在财产上。为什么主要表现在财产上，这与房市和股市的兴起与发展密切相关，也就是说这两个市场为投资者和投机者发财致富创造了机会。引起中国贫富差距扩大的因素还有，如：经济运行机制的不合理（如收入低的人相对来说比收入高的人缴纳的税更多）；不平等的竞争存在（一些部门、行业通过垄断经营获得垄断利润）；社会保障制度的水平较低并有待完善，等等。这些问题需要深入考察，进一步研究。但必须指出的是：中国缩小贫富差距的根本措施是迈过中等收入陷阱，实行区别对待的政策，扩大中等收入阶层，比如限制高收入阶层的收入水平，提高低收入阶层的收入水平。一些国际经验表明，迈过中等收入陷阱使中等收入国家成为高收入国家仍然是有机会的，而陷入中等收入陷阱的国家有一些共同的明显特点，就是过大的收入差距和财富差距。根据世界银行的划分标准，人均国民收入超过 1.2 万美元就是高收入国家，而要顺利实现跨越中等收入陷阱，中国需要缩小收入差距，解决收入分配不公等问题。

三、学习《欧元的思想之争》[①] 笔记

编者导读：本部分根据曾康霖先生阅读《欧元的思想之争》的读书笔记整理。在该笔记中，曾康霖先生从他曾经发表的《论欧洲货币联盟的理论、思想和价值基础》论文，谈到他学习《欧元的思想之争》的体会，试图探讨德国和法国理念差异的历史、思想和文化背景，以扩展和充实其著述，对欧洲货币联盟的思想基础，并结合欧元危机对欧元的价值基础做进一步的分析。

1999 年中国《金融研究》第 2 期，笔者发表了《论欧洲货币联盟的理论、思想和价值基础》的论文，文中笔者探讨了"欧洲货币联盟的理论基础""欧洲货币联盟的思想基础"和"欧洲货币联盟的价值基础"。在"理论基础"部分，综合评析了"凯恩斯的国际货币制度学说和国内治理金融的三大原则"，笔者指出"应当承认，这位大师的货币思想是欧洲货币联盟的理论基础"。同时指出"欧洲货币联盟的又一理论基础，是最佳货币区理论"。在"思想基础"部分笔者指出：不可否认，实现欧洲煤钢联营，是推动欧洲一体化的第一步，迈出第一步以后，欧洲的思想家的逻辑是：一个国家生产钢铁、煤炭的主权都可让出来，就没有理由为了各自的利益发动战争；如果创造一个统一市场，让德国的工业和法国的农业都能找到出路，则相互都会得到繁荣，有共同的利益；如果在这个统一市场内，商品、资本、劳动力都可以自由流动，那么把欧洲捆在一起，就不会有利益冲突；如果生活在这个统一的市场内的人，使用同一种货币，遵循同一套经济法则，那么人们就会感到自己与别人没有什么不同，就不会产生相互残杀的动因。**看得出来，思想家们**

---

① 参见：马库斯·布伦纳迈耶，哈罗德·詹姆斯，让·皮埃尔·兰多. 欧元的思想之争[M]. 廖岷，等译. 北京：中信出版集团股份有限公司，2017.

着力从经济学利益关系和社会学人际关系去评述货币联盟，而"货币联盟是关系着战争与和平的生死大事"（德国前总理科尔语）。应当说推动欧洲货币联盟最积极的人是当时的德国总理科尔和法国总统密特朗。在"价值基础"部分，我指出：讨论欧洲货币联盟的价值基础主要是讨论欧元靠什么支撑，会不会发生欧元危机和欧元霸权。我曾提出：对价值基础问题要拭目以待。

20 年过去了，对于我在论文中探讨的三大问题仍然存在。对于国际货币史上的这一次重大变革怎样评价，在学术史上有什么理论价值，在推动经济社会发展中有什么借鉴意义，仍然让人思考并使人关注。

跨入 21 世纪后，在欧洲有几个国家相继陷入了经济金融危机，如希腊的债务危机，爱尔兰的银行体系缺乏流动性和偿债能力危机，塞浦路斯的经济危机等，怎样面对相继发生的经济、金融危机，德国经济学家马库斯·布伦纳梅尔（Mar Kus Brunnermeier）英国历史学家哈罗德·詹姆斯（Harold James）和法兰西银行副行长让·皮埃尔·兰多（Jean-Pierre-Landau）于 2016 年共同撰写了《欧元的思想之争》。该著作从经济学、历史学和公共政策三种不同的视角，回顾了欧元的发展历程，揭示了欧元的理念根基。在三位作者看来，欧元危机背后是一场理念之争，主要表现为德国与法国的理念差异，而不同的理念差异背后，存在着历史、思想和文化背景的差异。

学习《欧元的思想之争》的体会：试图探讨德国和法国理念差异的历史、思想和文化背景，以扩展和充实自己的相关著述，对欧洲货币联盟的思想基础，并结合欧元危机对欧元的价值基础做进一步的分析。

怎样看待债权债务

《欧元的思想之争》的开篇是从希腊债务危机开始的。希腊债务危机源于 2009 年 12 月希腊政府公布政府财政赤字，而后全球三大评级机构相继调低希腊主权信用评级，从而揭开了希腊债务危机的序幕。进一步分析希腊债务危机既有内因也有外因的问题：

内因

（1）希腊主权债务危机的爆发，根源在于该国多年来持续存在的高额财政赤字。

（2）希腊地下经济活跃导致希腊政府税收收入在财政收入中占比不断下

降，财政收入增长乏力。由于地下经济未能进入政府税收征管范围，希腊税收流失严重，导致希腊财政收入增长乏力。

（3）快速上升的雇员报酬和社会福利支出导致财政支出快速上涨，财政状况连年恶化。

（4）希腊债务增加且集中到期，为应对2008年国际金融危机，希腊政府大幅增加财政支出来抵御危机，这也是主权债务快速增长的原因。

（5）希腊利用衍生金融工具隐藏债务埋下了祸根，希腊政府为达到加入欧元区的条件，利用货币互换交易隐藏了一部分债务，粉饰了资产负债表。

（6）希腊在欧元区国家中经济实力相对较弱，而且人口老龄化日趋严重。

（7）希腊内部经济发展滞缓，缺乏内在经济发展的动力，无实体性支柱产业。

（8）希腊国内权力的腐败。

外因

（1）金融危机严重影响希腊航运和旅游支柱产业收入，航运和旅游业是希腊国民经济支柱产业。2008年全球金融危机爆发，使得两项支柱产业萎靡不振，极大地影响了希腊的财政收入来源。

（2）2008年金融危机在美国爆发并迅速蔓延至世界，欧洲许多国家为了缓冲金融危机对本国经济的影响，纷纷采取了扩张性的财政政策，加大政府支出，甚至盲目借钱举债扩大财政赤字。盲目举债导致了希腊债务和GDP比例严重失衡。

（3）欧元区的体制和机制缺陷，使欧元区的国家为了实现货币的统一和资本的自由流动，放弃了独立的货币政策。欧洲中央银行难以制定出相应的政策，满足所有成员国经济发展的需要。所以，当欧元区的国家遇到经济问题时只能进一步扩大财政赤字刺激经济，加大了债务危机发生的可能性。至于危机的解决办法要从2001年谈起。当时希腊刚刚进入欧元区。根据欧洲共同体部分国家于1992年签署的《马斯特里赫特条约》规定，欧洲经济货币同盟成员国必须符合两个关键标准，即预算赤字不能超过国内生产总值的3%、负债率低于国内生产总值的60%。然而刚刚入盟的希腊就看到自己距这两项标准相差甚远。这对希腊和欧元区联盟都不是一件好事，特别是在欧元刚一问世便开始贬值。这时希腊便求助于美国投资银行高盛。高盛为希腊设计出一套"货币掉期交易"方式，为希腊政府掩饰了一笔高达10亿欧元的公共债务，从而使希腊在账面上符合了欧元区成员国的标准。

这一被称为"金融创新"的具体做法是，希腊发行一笔 100 亿美元（或日元和瑞士法郎）的 10~15 年期国债，分批上市。这笔国债由高盛投资银行负责将希腊提供的美元兑换成欧元。到这笔债务到期时，将仍然由高盛将其换回美元。如果兑换时按市场汇率计算的话，就没有文章可做了。事实上，高盛的"创意"在于人为拟订了一个汇率，使高盛得以向希腊贷出一大笔现金，而不会在希腊的公共负债率中表现出来。假如 1 欧元以市场汇率计算等于 1.35 美元的话，希腊发行 100 亿美元可获 74 亿欧元。然而高盛则用了一个更为优惠的汇率，使希腊获得 84 亿欧元。也就是说，高盛实际上借贷给希腊 10 亿欧元。但这笔钱却不会出现在希腊当时的公共负债率的统计数据里，因为希腊要 10~15 年以后才归还。这样，希腊有了这笔现金收入，使国家预算赤字从账面上看仅为 GDP 的 1.5%。而事实上 2004 年欧盟统计局重新计算后发现，希腊赤字实际上高达 3.7%，超出了标准。后来透露出来的消息表明，当时希腊真正的预算赤字占到其 GDP 的 5.2%，远远超过 3% 以下的规定。

除了这笔借贷，高盛还为希腊设计了多种敛财却不会使负债率上升的方法。如将国家彩票业和航空税等未来的收入作为抵押，来换取现金。这种抵押换现方式在统计中不是负债，却变成了资产出售，即银行债权证券化。高盛的这些服务和借贷当然都不是白白提供的。高盛共拿到了高达 3 亿欧元的佣金。高盛深知希腊通过这种手段进入欧元区，其经济必然会有远虑，最终出现支付能力不足。高盛为防止自己的投资"打水漂"，便向德国一家银行购买了 20 年期的 10 亿欧元 CDS"信用违约互换"保险，以便在债务出现支付问题时由承保方补足亏空。

希腊的这一做法并非欧盟国家中的独创，据透露，有一批国家借助这一方法，使得国家公共负债率得以维持在《马斯特里赫特条约》规定的占 GDP3% 以下的水平。这些国家不仅有意大利、西班牙，而且还包括德国。在高盛的这种"创造性会计手法"在主要欧洲顾客名单中，意大利占据了一个重要位置。

希腊债务危机的根本原因是，该国经济竞争力相对不强，经济发展水平在欧元区国家中相对较低，经济主要靠旅游业支撑。金融危机爆发后，世界各国出游人数大幅减少，对希腊造成很大的冲击。此外，希腊出口少进口多，在欧元区内长期存在贸易逆差，导致资金外流，从而举债度日。

面对希腊的债务危机，德国总理默克尔同当时的法国总统萨科齐会谈：

默克尔认为："银行不审慎的信贷发放负有责任应承担其成本，"而萨科齐却主张让私人债权人适度参与，进行债务重组。但不管是要银行承担责任，还是主张债务重组都是有违欧洲货币联盟的协议的。该协议规定，为了保证欧元的币值稳定，参与欧洲货币联盟的所在国，财政赤字不得超过 GDP 的 3%，负债率要低于 GDP 的 60%。继后，爱尔兰发生金融危机，表现为银行体系缺乏流动性和偿付能力。面对这种状况，是依靠自身的力量解决危机，还是借助于外部力量救助危机，德、法两国政府又发生争论：德国默克尔主张要 IMF 参与，试图通过 IMF 参与过度危机，而法国政府却坚决反对。法国总统萨科齐说"欧元区的问题应当由欧元区国家处理，如让 IMF 介入，则给外界造成一种印象，欧洲人没有能力处理自己的家务事"。

面对希腊和爱尔兰这两国危机发生时德、法两国政府的不同态度，揭示了一个核心问题，即**怎样看待债权债务。德国人主张对债务实行严格的管理，不要施压逼债，同时要保持通货膨胀，以增加名义债务的实际价值。而法国人希望对债务进行减免，同时偏爱更高的通货膨胀，以有利于债务人还债。因为在通货膨胀的条件下，持有资产的债务人能够增值。**

国际上的分歧常常被一些分析家简化为基于净资产地位的债权国和债务国之间的单纯竞争关系。从 20 世纪 60 年代开始，德国已经通过持续的经常项目盈余，明确建立起净债权国的地位。法国则偶有盈余，中间穿插着大量的赤字。但这种论点受到一些人特别是债权国人反驳。他们说**净资产头寸是一个国家公民对外国人享有的全部权益，是净资金流动的总和。但是，资金净流量掩盖了更大规模的总流量，以及各种不同的个人和机构的资产水平：在净债权国可能存在大量有影响力的债务人。同样重要的是，明智的债权人希望债务人财力雄厚和富有活力，从而能够在未来偿还债务。**拼命挤压债务人可能会降低悉数收回款项的机会。债务人也都应当知道，不偿还贷款或者违约将破坏他们未来再次贷款的机会。因此，对双方的主观判断取决于对另一方的看法：债务增长是好还是坏？是对发展的良性推动还是一种肆意挥霍资源的迹象？这些都是意识形态的判断，正像韦伯提出的一个著名类比："直接支配人类行为的，不是思想，而是物质和理想化的利益。然而，已经被'思想观念'创造出来的'世界形象'（world images），常常好像扳道工一样，决定着在利益动力学的推动下沿着哪条轨道行动。"

所谓的权力转移

在《欧元思想之争论》中作者用了相当多的篇幅分析了在欧元危机期间，欧洲内部所谓的"权力的转移"，他把这种"权力的转移"分为两个阶段，第一阶段从 2010 年春开始，决策权从布鲁塞尔的欧盟机构手中转移到各成员国的首都；第二阶段从 2010 年秋开始，决策权从各成员国的首都转移到柏林和巴黎，而最终转到柏林。转移什么决策权，为什么要转移？简单地说转移的是财政收支的决策权，而转移的目的是试图通过各国的财政收支拯救危机。这种权力转移，为什么首先发生在布鲁塞尔与各成员国之间，即第一阶段。应当说其重要的原因是欧盟委员会的"软弱"，没有赋予它应有的职能。按本书作者的分析："欧盟委员会除在调控和金融监管这两个机构直接的职能外，从来没有提出过任何意义的政治举措"（19p）。作者指出 2014 年以前，欧盟委员会更像一个议会，而不是一个政策制定和实施的机构，只有在 2014 年以后在容克（Juncker）的领导下欧盟委员会才实施了行政程序上的简化（19p）。这表明欧盟委员会拥有的权力和使用的工具在本质上都是监管层面上的，并不适用于应对危机。而应对危机，需要运用大量的财政资源，然而财政资源多掌握在各成员国政府手中，欧盟的财政能力非常有限。

第一次权力转移是从布鲁塞尔转移到各成员国，究竟转移了什么？历史的实际表明各成员国政府主要是财政部门，达成了以下共识：①16 国欧元区国家领导人原则上同意向希腊提供双边政府贷款；②同意 IMF 参与协助。这表明：这个阶段，危机处理从超国家机构模式向政府间合作模式转变。为了避开《马斯特里赫特条约》协议的约束，正如上述各国政府在国外机构的帮助下进行"金融创新"即发行基金债券，建立欧洲金融稳定基金和欧洲稳定机制。这标志着从第一次权力转移向第二次权力转移。当时（2010 年 5 月 8—9 日）召开了欧洲财长会议，在财长会议上做出了四个重要决定：①应通过私人债权人渠道向成员国提供援助（相对于国家公共部门），当时这种渠道被称为特殊目的机构（SPV）。②通过特殊目的机构的担保机制，成员国可以在资金方面相互帮助，成员国贡献的资金不能超过其在欧洲中央银行的资本份额。③欧洲机构只能在一定条件下才可干预国际货币基金组织框架下的项目。④在激烈的争论之后，欧盟委员会争取到在欧洲中央银行指导建议下对干预条件进行商议的权利。当时，不救助任何欧元区国家的法律限制，被认为具有绝对的约束力。但以后事态的发展，很快遇到了"麻烦"：①未确定发行的基金债券由谁购买；②发行基金债券的机构必须由信用评级机构评定信用等级；③购买者相当一部分是各国政府，政府对发行基金债的信用级别下调，购买数额减少，原来设定的规模没有完成。在这种状况下，原来所设立的欧洲稳定机制就落空了。

在两次权力转移的过程中，德、法两国的观念冲突显露出来，**法国倡导注重危机管理，以德国雄厚的财力做后盾，增强流动性供给，以维护和稳定欧洲人的信心；而德国则从长远着想主张修订"财政规则"，德国人认为，欧元危机的本质就是不遵守之前制定的规则造成的，需要修复《稳定与增长公约》。**

此外，在"私人部门参与"这个原则问题上，社会各界也有不同的认知：能得到经济学家的支持，是因为这为债务可持续提供了明确的框架；能得到政治家的支持，是因为这能得到"银行家买单"；能得到债务国的支持，是因为这能减轻财务支出；能得到债权人的支持，是因为这能够摆脱市场的约束。可见社会各界对此有各种见解。

欧元思想之争的历史背景和社会环境

德、法两国是两个友好的邻邦，有许多共同的传统。比如它们在经济上都受重商主义的影响，致力于外向型经济治理；再如它们都受罗马法的影响建立普通法系（普通法系相对非普通法系而言，非普通法系以"判例法"为特征。普通法系又称"大陆法系"，非普通法系又称"海洋法系"。英、美国家崇尚海洋法系）。重商主义在历史上被称为"国家科学主义"，把政府的公务员置于特殊地位，称为"人民公仆"，他们要以国家利益为中心，要为公众利益和长远利益做出判断。

但在第一次世界大战以后，德国人经历了纳粹独裁的灾难，在文化观念上起了变化，政体上逐步变成了"联邦制"的国家，而法国仍然保持着它的"集权制"。对这样的变化，《欧元思想之争》的作者称："把德国从以国家为中心的传统推向以规则为基础的自由主义。在莱茵河彼岸的法国，传统和自由主义不受推崇。法国在1940年开始严重地走下坡路，政治、军事、经济界的精英们，不仅因战败而信誉扫地，更受到随后投靠纳粹或叛变的影响。法国思想家热衷于对经济进行规划。两国经济文化方向上的逆转，实际上为欧洲的变革方式提供了两个极端的例子。欧洲的变革，或者说进步，几乎总是

发生在大动乱和大灾难之后。"（42p）

　　该书的作者还指出：现代一些经济学家试图用一个国家长期以来的民族文化的特殊，来诠释这个国家的经济模式，对于欧元危机的政策措施和思想观念的差异，他们认为是各国民族文化的不同所致。有的经济学家指出：希腊和德国之间的相互作用，产生了希腊过度"欺骗"以及德国过度"惩罚"的结果，社会福利普遍受损，并且由于文化传统规范的惯性不会很快消失，文化的异质性随之不断增强。在这种情况下，重新考虑是否加入或退出欧盟的国家面临着两个选择——要么退出欧盟，使本国的货币系统恢复平衡，要么考虑建立一个财政机构，具备执行任何"惩罚或宽恕"政策的能力，从而可以用更低的代价向稳定状态转变（43p）。

　　上述文字的表述，有的比较晦涩，比如"希腊过度欺骗""德国过度惩罚"。笔者的理解是指希腊政府在财政上"弄虚作假"和德国政府的过分迷恋靠惩罚解决问题，这二者都是以少付出代价求得经济社会的稳定。

　　德国实行联邦制，可从魏玛共和国的制度说起。第一次世界大战结束后，魏玛共和是历史上第一次走向共和的尝试。它是历史学家的称呼，不是政府的正式命名。魏玛（Weimat）是德国的一个小城市，文化中心。在德意志历史、文化和政治上具有重要地位，曾经以这个城市的名称颁布了一部《魏玛宪法》。《魏玛宪法》宣传"主权在民"的思想，如选举权、创制权、复决权等，在公民权利和自由方面不仅较全面的宣布人权宣言中所列的传统规定，而且还规定了许多在社会和经济方面保护公民的权利和原则及措施。受这部宪法的影响，战败后由保罗·冯·兴登堡组成了"德意志国"（Deutsches Keich），为了昭示它是为了人民，所以又称做"魏玛共和国"。这个共和国1919 年建立至 1933 年结束，共生存了 14 年。14 年后希特勒上台实行法西斯专政，人民怨声载道，各州各地为了自己的利益而纷争不断，这为联邦制的产生，打下了思想基础和政治基础。

　　法国的集权制能够追溯至 1 000 多年前。从近几百年考察，最有代表性的著作叙述，应当是托克维尔的《旧制度与大革命》。在《旧制度与大革命》一书中，托克维尔专辟两章对集权制进行了讨论。托克维尔是法国的著名作家，他对法国的"旧制度"不仅有理性认知，而且有感性认知，他所谓的"旧制度"是指 16 世纪晚期至 1789 年法国大革命爆发期间，法国的社会经济、政治体制。概括地说，就是等级制、封建土地所有制、行会制。经济上国家赋税不断加码，主要由农民承担，而教士、贵族、官吏，享有免税权；

政治上国王与封建贵族把持国家政权，实行专制统治；社会上，形成等级森严的社团，既同王朝统治的国家融为一体，又同维护传统秩序的特权机制密切结合。国王成为经济、财政、宗教、文学艺术、司法、立法的一切领域的主人。在这种状况下，法国的大革命，应当是属于推翻封建君主专政制度的民主革命。需要指出的是：法国的封建君主专政制度是通过中央集权来运作的。当时国王为了管理，在中央设置了一个特殊的权力行政机构——御前会议。这个机构的职权甚广，从撤销法院判决到制定分配税收，无所不管。"御前会议"完全听命于国王，是国王行使王权的重要工具，对一切重大事项拥有最终决定权。但是它本身却并没有决策权，因此，从某种意义上来说，它是国王的发声器，传达的均是国王的旨意。托克维尔如此描述"御前会议"："'御前会议'似乎拥有司法权，但是，其实正如高等法学院在一份谏中所说的，它仅仅是一个'咨询机构'而已。"（见托克维尔著《旧制度与大革命》，2013 页）法国大革命以后，新政府将城市自治与统一领导相结合，在旧中央集权的基础上进行了大规模的权力下放。到了法兰西第一帝国时期，拿破仑又对地方管理体制进行了大规模的改革，自治权力被重新收回，而由中央政府直接管理。自此，法国的中央集权制在新政府的手中得到了前所未有的发展。它不但没有被淹没在历史的长河中，反而焕发了前所未有的生机，甚至超越了封建王朝时期的中央集权。而在法兰西第二共和国初期，路易·拿破仑·波拿巴上台后更是独断专权，尽可能地扩大总统权力，而削弱议会权力。一年后，帝制重新在法国确立，而他更是从总统变成了法国皇帝，史称"拿破仑三世"。在此期间，专制统治下的中央集权制再一次呈现出压迫性的一面，教会控制学校、皇帝权力膨胀，各权力机关对中央政府一呼百诺。帝国维护的是资产阶级的统治利益，旧王朝维护的则是封建阶级，而中央集权则是他们共同采用过的工具。外表不尽相同，但将权力集中于少数统治者，而尽可能限制其他阶级与地方机构的权利的本质却并没有改变。

法国的中央集权制在欧洲大陆具有鲜明的代表性。从查理曼大帝开始，到法国大革命前夕，法国中央集权制的传统不断演变并且强化。大革命前，法国国王为了加强王权，集中权力，从中央到地方设立了一系列国家机构，利用官僚、司法、军队、税收等手段不断强化权力。这种现象在波旁王朝时期达到了顶峰。**"法国大革命以后，中央集权制被资产阶级所继续沿用"。尽管与封建王朝的中央集权制有所差别，但基础是相同的。这个问题现在来反思：当时法国的资产阶级民主革命，只着重于"平等"，疏忽了"自由"。**

尽管如此，值得注意的是托克维尔叙述的《旧制度与大革命》中，突出了这场革命的特殊性。①革命的原因并非广大群众生活贫困，民不聊生，而是政府腐败，主要表现为统治阶级享有各种特权，比如没落的贵族可享有免税的特权。这种状况，群众敢怒而不敢言，各种文学作品中，托克维尔称之为"文学政治"，也就是政府的种种罪恶，不能在公共场合中表现出来，而只能在文学作品中表现出来。②这场革命是人民群众对其政府苛政感受最轻的地方爆发的，这思索起来是个"悖论"（照理说，革命应当在苛政感觉最严重的地方爆发），而事实上是因为在苛政感受最轻的地方有先知先觉者，只有先知先觉者和伟大天才，才能拯救长期被压迫的群众。③这场革命在私人财富增加状况下发生，而不是相反。在法国大革命时代的前 20 年，法国的经济蓬勃发展，社会财富大量增长，但国家因战争负债累累，这样就形成了国家财产与私人财产的分离：国家因负债累累，长期不能给社会大众提供公共产品，这不仅不能满足群众需求，而且甚至给群众造成灾难。这种状况表明：引起革命的原因是多方面的，不仅是因为"穷困"要闹革命，即使富起来了也会闹革命。王岐山提出，希望大家看一下《旧制度与大革命》。我想就是因为托克维尔从不同的视角，揭示了社会的进步和经济的发展。

"集权制"与"联邦制"，在国家治理上有不同的思想观念：如在德国，崇尚"依法、依规治理"，经济社会中发生的冲突允许由大化小，同时允许差异的存在；而在法国，经济社会发生的冲突，则主要通过执行中央权威来消除。再如，在法兰西第三共和国时期（1875—1940 年），教育归国家中央机构主管。有人说，教育部部长或者总统只需要看看手表，就可以马上知晓法国每一个 11 岁儿童正在学习课本的哪一页。相比之下，德国有关教育、治安，也包括经济促进活动，是由各个州分管负责，中央政府并不负责这些方面的管理。

不同制度下国家治理的区别也反映在交通方面，任何一幅两国的铁路系统图，都可以清晰地显示这种鲜明的对比。法国的铁路地图，像一个巨大的轮辐系统，以巴黎这个政治中心为核心向外辐射出去（有一些重要的经济区域，如北部加矿地和洛林矿地，一直到 20 世纪中期才被连接起来）。而德国铁路地图有很多节点，彼此之间相互连接。毫无疑问，这种地域上相互之间的便捷性，也构成了德国经济上的优势。

在欧元危机期间，德国政府对每一个救助计划都需要通过联邦议会批准，以体现在德意志联邦共和国始终坚持，立法需要通过议会批准的原则，以及

需要由最高法院即宪法法院进行审查的制衡原则。而在法国，立法往往存在争议，即使国会通过了某项立法，也会有来自执政党内部的强烈反对。这表明：在它们的那里，在国家治理中崇尚更多的自由。

集权制与联邦制的不同也反映在金融体系方面，法国的银行体系高度集中。在二战后的经济恢复时期，三大吸收存款的银行均被国有化，为实现经济规划，三家银行的投资由法国财政部统一协调。而战后德国的很多银行，保持并且至今仍维持着区域性银行，尽管在 1870—1945 年，有一些"大型全能银行"表现突出。当时这些银行位于柏林，包括 1949 年之后迁到法兰克福的德意志银行和德国商业银行。这些银行与体系完善的储蓄银行以及合作银行共存，并通过区域性批发银行机构形成银行集群，而储蓄银行直到最近仍为地方州政府所有。

与联邦制相关的问题也影响了货币政策的前景。在二战后的世界中，欧洲对美元的看法是，美元作为美国政策的一种工具，被操纵和工具化了，通过 20 世纪 60 年代末的"善意忽视"，或者是 20 世纪 70 年代末的"恶意忽视"，强迫其他国家承担美国政策的负担或成本。从这一点来看，美元是"全能"货币。**法国的应对策略是，为欧洲设计各种方案来增强自身的反应能力，以此影响外界对法郎的估值。德国对此持怀疑态度，更倾向于把马克视为限制而不是强化其政策操作空间。德国人认为，"货币是不能被操纵的工具"。德国的观点源自联邦制的货币特性：联邦制国家需要限制货币创造，因为货币扩张会以迥然不同的方式影响收入。**

在《欧元的思想之争》一书中，作者指出，在德国，过去的货币不稳定威胁着脆弱的政治系统，甚至使之面临分崩离析的风险。德国货币当局从不会轻易同意将任何未清偿转换成货币。相反，它会出于社会整体利益的考虑，决定某些行业、银行或政治机构继续经营，并因此将它们的债务货币化。那些没有享受到特殊待遇的行业、银行和政治机构，难免会愤愤不平，认为中央银行滥用职权。在联邦制中，特别是那些远离中央的企业和政治机构，很容易被货币刺激政策排除在外，因而更容易感受到被孤立和疏远。

此外，在中央银行是否独立的问题上集权制与联邦制不同的国家有鲜明的差别：在集权制的法国，认为独立中央银行不可取，中央银行"应是共和国不可分割的一部分"。而在联邦制的德国，政府制定了独立的抑制通货膨胀的法律，保护中央银行不受政府干预。

集权制与联邦制的问题，不仅影响了一个国家的治理结构，也影响了经

济组织：法国的经济由竞争力强的国有公司甚至跨国公司为主导，而德国则有众多的中小企业。建立国有公司和跨国公司主要是为了增强竞争力，而让众多的中小企业的存在，主要是为了增加就业和有利于中产阶层的形成。

集权制与联邦制在治国理政各方面的差异，反映了两种不同的思想观念：①求得地区经济平衡发展的思想观念。在德国，联邦制政体要求用更加严格的法律框架来平衡不同地区的利益，确保一个地区不会凌驾于另一个地区之上。因此，需要建立更加严格的机制来控制中央的财政积极主义。对财政事务和财政政策来说更是如此。一种被称为"财政平衡"的复杂制度，管理着德国国内的财政转移支付，尽管其中的条款存在明显争议，但该制度仍无法被频繁修订或者重新商议。而在法国，地方经济的发展，主要是靠地方市场经济主体自求平衡。②充分利用社会空间的特征的思想观念。在欧洲，经济发展的关键在于社会空间的特征。具体来说，城市的动态发展为人员流动创造了独特的机会。中世纪和早期近代欧洲有两种城市模式：一种是大国的行政首都，充斥着官僚主义，杂乱无章地不断向外蔓延拓展，那不勒斯就是一个例子；另外一种则以商业活动为重心，而且这些城市往往自主管理，在这些城市中，秩序、正义、和谐、教育和美德不仅改变城市本身，也影响着周边地区。现代商业依赖于城市化。城市中心相互连接，相比于中央威权政府采购的集中指导，它们能够为贸易的发展提供完全不同的自由土壤。

欧洲中央银行：货币政策与监管

笔者曾提出"讨论欧洲货币联盟的价值基础主要是讨论欧元的价值靠什么支撑"。历史的实际告诉人们：欧元危机的发生，表明欧元在欧元内的流通和欧元区外的流通出了问题，它违背了最初的理想和政策设计。众所周知，货币的流通受制于"三性"，即流动性、盈利性和安全性的最佳组合。从欧元区产生的那一天起，欧元在欧元区内外的流通，其主要障碍是"流动性"，也就是欧盟国家之间在国际贸易上，是否以欧元作为计价、结算的货币。21 世纪前十年，欧元不断贬值，在国际贸易的计价、结算中乏力，导致欧元危机的到来，这值得学术界和管理层深思。

在《欧元的思想之争》中，作者探讨了这一问题，并叙述了欧元危机的发生与结束的过程。2011 年 11 月 1 日，马里奥·德拉吉出任欧洲中央银行行长。德拉吉上任以后，为了拯救欧元危机，提出了著名的两句话："欧洲中央银行在职责范围内，已经准备好不惜一切代价保卫欧元。而且相信我，我们会做到。"（332p）。这位行长把稳定物价作为货币政策规定的首要目标，将欧元区国家发行的政府债券作为货币政策的基础工具，在欧元流通的第一个 10 年中，平均通货膨胀率维持在 1.97% 范围内。而且为了保卫欧元，欧洲中央银行行长开展了"政府债券购买计划"，这一计划也就是减少中央银行基础货币的供给，缩小商业银行的定期和活期存款规模，以减少欧元的货币供给量。但这一措施被有的国家的中央银行的反对，特别遭到德国中央银行的强烈反对。反对的理由概括地说主要有三点：①减少金融机构的流动性；②会带来金融风险；③容易产生道德风险。有的国家的中央银行主张建立欧元区货币联盟。面对这些非议和主张，管理层认为：欧洲中央银行既是欧元供给的调控者，又是金融机构的监管者，调控与监管并存。对于这种制度安排，又引起了一番争论，争论的主体仍然是德国与法国两方。在《欧元的思想之争》一书中，作者比较详细地披露了争论的情况。

该书指出：在建立欧元区银行业联盟方面，一个主要争论是负责银行监管这一角色的机构是由欧洲中央银行管理，或者作为欧洲中央银行的一个部门，还是成为欧盟的一个独立机构。其中最重要的关注点就是欧洲中央银行作为主要的银行监管当局是否存在利益冲突。在德国中央银行看来，这种制度安排显然会导致欧洲中央银行在制定货币政策时偏离物价稳定这个核心目标，而根据银行业安全的需要来做出决策，进而形成金融主导的局面，此时欧洲中央银行将被迫印发货币来稳定金融系统。此外，如果欧洲中央银行在实施监管的过程中发生错误将会损坏其公信力，这是一种负面的溢出效应。

另一个主要争论是支持者认为，欧洲中央银行参与银行监管将成为有益的补充。其中，最主要的一点是增强了信息沟通。的确，在危机期间，欧洲中央银行几乎不了解银行持有的抵押品的真实价值，但不得不扮演最后贷款人的角色（有很多抵押品是按市值计价，但很多贷款却无法交易）。信息共享极为有限，由于许多重要职能已经被移交给欧洲中央银行，因此各国中央银行在与欧洲中央银行分享信息方面表现得很不情愿。另外，美国的监管体系就是将银行业监管与市场监管合并在一起的最好例证。同时，多监管者共存也存在利益冲突，例如美国证监会受到律师的约束，以确保它能关注投资者保护问题而非金融稳定。类似的监管者还包括美国证监会、美国商品期货交易委员会、美联储等。实际上，金融企业无论是过去还是现在都会倾向于选择它们最喜欢的监管者，并导致相应的道德风险，但对此美联储始终无能为力。

在建立欧元区银行业联盟问题上，另一个重要的争论是监管机制的范围。尽管德国坚持应当限制监管的范围，让各国的监管当局适当保留部分职能，尤其是保留对储蓄贷款机构等小型银行业机构的监管职能，法国却希望将小型机构也纳入整个欧洲银行业监管体系。法国的理由是小型机构也可能对整个银行系统产生冲击，例如当年英国的北岩银行（Northern Rock）。然而事实上，法国的大多数银行都属于大型银行，即全国运营可能发生系统性冲击。

还有一个争论是欧元区银行监管当局应当承担多大的宏观审慎监管责任。在危机期间，监管更关注如何确认每个银行的稳健运营，然而危机过后，重点则转移到如何提升整个金融系统的稳定性。微观审慎监管应当与宏观审慎监管相互补充。而用宏观审慎监管工具来确保物价平稳。例如中国香港采用的就是盯住美元的货币局制度，因此中国香港当局无法将利率作为政策工具。作为替换，中国香港利用包括贷款价值比在内的宏观审慎监管工具来实现其通胀目标。鉴于宏观审慎监管政策与货币政策之间的紧密联系，一些观察员认为由欧洲中央银行来履行宏观审慎职能是很自然的选择。

尤其是，赋予欧洲中央银行宏观审慎监管职责，就能允许欧洲中央银行消除地区间政策差异并侧重于解决国家性泡沫和信贷失衡问题。的确，正如之前提到的那样，欧洲中央银行目前使用的一个主要货币政策工具，即欧元内统一的利率，会导致地区间的失衡。差别化的宏观审慎监管工具可以用于消除这些失衡。而从更一般的角度来看，这样的制度安排能够在目前并非最优的欧元区内实现最优化（392p-393p）。

学习了这一部分后，笔者的体会是：货币政策能够扭转市场对未来的预期，从而影响当前的资产价值。这关乎着行为人破产还是不破产的问题。在一个多重均衡的世界里，中央银行能够在短时间内将行为人带回好的均衡中。货币政策似乎是恢复短期经济增长预期的强大政策机制。但从长期来看，货币政策影响整体增长率的程度则较为有限。

附录一

论欧洲货币联盟的理论、思想和价值基础[①]

曾康霖

1999 年 1 月 1 日欧元启动，这是 20 世纪末金融领域中的一件大事，是国际货币史上的又一次变革，有人说是继香港"一国两制"之后，又一"历史性的创举"，为世人关注，国内外新闻媒介报道、评论很多。我认为除了评论的产生、运作及其影响外，还要讨论欧洲货币联盟的理论基础、思想基础和价值基础。

一、欧洲货币联盟的理论基础

欧洲货币联盟的理论基础源于凯恩斯的国际货币制度学说和国内治理金融的原则。在凯恩斯的国际货币制度学说中有三点不可忽视：一是主张货币与黄金脱钩。第一次世界大战后英格兰银行行长蒙塔古·诺曼竭力主张恢复金本位，他劝诫财政大臣温斯顿·丘吉尔把实行国际金本位的纪律作为一项以国家外部需要为着眼点的政策的保证。可是凯恩斯认为恢复战前的金本位是愚蠢的，因为黄金价值本身已不再是若干独立因素的客观产物，而要服从于少数中央银行的决策，特别是要取决于美国这个最大黄金拥有国的意见。因此，恢复到所设想的战前金本位的自动机制是不可能的。然而，凯恩斯的意见没有被采纳。1925 年，丘吉尔在预算报告中宣布了按战前 1 英镑兑换 4.86 美元的汇率恢复金本位制。接着英联邦成员也跟着英国按战前的平价恢复金本位制。二是主张通过调控货币维持国内物价稳定实现充分就业，而不主张通过货币对外贬值输出失业。早在 1923 年，凯恩斯就在他的《论货币改革》中，向英国政府最高决策者提出，在未来的年代里应作出的选择：是通货紧缩，还是货币贬值；是优先稳定国内价格水平，还是致力于维持英镑的对外贬值。他主张，应当是前者即通货紧缩，优先稳定国内物价水平，而不是后者。1936 年凯恩斯在他的《就业、利息与货币通论》（以下简称《通论》）中，又重申了这一思想。他认为，可以通过财政政策和货币政策来达到国内经济稳定的目标，而不必要采取以邻为壑的贸易政策和外汇政策来输出失业。凯恩斯《通论》的出版，标志着宏观经济学的确立，但不要忽视了

[①] 参见：曾康霖. 论欧洲货币联盟的理论、思想和价值基础 [J]. 金融研究，1999（2）.

这部经典著作强调了通过财政政策、货币政策实现充分就业的目标。三是主张组建超级中央银行，提供国际货币，实现国际间的清算。这一思想集中体现在他向布雷顿森林会议提交的《国际清算联盟的建议》方案中。早在1942年凯恩斯就提出了他的《国际清算联盟的建议》方案，并征求英国政府和英国经济学家的意见，方案的内容很多，核心有两点，一是建立"国际清算联盟"，二是推出"国际银行货币"。"国际清算联盟"是超出国籍的超级中央银行，"国际银行货币"是超级中央银行提供的国际货币，它称作"班柯"（Bancor），按黄金定值，作为黄金的等价物为联盟成员国所接受，以清算和平衡国际收支。这一方案的操作程序是：各成员国的中央银行必须在"国际清算联盟"开立以"班柯"为货币单位的计算账户；按"班柯"的平价来结算其收支差额；凡国际收支顺差的国家，在"国际清算联盟"中为存款户，凡国际收支逆差的国家，在"国际清算联盟"中为欠账户；一切存款不能溢出清算系统，只能在系统内转移；当成员国收不抵支时，国际清算联盟可以向成员国垫款，但所垫的款只能转移到另一个成员国的账户上，也不能溢出；国际清算联盟，必须采取具体措施防止成员国存款或欠款户无限增加，使清算联盟能够产生一种具有足够自动平衡的作用。1942年，这一方案传到了美国，1944年，这一方案提交给布雷顿森林会议讨论。遗憾的是布雷顿森林会议基本上没有按凯恩斯的方案通过决议，而基本上是按怀特的计划通过决议。亨利德克斯特·怀特是美国财政部货币研究室主任和财政部部长助理，他在凯恩斯草拟方案的同时也草拟了一个建立国际货币体系的计划。这个计划与凯恩斯的方案比较起来主要有三点不同：①怀特计划建议用"平准基金"取代凯恩斯建议的"班柯"，理由是如果用清算联盟提供的"班柯"作为清偿能力来进行国际清算，有可能扩大清偿能力，清偿能力的扩大具有潜在的通货膨胀的影响。而用"平准基金"作为清偿力，由于"平准基金"是各会员国提供的，数量有限，不会具有通货膨胀的影响。②怀特计划建议由国际货币基金组织来固定汇率，汇率的改变必须经过80%的投票通过，而凯恩斯所设想的汇率可以在5%的幅度内浮动。③在凯恩斯的方案中，当国际收支不平衡时债权国要承担维持国际收支平衡的责任，而在怀特的计划中，没有这一点。

布雷顿森林会议虽然基本上按照怀特的计划通过了决议，也就是人们所熟悉的：建立国际货币基金组织，使之成为国际货币的协调机构；实行美元与黄金挂钩，其他国家货币与美元挂钩的金汇兑本位制；成员国以股份的方式入股建立国际储备货币，以调剂国际收支余缺。但是，也不能忽视凯恩斯方案的价值及其对建立国际货币制度的影响，因为国际货币制度的演变和后来布雷顿森林体系的解体证明了凯恩斯的预见性。

1944 年 5 月 23 日，凯恩斯在向英国上议院解释国际货币基金组织性质和范围的同时，重申了他 20 年来在金融方面为治理国内事务为之奋斗的三大原则。这三大原则是："首先，我们决心将来要使英镑的外部价值与其内部价值相一致，内部价值是以我们国内政策来决定而不受其他因素的影响。其次，我们打算维持对国内利息率的控制，这样我们能够使利息率保持在与我们自己目的相适应的低水平上，而不至于受到国际资本流动的消长或游资外流的干扰。最后，在我们要防止国内通货膨胀的同时，我们将不因外来的影响而采取通货紧缩的办法。"

综合评析凯恩斯的国际货币制度学说和国内治理金融的三大原则，我们能够得出，凯恩斯的货币思想是：①黄金非货币化，摆脱金本位制的约束。黄金非货币化也就是否定黄金作为国际储备货币，不能用黄金来作为国际清算手段。欧元的价值以欧洲货币单位埃居的价值为基础，欧洲中央银行的储备 65% 为美元，10% 为日元，25% 为黄金，而且各国持有的欧元不能兑现黄金，应当说欧元摆脱了金本位制的约束。②设计新形式的国际货币单位，用以国际之间的支付清算，也就是凯恩斯提出来的"Bancor"，欧元类似于"班柯"，也可以说欧元是欧共体内的"班柯"。③成立"国际清算联盟"，作为超级中央银行供给国际银行货币，欧洲中央银行也是超级中央银行，它供给欧元。④运用银行原理平衡国际之间的债权债务关系。凯恩斯认为怀特计划最主要的缺陷是没有运用银行原理去平衡国际之间的债权债务关系，因而"只是有助于那些早就拥有黄金储备的国家"。欧洲中央银行成立以后，欧盟体各国中央银行仍然存在，而且各国中央银行也要在欧洲中央银行开户，应当说这也是运用"银行原理"去平衡各国之间的债权债务关系。⑤在对内方面，要使货币的对外价值与对内价值保持一致，而内部价值由国内政策决定，不受其他因素影响，要控制利率水平使之不受国际资本流动的影响，要防止通货膨胀，使之不受外来因素的影响。欧元的诞生，欧洲货币走向统一，总的说来，也是为了在货币的价值、利率、汇率方面排除外来因素的影响。所以，尽管凯恩斯是英国人，而英国又暂时未加入欧洲货币联盟，但应当承认，这位大师的货币思想，是欧洲货币联盟的理论基础。

欧洲货币联盟的又一理论基础，是"最佳货币区"理论。这一理论最早是美国经济学家蒙代尔（R. Mundell）提出的。"最佳货币区"理论，讨论的主题是在多大区域内实行固定汇率是最适宜的，超过了这一定区域的范围，实行固定汇率是不适宜的。蒙代尔认为，在生产要素可流动的范围内，实行固定汇率是可行的，如果一个区域范围很大，生产要素不能流动，经济发展不平衡，有的地区经济发展水平高，没有失业，有的地区经济发展水平低，失业严重，在这种情况下，就不宜采用固定汇率。因为在这种情况下，需要靠货币币值的变动去促使生产要素的流动，去发展经济，解决失业问题。蒙代尔认为，货币贬值，可增加出口，也能减少进口，这样就能够通过外贸的乘数作用增加就业。

但麦金农认为，在什么范围内实现最佳货币区，不取决于生产要素可流动的范围，而取决于对外贸易的发展。如果对外贸易的程度高，区内外大量地进行贸易，在这种情况下，货币贬值就没有什么好处。因为区内外大量地进行贸易，就可能使进出口商品的价格上升，降低人们的生活水平。如果人们的生活水平降低，劳工就要求提高工资增加收入，资本就要提高利率。这样，就要增加出口产品的成本，出口产品成本的增加，就抵销了贬值的好处，所以贬值无助于就业。因此，在麦金农看来，衡量最佳货币区的标准，不是生产要素可流动的范围，而是国内外贸易的发展程度。他认为只有那些"内部贸易兴旺，同外部世界只有有限的商业接触"的地区，才有条件实行固定汇率制。

"最佳货币区"的形成，必须有一套机构来管理它，其中包括政策选择和运作机制。欧共体认识到加强本地区决策的必要性，于1969年2月向成员国的国家元首们提议：成立一个小组，提出一个方案。于是卢森堡首脑皮埃尔·维纳主持草拟了一个在欧共体内"分阶段实现经济与货币联合"的方案。

皮埃尔主持草拟的方案提出实现欧洲经济与货币的联合分三个阶段进行：第一阶段从1971年1月1日开始，历时三年，主要内容是协调短期政策，包括协调对内的政策和对外的政策。对内的协调着力于取消在财政政策、信贷政策方面的各种限制；对外政策的协调，方案提出在与IMF打交道方面，在货币互换方面，要事先磋商。尤其是在第一阶段中，要把欧洲内部汇率变化幅度压缩到小于国际货币基金组织所认可的幅度。第二阶段从第一阶段结束后开始约三年时间，主要内容是协调中期政策，要点是建立欧洲货币合作基金。第三阶段，从第二阶段结束后开始约四年时间，主要内容是成立一个外汇总储备机构，确立一种单一的共同体货币。总之，皮埃尔的计划是企图经过 10 年即到 1980 年，实现经济与货币的联合。

对于皮埃尔的方案，专家们有不同意见，大体说来有三派：经济政策学派认为，首先是经济政策的协调，其次才是货币的统一，以经济政策的协调推动货币的统一；货币主义学派认为，首先是货币的统一其次才是经济政策的协调，以货币的统一去推动经济政策的协调；机构学派认为，首先要建立政治和行政的机构，有了机构才能在欧洲范围内决策。

对于欧洲货币联盟的问题，经济学家们有不同意见，大体说来，欧盟内的经济学家持肯定意见，而欧盟外的经济学家持否定意见。美国经济学家查尔斯·P. 金德尔伯格（Charles P. Kindleberger）认为：①货币一体化，要在政治一体化已经推进了许多步之后才会出现，但政治一体化现在是不可能的；②货币一体化要有坚强的领导，没有坚强的领导，就不能实现金融一体化；③各国在宏观经济政策的态度上会发生分歧，因为各国奉行的主义不同，如英国撒切尔夫人奉行的是货币主义，而法国的密特朗奉行的是凯恩斯主义；④如果货币联盟就是发展一种单一货币取代许多国家的货币，那么整个欧洲的货币同盟怎么建立，怎么运作，只能分阶段进行，到了某一个阶段，一个或更多的国家可能要退出来，这样就会阻止它的进展；⑤总之，欧洲货币一体化比欧洲货币体系没有前进多少，如果完全按货币主义的教条管理欧洲货币制度，是一种保守的、不现实的选择①。金德尔伯格的这些意见是 1984 年的预言，应当说是 1999 年的现实检验了 1984 年的预言有多少正确性。

此外，有的美国经济学家还认为，①经济波动在欧洲各国的相关性，比美国各地区的相关性小，因而实行共同货币要付出的成本代价比美国大；②欧洲各国产业分散化的程度比美国高，产业冲击对欧洲的影响大，实行共同货币对产业冲击不起作用。

欧洲各国经济波动的相关性小或不相关，那为什么实行共同货币付出的成本代价大呢？重要的问题是在实行共同货币的条件下，不能通过外汇政策去调整经济波动，只能依靠欧共体内部的财政货币政策作用去调整经济波动，但各国有各自的财政货币政策，协调起来不容易，所以付出的成本代价大。产业冲击指的是产业结构畸形、扭曲，矫正产业的畸形、扭曲需要调整产业结构，调整产业结构需要重新配置资源。说实行共同货币对产业冲击不起作

---

① 查尔斯·金德尔伯格. 西欧金融史 [M]. 徐子健，等译. 北京：中国金融出版社，2007：621-623.

用，也就是说在固定汇率制下，不利于通过汇率变动重新分配资源调整产业结构。如果上述我的理解没有错的话，那么美国经济学家指出的上述两点，还需要实践去检验。

二、欧洲货币联盟的思想基础

经济为政治服务，是推动欧洲一体化的重要原因。两次世界大战源于欧洲，经过两次大战，欧洲备受损失。怎样避免战争，实现和平，是欧洲政治家、思想家们首先应考虑的问题。他们认为必须从经济一体化着手。经济一体化首先迈出的一步是在二战后的 20 世纪 40 年代末，由法国倡导的"欧洲煤钢"联营，即法国和德国联合起来实现煤和钢的生产，这是欧盟的前身。尽管当时不少人反对，但不可否认实现"欧洲煤钢"联营，是推动欧洲一体化的第一步。迈出了这一步以后，欧洲的思想家的逻辑是：一个国家生产钢铁、煤炭的主权都可让出来就没有理由为了各自的利益发动战争；如果创造一个统一市场，让德国的工业和法国的农业都能找到出路，则相互都会得到繁荣，有共同的利益；如果在这个统一市场内，商品、资本、劳动力都可自由流动，那么就把欧洲捆在一起，就不会有利益冲突；如果生活在这个统一市场内的人使用同一种货币，遵循同一套经济法则，那么人们就会感到自己与别人没有什么不同，就不会产生相互残杀的动因。看得出来，政治家、思想家们着力和从利益关系去评述货币联盟，而"货币联盟是关系着战争与和平的生死大事"（德国前总理科尔语）。

应当说，推动欧洲货币联盟最积极的人，是德国总理科尔和法国总统密特朗。20 世纪 80 年代中期，当时的欧洲委员会主席雅克·德洛尔劝说欧共体各国领导人创立一个真正的共同市场，实现商品、服务和资金自由流通，以重振欧洲共同体并在这个基础上实行单一货币时，其他国家都沉默，只有法国和德国马上站出来支持德洛尔的建议。法国总统密特朗的想法是：单一货币不但可以促使德国同西欧的关系密切，而且还有利于削弱德国作为经济霸主在欧共体内部的影响。可是，德国总理科尔的如意算盘是，实现了货币联盟德国就可借助货币联盟将德国式的宏观经济调控方式强加给邻国。这表明：尽管他们都积极赞成货币联盟，但各有各的算盘。

应当说，推动欧洲货币联盟最不积极的人是英国前首相梅杰以及后来的首相布莱尔。对于要不要加入货币联盟的问题，梅杰在 1998 年保守党年会召开前夕，重申"等一等，看一看"的方针。他说，英国不应急于作出决定，今后不管英国是否加入货币联盟，单一货币的实行都会对英国产生极大影响，为了英国自身的利益，英国应当参与有关谈判，反对一切不符合英国利益的欧洲进一步联合的趋势。梅杰的这一方针得到了内阁成员的赞同，避免了保守党领导层两派在年会上的争吵，使年会呈现出多年来少有的团结气氛。有人说，如果下一届大选保守党执政，英国可能在 10 年之内都不会加入欧洲货币联盟。布莱尔是工党的领袖，在要不要加入货币联盟问题上，工党内部也给布莱尔施加压力，有的议员说英国如果要首批加入货币联盟，工党就要发生分裂。布莱尔也说，工党政府只有在通过全民公决的情况下，才会加入货币联盟，可见，英国人的消极态度来源于党内不同派别之争。在英国，无论是保守党还是工党，都存在欧洲怀疑派和亲欧派之争，欧洲怀疑派认为，欧洲货币联盟的实行，会把一个联盟的中央金融机构的权威凌驾于各独立主权国家的政治实体之上，这将最终要求货币联盟向政治联盟或联邦制发展。这样，就会导致各独立国家主权地位的改变。英国一直反对以扩大欧盟权力来削弱独立国家主权，这是英国在货币联盟上"等一等，看一看"策略的根本原因。

总之，欧洲各国政治家们在对待货币联盟的思路上是不一致的，而绝大多数老百姓却都赞成单一货币，因为它能够提高效率和降低使用成本。所以要看到货币联盟的思想基础在当权者与广大群众中的差别。

三、欧洲货币联盟的价值基础

讨论欧洲货币联盟的价值基础主要是讨论欧元靠什么支撑，在讨论这个问题以前，需要回顾一下美元靠什么支撑。1944 年召开的布雷顿森林会议确立了美元与黄金挂钩，其他国家货币与美元挂钩后，应当说，那时美元靠黄金支撑，因为二战以后世界 2/3 的黄金集中于美国。1971 年 8 月尼克松宣布美元停止兑换黄金后，美元靠什么支撑呢？应当说，在这以后，美元靠它在国际上的信用（或信誉）支撑，因为不能兑换黄金的美元是美国的信用货币。信用货币以提供货币的机构的信用做保证，也就是以美国联邦储备银行即中央银行的信用做保证。货币的经济基础的核心是货币的价值。以信用做保证支撑着货币的流通，就是要稳定货币的价值，所以提供货币的机构信用做保证。进一步说，就是要使所提供的货币不贬值。在美元与黄金脱钩的情况下，美元会不会贬值，曾经引起国际金融学家的关注：美国著名国际金融学家特里芬（Trifin）早在 1960 年就在其著作《黄金和美元危机》中提出，随着世界经济、贸易的不断扩展，对国际货币的需求的日益增加，美元对国外的供给将不断增大，但是，如果美国国际收支持续出现顺差，则美元的供给就将减少，就难以满足国际需求；相反，如果美国国际收支持续出现逆差，则又不利于美元价值的稳定。这样，以美元为主的国际货币体系就会陷入"两难的境地"。即要满足国际货币的需求，保证国际货币的供给，美国的国际收支就必须持续保持逆差；而国际收支持续保持逆差，又必然导致美元贬值，这就是所谓的"特里芬难题"。应当说特里芬的分析是有道理的，20世纪60年代的美国国际收支持续出现逆差，引发了美元危机，美元贬值，导致了黄金大量外流，便证明了他见解的正确性。可是，几十年来，美元不是随着美国国际收支持续逆差从而持续贬值，而是有升有贬，这又是为什么呢？这种状况，应当说：一方面是靠美国经济的支撑，另一方面是靠美元的霸权支撑。美国经济的发展能提高美元的信用度，霸权的施展能调节美元与其他货币的供求市汇率。对美元靠什么支撑的回顾，能够使我们联想欧元会不会发生"霸权"，存不存在产生"霸权"的条件，对待这一关系国际货币运作的重大问题，我们只能拭目以待，对此我们存而不论。在这里我们只能说，在欧元成为国际货币能够被更多的国家作为国际清算手段、国际储备的条件下，要靠欧共体成员国的经济和欧共体中央银行的信用去支撑，现阶段欧盟总产出占世界总产出的30%左右（而美国仅为27%），欧盟进出口总额在世界贸易总额中占20%左右（而美国还不到20%），这表明欧盟作为一个经济实体，其经济实力不可小视，它对欧元的支撑有较强的承受力，问题在于欧盟内部各国的步调能否协调。如果不够协调甚至不协调，则会削弱甚至丧失对欧元的支撑力。从这一点说，我们也要拭目以待。

四、《学习美国货币史（1867—1960）》① 笔记

编者导读： 本部分根据曾康霖先生阅读《美国货币史（1867—1960）》（弗里德曼经典巨著）的读书笔记整理。曾康霖先生还在该笔记中补充了两篇文章作为附录以拓展思考：《量化宽松的货币政策的理论基础、传导机制及效应评价》《大国末路：从卢布崩溃史看美国人怎么玩金融》。曾康霖先生在该读书笔记中记录了自己的阅读体会。他特别强调：美国的银行业的产生和发展是各级政府的财政需要，但什么是货币，既有政府的需要，也有社会的需要。所以评介这段历史，既有实际意义，更有理论价值。

在《美国货币史（1867—1960）》的"结论"中，作者指出：这一著作讨论的是：美国自南北战争结束以后到 1960 年这近一个世纪的时期里美国货币存量的变化。讨论这一时期货币存量的变化，是由什么因素决定的，分析货币存量的变化对历史重大事件的影响。

为了使讨论的问题边界明晰，该著作对一些概念进行了规范：

第一，银行。在美国，为公众提供存款服务，或主要从事信用业务的金融机构称为银行。把这样的银行分为两类，一类是商业银行，另一类为互助储蓄银行。商业银行包括国家银行、州立银行、信托公司、股票储蓄银行、实业银行（专门为实业发展提供存款服务）、现金保管库（又称特别类型的存款银行）、合作交易所、未合并的私人银行。

与国民银行并列的是"美国储贷体系"。美国储贷体系通常指储贷协会，储蓄银行这两类机构与信用合作社一样，具有金融互助合作的性质，它们的主要业务是吸收家庭储蓄存款，提供住房抵押贷款，其中储蓄银行除了提供

---

① 参见：米尔顿·弗里德曼，安娜·雅各布森·施瓦茨. 美国货币史（1867—1960）［M］. 巴曙松，等译. 北京：北京大学出版社，2009.

住房抵押放款外，还适量地兼营商业信贷及公司融资业务。

美国储贷体系专业化的程度较高，在 20 世纪初期逐步发展壮大，且发展速度较快，这得益于联邦储备银行稳定的利率政策，其 30 年期的住房贷款利率都高于各类短期存款利率，即住房抵押贷款的利率都高于资金来源的利率，从而使这些金融机构都保持盈利。

美国储贷体系相对商业银行来说，有以下特点：

（1）一般规模较小，服务范围局限于社区。

（2）以住房贷款为主，1989 年，美国《金融机构改革复兴及加强法案》文件出台，曾限定储贷机构中的住房贷款不能少于资产的 65%，其余部分可做消费和商业贷款，但在商业贷款中 10% 的部分必须贷给社区。

（3）可从联邦住房贷款银行体系融资。联邦住房贷款银行是 1932 年创建的为家庭融资提供信贷服务的金融机构。美国有 12 家区域性的联邦贷款银行。联邦贷款银行的股东有储贷机构、商业银行、信用合作社、保险公司。这样的银行有资格以低于市场的利率向成员发放贷款，增加资金来源。其利率略高于美国政府债券利率。

在美国，信用合作社是非营利性的金融机构。1934 年，美国在罗斯福总统时期颁发了《联邦信用合作社法案》。信用合作社的准则是"不为赢利，不为慈善，而为服务"。信用社的成员必须属于同一个社区，或一个工作单位系统。信用社成员必须参加管理。信用社的主要业务是消费信贷，或者是以吸收家庭储蓄存款和向家庭提供消费的信贷。

需要说明的是：在金融科技日新月异的情况下，混业经营已是金融业发展的趋势，储贷金融系统在竞争中逐步向商业银行靠拢。但金融机构的设立，仍没有消除它们的差别。服务于人们生活与服务于物质产品生产流通，仍有不同性质的金融机构。

对于社会主义中国来说，从理念上就没有这样的区分。人们在计划经济的社会主义制度下，在相当长时期中主要是实行住房的供给制，后来虽然实行"工薪制"，但工薪较低，而且多年不变，人们基本上没有货币储蓄，即使有的人有少量储蓄，但在储蓄要为国家积累资金的思想指导下，国家银行也不会把钱贷给个人买房。这表明在当时在人们的生活中，没有购买住房的能力和条件，更谈不上融通资金产生对"储贷系统"那样的金融机构的需要。

第二，公众。该著作指出："公众"包括个人、合作企业、公司、州、县、市政当局、政府企业、信用机构。公众不包括银行、财政部办事处以及美国的铸币和鉴定部门。

第三，通货。概括地说狭义的通货包括"绿钞"、国民银行券和金属辅币。广义的通货还包括互助储蓄存款。在一段时期内（早期）没有把商业银行的存款区分为定期与活期，后来，由于定期存款和活期存款在提取准备金上有不同的比例要求，才把商业银行的存款做了定期与活期的严格划分。

美国的货币存量由通货和存款组成。

所谓的通货就是社会公众持有的净现金资产。在不同的时期，社会公众持有的净现金资产由不同的成分组成。在南北战争时期，其通货有金币、金元券、州立银行券、美国流通券、白银辅币、辅钞、其他美国通货。其中国民银行券、美国流通券，其他美国通货和辅钞这四项是主要的，占通货总额的90%。国民银行券是国民银行的负债，发行主体是国民银行，国民银行在发行国民银行券时，必须存入111%的特定政府债券作为担保（1900年以后，改为以国民银行的资本为担保）。国民银行银行券的价值不取决于发行银行的财务状况，取决于与特定政府债券的兑换比例。由于必须以政府债券担保并以政府债券赎回，所以国民银行券实际上是联邦政府的间接负债。

美国流通券是联邦政府发行的通货，它是财政部的负债。在相当长的时期，美国流通券的票面是绿色的，被称为"绿钞时期"。绿钞的价值与每单位如美元所包含的黄金量相等，绿钞被称为法定货币。它能够成为国民银行的存款准备金。而国民银行券，不属于法定货币，不能作为国民银行存款的准备金。

所谓的存款，也就是国民银行、州立银行和私人银行的负债。它是存款者手里的资产。流通中的货币可转化存款，银行的存款也能转化为流通中的现金。不同种类的存款和现金相互转化，要按每单位货币的价值相互折算。

在美国，影响货币存量变化的因素有：

（1）高能货币。它是公众所持有的现金和库存现金，1914年以后还包括银行在联邦储蓄体系中的存款。后两项（库存现金和在储蓄系统中的存款）构成银行的准备金。由于银行准备金中的1美元可以派生出好几元美元存款，所以这样的货币被称为高能货币。

（2）商业银行存款和银行准备金之间的比率。这一比率越高，存款的数量就越大。假定其他因素不变，存款准备金比率的增长，意味着更多的货币进入公众流通。

（3）商业银行存款对公众持有货币的比率。这一比率越高，高能货币中用于银行准备金的数量就越大，从而货币存量也越大。

这三个因素与货币存量的关系，用数学公式表示：

$$M = H \cdot \frac{\dfrac{D}{R}(1 + \dfrac{D}{C})}{\dfrac{D}{R} + \dfrac{D}{C}}$$

其中，H 代表全部高能货币，D 代表商业银行存款，R 代表商业银行准备金，C 代表公众持有的通货。

所以 D/R 是公式中的第二项因素，D/C 是公式中的第三项因素。

美国货币存量的组成表明：①各个金融机构都能够以自己的信用担保发行的钞票主要是银行券或辅币，在这种状况流通中的通货和存款五花八门。②财政部也能直接发行"美国流通券"，它是以联邦政府持有的黄金为担保。③在金本位的条件下每货币单位（美元）都有一定的含金量。④流通中有法定货币，有非法定货币。

这样的货币制度的安排受市场需求的影响，只要市场需要也就是只要有支付结算的需要，都可供给通货。而且各种通货可相互兑换，实际上也是一种买卖。货币供给的主体是相对分散的，在一定时期监管有限。货币供给的量主要取决于经济发展的水平。在美国在相当长的时期中，货币供给是稳定的。

1951 年美国颁布了《财政部—联邦储备体系协议》，协议的主要内容是怎样调控货币存量。在美国历史上曾经通过发行政府债券调控货币存量。联邦储备体系曾通过固定的利率水平作用于政府债券的供求。在朝鲜战争期间，利率迅速上升，放大了对政府债券的支持力度，难以控制货币存量。于是1951 年颁布的《财政部—联邦储备体系协议》两年后被彻底废除。

在美国，有三个时期货币存量与经济环境相对稳定，即 1903—1913 年，1923—1929 年，1947—1956 年这三个时期，货币存量的增长率都相对缓慢，而货币收入增长率（国民经济增长率）相对迅速。在 1948—1960 年每年货币收入增长率 5%，而货币存量只增长 2.9%，这表明货币流通速度加快。

美国的银行。

在美国，银行的需要是从殖民地政府需要财政收支开始的。1690 年，马萨诸塞州发行了第一批信用券作为开赴加拿大远征军的军费。这样的信用券由州政府担保，发给远征军后能够在市场上使用，购买商品，同时出卖商品的商人可以用信用券纳税。1712 年以后，这样的做法被其他殖民地政府纷纷效仿。

殖民地政府因财政收支的需要，除成立银行发行信用券外，还有另外两种需要，一种是不动产（土地）抵押的需要，由公共土地银行提供信用券，便于土地交换、抵押；另一种是从事海外贸易的需要，由 Crackerbarret（称为银行家）提供用以作为提供长期信贷和在顾客之间转移债券债务关系的需要。应当说后一种情况已经是美国早期的商业银行的业务表现，由银行家供给信用券，实际上是以银行信用为担保。这样运作的目的总的说来出自各自的利益需要。由于缺乏监督管理，信用券任意供给，造成信用券价值降低。直到 1751 年，英国国会通过决议，禁止当地政府再发行信用券货币。

美国是一个联邦制的国家，多元利益并存，为避免集中损害某个群体利益，美国宪法强调分权和制衡原则，这反映在银行体制的建立方面。1864 年美国颁布了第一部银行法称为《国民银行法》。颁布《国民银行法》的历史背景是：自 1836 年美国第二银行被安德鲁·杰克逊总统关闭以后，联邦政府对银行业采取自由放任的政策，州银行数目快速增长，所谓"野猫银行"盛行，银行供给的各种银行券臃肿复杂，在金融市场上流通，混乱无序，银行资本金不足，信用不稳，约一半的银行倒闭。1836—1863 年，这 27 年是美国历史上金融业最为混乱的时期。

《国民银行法》的颁布，其宗旨是：以统一监管下的国民银行体系取代州银行，以国民银行券代替州银行券，并进行硬币兑现，以满足战争的需要。在立法的内容上：①国民银行与州银行并存，国民银行由联邦储备银行注册批准，州银行由各州州政府注册批准，注册资本金的有关规定由州政府制定。②实行存款准备金制度。③州银行发行银行券必须课以 10% 的税收。④国民银行不能经营信托业务，对客户的贷款也有比例要求。⑤实行单一银行制，即不能设立分支机构。

《国民银行法》的颁布和实行，体现了在金融领域的"相互制衡"的意义。但从分权到集权，经历了漫长的过程。

美国的发展一直充斥着对中央集权的排斥。

美国是联邦制的国家，1777 年 12 月 15 日通过了一个《联邦条例》（相当于临时宪法），这个条例总的精神就是限制联邦政府的行政权力，而偏爱分权。偏爱分权的人主张各州负责各自的财政和经济相关的事务。在这种体制下，各州独立运转。当时的国务卿托马斯·杰斐逊力主各州各自对债务负债，联邦政府不管。但以美国第一任财政部部长亚历山大·汉密尔顿为首的联邦党人大力倡导要组织一个中央集权政府，要赋予中央集权政府的国家安全、筹集收入等广泛的权力。"联邦党"的成员之一，罗伯特·莫里斯提出要扩大联邦政府获取收入的能力。在一份报告中他倡议"联盟政府负责全部国债的发放，同时发行带息债券"，以征收的关税和国内税收偿还国债和其他债券的利息。在莫里斯的推动下，**1782 年 1 月 7 日费城成立了北美银行。这家银行是美国国民银行的先驱，主要为股东创利，每年分红的回报率达 10% 以上。**这种状况引起了有些人的非议，指责它是"官僚主义、资本主义"机构，尽管如此，北美银行的成立仍然引发了各州的效仿，各州相继成立了州银行，除服务本州的居民外，增强了州政府处理财政事务的能力。当时在怎么建立美国银行的问题上，在美国舆论界分成了两派，一派以财政部部长联邦党人亚历山大·汉密尔顿为首；另一派以国务卿托马斯·杰斐逊为首。前者力主建立"国家的"银行，认为国家银行是国家经济发展的强大基石。它能够负责帮助美国各州发行债券以逐步偿还独立战争时期累积的债务。另外，还能帮助财政部保管财政存款，处理财务收支。后者反对这样的举措，认为成立国家银行削弱各州的权力违背了宪法对联邦政府的限制。他们双方的对立，最后由当时的美国总统华盛顿裁决。裁决的结果是汉密尔顿获得胜利，于是在北美银行成立 10 年之后，也就是**1791 年成立了国家银行。这家银行被称为"美国第一银行"**（The First Bank of the United States）。

要不要建立"第一银行"的两派的观点，反映了两个不同阶级的利益：拥护建立第一银行的阶层，主要是商人和投资者，他们主要来自美国东海岸的北半部；反对建立第一银行的阶层主要是自耕农，他们主要生活在美国南部各州。也就是说主张建立第一银行的汉密尔顿代表着商人和投资者的利益，而国务卿托马斯·杰斐逊代表着农民的利益。

中央银行的初期实践：美国第一银行。

亚历山大·汉密尔顿以英格兰银行为蓝本构建第一银行。他认为，联邦银行应该是"国家一架极为重要的政治机器"。他用银行应该促进"流动资本和生产资本"的原则捍卫了联邦银行；换句话说，汉密尔顿相信，联邦银行会通过发行全国统一货币而使价值单位（也就是金银储备）变得更具流动性。不过，作为国民银行（而非地方银行），联邦银行不应受限于形形色色的地方法律。

第一银行虽然并不是一家真正意义上的"中央银行"，但是，第一银行也标志着"政府与货币控制发生关系的开始"。第一银行有三个基本特征：①是财政资金的存放处；②管理公共债务；③是一个私有、营利性组织。第一银行扮演的角色为其成长和管理国家金融提供了充分的空间。作为国家财政资金的主要存放处，第一银行获得了开展业务所需的最为关键的资本金。通过管理公共债务，第一银行处在了在经济上统一美国的重要位置。最后，受北美银行成功的影响，第一银行吸收了大量的私人股东；同时，由于大量个人投资的存在，私有产权也提高了银行的经营效率。

汉密尔顿十分仔细地设计了第一银行，以保证其能够促进经济增长。在他看来，供给资金和提供银行服务都对金融难题的解决有利；他将第一银行设计成便于向富裕投资者和政府募集资金的股份形式。购买股份需给付政府债券，而非金融货币。第一银行再以100%的贵金融准备发行纸币，这种纸币"成了该国最主要的货币供应"。

第一银行通过出售银行股票的方式出让产权，联邦政府做了第一笔也是最大的认购：一掷200万元（殖民地元的等值货币），以每股400元的价格认购了5 000股，联邦政府随即将其贵金属准备存入该行。社会公众投资者认购了剩余股份。富裕投资者把这个由政府黄金支持的银行视为一个投资良机；此外，集中于纽约、波士顿、费城、巴尔的摩和查尔斯顿的股东还有权选举董事。在关于国民银行的报告中，汉密尔顿阐释说，**私人管理将会强化社会公众对第一银行信誉的信心**。汉密尔顿主动牺牲了一些公共利益，因为，在他看来，"公共设施正是私人借以获利的公共银行的目的所在"。投资者们纷纷把信任投给了汉密尔顿。

第一银行虽然并不是一个"中央银行"，第一银行的建立还是意欲在美国经济发展过程中扮演重要角色，承担大量的工作：**代理国库、发行基于商业信用的统一国家纸币**、为政府提供信贷。另外规定，第一银行不得"**把增减纸币的发行作为稳定贸易的手段**"。

美国的自耕农一直就不拥护第一银行。农民们担心第一银行关注于商业利益和工业利益，而对殖民地经济的中心——农业的利益漠不关心，所以，一直没有拥护第一银行。他们不购买第一银行的股票，也不在第一银行进行储蓄、借贷业务。因此，如同北美银行一样，第一银行也只是服务于从事商业和投资的百姓。

此外，**第一银行并非像商业银行那样具有竞争性**。如上所述，**第一银行同时具有公私两方面的责任**，因此，它的管理是"极端谨慎的"。其结果就是，它的分红能力十分可怜，股价也不如北美银行表现突出。此外，虽然执照上写明第一银行负有公私两方面的责任，但美国公众并不把它当作公立机构，其公共职责被认为仅仅只是在于代表联邦政府的"特权"和权力的"篡夺"。没有广大民众的支持，再加上不能充分与其他商业银行区别开来，**第一银行不能有效地参与竞争。**

如第一银行的公共职责被广为接受，那么，投资者的分红要求可能就会更低一些。我们可以与当代的债券进行比较：市政债券一般要比公司债券的收益率低一些。尽管税收优惠在评估市政债券价值时不容忽视，但市政债券相对公司债券而言，目的不尽相同：市政机构要满足社会公共需求，而公司则主要是营利性的。

当第一银行的经营许可在 1811 年 3 月 4 日到期时，并没有能够展期经营，因为，它未能克服联邦银行是否符合宪法精神的挑战。结果就是，展期投票以失败而告终。

美国银行体系内的竞争不仅影响了第一银行，**它带来了银行的专业化影响，州银行也开始了专营。**例如，北美银行服务于外贸商，费城银行服务于零售商，马里兰银行和弗吉业银行把信贷发放范围限制在一个"自己喜好的圈子"里而对其他的居民需求视而不见。

州银行开始变得自私自利起来，它们担心新生银行会"耗尽贵金属储备"从而降低利润。如果在一个地点开设多家银行，就会都来分一杯羹，销蚀本区的贵金属，从而压低每家银行的可用量。到 1811 年，财政部部长艾尔波特·加勒廷报告说："现在，银行体系已经牢固建立起来了，其分支机构已经遍布美国的每个角落。"到 1818 年，纽约、波士顿、巴尔的摩已有了 32 家银行。

集权的后续努力：美国第二银行。

1817 年 1 月 1 日，美国成立了第二银行。成立第二银行的历史背景是1812 年英美战争的爆发，由于英国海军不断袭击美国商人，刚上任（1811 年上任）的美国第四届总统詹姆斯·麦迪逊被迫对英国宣战。由于战争爆发，使美国经济受到重创（贸易急剧下降，关税收入下跌，外国资本流出），麦迪逊总统在新英格兰商人和金融家的推动下，再度成立国民银行，也就是第二银行（又称第二合众国银行）。还需指出的是当时在第一银行的带动下，美国国内银行（主要是地方银行）大增（已达 246 家），鱼龙混杂，但贵金属并未同步增加，而且货币铸造权分散，纸币供给泛滥，币值大跌，金融秩序混乱。

第二银行主要从事为财政部代理财政的管理工作，供应纸币和持有国家金属储备。此外，还以商业银行的身份从事经营，如向私有公司发行股票。**在这种状况下，引起了不少人的非议：有人提出这样的银行充当什么角色？是公立的还是私立的？是服务于人民，还是服务于政府。**由于人们的非议，使这家银行得不到广大群众的信任。当年第二银行在美国各地开设了 18 家分支机构，然而未能维持自身的成长，终于在 20 年后即 1836 年停业。

需要指出的是：**第二银行的诞生，在美国银行业建设的历史上从分散走向集中，从分权走向集权迈出了第一步。**这一方面集中体现在：最高法院对"马卡洛诉讼马里兰州政府对第二银行征收货币发行税"的判决中。在该判决书中指出：不应当把第二银行看作是为个体贸易和个体利益的私人公司，而应当把它看作是一家出于公众和国家目的而建立的公营公司。法院声称："第二银行作为一家国民银行是为整体社会利益服务的，它超出了单纯商业需要，因而关于征收货币发行税的问题，应该予以特别考虑。"尽管如此，但第二银行的生命力仍然很大程度上取决于当时美国总统的倾向。1829 年在安德鲁·杰克逊就任美国第十七任总统前，第二银行运转良好。但他上任以后，任命了一批贬损第二银行的人，反银行派认为第二银行的存在是违宪的，于是又存在着分权压倒集权的时期。学术界把这一时期称为"州银行的兴起和自由银行时期"（1832—1836 年）。

安德鲁·杰克逊总统认为：放开银行业使之最充分的自由竞争，社会各阶层都会从中受益。于是他颁布"自由银行法"降低银行市场准入的标准，只要有 10 万美金，任何团体、个人都可申请办银行，而且不仅可在本州内设机构，也准许跨州设分支机构。各家银行都可铸造金属货币和发行银行券。仅仅在短短的时期内，各州的银行及其跨州的分支机构就猛增到 90 家。由于总统的倡导、主张和鼓吹，又缺乏监督和管理，草率创办起来的银行业务品质低劣，诈骗猖獗。其结果是：自由银行法令实施的第一年 1836 年，密歇根州有 40 家银行开业，到年底就面临破产，或寻求重组争取生存。导致这种状况的原因还有：贵金属的分散储备（贵金属从联邦政府向州银行转移）与贵金属的短缺和反向流动。当时，为了促进公共土地的销售，贵金属向美国西部流动，但东部为了满足贸易对信贷资金的要求和货币结算又亟须增加贵金属储备。这种资金与贸易的反向流动，造成了**1837 年美国通货膨胀，金融秩序混乱，银行破产和经济的大恐慌，应当说 1837 年在美国发生了金融危机。金融危机严重地削弱了州银行的实力，使原来在银行业发展问题上，相互对立的批判家们开始站到一起，寻求银行体系管理和金融稳定的方案。**

19 世纪 40 年代，是美国银行体系建设集权回归的时期。

对此有影响和远见的是原任宾夕法尼亚州的参议员，在杰斐逊和麦迪逊总统手下做了 13 年财政部部长并担任过纽约市国民银行行长的艾尔波特·加勒廷（这个人后来创立了纽约大学）。加勒廷认为对于国家整体福利而言，国民银行依然是十分重要的，美国银行业必须集中管理。在他的游说影响下，国会 1846 年恢复了独立财政法案（1840 年通过，1841 年被废止了），法案的恢复不仅重建了独立财政，还修改和扩大了财政部的权力。新的财政法案的恢复，启动了美国银行业回归国有。财政部以国有银行为依托建立二级国库。财政部除监督国家货币体系外，还独立地开展银行业务。

但值得关注的是：1864 年《国民银行法》的颁布和双重银行体系的确立。

1863 年，美国国会颁布了《国家通货法》，其背景是由于内战的爆发，需要增加政府资金。这个法的亮点就是财政部有权发行美钞，这种美钞不需要贵金属准备，用绿色纸印刷，称为绿钞。在 1863 年以财政债券的名言先后两次发行，一次为 3 亿美元，一次为 4 亿美元。绿钞的发行受到了法律部门（当时美国的最高法院）的指责：主要是"国会没有把货币从金属转向纸质的权力"。除了财政部发行绿钞外，联邦政府必须对国家经济进行管理，银行体系也不例外。于是在 1864 年又颁布了《国民银行法》。《国民银行法》继承了《法定货币法》的内容，确立了国民银行供给的货币为"国家货币"（而州银行供给的货币不是国家货币）。

除创立国家货币之外，《国民银行法》还确立了银行的国家许可权。统一许可创立了国民银行体系，也推行了统一的银行标准——同时适用于州银行和联邦银行。这是朝着国家金融集中迈出的一大步。统一银行管理的创立和国家货币的推出共同方便了内战债券的发行。

国家许可体系是州银行体系的补充，并不取代州银行体系。各州的银行规定一般较联邦规则宽松，这就吸引了不少银行家经营州银行。由于州银行开始为储户开设支票账户，这种账户免征上述 10% 的税，因而受到欢迎，州银行也得以生存下来。

州银行和联邦银行的共存造就了一个双重银行体系。国民银行法创立了州银行和联邦银行并存的体系：联邦银行由联邦政府颁发许可、实施监管；而州银行和私营银行则由州政府负责。因而，这一体系是汉密尔顿的设想和杰克逊等人的设想的折中。

联邦银行体系允许国会在国家货币的流动和供给管理中发挥重要作用。当出现地区性和全国性危机时，一个单一体会及时提供救助。州银行也大有用武之地，规模小、反应快，能够更方便地为当地提供信贷。

这一体系经受了 1869 年、1873 年、1884 年、1893 年经济危机等一系列经济危机的考验。

作为一个国家，美国在 1787—1893 年取得了长足的发展，建立了一个能够与之相适应的金融体系。国家经济的发展导致了双重银行体系的出现，这一体系将集中管理的优点与地区化服务的灵活性结合起来了。美国银行体系是在不断地试错中发展起来的，对不断演化的、经常是难以预见的需求进行适应，是银行体系获得成功的先决条件。

1863 年：国民银行时代的开始。

1863 年《国民银行法》的推出使得美国出现了统一的货币，联邦许可的银行也正式登上了正式舞台。

联邦银行的发展及其与州银行的竞争。

起初，国民银行的发展十分迅速。不过，这种迅速发展是以州银行体系的削弱为代价的，这种削弱主要源自州银行发行货币能力的丧失。然而，新体系的扩张并未导致旧体系的灭亡：存款的增长，加上相对宽松的资本要求，使得许多州银行家相信，即使不能发行货币，不能取得联邦许可，他们也能经营下去。能经营下去的原因之一是：州银行最低资本金的要求为 1 万~5 万美元。而国民银行是按所在地区人口的多少，规定其资本金的（比如，6 000人以下的小城镇中，资本金要求 5 万美元，从 6 001~50 000 人的城镇中，资本金要求 10 万美元，人口超过 5 万人的城市资本金要求 20 万美元）。1877 年大约 1/5 的州银行，其资本金在 5 万美元以下，而到了 1899 年这一比例超过了 3/5。州银行与国民银行注册资本金上的差别导致区域利率上的差别。州银行注册资本较低，资金成本相对较低，有条件降低利率，再加上州银行能经营商业银行和依托公司业务，资金的流动性高，所以能够生存发展。在 1863—1913 年的半个世纪的竞争中，总的来说，州银行的发展从数量考察，超过了国民银行的一倍；而从资产考察则是国民银行超过州银行的一倍。在半个世纪的竞争中，国民银行与州银行数量与资产均各有增长。从资产负债的制衡角度说，如果一家银行的资金流入与流出保持平衡，银行就不会倒闭。如果一家银行资金流出大于流入，提取存款超过备付金就可能倒闭，所以在那个时代，不仅州银行倒闭，国民银行也在所难免。概括起来说国民银行倒闭的重要原因主要有两点：一是货币供应不够灵活，不能应对货币市场上季节性的以及其他压力。二是储备是呈金字塔形结构的。也就是说，根据《国民银行法案》，银行法定储备的一部分要存放到大城市的国民银行中（储备城市银行，Reserve City Banks）。储备城市银行又可以将其法定储备的一部分存放到中心储备城市银行（Center Reserve City Banks），即纽约、芝加哥、圣路易斯的国民银行。在实践中，导致了储备金堆积到了纽约去。到了秋收季节，内地对资金的需求持续增加，致使资金从纽约大量流出，引起货币市场上的紧张，有时甚至引发危机。

美国银行业的衰落始于 1857 年，1857 年发生了一次最严重的危机。危机的发生缘于俄亥俄寿险信托公司的一位职员挪用了该公司的几乎全部的资本。这个公司在纽约华尔街设立了分支机构，用以投资东部市场并为其他俄亥俄银行提供中介服务。由于资本的全部被挪用，纽约银行家迅速对此做出反应，对交易进行了限制，给客户和银行家们带来了金融末日来临的感觉。

更糟的是，华尔街恐慌发生几个月后，满载黄金的"中美号"客货轮遭遇飓风沉没。船上所载的为东部银行作储备的旧金山造币厂新铸造的金币。随着危机深入，1 415 家美国银行被迫停业，失业大量出现，土地开发也陷入停顿。

1857 年的金融危机是第一次"全世界范围内的经济危机"。成立于 19 世纪 50 年代的德国工商银行倒闭了；贸易的衰退影响了众多商品的价格，巴西咖啡价格的下滑在巴西产生了广泛的后果；类似的价格波动还发生在南非和远东。美国的许多州，包括纽约、俄亥俄、印第安纳和田纳西等，都采取了合并和共同保险以降低各家银行的紧张状况。这场恐慌的正式结束是在 1861 年，当时，经济方面的担忧逐渐平息，美国进入内战时期。

但需要强调的是：美国银行业的衰落集中在大萧条时期（1929—1933 年），"美国有 1/5 的商业银行由于财务困难而停业"（172p），如果"再加上主动清算、吸收合并、收购等因素，商业银行的数量因此减少了 1/3 以上"（172p）。更为严重的是：1933 年初，许多州的银行进入了歇业期，"从 1933 年 3 月 6 日（周一）到 3 月 13 日（周一）全国范围内的银行全部歇业，不仅所有商业银行如此，联邦储备银行也是如此"（172p）。这种状况在美国历史上是史无前例的。银行业的全部歇业产生的效应首先是，货币支付停滞直接的影响是企业的债权债务关系无法清算。其次是，对银行的信用度丧失，人们不仅不向银行存款，而且挤兑银行存款。最后是，动摇了人们对政府货币政策的信念，人们认为"货币政策无关紧要"。这样在 1929—1933 年的 4 年中，按不变价格计算的国民生产净值（货币表现的国民收入）下降了 1/3，使人们货币收入减少，失业人口增加。据《美国货币史（1867—1960）》的记载："到 1931 年，货币收入已经低于 1917 年以来任何一年的货币收入水平。尽管在 1916—1933 年，人口增长了 23%，但到 1933 年，实际收入水平还略低于 1916 年的水平。"（173p）这个水平相当于 1/4 世纪前即 1908 年的水平，换句话说收入水平倒退了 25 年。在这种状况下，失业人口大增，"每三个就业人口中，就有一个失业人口"。

银行业的倒闭，产生了两方面的影响：①使所有者和储户的资本遭受了严重的损失。1930—1933 年的 4 年里，全美超过了 9 000 家银行歇业，给股东、储户及其他债权人造成了总额大约为 25 亿美元的损失，其中储户承担的损失为 13 亿美元，股东和其他债权人的损失为 12 亿美元。②引起了货币存量的急剧下降。1930—1933 年的 4 年里，全美总的货币存量下降超过了 1/3，其中商业银行的存款规模下降超过了 42%。在弗里德曼看来，后者的影响大大地超过了前者。因为货币存量下降了 33%，而使国民生产净值缩减了 53%，这表明：银行倒闭事件的影响主要是间接的，而不是直接的。

关于银行倒闭的起源，弗里德曼做了进一步的分析：他提出引起的原因，是不是 20 世纪 30 年代初期和后期银行的不良资产增加？他总的认知是不会。其理由是：在商业银行贷款质量下降的情况下，如果能从联邦银行获得"高能货币"，则通过高能货币的乘数效应派生存款，从而获得资金来源，有了资金来源就能通过新增贷款来弥补原有贷款资产质量下降的不足。弗里德曼认为引起整个银行体系崩溃的原因是："银行所持有的资产市场价值的下跌"（207p-208p），尤其是债券市场价值的下跌。弗里德曼引用了同一时代的学者 R. W. Coldsmith 文章中的说法：债券价值的下跌最早开始于 1929 年的城市房地产债券，接着在 1931 年延伸到外国债券和土地银行债券上。而当一级债券受到极大的影响之后，债券价格下跌就开始威胁到整个银行体系，尤其是大型城市银行：从 1931 年中期至 1932 年中期，下跌债券的市场价值下降了近 36%，公共事业债券下降了 27%、工业债券下降了 22%、外国债券下降了 45%，甚至连美国政府债券市场价值都下降了 10%（207p）。他引用了这位学者的资料说明：在他看来，**在萧条时期引起银行系统倒闭的原因，不是银行体系内部，而是银行体系外部，即银行持有的资产（主要是各种债券）的市场价格；不是银行体系的信贷状况，而是银行体系的处境。**进一步说，在弗里德曼看来，当时，银行体系的倒闭是联邦储备银行没有采取任何救助行动。

债券市场价格的急剧下跌与股市的暴跌密切相关。1929—1933 年的 4 年时间里，美国上市企业的所有优先股和普通股的价值下跌了 850 亿美元，其中仅 1929 年 10 月在纽约股票交易所挂牌上市的所有股票的市值就下降了大约 155 亿美元，可见股市的暴跌不仅幅度大，而且时间短。

在四年大萧条时期，股市的暴跌始于 1929 年 10 月，具体的时间是 10 月 24 日，大量的股票在市场上抛售。股市暴跌产生的影响：①在短短的两个月的时间里即到 1929 年 12 月底，使经济产出下降 20%，批发物价下降 7.5%，个人收入下降 5%。继后，即到 1930 年 10 月经济产出共下降 26%，批发物价共下降大约 14%，而个人收入共下降 16%。这种状况的产生主要是改变了人们的预期，给企业家带来的广泛的不确定。进一步说是打击了企业家和消费者的积极性，减少了他们购买商品和服务的数量。②在股市暴跌的同时，人们愿意持有货币，减少购买消费，使得货币流动速度急剧下降，1929—1930 年货币流通速度下降了 13%。与货币流通速度下降相伴随的是货币存量的缩减，从相对数来看，社会公众所持有的通货下降的比率超过了在银行存款下降的比率，它表明存款人对银行仍然是信任的。这表明：**在 30 年代，美国大萧条时期，股市的暴跌是在银行系统倒闭之前，而不是在后。股市的暴跌曾通过联邦储备系统和商业银行注入资金，试图救市，而银行的倒闭是社会公众对银行信心的丧失，而社会公众对银行信心的丧失集中表现在商业银行持有的各种债券市价格普遍急速地下降。**

美国的货币银行制度，是"先分散，后集中"，先有国民银行然后才有联邦储备银行。

中国的货币银行制度，是"先集中，后分散"，先有大一统的"中国人民银行"，在相当长的时期，它既是中央银行又是商业银行，实际上作为商业银行经营管理信贷业务。然后才从人民银行分离出来，成立工商银行、农业银行，以及从财政部门分离出来单独设立中国人民建设银行。中国银行尽管保持着旧有的名称，但主要是从事于国际清算和信贷，实际上是中国人民银行国际收支的一部分。这种体制的存在，源于"无产阶级革命胜利以后，要把信用集中于国家手中"，同时也是沿袭了苏联计划经济的模式。**在相当长的时期，所谓的社会主义计划经济，从所有制上说，只有全民所有制和集体所有制。不承认生产资料的私人所有，不承认商品经济，所以在计划经济的条件**

下，金融制度只能是"大一统"。能够说，只有在承认多种经济成分并存，承认商品经济的条件下，"大一统"的金融体制才分散开来的。

要不要建立中央银行，在美国的历史上，曾经历了两次大讨论。两次大讨论的发生，是美国的国家形态所决定的：美国建国之初，是由一些独立的州以联邦形式组成的，大部分行政权力都集中在州政府，而非联邦政府。因此，要不要成立一个"中央银行"式的联邦机构，引起了各州的警觉。当时的总统和议员都担心中央银行成立以后，其权力过大。概括地说，**在这两次的讨论中，赞成要建立中央银行的一派，都源于经济包括贸易发展的需要，而另外不赞成要建立中央银行的一派，都源于限制政府对货币权力的集中。**

1907 年美国发生了经济危机，引发这些危机的导火索是股票市场上的投机者试图操纵铜业股票，但没有成功，使贷给投机者的银行和信托投资公司遭到重大损失。由此，引发了美国人对货币体系的深刻反思。国会成立了"国家货币委员会"（National Monetary Commission），对美国和其他经济发达国家的历史，进行了深入的研究。美国参议员尼尔森·奥尔德里奇（Nelson Aldrich）负责调查危机的成因及其教训。研究的结果形成了倾向性的意见，主张建立联邦储备体系，作为美国的中央银行。于是于 1913 年国会颁布了《联邦储备法案》，法案认定，**美国的中央银行与别的国家不同，不是只有一家银行，而是一个体系**，在这个体系中，允许有 8～12 个储备银行（在辩论中，有人提出每一个州一个银行，最后确立为 12 个）。**联储体系的建立，首先是管理各银行的货币储备，从而调控货币供给，此外必须管理国家货币事务。**1913 年建立之时，12 家储备银行都高度独立，20 世纪 30 年代世界经济危机以后，国会通过了 1935 年《银行法》，这一法案把联储的权力集中到华盛顿为基础的"联邦公开市场委员会"，进行货币政策操作。通常说的"美联储"的金融宏观调控，实际上就是指这个公开市场委员会的运作。

现在来反思《联邦储备法案》的运作，有以下几点仍具有参考价值：

（1）**弹性的货币供给目标。**这是因为当时流通的货币，无论是财政部发行的金券、银券、国民银行供给的钞票，都不能迅速地增减。而当时经济的发展比如适逢农产品秋收时刻就需要货币从货币中心向西部流动，所以货币供给的目标是具有弹性的。

（2）**倡导商业银行为客户进行"贴现"，同时联储对商业银行进行再贴现，**这有利于货币收支与商业活动结合，同时培育短期货币市场。

（3）**国民银行必须加入联储体系，各州的州银行要不要加入联储体系，**

自行申请，自行决定。目的是继续保证各州银行在某些方面的独立性，有利于发挥州银行的竞争优势。

该书指出 1914 年是美国货币史上的一个主要分水岭。1914 年联邦储备体系开始运转。

第一次世界大战期间，联邦储备体系被视为为政府提供支出的融资机器，货币存量快速增长，这种增长战后又持续了大约 18 个月，一直到 1920 年年初才突然逆转。1920—1929 年十年内，联邦储备体系发挥着稳定的功能，经济也稳定的增长。但 1930 年经济遇到了大萧条，初期阶段货币存量轻微下降。但到这一年后期由于几家银行的倒闭，导致了一系列的银行流动性危机，这在美国历史上还是第一次。1931 年由于英国脱离金本位，强化了美国银行业的倒闭风潮。这种状况一直持续到 1933 年年初，整个美国货币体系处于崩溃状态，当时货币存量已下降了 1/3。

该书作者说，这种状况的存在使体系的权力从纽约联邦储备银行向其他储备银行转移，以及华盛顿联邦储备银行的软弱。

美国 20 世纪 30 年代经济大萧条以后，促使了联邦存款保险制度的产生，这在银行体系的改革上产生了重要影响。此外削弱各地联邦储备银行的权力，把联邦储备体系的权力集中到委员会手里。

美元的金本位的特征也发生了变化：停止全部流通，持有的金币、金块必须以固定的价格卖给财政部，黄金只能用于国际支付，并实行外汇管制。这时，美国实际上建立了一种信用本位。但 1933 年以后，美国货币存量快速增长：一是因为公众恢复了对银行的信心，二是黄金的大量注入。

在学术界，在人们的观念上，联邦储备体系在经济调控中处于次要的地位。人们关注的重点在于政府的财政行为。1936—1941 年都是财政部在实施修复货币体系的措施，联邦储备体系成了财政部金融运作的工具。1939—1945 年，美国的货币存量增长了 2.5 倍。

中国经济体制改革的目标是建立社会主义市场经济体制。

我国在金融体制改革方面，实际上学习、借鉴引进了美国的金融制度管理的运作和技术，应当说在这一方面也取得了一定成效，但也有一些缺陷和不足。在这里值得思考的问题是：

（1）结合中国的国情，怎样评介中国金融资源需要些什么性质的金融机构；

（2）为了有效地配置金融资源，需要些什么性质的金融机构；

（3）商业性金融机构，在体制上实行单一制，还是分支行制；

（4）需不需要地方性的银行、合作性质的金融机构；

（5）需不需要专业化的金融机构（侧重于某一领域从事某方面的业务）；

（6）金融机构准入退出条件。

附录二

量化宽松的货币政策的理论基础、
传导机制及效应评价

曾康霖

量化宽松的货币政策是中央银行金融宏观调控的一种方式，简单地说，通过中央银行拿钱直接购买财政、企业的债券，投放基础货币。在西方市场经济国家，金融调控通过调控利率实行量化宽松政策，是在利率不能调控或难以调控时发生的。如在美国，1908 年 QE1 购买了 1.25 万亿美元房地美和房利美以抵押贷款作担保的证券，和 3 000 亿美元美国国债，以及 1 750 亿美元机构证券。1910 年 QE2 共计购买了 1.725 万亿美元左右，其中购买了 6 000 亿美元国债。2019 年是第 3 轮实行量化宽松的货币政策。

实行这样的政策怎样发挥作用呢？

1. 增大流动性，鼓励商业银行对企业个人贷款。

2. 承诺利率水平不变，有利于降低投资成本。

3. 调整人们预期，使人认识到不会紧缩，也不会通胀，有利消费投资。

从历史上考察，美国实行量化宽松的货币政策可以追溯到 1920 年，在历史上曾经发生过两次，即 1931 年和 1945 年。但在近代，先实行量化宽松的货币政策的是日本，其产生的历史背景扼要地说是因为 1958 年"广场协议"后，日元大幅升值。为刺激经济，日本银行从 1986 年 1 月起大幅降低基准利率，然而宽松的货币政策并没有刺激实体经济复苏，反而催生了房地产和股市的泡沫。为了抑制泡沫，日本银行又从 1989 年 5 月开始上调利率，上调利率的结果是股市和房市的泡沫被刺破，同时经济受到重创，银行坏账急增。于是从 1999 年 2 月日本将中央银行基准利率从 0.5 降低到 0，甚至金融市场的名义利率降低到 0 以下。在这种状况下，日本面临着日益严重的通货紧缩。在通货紧缩的形势下，日本银行于 2001 年 3 月宣布实施量化宽松的货币政策

（Reingart，2012）。

继日本之后，基于 2007 年下半年发生的国际金融危机，2008 年 11 月美联储也推出了第一轮量化宽松的货币政策。

这两个国家先后推出的量化宽松的货币政策有几个共同点：①在金融宏观调控中，利率杠杆失灵；②主要购买国债和金融机构的债券；③增大货币流动性。但这两个国家推出量化宽松的货币政策，其值得关注的重点不同：在日本值得关注的重点在金融机构资产负债表的负债方，进一步说在实施 QEP 中（从 2001 年 3 月到 2006 年 3 月）货币投放的主要用途是增加对国债和银行票据的购买，而对资产抵押证券和股票等非传统资产的购买极少（仅占资产的 7%）。在美国，值得关注的重点，美联储不仅通过购买国债和银行票据扩大货币供应量，而且着力推动金融机构进行资产结构调整。进一步说，在美国，美联储推出 QEP 不仅关注金融机构资产负债表的负债方，而且关注资产方。两国实施 QEP 的关注点不同，表示着日本银行的政策意图是通过向银行体系注入宽裕的货币资金来鼓励银行向企业和居民发放贷款；而美联储的政策意图是通过推动对金融机构资产结构的调整，提高金融机构资产质量和流动性。应当说这与两国不同的金融体制密切相关：日本建立的是以银行为主体的金融体系，主要依托间接融资；而美国建立的是以金融市场为主体的金融体系，主要依托直接融资。

QEP 是非常规的货币政策，因为实施 QEP，货币政策的中介目标不同，最终要实现的目标也不同：①QEP 的中介目标，日本在 2001 年 3 月至 2006 年 3 月期间，由正常时间的无抵押隔夜拆借利率，改为商业银行在中央银行的经常账户余额。其传导过程是：中央银行向商业银行购买长期国债→商业银行筹集较低成本的货币资金→商业银行经常账户的余额增加→刺激其增加贷款和投资→诱导隔夜拆借利率下行。在美国，在实施第三轮的 QEP 过程中美联储关注的是资产方贷款与证券的比例以及不同资产组合对房地产市场和实体经济带来的影响。而常规的货币政策的中介目标是：中央银行再贷款、再贴现和公开市场业务。②QEP 最终要实现的目标概括地说，一是摆脱通货紧缩，稳定物价，二是修复信贷市场维护金融稳定；而常规的货币政策的目标是经济增长，物价稳定，充分就业，国际收支平衡。

从学理上认知，早期 QEP 其理论基础：一是货币的非中性论。瑞典经济学家魏克塞尔（Wicksell，1898—1926）认为货币并不是覆盖在经济上的一层面纱，因货币的存在才使经济发生波动，失去均衡。而哈耶克（Hayek，

1899—1992）和凯恩斯（Keynes，1883—1946）等人认为货币量的变动能对相对价格体系及就业等经济变量产生影响。二是"流动性陷阱"理论。这一理论的假说也是凯恩斯。凯恩斯认为，当一定时期的利率水平降低到不能再降低时，人们能产生利率上升而债券下降的预期，在这种条件下，投机性动机使货币需求无限扩大，于是将出现"流动性陷阱"时，中央银行常规的货币政策无法通过利率的作用改变人们投资和消费的行为，从而传统的货币政策失效。美国经济学家克鲁格曼（Krugman，1953—）认为，当一个经济体出现了总需求连续下降、名义利率已经下降到零时，而总需求仍然小于生产能力状况时，就可认为该经济体陷入了流动性陷阱。这可谓广义的流动性陷阱。广义的流动性陷阱的核心思想是当总供给不能满足总需求而又存在着潜在生产力时，不能采取常规的货币政策刺激投资和消费，而必须采取非常规的货币政策以消除流动性陷阱。

但在近代，量化宽松的货币政策的理论基础是"现代货币理论"。"现代货币理论"简单地诠释就是"财政赤字货币化"。该理论的主流观点认为：货币是债权债务关系的载体，货币的产生是为了建立和消除债权债务关系。政府的财政赤字要靠创造供给货币去弥补，而创造供给货币，有利于充分就业；其机制是→政府"先支出，后收入"；"先支出"产生对政府的负债，同时产生非政府部门（企事业单位和居民家庭）的资产，"后收入"产生对非政府部门的负债，同时产生政府部门的资产，从而使一个国家的"资产—负债"实现平衡。具体地说：就是财政创造供给货币（进行支出），靠政府的征税回流。在这种态势下，主流的观点认为，财政赤字的持续扩大就不会发生通货膨胀。重要的问题是：政府创造供给货币进行支出与政府的征税取得收入，能不能求得平衡。

在全球疫情泛滥期间，美国实行第三轮量化宽松的货币政策，在一定时期或一定的阶段上，虽然不会导致通货膨胀，但潜伏着金融危机。危机的集中表现是会导致某些实物资产和金融资产的"经济泡沫"。在这样的态势下有利于投机，不利于投资，于是发生经济萎缩和经济萧条。而经济萎缩和经济萧条的最大的受损者是中产阶级。中产阶级受损，形成幂律型社会（通常的解释是社会划分为若干阶层，排列在前列的阶层贫富差距越大，而排列在后列的阶层贫富差距越小），幂律型社会的恶果不仅是贫富差距拉大，社会矛盾加深，而且不稳定，导致经济社会倒退。

中国是发展中的大国，正在建立和完善社会主义市场经济体制。不仅国内的经济状况促使我们既要实行常规的货币政策和非常规的货币政策，而且对外改革开放的实践也促使我们既要实行常规的货币政策和非常规的货币政策。在这种条件下，非常规的货币政策的理论基础，即"货币非中性论"和"流动性陷阱"理论，自然对中国仍有指导意义。在这里，我们指出"货币政策主张中的中国创造"包含着继承和发展了非常规货币政策的理论意义。但在这里要强调的是统计编制"社会融资规模"，作为考察金融宏观调控的指标，既关注了金融系统资产负债表的负债方，也关注了金融系统资产负债表的资产方，特别是关注了双方的对称协调，制衡，这是中国的发展创造。它适应了大国金融的需要、社会主义金融的需要和发展中金融的需要。

在这里，结合国内外的实际，还要指出的是：美元诞生 100 多年来，美分为最小的货币单位仍然在流通，改革开放 40 余年来，人民币最小的货币单位——分退出了流通，这个事实反映了中国物价上涨之快。

美国的老百姓普遍对货币政策调整不敏感，因为对日常生活用品价格的影响不大。

美国政府增发货币，一是增加就业，发展经济，增加人们收入；二是以各种福利的形式返还给老百姓。我国政府增发货币，主要搞基本建设，所形成的收入分配，老百姓拿得少。美国市场上的消费品为什么便宜，一是国内生产大宗供给减少长途运输；二是廉价进口；三是减免税费。

附录三

大国末路：从卢布崩溃看美国人怎么玩金融

（系曾康霖先生根据微信资料整理而成）

大鱼是收藏爱好者，偶然机会曾经得到一张俄国大卢布。之所以管它叫大卢布，因为据说这是目前世界上发现的面积最大的纸币，尺寸达 27.5cm×12.4cm，大约有一本长方形的书那么大。

这种纸钞是 1912 年发行的，票面上的头像就是"战斗民族"彼得大帝像。正是他在位时，下令强迫官员一律剃掉长胡子、穿西装办公，他搞了经济、军事和科技等领域的西化改革，使俄国从中世纪的农奴社会转变为欧洲大国之一。也正是他，和康熙帝对决于兴安岭，签下布尼楚条约，割走了大清贝加尔湖以东、额尔古纳河以西的广大地区，尼布楚城被割入俄国版图，额尔古纳河、格尔必齐河由原来的大清内河变成了中俄界河。追查历史可以发现，大清的疆域曾经如此辽阔，以致和美国从俄国手里花 720 万美元到手的阿拉斯加州差点对接。

上面提到的这张钞票图案如下图所示。

大卢布图案

这张大卢布当时在东北和上海金融领域可以流通使用，作为俄国的代表之一存在。有朋友可能要问，俄国的纸钞怎么会在中国流通使用？这不奇怪，因为纸钞从来都是一种计价工具，只要能换来东西、有人为它负责就行。

比方说，位于中俄边境的黑龙江省绥芬河市于 2013 年宣布，该市已正式被国务院批复为中国首个卢布使用试点市。这是新中国成立以来，首次允许一种外币在中国某个特定领域行使与主权货币同等功能。

也就是说，在绥芬河使用卢布是合法的，那里每天都用卢布交易。虽然柬埔寨、朝鲜现在也有用人民币、美元交易的情况，也没有什么合不合法的说法。

俄国中央银行的资料显示，卢布的发行历史可以追溯到女沙皇伊丽莎白统治时期。但是俄国最早的纸币是在 1786 年 12 月，由叶卡捷琳娜二世宣布发行的。当时的卢布有 25、50、75 和 100 四种面额。

看过高尔基小说的朋友知道，他的作品中多次提到金卢布，因为那时这种钱真是用黄金做成的，如下图所示，和袁大头含白银 26.8 克一样货真价实，得到一个这样金卢布很不容易。

金卢布图

后来包括苏联在内进行了若干次的货币改革，卢布这个名号一直保留了下来。

苏联解体后，1991—1993 年，卢布上的设计图案一直都是莫斯科的克里姆林宫。1992 年的下半年流通的新版卢布上，苏联的国徽被俄罗斯银行的字样所取代。1993 年年初，出现了俄罗斯中央银行的首字母缩写的标志。就像我们熟知的，国际通用的人民币符号是￥，卢布符号是 RUB，美元符号是 $，等等。

进入 20 世纪 50 年代，卢布兑换美元的比例是 0.8 卢布对 1 美元，到 90 年代初时是 0.6 卢布兑 1 美元，因为这段时间和今天的各国一样，卢布汇率一直由国家操控，尽管民众常常会为了买黑面包和手纸去排队，但是币值一直很稳定。

但是 1990 年开始情况不一样了。苏联多年来以重工业为主，主要力量都用来发展军工、机械等重工业。因为苏联地广人稀，人们有权可以自己建别墅，不存在土地财政；但民用轻工业很落后，中国的纱巾、袜子在他们那里一度成为平民的奢侈品。在难以为继的情况下，1990 年他们不得不打开了国门。

卢布的发行数量一直是国家机密，究竟印刷了多少恐怕苏联的一把手自己也不知道，但是在强大的军队和庞大的国家机器压制下，卢布貌似一直很稳定。那是因为有太多贪官污吏藏在手里的卢布没有释放出来，还有大量的卢布存款等待兑换成美元。

到 1990 年苏联解体这个时间节点，一夜之间卢布突然崩溃了。恐慌情绪是可以蔓延的，并且速度快得超乎人们的想象。

当时大鱼所在公司参与过两笔中苏贸易，一是化肥交易，从他们那里买，二是花生交易，我们卖给他们，全失败了，导致当时大鱼的公司破产，所以对卢布崩盘印象深刻。那时不存在签合同一说，因为汇率剧变，签了也没用——货币信用不能够支撑交易，这是大鱼得到的教训，这种情况下只能以货易货才行。当时大鱼是公司对俄贸易当事人，"只在此山中，云深不知处"，过后才知道，崩溃的卢布是在一夜之间，不是人们想象的会有任何征兆。如果说有，就是人们心里都知道，苏联不长久了，就是不敢说出来。1990年年初是0.6卢布对1美元，年底已经是1.8卢布对1美元，几个月贬值了三倍。

当时苏联辖下的加盟共和国人民生活都是很苦的，节约积累下的钱，购买力突然下降了2/3，你能想象到人们的恐慌。抢购粮食、日用品、撤回投资……所有的目的只有一个，把手中花花绿绿的钞票和银行存款变成美元和实物，因为这个国度已经没有能力为它发行的钞票做出任何价值的担保，人们也不再相信它会存在更久。

本质上的原因是苏联沙文主义的失败。

他们不只有内部惊天的腐败，还有在一系列对外投资中都很大气，一掷万金，不计成本，只想扩大苏联的影响力；同时这些投资并没有给国家带来应有的发展，也就是建一些医院、学校、铁路，拍拍照片满足一下苏维埃联盟主席团少数几个人的虚荣心。最可悲的是，这些投资并没有受到受援国公众的欢迎，因为这些项目都是由苏联腐败官员和当地政要勾结作为二一添作五私下分赃的名头，并没有宣传上的那种实际效应。唯一真实的，是苏联都是用美元支付的这些投资，都转移到自己官员和受援国首脑的私囊中。

有了开头，就知道了结尾，当苏联国旗从克里姆林宫落下时，它发行的纸币以一日千里的速度崩溃。这时人们才知道，原来有这么多纸钞！

在苏联刚出现这种迹象时，美国时任总统是里根。当时的美国金融家嗅到了商机，纷纷到苏联开银行，以巨额卢布负债开银行以高息向苏联国家银行贷款，承担了天文数字的卢布债务，然后开美元的银行。卢布以他们预期的那样，潮水般涌向银行，兑换美钞，汇率也一日千里地狂降。美国这些老牌金融家狠狠地捞了一大笔。

兑换外币市场的恐慌情绪加重，当时还没有欧元，日元向来是苏联的死敌，只有美元了——卢布从1卢布兑换1.8个美元，迅速崩盘突破了100卢布：1美元。外资银行的卢布外债瞬间变得微不足道。

通过媒体对恐慌性的渲染，苏联泪流满面的人们纷纷抛出每一张卢布，买进美元。卢布市场很快毫无悬念的崩溃了。整个旧卢布最低实际贬值112 000 倍，90 年代后期俄罗斯进行币制改革，40 新卢布：1 美元，也就是40 000 旧卢布：1 美元。任何对银行的卢布负债都变得不值一提。原来欠 10 万卢布贷款，现在只要 10 美元足够了。有个数据说，美国只用了几亿美金就买下了价值 28 万亿美元的原有苏联卢布资产，然后再逐渐卖给后来的俄罗斯。这也是俄罗斯至今 GDP 只和中国广东省差不多的原因，想来苏联解体已经有 30 年了，还没缓过劲儿来。

这个过程中，苏联的贵族富豪们没有受到什么损失，"春江水暖鸭先知"，他们的钱早已经转移到国外兑换成了外国资产。后来普京总统"收拾"过几个，也不过是做做样子罢了。

这样的卢布历史，中国的中老年人并不陌生，他们经历过金圆券，经历过 1955 年币制改革人民币直接去掉 4 个 0，经历过 20 世纪 80 年代火柴一夜之间 2 分钱涨到 5 分钱——那是两倍半，也经历过黄酱一被窝、酱油一暖壶的笑话。顺便说一句，那时大鱼经历过，黄牛在银行门口、寒风中瑟瑟发抖地向人们换美钞，当时官价 5 元人民币：1 美元，私价是 15：1。

五、学习《金融创新》① 笔记

编者导读：金融创新是经济社会发展的需要，也是金融业服务于人民的需要。曾康霖先生在阅读《金融创新》一书的读书笔记中，主要评介了：①金融业的发展趋势与金融创新的关系；②金融业发展与金融创新中的各种金融创新产品。本章笔记虽然着重阐述了金融创新的技术，但更指出了需要关注的问题。

金融业发展趋势与金融创新

当代金融业发展的趋势

当代金融业发展的趋势，笔者概括为三句话：

货币资本化；资产证券化；服务社会化。

（1）货币资本化。笔者说的货币资本化是想说明相当大的一部分货币成为社会成员手中的一笔资产，成为保值增值的手段。这与《资本论》中，马克思所谓的产业资本的三种形态中的货币资本不同：在《资本论》中，马克思把产业资本区分为货币资本、生产资本、商品资本，它那里所谓的货币资本是产业资本的一种形态，处于社会再生产过程，处于流通领域，既是资本也是货币，即具有双重身份。

这里所谓的货币资本化后的资本，不具有双重身份，它就只有资本的身份，即保值增值的手段（以钱生钱）。

现在社会上的货币够多。2012 年 10 月底，我国的 M2（存款加现金）达93.64 万亿元，其中现金 5.15 万亿元占 5.5%，存款 88.49 万亿元占 94.5%。

---

① 参见：菲利普·莫利纽克斯. 金融创新［M］. 冯健，等译. 北京：中国人民大学出版社，2003.

在存款中活期存款 24. 18 万亿元占 26%，定期存款 59. 16 万亿元，占 74%。这就是说 2/3 以上的存在于社会上的货币，没有参加服务于商品劳务交换的商品流通，而是在那里作为资产，或者作为价值保存，或者作为增值的手段。这种状况笔者将其称为货币资本化。

（2）资产证券化。资产证券化是当代金融业发展的趋势之一。从道理上讲，资产只要能生息，都可证券化。都可证券化只表明它的可能性，可能性要成为现实性必须要有条件，其中重要的条件之一，就是金融中介机构的配合。为什么资产要证券化？资产证券化，有利于增强它的流动性、盈利性和安全性。在流动性中转移和避免风险，就能增强安全性。资产安全是盈利的前提，而资产证券化，必须要培育、发展金融市场。

（3）服务社会化。必须看到金融不仅融通资金，而且提供公共产品，服务社会大众。社会大众的资产不仅保值和增值要靠金融，而且"吃穿用住行"也要靠金融。可以说离开了金融寸步难行。"钱不是万能的，但没有钱是万万不能的"。最典型的表现是：旅游离不开信用卡。这表明金融服务社会化的功能在丰富和发展。所以，金融创新，更多的贡献是服务社会化！

要创造条件让更多的群众拥有财产性收入

党的十七大报告中提出要"创造条件让更多的群众拥有财产性收入"。十八大报告提出居民收入倍增计划，即 2020 年居民的收入比 2010 年翻一番。怎样"翻一番"？无非是提低、扩中、限高。这样，推动中国社会中产阶层的形成。一个社会稳定、协调发展、和谐共处，要靠中产阶级的形成。收入差距拉大和两极分化是不利于社会稳定、协调发展、和谐共处的。

创造什么条件？怎样创造条件？

首先，要让群众拥有财产，要让群众的财产得到保护；其次，要创造金融产品，发展金融市场。也就是说要让群众有更多的投资渠道选择，而投资渠道的多少主要在于金融产品的开发和金融市场的发展。

我国金融产品的品种很多，能够分为若干类，但从社会学的角度来说，都是一种契约关系。在不同的契约关系中，都包含着风险与收益，所以财产保值、增值的选择在于风险与收益的权衡。

权衡金融产品的风险与收益，必须具有专门的知识和意识，在广大群众不具有或不完全具有专门知识和意识的情况下，权衡金融产品的风险和收益，可委托专门的机构或他人办理，建立资产选择的委托代理关系，比如委托银行理财和参与"私募基金"等。但这种委托代理关系的确立需要社会的协助：①合法合理的利率水平，因为利率不仅是社会衡量资产收益率的尺度，而且它也是财产性收入的组成部分。合法的利率一般是指货币管理当局明文规定的利率，而利率的确定是否合理主要取决于三个因素：第一，利率是资金的价格，有利于资金供求平衡的利率是合理的利率；第二，利率是货币时间价值的尺度，有利于贴现的利率是合理的利率；第三，利率是衡量货币现实价值的杠杆，有利于名义收入与实际收入制衡的利率是合理利率。总之，利率合理有利于稳定币值和资金运动。②规范的市场秩序，因为财产只能在有序的市场中增值。市场无序和混乱，不仅不能使财产增值，还会使财产丧失。③金融机构的业务拓展，受人委托替人理财是金融机构展业的重要项目，在替人理财中为人们规避风险取得收益是金融机构的职能。

要让更多的人具有金融知识和金融意识，且乐于理财和善于投资理财。财产性收入主要靠金融市场，参与金融市场必须有金融知识和金融意识。人们的金融知识和金融意识不是内生的，而是外生的，也就是说要靠接受金融理财教育获得。金融机构包括银行，对此是有社会责任的，也就是要对人们进行金融知识和金融意识方面的普及和培育，包括风险教育，创新与培育结合起来。

结合国内外的实际，怎样金融创新？

在这方面需要有专家，笔者不是专家，没有多少发言权。但可介绍一个情况，扼要地说：在国外发达的市场经济国家，在金融产品中，"私募股权投资基金"（Private Equity，PE）有很大的发展，它是发展创新型国家的战略措施。PE 相对于其他金融产品来说有它的特殊性：一是"私募性"，也就是说它是依靠市场行为形成的，而不是靠行政的力量形成的。二是它的"股权性"，也就是说每单位投资的份额不仅是相等的，而且"有益共享，风险共担"。三是它是服务于创新产业的，通过集中资金来支持产业创新，促进经济转型。具有这样特殊性的 PE，在我国正在兴起，需要培育、扶持、发展。

另一个情况是：金融创新要适合我国的国情，要让人们能够接受。金融产品的推出，人们不了解，不接受，就白费功夫。

现阶段人们首先更注重追求高利，只要回报多一两个百分点，就会受到人们的青睐。其次就是注重安全。有国有或政府信用支撑的产品，人们更容易接受。关于这方面的偏好，在座的各位体会颇多。

基于这样的认识，笔者认为以某种产品为依托的理财产品是值得提倡开发的。前段时间，有的金融机构以酒类产品、普洱茶、某一艺术品为依托开发理财产品，还是很受人们欢迎的，因为预期收益率相对较高，比较稳定。对此，就需要金融机构与产品生产商协调配合。

值得关注的热点问题和提出的观点

（1）怎么看待金融创新，金融创新是把"双刃剑"，在金融创新中政府扮演什么角色。

（2）天津在直接融资、综合经营、外汇管理、机构体系方面的创新。

（3）银监会发出了一个关于金融创新的《指引》值得关注。

（4）美国次级债对中国的影响有直接的和间接的，直接方面是给境外金融机构带来损失，间接方面是影响美国人的消费，从而给我国出口带来影响。

（5）次级债为什么带来危机，主要是因为次级债引发了 MDS 和 CDO 这两种债券大量发行，买的人多，它们的下跌带来恐慌性抛售。值得关注的是次级债危机发生后 60% 的房产被没收。次级债带来的影响是：中国成了外资的避风港。

（6）若美国消费减少 5%，则美国 GDP 减少 0.62%。

（7）值得思考的是：在中国历史上低本位货币相对发达的经济，高本位货币相对不发展的经济。一种货币发挥本位作用的关键在于它的交易频率和交易规模。

（8）人民币需要什么作为本位，要不要以黄金为本位，人民币国际化要以黄金为本位，外汇储备可置换黄金。

（9）关于货币升值问题，由于石油价格上涨，加元升值 30%，卢布升值 17%，人民币升值 10%，而日元、美元贬值。要考察加元升值给加拿大带来的影响。据了解加元升值给加拿大人们生活带来了多大的影响，汉堡包、房子未涨价，影响较大的是加工业。

六、学习《债务危机：我的应对原则》^① 笔记

编者导读：世界最大的对冲基金的创始人瑞·达利欧（Ray Dalio）于2019年3月出版了《债务危机——我的应对原则》中文版。美联储前主席本·伯南克、美国前财政部长劳伦斯·萨默斯、亨利·保尔森、蒂莫西·特纳联袂推荐该书，认为这是一部难得的能渡过债务危机的好书，值得一读。曾康霖先生在阅读该书的笔记中，集中关注思考了：推动经济发展的四大力量、在债务周期中怎样避免债务危机、重要的是识别经济泡沫、市场是否到了顶部决定于人的预期、如何预测经济和应对债务危机诸问题。

在《债务危机——我的应对原则》一书中，达利欧梳理了从1929—2008年历次债务危机发生的原因以及因何而终止。同时，他提出了应对债务危机应遵守的原则。这些原则是：预测经济形势，识别债务周期，应对债务危机。达利欧认为历史上很多事情是不断重复发生的，万物之间是有因果关系的，当类似的事情不断重复发生时，重要的是，要有自己的原则。他所谓的原则，也就是认知和处理债务危机发生发展的内在规律。在2008年美国金融危机中，桥水基金遵守这些原则，成功地渡过了危机，避免了危机带来的损失。对此，业界认为是了不起的成就，因而该书的出版引起了全球的轰动效应。

推动经济发展的四大力量

达利欧认为：推动经济发展的有四大力量，即经济生产率、债务周期、货币政策和财政政策。用他自己的话来说。第一个是经济生产率，就是你不

---

① 参见：瑞·达利欧. 债务危机：我的应对原则［M］. 赵灿，等译. 北京：中信出版社，2019.

断地学习如何提高效率，生产力就会提高，进而提升你的生活水平，这是一个向上的不断演进的过程。围绕它的有两个周期，一个是短期债务周期，一个是长期债务周期。短期债务周期是一个所谓的商业周期，比如说经济中有很多方面出现疲软，假设失业率非常高，中央银行就要创造信贷，有了信贷就有了购买力，人们就可以购买更多东西。但是信贷也意味着有债务，所以它本身是有周期性的。如果信贷不断增长，负责制定货币政策的中央银行会采取行动，信贷就会收紧。这样，负债的周期就很多，因为时期长短不一。但一般短的债务周期会持续 5~10 年，大部分的人们对这种周期比较熟悉和习惯，这些短的周期累积起来就会成为长债务周期。因为所有人都希望整个市场不断扩张，希望经济能够不断增长，所以就会提供越来越多的信贷，也就说经济的发展越来越具有刺激性。在这种情况下，政府就要出面，制定实施适当的财政货币政策。实施财政货币政策，通常是发挥利率的作用，如果利率已经下降到零，不起作用，则财政货币政策就要配合发挥作用，比如实施量化宽松的货币政策。这样的政策主要是购买主体的各种资产（包括有价证券）解决流动性短缺的问题，这样有利于调节经济，既不能过分刺激经济膨胀，又不能使经济下滑。

要说明的是：《债务危机：我的应对原则》这本书是作者在总结自己经验教训的基础上写成的。作者写这个书的宗旨是评价自己如何避免债务危机。作者从历史和现实中认知，债务是有周期的，而周期是分作阶段的，要从不同的周期阶段中，采取有利的运作，避免不利的运作。为此，要收集、分析、掌握信息，深刻认知不同阶段的变化，总结变化的模式，掌握变化的规律，趋利避害，寻求生存发展之道。

作者是一个商界的投资人并非是专业学者，但他在同事的帮助下进行研究。以下是瑞·达利欧自己，谈他为什么要写这本书，写这本书的体会，有兴趣的读者，先读本书的前言，后览之后的具体分析，或许更有益。

前言

本书写于 2008 年金融危机十周年之际。十年前，作为投资人的我依靠所研发的理解债务危机运行的模型，安全渡过金融危机。现在，我想在此分享这个模型，希望降低未来债务危机发生的可能性，并帮助政策制定者更好地应对债务危机。

与大多数经济学家和政策制定者不同，作为投资者，我根据经济变化在金融市场上下注，这迫使我关注那些导致资本流动的相对价值和趋势的变动。这些反过来，也是周期的驱动力量。在研究它们的过程中，我发现，作为一个全球宏观投资者，没有什么比提供教科书中所没有的实用经验更令人开心，也没有什么比判断失误更让人沮丧。

总是有自己没有遇到过的问题对我造成打击，这使我开始试用超越个人经验的视角来审视历史上所有重大的经济和市场变迁。就如自己真的身处其中一样，我对历史数据进行了虚拟推演，并且仅参考当前这一时刻之前的信息作为决定市场头寸的决策依据。这样，按照时间顺序逐日非常详细地研究历史案例，这些研究赋予了我一个更广泛和更深刻的视角，而不是局限在个人的直接经验中。我亲身经历了 1966—1971 年全球货币体系（"布雷顿森林体系"）的侵蚀和崩塌，20 世纪 70 年代的通胀泡沫和 1978—1982 年的泡沫破灭，80 年代拉丁美洲的通胀大萧条，80 年代后期日本的泡沫和 1988—1991年的泡沫破灭，2000 年"科技泡沫"破灭所导致的全球债务危机，以及 2008年的大型去杠杆。但是，通过研究历史，我可以经历五世纪罗马帝国的崩塌，1789 年美国的债务重组，20 世纪 20 年代德国的魏玛共和国，1930—1945 年期间席卷了许多国家的全球大萧条和战争，以及许多其他危机。

我很好奇如果未来我遇到这些危机该如何生存，求知欲促使我去了解它们背后的因果关系。通过分析每个经济阶段（例如商业周期、去杠杆）的多个案例，寻求其中的共性，我可以更好地设想和检验它们的因果关系。在此基础上建立了每种经济现象的经典模型，例如，商业周期模型、大债务周期模型、通货紧缩去杠杆模型、通货膨胀去杠杆模型，等等。通过分析每一种类型上不同案例间的差异（例如，比较各个商业周期与经典的商业周期模型），找出导致差异的因素。通过整理归纳各个模型，我对这些案例有了简单而深刻的理解。就像一位经验丰富的医生能够一眼看出病人的病因一样，这诸多看似独立无关的事件上，我可以看出实际上在一遍遍演绎着同样的核心逻辑。

在债务周期中怎样避免债务危机

达利欧认为：债务发生于信贷，信贷创造了债务，同时赋予他人的购买力。信贷是快一点好，还是慢一点好？他说这要看付出的代价：关键是能否把借款用于生产，从而创造出收入来还本付息。

他指出债务危机是不可避免的，因为用于生产的信贷总会与投资的数额多少和时间长短相偏离，在偏离中总会付出代价（比如坏账）。要避免债务风险，决策者（政府或管理者）有没有能力分摊到多年，能不能控制住债务的货币计划，决策者能不能对债权人和债务人施加影响。

债务风险会导致危机，危机会有周期。达利欧认为借贷有一个过程，如果借贷用于固定资产投资如房地产，其过程还更长。在过程中如果投资形成的资产发生收入少，缺乏现金流，就会再借款以新债还旧债。从新债的举借到旧债的还本付息就是一个周期。达利欧说债务周期通常会产生两类问题：一是因借款人无法按期还本付息而产生损失；损失的形式有定期还本付息的金额下降，或者债务价值减少（也就是贷者同意借者低于供款金额的还款）。二是贷款以及贷款所支撑的支出下降。总之，这两类问题，都会给借贷双方带来损失。但必须指出的是：越来越多的借款用来还债，必然导致借款人的负担加重。

要避免出现严重的债务危机，决策者要妥善管理债务。在通常情况下，有四种政策措施：①财政紧缩（减少支出）；②债务违约/重组；③中央银行印钞，购买资产（或提供担保）；④将资金和信贷从充足的领域转向不足的领域。这四种政策前两种是具有通缩性的债务周期；后两种是具有通胀性的债务周期。通缩性债务周期不利于经济增长，通胀性债务周期有利于经济增长。通缩性债务周期，有利于减轻债务负担；通胀性债务周期有利于降低杠杆比例（即降低债务与收入的比例）。总之，在通缩和通胀的债务周期，都要考察金融资产的价格比如利率能不能得到改善，经济的活力得不得到改善。

债务周期可分为长期债务周期和短期债务周期。长期债务周期表明的是"在很长一段时间内，债务增长快于收入增长"（10p）。**在长期债务周期的上行阶段，债权债务关系会"自我强化"**，表现为在上行阶段，尽管人们负债累累，贷款人依旧可以自由地提供借贷，而支出的增加导致收入水平的提高和资产净值走高，从而导致借款人的借款能力提升。在这种态势下，几乎所有的市场参与者都愿意承担更多的风险。为什么存在这种状况？达利欧指出："因为人的推动——人总是喜欢借钱、花钱，而不愿意还债，这是人的本性"（10p）。

但是，债务与收入的比率一旦达到了极限，上述过程就会反转。这时的情况是：资产的价格下降，流动性短缺，债务人即借款者偿债困难，投资者纷纷抛售债务，人们的信誉度下降。资产价格的下跌，进一步挤压银行。所谓挤压银行，是指不仅银行难以收回本息，而且贷款本金也难保。这就是说，长期债务周期的下行阶段会导致经济衰退。而经济衰退萧条时期，尽管决策者（指中央银行）可以降息增加流动性，但利息率已经达到或接近零，故对此也无能为力。这样的结果导致两类群体即"富人"和无产者，一方受益，另一方受损。

达利欧指出：长期债务周期的形成过程，在历史上会不断重演，人们必须警惕。

达利欧指出：短期债务周期的形成主要取决于贷款人和借款人的意愿。如信贷宽松就带来经济增长，如借贷紧缩，就带来经济衰退。但值得注意的是：信贷供给主要是由中央银行控制的，中央银行一般通过利息刺激债务周期的发展，推动经济走出衰退。**从历史的经验分析，每一个短期债务周期的顶部和底部的经济活力都会超过上一个周期，因此，从债务总额考察总是持续增加。**据达利欧考察，短期债务周期一般为5~10年，短期债务周期的积累就会成为长期债务周期。

重要的是识别经济泡沫

达利欧对债务周期的考察从"通缩性债务周期"开始。他说"通缩性萧条往往出现在大多数债务是国内融资的、以本币计价的国家"，而"通胀性萧条经常出现在依赖外资流动的国家"（11p-12p）前者不涉及国际收支和汇率问题，后者要涉及国际收支和汇率问题。

考察紧缩性债务周期，首先要区分在周期中的各个阶段。达利欧设定：在紧缩性债务周期中，有七个阶段，即早期阶段、泡沫阶段、顶部阶段、萧条阶段、和谐去杠杆阶段、推绳子阶段和正常化阶段。在不同的阶段要把握什么？

他指出：在周期的早期阶段，债务负担很小，各部门有足够的空间来增加负债。债务增长率、经济增长率和通胀率，既不太热，又不太冷。所谓的黄金时期。

他指出：**在泡沫阶段，重要的是要识别泡沫。对泡沫的识别要把握住泡沫的特征。**他总结，泡沫最明确的特征有七点：

（1）相对于传统标准来看，资产价格偏高。

（2）市场预期目前的高价会继续快速上升。

（3）普遍存在看涨情绪。

（4）利用高杠杆融资买进资产。

（5）买家提前很长时间买入（例如增加库存、签订供应合同等），旨在投机或应对未来价格上涨的影响。

（6）新买家（之前未参与市场者）进入市场。

（7）刺激性货币政策进一步助长泡沫（而紧缩性货币政策会导致泡沫破灭）（18p）。

市场是否到了顶部决定于人们的预期

学习了达利欧《债务危机：我的应对原则》的论述后，**笔者认为特别要认知的有两点：一点是"泡沫始于牛市"，集中表现在股票市场中。在股票上扬期间，人们往往会过分预期这一走势的持续时间，从而导致泡沫的产生。另一点是"在许多情况下，货币政策并没有限制泡沫，反而起到了推波助澜的作用"。这是因为在他看来："央行政策，以控制通胀率和经济增长率为目标，并不针对泡沫管理"**（17p）。

达利欧强调指出："泡沫最有可能发生在经济周期、国际收支平衡周期或长期债务周期的顶部。随着泡沫阶段接近顶峰，经济最为脆弱，但人们自认为富裕程度最高，对未来信心最大。"（16p）这是达利欧的历史认知总结和忠告。

怎么判断是否到达顶部阶段？达利欧说"这反映了一个普遍原则：如果市场已经好到不能再好，但每个人都认为它还会更好时，市场的顶部就形成了"（19p）。这样的表述，表明在达利欧的认知中，**市场顶部是每个人的预期，是一种心理现象**。对于决策管理者来说，在大多数情况下，顶部出现后，中央银行开始收紧货币政策，提升利率。如果一国收紧货币政策，到达一定程度可能导致外资撤出，因为在紧缩的货币政策情况下，本币会升值所借外资还本付息的成本上升，也就是说在增加借款人的压力。在这种情况下，就会使金融资产如股票的价格下降。股票下降导致反向的"财富效应"，也就是导致贷款和支出的减少。

达利欧指出，如果债务周期到了萧条阶段就要着力于"萧条管理"。萧条管理有四类工具：①财政紧缩；②债务违约/重组；③债务货币化/印钞；

④财富转移（从富人转移到穷人）。利用这些工具要达到的目的都是减轻借者的债务负担，缓解信贷危机，刺激整体经济。**在萧条管理中，关注金融系统重要性机构的状况尤为重要，从管理者的角度说，必须采取以下措施保持运转。**

（1）减少恐慌，提供债务担保。政府可以增加对存款和债务发行的担保。中央银行可以为系统重要性机构（指的是那些一旦倒闭会威胁金融系统和经济体持续运行的机构）注资。有时，政府可以实施存款冻结，强制把流动性留在银行体系中。这种做法通常不受欢迎，因为会加剧恐慌，但有时也很有必要，因为这是提供资金或流动性的唯一方式。

（2）提供流动性。面对私人信贷收缩、流动性紧张的局势，中央银行可以扩大抵押品范围，或为更多此前不被视为贷款对象的金融机构提供贷款，确保为金融系统提供充足的流动性。

（3）支撑系统重要性机构的偿付能力。第一步通常是激励私营部门解决问题，常用方法是支持出现问题的银行与状况良好的银行合并，并由监管层面推动向私营部门提供更多的资本。此外，通过调整会计准则，减少立即需要的资金，维持机构的偿付能力，为机构提供解决问题的时间。

（4）对系统重要性金融机构进行资本重组/国有化/损失覆盖。如果以上方法不足以处理系统重要性金融机构的偿付能力问题。那么政府需采取措施对出现问题的银行进行资本重组。为防止危机恶化，稳定贷款人并维持信贷供应至关重要。某些机构是金融系统的一部分，即使这些机构目前不具有经济效益，但失去它们是我们不愿意看到的。这就像是在经济萧条时期，我们不愿因为一个航运港破产而彻底失去它。要想使该航运港继续经营，船只继续来往，就必须为其提供某种保护，无论是将其国有化，还是为其提供贷款或注资（28p-29p）。

在债务周期的"和谐地去杠杆"阶段，达利欧要指出的是去杠杆不能过猛，要"软着陆"。特别是在去杠杆的过程中要使用不同的货币政策。按他的叙述，货币政策有三种：第一种货币政策是由利率驱动的货币政策，通过财富效应，通过减轻还本付息负担，对经济有着广泛的影响；第二种货币政策就是所谓的"量化宽松"的货币政策，通过印钞和购买金融资产对投资者产生影响；第三种货币政策直接为消费者提供资金，激励他们消费。

如何预测经济和应对债务危机

如何预测经济形势？ 达利欧说：三个均衡非常关键：

第一个均衡，债务的增长和收入的增长是否保持一致。有收入才能还债，要计算收入增长后是否足够还债，如果收入在还债后还有富余的话就没有问题，如果债务较高的话可能会产生泡沫。

第二个均衡就是经济均衡。经济不能太热，也不能太冷，必须要符合设计的产能，过热要收紧，过冷的话要刺激，所以要关注经济均衡的状态。另外还有资本市场的均衡，换句话说包括资本市场借贷在内，贷款是一种流通，就像血液的流通一样，这种流通非常关键。

第三个均衡，还要看一下股票预期回报率是多少，股票预期回报率是需要经常关注的一个指标，看它是不是超过债券预期回报率和现金预期回报率，风险溢价差是否适当，这是非常复杂的。随着时间推移，现金的回报比债券低，这是资本基本定价的规律。

如何应对债务危机？ 达利欧在《债务危机：我的应对原则》中提出了四种方法。他说，当资产价格上升到顶端，资产价格就会下降，银行就不愿意借钱，那在短时间内就会开始去杠杆化。去杠杆化，只是降低负债比例，重要的还是要还本付息。对此，他说针对债务周期可有四种解决的方法。

第一种办法，要进行紧缩，不要花那么多钱，要用钱来还款。

第二种办法，要加强自我循环。要知道，你的债务就是另外一个人的资产。如果你违约，或是进行债务重组的话，那别人就失去了自己的资产，也就是说他的资产下降了，他开支的能力下降了，所以要加强自我的循环。当一些人减少开支的时候，另外一些人的收入也会减少，因为你的花费就是别人的收入，所以如果你紧缩的话那其他人的收入会下降。所以在债务周期中要进行债务重组，加强自我循环。

第三种办法，中央银行可以印钞，或者是停止流血，并且刺激经济。

第四种办法，就是进行财富的再分配，把财富从原先的债权人那里分到债务人那里。

所以我们有两种力量，一种是通货膨胀的力量，一种是紧缩的力量。如何平衡这两种力量非常关键。

最重要的考虑是什么？债务如果以外币计价的话会非常困难，中央银行控制力就非常有限。如果以本币计价，该国中央银行就可以很快地应对和处理危机。

还值得关注的是在《债务危机：我的应对原则》书中，达利欧提出了中央银行怎样实施宏观审慎政策。他指出："宏观审慎政策是央行通过监管机构以某种方式引导信贷的工具。"他指出："**央行之所以需要采取宏观审慎的货币政策，是因为信贷增长存在差异：当一个领域出现信贷泡沫时，另一个领域可能面临信贷短缺。**如果决策者需要减少出现泡沫领域的信贷供应，并将信贷引向其他领域，可通过实施宏观审慎政策来实现。"（479p）达利欧通过考察美国宏观审慎政策的历史提出了：

（1）在以下情况下，调节信贷需求：

第一，当调息逐步丧失其作为货币政策工具的效力时。这时：①经济体需要加大刺激力度，但在零利率情况下，货币政策进一步宽松的空间有限。②整体经济不需要紧缩，但某个或某些领域需要紧缩。此时不宜上调利率，因为这会妨碍整体经济增长。

第二，当决策者需要将信贷从出现泡沫的资产/贷款领域引向信贷紧缺的领域，需要同时采用不同的政策组合时，宜采取的措施有：①改变所需的贷款与价值比率；②改变所需的偿债总额与收入比率；③改变贷款期限；④改变购买金融资产的保证金要求；⑤通过利率补贴、税收政策或其他法规，改变贷款成本。

（2）在以下情况下调节信贷供应：

①改变特定类型贷款的资本或准备金要求；

②改变金融机构可持有的资产组合；

③改变不同资产的会计准则；

④金融机构监管者对特定贷款行为施加压力；

⑤制定利率或贷款利率上限及其他限制。

通过监管机构引导信贷，宏观审慎能够发生类似于财政政策的效果：牺牲一些人的利益，而让另一些人获利。这从个体来说有得有失，但从整体来说有利经济的平衡发展，降低风险带来的损失，减轻公众的负担。

第三编　学习权威文件笔记

编者导读： 本编主要收集整理了曾康霖先生学习权威文件写下的若干笔记。读者从这些笔记中，可以非常清晰、深切地感受到一位学者心系民族命运、切实专业济世的理性、智慧、情怀。

一、对社会主义基本经济制度的认知

　　附录一　邓小平同志对社会主义本质的认知

　　附录二　邓小平理论之社会主义初级阶段

　　附录三　"社会主义初级阶段理论"形成的幕后故事

二、对推进国家治理现代化的理解

三、学习《坚持、完善和发展中国特色社会主义国家制度和法律制度》的体会

四、学习习近平总书记关于金融问题的讲话体会

　　附录四　习近平谈金融经济：

　　　　　　经济是肌体，金融是血脉，两者共生共荣

五、学习习近平总书记论改革与经济发展的体会

六、对"百年未有之大变局"的体会

一、对社会主义基本经济制度的认知

编者导读：本部分根据曾康霖先生的相关读书笔记整理，主要内容为对社会主义基本经济制度的认知，即：邓小平同志对社会主义本质的认知；对社会主义初级阶段的认知；社会主义初级阶段为什么要经历十几代、几十代人才能完成。

社会主义基本经济制度包含着三大要素：经济成分、分配模式、运行机制。在党的十九届四中全会的决议中，规范的表述是：

1. 公有制为主体，国有经济为主导，多种经济成分并存

习总书记讲，民营经济是自家人。把民营经济的地位和作用概括为"56789"，即50%以上的税收，60%以上的国内生产总值，70%以上的技术创新成果，80%以上的城镇劳动就业，90%以上的企业数量。这是在我国社会主义制度下，对民营经济的贡献最形象的概括。

2. 按劳分配为主体，多种分配方式并存

所谓多种分配方式，也就是按生产要素分配。在决议中把生产要素概括为七种，即劳动、资本、土地、知识、技术、管理、数据。这七大生产要素在经济发展中的贡献，要由市场来评价。要按贡献决定薪酬机制。在现代经济中，知识、技术、管理等要素在经济增长中的贡献明显上升。

3. 社会主义市场经济体制

这样的体制要在资源配置中发挥作用。要使市场在资源配置中发挥决定性的作用，同时发挥好政府的宏观调控作用。要使市场在资源配置中发挥决定性作用，主要涉及经济体制改革，而要进行经济体制改革，必然影响到政治、文化、社会、生态文明和党的建设等各个领域。

这样理解（运行机制）市场经济就不是一种制度，而是机制。机制的有序安排并得到权威机构法定和公众的认同就是一种体制。照笔者的理解，完善市场经济体制就是要在运行机制中，排除那些约束市场经济主体的活动。衡量什么因素约束了市场经济主体活动的因素，要看主体的活力发挥出来没有，价值规律充分发挥作用没有。为此要完善产权制度、要素市场化配置制度和公平竞争制度。

什么是社会主义：公有制为主体，按劳分配为主体，主要由政府调控为主体。社会主义与市场经济的结合，就在于要使市场在资源配置中发挥决定性作用。要知道，市场这个概念，绝不仅指供给与需求，它包含着经济社会发展的若干因素。在资源配置中协调好各种因素，让各种因素各尽其责、各得其所，扬长避短，合理结合，才能彰显市场的决定性含义。

作为社会主义基本经济制度，必须有各方面的结合：如公有制为主体，多种经济成分并存，按劳分配为主体，多种分配方式并存；更好地发挥政府的调控作用，但要使市场在资源配置中起决定性作用。

社会主义制度的巨大优越性：既有利于解放和发展社会生产力，改善人民生活，又有利于维护社会公平正义实现共同富裕。

附录一

邓小平同志对社会主义本质的认知

邓小平对社会主义本质的认识历程：从"北方谈话"到"南方谈话"，社会主义本质论的逐渐形成。邓小平的语言风格以朴实、坦率、简洁著称，用词十分准确。"本质"一词，并非邓小平的常用语。他进行的本质性的概括，都是经过深思熟虑的。社会主义本质论的确立，是一项伟大的理论创新，这其中既有整体构建、逐步完善的高端设计，也有各个理论板块内部的突破创新、深刻总结。从"北方谈话"到"南方谈话"，邓小平对社会主义本质的认识经历了复杂而艰辛的过程。通过其中的几个重要节点，可以清晰地看出邓小平社会主义本质论认识的逐渐深化。

（1）1978 年：社会主义要"消灭剥削"，但"贫穷不是社会主义"。

在社会主义本质中，"消灭剥削"实际上是最早确立的要素，这是从建党伊始就明确了的。以马克思主义为指导思想，以共产主义为理想的中国共产党人，始终没有忘记"消灭剥削"的最终目标，并且进行了深刻的社会实践。

我党最初进行了以土地革命为主要标志的消灭封建剥削的斗争。1934 年通过的《中华苏维埃共和国宪法大纲》就提出:"中华苏维埃政权以消灭封建剥削及彻底的改善农民生活为目的,颁布土地法,主张没收一切地主阶级的土地,分配给雇农,贫农,中农,并以实现土地国有为目的。"① 随后进行了社会主义改造为标志的消灭资本主义剥削的斗争。1954 年通过的《中华人民共和国宪法》提出:"中华人民共和国依靠国家机关和社会力量,通过社会主义工业化和社会主义改造,保证逐步消灭剥削制度,建立社会主义社会。"② 1991 年 7 月 1 日,江泽民在中国共产党成立 70 周年大会上的讲话中,将"消灭了剥削制度和剥削阶级,全面确立了社会主义制度",作为党成立以来领导各族人民为中国进步做的第二件大事,并认为"这是我国几千年来最深刻、最伟大的社会变革"③。

对于"消灭剥削",邓小平是始终不渝地坚持的,早在 1965 年他就明确提出:"社会主义归根结底是消灭剥削制度。"④ 遗憾的是,当时我国以"消灭剥削"为目的的社会主义运动逐渐脱离国情实际,偏离了正确轨道,走向"一大二公""阶级斗争扩大化"和"文化大革命"。最终,尽管没有出现新的剥削阶级,但是国家处于内乱之中,人民处于"共同贫穷"的状态。

因此,在"北方谈话"中,邓小平对社会主义的重新认识,首先是从否定的视角,从反思人们感同身受的一些与社会主义的优越性格格不入的现象入手的。在邓小平看来,1978 年中国最大的社会现实,就是生产力落后,人民生活贫困。他不断强调这种现象的严重性:"社会主义要表现出它的优越性,哪能像现在这样,搞了 20 多年还这么穷,那要社会主义干什么?"⑤ "外国人议论中国人究竟能够忍耐多久,我们要注意这个话。"⑥ "贫穷不是社会主义",这是从现象上对社会主义的重新认识,从而引发了关于社会主义本质的重新思考。在坚持"消灭剥削"为最终目标的前提下,邓小平提出了新的设想:我们是社会主义国家,社会主义制度优越性的根本表现,就是能够允许社会生产力以旧社会所没有的速度迅速发展,使人民不断增长的物质文化生活需要能够逐步得到满足。显然,这是邓小平针对我国实际现象对社会主

---

① 中共中央文件选集:第 10 册 [M]. 北京:人民出版社,1989:645-646.
② 建国以来重要文献选编:第 5 册 [M]. 北京:中央文献出版社,1991:451.
③ 新时期党的建设文献选编 [M]. 北京:中央文献出版社,1991:750.
④ 邓小平年谱(1904—1974)(下) [M]. 北京:中央文献出版社,2009:1847.
⑤ 邓小平年谱(1975—1997)(上) [M]. 北京:中央文献出版社,2009:384.
⑥ 邓小平年谱(1975—1997)(上) [M]. 北京:中央文献出版社,2009:380.

义本质进行的初步归纳，还需要进一步的理论总结。但是，这种归纳已经具有重要的理论意义，尤其是"社会主义制度优越性的根本表现"中的"根本"二字，已经充分体现出邓小平对这一问题的重视。这是邓小平认识社会主义本质的重要一步。

（2）1980 年：明确提出社会主义要"发展生产力"。

现象归纳呼唤着理论总结。1980 年 5 月 5 日，在会见几内亚总统艾哈迈德·赛古·杜尔时，邓小平使用了"社会主义本质"一词。他说："社会主义是一个很好的名词，但是如果搞不好，不能正确理解，不能采取正确的政策，那就体现不出社会主义的本质。"① 在这次谈话中，他还使用了"社会本主义优越性"的概念："根据我们自己的经验，讲社会主义，首先就要使生产力发展，这是主要的。只有这样，才能表明社会主义的优越性。社会主义经济政策对不对，归根到底要看生产力是否发展，人民收入是否增加。这是压倒一切的标准。空讲社会主义不行，人民不相信。"②

从这段谈话中我们可以得到三个明确信息：

第一，"社会主义本质"这一概念的提出，表明此时邓小平已经开始从理论层面考虑社会主义本质的问题，他提出"如果搞不好，不能正确理解，不能采取正确的政策，那就体现不出社会主义的本质"。这也反映出邓小平的这种思考具有极强的现实针对性。在这里，邓小平依然是从否定的角度提出这个崭新概念的，并未作出定义或者阐发内涵。

第二，这段谈话揭示了邓小平关于社会主义本质问题的思考维度。他的思考是在三个层面上进行的：一是在根本目标和理想信念层面，始终不渝地坚持社会主义。他明确表示："社会主义是一个很好的名词"，"我们认为社会主义道路是正确的。我们现在进行一系列改革，仍然坚持四项基本原则，其中有一条就是坚持社会主义道路"。这是大前提。二是在历史层面进行反思。他谈道："在搞社会主义方面，毛泽东主席的最大功劳是将马克思列宁主义的普遍原理同中国革命的具体实践结合起来。我们最成功的是社会主义改造。"三是在现实层面进行探索。他指出："各个国家应该根据自己的特点来实行社会主义的政策。像中国这样的大国，也要考虑到国内各个不同地区的特点才行。"③

---

① 邓小平年谱（1975—1997）（上）［M］. 北京：中央文献出版社，2009：629.
② 邓小平年谱（1975—1997）（上）［M］. 北京：中央文献出版社，2009：629.
③ 邓小平年谱（1975—1997）（上）［M］. 北京：中央文献出版社，2009：629.

第三，此时邓小平从现象上对社会主义的认知已经比较明确，"发展生产力"已经被认为是社会主义本质的必然要素。他用了"根据我们的经验"这样的表述，这表明这依然是现象的归纳。继而他明确指出：讲社会主义，首先就要使生产力发展，这是主要的。这说明他已经将"发展生产力"上升到社会主义本质的层次，而且这一概括显然比两年前的"能够允许社会生产力以旧社会所没有的速度迅速发展"更具理论色彩。当时的其他情况，也印证了这一进展：随着对外开放和农村改革初见成效，1980年四五月间，邓小平多次谈到发展生产力对于社会主义的意义，因此《邓小平文选》第二卷将这期间的四篇讲话合为一篇，题目就叫《社会主义首先要发展生产力》。

(3) 1985年：提出社会主义要"解放生产力，发展生产力"。

邓小平再一次明确谈到"社会主义本质"，是在五年后的1985年8月21日，这次他是为了说明改革的性质问题："改革的性质同过去的革命一样，也是为了扫除发展社会生产力的障碍，使中国摆脱贫穷落后的状态。从这个意义上说，改革也可以叫革命性的变革。我们的经济改革，概括一点说，就是对内搞活，对外开放。""对内搞活经济，是活了社会主义，没有伤害社会主义的本质。"①

这次谈话，使"改革"与"社会主义本质"密切地联系起来，这是社会主义本质论发展的重要一步。邓小平明确地提出"改革"是"为了扫除发展社会生产力的障碍""没有伤害社会主义的本质"，实际上是社会主义本质论中"解放生产力"的雏形。

在"南方谈话"中，邓小平集中论述了"解放生产力"的问题："革命是解放生产力，改革也是解放生产力。推翻帝国主义、封建主义、官僚资本主义的反动统治，使中国人民的生产力获得解放，这是革命，所以革命是解放生产力。社会主义基本制度确立以后，还要从根本上改变束缚生产力发展的经济体制，建立起充满生机和活力的社会主义经济体制，促进生产力的发展，这是改革，所以改革也是解放生产力。过去，只讲在社会主义条件下发展生产力，没有讲还要通过改革解放生产力，不完全。应该把解放生产力和发展生产力两个讲全了。"②

这段话准确地说明了"改革""解放生产力"与"社会主义本质"的关

---

① 邓小平文选：第3卷［M］. 北京：人民出版社，1993：135.
② 邓小平文选：第3卷［M］. 北京：人民出版社，1993：370.

系，而这种认识的明确开端，则是在 1985 年。这年 3 月 7 日，邓小平提出："经济体制，科技体制，这两方面的改革都是为了解放生产力。"① 8 月 30 日，他再次指出："过去我们搞土地革命，是解放生产力，现在搞体制改革也是解放生产力，这也是一场革命。"②

自此时起，"改革"成为时代强音，而"解放生产力"也进入到"社会主义本质论"的理论版图。"改革"被放在"发展生产力"之前，更突出了改革的重要意义。

（4）1990 年：突出强调社会主义要"消灭剥削，消除两极分化，最终达到共同富裕"。

1990 年 12 月 24 日，邓小平在同江泽民、杨尚昆、李鹏谈话时再次谈到"社会主义本质"。值得注意的是，这次他谈到了共同富裕问题。他指出："共同致富，我们从改革一开始就讲，将来总有一天要成为中心课题。社会主义不是少数人富起来、大多数人穷，不是那个样子。社会主义最大的优越性就是共同富裕，这是体现社会主义本质的一个东西。如果搞两极分化，情况就不同了，民族矛盾、区域间矛盾、阶级矛盾都会发展，相应地中央和地方的矛盾也会发展，就可能出乱子。"③

在这段谈话中，邓小平明确提出"共同富裕"是"体现社会主义本质的一个东西"。在同一年，他还说过："社会主义的一个含义就是共同富裕。"④随着"消除两极分化，最终达到共同富裕"这一要素的确立，社会主义本质论的各个板块已经逐渐清晰。那么，这最后的一块重要拼图是如何形成的呢？

如邓小平所说："共同致富，我们从改革一开始就讲。"在 1978 年的《解放思想，实事求是，团结一致向前看》一文中，邓小平就提出："在经济政策上，我认为要允许一部分地区、一部分企业、一部分工人农民，由于辛勤努力成绩大而收入先多一些，生活先好起来。一部分人生活先好起来，就必然产生极大的示范力量，影响左邻右舍，带动其他地区、其他单位的人们向他们学习。这样，就会使整个国民经济不断地波浪式地向前发展，使全国各族人民都能比较快地富裕起来。当然，在西北、西南和其他一些地区，那里的生产和群众生活还很困难，国家应当从各方面给以帮助，特别要从物质上给

---

① 邓小平文选：第 3 卷［M］. 北京：人民出版社，1993：108.
② 邓小平年谱（1975—1997）（下）［M］. 北京：中央文献出版社，2009：1072.
③ 邓小平文选：第 3 卷［M］. 北京：人民出版社，1993：364.
④ 邓小平年谱（1975—1997）（下）［M］. 北京：中央文献出版社，2009：1312.

以有力的支持。"① 1984 年，邓小平指出："我们党已经决定国家和先进地区共同帮助落后地区。在社会主义制度下，可以让一部分地区先富裕起来，然后带动其他地区共同富裕。在这个过程中，可以避免出现两极分化（所谓两极分化就是出现新资产阶级），但这不是要搞平均主义。经济发展起来后，当一部分人很富的时候，国家有能力采取调节分配的措施。"② 此后的几乎每一年中，他都会强调这一问题。

那么，为什么邓小平要在 1990 年着重提出这一问题，并且提高到"社会主义本质"的层次呢？

尽管邓小平早已预计到中国发展的趋势和共同富裕问题的重要性。1985 年，他曾说："社会主义的目的就是要全国人民共同富裕，不是两极分化。如果我们的政策导致两极分化，我们就失败了；如果产生了什么新的资产阶级，那我们就真是走了邪路了。"③

但是根据后来的实际情况，邓小平又先于大多数人认识到："我们讲要防止两极分化，实际上两极分化自然出现。""少部分人获得那么多财富，大多数人没有，这样发展下去总有一天会出问题。分配不公，会导致两极分化，到一定时候问题就会出来。这个问题要解决。"④

为什么容易低估防止两极分化的困难呢？一个原因是改革开放始自平均主义占主导地位的"大锅饭"时代，人们深知其苦；改革需要克服的重重阻力中，也有相当部分来自这种绝对平均主义的僵化思想，身处其中的人难以预料社会发展有可能迅速走向另一个极端。另一个原因是高估了现有制度自动防止两极分化的效用。实现共同富裕的途径，邓小平的设想是"先富带动后富"，包括先富起来的人或地区多交点利税，支持贫困人口或地区的发展和富裕；沿海支援内地，等等。这些方法一直在实行，并取得了一些效果。但是，共同富裕涉及整个社会最深层次的生产与分配问题，现有的一些体制机制不足以自动地消除两极分化。邓小平认识到了这一点，因此开始进一步思考共同富裕问题。

邓小平的思考最后导向了"共同富裕"与"社会主义本质"的相互关

① 邓小平文选：第 2 卷［M］. 北京：人民出版社，1993：152.
② 邓小平年谱（1975—1997）（下）［M］. 北京：中央文献出版社，2009：1014.
③ 邓小平年谱（1975—1997）（下）［M］. 北京：中央文献出版社，2009：1032.
④ 邓小平年谱（1975—1997）（下）［M］. 北京：中央文献出版社，2009：1364.

系。实际上，他将"消除两极分化，最终实现共同富裕"纳入"社会主义本质"的范畴，并毫不讳言地提出了问题。他为什么不直接解答呢？首先，他还没有得出结论；其次，此时第一步的发展问题尚未解决。因此，他说：共同富裕"将来总有一天要成为中心课题"。

（5）1992年：完整概括"社会主义的本质"。

两年以后，邓小平在著名的"南方谈话"中作出"社会主义本质"的最终概括。由于有了前面的充分铺垫，这似乎没什么新意了，其实不然，正因为有了这些铺垫，才更加显示出"南方谈话"极其重要的理论意义。

首先，最终完成了社会主义本质论的理论架构，将多年以来极为丰富的理论和实践内容凝练地概括为："社会主义的本质，是解放生产力，发展生产力，消灭剥削，消除两极分化，最终达到共同富裕。"① 这一论断是一个有机的集合体，语言极为简练，内涵极为宏大。邓小平凭借卓越的思维能力，将几个重大理论板块，融合成一个相互联系、相互依托、相互促进的有机整体，各元素缺一不可。这一科学论断，自它诞生起就展现了巨大的理论和实践价值，这已经被20多年来的理论研究和社会实践所证明。

其次，对各个理论板块做了新的加工。几年来，邓小平对于一些已经成型的设想，又进行了进一步的完善和加工，这在"南方谈话"的精辟阐发中体现出来。比如，充分阐述"在社会主义条件下发展生产力""通过改革解放生产力"的观点，以及二者的相互联系；通过阐述"社会主义的本质"，说明"计划多一点还是市场多一点，不是社会主义与资本主义的本质区别"；在"消除两极分化"方面，指出完善社会主义制度的重要作用："社会主义制度就应该而且能够避免两极分化"；而关于"共同富裕"问题，则提出："什么时候突出地提出和解决这个问题，在什么基础上提出和解决这个问题，要研究。**可以设想，在本世纪末达到小康水平的时候，就要突出地提出和解决这个问题。**"② 这些论述，有力地拓展了"社会主义本质"的外延。

最后，"南方谈话"落脚于对社会主义的坚定信念和我们的现实责任。邓小平说："我坚信，世界上赞成马克思主义的人会多起来的，因为马克思主义是科学。""社会主义经历一个长过程发展后必然代替资本主义。这是社会历史发展不可逆转的总趋势，但道路是曲折的。""一些国家出现严重曲折，社

---

① 邓小平文选：第3卷［M］.北京：人民出版社，1993：373.
② 邓小平文选：第3卷［M］.北京：人民出版社，1993：373，374.

会主义好像被削弱了，但人民经受锻炼，从中吸取教训，将促使社会主义向着更加健康的方向发展。因此，不要惊慌失措，不要认为马克思主义就消失了，没用了，失败了。哪有这回事！""我们要在建设有中国特色的社会主义道路上继续前进。""从现在起到下世纪中叶，将是很要紧的时期，我们要埋头苦干。我们肩膀上的担子重，责任大啊！"①

这实际上点明了坚持和发展中国特色社会主义道路，是实现社会主义本质的基本前提，是一切理论问题的出发点和落脚点。

（6）社会主义本质论在今天仍有现实意义。

邓小平完整地提出社会主义本质论已经20多年了，20多年中，我国坚持改革开放，坚定地走中国特色社会主义道路，取得了举世瞩目的巨大成就。可以说，今天我们已经初步解决了社会主义本质论要求的"解放生产力、发展生产力"的经济发展问题，正在向科学发展的更高水平迈进。然而，这并不意味着社会主义本质论同样要求的"消灭剥削，消除两极分化，最终达到共同富裕"问题的自然解决。实际上，贫富差距问题至今不仅没有有效解决，反而在某些领域某些地方有拉大和加剧的趋势。正如邓小平当年所判断的："过去我们讲先发展起来。现在看，发展起来以后的问题不比不发展时少。""十二亿人口怎样实现富裕，富裕起来以后财富怎样分配，这都是大问题。题目已经出来了，解决这个问题比解决发展起来的问题还困难。""要利用各种手段、各种方法、各种方案来解决这些问题。"② 现在，如何实现共同富裕的问题已经突出地摆在我们面前。在继续解决好发展问题的同时，及时对共同富裕问题进行系统的调查研究，解答好这一问题，是当代中国共产党人的历史使命，这也是对邓小平最好的告慰。在解决这一问题过程中，深入研读和学习邓小平关于社会主义本质的论述依然是很有裨益的。

（作者周锟，中共中央文献研究室助理研究员、邓小平故居陈列馆副馆长）

---

① 邓小平文选：第3卷［M］. 北京：人民出版社，1993：382-383.
② 邓小平年谱（1975—1997）（下）［M］. 北京：中央文献出版社，2009：1364.

附录二

邓小平理论之社会主义初级阶段

社会主义初级阶段指我国的社会主义社会还处在初级阶段。党的十三大报告指出：我国正处在社会主义的初级阶段。这个论断，包括两层含义。第一，我国社会已经是社会主义社会。我们必须坚持而不能离开社会主义。第二，我国的社会主义社会还处在初级阶段。我们必须从这个实际出发，而不能超越这个阶段。

邓小平于 1987 年 8 月 29 日在会见意大利共产党领导人约蒂和赞盖里时的谈话中指出："我们党的十三大要阐述中国社会主义是处在一个什么阶段，就是处在初级阶段，是初级阶段的社会主义。社会主义本身是共产主义的初级阶段，而我们中国又处在社会主义的初级阶段，就是不发达的阶段。一切都要从这个实际出发，根据这个实际来制订规划。"

1987 年 3 月 11 日在报给邓小平的《关于草拟十三大报告大纲的设想》中提出，十三大报告全篇拟以社会主义初级阶段作为立论的根据。"初级阶段"这个提法，在党的文件中已三次出现，但都没有发挥，十三大报告的起草工作准备循着这个思路加以展开，说明由此而来的经济建设的发展战略，由此而来的发展社会主义商品经济的任务和我国经济体制改革的方向，由此而来的建设社会主义民主政治的任务和我国政治体制改革的原则，由此而来的加强和改善党的领导的任务，由此而来的在理论和思想指导上避免"左"右两种倾向的必要性。邓小平 3 月 15 日对这个设想做了批示："这个设计好。"

一切从社会主义初级阶段的实际出发，就是从中国的国情出发。把中国当前的社会主义所处的阶段确定为社会主义初级阶段，可以使我们头脑清醒，避免在理论上和实践上出现"左"右两种错误倾向。例如避免出现以前那种"20 年进入共产主义"的不切实际的"左"倾错误。

（来源：新华社，2011-04-26，编辑：许银娟）

附录三

"社会主义初级阶段理论"形成的幕后故事①

"社会主义初级阶段理论"是马克思主义中国化进程中的一个重大理论创新，是邓小平理论的基石。它准确地界定了中国社会主义所处的发展阶段和历史方位，保证了新时期党的路线、方针、政策和发展战略的稳定性和连续性。在党的十九大召开的日子里，让我们重温这一理论的提出及其写进中央文件的前前后后，科学地把握国情，不断推进建设中国特色社会主义的伟大事业。

早在 1979 年 9 月，叶剑英在《庆祝中华人民共和国成立三十周年大会上的讲话》中就明确提出："社会主义制度还处在幼年时期……在我国实现现代化，必然要有一个由初级到高级的过程。"这是中央文献中第一次使用"社会主义制度还处在幼年时期"的提法。

1981 年 6 月，党的十一届六中全会通过的《关于建国以来党的若干历史问题的决议》（以下简称《决议》）中，第一次明确指出了"我国的社会主义制度还是处于初级的阶段"。六年后，在 1987 年 10 月召开的党的第十三次全国代表大会上，系统阐述了社会主义初级阶段理论，昭示着一个社会主义建设崭新时代的到来。

从社会主义初级阶段理论的最初提出，到最后成为建设"中国特色社会主义"的总依据，中间经历了鲜为人知的波折。

（1）提出"不发达的社会主义阶段"，一个发言激起千层浪。

关于社会主义社会的阶段问题，自 20 世纪 60 年代以来，权威的观点都是：在无产阶级革命胜利以后到进入共产主义社会高级阶段之前，都属于从资本主义到共产主义的过渡时期，中间不再划分阶段，整个过渡时期都属于无产阶级专政时期。

随着时代的发展及人们思想的不断解放，这个权威的观点在 1978 年真理标准问题大讨论后便受到了挑战。党的十一届三中全会结束不到半个月，中央召开了理论工作务虚会。会议共开了 3 个月，参会人员为各省市理论、宣传工作者数百人。就在这次会议上，有两名理论工作者对社会主义阶段问题

---

① 孟兰英."社会主义初级阶段理论"形成的幕后故事［EB/OL］.（2017-17-06）［2020-12-30］.人民网-中国共产党新闻网.

提出了与当时主流观点不同的看法，他们一位是国务院政治研究室的冯兰瑞，另一位是时任中国社会科学院马列研究所副所长的苏绍智。他们以前曾有过合作，共同写过一些文章，这次又同时参加了理论务虚会，二人商定在这次会上就社会主义阶段问题作一个联合发言。

这个发言对当时流行的观点提出了不同看法，认为过去长时期把社会主义社会看作是"从资本主义社会到共产主义社会的整个过渡时期"，看作是"无产阶级专政时期，不再划分阶段"的观点是片面的、不正确的，既不符合科学社会主义原理，也不符合社会主义实际。他们认为，从资本主义到共产主义这个漫长的历史时期应该划分阶段，即中国当时还处于"不发达的社会主义阶段"，这个阶段还要向发达社会主义过渡，然后再过渡到共产主义社会。参加会议的《经济研究》杂志负责人看到简报上的这个发言后，认为其中的观点很好，在征得发言者同意后，将其发表在了《经济研究》杂志上。要知道，在当时政治氛围中，提出这种见解体现了一种难得的理论勇气。有关社会主义的阶段问题一经提出，便犹如一石激起千层浪，立即引起了巨大反响。此后，在关于社会主义发展阶段划分的问题上，还是因为这一不同观点继而引发了一场影响较大的理论争论。

（2）将社会主义初级阶段的表述写进党的决议。

1980年4月21日，邓小平在会见阿尔及利亚民族解放阵线代表团时说："要充分研究如何搞社会主义建设的问题。现在我们正在总结建国30年的经验。总起来说，第一，不要离开现实和超越阶段采取一些'左'的办法，这样是搞不成社会主义的。我们过去就是吃'左'的亏。第二，不管搞什么，一定要有利于发展生产力。"

这里所提到的"正在总结建国30年的经验"，就是指在邓小平、胡耀邦指导下，由胡乔木主持起草的《决议》，当时于光远也是起草小组成员。

于光远认为，中国社会与马克思、恩格斯所说的社会主义有着明显差异，但他也不赞成我国正处于向共产主义社会过渡阶段的说法。他的结论是我国正处于"社会主义初级阶段"。他还认为，说我国处于"社会主义的初级阶段"，比说"不发达的社会主义"更好。所以，他主张党中央应该肯定中国还处于社会主义的初级阶段。

当时，一些领导人认为，社会上出现了一种否认和反对社会主义的思潮，他们把理论上讨论"不发达社会主义""农业社会主义""封建社会主义"的文章视为"大肆宣扬中国不是社会主义"的表现。所以他们要在《决议》里写进针对冯兰瑞、苏绍智提出的阶段问题进行批判的语言，于光远坚决反对这种做法。

据《决议》起草小组成员、中央党史研究室副主任龚育之后来回忆，1980 年 10 月提交党内 4 000 人的《决议》讨论稿，就已经出现了"社会主义生产关系怎样从初级向高级发展"，以及"我们现在的社会主义公有制还只是社会主义经济制度的初级形态"这样的提法。在 1981 年 5 月 16 日准备送中央政治局扩大会议讨论的修改稿中，也出现了"我们的社会主义制度还是处于初级的阶段"的提法。龚育之认为："从两年多的思想发展的过程来看，社会主义初级阶段的提法在历史决议中的出现，就不是偶然的事情，而是由来已久的了。"

这样，1981 年 6 月党的十一届六中全会通过的《关于建国以来党的若干历史问题的决议》中明确指出："尽管我们的社会主义制度还是处于初级的阶段，但是毫无疑问，我国已经建立了社会主义制度，进入了社会主义社会，任何否认这个基本事实的观点都是错误的。"决议对我国社会主义制度所处的历史阶段作出了与以往完全不同的判断，出现了"社会主义制度还是处于初级的阶段"的提法。但这还不是完整意义上的"社会主义初级阶段"的表述。

(3) 党的十二大前后，对"什么是社会主义"的探索。

党的十二大报告起草工作是在邓小平和胡耀邦同志的领导下进行的，具体由胡乔木主持，于光远也参加了报告起草小组的工作。讨论草稿时各方意见就出现了分歧，主要包括三方面：第一是强调改革，还是强调整顿；第二是发展商品经济，还是坚持计划经济；第三是社会主义初级阶段问题。

一次讨论时，胡耀邦也在场，于光远提出，应该在报告中明确指出，我国的社会主义社会还处在初级发展阶段，胡耀邦连说："很好，应该写。"但党的十二大报告只是把胡耀邦肯定的这句话孤立地写了进去，而对于社会主义初级阶段将给全面实施社会主义现代化建设的目标及其方针政策带来哪些特殊问题，并没有展开论述；相反，却用了很多的篇幅讲了"共产主义思想体系"，并用了相当多的"共产主义"词句。例如："共产主义作为社会制度，在我国得到完全的实现，还需要经过若干代人的长期的努力奋斗。但是，共产主义首先是一种运动""现在这个运动在我国已经发展到建立起作为共产主义社会初级阶段的社会主义社会""我们每天的生活都包含着共产主义，都离不了共产主义"等等。这就把"我国的社会主义社会现在还处在初级发展阶段"，说成已经"建立起作为共产主义社会初级阶段的社会主义社会"了。

而"共产主义初级阶段"和"社会主义初级发展阶段",是两个完全不同的历史发展阶段。

这样,报告一方面讲我国处于社会主义初级阶段,另一方面又特别强调共产主义思想,两者显得很不协调。这种不协调尤其表现在后来的传达贯彻中。在党的十二大报告起草时,起草小组的另一名重要成员就反复向宣传系统的干部说,党的十二大报告的精神是共产主义,共产主义精神贯穿整个报告。在十二大闭会后布置如何宣传时,他也特别强调十二大精神是"共产主义""党的十二次代表大会,贯穿着实践共产主义这条红线,学习宣传十二大文件,一定要突出共产主义思想的教育"。党的十二大结束后,宣传部门以此为"纲"组织全党展开十二大文件的学习,要求全国宣传、教育、思想战线都要贯彻遵循这个主题。这些解释在党内和社会上不可避免地引起了一些误解。

毫无疑问,党的十二大的主题当然是邓小平提出的"建设有中国特色的社会主义"和报告中提出的"全面开创社会主义现代化建设的新局面"。而宣传部门却说十二大精神是共产主义,这不但不能使党的十二大的精神很好地贯彻下去,而且使得社会主义精神文明建设停留在"共产主义"的口号上,难以形成群众性的自觉行动。

客观地分析,在党的十二大召开前后的一个时期内,"社会主义初级阶段"的提法之所以没有产生广泛的影响,一个重要原因就在于我们党对"什么是社会主义"的问题仍然处于探索之中。直到1984年6月,邓小平才做出了"社会主义阶段的最根本任务就是发展生产力""社会主义要消灭贫穷,贫穷不是社会主义,更不是共产主义"等经典论断,逐渐形成了对"什么是社会主义"的界定,这成了确立"社会主义初级阶段理论"的逻辑前提。

(4) 邓小平:要把我们拉向"左",这个不行。

1986年8月,中央书记处开会讨论准备提交党的十二届六中全会的《中共中央关于社会主义精神文明建设指导方针的决议》的第三次修改稿。会后,有关方面又邀集了一些人对此决议修改稿提出了一个新的修改稿,稿中增加了很多"意识形态领域的阶级斗争仍将长期存在""要对资本主义思想进行坚决的抵制和斗争"以及"以共产主义思想为核心"等方面的词句,还引用了十二大政治报告中有关"共产主义"方面的段落,并且还加上了诸如"在我国有过资本主义剥削的历史,如果搞得不好还会有资本主义复辟的可能"这样的话。

胡耀邦看过新的修改稿后认为，分歧的焦点在于要不要援引党的十二大报告中"以共产主义思想为核心的社会主义精神文明建设"这句话，而在这个根本点上如果不加以澄清，文件就无法通过，更严重的是在实际工作中间还会发生"左"的问题。胡耀邦亲手执笔给邓小平写了一封信，专门阐述了不再引用"以共产主义思想为核心"这一提法的理由。

在此之前，邓小平同志对新的修改稿并不满意，尤其是看到那句"有资本主义复辟的可能"的话便一笔删去了。胡耀邦的信当晚送给了邓小平，第二天上午9点邓小平办公室即传达了小平的批示："同意。"第三天上午，邓小平办公室又传来消息：小平同志又看了一遍信，仍然同意胡耀邦他们的意见。第四天，也就是在政治局扩大会议即将讨论并通过该决议（草案），提请十二届六中全会审议之前，胡耀邦特地去向邓小平汇报请示。胡耀邦回来后，即向起草组同志谈到他同邓小平谈话的情况。邓小平说：打的是我的牌子，总的倾向是要把我们拉向"左"，这个不行。那么一改，会使人感到我们的政策又变了。现行的路线不能动摇，我最近讲过多次，我们的政策还要放。邓小平同志还说：我们要注意，保持我们的政治稳定，不要由于粗心大意，使整个局势再发生新的动乱。"左"的右的干扰都不去理他，按照马克思主义的观点，该怎么干就怎么干。

1986年9月，党的十二届六中全会通过了《中共中央关于社会主义精神文明建设指导方针的决议》，决议重申并阐述了社会主义初级阶段的社会经济特征，指出："我国还处在社会主义的初级阶段，不但必须实行按劳分配，发展社会主义的商品经济和竞争，而且在相当长历史时期内，还要在公有制为主体的前提下发展多种经济成分，在共同富裕的目标下鼓励一部分人先富裕起来。"这些论述，不仅接续了《决议》和党的十二大报告关于"我国社会主义还处在初级阶段"的提法，而且还在此基础上又进了一步。

值得一提的是，从中国发展目标的全面调整，到对中国社会主义发展阶段的探索，再到"社会主义初级阶段理论"的确立，邓小平作为党的第二代领导集体的核心，始终发挥着第一位的作用。正是在他实事求是、不断思考如何进行社会主义建设的思想指导下，"社会主义初级阶段理论"才作为崭新的理论成果登上马克思主义的理论舞台。1987年8月，邓小平明确做出了关于"社会主义初级阶段"的理论阐述："社会主义本身是共产主义的初级阶段，而我们中国又处在社会主义的初级阶段，就是不发达的阶段。一切都要从这个实际出发，根据这个实际来制定规划。"在党的十三大正式阐述"社会主义初级阶段理论"之前，这是最为完整、最为精辟的理论概括。

在随后召开的党的十三大，又系统详尽地阐述了"社会主义初级阶段理论"的两层含义：第一，我国已经进入社会主义社会，我们必须坚持而不能离开社会主义；第二，我国的社会主义社会还处在不发达阶段，我们必须从初级阶段的实际出发而不能超越这个阶段。前者回答了我国处于什么样的社会发展阶段，界定了我国社会制度的基本性质和发展方向；后者则回答了我们要建设什么样的社会主义，说明了我国社会主义制度的历史方位和发展方略。在此基础上，我们党开创性地制定了社会主义初级阶段"一个中心、两个基本点"的基本路线。邓小平提出，基本路线要管一百年。正是在这个理论指导下，我们党正确地把握了社会主义建设的历史方位和发展阶段，并从中国具体国情出发，成功描绘出了中国经济社会伟大复兴的改革蓝图，成就了中国特色社会主义的发展奇迹。

二、对推进国家治理现代化的理解

编者导读：本部分整理了曾康霖先生读书笔记中对推进国家治理现代化问题的简要体会。

党的十九届四中全会提出：坚持和完善中国特色社会主义制度，推进国家治理体系和治理能力现代化。[①] 对治理现代化怎么理解？这个问题在十八届三中全会（2013 年 11 月 9 日至 12 日）就提出来了，当时是作为全面深化改革的总目标提出来的，目的是要形成系统完备，科学规范，运行有效的制度体系，使各方面制度更加成熟，更加定型。党的十九届四中全会与十八届三中全会，在逻辑上一脉相承，目标一以贯之。

我国社会主义制度的基础和核心是三句话：党的领导，人民当家做主和依法治国，这三句话是统一的，也就是党的领导，人民当家做主，都要在法治的轨道上运行。

（1）我们党是执政党，领导全国人民奔小康。治理能力现代化，首先就要科学执政、民主执政、依法执政。科学执政是目的，民主执政、依法执政是手段。具体地说，科学执政就要"使一切工作顺应时代潮流，符合发展规律，体现人民愿望"。民主执政就是要人民群众当家做主，党代表人民执政。具体地说，要推进民主政治，"实行民主选举，民主协商，民主决策，民主管理，民主监督"。确保人民依法通过各种途径和形式管理国家事务。依法执政，首先是依宪执政，在《中共中央关于坚持和完善中国特色社会主义制度推进国家治理体系和治理能力现代化若干重大问题的决定》中有一段话：加

---

① 参见：《中共中央关于坚持和完善中国特色社会主义制度推进国家治理体系和治理能力现代化若干重大问题的决定》，2019 年 10 月 31 日。

强宪法的实施和监督，落实宪法解释程序机制，进行合宪性审查工作，加强备案审查制度和能力建设，依法撤销和纠正违宪违法的规范性文件，这六点是依宪执政的具体化。

总之，现代化的治理体现，就是要把民主和法治这两个轮子转起来。现代化治理就是在建立一个完备的现代化国家。

（2）**现代化的治理能力，还蕴藏着对现代文明的理解力。**中国特色社会主义，其含义是要摆脱苏联的模式，具有革命的意义，但中国特色社会主义不能离开中华文明的根基。比如，"老吾老以及人之老，幼吾幼以及人之幼"的儒家精神，"天人合一"的道家品格，公平、正义的法家追求等。但继承坚持这些，并不是要排斥世界现代文明成果，相反，中国特色社会主义也需要学习、借鉴、吸收世界现代文明成果。比如社会主义制度与市场经济相结合，倡导法治，排除人治等。

三、学习《坚持、完善和发展中国特色社会主义国家制度和法律制度》[①] 的体会

编者导读：本部分，集中记载了曾康霖先生学习《坚持、完善和发展中国特色社会主义国家制度和法律制度》这篇文章的简要体会，即：①建立我国社会主义制度的思维逻辑、实现目标和运行机制；②要达到的目标就是要充分地体现人民当家做主；③为保障人民当家做主，在运行机制中必须体现的几个关键点。

建立我国社会主义制度的思维逻辑、实现目标和运行机制

（1）核心论。要有领导核心！思想上的领导，人的领导！团结在什么人的周围！只有核心才有力量！为什么要团结在中国共产党周围？因为共产党"立党为公，执政为民"。没有核心，就不能凝聚力量，就不能推动发展！在过去相当长的时期中，中国被列强侵略，割地赔款，沦为半封建、半殖民地的国家。除了统治者闭关自守懦弱腐败外，主要是一些群体内争外斗，"一盘散沙"。有了中国共产党，中国人民才团结起来。历史教训深刻，始终铭记，永不能忘。

（2）主体论。公有制为主体！按劳分配为主体！主体与客体相连。公有制为主体，多种经济成分并存；按劳分配为主体，多种分配形式并存。前者集中体现在"两个毫不动摇"中；后者体现在按生产要素分配中。当代生产要素在不断丰富和发展，在按生产要素分配时，要特别关注科技、知识、管理方面。

---

① 参见：坚持、完善和发展中国特色社会主义国家制度和法律制度［J］. 求是，2019
（11）.

（3）机制论。机制的有序安排并得到权威机构法定的认同和公众接受，就是一种体制。我国社会经济的宏观调控体制是：在资源配置中，要发挥市场的决定性作用和更好地发挥政府的作用。对这两方面的调控机制主要涉及经济体制改革，特别是要树立企业家的观念，规范企业家的行为，同时要影响其他各个方面，比如生态文明建设。在这种状况下，就是要在调控中发挥政府的主导作用。

这"三论"是社会主义制度的思维逻辑和基本特征。它浓缩了中华民族文化的优秀传统；吸收和借鉴了人类文明的有益成果！

要达到的目标就是要充分地体现人民当家做主

社会主义制度：有效体现人民意志、保障人民权益、激发人民的创造力。
资本主义制度：争权夺利、结党营私、弱肉强食、损人利己。

为保障人民当家做主，在运行机制中就必须体现：

共产党领导——立党为公；
协商民主——求同存异；
大事集中——能办大事；
行动统一——如扶助贫困；
保障一致——如基础设施通信的均衡发展；
服务共享——公共服务均等化；
差别协调——地区协调发展。

总的是要人们生活在公平正义中，缩小贫富差距，走向共同富裕。

经过多年的改革，从经济制度来说，值得肯定的是：①放权论。让事权与财权相结合，这样才能调动下层的积极性，让权利与义务下沉。②分离论。让所有权与经营权分离，相互制衡，砥砺前行。③差别论。承认差别、弥补差别。④包容论。学习别人的长处，关注别人的短处，扬长避短。⑤中性竞争论。没有竞争就没有效率。政府和有关部门在引导竞争中不偏不倚。

四、学习习近平总书记关于金融问题的讲话体会

编者导读： 本部分曾康霖先生围绕事关国家大政方针的金融实际问题，梳理了自己学习习近平总书记关于金融问题的讲话体会，主要内容有：①学习2017年和2018年全国金融工作会的认知、体会；②近两年习近平总书记在中央级的高层会议上关注金融；③习近平谈金融经济；④金融基础设施统筹监管箭在弦上。

学习 2017 年和 2018 年全国金融工作会的认知、体会

2017 年全国金融工作会（2017 年 7 月 14—15 日）

在金融工作会上，习总书记的讲话中提到金融业改革发展取得的重大成就共 8 项，都是从金融业自身讲的，没有说金融在推动实体经济发展方面功不可没。

为什么没提出金融在推动实体经济方面功不可没

怎么认识这个问题？**这些年我国经济中高速增长靠什么？靠基础设施建设（"铁公基"）和房地产，在我国银行的贷款中这两部分占了 3/4。我国经济的发展银行拿钱，政府推动，这是不争的事实。** 为什么不充分肯定？笔者认为主要有两个原因：一是形成经济泡沫，二是造成了大量的风险资产。但强调了六个方面或六大要点：

（1）为实体经济服务；

（2）防止发生系统性金融风险；

（3）深化金融改革；

（4）加强金融监管协调；

（5）扩大金融对外开放；

（6）坚持党的统一领导。

从媒体披露来看，提出了四大原则。

2017 年全国金融工作会的内容，公开的有四条：①回归本源，服务于实体经济。金融为实体经济服务，作为出发点和落脚点。②优化结构，完善金融市场、金融机构、金融产品体系，坚持质量优先，引导金融业发展同社会经济发展相协调。③强化监管，提高防范化解金融风险的能力。④市场导向，发挥市场在金融资源配置中决定性作用。

有人概括为三点或三项任务：①支持实体经济，脱虚向实；②防控金融风险；③深化金融改革。有人提出强实抑虚。

2018 年全国金融工作会

这次会议总的基调是防风险（因为是当年春节前召开的）。有人认为：脱虚向实支持实体经济是第一位的。但我认为从近期看防控金融风险是当务之急。其理由：

（1）金融安全是国家安全的重要组成部分。

金融制度是经济社会发展中重要的基础性制度，**通过防控金融风险，保证金融稳定，通过金融稳定实现金融安全。金融安全不等同于金融稳定，这表明防控金融风险关系着金融稳定与金融安全。但金融安全易受到外来因素的挑战和攻击。金融稳定主要是要受内部因素的干扰和破坏。**当前，我们处于金融不稳定的状态。但不能说我国金融不安全。金融不稳定，货币供给过多，存在着经济泡沫，金融市场秩序紊乱，存在脱实向虚。实体经济中存在融资难，融资贵。此外，金融不稳定与金融业的快速发展相关，有说法是全民办金融，但也有跨行业跨领域办金融，金融业的增长与实体经济增长不协调，以钱炒钱相当普遍，抬高了社会的融资成本，增大了系统性金融风险的可能性。

（2）在金融领域，存在着内忧外患。

内忧：银行的不良贷款增加；债券违约普遍存在，并迅速增长；金融机构利差缩小，利润递减；提取拨备的能力下降，抵御金融风险的能力减弱。

外患：主要是外资撤走，内资外流。

外资撤走反映的是：美国特朗普政府上台后，为了提高美国对国际资本的吸引力，在金融领域，比较明显的标志是美联储推行《"缩表"计划》和联邦政府推出税改方案。"缩表"也就是消减美国中央银行的资产负债表的规模，旨在收回投放于市场上的美元，实质是推行紧缩的货币政策。税改，对美国在海外的公司征收惩罚性所得税，对美国国内的公司降低所得税（35%～15%），大幅度提高个人所得税起征点，但个人所得税率有所下降，从39%降为35%。

最终诱导海外资本回流美国。对我国的威胁是什么？美元增值，人民币贬值，内资外流，外汇储备锐减。

（3）这次"两会"文献中新的提法：

①推动经济去杠杆，要把国有企业降杠杆作为重中之重！没有强调金融部门去杠杆？2014年曾提出中国高杠杆的根源不是金融体系，而是"僵尸企业"和地方政府。金融系统去杠杆的内容之一，减少资本金的支撑，比如银行资本，要增大资本金的支撑比率，不是要减少资本金的支撑比率。有人说，如果把去杠杆的重心放在金融部门，容易导致对实体经济的挤出效应。

②把监管协调体系升格为金融稳定发展委员会，并提出监管要"加强金融基础设施建设""信息要互联互通，共享"。

③提出机构监管转变为功能监管、行为监管。机构监管，更多地反映到市场准入，行为监管强调要落实到人。如借款、发债要追究个人责任。

④加强对互联网金融监管。

⑤资本账户开放，方向不变，节奏放缓。

⑥要避免处置风险引发的风险，要避免激进式去杠杆，危机式市场退出。

银行供给的资金能不能作用于实体经济？

要考察以什么方式供给，作用于什么领域。银行供给资金的方式：以信贷方式供给，形成债权与债务关系，以买卖产品的方式供给，形成供给与需求关系，以依托的方式供给，形成委托与受委托关系。

银行供给资金的领域，通常有：

（1）投资，在这一领域如能使生产要素结合起来则拉动实体经济增长。如是购买房产、股票则拉动资产价格上涨。

（2）消费，在这一领域如能激励广大群众消费，则拉动价格上涨，在一定条件下带来通货膨胀。

（3）在进出口这一领域，作用于商品在国际之间的买卖，其买卖的商品如是消费品，则作用于消费品的供给与需求；如是生产要素则作用于生产资料的供给与需求。

我国金融系统供给资金，现阶段绝大多数作用于房地产业，它在这一领域使生产要素结合起来，它在这一领域成为商品买卖的媒介，使房地产以及与房地产相关的商品劳务价格上涨，同时使作为抵押品的房地产价值增加，从而促使贷款再增加。由此在这一领域产生贷款增加→价格上涨→抵押品增值→贷款再增加的膨胀循环。这种膨胀循环是恶性的，还是良性的，需要结合其他条件评析。

从广义来说，是否落实到实体经济应注意：

（1）注重货币资金落实到实体经济（什么是实体经济？）应防止以消费信贷之名支持房地产开发。

（2）注重贷款的收回（不良资产）。

（3）注重解决融资贵、融资难的问题（变相收费，提高成本）。

（4）注重解决股权清晰的问题（集体、个人、合伙）。

在我国企业绝大多数的资本属于国有的状况下，对金融机构的债务，政府通常以所掌握的资产来"保底"。由于各级政府以所掌握的资产"保底"，人们通常认为金融风险不会到来。**政府始终"保底"，我国就一直没有金融风险，除非"保底"被打破，风险就会存在。这样的认识成立吗？**

"僵尸企业"被取缔，风险就暴露了。企业资产没有了，按现代会计制度规定，就必须破产，破产就要进行清算，清算必然要给一部分人或机构带来损失，其中主要是金融机构。这样的程序损失，谁来负担呢？在公有制下，仍然是经济社会。社会承担损失，其含义是多方面的，有经济层面的，有道德层面的，还会有国际层面的。如何认识在我国公有制下的风险？这个问题需要从感性认识上升到理性认识。

从两次全国金融工作会议的精神给人们提出了值得思考和研究的问题

（1）是经济发展决定金融发展，还是金融发展决定经济发展？研究的思路：不同的国家应有不同的回答，同一国家，在不同时期应有不同的回答。

（2）金融发展对经济发展的负面影响，应当怎样考察？研究的思路：负面影响表现在哪些方面。如影响稳定，带来危机，加大两极分化，拖累实体经济，排挤其他部门。

（3）当金融发展出了问题时，是先建立完善金融监管机构，还是先整顿金融秩序乱象？研究的思路：问题导向，考察当务之急要解决的问题？谁先谁后？在于必须刹住乱象。

（4）金融健康发展以什么标准去衡量？有人提出三大标准：①金融深度
→金融创造的 GDP；②金融广度→金融机构规模；③金融效率→金融资源分
配所负担的成本，金融服务所承担的成本，金融机构的收益。当前的情况是
金融资源分配和服务所承担的成本增加，收益下降。

（5）金融发展指数，IMF 经济学家的研究。要考察其制定的背景和思路，
它能用来说明什么问题，不能用来说明什么问题。

（6）中国特色的金融体系：财政金融难分家，相互替代；高度集中垄断；
国有（中央及地方）控制。

在实践中为人们揭示了：

（1）经济增长要着力国内循环为主。

国内循环为主，最终要靠消费。从理论上说，生产为了消费，消费反作
用于生产，这是马克思经济学的基本原理，不能忘。

经济发展要靠消费拉动，不能丢。"三驾马车"归根到底都是消费拉动。

追求 GDP 是必要的，但是不全面、不充分。GDP 在统计中有弹性。统计
GDP 的三种方法：生产法——总产值减中间产品、劳务消耗等于增加值；收
入法——假定各种生产要素都创造价值，再加上工资、利润、利息；支出
法——由个人消费、政府消费、国内资产的增加额组成（国内资产通常包括：
固定资本和库存净增加额）。

2019 年上半年增长 6.7%，但人们的货币收入，上半年人均为 11 880 元
人民币。有人认为平均数不能说明问题，要看差距。

国家统计局把居民收入分为五等，最高的 5 万多元，最低的不到 5 000
元，中等的 1.8 万元。

现在人均月收入 800 元只能维持吃；

现在人均月收入 1 000 元，略有剩余；

现在人均月收入 2 000 元；比较宽松；

决定需求的三个因素：所得、价格、偏好。

扩大内需要三大要素：

①增加货币收入；②稳定物价；③关注偏好。

（2）要锐意改革。

在"十二五"规划中，关于金融发展与改革，提出了以下布局：优化布
局，构建现代金融组织体系；各类金融机构要分层配置，科学合理布局；商
业银行与政策性银行要合理分工，相互补充，良性发展；要加快社区金融服

务组织体系建设。

关于农村这一块：提出农信社是支农主力军，对于农信社要进行产权制度改革，充实资本实力；经营管理的重心下沉，要确立法人地位。

关于政策性银行这一块：进出口银行、中国农业发展银行、中国出口信用保险公司，提出：要完善治理结构。对于国开行，提出要进行商业化改革。其中要以债券信用筹集资金来源。

（3）推动改革。

在六个方面推动改革，即利率、汇率、资本项目可兑换、外汇储备、治理结构、民间资本。提出推进金融机构服务多元化，研究国家对国有控股金融机构持股的比例。

此外，如何解决中国股市的股权结构问题，一股独大，上市公司大股东绝对控股，一般在50%以上，多者达90%。一股独大的弊端：股权分置前抬高股价；股权分置问题解决后，到期抛售套现；独家说了算，分红机制难以推行；分红太少，起不到刺激作用，分红太多，有利于大股东。

（4）要关注金融机构内部的风险控制。

从2018年上半年银行被处罚的频率来看（接罚单的次数）：第一位是农商行；第二位是五大国有商业银行；第三位是农信社。**从被罚的金额来看**：第一位是全国股份制商业银行，第二位是农商行，第三位是城商行。**从被罚的原因来看**：第一位是贷款业务，第二位是信息披露，第三位是内控管理，第四位是违规开展业务。

贷款业务被罚，主要违反了审慎经营原则，如贷款"三查"不严，贷款支付管理违规，贷款资金用途不当，以贷转存虚增存款。

信息披露被罚，主要是财务信息、监管报表、风险案件等信息，隐瞒不报，延迟报送，虚假报送。这与不良贷款相关，五级分类不准确，不良贷款虚假出表。

内控管理被罚，主要是管理交易违规收费，违规转嫁费用，高管任职资格未经审批。

违规开展业务主要指政策性银行，违背对外提供担保。

党的十九大报告关于金融的论述有三句话。第一句：深化金融体制改革，增强金融服务实体经济能力，提高直接融资比重，促进多层次资本市场发展。第二句，健全货币政策和宏观审慎政策双支柱调控框架，深化利率和汇率市场化改革。第三句，健全金融监管体系，守住不发生系统性金融风险的底线。

虽然只有三句话，但内容丰富、深刻、含义很多。笔者的理解：第一句话指出了我国金融业的发展趋势；第二、三句话，主要是针对金融监管讲的。值得我们注意的是："双支柱调控框架。"在调控中，既要实行稳健的货币政策，又要实行宏观审慎政策。这二者既有理论问题，又有实践问题。理论问题之一：怎样才算金融稳定，怎样实现金融稳定？应当说物价稳定 ≠ 金融稳定，控制住了通胀不等于实现了金融稳定。反过来说，存在着通胀，但不等于金融不稳定。宏观审慎调控怎么实现？中央银行设了七大指标，旨在实现金融风险全面管理。七个指标中核心的是资本杠杆率，通过这一指标，实行逆向调节，避免"明斯基时刻"到来。

近两年习近平总书记在中央级的高层会议上，关注金融

（1）2017 年 11 月 25 日在十八届中共中央政治局第四十次集体学习会上，习总书记强调"金融是现代经济的核心"；"金融活，经济活；金融稳，经济稳"。"切实把维护金融安全作为治理政治的一件大事"来抓。

（2）2017 年 7 月 14 日在全国金融工作会议上，习总书记又强调，"金融是国家重要的核心竞争力，金融安全是国家安全的重要组成部分，金融制度是经济社会发展中的重要的基础性制度"。"防止发生系统性金融风险是金融工作的永恒主题"。

（3）2017 年 10 月 18 日，在党的十九次代表大会上习总书记讲"建全金融监管体系，守住不发生系统性金融风险的底线"。

继后，在 2018 年三次中央级会议上：

（1）2018 年 4 月 2 日，中央财经委员会第一次会议上习总书记讲"以结构性去杠杆为基本思路，地方政府和企业，特别是国有企业，要尽快把杠杆降下来"。

（2）2018 年 4 月 23 日，在中央政治局会议上习总书记指出，把防范金融风险的部署，作为"三大攻坚战"之一。把全力打好"三大攻坚战"作为下一步经济工作之首。

（3）2018 年 12 月 19 日至 21 日，在中央经济工作会议上习总书记指出，要把"打好防范化解重大风险攻坚战，作为防控金融风险的重点"。

在这里还要指出：2019 年 12 月 6 日中央政治局会议上在布置 2020 年的战略中，重提"要坚决打好三大攻击战，确保不发生系统性金融风险"。

我们学习的体会是：

（1）**金融本质在发展变化。**2017 年中国举行的首届"一带一路"的高峰论坛上，习总书记在主旨演讲中，再次指出，金融是现代经济的血液，血脉相通增长才有力。我们要建立稳定、可持续、风险可控的金融保障体系。金融保障体系也就是对经济增长的保障体系。强调"金融活、经济活，金融稳，经济稳"。在这一次论坛会上，加上了"经济兴，金融兴，经济强，金融强"。把金融与经济的关系说得透明、深刻，前者说明金融主导经济（前因后果），后者说明经济主导金融（也是前因后果）。过去，我们通常说：经济决定金融，金融反作用于经济，把作用与反作用的关系理解得比较"死"，始终认为，主导与被主导的关系似乎经济是主导的，金融是被主导的，现在看来它们的关系要辩证地看待。

什么因素使二者关系有了变化：

①经济发展使人们收入提高，中产阶级的形成、储蓄与投资渠道的变化。

②科学技术的进步，特别是信息技术的出现和兴起。

③金融市场（广义）的变化。

④人们金融意识信用素质的提高，信用观念的变化。

以上几点表明，金融供给要素的变化。习总书记讲话说：要正确把握住金融的本质，深化金融供给侧结构改革。在笔者看来，金融已经不是个体经济之间货币资金的融通，而是社会成员以货币和有价证券为载体的权利与义务关系的建立和消除。社会成员之间权利与义务关系的建立和消除，是经济、社会发展和前进的重要条件。所以金融是经济增长的保障，更是社会发展和前进的保障。金融不仅能融通资金，更能提供社会服务。金融业是信息业和服务业。

（2）**对金融有新的定位：**金融安全上升到治国理政的高度。金融是国家核心竞争力，金融安全是国家安全的重要组成部分。金融制度是经济社会发展中重要的基础性制度。

（3）**强调防范系统性金融风险，**加强资本市场的基础制度建设。

（4）**建立有高度适应性、竞争力、普惠性的现代金融体系。**

结合我国的现实，当前金融供给侧结构改革的要点：

①**要建立"多元化"的金融组织系统。**这个系统包括：要构建多层次、广覆盖、有差异的银行体系，积极开发个性化、差异化、定制化金融产品，

增加中小金融机构数量和业务比重，改进小微企业和"三农"的金融服务等。这样的改革，一是要打破金融机构的垄断局面，二是要建立健全民营银行和社区银行，三是要给城商行、农商行、农村信用社定位，有的文件上概括为"回归原本"。这样的改革，它的初衷是要建立和发展普惠金融。普惠金融的真正含义，使社会金融资源的分配和享有实现公平正义。进一步说就是要"以人为本"，不能让一些人通过金融资源的分配和享有扩大贫富差距，相反，要缩小贫富差距，缩小贫富差距是实现社会主义的题中之义。

②**尊重市场规律、金融要精准扶持**。什么是市场规律？市场规律反映供求关系。主要方面是需求，能够满足物质需求和精神需求的经济，是实体经济。所以金融支持经济的发展方向，主要是实体经济，而非虚拟经济。

所谓精准，就是要集中选择好对象。

③**防范化解金融风险**。要在稳增长的基础上，平衡稳增长与防范风险的关系要把握好节奏和力度。财政政策也要发挥逆向周期调控作用。要引导市场预期。要"看住人，看住钱，建设好制度防火墙"。以上四点都是在总结我国金融实践基础上提出的有典型的案例佐证。在防范金融风险中，要适时动态监管，关注线上线下，国际国内，资金流向流量。特别是要着力反洗钱。

④**在金融改革方面，特别强调基础制度的建设**。要治本不只是治标。这方面可见黄奇帆主任在北大经济论坛上有个好的讲话。

⑤提高参与国际金融治理能力。

附录四

习近平谈金融经济：
经济是肌体，金融是血脉，两者共生共荣①

[编者按] 2019年2月22日，习近平总书记在中共中央政治局就完善金融服务、防范金融风险举行第十三次集体学习时强调，要深化对国际国内金融形势的认识，正确把握金融本质。

党的十八大以来，习近平总书记高度重视金融在经济发展和社会生活中

---

① 经济是肌体，金融是血脉，两者共生共荣［EB/OL］.（2019-02-26）［2020-09-30］.人民网-中国共产党新闻网.

的重要地位和作用，在多个场合发表了一系列重要论述，具有十分重要的指导意义。新时代学习工作室摘取其中的精彩"金句"，供读者朋友们学习。

（1）推进政策性金融机构改革，当前要发挥好现有政策性金融机构在城镇化中的重要作用，同时研究建立城市基础设施、住宅政策性金融机构。

——2013年12月12日至13日，习近平在中央城镇化工作会议上发表重要讲话

（2）我们决心完善全球经济金融治理，提高世界经济抗风险能力。

我们决心完善全球经济金融治理，提高世界经济抗风险能力。我们同意继续推动国际金融机构份额和治理结构改革，扩大特别提款权的使用，强化全球金融安全网，提升国际货币体系稳定性和韧性。我们决心加强落实各项金融改革举措，密切监测和应对金融体系潜在风险和脆弱性，深化普惠金融、绿色金融、气候资金领域合作，共同维护国际金融市场稳定。

——2016年9月5日，习近平在二十国集团领导人杭州峰会上的闭幕词

（3）金融是现代经济的核心。保持经济平稳健康发展，一定要把金融搞好。

金融是现代经济的核心。保持经济平稳健康发展，一定要把金融搞好。改革开放以来，我们对金融工作和金融安全始终是高度重视的，我国金融业发展取得巨大成就，金融成为资源配置和宏观调控的重要工具，成为推动经济社会发展的重要力量。

——2017年4月25日，习近平主持中共中央政治局第四十次集体学习

（4）准确判断风险隐患是保障金融安全的前提。

准确判断风险隐患是保障金融安全的前提。总体看，我国金融形势是良好的，金融风险是可控的。同时，在国际国内经济下行压力因素综合影响下，我国金融发展面临不少风险和挑战。

——2017年4月25日，习近平主持中共中央政治局第四十次集体学习

（5）为实体经济发展创造良好金融环境，疏通金融进入实体经济的渠道。

为实体经济发展创造良好金融环境，疏通金融进入实体经济的渠道，积极规范发展多层次资本市场，扩大直接融资，加强信贷政策指引，鼓励金融机构加大对先进制造业等领域的资金支持，推进供给侧结构性改革。

——2017年4月25日，习近平主持中共中央政治局第四十次集体学习

（6）不忽视一个风险，不放过一个隐患。

对存在的金融风险点，我们一定要胸中有数，增强风险防范意识，未雨

绸缪，密切监测，准确预判，有效防范，不忽视一个风险，不放过一个隐患。

——2017 年 4 月 25 日，习近平主持中共中央政治局第四十次集体学习

（7）金融是现代经济的血液。血脉通，增长才有力。

金融是现代经济的血液。血脉通，增长才有力。我们要建立稳定、可持续、风险可控的金融保障体系，创新投资和融资模式，推广政府和社会资本合作，建设多元化融资体系和多层次资本市场，发展普惠金融，完善金融服务网络。

——2017 年 5 月 14 日，习近平在"一带一路"国际合作高峰论坛开幕式上的演讲

（8）金融是国家重要的核心竞争力。

金融是国家重要的核心竞争力，金融安全是国家安全的重要组成部分，金融制度是经济社会发展中重要的基础性制度。

——2019 年 2 月 22 日，习近平主持中共中央政治局第十三次集体学习

（9）我们要抓住完善金融服务、防范金融风险这个重点，推动金融业高质量发展。

我国金融业的市场结构、经营理念、创新能力、服务水平还不适应经济高质量发展的要求，诸多矛盾和问题仍然突出。我们要抓住完善金融服务、防范金融风险这个重点，推动金融业高质量发展。

——2019 年 2 月 22 日，习近平主持中共中央政治局第十三次集体学习

（10）金融要为实体经济服务，满足经济社会发展和人民群众需要。

——2019 年 2 月 22 日，习近平主持中共中央政治局第十三次集体学习

（11）金融活，经济活；金融稳，经济稳。经济兴，金融兴；经济强，金融强。

——2019 年 2 月 22 日，习近平主持中共中央政治局第十三次集体学习

（12）经济是肌体，金融是血脉，两者共生共荣。

经济是肌体，金融是血脉，两者共生共荣。我们要深化对金融本质和规律的认识，立足中国实际，走出中国特色金融发展之路。

——2019 年 2 月 22 日，习近平主持中共中央政治局第十三次集体学习

金融基础设施统筹监管箭在弦上。

中央深改委定调，两项金融改革新政或近期出台！金融基础设施统筹监管箭在弦上，谁来主导？如何监管？

据新华社消息，中共中央总书记、国家主席、中央军委主席、中央全面

深化改革委员会主任习近平 2019 年 9 月 9 日下午主持召开中央全面深化改革委员会第十次会议并发表重要讲话。他强调，落实党的十八届三中全会以来中央确定的各项改革任务，前期重点是夯基垒台、立柱架梁，中期重点在全面推进、积厚成势，现在要把着力点放到加强系统集成、协同高效上来，巩固和深化这些年来我们在解决体制性障碍、机制性梗阻、政策性创新方面取得的改革成果，推动各方面制度更加成熟更加定型。

本次会议审议通过了一系列涉及各个领域的全面深化改革的相关文件，与金融领域相关的主要包括《统筹监管金融基础设施工作方案》《国有金融资本出资人职责暂行规定》。这也意味着，近期这两份重要政策文件将有望正式对外公布。

会议指出，金融基础设施是金融市场稳健高效运行的基础性保障，是实施宏观审慎管理和强化风险防控的重要抓手。要加强对重要金融基础设施的统筹监管，统一监管标准，健全准入管理，优化设施布局，健全治理结构，推动形成布局合理、治理有效、先进可靠、富有弹性的金融基础设施体系。

会议还强调，加强国有金融资本管理、建立统一的出资人制度，要坚持以管资本为主、市场化、审慎性原则，明确出资人与受托人职责，加强金融机构国有资本管理与监督，健全责任追究制度，完善现代金融企业制度和国有金融资本管理制度。

金融市场基础设施五大板块，中央银行将担任统筹监管"主角"。

要了解统筹监管金融基础设施，就要先了解我国金融基础设施的组成。上海黄金交易所理事长焦瑾璞曾撰文总结称，作为金融市场基础设施的建设者与管理者，中央银行、证监会等监管机构一贯重视金融市场基础设施的建设。经过多年的发展，支付系统、证券结算系统、中央证券存管等金融市场基础设施的建设取得了显著成就，我国金融市场基础设施包括五大板块：

一是支付系统（PS）。目前我国形成了以中央银行现代化支付系统为核心，银行业金融机构行内支付系统为基础，票据支付系统、银行卡支付系统、互联网支付等为重要组成部分的支付清算网络体系。

二是中央证券存管（CSD）与证券结算系统（SSS）。目前，我国形成了中央结算公司、中证登、上海清算所三家中央证券存管系统，负责债券、股票等证券的集中托管，同时也是金融市场中的证券结算机构。

三是中央对手方（CCP）。我国中央对手方机构的发展以 2008 年金融危机为界分为两个阶段。金融危机前，中央对手方清算机制已在场内市场建立，中证登在交易所债券质押式回购中充当中央对手方；郑商所、大商所、上期所和中金所在相应的期货交易中充当中央对手方。中央银行于2009年11月推动成立银行间市场清算所股份有限公司。目前，上海清算所已经初步建立了本外币、多产品、跨市场的中央对手清算业务体系，先后在债券现券、外汇、航运衍生品和利率互换等产品领域建立了集中清算机制。

四是交易报告库（TR）。目前，我国尚未建立交易报告库的法律或监管框架，也未指定或成立专门的机构作为交易报告库。在金融稳定理事会发布的《场外衍生品市场改革第九次进展情况报告》中，中国外汇交易中心和中证机构间报价系统股份有限公司被视为类交易报告库（TR-like Entity）。从目前情况看，我国各个金融子市场的交易数据较为完整，各类实体对数据的收集分工较为明确，已基本具备正式建立交易报告库的条件。

五是其他金融市场基础设施。除了2012年国际清算银行支付结算体系委员会（CPSS）和国际证监会组织（IOSCO）联合发布的《金融市场基础设施原则》（以下简称《原则》）中明确的五类金融市场基础设施外，证券、期货、黄金等交易场所、保险行业平台等也被纳入金融市场基础设施范畴。

统筹监管金融基础设施的职责或将主要由中央银行承担，中央银行自去年以来就在多个场合"吹风"统筹监管重要金融基础设施的重要性和任务目标。

2018年6月初，中央银行党委举行中心组集体学习，会议邀请有关专家对当前网络安全形势和关键信息基础设施建设网络安全问题作了报告。此次会议指出，金融领域的关键信息基础设施是经济社会运行的神经中枢，金融业务高度依赖金融网络和信息系统。中央银行建设和运行着我国重要的金融基础设施，在充分利用和不断提升网络的便捷性、高效性的同时，更要高度重视网络和信息安全，坚决守住不发生重大风险和安全事件的底线。

上述会议还明确，下一步要统筹监管好金融业重要基础设施，做到关口前移，防患于未然，有效防控互联网金融领域风险。基于技术变革和创新，积极适应互联网时代对金融网络安全的新需求，加强对重要金融基础设施的规划，稳步推进核心领域自主可控技术在金融业的应用，提高金融网络安全和信息化工作的前瞻性、科学性、有效性。

中央银行去年底发布的《中国金融稳定报告（2018）》也指出，鉴于中央银行在风险事件中通常需履行最后贷款人的职责，国际社会在危机后重申，中央银行应强化对金融市场基础设施的宏观审慎管理，强调集中清算安排可更加有效地管理金融市场基础设施的风险。

五、学习习近平总书记论改革与经济发展的体会

编者导读：本部分主要整理了曾康霖先生学习习近平总书记在各种会议上所作关于改革与经济发展问题的若干指示后，在读书笔记中记下的思考、体会。

2016年3月4日习总书记在政协、民建、工商联联组会上的发言亮点

总书记在开会的第二天就来看望会议代表的情况是少有的。其亮点：

（1）重申坚持完善社会主义基本经济制度，实行公有制为主体，多种所有制经济共同发展。公有制和非公有制都是我国经济社会发展的重要基础，其财产权不可侵犯，权利平等，机会平等，规则平等，都是平等的，要为非公有制经济发展营造良好环境，提供更多的机会！

（2）强调各种所有制经济平等使用生产要素，公平参与市场竞争，同等受到法律保护。这就表明在这三个方面是存在问题的，要建立完善地位平等、机会平等、规则平等、权利平等、产权保护制度，依法保护产权！

（3）强调要细化量化政策措施，推动各项政策落地落实，让民营企业真正从政策中增强获得感！特别提出当前要解决好五大问题！

（4）明确了官与商关系或政商关系。把政商关系概括为"亲"和"清"的关系。"亲"就是多谈心多引导，帮助解决实际问题；"清"就是不搞以权谋私，不能权钱交易。政府"亲民"包括亲民营企业，民营企业家要亲政府亲党委。多沟通，多交流，讲真话，说实情，进诤言，不搞封建官僚与商人的关系，不搞西方那样的财团与政界那种关系，不搞吃吃喝喝的酒肉朋友关系！

现在的问题是怎么落实、怎么细化量化？

笔者认为首先要依靠组织：依靠工商联、民建、各个协会等。要定期向党政报告民营经济的贡献有哪些。贡献包括就业、税收、经济增长等。同时要提出民营经济的处境、困难和建议。其次要依靠自己，树立形象，积极进取。树立讲信誉、诚信的形象。最高法院联合了44家单位于2016年1月20日发文，对失信的人要采取惩罚措施，这些惩罚措施分为八大类，很具体！其中包括每个人都要建立信用档案。

"两个鼓励，四个允许。"其中包括允许社会资本投向农村，允许企业社会组织在农村兴办各种事业。

在这次"两会"上，政协委员和人大代表中，有为民营经济说话的，如董文标常委：加速推进民营银行发展；孙荫环常委：充分发挥民营经济服务于实体经济的作用。但大多数委员代表都是站在自己熟悉的专业角度围绕着供给侧结构性改革发言。讲话宏观，立足于公有制。

供给制结构性改革，说浅显直白一点就是要适应需求变化，改善供给，如原来的餐饮，多适应高档，现降低档次就是供给侧改革。金融供给制改革主要是什么？着力就业，面向实体，强化服务。现在讲贫富差距拉大，其衡量的标准不主要在收入，而在资产！资产与收入相关，不能等同。资产决定于所掌握的资源，资源决定于拥有的权利和信誉。权利决定于官位，官位决定于关系，信誉决定于为人，为人决定于社会对他的评价。

融资贵，主要是资金供给的成本高，而成本高，主要是资金来源的环节多。

学习2020年7月15日关于"内外双循环"的指示　提出"双循环"的时代背景

分析提出内循环为主与外循环相互促进的时代背景，应当回顾我国经济是怎么发展起来的。

这两个循环的实质，通过什么途径带动经济增长？

经济增长、发展，本身就是一个循环。改革开放以后，**2002—2008年这段时期，我国经济主要是外循环，**即通过出口带动经济增长，就是所谓的两头在外。

2009 年以后至今，内循环与外循环互动。

两个循环互动，归根结底是要扩大需求。扩大需求必须是增加投资和扩大消费，而增加投资和扩大消费，既要开拓国外市场，又要挖掘国内市场。我国开拓国外市场，依靠加入 WTO；挖掘国内市场，推动城镇化和房地产投资。

应当承认，加入 WTO 中国得到了好处。

也应当承认推动城镇化，中国中产阶层搞房地产得到了好处。

房地产业，不仅关系到各方面的收入，而且推动了产业链的形成，带动了若干行业、企业的发展。

双循环离不开金融

应当看到我国过去在"双循环"中都离不开金融：靠钱推动价值的实现，也要体现在钱上。

内循环离不开金融投资，产生的效应是大部分钱围绕着房地产转，把房价抬得很高。

外循环离不开购买美国国债，出口得到的美元，购买美国国债，推动了全球包括美国股市债市的发展，推动了货币资金流动，形成了美国虚拟经济，虚拟经济又发生财富效应，推动了消费。

国内投资房地产的人大发其财，又扩大了贫富差距。

循环的范围、载体、主体、动力

经济的发展，从生产、分配、交换到消费本来就是个循环，这是经济学的基本原理，也是人们的常识，笔者的理解是"集中力量办好自己的事"，也就是要集中力量发展经济。怎样发展经济，在现阶段这种形势下，以国内循环为主，国内国际双循环相互促进自然是科学的，非常正确的。国家领导人在有关会议上讲：国内大循环有多重意义。它是扩大消费意义上的大循环，还是联系产业链、供应链意义上的大循环；是包括金融领域在内的大循环，还是排除金融，而只是其他生产要素的大循环。所以深入地进行考察，以国内循环为主，还有不少学问，还必须把条理梳理清楚。在笔者看来：

（1）循环的范围即在什么范围内循环。国内是个区域概念，国内为主，有没有内外为辅的含义？笔者认为不存在国外为辅这一概念，国内国际相互促进，没有"主与辅"之分。

（2）循环的载体或者说以什么为对象，让其运动起来。如前所述，是生产要素，还是半成品或产成品？笔者认为国内循环为主应当根据现有的生产能力和潜在的生产能力，通过货币资金将各种生产要素（现实和潜在的）结合起来，进行产成品和半成品的再生产，并将再生产的产成品和半成品作为生产资料和生活资料，纳入生产消费和生活领域。也就说这样的循环是扩大再生产的循环，而不是简单再生产的循环。进一步说这样的循环，以扩大内需为前提，而不是把它们生产出来却放在仓库里。

（3）循环的主体，或者说由什么人来推动。是政府、企业家、官员、科学家还是老百姓？笔者认为推动循环的应当是市场主体。市场主体是什么？市场主体应当是有理性的经济人。从层次上认知，经济的发展可由小而大，由上而下，由浅入深。因而循环的主体是多元的，分层次的，也就是说要上下齐心综合各方面的市场主体的力量来推动。

（4）循环的动力，即靠什么力量来推动。总的说来要充分发挥市场主体的智慧，鼓励他们创造发明，进一步说要靠他们发掘和利用科学技术，发挥管理才能，创造新业态、新模式、新消费。

以上所述的这四个环节与经济学上的生产、分配、交换、消费的 4 个环节相关，但并非是对经济学上这四个环节的诠释。在学习体会习总书记讲话时，还要抒发三点：

能不能顺畅循环还要关注三点

（1）在经济全球化，"你中有我，我中有你"的条件下，一国的经济不是内循环能发展的。通俗地说，有些生产要素必须依赖国际，有些产品，半成品本来就是为国外生产的，不适合于内需。

（2）生产决定消费，消费反作用于生产，作用与反作用要靠中间环节，特别是要通过物流推动。物流是中间环节推动经济发展的链条，不仅不能断裂，而且要加速。还必须强调的是：扩大消费是出发点，也是归宿点。从循环的角度来说，它是根本的动力。

（3）生产为了消费，必须要有支付能力：要有支付能力，就要有货币收入；要有货币收入就必须要充分就业；要充分就业就必须让中小微企业生存和发展。这也是个循环，是具有深刻意义的循环。

要看到"双循环"可能带来的负面作用：

第一，产能过剩；第二，高额负债；第三，脱实向虚。

这三大负面作用，使"双循环"断流，特别是脱实向虚"以钱炒钱"推动了贫富分化。

要看到，一些行业、企业，**只能在全球范围内循环**，不能在国内循环。有人说经济内循环，代替不了全球化，有道理。比如外销的生活用品、衣服鞋子，本来就是为老外生产的，老外不买就生产过剩。**产能过剩的背后就是产品过剩。**产品过剩导致经济危机。

1996 年中国经济第一次出现了过剩，但没有带来危机。为什么？推迟消费的时间，扩大消费的深度和广度，让积累起来的问题慢慢消化。

在公有制下，还可采取"报废"的办法，或者"浪费"的办法，让过剩的产能、产品"报销"了，这也是一种机制。

学习 2020 年 7 月 21 日习近平总书记在企业家座谈会上的讲话体会

习近平总书记说：今天，我们召开一个企业家座谈会，一是同大家谈心，二是给大家鼓鼓劲，三是听听大家对当前经济形势、"十四五"时期企业改革发展的意见和建议。

出席今天座谈会的，有国有企业负责人，有民营企业家，有外资企业和港澳台资企业管理人员，有个体工商户代表。大家身处不同行业、不同地区，都有长期经营管理的经历，对企业发展有自己的观察和思考。

刚才，七位代表作了很好的发言。大家谈形势实事求是，提建议针对性强，很有参考价值，我听了很受启发。有关部门要认真研究企业家们提出的意见和建议，及时制定相关政策措施。

下面，结合大家的发言，我讲几点意见。

（1）**保护和激发市场主体活力；**

（2）**弘扬企业家精神；**

（3）**集中力量办好自己的事。**

学习习总书记的讲话，笔者有以下体会：

（1）我国要建立和完善市场经济，存在着市场主体，自然是题中之义，不足为奇，在习总书记讲话中，提出要"保护和激发市场主体活力"，才是要领。**笔者认为在学习领会这个命题之前，必须在理论上厘清"市场主体"这一概念的含义。**习总书记说，参加座谈会的有国有企业、民营企业、外资企业、港澳台资企业、个体工商户，是否凡是企业和工商户都是"市场主体"呢？笔者认为的市场主体：①必须是独立的法人，有独立的法人财产，对社会也就是对市场承担法律责任和履行应承担的义务；②要自主经营，自负盈亏；③要依法注册，服从市场管理；④要具备商业道德，家国情怀。按照这样的条件，市场主体既是"法人"，也是"自然人"，既要以赚钱为目的，又要对社会，为广大民众献爱心，做贡献。按照这样的条件，如果企业是一个群体（比如企业有总公司、分公司、子公司）合伙的工商业个体，其中的成员就不能统统地都说成是市场主体，而必须具备以上四个条件或基本具备以上四个条件的才是"市场主体"。这样，从质和量来考察，能够说具有一定素质、能履行规范的权利和义务的企业家和工商户才是市场主体，但不能说市场主体都是企业家和工商户，因为在市场主体中还有职业经理人和代理人。

（2）提出这一命题的时代背景。学习习总书记这一命题，还应当懂得和知晓，这样的命题是在什么形势或什么局面下提出的。现阶段新冠病毒的存在，国内外乃至全球都在"攻疫"，在攻疫取得阶段性胜利后，提出要创造条件"复工、复产、复学"。召开这一座谈会是否主要是这样的时代背景呢？笔者认为如果仅此认知，就失之偏颇。

（3）《中共中央 国务院关于新时代加快完善社会主义市场经济体制的意见》中指出：我国市场体系还不健全、市场发育还不充分，政府与市场的关系没有完全理顺，还存在市场激励不足、要素流动不畅、资源配置效率不高、微观经济活力不强等问题，推动高质量发展仍存在不少体制机制障碍，必须进一步解放思想，坚定不移深化市场化改革，扩大高水平开放，不断在经济体制关键性基础性重大改革上突破创新。这应当是习总书记召开座谈会发表重要讲话的时代背景。

（4）保护、激发市场主体活力的具体政策措施。怎样保护和激发市场主体活力，习总书记在座谈会上讲了六条：①切实减轻企业税费负担；②解决融资贵、融资难的问题；③营造公平竞争的环境；④将保护产权落到实处；⑤保护企业家人身和财产安全；⑥要千方百计把市场主体保护好，"留得青山在，不怕没柴烧"。特别强调各项措施一定要直达基层，直惠市场主体。笔者认为决心很大，意义深刻，措施感人。具体来讲，还应当从制度的角度，机制的角度，法制的角度，舆论的角度为市场主体增强信心，提出保障，激励前进。比如在政企不分、权力经济的条件下怎样维护公平竞争，共享资源分配；同时在要求国有企业做优、做大、做强的情况下怎样落实高管层的权、责、利，怎样保障国有企业高层的权利与义务，使之付出与回报对称。

（5）怎样弘扬企业家精神？在弘扬企业家精神中，习总书记特别指出，要大家"增强爱国情怀""勇于创新""诚信守法""承担社会责任""拓展国际视野"。笔者认为习总书记所指出的完全正确，对弘扬企业家精神有深刻的意义。笔者认为这是侧重于从为人的品质、展业和法理方面去要求的。企业家作为一个精英阶层其精神应当有一个历练过程，在历练中从量变到质变。

企业是工商业界的细胞。我国既有国有独资和控股的国有企业，又有多种经济成分组成的民营企业；既有大企业，又有为数众多的中小企业。每个企业都有"老板"，都有"高管层"，是否凡是"老板、高管层"都是企业家呢？答案应当是不确定的。应当说企业家是"老板、高管"，但不能说"老板、高管"都是企业家。应当说从"老板、高管"到企业家有一个历练过程，在历练中从量变到质变。

"老板、高管层"，经过量变到质变的历练，成为企业家，逐步形成企业家精神。企业家精神是企业家意识形态和智慧才能（组织建设企业的才能）的总的概括。它是抽象的，又是具体的，它是内向的，又是外向的。企业家精神，不仅反映在该企业产品的市场占有率上，更展现在该企业的形象和它所代表的一切上。可以说，企业家精神是企业文化的集中体现。有人概括说：学习是企业家精神的追求，敬业是企业家精神的动力，执着是企业家精神的本色，诚信是企业家精神的基石，创新是企业家精神的灵魂，冒险是企业家精神的天性，合作是企业家精神的精华。所有这些都是对企业家精神的充分肯定和对企业家的点赞和褒奖。这几组点赞和褒奖词的逻辑应当是"学习、敬业、执着、诚信——创新、冒险、合作"，前四者是企业家从业的基础和素质，后三者是企业家从业的选择和进取精神。

在这里我们特别要评论企业家的创新精神、冒险精神和合作精神，以及应有的使命感、责任感。其中创新精神应是企业家精神的核心体现。根据熊彼特的总结，创新分为五种情况：引进新产品、引用新技术即新的生产方法、寻找原材料的新供应来源、开辟新市场、实现企业的新组织。也就是说，企业家创新精神体现在企业的产、供、销各个环节。而每个环节的创新过程都是"创造性破坏"，即都是对资源的重新组合过程，其实质是促进企业内部资源及社会资源的更进一步优化配置。企业家作为企业内部资源的配置者，需要按照现代科学技术的要求和其内在联系有机地组合各种生产要素，最大限度地提高投入产出效率；企业家作为社会资源的配置者，需要将生产要素投入转化为市场需要的产出，不断地开拓新产品、新领域、新市场，在不确定的环境下冒着一定的风险进行决策，在优胜劣汰的市场竞争中不断发展壮大自己，这其中无一不体现了企业家的创新精神、冒险精神和合作精神。

（6）以国内大循环为主，国内国际双循环相互促进的学问。习总书记在座谈会上指出："集中力量办好自己的事。"这是在面对"当今世界正经历百年未有之大变局"的形势下提出来的，是在当前国际上保护主义上升，世界经济低迷、全球市场萎缩的外部环境下提出来的。在这样的形势下，习总书记强调要通过市场和资源'两头在外'的优势，实现以国内大循环为主，国内国际双循环相互促进的发展局面。

经济的发展，从生产、分配、交换到消费本来就是个循环，这是经济学的基本原理，也是人们的常识，笔者的理解是："集中力量办好自己的事"，也就是要集中力量发展经济。怎样发展经济，在现阶段的形势下，以国内循环为主，国内国际双循环相互促进自然是科学的，非常正确的。国家领导人在有关会议上讲：国内大循环有多重意义；是扩大消费意义上的大循环，还是联系产业链、供应链意义上的大循环；是包括金融领域在内的大循环，还是排除金融，而只是其他生产要素的大循环。所以深入地进行考察，以国内循环为主，还有不少学问，还必须把条理梳理清楚。在笔者看来：①循环的范围即在什么范围循环？国内是个区域概念，国内为主，有没有内外为辅的含义？笔者认为不存在国外为辅这一概念，国内国际相互促进，没有"主与辅"之分。②循环的载体或者说以什么为对象，让其运动起来。正如前所说，是生产要素，还是半成品或产成品。笔者认为国内循环为主应当根据现有的生产能力和潜在的生产能力，通过货币资金将各种生产要素（现实和潜在的）结合起来，进行产成品和半成品的再生产，并将再生产的产成品和半成品作为生产资料和生活资料，纳入生产消费和生活领域。也就说这样的循环是扩大再生产的循环，而不是简单再生产的循环。进一步说这样的循环，以扩大内需为前提，而不是把它们生产出来放在仓库里。③循环的主体，或者说由什么人来推动：政府、企业家、官员、科学家、老百姓。笔者认为推动循环的应当是市场主体。市场主体是什么，在前面已有论述。从层次上认知，经济的发展可由小而大，由上而下，由浅入深。因而循环的主体是多元的，分层次的，也就是说要上下齐心综合各方面的市场主体的力量来推动。④循环的动力，即靠什么力量来推动。总的说来要充分发挥市场主体的智慧，鼓励他们创造发明，进一步说要靠他发掘和利用科学技术、发挥管理才能、创造新业态、新模式、新消费。以上所述的这四个环节与经济学上的生产、分配、交换、消费的四个环节相关，但并非是对经济学上这四个环节的诠释。

学习习近平总书记2020年8月24日在中南海召开的经济社会领域专家座谈上讲话的体会

（1）习近平总书记以党和国家领导人的身份召开经济社会领域专家座谈会：着眼长远，把握大势，开门问策，集思广益，研究新情况作出新规划。应当说召开这样的座谈会的次数不多，是党和国家领导人尊重知识，尊重人才，尊重创造的壮举，是充分发扬民主，吸收各方面的智慧，推动经济社会发展和进步，实现中华民族伟大复兴的中国梦，想广大人民群众之所想的集中表现。**应当说是非常难得的。**

（2）在座谈会上，北京大学国家发展研究院名誉院长林毅夫、中国经济体制改革研究会副会长樊纲、清华大学公共管理学院院长江小涓、中国社会科学院副院长蔡昉、国家发展改革委宏观经济研究院院长王昌林、清华大学国家金融研究院院长朱民、上海交通大学安泰经济与管理学院特聘教授陆铭、中国社会科学院世界经济与政治研究所所长张宇燕、香港中文大学（深圳）全球与当代中国高等研究院院长郑永年等9位专家代表先后发言，就"十四五"规划编制等提出意见和建议。

在认真听取大家发言后，习近平总书记发表了重要讲话。他表示，**专家学者们作了很好的发言，从各自专业领域出发，对"十四五"时期发展环境、思路、任务、举措提出了很有价值的意见和建议，**参会的其他专家提交了书面发言，请有关方面研究吸收。

（3）**习总书记指出，要以辩证思维看待新发展阶段的新机遇新挑战。**当今世界正经历百年未有之大变局，新冠疫情全球大流行使这个大变局加速变化，国际经济、科技、文化、安全、政治等格局都在发生深刻调整。国内发展环境也经历着深刻变化，我国已进入高质量发展阶段，社会主要矛盾已经转化为人民日益增长的美好生活需要和不平衡不充分的发展之间的矛盾，人民对美好生活的要求不断提高。要统筹中华民族伟大复兴战略全局和世界百年未有之大变局，深刻认识我国社会主要矛盾发展变化带来的新特征新要求，深刻认识错综复杂的国际环境带来的新矛盾新挑战，增强机遇意识和风险意识，准确识变、科学应变、主动求变，勇于开顶风船，善于转危为机，努力实现更高质量、更有效率、更加公平、更可持续、更为安全的发展。

在座谈会上，习总书记指出了编制实施"十四五"规划五大重点方向，即：第一，以畅通国民经济循环为主，构建新发展格局；第二，以科技创新催生新发展动能；第三，以深化改革激发新发展活力；第四，以高水平对外开放打造合作竞争新优势；第五，以共建共治共享拓展社会发展新局面。

这五大重点方向，从编制实施"十四五"规划来说，**其核心就是第一条，即要打造"以畅通国民经济循环为主，构建新发展格局"。其余的四条，即四个新："新发展动能""新发展活力""竞争新优势""发展新局面"，都是围绕着这一核心，从不同的角度阐述的或者说是同一个问题的引申。**

所以，习总书记强调，要以畅通国民经济循环为主构建新发展格局。推动形成以国内大循环为主体、国内国际双循环相互促进的新发展格局是根据我国发展阶段、环境、条件变化提出来的，是重塑我国国际合作和竞争新优势的战略抉择。我们要坚持供给侧结构性改革这个战略方向，扭住扩大内需这个战略基点，使生产、分配、流通、消费更多依托国内市场，提升供给体系对国内需求的适配性，形成需求牵引供给、供给创造需求的更高水平的动态平衡。新发展格局绝不是封闭的国内循环，而是开放的国内国际双循环。我国在世界经济中的地位将持续上升，同世界经济的联系会更加紧密，为其他国家提供的市场机会将更加广阔，成为吸引国际商品和要素资源的巨大引力场。

（4）**编制实施"十四五"规划，要总结吸取以往实施"五年计划"的经验教训。**改革开放以来，我国编制实施了 8 个"五年计划"即从 1979—2020年，有力地推动了经济社会的发展，提升了综合国力，改善了人民生活。但必须认知：在这一过程中，推动我国经济社会发展的主导力量主要是什么。事实证明：在最初阶段，在相当长的时期中，在建立经济特区以后，推动我国经济社会发展的主导力量，是出口导向，所谓"两头在外"也就是加工出口外销产品。20 世纪末期，即 1998 年推动经济社会发展的主导力量是房地产业的兴起。所以**应当反思从 20 世纪末我国兴起的开发房地产业的经验教训。**

第一，值得反思的是这个局面怎么形成的？概括地说这个局面的形成是政府推动的：①把房地产作为新的经济增长点（国务院 1998 年 23 号文件）。②把房地产当作支柱产业（国务院 2003 年 18 号文件）。③进一步来说，还有保增长、保就业、保稳定的因素。2008 年面临世界性的金融危机，推出 4 万亿元投资，上层明确指示，就是要保住经济的增长不得低于 8%，即"保8"。在当时国务院文件，重申房地产是支柱产业，要加大支持力度。④在政策上，还有一大举措，就是土地价格放开，竞价买卖，水涨船高。

　　还值得思考的是 2013 年中央经济工作会上，没有提出和强调要着力调控房地产业。一般的人不知道原因是什么。其实习总书记早在四年前就提出"房子是用来住的，不是用来炒的"，但没有引起足够的重视。我认为这与连续不断批准各地建设经济开发区相关。

　　第二，所以从理论上把房地产作为国民经济的支柱产业就是一个误导。在 21 世纪前 10 年中，笔者撰文指出：用来炒的房地产，像股票那样，是投资的载体，不能实现它的使用价值和价值，是虚拟经济，并进一步指出了炒房产的弊端："炒房地产"，使房地产成为虚拟经济的载体，使有钱的人和有权势的人，让房地产视同股票那样炒作赚钱，为急功近利，投机创造了条件。再加上：①土地是一种稀缺资源，价格容易被人操纵；②房产的价格与居民收入的增长呈规律性的比例关系，管控价格就违背了规律性的比例关系；③房地产经济的周期长。这些因素，使得炒房的温度降不下来，在有的地方越演越烈。其实炒房地产有碍房地产经济的产品使用价值与价值的实现；炒房地产与人们的生产、生活无关，只与赚钱发财有关。继续炒下去，弊端多多，后患无穷。现阶段用来住的房子过剩，用来炒的房子不过剩。怎样收拾这个局面，必须有针对性的政策措施。房地产的开发能带动若干企业、行业和部门，把它作为经济新的增长点，说得过去，但把它作为"支柱产业"就值得研究。早在 20 世纪末，笔者在《必须关注房地产经济的特殊性》一文中指出：房地产经济，开发商高负债经营；容易产业泡沫经济；变现能力弱；存在着较长的经济周期；开发的资源受限，如土地资源是有限的，与人们的收入水平密切相关。笔者郑重提出，不能把房地产经济作为国民经济的支柱产业。在笔者看来国民经济的支柱产业，应当是实体经济中的制造业。

　　第三，房地产经济绑架了中国的经济、财政和金融。说"绑架"，其含义就是中国经济的增长、GDP 的增长，主要靠房地产增值。进一步解释，地方财政收入来源主要靠房地产支撑；银行贷款主要靠房地产资产担保；一旦房地产价格降下来，不仅这三个方面要缩水，财富要大打折扣，损失难以弥补。所以现在要稳房价，维持房地产经济的现状。

　　第四，房地产金融风险是怎么传递的？政府征地，集体变国有，标价拍卖，农民得小头，政府得大头。财政收入增加，与此同时，开发商又以抬价后的地产向银行借款，借款开发，"先卖楼花"，于是购买者又向银行按揭贷款买房。照理说开发商把房子卖了，收回贷款，应当还银行，但实际上没还，或者还得少，又把这个钱另做安排，比如用作投资信托投资公司或担保公司。信托投资公司、担保公司，以此作为基础放大杠杆。放大杠杆，意味着又成倍地增加金融机构的贷款，扩大货币供给。

可见，土地的开发，不仅增加了财政收入，而且成倍地增加金融机构的贷款。而金融机构却自我安慰说没有不良资产，因为有房地产做担保，把潜在风险隐藏起来。

从 2017 年开始，中央提出："三去一降一补"，把去杠杆放在第一位。但房地产开发，不仅没缩小杠杆，而且扩大杠杆。其中的因素有：

①买土地，高估地价，扩大杠杆；

②卖房产，收回货款，再投资又扩大杠杆；

③银行自我安慰（自认为不存在不良资产），又扩大杠杆。

这三种因素的相互作用，杠杆扩大了，但却被遮盖起来了。

最近浦发被罚 5 亿多元，就是因为把不良资产掩盖起来。其手法之巧妙，闻所未闻。注册空壳公司，大量授信，贷款转移还贷。据说，浦发成都分行注册空壳公司上千家，授信近 800 亿元，实际贷款以数亿元计，然后把这个贷款转移给有不良贷款的公司，浦发不良贷款减少了（弄虚作假，欺上瞒下）。

第五，改革开放 40 多年来，我们在充分肯定成绩的同时，应当总结经验教训。

40 多年来值得总结的经验教训是什么——房地产开发？

①大量的可耕地用来建商品房，可耕地减少。

②新建出的大量商品房，不是用来住，而是用来炒，这样的炒不是实现共同富裕，而是使贫富差距不断拉大。提高了融资成本，增加了金融风险。

③贫富差距不断拉大，扩大了旧有的社会矛盾，增加了新的社会矛盾！

④高价卖给开发商，政府拿大头，开发商高估地价，套取银行贷款，银行将其列为有担保的资产，有恃无恐，其实风险很大，没有流动性。

怎么总结？要看到现阶段房地产呈现的局面和面临的形势。

要承认现阶段房地产呈现的局面：大量的商品房闲置，无人居住是思想认识上的误导和政策制定的失误造成的，在制订并实施"十四五"计划时，不能重蹈覆辙。

当前面临的形势是不少人将购房作为财产保值增值的途径，有钱或凑钱、借钱买房，待价而沽。这种形势，误导了人们的思想和行为，急功近利，投机取巧。

第六，2002年开始房地产已开始出现了过热苗头，政府也开始调控，但越调控，房价越涨，房子越建越多。什么因素起决定性作用，概括地说，部分地方财政，靠土地支撑，银行信贷靠房地产收回成本，房地产商靠土地赚钱，炒房投资者靠炒房捞钱。利益机制起决定性作用。进一步说，利益集团起决定性作用。2012年中央经济工作会上对2013年的经济工作着力讲了六点：①加强宏观调控。②夯实农业基础，保障农产品供给。③加快调整产业结构，提高产业整体素质，化解产能过剩。④积极稳妥推进城镇化，着力提高城镇化质量。⑤加强民生保障，提高人民生活。⑥全面深化经济体制改革，坚定不移扩大开放。应当说这是2013年对我国经济社会发展的经验教训总结。但嫌笼统和没有深刻指出房地产用来炒的弊端。

最近笔者听某领导说，成都房价与京深沪不相称，与地位不对等。这么一说，成都房价涨上去了。

还听说，某房地产商把贵阳闲置的商品房全买下，然后抬价出售，房价统统上去了。

在建立完善市场经济体制和机制中，怎样减少、排除政府的干预，抑制某些人的垄断，是值得深思、研讨和杜绝的问题。

怎样排除干预，限制垄断操纵？值得总结的是2008年这场危机。面临这场危机，中国为了保增长，国家推出了四万亿元投资，而且提出"出手要快，出拳要重，措施要准，工作要实"。2008年12月国务院出台《关于促进房地产市场健康发展的若干意见》，重申房地产是支柱产业，加大金融对经济增长支持力度，取消商业银行贷款规模限制，合理扩大信贷规模的政策导向。值得总结的是金融系统这样操作，是不是遵循经济规律按规律办事。

现在的房地产市场是有行无市。有行无市，去不了库存。修好的房子，没人住，是对资源的巨大浪费，使人们持有的财产遭受损失。如果让房地产继续炒，势必抬高整个房地产价格。这样的后果，发财的发财，贫穷的贫穷，贫富差距拉大，两极分化，社会矛盾增多，带来社会不稳定。而且还会推动整个社会的通货膨胀，社会融资成本增加。所以，让房地产继续炒下去，弊端多多，后患无穷。

制订实施"十四五"计划，必须总结吸取以往发展国民经济的经验教训外，还有一个重要问题，即政策配套。通常说：宏观政策要稳健；微观政策要灵活；社会政策要保底。在这里主要就财政、货币政策提出如下建议：

疫情期间，国家对财政货币政策进行了调整。

（1）**实行逆周期的货币政策和加大财政补贴政策**。在疫情期间，由于疫情肆虐，经济下滑，贸易萎缩，失业增加，收入减少，于是实行逆周期的货币政策和加大财政补助的政策。前者，也就是增加货币的供给；后者，也就是扩大财政赤字。从 2020 年 1 月开始我国疫情一度泛滥，在第一季度曾经实行灵活适度的稳健的货币政策，强化逆周期调节，保持流动性合理充裕。到了第二季度，则实行更加灵活适度的稳健的货币政策，精准导向。这两者的变化是：在第一季度强化逆周期调节，政策的着力点在于"总量控制"，货币供给的增长在两位数以上；而在第二季度强调"精准导向"，政策的着力点在于"结构调节"。

为了加大财政补助政策，在 2020 年从第三季度开始（2020 年"两会"召开以后）发行了两万亿元特别国债（其中 1 万亿元为特别国债，是为了解困中小微企业，解困基层，因此，这 1 万亿元特别国债是中央财政付息，地方使用。另 1 万亿元特别国债，是为了攻疫）。这两万亿元特别国债的发行，使政策赤字从过去的 3.6%，增加到 6.1%。

此外为了推动"结构调节"，金融机构建立了正向的激励机制，信贷的"报销"机制和利率的引导机制。正向的激励机制主要是要加大金融对实体经济重点领域的支持力度；信贷的"报销"机制就是要通过向金融机构提供低成本资金，采取部分报销或全部报销的方式，引导金融机构加大对国民经济重点领域和薄弱环节的信贷支持；利率的引导机制，就是要发挥中央银行对利率的引导作用，降低社会的融资成本，减轻企业负担（中央银行已承诺减费让利减轻企业负担）。

（2）从全球范围考察，各国中央银行基本上都把保障充分就业作为货币政策的首要目标。对此，美联储在 2020 年 8 月底开会，一致通过同意将 2% 的通货膨胀目标变为长期平均 2% 的目标。"长期平均 2%"怎样计算，未列出具体公式，但有两点达成了共识：第一点，过去的过去了，"未来的货币政策不允许通货膨胀水平高于 2%"；第二点，未来提高利率的决定，将以就业人数"偏离最高水平的幅度"为参考，而不是以偏差为指导。关于"第一点"，笔者的理解是：设立双目标制，即通货膨胀目标制（inflation targeting）和价格水平目标制（price-level targeting），并且不要把双目标等同起来。通货膨胀目标制，也就是不允许中央银行的货币供给增加 2%，但物价水平目标制，则允许市场物价水平超过 2%，以弥补以往物价上升的不足，但同时要使居民的名义收入按 2% 的增速上升。关于"第二点"笔者的理解，利率的提高要以就业人数偏离的最高水平为参考，如果失业的人数多，也就是就业人数"偏离了最高水平幅度"，则就不能提高利率水平。这表明：利率变动是自变量，而就业的增加或减少是因变量。进一步说，利率下降，货币供给量增加，有利于增加就业。相反，利率上升，货币供给量减少，不利于增加就业。

发展中的实际是：2008年前，美联储主席实行量化宽松的货币政策，扩大货币供给，推动通货膨胀，但仅在两年内曾有作用。而在大多数年份中美国与日本、欧洲欧元区国家和英国一样，都未达到要实现的目标，相反，利率越降低，债务越来越高，经济越来越不景气，通货膨胀始终未见抬头。怎样解释这种状况？这表明：货币的需求与供给已经发生变化；货币政策和财政政策在经济社会生活中的作用正在发生变化；传统的观点，货币政策能发挥价格即利率作用，以及规模即数量的作用，以推动生产要素的配置推动经济增长。同时实现对社会财富的保值增值。现阶段的局面是：生产要素的构成发展变化了，推动它们相结合从而促进经济社会进步和发展的客观和主观因素起了变化。再加上货币政策的价格作用和规模作用，会被其他因素抵销。

要始终把社会就业作为金融宏观调控和首要目标。

中国人民银行易纲行长在《求是》杂志中发文指出："在推动经济高质量发展中牢牢把握住发展的重要战略机遇期，都要求我们坚守币值稳定目标，实施稳健货币政策。"因为"货币政策与每一家企业、每一个家庭息息相关，关乎大家手中的票子，关乎广大人民群众的切身利益"①，这肯定是完全正确的，具有深远的意义。但只先有货币，才能谈得上管住货币，所以把社会就业始终作为金融宏观调控的首要目标，是必需的，符合中国人口众多的实际的。当代，有的西方发达的市场经济国家，改变了货币政策几大最终目标之间的关系，把追求国际收支平衡当成货币政策的首要目标，而放弃了充分就业的目标，比如美国。但在中国不能放弃，因为经济社会的发展，必须有人力资源，道理就这样简明、充分。为保障社会充分就业，必须：

（1）要密切关注财政信贷收支的综合平衡。

中国是中国共产党领导的具有中国特色的社会主义国家，财政金融体制的高度集中统一，实现财政信贷收支的综合平衡，是中国金融宏观调控的特色。这方面的表现是：财政收支作用于信贷收支，或者信代收支作用于财政收支，比如财政发生赤字所发行的国债主要由国家银行购买等。此外，地方

---

① 参见：易纲. 坚持币值稳定目标，实施稳健货币政策［J］. 求是，2019（12）.

政府的债务状况，也需要中央银行关注，因为财政风险与金融风险不仅能交叉，而且能转移。求得二者的综合平衡是防范化解金融风险的重要条件。

（2）要关注经济周期和金融周期。

中国人民银行易纲行长著文指出：要把坚守币值的稳定作为货币政策的根本目标，同时中央银行也要强化金融稳定的目标。币值稳定不等于金融稳定，这二者的含义不同，衡量的方式方法不同，产生的时机也不同。强化金融稳定，就是要防范系统性金融风险，而系统性金融风险与经济周期、金融周期密切相关，它集中地表现在股市和楼市等金融资产价格的波动上。学术界的研究把股市和楼市价格的低谷和峰值作为系统性金融风险的临界线和转折点。在这种状况下，金融宏观调控就要密切关注经济周期和金融周期。国内的这两个周期与国际上的这两个周期相互关联，相互渗透，相互反应，因而一国的关注不能离开国际。历史上，一国系统性金融危机的爆发，发生金融危机，往往波及若干国家，这是我们要密切关注这两个周期的初衷。

站在新时代的高度，坚持和完善中国特色社会主义制度，推进国家治理体系和治理能力现代化，是中国乃至中华民族的担当。在市场经济体制的国家，建设现代中央银行制度就是要提高对金融市场变迁的敏感度和适应能力。在这方面，就要完善基础货币投放机制和健全基准利率和市场化利率体系。为此，必须：①增强中央银行的独立性，让中国中央银行真正成为一个社会的银行；②理顺基准利率与市场利率的传导机制，让货币的价格灵活、精准、有效地作用于货币的数量，从而服务于实体经济。

"十四五"规划要实施区域发展的战略。

中国人口众多，经济发展不平衡，在推动经济社会建设和发展中，必须实施区域发展的战略。进入 21 世纪以来，在实施区域发展战略中，已经确立了：珠江三角区及建设粤港澳大湾区的战略；长江三角洲及长江经济带的发展战略；京津冀联合发展的战略；黄河经济带及成渝经济带发展战略等。不同的区域发展战略，有利于充分利用该区域的各种资源，协调发展，更有利于该区域民众实际收入的提高，这对金融领域来说，有利于促进人口老龄化→社会保障支出增加→储蓄减少与投资增加之间的矛盾平衡。

中国现阶段既要狠抓经济发展，更要着力推动社会进步！经济发展与社会进步，相互关联，互为因果，但二者仍有区别：经济发展的价值体现主要是收入增加，人们生活水平提高；社会进步的价值体现主要是人的素质提高，传承文明。把二者结合起来，应称为：中国经济社会发展。

　　长期以来，中国经济社会发展以大中城市为中心，忽视县级区域（县级区域指：县级及县级以下城镇的广大农村地区）。这样的状况必须得到高度重视，因为这样的结果：一是城市，特别是大中城市的资源有限，承受力有限；二是大城市生活成本高，不利于人的素质提高；三是造成县以上特别是农村资源的巨大浪费。基于以上认知，我们主张中国经济社会的发展应着力以县级区域为基础，以广大农村作为前沿基地。其中，值得重视的因素有：①中国14亿人口，绝大部分常年生活在县级区域。除少数有条件的人跨区域工作、生活外，多数人一辈子都生活在县级区域中。习近平总书记说：小康、小康、全靠老乡。这样的"老乡"就是常年生活在县级区域范围内的居民，中国社会经济的发展应着力于以县级区域为基础，以广大农村作为前沿基地，归根到底就要让这部分人早点富起来，过上全面小康生活。②人们生活水平的提高，生活质量的提升，总要反映到"吃、穿、住、行、乐"中。而这五个要素中，都要依托广大土地，优化土地配置，农村是土地的源泉。实践证明：人们生活在县级区域，其"含金量"是大中城市不可比拟的。要知道，当代人们对生活目标的追求，不一定都是"高、大、上"，而且追求绿色，利于健康，有利于长寿。这不仅有利于人们的生活水平提高，而且有利于提高人的素质。③经济社会发展的初衷，必须使拥有劳动力而又愿意劳动的人中充分就业。就业问题始终是经济社会发展的中心问题。现阶段的就业状况是：每年数以百万计的大中专院校毕业生，就业的首要选择都集中在大中城市，很少有学生愿意回县级以下的城镇和农村。这种状况亟须改变，必须改变。乡村振兴已经作为国家战略目标写入党的十九大报告。笔者曾在调研的基础上提出：乡村振兴的切入点在于树人，乡村振兴的压舱石在于产业导向，乡村振兴的推进地在于打造小镇。虽是一家之言，但符合区域经济发展的实际。

学习党的十九届五中全会公报的体会

　　中国共产党十九届五中全会是在中国经受了两大挑战（一是来自美国为首的对中国的战略围堵的挑战，二是来自新冠疫情的公共卫生的挑战）的状况下召开的（2020年10月26日至29日）。

（一）

　　党的十九届五中全会的召开充分表明了中国人民和中国共产党人的聪明

睿智，远见卓识，积极乐观，勇于担当！早在三年前，习近平总书记在国际会议上就对国际形势和全球经济未来的发展，作出了重要的判断：提出当今世界正面临百年来有之大变局。这样的判断体现在中国国家主席习近平 2018年 7 月 25 日应邀出席南非约翰内斯堡举行的金砖国家工商论坛，并发表重要讲话中。当时，金砖国家之间的合作已进入第二个十年，习主席指出：未来的十年，将是世界经济新旧动能转换的关键十年，将是国际格局和力量对比加速演变的十年，将是全球治理体系深刻重塑的十年。习主席这一席讲话主要表明："广大的新兴市场国家和发展中国家群体性崛起势不可当，对世界经济增长的贡献率在迅速提高，这将使全球发展的版图更加全面均衡，使世界和平的基础更加坚实稳固。"但同时他指出：世界多极化、经济全球化在曲折中前行，地缘政治热点此起彼伏，恐怖主义、武装冲突的阴霾挥之不去。单边主义、保护主义愈演愈烈，多边主义和多边贸易体制受到严重冲击。要合作还是要对立，要开放还是要封闭，要互利共赢还是要以邻为壑，国际社会再次来到何去何从的十字路口。

这是习主席在当时对国际形势和未来发展作出的重要判断。这一重要判断，是基于广大新兴市场国家和发展中国家讲的，是针对当时某些国家的所作所为讲的，是从长远的变化格局讲的，具有特别重要的理论意义和实践价值。所以面对世界这样的形势，他提出了四点主张：一是要坚持合作共赢，建设开放经济；二是要坚持创新引领，把握发展机遇；三是要坚持包容普惠，造福各国人民；四是要坚持多边主义，完善全球治理。这应当说是当时中国国家领导人对全球经济发展的引领和对世界的承诺。

在中国共产党十九届五中全会上，习总书记强调：必须正视当今世界面临百年来未有之大变局，指出这样的大变局是世界之变，时代之变，历史之变。提示我们面对这样的大变局，要迎接挑战，抓住机遇，砥砺前行，攻坚克难，循规而上。

（二）

为迎接挑战，抓住机遇，砥砺前行，攻坚克难，循规而上，在十九届五中全会上，分析解剖了中国所处的客观环境。该全会的公报指出：当代全球从总体上说仍然处于和平发展的格局没有变；我国处于社会主义发展的初级阶段没有变；我国发展仍然处于重要战略机遇期没有变（但加上了"重要"二字）。

第一个没有变表明：绝大部分国家的广大人民群众是爱好和平的，是寻求发展的。中国不愿意与任何国家对抗，中国不要"冷战"，中国主张国与国之间需要坚持合作共赢，建设开放经济，坚持包容普惠，造福各国人民。

第二个没有变表明：中国仍然是发展中的大国，经济社会发展仍然是第一要务。

第三个没有变表明：要抓紧机遇，增强科技创新，提升经济发展质量，在中国走向新发展格局的过程中，创新占据核心地位，这是高质量发展要求。

为什么是重要战略机遇期？抓住机遇，下先手棋，习总书记在2020年7月30日政治局会议上提出：要善于在危机中育先机，善于在变局中开新局，必须在一个更加不稳定不不确定的世界中，谋求我国发展。

党的十九届五中全会提出"十四五"时期中国经济社会的发展主要有六大目标。**实现这六大发展目标，其指导思想和遵守的原则，应当是"三新"，即：①深刻认识新的发展阶段**，也就是要全面建成小康社会，实现第一个一百年奋斗目标之后，乘势而上开启全国建设社会主义现代化国家新征程，向第二个百年奋斗目标进军的第一个五年，中国将进入新发展阶段。**②贯彻新的发展格局**，也就是要坚定不移贯彻创新、协调、开放、共享的新发展理念。**③构建新的发展格局**，也就是要加快构建以国内大循环为主体，国内国际双循环相互促进的新发展格局。

进一步说，**要实现"两个主题""两个根本"，即以推动高质量发展为主题，以深化供给侧结构性改革为主题，以改革创新为根本，以满足人民日益增长的美好生活需要为根本目的。**关于这一点，五中全会上的表述与十九大的表述略有不同：十九大报告的表述是：2035年发展目标之一，人民生活更为富裕，中等收入群体比例明显提高，五中全会上的表述为：人均国内生产总值达到中等发达国家水平（相当于韩国、西班牙水平），中等收入群体显著扩大，全体人民共同富裕取得更为明显的实质性进展。这表明：从脱贫到共富。

（三）

与金融密切相关的：在着力全面深化改革的同时，既要作用于供给，更要作用于需求，作用于供给包括供给结构改革。作用于需求，就是要扩大消费。对此，**必须把发展经济的着力点放在实体经济上；同时把投融资体制改革与供给侧改革联系起来。**这种导向意味着以某种项目为开发标的，建立发展某项基金支撑是投融资的方向，是有生命力的。如支持科技开发，支持绿色食品开发，支持环境优化（建设美丽中国，19届五中全会报告中有明确的要求）。

党的五中全会提出了一个新的概念：即要基本实现国家治理体系和自治理能力现代化，必须让人民平等参与、平等发展权利得到充分保障。让人民平等参与，保障人民能获得平等发展的权利表明了：**中国的发展以人民为中心，中国的发展是平等的发展**。应当说中国的发展不仅要实现物质进步，而且人民幸福感得到重点体现。如果从理论上概括，那就是普惠和公平的建设将会加强。从"十四五"规划的基本公共服务均等化水平"明显提高"，到2035年的基本公共服务"实现均等化"，显示出这一普惠建设将持续发力。另外，人民的"平等发展权利"将成为国家治理体系和治理能力现代化的重心之一，这就是让以人民为中心的发展落到实处。

支持实体经济是金融治理的重点！对重点怎么理解？要弄清什么是实体经济？什么是虚拟经济？

其产品和服务是满足人们生产和生活需要的，在有效期内能进入生产和生活消费领域的经济活动就是实体经济。这就是说与人们的"吃穿住行乐"密切相关，有物质产品也有精神产品。

如果人们从事的活动，与"吃穿住行乐"不密切相关，而从事的活动即提供的产品和服务只是供人们资产的保值增值，即"赚钱"，则不是实体经济，而是虚拟经济。其产品是供人们"炒"的经济，就是虚拟经济。这不是说，只允许实体经济存在，不允许虚拟经济存在，而是从金融的角度说，我们要着力支持什么，不着力支持什么？

实体经济通常包括：制造业、农业、建筑业、科技开发等。包不包括服务业（第三产业）？笔者的回答是肯定的（商业、信息业等）。有物质产品，也有精神产品。

这里有两个值得明确的问题：一个问题是，银行业（金融业领域的行业）是否都是虚拟经济？笔者回答：**银行提供的货币资金构成企业的货币资本，从而起着媒介、生产要素和产品交换要素的经济活动，应当是实体经济的不可缺少的一部分，不是虚拟经济**。否则，就要回到物物交换时代去了。换句话说，银行供给货币，衡量价值，实现价值即支付这一块，是实体经济，不是虚拟经济。是服务人们生产和生活必需的，不能说银行从事的经济活动都是虚拟经济。

另一个问题是，**房地产业是否都是实体经济？**笔者的回答是：**用来住的是实体经济，用来炒的是虚拟经济。**房子不用来住用来炒，这样房子便成了一个符号，一个承载体，通常说（炒楼花）炒一手房，炒二手房。这与股票是同一个性质都是符号、载体。炒就是大家以此为标的物，大家在那里下赌注，涨了我赚你赔；跌了，我赔你赚。要知道，对资产的保值增值，都以货币为媒介，以货币为媒介，有正常的，有序的；有非正常的，无序的。

（四）

在党的十九届五中全会上，习总书记把 2035 年设为"基本实现社会主义现代化"最后期限，国家进入创新型国家前列，在生态环境方面，要形成绿色生产生活方式。

党的五中全会提出 2025 年要"基本实现国家治理体系和治理能力现代化，人民平等参与、平等发展权利得到充分保障"。**"平等发展权利"是一个很新的表述，平等是社会主义的基本价值，强调"平等发展权利"，也就是体现中国的发展是平等的发展。**

把科技自立自强作为国家发展的战略支撑（2020 年 7 月习总书记在吉林一汽考察提出）。

把创造强国放在第一位：制造强国，质量强国，网络强国，数字中国，体现经济发展是落实到实体经济。2016 年，当年制造业总产值超过了美国和日本，2018 年中国制造业总产值超过了美国、日本和德国。

在五中全会公报中，**还提出要"培育完整内需体系"。**这是以内循环为主的必然要求。怎样培育完整的内需体系？"减少依赖，降低出口""全面促进消费""扎实推动共同富裕""新型工农城乡关系""实施乡村建设行动""促进经济社会发展全面绿色转型"。

有资料反映：在"十一五"开局之年即 2006 年出口占 GDP 的比例为 35%，而 2019 年出口占 GDP 为 17%。这意味着中国经济发展的 83%，依靠内需拉动。

六、对"百年未有之大变局"的体会

编者导读：本部分整理了曾康霖先生读书笔记中对"百年未有之大变局"的体会。曾康霖先生在笔记中明确提出，认知这一大变局，"必须从政治、经济、社会文化方面去认知，而且要从国内和国际方面着手"。

早在 2012 年 11 月 15 日，习近平总书记在主持召开新一届军委班子第一次常委会议上，首次提出"世界正在发生前所未有之大变局"。党的十九大报告更明确提出"当今世界正面临着前所未有的大变局"。2018 年 7 月 13 日中央政治局在分析国内外形势时又强调我们面临着"百年未有之大变局"。

这样的"大变局"怎么认知？这必须从政治、经济、社会文化方面去认知，而且要从国内和国际方面着手。

从国内认识，必须看到：近年来，我国社会阶层的变化，人口结构的变化，社会经济增长发展的变化。

中国拥有 14 亿人口，其中中产阶级超过 3 亿人，居世界第一位。但少数人占有社会绝大部分财富的局面已经形成，而且不断强化。据统计，全球不到 10% 的人是最富裕的群体，他们占有社会财富的 85% 左右。在中国，"北上广深浙"四省市的富人占比超过 60%，财富的占比超过了 70% 以上。

人口结构老龄化。

从国际方面看，①二战后，两国争霸变成了一国独霸。②传统的国际大联盟（如北大西洋公约组织）、大阵营，有的分化，有的变化，有的改组，如英国脱欧，美国退出"巴黎协定""伊核协定"。③经济上称"霸凌主义、单边主义、保护主义"。

关注世界百年未有之大变局意义何在？

一是中国特色社会主义进入了新时代；

二是中国仍处于并将长期处于重要的战略机遇期；

三是中美关系将进入长期对抗和博弈期。

我国改革开放，权威的认定是 1978 年党的十一届三中全会开始，其实在十一届三中全会的报告中，只提了一句话，即"对过度集中的经济管理体制进行改革"。当时，思想上没有完全转变过来，中央对改革存在着两种不同意见。1984 年党的十二届三中全会上，重提"改革"，对"改革"这个概念的解释是"改革是社会主义制度的自我完善和发展"。这是大家都能接受的。但邓小平强调，"改革就是解放生产力，发展生产力，不改革死路一条"。

对于中国的改革，存在着一个问题：是问题导向，还是目标导向？

应当说中国改革是目标导向，这是 1992 年邓小平同志在"南方谈话"中提出来的。他说：说市场经济只存在于资本主义社会，这肯定是不正确的。社会主义为什么不可以搞市场经济？这个不能说是资本主义。这句话是 1979 年 11 月邓小平在会见美国不列颠百科全书出版公司编委会副主席吉布尼等人时说的。但当时未透露，一直到 1992 年才公布。

这说明在相当长一段时期，中国的改革一直是"有计划的商品经济"，计划经济为主，市场调节为辅。这是陈云的思想。这个思想也就是在计划经济制度下，允许搞一点市场调节，比如城市发展小生产，农村搞点多种经营。

按权威文件解释，搞市场经济就是要让市场在资源分配中起决定性的作用。**为此要确立真正的市场主体。**要确立真正的市场主体，必须明晰产权，明晰产权必须界定产权边界，产权边界没有界定清楚，不能确立市场主体。

当前，我国推出混合所有制改革，混合所有制改革是走向垄断，还是国有退出竞争。**搞市场经济，市场主体之间倡导竞争。但市场主体之间的竞争，应当奉行"中性"原则。**奉行中性原则就是要"公平正义"，不能在政策上使某一方享受优惠。如果国有企业享受优惠，比如享受财政补贴，享受低息借款，享受资源分配优先，享受低价，享受特殊待遇，就违背了中性竞争的原则。

为了扶持民营经济发展，现在放开一些领域让民营经济加入运营，比如能源、交通。但怎样实现还需要解决一些具体问题，如运输、煤炭、铁路公司给不给指标？

现在农村土地这一块，比较明确了。农村**"三块地"**（承包经营地、集体建设用地、宅基地）**的流转有了新的规定。**（2019 年 8 月修订了《中华人民共和国土地管理法》）：承包经营地长久不变；建设用地不经过政府收回，集体可直接买卖；价格由市场化评估；宅基地可转让。这也是一种改革。

经过几十年的改革、开放、发展，中国有了些哪些变化？

（1）对外开放，特别是加入 WTO 后，国际贸易带动了中国经济增长。

（2）放松管制，权力下放，调动了地方企业积极性，提高了生产效率，增加了人们的收入。

（3）使中国经济成为全球第二大经济体。

存在的问题是：

（1）中央与地方的权责利关系怎么协调。应当认知，我国是中央高度集权的国家，高度集权的主要好处是能"办大事"；全国"一盘棋"发展；"人、财、物"集中有利于应对国内国际突发事件。但这种体制不利于调动地方积极性，提高效率。

（2）地区差距、城乡差距、贫富差距存在，难以消除，不利于形成中产阶级，由此可能引起社会矛盾，不利于维稳。

（3）经济社会发展集中于大城市，对人们的生活质量、人的素质提高不利，其利弊得失，值得研究。有关部门统计，2018 年，中国的城镇化率为 43.37%，还有 2 亿人口还没有实现真正的城镇化。什么是真正的城镇化？要以户籍人口为标准，也就是农村人口迁到城市后才真正地城镇化了。为此放松大城市的户籍管理的控制，提出超大城市"大幅增长落户规模"。这样的城镇化可以讨论，应当讨论。在讨论中，要考虑城市扶贫。在城镇中也有贫困人口，也必须扶贫。现在农村脱贫标准是：一达标，两不愁，三保障。各地的标准不完全相同，精神是一致的。两不愁（不愁吃，不愁穿），还要包括水、空气。三保障：义务教育、基本医疗、安全住房。这些问题都集中到大城市来，能解决好吗？

（4）现在要关注年轻人去哪里？他们在想什么？干什么？他们的消费倾向是怎样的？

中国要唤醒沉默的市场，市场重点在年轻人，年轻人的数量、年轻人的素质。据说在一、二线城市的年轻人不足 8 000 万人，在三、四线城市的年轻人和在小城镇的年轻人有 2.27 亿人。这是一个值得关注的数据。

中国有个喜马拉雅 123 知识狂欢节，即每年 12 月 3 日，由喜马拉雅 FM 发起的，国内最大音频分享平台消费节（补脑消费），2016 年发起首届，号召全民重视知识的价值。

第四编　温故而知新　见微而知著
——诸多理论和实际问题
(21世纪前十年读书笔记)

　　编者导读：进入 21 世纪，曾康霖先生一如既往，深入调查研究，潜心研究理论，关注学界业界许多看似已为人们所熟知的经济金融理论和实际问题，对其不断掘深拓宽思考，致力于"温故而知新，见微而知著"。其研究涉及以下内容：

一、经济发展的反思　对外依存度　美国赤字

二、金融本质认知　金融制度变迁　德国全能银行
　　银行中介融资与市场融资

三、怎样看待银行不良债权

四、论中央银行的本和利　对中央银行货币政策调控操作的认知

五、对国有商业银行的认知　为客户保密　资产证券化

六、经济学科研究　新经济　通货膨胀视角

七、一些基本理论问题需要再认识

八、企业社会责任　国有化与私有化

九、货币政策的松与紧　宏观调控

十、关注国外学者关于金融与经济相互关系的论述

十一、学习国内学者关于经济与金融关系的论述

十二、按科学发展观设计我国的金融制度

十三、经济增长归根结底要以人为本

一、经济发展的反思 对外依存度 美国赤字

（1）怎样判断一个国家（甚至一个家庭）富不富有？

世界银行在第 60 届联合国首脑峰会上提出了一个新的财富标准，在已有的标准中增加了三个内容，即产出资本、自然资源、人的技术和能力。增加这三个内容，为的是考察一个国家富不富有在于能否可持续发展。通常一个国家的财富以 GDP 衡量，即以一定时期增加值衡量，增加值的产生要消耗资源，损害环境，如果增加值的增加使资源消耗、环境损耗到了不可持续的状态，则财富不可持续增加，相反会递减。

按照这个标准，全球十大富国中有瑞士、丹麦、瑞典等，在"八国集团"中只有 4 国入围。

全球十大穷国是非洲撒哈拉沙漠南部的国家，如埃塞俄比亚等。亚洲国家尼泊尔倒数第 4。

按世界财富提出的新财富标准，2000 年中国人均财富为 9 387 美元，不到美国的 2%。美国人的财富除了 GDP 外（美国 GDP 占全球 GDP 的 1/3 以上，其总量超过了德国、日本、中国 GDP 的总和），主要是保护环境，减少资源消耗。

推出新的财富指标的意义，还在于考察净储蓄率。即储蓄这个概念要包括资源、环境这些因素，如资源消耗、环境污染，则储蓄减少。据世界银行测算，中国国内储蓄仅为 25.5%。

（2）有人提出现阶段全球有四大"金砖国"，即中国、俄罗斯、印度、巴西，并说：中国是"世界工厂"；印度是"世界办公室"；俄罗斯是"世界的资源库"；巴西是"世界能源基地"。

这样的认定、评价，是福是祸值得研究。"世界工厂"需要能源，中国每年消耗能源 3.4 亿吨，自己只能供给 1.8 亿吨，还有 1.6 亿吨靠进口。进口石油一直靠中东，从航运上说"马六甲海峡"是通道，维护这一通道畅通至关

重要。能源问题始终是困扰我国经济发展的大问题，现在准备向东南亚发展。为什么要修滇缅公路，就是要创造通道。

（3）**扩大内需讲了多少年，成效有限，值得深思。**为什么值得深思，通常讲"收入不高"，社保制度不健全，人们不敢花钱，现在看来不完全是。关键在人的思想。消费要靠带动，消费要靠思想观念转变。怎样转变观念，城镇化、发展第三产业、发展中小企业。消费要培养人的个性，尊重人的个性，消费也要创新。

（4）**据说全国划分为几种类型开发区，**即优化开发区（东南沿海）、重点开发区（中西部）、严禁开发区（如长江源）。成效怎样，有待考察。

（5）**发展是提高人们生活质量，**党的十七大报告提出这一点，但生活质量怎样衡量需要研究。

（6）**落实科学发展观，转变发展方式是重要的。**回顾这些年我们是怎么发展的？首先，主要是靠增加投资，投资于大规模的基础性建设，如房屋、交通。这个问题在今后相当长的时期中仍然少不了，因为我们正处于城镇化的发展时期，到2020年城镇化能不能稳定下来值得思考。其次，出口也是需要的。这样的发展应当承认科技含量有限，资源消耗不少。如这些年经济增长1/3以上靠房地产业，但房地产业科技含量不高。一般说来不能作为一个国家或一个地区的支柱产业（但有人认为能够成为支柱产业，因为房地产是财富的象征，人们追求财富推动房地产增长）。出口加工，如果仍然两头在外，附加值不高，挣点加工钱，可增加一时的就业，但不利于创新。

有人认为，转变发展方式，要从追求GDP中解放出来。首先要建立服务型政府、要消除刺激地方政府追求GDP的政策措施，比如税收，现在征收增值税，地方政府就拼命发展那些增值税高的行业。

此外，转变发展方式要理顺价格关系，对于那些资源短缺的产品和资源类产品（包括土地）价格自然要高，需要进行市场化改革。

（7）**人类发展的理念，**有几种哲学观，如"天下为公世界大同"是一种；个性解放崇尚自由，是另一种。

值得思考的问题

（1）投资增长物价上涨，与通货膨胀是什么关系？为什么投资增长的幅度这么高，物价为什么没上去？是统计的问题，还是传统经济学不灵了？

（2）为什么上游产品价格上涨，最终产品价格不上涨或上涨不多，学界认为上下游产品"苦乐不均"，这种"苦乐不均"能持久吗？

（3）在我国，高储蓄率—高投资率—高出口率，这三者是什么关系？是前者导致后者吗？有人说是，而有人则认为没有因果关系。

（4）高增长给老百姓带来了多少财富？如果说带来不多，增长的财富去哪儿了？有人认为：一是落在中外"老板"口袋里去了，二是落到政府口袋里去了（财政连年高增长和垄断企业的超高利，便是证明）。

（5）存不存在生产过剩，只是产能过剩吗？有人认为不仅是产能过剩，也存在着生产过剩。关键不在于挖能。银行信贷在于减少政府的投资。把财政收入的一大部分用于社会保障，提高保障水平，老百姓便会增加消费，减少储蓄。

2007年7月17日股市值超过21万亿元，相当于2006年的GDP，有人说我国资产证券利率100%，或者说我国经济证券利率100%，21万亿元中银行股占19万亿元。市值是预期产物，实物资产证券化的预期，金融资产证券化的预期，预期的影响因素很多，不确定的因素很大，说明不了什么问题。

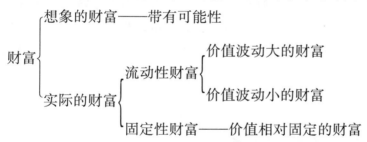

虚拟的也可能是现实的（因为有载体）。

怎样看待对外依存度

（1）对外贸易的依存度与对外开放度有不同的含义。对外贸易依存度通常是以一国进出口额与其GDP或GNP之比，又称对外贸易系数或贸易密度，它表明一国的产出中多大部分依赖于进出口。

对外开放度，除了商品进出口外，还包括劳务进出口，国际资本及要素移动，其含义不只是产出的相互依赖，还包括商品、资本要素的移动和交流。

依存度不说明依附性，依赖性，它仅仅是分析问题的一个系数，一个指标，更不能认为"不安全"。有的国家如荷兰和新加坡依存度超过100%仍不会"亡国"。

（2）人口数量密度与对外依存度。外贸依存度随一国人口增加而下降，如日本、美国、苏联。因为人既是生产者，又是消费者，人口增加意味着作为生产者、消费者增大，市场扩大，内需增加，所以外贸依存度下降，美国的外贸依存度很少超过 30%。

外贸依存度随人口密度上升而提高，如中国香港、新加坡、以色列。因为人口密度反映着地少人多，人力资源集中，经济结构单一，需要寻求与外面的资源配合经济才能正常运转，生活才能正常进行。

（3）对外贸易依存度与人均 GDP。人均 GDP 低的国家，对外贸易依存度随经济发展速度加快而提高。因为要加快发展需要扩大进出口。当 GDP 达到一定水平时，对外贸易依存度趋于定值。

（4）经济政策与对外贸易依存度。如实行"进口替代"的发展战略，对外贸易的依存度低，相反，如实行"出口导向"的发展战略，对外贸易的依存度高。

（5）一国经济结构与外贸依存度。经济结构反映供给与需求，经济结构不同，对外供给与需求不同，缺口不同，因此经济结构对对外贸易依存度有决定性影响。但对外贸易依存度相同，经济结构有可能不同，如日本与孟加拉国，它们对外贸易依存度相同，经济结构却不同。

影响中国对外贸易依存度的因素

我国是发展中国家，人均 GDP 及拥有的资源量较少，又处于改革开放的初期，这些基本因素决定了我国对外贸易的依存度在相当长的时期内有较大的增长。此外，作为对外贸易依存度的因素有：

（1）外汇体制改革，人民币贬值，依存度上升；相反，人民币升值依存度下降。

（2）贸易方式。在进出口中加工贸易、转口贸易比重加大时，依存度高；当一般贸易比重较大时，依存度平衡。

1999 年中国海关统计：中美双方贸易额 614.7 亿美元

　　　　　　　　　　其中中国对美出口 419.4 亿美元

　　　　　　　　　　其中中国从美进口 195.3 亿美元

　　美国商务部统计：中国对美顺差 224.1 亿美元

　　　　　　　　　　美从中国进口 817.9 亿美元

　　　　　　　　　　美对华出口 131.2 亿美元

　　　　　　　　　　美对华贸易逆差 686.7 亿美元

两国统计数不一致：美对华贸易逆差被高估了；

　　　　　　　　逆差增大是因为美方限制对华出口（高科技）。

美国贸易赤字与储蓄

　　有的经济学家认为，美国长期以来存在巨额贸易赤字，是由于美国的储蓄率低（有资料说 2004 年美国国民储蓄率为 1.3%，比 20 世纪 70 年代、80 年代 8% 至 10% 的储蓄率低很多，是 1934 年以来的最低水平，《经济时报》2005 年 7 月 29 日）。为什么储蓄率低导致贸易赤字？这是因为储蓄率低，表明：①国民把绝大部分收入用于消费；②消费的扩大需要更多消费的供给，在供给不能源于本国生产的条件下，依赖于进口；③进口增加在出口受制的条件下，自然产生贸易赤字。此外，储蓄率低表明国内储蓄转化为投资的可能性少，而在投资又不能减少的条件下，只有依赖国外储蓄，依赖国外储蓄也就是引进外资，外资引进增加资本项目的缺口。

　　目前，在美国，企业退休金日益减少，债券收益率降低，股票估价过高，人口老化，在这种情况下，国民退休后要能过好日子必须有储蓄。可是国民不是把钱存在银行，而是把钱存在各种资产市场上（包括购买各种基金和股票）。

　　这种做法对全球经济影响极其深刻：①推动了其他国家出口；②不限量地让其他国家的资本流入，这样即可降低融资成本，又可满足资本市场的需求。但当资本市场升值过度时，就会出现泡沫。

　　如果美国国民提高收入中的储蓄，这意味着减少消费，消费的减少抑制进口，减少其他国家对美国的出口。

　　所以，要减少贸易逆差，要么减少投资，要么增加储蓄。

　　这些年来，美国连续贸易赤字，而且贸易赤字越大，经济增长越快，为什么？这要分析贸易赤字与经济增长的互动关系。一种可能是经济增长刺激消费能力带动进口增长，造成贸易赤字扩大。同时拉动了国内制造业和服务业，改善了就业状况。如果美国国内需求放缓，不仅会抑制美国国内生产和就业机构，而且会减少进口需求，从而缩小贸易赤字。还有一种可能是，进口增加刺激经济增长，这主要进口生产要素，有助于美国创造业的发展。谁是因，谁是果，因果怎样互动，值得研究。

我国人民银行通过发行中央银行票据的方式回笼基础货币，但发新票置换旧票（旧票到期了）使得中央银行调控能力下降。

在商业银行流动性过剩的情况下，提高存款准备金比率，有多大的价值？我国外汇储备激增，与外贸顺差是什么关系？

外汇储蓄激增是否主要由外贸顺差引起的？顺差—结汇—储备有一个过程。储备（外币）—退税（人民币）—货币供需之间的关系？

我国不刻意追求顺差，但顺差刻意追求我国，这与经济增长相关，这与引进外资相关，与世界工厂有关，与内需不足有关。

有资料说"2002—2005 年，我国加工贸易总额占外贸进出口总额的48.1%，加工贸易累计顺差相当于进出口顺差的 2.02 倍。也就是说扣除加工贸易顺差后，我国其他贸易合计是逆差"。怎么会得出这样的结论呢？应当统计在每年的进出口中，哪些行业（产品）是顺差（出口>进口），哪些行业（产品）是逆差（进口>出口），说"扣除加工贸易顺差后，其他贸易合计是逆差"，还必须证实！

从《中国统计年鉴》近年来的数据看，跨国公司在华子公司的工业总产值的比重有不断上升的趋势。在轻工、化工、医药、机械、电子等行业，跨国公司子公司所生产的产品已占据国内 1/3 以上的市场份额。

据国家工商总局的调查，企业并购是跨国公司扩大企业规模在东道国市场取得市场优势地位最便捷的途径。

有作者在《中国国情国力》发表文章披露，要分析多少国家，什么样的国家愿意与我国发展自由贸易（FTA），一个国家要不要与另一个国家发展自由贸易，重要的条件是：自己的产品在国外有没有竞争优势？允许他国的产品自由进入，能不能保护国内同类产品？2003 年韩国政府与 20 个国家签订了FTA，但没有中国。什么原因，就是他们认为与中国签订 FTA，会来自廉价农产品的威胁。

据 2006 年 6 月 13 日《第一财经日报》报道，"全球整合企业"IBM 不同于跨国公司，在结构和运作上不同，跨国公司把研发和产品设计留在母国，在关键的市场中建立产能，然后在全球销售。

IBM 把技术和商业运作模式进行分解，与他国合作哪些由自己做，哪些交给他人做。让企业与合作者、供应商和消费者建立更密切的联系。

外商投资企业 28 万家占全国企业总数的 3%，截至 2006 年 6 月底，全国累计实际使用外资金额达 6 508 亿美元。其中，"十五"期内金额达 2 861 亿美元，比"九五"增加 1.34 倍。"十五"期内上缴税收 22 384 亿元，占同期税收比重 21%。进出口年均增长 34%，占全国进出口总值 55.1%，直接就业 2 500 万人，占全国城镇从业人口 10%。

附件

投资决策失误。据世界银行估计从"七五"到"十五"期间，中国投资决策失误在 30% 左右，浪费资金 4 000 亿~5 000 亿元。

国际化大都市热。中国的 600 多个大中城市中，有 183 个提出要建立国际化大都市。

目前农村有 2 365 万人没有解决温饱问题。

年收入 683~944 元的低收入群体还有 4 067 万人，两者合计 6 432 万人。

国家财政只要多花 537.7 亿元，就能建立全民医疗体系。2005 年国家财政超过 3 万亿元，2005 年政府公车消耗和公款吃喝超过 6 000 亿元。

国务院扶贫办主任刘坚称，2005 年年底全国农村没有解决温饱的贫困人口还有 2 365 万人，低收入贫困人口还有 4 067 万人，合计 6 432 万人。

中科院持续发展战略研究组组长，首席科学家牛文元指出，我国每创造 1 美元所消耗的能源是美国的 4.3 倍，德国和法国的 7.7 倍，日本的 11.5 倍。我国消耗了全球 31% 的原煤、30% 的铁矿石、27% 的钢材和 40% 的水泥，创造出的 GDP 却不足全球的 4%，这意味着我们为 GDP 高增长付出了高消耗、高污染的沉重代价。而这种代价造成的资源损失和环境退化是无法挽回的。

无法挽回的还有那些失地的农民。一项调查表明：60% 的失地农民生活处于困难境地，有稳定经济收入的只占 30%。

美国分别根据《1916 年联邦农业信贷法》《1923 年信贷法》和《1933 年农业信贷法》把全美划分成 12 个农业信贷区。此后，又分别于 1933 年和 1935 年成立了商品信贷公司和农民家计局这两家政府农业信贷机构，从而构建起完善的农业政策性金融体系。

二、金融本质认知　金融制度变迁
德国全能银行　银行中介融资与市场融资

金融本质认知

金融是什么？ 目前能够找出若干个版本：

（1）金融这个概念是由英文单词 finance 引进来的。finance 有多重含义：财政、货币资产及其管理等。

（2）货币流通及信用活动的总和。

着力点强调：货币资金借贷。

（3）资本市场的运营，资本资产的供给和定价。

着力点强调：储蓄怎样转化为投资。

（4）货币资金的融通。

着力点强调：调剂资金余缺。

（5）为人们，为社会分散经济风险的活动。

着力点强调：转移分散风险。

（6）在不确定的环境中对资源的时间配置。

着力点强调：家庭企业资产的选择。

（7）以货币为载体的社会契约关系体系。

着力点强调：权利与义务关系的建立和实现。

（8）为适应人们资产选择和货币收支需要设定的服务体系。

着力点强调：服务、提供公共产品。

金融制度变迁

中国金融制度变迁是从非正规金融逐步向正规金融演化的过程。

非正规金融的产生和发展，具有明显的制度变迁导向作用。如中国股市的兴起，开始于地方政府、中小企业和个人，新制度经济学称为"新的行动团体"。中央政府只是在股市发展到相当程度并已有基本运行规则后，才介入股市。这表明非正规金融的产生和发展是"从下而上"，而不是"从上而下"。

正规金融一般是指由政府法规制度认可的金融活动，由于正规金融受政府金融制度的约束，又称制度金融。制度金融最典型的范例是银行系统。非正规金融一般是指尚未由政府法规制度认可的金融活动，由于非正规金融尚未受正规金融制度的正式约束，又称非制度金融。非制度金融的范例有私人借贷、抬会、合会等。

非正规金融的产生除有相当的经济基础外，还有文化背景，如亲缘关系、邻里关系、同僚关系、社区关系等。非正规金融与正规金融具有同一性和排斥性。同一性是指二者互补、互换，共同支持经济、社会发展；排斥性是指二者在一定程度上相互排斥、相互抵销，对社会经济的发展起负面作用。

非正规金融的基础是非制度信任，即对他人履行义务和承担责任的依赖，换句话说体现为人际信任。非制度信任依托于伦理道德。所以要发展非正规金融，首先要强化人际信任，而人际信任的培育一要靠道德、二要靠法制，道德的培育要靠群体力量和个人的示范力量，法制的培育要靠教育、舆论和惩罚机制。

德国全能银行

德国的全能银行是金融制度的一种安排。

它的特点：

（1）**与工商企业的联系紧密**，表现在：①承销企业股票和债券；②持有企业股票是工商企业的股东；③参与企业董事会，干预企业事务；④为企业融资资金，一般占20%左右。

（2）**既可经营商业银行业务，又可经营证券、保险业务，还可经营投资基金业务。**

经营股票债务承销能够产生：①以包销转股权；②以贷款收股利。

经营保险业务：①持有长期保险基金；②理赔导致集中支出。

但在德国，全能银行只能从事银行间的证券业务和商业银行业务。保险、抵押银行业务、有价证券和投资基金业务则由持股公司下的附属机构承担。

（3）**规模很大，但在总体上无明显的规模经济效应。**由于规模大，如果一家银行垮台将影响整个金融系统，特别是使支付系统运作受阻。

德国银行这种制度安排的成本和收益主要考察：

（1）规模大，是否会带来更大的风险，影响金融稳定；

（2）能不能促进经济的发展，有资料说德国企业利润率较高，这与全能银行有关；

（3）能不能提高金融市场特别是股票市场的效率；

（4）会不会影响金融消费者的选择；

（5）会不会牺牲公众整体利益；

（6）会不会形成垄断，不利于金融机构之间的竞争；

（7）会不会导致经济、政治权力的集中。

德国银行是什么样的金融机构？哪些中介组织不纳入金融机构？

（1）德国安排金融银行制度，是基于什么样的理念或哲学思想？

（2）德国是最大的金融服务进口国，英国是最大的金融服务出口国，金融服务进口、出口含义怎么衡量？

（3）在银行系统提供金融服务，怎样划分权责范围，什么样的机构能提供什么样的金融服务，不能提供什么样的金融服务？

（4）监控的权责利怎么划分？

（5）能不能直接经营房地产和买卖股票业务？

德国在金融领域有不少让人关注的事件。

（1）二战后德国进行了货币改革，成功地控制住了通货膨胀，应当说是个奇迹。代表人物是艾哈迈德。

（2）在20世纪70年代石油危机时，联邦储备银行利用货币政策控制住了通货膨胀，70年代德国物价上涨率只有7%，而其他西方国家通货膨胀率都在两位数以上。

（3）二战后50年德国通货膨胀率基本上控制在2%~4%幅度内，这在世界上是极少见的。重要原因是有一个高度独立的德国联邦银行。联邦银行的行长，既不是政府官员，也不由政府委派，当选的条件必须是无党无派人士，形象好、威望高、任期固定。

（4）20世纪90年代，又成功地统一了东西德的货币。

（5）商业银行的综合经营，全能商业银行在国内教科书中通常以德国为代表。

（6）德国的银行原来是公有银行，现准备私有化。

这次来德国考察，是因为在德国的金融领域有不少新生事物值得我们关注。中国现正在改革开放，我们需要学习、借鉴国外的一切成功的经验和做法。西南财经大学中国金融研究中心是教育部设立的社会科学研究基地之一，它承担着研究中国金融的重大问题的任务，为此我们不仅需要在国内寻找合作伙伴，而且需要在国外寻求合作伙伴。这次来德国，我们也是来寻找合作伙伴。

欧元启动后德国中央银行的职能转化。

（1）欧洲中央银行发行欧元，获得铸币税，铸币税的多少是根据现金货币的发行规模统计出的，根据欧洲中央银行体系条款23条，所有铸币税收入须在欧元区内加以集中再分配，分配的原则是各国成员国在欧洲中央银行的资本份额（资本份额由两个条件决定，即50%是人口，另外50%是货币一体化前三年的GDP），经过分配后，欧元区中现钞流通相对大的成员国，成为铸币税净流出国。相反，现钞流通量相对小的成员国成为铸币税净流入国。问题是：①怎么统计的？②为什么要加以再分配，再分配意味着什么？③流通量大表明这个国家使用的欧元多，获得欧元的使用权多，为什么成为铸币税净流出国呢？

（2）欧洲中央银行怎样测定货币供给量，除12个成员国外，还有欧洲以外地区使用欧元。

（3）欧元是怎样流出欧元区，满足欧元区外需求的?

（4）德国中央银行还能不能调控货币供给量，有没有货币政策?

（5）德国中央银行还需不需要外汇储备?

（6）欧元能否成为国际货币？有资料说现有56个国家和地区，主动把欧元作为法定支付手段或与欧元挂钩，分批接纳中东欧国家加入欧洲货币联盟。

银行中介融资与市场融资

（1）以市场为基础的金融体系融资会使得投资者直接处于市场风险之中，而以银行中介为基础的金融体系融资，由于银行能够转移和消除风险，使投资者面临的风险降低。

（2）以市场为基础的金融体系融资，将投资者直接处于不同的信息之中，投资者的行为受不同和不确定的信息支配，而以银行中介为基础的金融体系融资，由于银行能够收集、整理加工不同的信息，使信息规范化，提高投资者对信息的认知度、可信度。

（3）以银行中介为基础的融资，容易形成关系网，而关系网的形成弱化竞争，对融资关系网的形成要评价其利益得失；而以市场为基础的融资，不容易形成关系网，从而有利于竞争。

不同的融资方式在经济发展的不同时期有不同的选择：一般来说，在经济发展初期，为了集中力量发展重点产业，利用银行中介系统融资比较有利。但如果经济发展阶段着力技术创新上，而技术创新不仅融资量大，而且风险不确定，在这种情况下，利用市场系统融资比较适宜。

20 世纪 80 年代兴起金融自由化浪潮，其经济基础就是技术创新，在技术创新中由于风险的不确定性，市场融资逐步占据主要地位。

金融抑制：在金融抑制条件下，政府从民间部门收取租金；通货膨胀率较高，实际利率为负；阻碍了金融深化发展。

改革之前的拉丁美洲国家，普遍存在着金融抑制。

金融自由化过程中的监管：从监管的效用考察，可把监管分为六类：

（1）宏观调控型监管，目的是控制信贷扩张，维持物价稳定；

（2）资源配置型监管，目的是控制信贷资金的流向，使有限资源的配置更有活力；

（3）组织结构型监管，目的是保证各种金融组织结算正常，运作有序，不至于关门、破产；

（4）谨慎型监管，目的是防范风险，减少损失；

（5）保护型监管，目的是维护金融消费者利益。

在发达的市场经济国家，在金融自由化的过程中，多注意对（3）（4）（5）型的监管。

金融自由化的合理顺序：有的国家金融自由化刺激了经济发展；而有的国家金融自由化带来了经济动荡，因为它受各种因素制约。

重要的是安排好金融自由化的顺序，这个顺序一般是：国内实体经济自由化；国内金融自由化；资本项目开放。自由化意味着政府放弃直接掌握金融资源，金融资源由市场主体掌握，所以金融自由化以政府放弃掌握金融资源为代价。

一些值得思考的概念：

（1）货币效率。什么是货币效率？货币效率就是货币流动性吗？货币流动性怎么衡量？

（2）货币化比率用 M2/GDP 去表示合不合理？能说明什么，不能说明什么？中国 M2/GDP 的比例很高，据说是 4∶1 或 5∶1，说明增加了几元货币供给才增加 1 元 GDP 产出，表明投资效率低下，金融资源的浪费。

（3）货币"迷失"。什么是"迷失"了的货币，是退出流通领域的货币，还是不知去向的货币，或闲置的货币，"迷失"与"未迷失"的界线怎样划分？

（4）金融对实体经济的支撑有些什么模式。主体式，企业缺少资本，其运营资金主要来源于金融机构的借款。配套式，企业的运营资金来源于自有资金与金融机构借款的配套。调剂式，企业临时缺资金，让金融机构拆借调剂。

（5）政府对金融资源的控制，既控制供给方，又控制需求方。

（6）金融对实体经济的支撑，不只是从资金上支持企业经济的发展，而且创造条件让企业有更多的资产选择，优化资产组合。

（7）金融对实体经济的支撑，办理结算加速资金周转，提高效率。

三、怎样看待银行不良债权

银行不良债权产生的途径

1. 从理论上来说，银行不良债权的产生有以下途径：

（1）**企业途径**。简单地说是由于企业向银行的借款不能归还银行。不能归还表现为非良性循环，这可能有两种情况：一种是借款用于生产流转没有取得应有效益；另一种情况是借款根本未用于生产流转，而是用于非生产。用马克思揭示的公式表述，则前者为

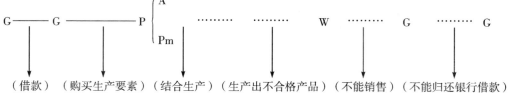

$$G \longrightarrow G \longrightarrow P \begin{cases} A \\ \\ Pm \end{cases} \cdots\cdots \quad \cdots\cdots \quad W \quad \cdots\cdots \quad G \quad \cdots\cdots \quad G$$

（借款）（购买生产要素）（结合生产）（生产出不合格产品）（不能销售）（不能归还银行借款）

后者为 G——G……n

在正常情况下，良性循环的状况应当是银行——企业——银行。非良性循环则使循环的链条中断，即银行——企业……银行（实线表示正常循环，虚线表明循环中断）

（2）**家庭个人途径**。简单地说是由于家庭个人向银行借款不能归还银行，这也是非良性循环。但也可能有两种情况：一是借款用于生产流转，未取得应有效益；二是借款用于消费，未获得预期的补偿。二者也可用上述企业途径的公式表示。

在正常情况下，良性循环的状况应当是：银行——家庭个人——银行，但在非良性循环的情况下，循环链条中断即银行——家庭个人……银行。

（3）**政府途径**。简单地说是由于政府占用银行信贷资金，不能归还银行，这又是一种非良性循环。这种非良性循环隐含的因素较多，大体说来：一是

由于发行国债占用银行信贷资金，二是由于税负占用银行信贷资金。在这两种情况下，为什么会产生非良性循环呢？这或许是财政赤字，或许是财政收入要银行支撑。照理由于发债和增税增加财政收入以后，如果运用得当，产生效益，占用的银行信贷资金也能归还银行，可是问题就在于财政资金存在着运用不当，没有效益。这样的非良性循环，可表述为

$$
银行\begin{cases}购买国债\\上缴税收个人\end{cases}政府——支出\begin{cases}企业\\个人\end{cases}政府……银行
$$

（4）**综合途径**。简单地说由于企业、家庭个人、政府占用银行创造和供给的货币资金，银行不能按银行运作，滞留在社会经济过程的某一环节，由此产生非良性循环。这种状况可简单表现为

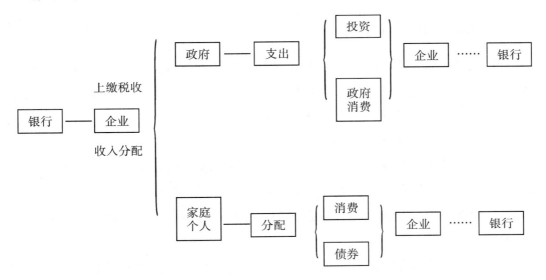

这种途径表明：企业是货币资金运用的中心环节，如果分配给家庭个人的收入过多用于储蓄，也不利于货币资金的良性循环。

2. 从信用关系来说，银行供给货币，在形成对社会公众的资产的同时，产生对社会公众的负债，形成不良债权表明不能消除对社会公众的债务。这部分债务由于不能以信用方式消除，它形成对银行的永久的或长期的负债。只要银行信用关系能继续维持，长期负债可以不还。

3. 从货币流通的角度来说，银行供给货币，是对社会再生产过程的货币的垫支，如果形成不良债权，则垫支的货币不能回流。不能回流，会使国民

经济中的货币过多，过多会导致贬值，即通货膨胀，所以这部分过多的货币最终靠贬值去抵销，而靠贬值抵销，意味着由广大社会公众承担损失。

4. 对银行不良债权要用信用形式替换、信用关系延续、信用运作转换、信用状况增补去看待和解释。

5. 从信用关系和货币流通的角度去看待银行不良债权的问题，可参考马克思揭示的两大部类交换的货币流通公式（参见《资本论》第 3 卷，第 29 章节至 33 章，曾康霖《金融理论问题探索》第 8 章中也有论述，还可参考周升业、曾康霖主编的《货币银行学》教材第 1 章第 3 节）。

6. 货币回流与货币流回应当是两个不同的概念，货币回流指供给的货币的减少，如收回贷款——减少存款；货币流回指货币形式的替换，如存款变现金或现金变存款。银行不良资产的形成指银行供给的货币不能回流。

化解银行不良资产问题

1. 什么是银行的不良资产：我国的做法是遵照国际准则按五级贷款分类法：能规范能收回来的贷款≠不是不良资产；（以贷还贷）到期收不回来≠就是不良资产（效果要延长期限才能看出）。

2. 怎么看待银行的不良资产：

（1）在发展中国家，在经济货币化程度逐步加深的情况下，金融资产经过分配，转化，银行的不良资产可能成为家庭、企业的优良资产。

（2）实物资产能通过兼并重组成为优良资产，金融资产能通过兼并重组形成优良资产。

3. 不良资产是否到底了：对于不良资产是否到底的问题有两种看法，一种认为到底了绝对额没减少，相对数下降，即不良资产占总资产的比例下降。理由是：

（1）银行资金运用多元化，除对企业贷款外，还有消费信贷、购买国债等。形成不良资产的主要是对国有企业贷款。私人、个人贷款不敢不还。

（2）银行自身管理加强，审贷分离，人情贷款减少。

（3）企业的资产负债比例有了改善，原来国有企业缺资本金，银行贷款填补资本金，收不回来，成了不良贷款。现在实行股份制上市充实了资本金，加上债转股，国有企业的负债率下降了。

但另一种人认为，没到底，还会加大，理由是：

（1）信用观念，信用制度还未建立起来；

（2）行政干预还未排除；

（3）岗位轮换短期行为还未消除，前人摆摊子，后人难负责；

（4）银行贷款配套，实际上是财政拨款的补充。

五级贷款分类法的精神和实质

大家知道，为了向国际惯例靠拢，我国决定按五级贷款分类法去取代"一逾两呆"。

五级：正常 关注 次级 可疑 损失

五级实际上是三类：

第一、二类都能还本付息需要关注，偿还本息正不正常，也就是要关注影响贷款偿还的不利因素；

第三、四类都是不能正常还本息的，只是第四类比第三类严重，即使有抵押品，也可能造成损失；

第五类是根本无力偿还的，无论采取什么措施都还不了，注定损失了。通常讲不良贷款应当是三、四类，不包括第五类。

五级贷款分类法的基本精神关注过程的发展变化。

五级贷款分类法的实质：清偿本息的能力。

关于化解银行不良资产的问题

当前比较严重的问题是地方政府、法院和企业联合起来逃废银行债务。普遍的做法是"金蝉脱壳"，先把资产剥离，将优良资产转移出去，6个月之后申请破产。

根据《中华人民共和国企业破产法》第三十五条，破产案件立案6个月之前转移的资产不作为破产财产，已超出时限无法追回清偿债务。打官司时银行无法可依，难以据理力争，甚至有的地区，法官帮着企业说话，共同对付银行。

这个问题怎么办，首先要进行法制改革，要设两套法院体系，一是中央法院体系，二是地方法院体系。中央法院体系对跨省（区、市）经济诉讼案件具有一审管辖权；地方法院体系管辖区内案件，但诉讼当事人如果分属不同的地区，该案件就不能由任何一方所在地的法院审理，应由上一级法院审理。总之，要防范所在地法院的地域偏见、保护主义，甚至相互勾结的问题。

其次，要修改完善《中华人民共和国企业破产法》。可借鉴国外的做法，即否定企业原债权人和债务人的法人资格，向被转移的财产主体讨债。

四、论中央银行的本和利
对中央银行货币政策调控操作的认知

论中央银行的本和利

中央银行需不需要本钱，能不能用增加货币发行的方式来解决政府财政困难，这是宏观经济中的理论和实际问题，受到人们的普遍关注。讨论这个问题其着力点是：**需要弄清三个概念：铸币税、货币发行收入、中央银行利润。**

在金属货币流通的条件下，铸币税在货币银行学中定义为铸造货币所得到的收益。它包括：货币铸造者付给铸造货币者（通常是官方）的铸造费用；铸造货币者对所铸造的货币进行掺假而得到的收益。总之，铸币税是铸造货币者由于拥有铸造货币的特权，而得到的回报。

在信用货币制度下，铸币税在《货币银行学》教科书中没有经典的规范，通常定义为，货币管理当局（中央银行）通过供给货币所得到的收益。这种收益不同于金属货币流通条件下，铸造货币所得到的收益：①在信用货币制度下，中央银行供给货币，没有人向它付"铸造费用"；②中央银行供给货币不能掺假。但在信用货币制度下，中央银行供给货币是能够得到收益的，这种收益，就是中央银行凭借自己的政府信用，通过货币的供给取得了对货币的使用权。货币的使用权在于形成购买力，因而，我们能够说，**在信用货币制度下，铸币税是中央银行通过货币供给所形成的货币购买力。**

中央银行供给货币是对社会的负债，因此铸币税是一种债务收入，债务收入是需要偿还的。铸币税的量怎样计算呢？一定时期内的增量，即增加供给的货币量。由于中央银行提供的货币是基础货币，基础货币表现为现钞和在中央银行的存款，因而铸币税的量就反映为增发了多少现钞和在中央银行存款的增加。

货币发行收入表现为中央银行提供基础货币所取得的利息，如向商业银行贷款、购买国债、外汇资产所得到的利息。

货币发行收入扣除使用过程中的费用，如印制钞票的成本，使用钞票过程中发生的费用等。

中央银行利润应当是货币发行收入减掉管理费用后的盈余，相当于货币发行净收益。

我国中央银行利润的核算的公式为：利息收入+业务收入-利息支出-业务支出-管理费-专项支出=财务成果，财务成果为正即利润，财务成果为负，即亏损。利息收入主要是再贷款再贴现的利息收入。业务收入主要是金银业务收入、证券业务收入（公开市场业务发生的收益或损失收入）。利息支出主要是各项存款利息支出、贴息支出。业务支出主要是货币发行费、钞币印制费。中央银行汇集全系统的净利润后，按财政部批准比例提出总准备金，剩余部分全部上缴中央财政，如果亏损首先由历年提取的准备金弥补，不足弥补的部分由中央财政拨补。准备金的作用是稳定币值和维护金融体系的安全。

中央银行利润应当是铸币税收益减掉管理费用后的结余，相当于货币税的净收益。

研究这个问题有什么意义，正如文章所说：能不能用增加货币发行收入的方式来解决财政困难呢？如果货币发行量有限，这个方式不可取。

有几个问题值得思考

1. 铸币税这个概念该如何规范？

有的学者的观点认为铸币税是铸造货币所得到的收益。这个收益包括货币铸造者付给铸造货币者的铸造费用，以及铸造货币中的掺假，则在这种情况下，铸币税就不是对货币的使用权，而是他（铸造货币者）额外得到的回报。这与信用货币制度下，中央银行作为货币供给者得到的回报有很大的不同。①在信用货币制度下，中央银行创造基础货币，没有人给它付"铸造费用"；②所铸造的货币不能掺假。所以在信用货币制度下，把中央银行创造的基础货币，占用对这部分货币的使用权称为"铸币税"科不科学，值得思考。

2. 对中央银行的货币需求：政府、企业和个人。

如果把信用货币制度下铸币税理解为中央银行通过货币的创造取得的货币的使用权，则要研究中央银行的货币使用在哪些方面，货币的使用意味着什么？

中央银行货币的使用取决于对中央银行的货币需求，对中央银行的货币需求有四个方面：一是政府财政；二是商业银行；三是居民；四是外资。政府财政金库的存款，是中央银行创造的货币，这部分货币通过三个渠道形成：一是财政直接向中央银行透支；二是财政直接或间接向中央银行发行国债也就是中央银行购买的国债；三是财政征税，纳税者通过商业银行将在中央银行的存款转入金库。通过这三条渠道，形成的财政金库存款，是政府对中央银行的货币需求。政府对中央银行的货币需求意味着政府利用金融机构创造负债凭证分配国民收入。

商业银行对中央银行的货币需求，主要是寻求基础货币支撑，基础货币是派生存款的基础，其具体用途，一是满足顾客提现；二是用于汇差结算。如果没有基础货币支撑，商业银行就不能开展业务。商业银行对中央银行的货币需求，意味着商业银行展业，需要中央银行的信用支撑。不直接产生对社会财富的分配。

居民对中央银行的货币需求，主要是满足流通手段、支付手段和购买手段的需求。他们的货币需求意味着"资产置换"，把实物资产转换为金融资产。

外资对中央银行的货币需求也是一种资产转换，即将持有外汇资产转换为本币资产。

3. 不同的货币需求产生不同的效应。

中央银行创造货币使用在不同方面，产生不同的效应，得到的收益不一样。

用在政府财政方面，所产生的效应是政府利用中央银行的信用，提供负债凭证，支配社会财富。这部分负债凭证，政府怎么偿还收回呢？征税和出卖国有资产。中央银行能得到的收益是什么？财政能够支付的利息。

用于商业银行方面，所产生的效应是商业银行利用中央银行的信用，维持自身的正常运转，不直接产生对社会财富的分配。因为中央银行提供的债务凭证主要成为现钞作为交换的媒体，能否以此分配社会财富呢，有可能，但其能量很弱。商业银行用以分配社会财富的主要是派生存款。中央银行能得到的收益是商业银行能够支付的利息。

用于居民方面，所产生的效应是居民的财富被中央银行支配。居民持有现金意味着自己劳动的付出。

用于外汇资产，所产生的效应是通过债权与债务形式的交换，取得了对外汇的所有权。外汇是债权，付出本币是债务。在这种情况下，中央银行的收益是外汇债权的利用。

4. 中央银行欠的债是否都要还？

中央银行欠的债有相当一部分可以不还。这就是长期持有的部分和残损、流失的部分。其中道理也简单：中央银行提供的货币是债务凭证，债权人长期持有，意味着不要债务人还债。残损、流失的部分，意味着债务凭证无效，自然也没有理由要债务人还债。债权人的长期持有是一个连续的过程。随着人口的增加，在连续的过程中，这一部分债务还会增大。

5. 中央银行是否需要用本钱还债？

中央银行需要资本，但不需要用本钱还债。

需要资本来干什么？回答是以一定的资本来作为信用的支撑。中央银行的资本可分为两类：有形资本包括黄金、外汇；无形资本包括政府的权力和公众的信任度。这两类资本的作用主要是维护它的信誉。中央银行凭什么提供基础货币，总的说来就是有形资本和无形资本的支撑。提供的基础货币是负债，负债在金本位和金汇兑本位条件，有可能用黄金外汇去还债，但在信用货币制度下，就几乎不用黄金、外汇去还债了。信用货币制度下，中央银行的负债"续短为长"，在"续短为长"的过程中，着力稳定币值，币值稳定，能正常地发挥货币的使用价值，货币就能顺畅地从一个持有者手里转移到另一个持有者手里，债权人就不需要债务人还债了。从这个角度来看，资本的作用在于稳定币值，币值稳定，公众都能接受，债权债务关系能够正常转移，中央银行就不需要还债了。

6. 铸币税与货币局制度。

目前，世界上中央银行制度大体有两种：一是完全的中央银行制度，另一种是不完全的中央银行制度。后者称货币局制度。货币局制度与完全的中央银行制度有什么区别呢？

（1）货币局制度根据储备资产多少来提供基础货币，如储备资产是美元，则根据掌握的美元的多少来供给基础货币，而在中央银行制度下，不是根据掌握的储备资产的多少提供基础货币，而是根据货币政策的需要来提供。由此可以说，货币局制度没有创造货币的能力。

（2）货币局制度提供基础货币是被动的，中央银行提供基础货币，一般说来是主动的。

（3）货币局制度提供基础货币的途径比较单一，主要是通过货币局与金融机构之间的货币兑换。而中央银行提供基础货币的途径主要是对商业银行的再贷款再贴现，购买国债、外汇、黄金。

（4）实行货币局制度，不存在货币政策，因为它的行为是市场行为，即为了满足货币的需求，按固定的比例通过兑换供给基础货币。而中央银行是政府的银行，要制定和反映政府意图的货币政策，根据经济和社会发展的需要，调控货币供给量。由此，可以说货币局制度，没有宏观调控的功能，而中央银行具有宏观调控的功能。

这里需要讨论的是：在实行货币发行局制度下，货币当局有没有金融宏观调控的功能，有没有货币政策？学术界认识不一致。有人以中国香港为例说明有这种功能。

中国香港的联系汇率制度属于货币发行局制度。中国香港没有中央银行，港币过去是三家商业银行发行，现在增加了中国银行是四家商业银行发行。商业银行是港币的发行者、调控者。这种调控可以从联系汇率制的运作看出：商业银行要增发港币，必须将美元存入金融管理局的外汇基金账户，外汇基金账户提供一个"负债证明书"，然后根据这一证明书发行港币。没有资格发行港币的其他商业银行需要港币，就必须向发行银行拆借，或将通过买卖美元或借贷、买卖港币开展业务。1996年12月9日以前，汇丰银行是中国香港银行公会结算所的管理银行，其他商业银行都要在管理所开户，把自己的港币存款存在里面，以便于同业间的结算。汇丰银行要求各商业银行的结算户存款，必须保持一定的水平（相当于准备金），如果不够，汇丰银行通过拆借等方式进行调剂。此外汇丰银行根据港元与美元的汇率变动进行调剂，如港元汇率上升表明港元求大于供，则收购美元抛出港元，相反，抛出美元收购港元。1996年12月9日以后，汇丰银行不再作为管理银行，所有的商业银行必须在金融管理局开户。这一改革是为了便于金融管理当局掌握信息，调节资金。其调节的方式，贴现、同业拆借。

中国香港联系汇率制度的实践向人们表明：①对基础货币需求能够由商业银行来供给，只要供给基础货币的商业银行能够按法定的要求持有足够的资产储备就能宏观调控；②货币的供给与对金融业的监管，能够分开，由两个不同的部门来进行；③在一个城市化的地区，没有中央银行，由政府的其他部门负责货币供给的调控和对金融业的监管，仍然奏效。

现在的问题是：在实行货币局制度下，存不存在铸币税，按照我们约定的含义，即货币局通过兑换提供基础货币，能不能认同也是取得了对货币的使用权。**应当说以兑换方式提供基础货币与以贷款方式提供基础货币是不同的**。以贷款方式对商业银行提供基础货币，是中央银行对商业银行提供信用，是一种借贷；而以兑换方式提供基础货币不是借贷，而是买卖。买卖是以一种负债凭证去换取另一种债务凭证，如以港币去换取美元。在这种情况下，不能说明供给基础货币支配了社会资源。

通过信用关系创造货币取得货币的使用权能分配社会资源。通过交换关系提供货币，取得货币的使用权，不能分配社会资源。因为交换的主体对象是既定的，没有选择的余地，而前者有选择的余地。

对中央银行货币政策调控操作的认知

中央银行货币政策调控。

（1）教科书上，讲的调控最终目标有四个。促进经济增长；稳定物价；充分就业；国际收支平衡。

（2）再贷款，公开市场业务。在操作时，要关注对中央银行资产负债的影响：是扩张了中央银行的资产与负债；还是缩小了中央银行的资产与负债？要考察：对基础货币供给的影响：是增加了基础货币的供给；还是减少了基础货币的供给？

在操作时，大都要通过公开市场业务（OMO）。在公开市场业务操作中，扩张中央银行资产负债表的主要是再贷款和逆回购。

再贷款有三种形式，一是中期借贷便利（MLF）

二是常备借贷便利（SLF）

三是抵押补充贷款（PSL）

这三者的区别点：**一是期限，二是担保品，三是用途，四是由谁操作**。中期借贷便利，分三种期限，即三个月、半年、一年，缺乏担保由总行操作。常备借贷便利，时期较长（在 1 年以上）有担保，由分支行操作（财政上让土地金担保），抵押补充贷款期限较长，有抵押品（国债、金融债、企业债）。这三种贷款，共同点是到期必须偿还，不同点是利率的高低和特点及用途。

比较典型的事例是：抵押补充贷款（PSL）。

这种贷款是专门为国开行"棚改"设计的国开行"棚改"。没有钱，向中央银行取得"棚改"贷款，国开行取得这种贷款后，又向"棚改"主体贷款，"棚改"主体向拆迁户发补偿款。此外，地方政府拆迁卖地的钱相当大的一部分又要支持"棚改"主体。

其资金循环就是：中央银行→国开行→"棚改"主体

"棚改"主体→国开行→中央银行

PSL 名义上是中央银行贷款给政策性银行，实际上是直接为商业银行提供资金。这种贷款利息很低为 1% 左右。

（3）**逆回购**。中央银行先购买商业银行的有价证券，按约定的时期要商业银行把卖出的有价证券买回去。

逆回购对中央银行来说先买后卖，对商业银行来说先卖后买。

逆回购相对正回购而言，同一笔交易看谁先卖，先卖后买者正回购，先买后卖者逆回购。

逆回购通常是商业银行主动，即主动把有价证券卖给中央银行，为了增加流动性。这样的行为是中央银行投放基础货币。**影响即扩张中央银行的资产负债表**。当中央银行购买商行有价证券时，增加中央银行资产的持有（有价证券），同时增加中央银行的负债（商业银行在中央银行存款）。

（4）**降准**。即降低中央银行对准备金的持有。中央银行降准释放流动性，因为中央银行降准就增加商业银行对准备金持有。**降准不影响中央银行的资产负债表**，不影响（即没有扩张）是因为它只涉及基础货币结构的变动。所谓结构的变动：减少商业银行在中央银行的准备金，增加商业银行在中央银行的结算户。

（5）**中央银行的宏观调控必须使这三个方面**，即再贷款、逆回购、降准继续作为（简称续作）。所谓续作就是要适时、适度、适机的放贷→收购；买→卖；升→降；这当中必须按期执行，不能违约。

（6）**中期借贷便利（MLF）这样的调控工具**是 2014 年 9 月推出的，这些年来成了中央银行调控基础货币的主力，成了中央银行平衡资产负债表的重要工具。为什么 2014 年是个转折点，主要原因是外汇占款停业增长，甚至下降。外汇占款，是中央银行购买外汇的付出，在结汇、售汇被管制的条件下，企业外销获得的外汇，必须卖给商业银行，商业银行又必须卖给中央银行，中央银行收购外汇投放基础货币，外汇占款也就是投放的基础货币。当收购外汇时，中央银行的负债增加，即外汇占款增加，同时持有的外汇增加。

现在商业银行摆脱不了对中央银行中期借贷的依赖。有人说货币政策药瘾"易上难下"，这充分体现在 MLF 上。

（7）**要知道中央银行的宏观调控，更多的是保障商业银行的流动性**，即保障货币支付结算能正常地运行，而不断挡出现阻集表现。这是金融服务社会，支持经济增长发展的需要。为此，这些年中央银行陆续推出了其他调控工具，所推出了其他金融调控工具有：①定向中期借贷便利 TMLF；②短期流动性工具 SLD（短期 1~7 天）；③临时流动性便利 TLF；④临时准备金动用安排 CRA。这四个工具不常用，不具有普遍意义。

从以下我国中央银行的运作来看：

（1）我国的基础货币供给主要是商业银行的信用国债、金融债、企业债支撑。中央银行买国债增加货币供给容易导致被财政赤字绑架，导致通货膨胀，称为货币政策财政化。所以我国中央银行只能在二级市场上买卖国债。即通过公开市场业务买卖国债。这样影响短期市场利率。但能不能影响，除了中央银行买与不买以外，还有一个买多少？要买到一定的数量才会产生影响。不到一定数量难以发挥影响。所以，中央银行的调控要由数量型逐步转移到价格型即利率型，还必须二者结合。

中央银行买卖国债与 QE（量化宽松）不完全是一回事。QE 量化宽松的实施，中央银行首先要通过买卖短期国债把利率压低到接近 0 的水平。这样刺激投资，如达不到这一目的，中央银行通过购买长期国债着手压低长期利率，如再达不到目的中央银行就要购买长期信用资产。

（2）**为了调节商业银行超额准备金，中央银行会主动向"一级交易商"**（44 家银行、4 家证券公司）共 48 家发放短期债务凭证，称为央票。到 2012 年 1 月停发央票。我国央票起源于 2002 年 9 月，通过发行央票回笼基础货币，我国为了对冲外汇占款增长过快，采取过这种方式。高峰时期是 2010 年 7 月，绝对金额达 4.7 万亿元。

此外 2018 年 11 月在香港发行 200 亿元中央银行票据收缩人民币在海外的存款，震慑对人民币的投机。人民币在海外存款的减少，也就是减少人民币在海外的供给，会推高人民币的利率，缩小人民币利率与汇率的差价，抑制投机。

（3）**财政部在中央银行的金库存款有活期、定期之分**。活期存款利率低，定期存款利率高。财政部为了实现金库存款现金余额最小化，投资收益最大化，曾压缩活期存款，扩大定额存款。叫财政资金市场化运作。怎么操作商业银行购买国债（商业银行的资金变为财政金库长期存款）？

（4）**中央银行宏观调控必须考察基础货币的扩张和收缩首先影响谁？**首先影响"一级交易商"。现在一级交易商包括 44 家商业银行 4 家证券公司。除一级交易商外还有"其他存款性公司"，与中央银行调控有紧密联系的公司是 58 家（包括 48 家一级交易商），也就是说中央银行调控产生的基础货币供给或收缩，首先成为一级交易商和其他存款性公司的债权。

中央银行与交易商的交易是"多点对接，多点清算"。多点是向人民银行地区分红，中心支行申请，还是向总行申请？现在的情况是：五大商业银行（"工、农、中、建、交"）和股份制商业银行，向总行申请，地方商业银行向地区分行、中心支行申请。这里有限制利率水平审批流程的差别。快与慢都对宏观调控有影响。

（5）**宏观调控中，利用价格工具很重要的一点，即人民银行的基准利率**能不能影响同业拆借利率。

中央银行对宏观经济的影响还要考察公开市场操作的频率，是每周操作一次还是两次，或者相机决策每天操作。

中央银行再贷款分四类：流动性再贷款；信贷政策支持再贷款；金融稳定再贷款；专项政策性再贷款。

流动性再贷款通过两个层次发放。总行：面对全国性的金融机构；分支行：面对地方性的金融机构，总行发放的形式，中期借贷便利（MLF）三个档次，期限最长 1 年，分支行要授权"限额管理、余额监控"，期限较短。

信贷政策支持再贷款，支小支农扶贫，主要授权分支行贷款，限额管理，余额监控，原则上要有抵押（也可没有抵押）利率较低。

金融稳定再贷款，主要处置风险，金融结构调整（关闭信用合作基金）。

专项再贷款，支持农发行收购粮棉油，支持国开行"棚改"，支持资产管理公司处理不良资产。

现在的问题是，中央银行对金融机构再贷款增加的基础货币。基础货币增加充实资本金，增加头寸，为扩大信贷规模创造条件，但怎样考核中央银行再贷款的绩效就是一个问题。

五、对国有商业银行的认知
　为客户保密　资产证券化

　　中欧国际工商学院许小年教授在演讲中，用数据证明了**为什么国有商业银行的效率低**。概括地说，主要是：①国有商业银行不可能追求利润最大化，它们以社会利益为第一目标；②国有商业银行不可能按现代企业制度建立起企业治理结构；③国有商业银行不可能建立起回避风险机制；④国有商业银行的行为受政府行为影响总是短期的。

　　这些问题应结合国内外的实际展开。我的思考陈述如下：许小年的演讲是针对国有独资商业银行，如果实行股份制，仍然是国家控股，这些问题是否仍然存在呢？如果是地方商业银行，地方政府控股这些问题是否仍然存在呢？这些问题，需要结合实际，辩证地考察。

　　从制度经济学的角度审视，国有商业银行存在的问题可能有四个方面：

　　（1）国有商业银行不可能成为经济人，自然不可能追求利润最大化，因为国有实际上是政府所有，政府所有总是与政策相连；当然，政府也有利益倾向。

　　（2）国有商业银行不可能成为真正的法人。成为真正法人的条件是：①必须明确财产所有权的归属——自然人；②财产只能是有限的，不能是无限的；③必须按《中华人民共和国公司法》准入、退出。法人应当是股份有限公司或责任有限公司，只能对负债负有限责任，不能负无限责任；负有限责任权责利才对等，才能优胜劣汰；只有做到以上各点，独立的财产才能得到保护，而保护私有财产是社会进步不可缺少的动力之一。当然，公有财产也必须保护，它是社会主义经济的基础。

　　（3）国有商业银行缺乏危机感，因为有政府做后台，有政府信用支撑。好，能发展，坏，也能生存，不会破产，不会优胜劣汰，因而带来低效率。

　　（4）国有商业银行容易形成短期行为，因为管理层与官本位相连，官本位有任期制。

不同的法律体系，对财产权的保护有差异，因而政府拥有银行的股权不同。在这一方面需要结合实际深入探讨。

怎样评价银行对储户保密

储户向银行存款，银行为储户保密，似乎是不言而喻的，这是基于维护私人财产权。为此，有的国家立法，有的虽未立法但是约定俗成。第一部银行保密法出台于 1934 年，由瑞士联邦政府 7 贤人会议议定，并交国会批准，成了国家大法。这样瑞士成了世界上为储户保密保得最好的国家。由此，世界上不少资金包括一些国家的皇家贵族的资金都往瑞士流。保密成了这些国家聚集财富的法宝。

但是，不可否认的是，银行为储户保密成了人们**隐匿财产、逃税漏税、金钱犯罪和洗钱的渠道**。因为按照保密的规定，存款人可为所欲为。如存款人向银行存款开户，可以不用真实姓名，可用代码、密码，可以用单位名称，而这个单位可以是虚构的；再如向银行存款，钱的真正所有者可不到场，可委托人办理，而且大笔存款只能由一个业务员和高级业务员介入，其他人不能参与、知情；储户可以以任何方式提取资金，银行不得阻碍。因而，银行为储户保密成了不法分子的保护伞。

在西欧，推出银行保密法，为储户保密，比较严格的国家有瑞士、卢森堡、比利时和奥地利。后三国是欧盟成员国，在最近召开的欧盟财长会上，提出要统一各国储蓄存款利息所得税率，要建立银行储蓄存款信息交换机制，特别是非本国居民的储蓄存款。这事，在前几次财长会上各财长也交换过意见，但未统一意见。这次各国之间的分歧有所减少，达成的协议是，卢森堡、比利时、奥地利在今后 6 年中即 2004—2010 年可以继续实施银行保密法，但必须对非居民储蓄存款利息征收利息所得税，开始税率为 15%，到 2007 年必须提高到 20%，到 2020 年再提高到 35%。同时启动银行储蓄存款信息交换机制，特别是要通报非居民储蓄存款。这样做除了可以消除弊端外，还可以掌握资金流动。可以说这样做是一种过渡，但要从根本上解决问题，要取消银行保密法。

美国银行业个人财务隐私保密制度

商业银行在经营管理中，要不要保护个人财务隐私，怎样保护个人财务隐私是一个值得关注的问题。特别是发展网上银行业务以后，这个问题更显重要。从提高信任度有利于开展业务的角度来讲，很有必要；从维护社会秩序推动社会发展，建立正常的人际关系的角度来说，也非常必要。

怎样保护个人财务隐私，首先要建立法规制度，其次要建立健全操作技术，最后要增强这方面的意识和观念。1999 年 12 月 12 日美国克林顿总统颁布了一个《格拉姆—里奇—比利雷（Granim-Bliley，GLB）法案》，其中包括禁止各金融机构泄露个人财务隐私的条款。

2000 年 6 月 1 日针对 GLB 法案的要求，由四家监管机构（货币管理署、联储、联邦储蓄保险公司、储蓄管理办公室）共同制定了一个《消费者财务隐私保密最终规则》，这个规则要求：

1. 明确受保护的对象

规则规定受保护的对象有两个：一是一般的消费者，二是客户。一般消费者包括已经获得或正在申请的家庭个人——一次性；客户包括与银行有经常业务往来的家庭和个人——经常的，为什么做这样的区分，银行要履行的义务不同。对一般消费者，要提前提供初始隐私政策说明书；对客户，必须在客户关系建立之时向客户提供初始隐私政策说明书，而且要持续提供。

2. 保护内容

保护内容包括对个人非公开的和可识别的财务信息，这个机会一是对个人，二是不公开的，三是可识别的。不能识别信息即不能用这个信息去说明个人财务状况（有的信息如银行的综合材料对个人就不能识别）。

具体讲，有以下内容必须保护：

姓名、住址、电话、个人收入水平、交易记录、账户余额、信用卡的购物信息、银行对客户的信用评价等。

个人财务隐私不包括以下两个方面信息：①对单个消费者非识别信息，如存款总额、贷款总额、储蓄总额等；②公开的信息。

3. 银行应尽的义务

银行主要是向保护者提供隐私政策说明书，即按政策规定个人的财务隐私需要向哪些机构通过什么程序提供，比如向上级提供，向税收执法部门提供。

此外银行透露什么信息，应当事先征得当事人同意，当事人有权选择什么信息同意透露，什么信息不同意透露；消费者不同意透露的信息，银行透露了，要承担责任；但如发现消费者有欺诈行为，非法交易，银行就不负保密责任。

4. 银行负有的权利

（1）有权把个人财务隐私透露给保险公司、担保机构、法院、警方、税务部门，上级检查评估人员。

（2）有权提供给合作者，这样就与合作者共同分享个人财产的隐私。

信贷资产证券化

资产证券化指的是将缺乏流动性，但预期能够产生稳定的现金流的资产，通过重新组合，转变为可以在资本市场上转让和流通的证券。这个概念有三个要点：缺乏流动性；能产生稳定的现金流；重新组合。只有缺乏流动性的资产才有证券化的必要；只有能产生稳定的现金流才有证券化的可能；只有将资产重新组合投资才能够被人们接受。

2005 年 3 月 22 日，人民银行网站公布了信贷资产证券化开始起动，即以国家开发银行的信贷资产和建设银行的住房抵押贷款作为证券化的试点。

为什么要推出信贷资产证券化？ 总的说来是增强商业银行资产的流动性，提高资产的变现能力。因为中长期贷款和住房按揭贷款，流动性很低。国家开发银行进行中长期贷款，这些年来增长很快，而存款相对说来是短期的，这样资产负债的期限不对称，长短期的矛盾较大。再说，住房按揭贷款增长很快，2003 年 170 亿元，而 2004 年就增长到 16 508 亿元（在股份制商业银行中房贷比例占全部贷款的 50% 左右）。此外将一部分信贷资产证券化能够调整商业银行的资产结构，因为证券化的这部分资产，作为表外资产处理。

实施方案

国家开发银行的信贷资产均为中长期贷款，资产缺乏流动性。证券化的方案是：将一定数量的中长期贷款出售给信托公司，由信托公司将这些资产打包发行证券，出售给机构投资者。

建设银行的住房抵押贷款期限较长，也缺乏流动性，证券化的方案是：

成立专门的证券化处理机构，然后再以自己的名义发行债券，使信贷资产证券化。

这两种方案有什么区别？

（1）将中长期贷款出售给信托公司，这些资产的所有权已经转移，它们的本息由信托公司收回，如有损失由信托公司承担。

（2）专门成立机构（SPC）进行证券化处理，实际上是依托这样的中介机构发行债券，房地产贷款的债权没有转移，这些贷款的本息收回或损失仍然由建设银行负责。

第一种方案实行信贷资产证券化，在机构投资者之间交易，主要是银行之间。而第二种方案实行信贷资产证券化，在机构、散户之间交易。

实行第一种方案，信托公司将开发银行的资产打包出售给机构投资者，核心问题是如何定价？定价，指利差而言。定价低了投资者不愿买，定价高了开行没有多少收益。但总的态势是开行只能有微利——收手续费。实行第二种方案，成立专门机构，以房地产贷款为依托发行债券，要让投资者接受，核心问题也是利益有多少？

现在房地产按揭贷款利率为 5.31%，如果要让投资者能够接受，则发行债券利率可定为 3% 左右，这样建设银行的房地产贷款只有两个百分点的利差。

现行经济学学科的分类，一般有五类：

（1）基础经济理论研究：政治经济学、西方经济学、发展经济学；

（2）应用经济理论研究：产业经济学、财政学、货币银行学；

（3）经济理论工具研究：经济统计学、会计、审计、计量经济学；

（4）交叉及边缘经济理论研究：生态经济学、人口经济学、环境经济学；

（5）经济史学研究：各种经济学说史、经济史。

制度经济学中的制度转型理论：

（1）居民应拥有哪些方面的自主和自由？自主，个人要有责任感；自由，政治经济民事方向自由。

（2）企业应有哪些方面的自主、自由和约束？应有自主经营、决策、选择的自由。应有硬预算的约束。

（3）政府行为的边界怎么确立？政府与社会成员的权利与义务怎么规范？

（4）国际交往的程度行为规则的确立和接轨。

经济学界讨论制度转型，不少人崇尚自由化、私有化（有的阐述得转弯抹角，有的阐述得直截了当），只有自由化才能提高效率（把国有——垄断——低效联系起来），只有私有化才能明晰产权（产权所有者的自然人能否到位）。

问题是：私有化后产权是否就明晰？自由化后效率是否就能提高？（有人说，一个国家经济的自由度与该国的富裕程度呈正比）

问题是现在是公有当中有私有；私有当中有公有。资本主义制度下的股份制企业已具有公有成分。没有纯粹的私有制的自由市场经济体制，没有管制，就没有市场，有效的政府管制是市场发挥作用的前提。无政府状态不可取。人在这种状态下，公有之中，还有政府的元素。

股份制是公有制的主要实现形式。在我国社会主义制度下，股份制企业中的公有性质体现在以下方面：产权结构上，治理结构上、权利交换上、收益分配上。要知道，所有形式与实现形式是不同的概念，所有是经济过程的起点，实现是经济过程的终点。是否实现，指是否带来理想效果，达到了目标是实现，不是表现。要知道企业是经济组织形式。不是政治组织形式，企业组织形式有公私之分，政治组织形式有"社""资"之分，"社""资"的区别重要的在于社会的公平正义。社会主义的核心集中地体现在公平正义上。立党为公，执政为民，"三个代表"重要思想便是社会主义的权威表述。

市场经济有两个突出的特点：分散决策 相互制衡。

分散决策以产权明晰并落实到自然人为基础，相互制衡以市场各种机构独立运行、相互监督为条件。

制度经济学中所谓的产权是指使用权，即使用有价值的资产的权力。这种权力体现在正式规则和非正式规则当中，也就是说有没有这种权力要由正式规则和非正式规则认同。正式规则是指法规的认同，非正式规则是指伦理道德、社会规范和习惯势力的认同。

一个社会成员的产权，即使用有价值的资产的权利有多大，取决于外部控制和内部控制。外部控制指各种法规，习惯势力，外部人对他的约束；内部控制指自己已经获取占有的资源和进行的投资，以及为维护自己有价值的资产所采取的措施。

交易成本是指社会成员在建立和维持资源的内部控制时所产生的度量成本和实施成本。度量成本是已确定的，能够度量的；实施成本是未确定的，不能度量的。实施有个过程，实施成本是得到它付出的代价和使用它付出的代价。

机会成本因已确定一种选择，而放弃的另一种选择时能够获取的收益，反过来说，即付出的代价。

一种东西能不能成为一种商品进入市场，要受到伦理道德和法律规范的制约。

比如人的器官能不能成为商品买卖，就很值得研究。在曼昆《经济学》中有个案例：有位母亲为了挽救儿子的生命（儿子患肾炎）要捐出一个肾，为儿子换肾。但母亲的这个肾与儿子不匹配。于是医生提出建议，把母亲的这个肾捐给其他人（然后作为交换）让另外愿意捐肾又与儿子的肾匹配的人给儿子换。在这里虽然没有货币收付，但实际上是一种交换。

于是有的经济学家，就研究人的器官能不能，可不可以成为商品。有的说可以成为商品，一是人的肾只有一个在工作，另一个在休闲，出让另一个不影响生命，二是能使双方得到好处，一个得钱，一个治病。但有的经济学家反对这样做，说能不能成为商品，一要从伦理道德上看能不能为社会道德所容，二要从法律上看是否合法（是否完全出于自愿）。

母亲把肾给儿子，是伟大母爱的表现，如果把肾卖钱，是对生命的亵渎，再把它作为商品、产权边界难以划清，交易是否出于自愿，自愿是对产权转让的承诺。如果划不清，则违背了法律规范，也违背了市场准则。

"新经济"这个概念是怎么来的

所谓"新经济"最初是指 20 世纪 90 年代美国连续九年经济增长的一种状态，"低通胀，低失业"，战后经济发展的新时期。于是人们用"新经济"去形容它。"新"新在哪里，高科技产业的迅速成长，IT 产业领先，由于高科技 IT 产业知识含量很高，所以又称为"知识经济"。1996 年亚太经合组织把美国这种经济称之为"以知识为基础的经济"。

由于 IT 产业是一个网络，又把新经济称为"网络经济"。**新经济、知识经济、网络经济，是对同一种经济状态的不同表述。**

1. 从生产要素变化看新经济

传统的生产要素是：劳动力、资本、土地和管理才能。在新经济时代，生产要素是信息、知识。有人称知识资本包括专利权、商标权、计算机软件、人才素质、产品创新。

技术信息如电脑很快就换代，技术含量的更新表明产品技术含量要素构成生产手段的不断更新，变革中突出创新。讨论影响经济发展的因素，掌握什么资源（权力）经济发展的"原动力"是什么。

2. 从社会产业结构的变迁去考察"新经济"

经济学上有个"**配第一克拉克定理**"，1940 年该定理把人们的全部经济活动分为第一产业（农业）、第二产业（制造业建筑业）和第三产业（广义的服务业）。第一次产业、第二次产业、第三次产业取自自然加工，取自自然的生产形态。

这两位经济学家观察到社会产业结构的变迁与国民收入水平提高相关。当国民收入水平提高后，劳动力从第一产业向第二产业转移，导致第一产业就业人口比重逐渐减少，第二、第三产业人口比重逐渐增加，当国民收入进一步提高后，劳动便从第二产业向第三产业转移。为什么转移，不同产业收入差距造成的。

后来 GNP 之父、统计学会会长美国经济学家西蒙·库兹涅茨（1971 年获得诺贝尔经济奖），对产业结构变迁进行研究，发现第一产业创造的国民收入在全部国民收入中逐步下降，第二产业创造的国民收入在全部国民收入中逐步上升，第三产业创造的国民收入在全部国民收入中上升最快。什么原因？生产力的发展→科技的进步→成为一个转折点的标志。

新经济属于哪一个产业呢？有人说属于第二产业，有人说属于第三产业。20 世纪蒸汽机的使用改变了整个世界，能不能说 20 世纪电脑的广泛使用改变了整个世界呢，或者说互联网的广泛使用，改变了整个世界呢。互联网是什么，有人说它不是一个产品，也不是一项技术，它是一种全新的运作平台，就看谁运作得好。谁把这个平台运用得好，既满足现有需求，又开发新的需求，则资本、人才等资源就往那里流。

3. 新经济与旧经济的关系

新经济要依托旧经济。如电子商务解决了交易方式问题，解决不了交易对象问题，有资料说比尔·盖茨领航新经济，钟情旧经济。他很看重旧经济的股票，如对公共事业的股票情有独钟，如对电气公司、天然气公司、公共服务公司股票爱不释手。

新经济的特点：从网络技术去观察。网络技术特点是：

（1）数字化信息技术。信息产业化，产业信息化：复制、储存、共享、容量大、传播迅速，没有时空界限（封锁不住）（外在性强）。

（2）高沉淀成本，低边际成本。收益速增（使用的人多，收益最大），一次性的固定投入很大，一旦成功，其再生产时成本很小，复制成本几乎等于零。

（3）电子产品代替实物产品，网络世界取代现实世界。比如电子货币代替实体货币，在网络上可打扑克、下棋、看画片、发邮件、聊天、看书、找资料。

电子手段的运用减少了大量中间环节，提高了效率，降低了成本，改变了人与人之间的交往方式。

生产资料价格 PPI 上涨怎样影响 CPI 的价格上涨？

生产资料：一般有原材料（包括建筑材料、燃料、运输等）；

消费资料：可分为三大系统，一是食品，二是工业品，三是服务。

PPI 价格上涨影响 CPI 指数上涨，总的说来是成本推动。影响成本增加的因素，如煤、电、油、运费涨价，比较容易理解，不容易理解的是钢铁、水泥等生产资料价格上涨，怎样影响食品、服务行业价格上涨？这应说是间接传导，如房租上涨、相应的食品服务行业价格上涨，房租价格与房价相关，房价与建材、地价相关。

对于 PPI 的含义，有三种理解：生产资料价格指数（从供给的角度说）、生产者价格指数（从需求的角度说）、企业商品价格指数（从生产主体的角度说）。

对于 CPI 的含义，也有两种理解：社会商品零售物价指数（从供给角度说），消费者价格指数（从需求的角度说）。二者在统计上有差别，前者要纳入供给商品分类的权重，后者要纳入家庭消费结构的构成。

为什么要以 CPI 作为衡量通货膨胀的标准？

经济学从两个方面进行了分析：从微观方面分析，表明消费者的货币支出，即消费者的生活成本；从宏观方面分析，表明社会成员的福利水平和满意程度。前者被称为通货膨胀的微观成本；后者被称为通货膨胀的宏观成本。

现在有人指出，以 CPI 来反映通货膨胀程度不准确：一是权重的确立不合理，比如在消费者的货币支出构成中，教育、医疗、旅游比重较大，但权重偏小。二是有的方面未纳入，如住房，只纳入房租未纳入购房（未纳入的原因：一是农民有自己的住房，二是公务人员有福利分房，三是买房不是消费，而是投资）。

有人提出要以 GDP 的平减指数（不同于 PPI 和 CPI，主要是口径不同，基数不同）作为衡量通货膨胀的指数，有人提出要以企业商品价格指数作为衡量通货膨胀的指数。

通货膨胀问题——购买力问题——购买力是货币价值问题。怎样衡量货币的价值：单位货币购买力；地区货币购买力。

对我国近年物价上涨传导 "断裂" 的解析

近年来我国价格上涨具有上游产品涨幅大大高于下游产品涨幅的特征。上游产品如钢材、水泥等涨幅达到 20% ~ 30%，而居民消费品的价格涨幅很小，甚至下跌。这种状况，用经济学的语言表达即初级产品和中间产品价格的上涨未传递到最终产品。对这种价格传导 "断裂" 现象应怎样进行经济学分析？

（1）**要考察初级产品或中间产品与最终产品的关联度**，钢铁、水泥是建筑业的原材料，它们的价格上涨关系到建筑物的成本。建筑物成本的高低关系到售价，售价高低关系着消费者的承受力，消费者承受力受预期收入、负债能力影响，所以它们是否能顺利地进入最终消费，受多种因素影响。

（2）**除成本和售价外，建筑物是否都能形成最终产品还取决于质量。**如果建筑业的产品质量低劣，消费者不接受也难以形成最终产品。

（3）**即使形成了最终产品，要考察谁去消费，**是个人消费还是集体消费，消费的承受力是集合性的，还是分散性的。

如果是个人消费、上游产品上涨致使下游产品上涨，增加个人的消费支出，如果是集体消费，则上游产品上涨致使下游产品上涨，增加集体消费支出。集合性的消费承受力在价格上涨的条件下削弱储蓄倾向，分散性消费承受力在价格上涨的条件下不一定削弱储蓄倾向。

（4）**初级产品或中间产品价格上涨、不一定、不完全导致最终产品价格上涨，**因为它们之间的关联度弱，或关联的时间跨度长。在关联度弱或跨度时间长的条件下，初级产品或中间产品价格上涨，导致占用资金增加，在这种情况下，价格上涨的付出，是供给资金的金融机构。

（5）**初级产品或中间产品价格上涨是否是通货膨胀呢？这要看怎样确立通货膨胀的含义？**而怎样确立通货膨胀含义，又怎样看待货币的价值变化。

（6）**初级产品或中间产品价格上涨，未传导到最终产品，是否意味着生产能力过剩呢？**有可能，但不一定。如果生产能力过剩，就意味着供大于求，就会发生产品积压，在这种情况下，价格就涨不上去。

（7）**通货膨胀通常是与经济过热联系在一起的，**但当代经济的发展存在着无通货膨胀的经济过热。

（8）**经济过热不仅会得不到理想的效果，**如就业增加、收入增长，还会带来负面效应，如资源浪费、生产过剩等。在这种状况下，既不是通货膨胀，也不是通货紧缩，而是经济泡沫。

一国经济高速增长的时期，通常会面临汇率升值的压力，如 20 世纪 60、70 年代以后的日本、西德。在这段时期，日本、西德经济调整增长和持续的贸易顺差。面对货币升值压力，日本采取扩张的货币政策，即增大日元供给，逼日元贬值，但结果是带来严重的通货膨胀。而西德采取维护货币政策稳定物价和产出的政策取得了好的效果。

它们不同的做法给人的启示是：面对汇率升值压力，选择什么样的目标，采取什么政策调控。选择什么样的目标，也就是怎么应对汇率升值压力？采取什么政策调控，也就是怎样协调好货币的对内贬值与对外升值的关系、货币对内贬值与对外升值带来的影响。

七、一些基本理论问题需要再认识

（1）银行业是什么性质的机构：中介机构；经营金融商品的机构；提供公共产品的机构；提供社会服务信息的机构。既要研究金融业与一般工商企业的特殊性，又要研究金融业与一般工商企业的一般性。现在提出的科学发展观，社会经济协调发展最终为了人的发展，金融业也要协调发展。

金融业怎样以人为本：创造条件让更多的社会成员获得财产性收入，应当成为金融业以人为本的重要内容之一；创造条件（如发展金融市场）让社会公众减少风险，避免风险也是金融业以人为本的内容之一。

（2）货币、准货币、货币替代品这三者的界线怎样划分？货币相互之间转换反映着人们对资产盈利性、流动性和安全性的选择和认知度。

（3）在金融领域怎样处理好信息公开与保护个人财务隐私的关系？值得注意的是：欧盟取消银行保密法带来的问题，因为信息公开的程度，关系到隐匿财产、洗钱犯罪、逃税漏税（因为所得税率不一样）。还值得注意：美国在完善银行业对个人财务隐私实行的保密制度。

（4）所有权能与使用权分离，但物权法中的物权又包括使用权，需要理性梳理。

（5）学界不少人认为经济发展的目标不是 GDP 的增长，而是提高人均收入水平。上海 GDP 增长很快，但人均收入增长的前 10 名没有上海，而有浙江、江苏苏州。人均收入增长取决于劳动生产率的增长；劳动生产率的增长，取决于资源配置；资源配置取决于企业家精神；项目选择是企业家自己的行为；企业家行为取决于对企业家产权的保护；由此可见企业家是一种能力，是一种生产力。

（6）埃及人很有钱，但经济不发展，没有把钱转化为资本。

（7）我国土地制度合不合理，有没有利于劳动力的转移：而土地的转移，需要土地商品化、承包经营长期化。

（8）不存在所谓的"纯粹的自由市场经济"，没有管制，就没有市场，市场发挥作用的前提在于有效的政府管制。管制离不开制度规范，有中性制度和非中性制度。中性制度体现公正、公平，在制度面前人人平等，非中性制度有倾向性。市场经济要有效实施管制，而不是放松管制。

（9）理念是第一生产力（制度是第一生产力，技术是第一生产力），财富是思想的物化。

（10）衡量我国宏观税负的高低有两个口径，一是税收占 GDP 的比重，二是政府收入占 GDP 的比重，政府收入包括预算内收入、预算外收入、制度外收入、社会保障基金收入等。目前居民感到负担太重主要是税外负担太重。

（11）我国养老保障有三种模式：基本养老、企业辅助养老、个人储蓄养老。

（12）区域经济学关注城市与区域的协调发展，现在的情况有：小马拉大车，即城市小，区域大；大马拉小车即城市大，区域小。

诚信与信用

中国人以诚信为本，人无信不立，市场经济必须以信用为本，经济无信不顺。

金融的基础是信用，要研究信誉、信用、信任之间的关系，能不能说信誉来源于信用，信用来源于信任，信任来源于信心。金融学要作为社会学来研究，要把信用意识的教育作为全民教育的内容，要把信用意识变为一种法律力量。

金融消费也是一个研究得比较薄弱的方面。在人们的收入达到一定水平以后，金融消费是人们经济生活中的重要内容。**金融消费是人们享有金融服务，占有金融产品**，这当中有一个需求与供给的问题，有一个保障消费者权益的问题。银行要保护消费者的权益，这是个新的问题，有人熟悉，有人陌生。比如贷款上有没有歧视性政策和做法，有些银行对个人贷款有细则规定，如贷款人必须是本行的客户，而且必须有相当长的客户关系。再比如对"专业弱势人群"的咨询，是否耐心。据说有一个购买者向银行工作人员咨询：高额本息和高额本金还款，有何不同。银行工作人员说差不多，而实际上差距很大。这样的答复说轻一点是对消费者不负责任，说重一点是侵犯了消费者权益，也就是使消费者吃了"不明不白"之亏。

　　诚信、诚实、守信是自己对他人的承诺，是内生的，取决于自身的品德，是一种行为规范。信誉是他人对自己的评价，是外生的，取决于在人们心目中的形象。经济学中的信用是一个动态的经济过程，信用是一种经济关系：接受信用是双方的，有起点，有中介，有归宿。

　　诚信是信用制度的思想道德基础和精神支柱，是经济道德的核心，诚信必须从提高人们的精神追求和道德品位的意义上去把握，而不应当作为一种交换手段，作为一种谋取功利的工具。在宣传指导中说"以诚信赢得利润，获取效益"是不妥当的，讲诚信是每一个人的义务，而不是权利，诚信是一种道德，道德在任何时代都是无价的。不讲诚信要他律。

　　讲诚信、重信誉、重信用（利用好一切信用资源）。信用通过中介组织确立，信用通常是一种（有形的或无形的）权利和义务的契约关系，信用关系能形成链条，相互传递，如"三角债"，而诚信、信誉不会成为链条。

国际金融中心的功能定位

　　一般说来，国际金融中心在国际上具有以下六大功能：

　　（1）融资功能，主要表现为有能量参与国际性的同业拆借和买卖外汇。

　　（2）筹资功能，主要表现为有条件发行债券和股票。

　　（3）投资功能，主要表现为能够通过该地区金融机构融入与融出资金进行投资。

　　（4）交易功能，主要表现为金融产品的交易活跃。

　　（5）创新功能，主要表现为能够不时推出新的金融产品。

　　（6）综合服务功能，主要表现为基础设施完善和服务质量上乘。

　　这六大功能最终表现为推动经济的发展和社会的进步。

衡量国际金融中心的标准：

　　一个地区或城市是否是国际金融中心？其判断的标准应当是：①金融市场上融资、筹资、投资的交易规模；②与其他国融资市场融合的程度。衡量这两个方面的指标一般有：①该地区的国际金融机构的数量和资产总额；②该地区的对外资产总额、对外负债总额和国际结算总额；③该地区金融电子化水平及其国际化程度。上述指标①反映国际金融机构的融入程度；指标②反映金融的对外依存度；指标③反映业务操作和运作机制的现代化水平。这三个指标同时表明：①如果一个地区的金融交易的参与者主要是内资金融机构，则它还不构成国际金融中心。②如果一个地区虽然有相当数量的外资金融机构，但它们的业务主要是对内，而不是对外，则也不构成国际金融中心。一般情况是：国际收支顺差，国内有大量外汇储备，放松资本流出管制鼓励流出。但如果国际收支逆差，国内资金不足，则放松资本流入管制，我国 20 世纪 90 年代以来，资本开放的作用已从单纯地"流出""流入"转向优化资本结构，采取"双向"流动。总结一些国家资本项目可自由兑换的历史经验，在开放资本项目可自由兑换中，一般采取"积极稳妥，先易后难，宽入严出"的方针。其操作进程是：先放宽长期资本流入的管制，再放宽短期资本流入的管制；先放宽直接投资的管制，后放宽间接投资的管制；先放开证券投资的管制，后放开对银行信贷的管制；先放开对境外筹资管制，后放开非居民境内筹资的管制；先放开对金融机构的管制，后放开对非金融机构和居民个人的管制。

从国际上货币可兑换进程来看，在经济项目实现可兑换后，逐步实现资本项目可兑换大体要 10 年的时间。1996 年 12 月 1 日我国实现了经常项目可兑换，如果再过 20 年即 2016 年可完成资本项目自由兑换。

八、企业的社会责任　国有化与私有化

企业的社会责任

什么是企业的社会责任？

什么是企业的社会责任？国际上没有统一的、权威的定义。一般人认为它包括：①创造利润，为投资者盈利；②安全生产，保护劳动者的合法权益；③遵守商业道德，对消费者负责；④保护环境，对社区负责；⑤支持慈善事业，捐助社会公益；⑥保护弱势群体。从这些内容看企业的社会责任有直接与间接之分。

企业的社会责任既是对企业自身的道德规范与行为约束，又是对企业等级的评价体系。在西方国家对一个企业的评价包括：经济、社会和环境三个方面。这表明一个企业的绩效超过了财务报表的意义。

从经济学、社会学的角度分析，企业履行社会责任是向社会提供公共产品，企业取之于社会，回报社会。进一步说，企业的社会责任，不仅是提供产品依法纳税，还包括救灾、扶贫、创造有利于人类生存发展的环境。

企业履行社会责任与企业办社会不同：企业履行社会责任是把社会元素纳入企业的发展之中，而企业办社会则是把企业看成是一个社会管理单位，承担应当由社会承担的功能。如办学校、办医院等。

当前我国企业社会责任存在的问题

当前，我国企业社会责任存在的问题，主要反映在劳动密集型的企业中。主要表现为：偷工减料、生产假冒伪劣产品，不注意安全，不注重劳动保护，破坏生态环境、克扣员工工资，延长工时，损害职工健康。热心社会公益事业参与社会公益活动的企业不多。从履行社会责任角度说，企业赚了钱不能只是在投资者之间分配就行了，还应回报社会，最典型的方式就是创办各种基金，承担各种社会责任。

怎么推进企业履行社会责任

（1）要法制化，要在公司法中强调企业必须履行社会责任。

（2）建立评价指标体系，将是否履行好社会责任作为评价优质企业的重要内容。

（3）加强宣传教育，让社会来关心这一问题。

（4）发挥各级政府的作用。

（5）加强科学研究，从理论上认识：资本与劳动的关系；税收与公益的关系；企业应当提供什么公共产品，怎样提供？

（6）树立正确的商业伦理和经营观念，企业如何营利，不仅需要法律约束，而且需要道德保障。

有人说在金融宏观调控中，要加强制度建设，这自然在理。**所谓制度就其本质而言是人们行为的指南。指导人们行为的有显性制度和隐性制度。**规章制度、法律法规是显性的，一切观念、习惯、风俗、心态也可能是显性的，也可能是隐性的。制度又可区分为正规制度与非正规制度。可以从国外引进正规制度，但难以引进非正规制度；可以从国外引进显性制度，但难以引进隐性制度。**要知道，隐性制度制约着显性制度的效果，非正规制度制约着正规制度的效果。**

制度创新是人心工程，变规则即变人心

中国改革开放最大的进步就是放弃了以阶级斗争为纲，坚持以经济建设为中心，由封闭型向开放型转变。当前存在的问题或不足是：收入分配如何调节，财富怎么积累和发展。实际状况是贫富差距不断扩大，就业压力日益增加。

当前要加强市场伦理建设和财富伦理建设：市场伦理建设，主要是要引导企业家追求更高的社会目标，不能局限于金钱崇拜和物质崇拜。同时要讲诚信，市场经济要建立在信仰和道德之上。财富伦理建设，主要应明确以什么手段赚钱、致富，社会应当如何看待富起来的人，富起来的人应当如何消费其财富。总之，**市场经济要建立在富人与穷人关系协调的基础上。**

当前的情况下，一方面是不少人不讲诚信，而另一方面有相当一群人有"仇富"的心理。

经济人假定人都是自利的。

权利自由主义将人抽象为权利的主体和理性的主体。但现实中人不仅是理性人、权利人，而且还是有感情、有文化背景的人。除了个人利益外，还有公共利益。

在一个社会群体中，人际关系不是利益交换关系，而是一种共识、认同关系。利益关系能够通过"看不见的手"来调节，共识、认同关系要靠感性、信念和公益文化为枢纽。

有国才有家，个人的命运、利益源于国家的命运和利益之中。

国有化与私有化

在国外，企业国有化主要是西欧的一些国家，如法国、英国、意大利。20世纪，法国经历了三次企业国有化运动，第一次是1936—1937年执政的社会党将铁路、航空业收归国有；第二次是二战以后，法国政府先后颁布了一系列法令，将汽车公司、电力公司、煤气公司、保险公司、银行收归国有；第三次是20世纪80年代，法国政府将主要的工业收归国有。引起这三次企业国有化运动的主要原因各有不同，第一次主要是为了缓解社会公众与企业垄断组织之间的矛盾；第二次主要是恢复和发展经济；第三次主要是调整经济结构，缓和社会矛盾如失业等。到1991年，法国的国有企业达2 268家，产值占GDP的18%，投资占27.5%。

英国二战以后经历了两次企业国有化运动。第一次是1945—1951年，艾德礼任首相时期，英国议会通过了英格兰银行法等8个国有化法令，将银行、煤炭、航空、运输、电力、邮电以及钢铁等部门收归国有；第二次是1974—1979年威尔逊任首相时期，进一步推动国有化。1979年英国国有企业占GDP的11.5%，投资额占20%，英国企业国有化的原因，在于政府要完全控制国家经济命脉，左右经济发展。

意大利通过政府控股公司，接管有困难的私人企业，形成了"国家参与企业"。

美国没有将企业国有化，原因是：无论是民主党还是共和党都反对把国有化作为控制经济的手段，因而总的说来美国国有经济几乎没有。但政府致力于科学技术、基础设施和公用事业建设，在这方面的机构是政府投资建设的，是国有的。

新加坡独立后，为了迅速发展国有经济和加强国际竞争，政府集中全国的人力、财务直接创办了一批国有企业。这无所谓企业国有化。

私有化最典型的是 1979 年撒切尔夫人上台后对英国企业进行的股份制改革运动。20 世纪 70 年代，英国国有企业效率低、效益差，主要原因：一是政企不分，企业缺乏经营自主权；二是国有企业处于垄断地位，缺乏竞争压力；三是政府管理部门多，层次多，官僚主义盛行；四是议会限制过多，企业难以抓住发展机会。因而，撒切尔夫人上台，实行股份制改造。其办法是：①政企分开，所有权与经营权分离，切断政府干预；②引入市场竞争机制，打破国企垄断，使企业感到压力；③最大限度地吸引投资人，使股权分散，防止少数人操纵；④让职工持股，关心企业经营发展；⑤发行股票，筹集资金，偿还贷款，降低负债率；⑥取消补贴，减轻财政负担。这样的改革，使经济持续增长，通货膨胀失业下降，企业利润增加，竞争力增强，职工收入增长。

私有化的成本：界定成本，用经济地位交换政治地位的成本；政府进行规制的成本；私有化成本是递增的。

怎么控制一个企业？是控制企业的股权，还是控制经营权，还是控制技术开发权？必须区分不同类型的企业和同类企业的不同发展阶段。必须区分名义控制和实际控制。

控制股权即控制资产的所有权，资产的所有权体现在资产增值的索取权上，由此能够说控股权，也就是控制资产增值的索取权。谁拥有更多的索取权，谁就实际上控股。

控制经营权即控制资金运营权，资金运营体现为来源与运用，由此能够说，控制经营权，也就是拥有运营资金的能力，谁拥有更大的融资的能力，谁就控制了经营权。

控制技术开发权，即控制新产品创造，谁拥有更大的开发新产品的能力，谁就控制了技术开发权。

已有的研究成果表明：那些风险较大的高新技术企业和企业的创业阶段，一般不谋求控股权，而谋求控制技术开发权和经营权，其技术开发权和经营权存在于人力资本中。由于人力资本不可剥夺，因而人力资本不可能通过掌握控股权而得到控制。人力资本必须通过建立激励机制而加以控制。

如果说谁拥有更大的融资的能力，谁就控制了经营权，则融资能力的大小既取决于实物资产，又取决于人力资本，一个人的声誉形象好，他的融资能力强，在这种状况下，经营权就控制在人力资本拥有者的手中，而不是控制在持有股份者多的手中。

新技术的开发，既取决于硬件，更取决于软件。软件存在于人的头脑中，在科学技术是第一生产力的时代，应当说拥有现代科学技术的人是第一生产力，只有他们才控制着新技术、新产品的开发权。

对企业的控制还取决于资本的结构，一般说来企业的资本结构由股权与债权组成。股权对企业的控制通过"用手投票"和"用脚投票"两种方式进行；债权对企业的控制主要通过督促还本付息和破产结算两种方式进行。但在企业发展的不同阶段，股权控制与债权控制的作用不一样：当企业的生命周期处于成长阶段时，股权控制起主导作用；当企业的生命周期处于"下坡"阶段时，债权控制起主导作用。这也就是说当企业的生产经营处于正常运转时期，企业的控制权主要由股东特别是大股东主导；而当企业的生产经营无法正常运转时，由债权产生的还本付息机制对企业产生巨大的控制作用。

九、货币政策的松与紧　宏观调控

政策松与紧表明政府的行为导向

政府的行为导向，不同于企业的行为导向，不同于个人的行为导向，后者不代表政策会产生政府导向与企业、居民导向的背离：比如物价，政府想它上，股市管理层想它上，可就是上不去，这反映政府行为导向是有局限性的。

讨论货币政策松与紧时要划清一个界限，要考虑被哪个因素抵销，概括地说货币政策能被商业银行控制抵销？货币政策能被人们的信息抵销？货币政策能被大量的外汇存款抵销？

要考虑资金分布的不平衡，据报道，浙江民间资金有 8 000 亿元，有大笔资金进入安徽，其中抢滩开发房地产。这表明资金结构不平衡，作用的领域不一样，它对推动经济增长和物价的变动，会产生不同的效应。比如近年来股价持续下跌，但上海及沿海房地产持续上涨。这种状况，货币政策怎么解释？

现在一般地讨论货币政策是松是紧实际意义不大，因为当前重要的是资金结构问题，经济增长的地区资金宽松，经济欠增长的地区资金紧张。资金从农村、经济不发达的地区向城市、向经济发达的地区流动。这种状况应当通过金融体制改革来解决，不能单纯依赖货币政策来解决，浙江民间资本有 8 000 亿元，流向江西等省，甚至流出国外。

要考虑涉外国素的影响，如外汇存款急速上升，给中央银行增加压力：如不出面收购，人民币升值，对外贸造成影响。如收购，虽然维持了现有汇率的局面，但付出的成本高。

外汇存款急剧上升，而且分布不平衡，据说浙江温州个人的外汇存款是上海的一半左右。个人外汇交易量是上海的 70%，交易量仅次于上海、北京，位列全国第三。这表明温州人炒汇炒得很热。

炒汇使相当一部分货币供给量从物质生产流通领域撤离出来服务于金融资产交易，这种状况，货币政策怎么解释？

人民银行发布的《进一步加强对有市场、有效益、有信用中小企业信贷支持的指导意见》实际上是放松货币政策。

增加货币供给量是放松，降低利率是放松，模糊监管是放松，提供指导意见也是放松，问题在于中央银行的导向，企业包括商业银行、居民个人，接不接招。

在讨论货币政策时，要注意区分相关概念

（1）货币政策≠信贷政策，货币政策是中央银行的行为，它的运用工具是货币供应量和利率，信贷政策是商业银行的行为，它的运用工具是存贷款。有人说商业银行出现大量存差，表明商业银行有钱，商业银行有钱，表明货币政策并不紧。这种观点似是而非。

（2）需求不足≠支付能力不足，城镇居民年均收入超过万元的有广州、上海、北京。有人说企业存款大幅增加，储蓄存款大幅增加，表明有相当大的支付能力，这也是似是而非。它表明社会公众有钱，社会公众有钱表明货币政策不紧。商业银行存款>贷款，是正常现象，因为银行资产多元化。国外商业银行存款近一半不是用来贷款，而是用来买债券。结合我国实际，国有商业银行面对的主要是国有企业，国有企业支付能力靠国有银行提供，因而存差过大，会导致支付能力不足，有一定的道理。

（3）物价下跌≠通货紧缩，在物价完全放开由供求决定的条件下，物价下跌，反映需求不足，如果需求不足是由于支付能力不足，则是通货紧缩。但引起物价下跌的因素很多：技术进步、人们的心理预期、供给过多、涉外因素影响，都可能导致物价下跌。

人民币的投放，有相当一部分在境外流通，这部分货币对国内物价不直接发生任何作用。

商业银行面临转制时期，要降低不良资产比例，优化资产结构在这种状况下，更加注重稳健经营，不是"惜贷"而是转制的需要，改革的需要。

商业银行实际上没有确立以追求利润最大化为目标，利润的激励作用不明显，追求资产的安全性大于追求资产的盈利性。这样的格局也强化了稳健经营。

政策是政府行为，政府的行为怎么影响经济？

从货币政策来说，政府通过增加或减少货币供给，政府通过调整利率、汇率，政府通过信息传递导向，这三者概括起来说是通过货币数量、货币价格、信息传递这三方面作用于经济。作用于经济的：生产、分配、交换、消费领域。是总体上作用，还是结构上作用？货币数量的作用在于货币媒介功能；利率的作用在于利差机制；信息传递的作用在于激励人们的信心。

从货币数量分析：

（1）由于信用形式的发展，货币替代物的兴起，货币供给量难以把握（存量）。

（2）由于电子货币的冲击，货币流量难以把握。

我国货币政策能起多大作用？在通货紧缩的状况下财政政策起主导作用，货币政策起配套作用。"三农"问题如增加农民收入能不能通过货币政策解决，实际情况有限。货币政策既然是政府的行为，它主要主导企业家的行为。"三农"问题主要靠财政政策主导和市场行为主导。

货币政策的作用为什么有限？

（1）货币政策的作用，一般是利用利率杠杆，利率杠杆的作用无非是利用利益机制，而利益机制是否发挥作用，取决人们的价值取向和心理预期。如果人们的价值取向改变了，或失掉了信心则利益机制不起作用。美联储多次降息为什么收效甚微？人们对前景的观察不乐观，缺乏信心。

（2）降低利率，增加货币供给，但能否增加对本币需求，受多种因素干扰，前景是否明朗，政策是否透明。

（3）降低利率的作用会被外汇汇率上涨抵销，利率降低使持有本币的成本降低，但如果外汇行市上涨，则持有外币的成本上升，这对那些需要外汇的厂商而言，缺乏刺激，在这种状况下，降低利率对刺激进出口作用不大。

（4）货币政策的作用会被财政政策的作用抵销，如一边降低利率，又同时增加税负。

货币政策被抵销的因素

（1）被社会公众的预期心理抵销，包括老百姓的预期心理、企业家的预期心理。

（2）被体制因素抵销，如垄断、行政干预、人际关系。

（3）被政策运作机制抵销，通过国有商业银行、商业银行行为影响传递。

（4）被"挤出"抵销，如企业资金构成。货币政策作用于借入资金比重较大的企业，如果自有资金增大，对银行的资金依存度低，则货币政策的作用减弱。

货币政策作用的时间空间界限

时间界限：在短期发挥作用，被价格因素抵销；在长期不发挥作用，被工资上涨抵销。

时间界限：在经济上升时期，货币政策有用武之地，如在通货膨胀时期货币政策有用武之地。在经济下滑时期，货币政策无用武之地，如在通货紧缩时期货币政策难以发挥作用。

空间界限：体现在总体上能发挥作用，在结构上不能发挥作用。

中央银行的行为哲学

中央银行政策行为的基本理念和方法。

政策行为的目标：稳定币值，稳定金融，促进经济可持续发展。与其他部门相比，中央银行对经济、金融发展的可持续性，稳定性，市场敏感性，以及对内外经济的均衡性更加关注。

一般说来，实现稳定币值，稳定金融，促进经济可持续发展是中央银行的中长期目标，为此在短期内需要相机抉择对经济进行调节。因为人们的价值观念不同，预期不同，行为的效果不同，会对中央银行的政策产生负面作用。因为经济发展是不平衡的，政策在不同的区域、不同的行业传导存在着差异。

在政策的短期调整中，会引发货币政策与其他政策目标的矛盾，会带来宏观导向与微观利益的冲突，会产生另外的不均衡。在这种状况下就要有辩证的观点，它具体化分为"既要""又要"兼顾多种的表述。这样的表述，在一些人看来是一个模糊的概念，但市场需要模糊的概念，如果政策过度透明，形成市场的"一边倒"，反而会带来较大的震动。

近年美联储调控货币供给的几种方式

按传统的观念，美联储作为中央银行调控货币供给量的方式有：调整存款准备金率、公开市场业务和再贴现。可是在次货危机之间美联储增加了三种调控工具：一是定期资金招标（TAF），二是一级交易商信贷（PDCF），三是定期证券信贷（TSLF）。

美联储运用得最多的是公开市场业务（OMO），OMO 的操作分暂时性和永久性两种方式；暂时性的 OMO 通过回购和逆回购两种方式操作；永久性 OMO 通过买卖证券。在美联储的政策公告中，可以明确宣布 OMO 增加货币供给量，但增加多少不公布确切金额。这样要从每一天 OMO 中分离出用于流动性的多少就有困难。OMO 受基准利率制约。OMO 操作的目的，就是要使联邦隔夜拆借利率的实际水平尽可能接近基准利率。

对于贴现贷款政策，美联储是区别对待的，共分为三类：一类贴现贷款，针对基本面较好的存款性金融机构；二类贴现贷款，针对未达到一类标准的金融机构；三类季节性贴现贷款，针对资金需求具有规律性波动的小型金融机构（如农业信贷和小型商业银行）。

在 2008 年次贷危机期间，美联储推出 TAF 通过拍卖机制贷款，主动向存款性金融机构提出流动性。每月拍卖两次，每次拍卖的贷款金额不等，TSLF 的操作方式与 TAF 相似，也是通过拍卖机制贷款提供流动性，只不过 TAF 是针对存款性金融机构，而 TSLF 是针对的范围更广一些，其中有一级交易商。还需要指出的是，增强金融机构的流动性还可以采取债券交换的方式，即美联储不直接贷款，而是以自己高流动性的优质债券换取金融机构的抵押证券。这种方式的好处是：激活抵押市场的交易；没有对货币供给产生影响；不需要以 OMO 方式对冲。DDCF 是专门针对一级交易商的，也就是说在美国，一级交易商能够直接从美联储获得短期贷款。

综上所述，美联储调控货币供给量的手段：次贷危机以来延长了贷款期限；扩大了抵押品范围；增加了供给对象；降低了获得流动性的成本。

2002 年主要发达国家的货币政策

全球货币政策的主基调是宽松，美国格林斯潘一再降息为的是什么？首先是为了降低失业率，近年美国失业率居高不下，2002 年 4~11 月失业率达到 6%；其次是为了股市，股票下跌，消费者财富严重缩水，消费者信心受到极大伤害；最后是为了激励企业固定资产投资，如果不能激励企业固定资产投资增长，2003 年美国经济难以恢复。

美国经济的恢复不取决于美联储是否降息，而取决于信心。

欧元区受美联储降息的影响，欧洲中央银行也降息。2002 年 12 月 5 日主导利率从 3.25% 调低到 2.75%，欧洲、法国、德国经济不景气加重。

在日本，日本银行继续放松银根，措施是：①提高金融机构在日本银行活期存款的余额，从 10 万亿~15 万亿日元提高到 15 万亿~20 万亿日元，提高活期存款余额的意义在于增大流动性，使各金融机构有更强的支付能力。②增大日本银行购买国债规模，每月购买国债从 1 万亿日元提高到 1.2 万亿日元。③日本银行购买商业银行持有股票。后两点也是在于增大和增强日本本币的流动性。

日本银行放松银根对狭义货币增长产生了较大影响，但对广义货币增长影响甚微，对刺激贷款增长也影响甚微。这样对消除通缩的有效性值得怀疑。主要原因，宽松的政策不能解决供给和生产能力严重过剩，不能解决经济结构失衡。日本银行购买商业银行股票注入资金，减少亏损，中央银行救市因为贵金数额不大，利弊优劣有待观察。2020 年英国通货膨胀压力减缓，没有跟着美联储降息，因为降息，担心可能会刺激房地产泡沫，但又没有升息，因为升息担心损害经济增长，能够说英国顶住了美联储降息压力。

科学发展既要市场调控，又要政府调控

提出科学发展观以后，给人们留下了一个问题，由谁去推动，是靠政府，还是靠市场？按经济自由化的思想是市场取代政府，由市场去推动；按政府要强化宏观调控的思想，是政府取代市场，由政府去推动。其实，这二者都有片面性，经济社会科学发展既要靠市场，也要靠政府。

政府干预，宏观调控，大都认为始于凯恩斯的经济学的诞生，即 20 世纪 30 年代。经济学家认为凯恩斯经济学是政府干预、宏观调控的理论基础，而马歇尔经济学是市场经济的理论基础。这样的认定可以讨论。需要指出的是经济社会的发展是靠市场推动，还是靠政府推动，在马歇尔、凯恩斯以前，已经形成了两大流派，即无政府主义的经济思想，和面对经济危机的思想。无政府主义的经济思想包含着经济社会的发展排斥政府干预成分；而马克思早就预见到自由竞争发展到一定程度，供求之间的矛盾，不同群体之间的矛盾会激化，会产生经济危机。而解决经济危机的办法是：需要社会的权威机构去协调。社会的权威机构自然包括政府。这表明：是崇尚市场行为，还是

崇尚政府行为的争论是长期存在的。

应当说凯恩斯经济学的产生是基于 20 世纪 30 年代的经济大危机。危机教育了人们，也为经济学家的理性认识提供了实际的感性素材。但是必须指出：凯恩斯经济学中的政府干预是指对总供给与总需求，特别是对总需求的调控。他的指导思想主要是财政政策，而非货币政策，而没有包括其他的内容。但科学技术的发明，社会经济的发展，新的矛盾的出现，人们认识的深化，使宏观调控的内容更加丰富和发展，使政府干预的基点有了转移。比如有人主张政府的干预就在于制定游戏规则，维护市场秩序，如政府要制定产业政策，也就是说政府不仅要干预总量，而且要干预结构。再如政府不能一般地导向，而要实地掌握资源，主要的重大资源由政府配置等。

2011 年 3 月美国加州发生了大面积的停电，被称作"加州电力危机事件"。这一事件的产生与政府调控掌握资源有关。在美国，政府把电力视为"夕阳产业"，他们认为"朝阳产业"是高科技。于是，电力让市场去调节，换句话说，政府退出对电力产业的扶持。但"加州电力危机"教训了美国政府。早在 2001 年 5 月布什政府就推出了一项"新能源计划"，也就是政府下决心大力扶持电力能源。这一事件不仅表明：科学技术发展需要政府推动，而且政府的认识也是不断前进的。

历史和现实表明，科学发展既要市场推动，也要政府推动，把政府推动与市场推动的矛盾处理好了，经济社会就协调发展了，科学发展观就实现了。如果认为科学发展就是"政府退出"，"市场进入"不仅是片面的，而且是有害的。

市场经济不是无所不能的：不能说是什么情况都能由供求关系解决，都能厘清，经济学称作市场失灵。市场失灵的主要原因有：

（1）经济生活中的外在性，不能在市场交易中呈现出来并得到解决。所谓"外在性"就是存在于市场交易以外所产生的效应。这种效应有正负之分。对正的"外在性"，假定人们的权利变换都是通过市场交易进行的，权利变换产生的后果即效应是积极的，对人类有益的，我们称之为"正外在性"。相反，当权利变换产生的后果即效应是消极的，对人类有害的，我们称之为"负外在性"。照经济学的成本与收益、付出与补偿的原理，"正的外在性"应得到补偿，"负的外在性"应受到惩罚。但这种补偿与惩罚发生在交易以后，不存在于市场机制之中，所以，市场是无能为力的。

（2）随着社会的发展，人们对公共产品的需求，越来越大，但公共产品的供给却是有限的，因公共产品的供给范围广、收益低，作为追求利益最大化的市场主体是不乐意更多的供给。在这种情况下，公共产品的供给市场是无能为力的。

（3）市场通过竞争能解决效率问题却不能解决公平问题，解决公平问题必须靠政府。

市场有效地配置资源是价格机制和非价格机制共同发挥作用和相互配合的结果。这就是说价格机制是有限的，不是万能的。

非价格机制包括：商标品牌、产地、担保服务、质押保险这些都是供给者对需求者的承诺。

这表明：价格变动并不能完全解决供求问题。

商誉是企业的社会资本，社会资本是社会公众对企业的支撑形成的一种实力。

市场是一种理念，是一种引用商机的思维模式。

市场交换的不是实物，而是权利，市场化、商业化其实是把权利从实物上剥离出来并进行交易的过程。

二战以后，英国掀起了国有化浪潮，建立公共住房、公共医疗系统和社会保障体系，20 世纪 70 年代撒切尔夫人上台以后，大搞私有化，出售公共服务部门的股票，卖掉国有铁路。

私有化实质是引入市场和竞争机制。

对撒切尔夫人的私有化运动有不同的评价，雪利·赖特湟写了一本书，名叫《撒切尔主义剖析》，认为撒切尔主义和市场自由主义是不同的。撒切尔主义的理论之一是"最小国家"理论，即缩减政府对社会福利的承诺，政府只扮演"导夜人"的角色。这主要体现在减少公共医疗和社会保障的财政开支方面。这实际上是减少政府的负担，增加私人的负担，促进国家责任向个人责任的转变。

近年来一种新的国家理论正在形成中。典型的表述是"允许私人部门介入，但不允许个人退出"。"允许私人部门介入"即允许让私人部门以竞争性的投标方式来"承包"社会性的基础设施建设和服务。让政府逐步从实物供给中退出来。"不允许个人退出"即保留原来的"国民贡献"制度，即公民仍然要向政府交纳"国民保险税"。

资源配置问题是一个权利选择安排问题，但主要是让政府选择安排，还是让社会公众自己选择安排。

十、关注国外学者关于金融与经济关系的论述

金融制度安排与经济增长一般

金融制度安排对经济增长有没有促进作用，国外学术界有不同的认识。R. Levine（1997）认为有促进作用。这主要是从金融机构的功能来说的，如动员储蓄、配置资源、提供服务（支付汇算）实施公司控制等，通过这些渠道促进资本积累和技术创新。

但有的人认为金融没有促进经济增长的作用，它只是随经济的发展而发展，早期的有凯恩斯主义者琼·罗宾逊（1952），近期有诺贝尔经济学获奖者卢卡斯（1988）。卢卡斯认为经济学家们夸大了金融因素在经济增长中的作用（他是理性预期学派的代表人物，认为货币政策的作用被人们的预期抵销）[1]。

认为金融对经济增长是有促进作用的，有两种观点：即是以银行为主的金融体系对经济的促进作用大，还是以市场为主的金融体系对经济的促进作用大。哪一种体系更优？认为资本市场为主的金融体系更优，较早的代表人物是约翰·希克斯。他在《经济史理论》中提出：蒸汽机之所以在英国而不是在别的国家制造出来，关键就在于英国有流动性较强的资本市场。流动性较强的资本市场能解决投资者持有的有价证券的转让问题。这样的转让使投资者能够选择、安排，在什么时期持有最有利，什么时期转让出卖最有利。所以，最有利于吸引投资者对新技术投资。

但有的学者如 Demiruc-Runt Levine（1996）对希克斯的观点提出质疑，认为资本市场的流动性会妨碍经济增长。①资本市场的流动性会使"收入的替代效应减少储蓄率"，储蓄率的降低减少资本积累，从而影响经济。②资本市场的流动使投资具有不确定性。较多的不确定性对投机者有吸引力，较少

---

① 读者笔记旁注，读者新的体会。

的不确定性对风险厌恶者有吸引力。但也会降低他们对储蓄的需求，总的说来不利于储蓄。③股权市场的流动性会影响公司治理。总之，流动性强的股市会导致投资者的近视行为，会弱化投资者的承诺。

金融制度安排与技术创新

最早论述金融推动经济发展的是熊彼特，早在 1912 年他在《经济发展理论》一书中，详细阐述了创新与经济发展之间的关系。他认为经济发展的核心是创新，银行家对企业新技术的选择起着重要作用。

其次是经济史学家格申克龙（A. Gerschenkron）。他在 1962 年认为，银行在为工业化提供金融资源方面比资本市场更有效，因为银行在提供金融资源方面享有规模经济和范围经济。

戈德史密斯在《金融结构与金融发展》中提出"以初级证券和次级证券为形式的金融上层结构，加速了经济的增长，改善了经济运行，为资金转移到最佳的使用者手中提供了便利，也就是说，把资金转移到经济体系中能取得最高社会收益的那个地方"。

知识经济的兴起，美国经济的持续增长引起了人们的关注，金融在其中发挥着什么作用？有人认为美国经济的发展是人力资本与风险资本的结合。美国风险资本的产生与其独特的金融体系有着密切关系。这主要是指在私募资本市场中，各种基金为技术创新提供了经济基础。

两种金融制度安排的比较

以银行为主的金融体系，构建的是双重的委托代理关系，即投资者与银行的委托代理关系、银行与借款人的委托代理关系。在这样的双层委托代理关系条件下，银行的运作有没有效率？主要取决于两个因素：一是信息的掌握程度，二是交易成本高低。以银行为主的金融体系是否优于以资本市场为主的金融体系，主要看谁掌握的信息充分，交易成本较低。

R. G. King 和 Levine（1993）对 80 个国家 30 年（1960—1989 年）的历史进行了考察，发现金融中介的发展水平与经济的长期增长（持续发展）存在强的相关关系，但没有证明股票市场与经济的长期增长存在相关关系。

Allen Franklin 认为（1993）银行只提供"一元化审查"机制，金融市场提供"多元化审查"机制。照我的理解，所谓一元化审查机制，即社会对银行运作好坏（绩效）的评价，如只看存款—贷款，而社会对市场运作好坏的评价能从多方面如市场价格、交易量、企业并购企图等去评价。

Allen Franklin 认为当人们对一项新技术未来发展前景举棋不定时，金融市场的资源配置功能可以比银行发挥更好的作用。

Allen 和 Douglas 还认为，任何一种融资方式占主导地位的经济都不是有效率的经济（2000 年），因为以某一种融资方式为主导就阻止了竞争性融资形式的建立，就会使融资没有效率。

T. Beck 和 R. Levine（2002）认为过多依赖外部融资的产业，无论是哪一种金融体系其经济都不会增长很快。

金融机构与研发型企业、劳动密集型企业的运作，没有什么关系，因此不赞成金融体系做两种划分。即使划分为两部分也无助于解释产业增长模式和资本的配置效率。

Marco Dagano（1993）认为，金融机构吸收的储蓄并非完全转化为投资，其中一部分成了利差和经理人、交易商的佣金及其他费用。还因为由于准备金、税收的存在，减少储蓄转化为投资的比例。

通过收集信息评价投资项目，引导人们向高风险、高回报的技术项目投资，这种功能无论是银行还是市场都具备。

金融中介通过储蓄率影响经济增长，但如果缺乏竞争，储蓄转化为投资的回报率便低。在不完全竞争的条件下，金融中介给投资者的利率低于完全竞争条件下中介机构给投资者的利率，这样会使储蓄率降低。

十一、学习国内学者关于经济与金融相互关系的论述

经济决定金融的理论基础

经济决定金融，在业内人士中曾经有三论：

第一，分工交换论。它表明：银行制度的产生是社会生产力进一步发展的要求。

第二，商品经济发展程度论。它表明：在商品经济发展程度不同的地区，与金融发生关系的人不同，换句话说，只有商品经济发展到一定程度，人们与金融发生密切关系；相反，不密切。

第三，经济主体收支决定论。经济主体可分为家庭、企业、政府。经济主体有多大的金融活动空间，取决于他们的收支安排。收支安排的负债倾向为他们的金融活动创造条件。当代，有一种倾向值得注意，即政府靠负债管理，企业靠负债经营，家庭靠负债消费。

金融意识决定金融活动空间

经济主体有多大的金融活动空间，除取决于他们的收支安排外，还取决于他们的金融意识。

第一，人们的金融意识强不强以什么去衡量？人们的金融意识强不强主要以两个指标去衡量：一是有多少人买卖金融商品，即有多少人进入金融市场？从历史观察，人们进入金融市场的时间序列有先有后，带有规律性。二是对利率的敏感程度。一般说来，经济发达的地区，利率低，经济不发达地区，利率高。利率高低对人们的影响在不同地区有不同的反映。如人们对利率变动的反应敏感，表明金融意识强，相反，金融意识弱。一般说来，注重精打细算的企业和个人对利率的敏感度强，相反，不注重精打细算的企业和

个人对利率的敏感度弱。

第二，企业和个人金融意识强不强的行为表现。企业和个人金融意识强不强的行为表现集中在是否注重对自己资产的"三性"组合。"三性"组合的实质是关注变现能力，关注现金流。

第三，金融意识高低也取决于宗教文化。美国人有基督教文化，中国人有佛教文化，阿拉伯人有伊斯兰文化，不同的宗教文化，有不同的财富观、生存观、生活观，不同的价值判断，从而有不同的思想意识。其中包括金融意识，如阿拉伯世界有人著书立说认为利息是剥削。

金融作用于经济的不同视角

第一，金融作用于企业经济过程的不同环节。

企业经济过程从再生产来说，通常区分为：研究、开发、试行、投产、营销、服务等不同环节。金融在哪个环节介入呢？一般说来，企业经济过程处于正常运作后，金融才有条件介入，换句话说，在开发、试行阶段金融不宜介入。如某项技术的创新在不成熟以前，金融不宜介入，再如某个企业"走下坡路"时银行也不宜贷款。但现在的情况有变化，如金融支持科技创新，银行支持企业重组。为什么会这样做？其理在于：金融要为别人承担风险，分散风险；金融要推动优化经济结构、经济过程。

第二，哪些行业需要外部融资？哪些行业不需要外部融资？

行为可粗分为物质产品流通领域与非物质产品生产领域；还可细分为采掘业、加工业、基本建设，农业、服务业等。从过去来看，要不要借助于金融中介外部融资，主要看这个领域有没有现金流，有没有回报？但在有现金流的条件下，任何资产都能证券化；在有增值的条件下，任何资产都有回报，只是时间长短，能力大小的问题。有些事物比如学生在学习期间没有现金流，没有增值能力，为什么银行还要搞助学贷款呢？这应当叫作人力资本投资或人力资本贴现，投资应当有回报，贴现是为了增强现金流。

考察一个经济体需不需要借助金融中介外部融资，应考察以下因素：①资本结构，所谓的资产负债率高低，是资本结构状况的反映；②利润的有无和大小，这当中要关注显性的和隐性的；③原材料和产品储备周期，这取决于销售和现金回流的过程、时间；④新兴业务发展；⑤债权债务关系的运作，即取决于资金链长短，会不会断裂。在我国，有些企业资产负债率很高，是技术因素，还是体制因素？我国某些企业投资建成后一直没有运营资本，全靠银行贷款，资产负债率肯定高。在我国，有些企业如烟、酒企业利润很高，为什么还要向银行借款，这只能从上述因素中去寻找答案。

国外经济学家如斯蒂格利茨研究过哪些行业需要更多的外部融资？哪些行业不需要依赖外部融资？结果表明：传统产业（如轻工业、烟草、皮革、陶瓷等）不需要依赖外部融资；新兴产业（如医药、塑料、IT产业）需要依赖外部融资。

第三，地区经济结构不同，金融作用于经济增长的能量不同。

还值得关注的是所有制差别与金融作用于经济增长的关系。上海复旦大学张军于2006年7月在学术月刊上发了一篇文章《中国的信贷增长为什么对经济增长影响不显著》，他在文章中的回答原因是"更多的信贷配给了低效率的国有企业"。

一个地区非国有企业获取的信贷越多，它的经济增长就越显著。这是他通过对29个省（区、市）15年的数据（1987—2001年）实证得出的结论。采用的办法是将高贷款地区与经济高增长地区比较呈负相关；低贷款地区与经济低增长地区比较也呈负相关。但将经济高增长地区与低贷款地区比较则呈正相关。也就是说**在经济高增长地区信贷占GDP的比重反而更低**。高贷款地区是怎么计算的？计算每年各省（区、市）贷款占GDP比重以这个指标作为参数，把29个省（区、市）分成两大地区。分别简称为"高贷款地区"和"低贷款地区"，然后与各省份的经济增长率相对照。结果发现，**高贷款地区的经济增长率总体上显著不如低贷款地区的经济增长率**。如浙江银行贷款占GDP比重低，但GDP增长率高；而辽宁银行贷款占GDP的比重高，但GDP增长率低。

由于经济高增长地区的经济发展**主要靠非国有经济支撑，所以他得出贷款给非国有经济效率高，贷款给国有经济效率低的结论**。

用这样的方法进行考察需要注意是：①仅指银行贷款增长，不包括其他方式融资；②在实际当中有跨区贷款，这个因素应怎么考虑？

考察经济与金融的关系的见解

考察经济与金融的关系是作为两个对立的且相互关联的事物去考察，还是作为一个事物内部的结构去考察。如果是前者，则要考察它们的互动关系；

如果是后者，则要考察总体与局部的关系。

通常我们说经济决定金融，金融反作用于经济，这里需要思考"决定""反作用"的含义：谁决定谁，有主动的一方和被动的一方，如说经济决定金融，则经济是主动的一方，金融是被动的一方："反作用"通常是被动的一方产生的效应，如说金融反作用于经济，则含有金融被动的产生对经济的效应的意思。主动—被动，含有时间序列因素，主动应当在先，被动应当在后，所以用"决定""反作用"去描述经济与金融的关系，含有"因与果""先与后""主导与从属"的意思。如果用"互动"则没有或淡化了上述意思，"互动"含有相互推动、相互制约、"一荣共荣，一损俱损"的意思。

通常我们说金融是国民经济的一个产业，也就是把金融作为经济内部的构成去考察。考察事物内部的构成，要考察这一事物内部的结构状态、结构机制、局部与整体、各个环节的关联等。金融业作为国民经济的一个产业，要分析它与其他产业的关系。

笔者在《金融经济学》中剖析"经济决定金融"时，指出考察经济决定金融：一要注意商品经济的发展程度；二要注意政府、企业、居民家庭有多大的金融活动空间；三是注意社会成员的金融意识。这三个方面概括起来说，就是要用历史的、社会的观念去看问题。这样的考察比较宏观、粗略、笼统。如果深入地考察这个问题，可做以下分解，即宏观经济与宏观金融、中观经济与中观金融、微观经济与微观金融。宏观以全球或一个国家为考察对象；中观以一个地区为考察对象；微观以一个企业或一个家庭为考察对象。

以全球或一个国家为考察对象，经济决定金融的内容有：

①经济问题决定金融总量，如GDP的总量或消长的程度决定货币供给的总量或消长程度；②科学技术的发展水平，决定金融运作的总的技术水平；③经济制度、环境，决定金融成长和发展的环境，比如：如建立市场经济体制为金融发展创造了条件；④经济政策包括政府的干预，调控决定经济增长等。

以一个地区作为考察对象，经济决定金融的内容有：

①发达地区经济为金融运作创造了宽松环境，如：我国沿海发达地区的经济对金融机构展业的影响；②欠发达地区经济、对金融成长和发展的制约，如我国西部地区对金融展业的影响；③发达地区经济之间的经济联系，决定了这些地区金融的联系；④发达地区与不发达地区经济的互补，决定了它们金融的互补。

以一个企业、家庭为考察对象，经济决定金融的内容有：

①一个企业、家庭的兴衰，决定了与之相关的金融机构的兴衰；②企业、家庭的资产结构和状况及安排，决定了与之相关的金融市场的交易；③一个企业、家庭的金融意识，决定了金融行为选择。

《金融经济学》在剖析"金融反作用于经济"时，概括了十个方面。这十个方面是以不同的角度描述金融的功能，而且均从宏观的角度描述，这样的描述也略显粗略。其中论述"金融交易对社会经济生活的影响"，立足于企业、家庭，即从微观的角度描述，这样的描述显得抽象。所以，金融怎样反作用于经济，还需要具体地、生动地考察。特别要注意发现新事物、新现象、新的途径，新的效果。

十二、按科学发展观设计我国的金融制度

科学发展观理论的核心，概括地说，是以人为本，协调发展。中央提出的"五个统筹"是科学发展观的进一步表述。怎样按科学发展观安排金融制度，需要学习和掌握金融制度建设的客观规律。事物的发展是从无到有，从非正规到正规演化的。金融制度变迁也是从非正规金融向正规金融演化。

必须转变和建立的金融观念

第一，从非正规到正规，反映了先有需求，后有供给（制度供给），所以，怎样按科学发展观的理论来设计我国的金融制度，首先要考察社会成员对金融的需求。考察社会成员对金融的需求，要立足于我国是大国，我国社会经济发展处于什么阶段。大国经济发展不平衡，贫富差别大，这是我国的基本国情。

第二，要明确的是，金融业不只是融通资金，金融业除了具有融通资金外，还提供"公共产品"，提供公共服务。金融业是具有服务性质的第三产业，要从满足社会公众和公共产品、公共服务去安排金融制度。

第三，金融业不只是替企业和政府服务，还有家庭服务、地区服务，在为地区服务中贫穷落后地区怎么办？在为家庭服务中弱势群体怎么办？必须给予充分考虑，不能忽略。

第四，发展中国家的金融业不能只是"锦上添花"，还需要"雪中送炭"。扶贫不能全靠财政资金和财政手段，扶贫也需要开发和利用金融资源和金融手段。如何利用，在于人的智慧、创新。

第五，金融业不能只讲竞争，不讲合作。合作方式有国际合作、区域合作、行业合作、机构合作，合作中有竞争，竞争中有合作，共同发展，相互作用，才能化解和消除风险。

第六，按科学发展观安排金融制度要靠两只手，即既要靠市场，又要靠政府，靠市场要一步一步地走，超前，违背事物发展规律是要受到惩罚的；靠政府不能推出一个模式，要求从上到下统一执行，必须要承认差别，尊重下面的创造。

需要熟悉和领会金融业发展的五种理论

现代金融业的发展有五种理论：

第一，金融集聚理论。该理论是讨论金融业的生存空间是集中一点好，还是分散一点好。集聚理论主张"集中"，集中的好处是能产生集束效应和辐射效应。为什么一些地区要打造金融中心，为什么一些城市要打造金融街？就是为了取得这两个效应。这两个效应，有的又称作"区位效应"。

第二，区位集中理论。**为什么集中能产生"区位效应"？**学术界的讨论和达成的共识是：①降低交易成本，提高效率；②便于金融机构之间的合作；③带动相关辅助性产业的发展（商业银行、投资银行、保险公司、餐饮业等）；④防范风险，提高信誉度（信息的掌握、传播，特别是聚集人气）。

但金融业的集中，带来一个问题，即金融机构是远离客户，还是靠近客户？这取决于信息的掌握是否及时、充分、可靠。而信息是否及时、充分、可靠，取决于技术和披露（人的素质）。学术界和同业一般认为，规模大的金融机构，有保持距离的优势（因为技术力量强，人员素质高），而规模小的金融机构，没有保持距离的优势（因为技术力量弱，人员素质低）。

地方政府在金融集聚中发挥着特殊作用？地方政府一方面要执行中央政府的政策（执行者），另一方面又是地方国有企业的所有者和地方经济发展的推动者。这双重身份产生地方与中央的博弈：要中央支持，分散风险；同时又不想自己的资源流失，特别是防止金融资源流失。现在一些地方为了吸引境外金融资源流入，采取优惠政策，给予奖励，免费或低价给土地，对高管人员免税，安排家属子女优先就学等（如深圳，后来被教育部否定）。现在有个矛盾，在一个地区设机构，不征求当地政府金融办意见，而当这个机构出了问题，要当地政府承担风险、责任。

第三，金融服务理论。这种理论认为，金融业是服务业（第三产业），金融业提供的产品是"公共品"，或"准公共品"。服务业表明金融业不只是融通资金，而是提供服务，因为支付结算、货币流通，人们生活少不了。为什么假期银行不关门（关门人们的意见大），为什么要设 ATM 机，方便群众。为什么要汇总，父母的赡养、儿女要抚育，每个人少不了。"公共品"是大家都需要的，"公共品"具有需求的非竞争性、受益的非排他性和效用的不可分割性。所谓非竞争性，是指当某个人对它消费时，不排斥其他人同时对它进行消费；所谓排他性，是指它的供给会使社会所有的个人都受益，不会使一部分人受益，另一部分人不受益；所谓不可分割性是指，它总体上发挥效用，而不能将其分割为若干部分，让其分别发挥效用。"公共品"在自然界典型的是空气，在人类加工品中最典型的是高速公路，在政府行为中最典型的是国防。金融业的公共品是信用卡。信用卡本身不是货币，是货币的替代品。当代，金融业的发展要为社会公众提供公共品，是为了方便人们的消费，这种理论要求金融业要作为服务业发展，不能想来就来，想撤就撤。

第四，金融创收理论。党的十七大指出，要创造条件让更多的群众获得财产性收入，主要是指金融。

第五，金融扶贫理论。**信用是权利与义务的制衡**，作为社会的人都具有信用素质。**尤努斯孟加拉乡村银行证明**，富人不一定比穷人讲信用。**不能说有钱的人讲信用，没有钱的人就不讲信用。金融以信用为基础，在信用面前人人平等，富人不比穷人讲信用。**人无信不立，市无信不兴。每个群众向银行贷款，银行也应向每个群众贷款。有人提出要建立"普惠金融体系"，也就是说要利用金融手段，"普渡众生""施惠于民"。对此，必须转变观念，传统观念的金融总是嫌贫爱富，其行为总是锦上添花，不会雪中送炭。其实这只是对商业性金融而言，不能概括一切金融活动。传统观念的金融救急不救穷。政策性金融既救急又救穷（助学贷款、扶贫开发、灾害豁免等）。

关于开发性金融与政策性金融

成立国家开发银行是为了理顺国家的国有资产投资，建立新的投资体制。国家开发银行（1994 年 4 月 13 日成立）是由原来国家计委下面的六个国家专业投资公司过渡来的，第一任行长是计委副主任姚振炎。此外还有进出口银行和农业发展银行，这三家都称为政策性银行。政策性银行的运作，其政策性体现在哪些方面，值得研究。

需要讨论的问题：

第一，称作开发性金融，作为一个经济学范畴，合不合理，准不准确，科不科学？开发是金融展业的着力点，是从行为的效果来说的，政策性金融，从行为主体来说，体现政府的意图。什么算开发，什么不算开发，发展二板市场也是开发。说开发银行是开发性金融，带有部门色彩，其他政策性银行呢？农发行也有开发性，支持高科技，发展二板市场也属于开发。

第二，所谓组织增信，就是要政府信用支撑，这是否为优势，取决于政府的信用度。真正的优势是政府的组织优势与开发银行的融资优势相结合。

第三，开发银行的作用是否"弥补制度缺陷和市场失灵"？这样讲是否高估了，引起制度缺陷的因素很多，而且政府也会失灵。

在我国，有政府主导的金融和以市场为主导的金融，政府主导的金融总的说来是政府对金融活动的干预，可称为政策性金融。由于干预的范围不同、方式不同和效果不同，可区分为狭义的政策性金融和广义的政策性金融。狭义的政策性金融是金融活动的非营利性；广义的政策性金融是金融活动的补偿性。

狭义的政策性金融，是金融活动的非商业性，进一步说就是行为主体的非自主性、非互利性和非有偿性，如政策性银行遵照政府的意图，发放政策性贷款，尽管这种贷款利息很低甚至有可能难以收回，但必须发放。

广义的政策性金融还包括金融活动的补偿性，进一步说政府出于特定的目的，对金融活动的行为主体进行补偿，以减轻负担，实现良性循环。在这一方面的案例有：财政对某些企业的贷款进行贴息；存款保险公司对部分存款人进行赔偿；中央银行难以收回对"三农"的部分再贷款（中央银行每年对农村金融机构的再贷款实际上是救济性的，难以收回）；金融机构对弱势群体豁免的部分债务等。

建立和发展区域金融的意义

第一，有利于货币政策区域传导评析（如把利率因素纳入分析等），先作用于经济发达市场化程度高的地区，后作用于经济欠发达市场化程度低的地区。

第二，有利于货币资金区域流动评析（如把同业拆借纳入分析等）。

第三，有利于民间借贷的区域差别评析。

区域性金融机构的建立

中国要不要地方银行？或者说要不要服务于地方经济和社会发展的金融机构？

地方银行的名称可以各不同：如社区银行、合作银行、储蓄银行，甚至不叫银行。但它有一个共同点，它们的服务范围是区域性的，对象是大体确定的。这种银行地方政府要参与、扶持、管理，要增强实力，承担风险。

为什么要有地方银行，一是中国这么大，分级管理，分级负责，特别是分级承担风险；二是社会需要特定机构的金融服务。

现在讨论的问题是：要不要地方政府参股？要不要受地方政府控制？

在全国城市商业银行的一次会议上，多家商业银行的负责人表示，政府财政资本在商业银行中作为"大股东"的地位不能变，原因是生存发展要靠地方政府。但有人认为，地方政府"一股独大"不好，民间资本"一股独大"也不好。股权结构要多元化，分散化。

在深圳调研时，渣打银行的副行长告诉我们，他们在寻求合作对象时，看好中间业务和有背景的中资金融机构。因为：一有政府信用支撑；二能涉及政府投资领域。

地区金融业发展需要掌握分析的情况

（1）金融需求。

①经济发展：以什么产业或行业支撑；近几年的规划、投资；②企业构成；大、中、小；国有、合资、合伙、个体；他们的资金余缺状况；资产与资本规模；③各阶层收入：城镇居民收入；农村居民收入；④货币资金的流出、流入状况；流出的渠道、数额；流入的渠道、数额；⑤财政收支状况：近年来的收支状况；转移支付的状况；⑥民间信用状况：采取的形式；数额的大小；利率的高低；运作是否规范；⑦购买保险的状况：人数、金额、种类；⑧证券投资状况：人数、金额、盈亏。考察金融需求，主要回答这个地区有多大规模的流动性资产。

（2）金融供给。

①金融机构设置：商业银行；信用社；证券；信托；②各家金融机构的运行状况：存贷款；结算；覆盖面；利率伸缩度；③金融服务状况：结算；

汇总；数量；质量。考察金融供给，主要回答这个地区金融中介功能发挥得怎样，存在的空缺怎样弥补。

（3）金融环境。

①各企事业单位的信用度，各阶层居民的信用度；②法制建设状况，特别是财产、债权债务关系方面的法制建设；③信息的汇集、交流、透明、传递；④人们的金融意识：怎样寻求保值、增值（追求什么？盈利性、流动性、安全性）。考察金融环境，主要回答这个地区金融发展的相关条件是否具备和完善。

十三、经济增长归根结底要以人为本

以人为本的含义

所谓以人为本，其基本含义简要说就是：它是一种对人在社会历史发展中的主体作用与地位的肯定，强调人在社会历史发展中的主体作用与地位；它是一种价值取向，强调尊重人、解放人、依靠人和为了人；它是一种思维方式，就是在分析和解决一切问题时，既要坚持历史的尺度，也要坚持人的尺度。

我们需要围绕这种基本含义，进一步从哲学上深入挖掘以人为本的具体内涵。以人为本是一个关系概念。人主要处在四层基本关系中：人与自然的关系；人与社会的关系；人与人的关系；人与组织的关系。我们可以从这四个层面的关系中具体解读以人为本的完整内涵。

第一，在人和自然的关系上，以人为本就是不断提高人的生活质量；增强可持续发展能力，即保持人类赖以生存的生态环境具有良性的循环能力。

对同时代的人来讲，当代中国发展的目的在于提高人的生活质量，提高人们的物质文化生活水平，使人在优美的环境中工作和生活。虽然由于客观条件及文化的差异，各地区的人在发展目标的追求上不尽相同，但一些基本要求还是共同的，如优美的生态环境、心情舒畅的工作、健康的身心、享有有效的人权、民主平等、具有均等的受教育的机会等。只有在上述要求得到满足的情况下，人们才算达到了较高的生活质量。

对代际来讲，应保持生态环境具有良性的循环能力，主要包括：①提高公众的环保意识。这要求我们加强对环境保护的宣传教育，不断提高公众参与环境决策的能力与质量，促进人与自然、环境与经济的协调发展。②建立以人为本的可持续生活方式。正如有的学者所说的，要建立有效的能源和资源消费模式，要认识到我们观念上的误区及其根源，改进旧的传统观念和消费模式，特别是要有一种将人类与自然界融合在一起的视野，确立一种新的生态环境观念，并落实到行动上，通过绿色消费行动，使消费者有意识地选择对环境保护有益的商品，来引导企业提供这样的商品。

第二，在人和社会的关系上，以人为本就是既使社会发展成果惠及全体人民，不断促进人的全面发展，又积极为劳动者提供充分发挥其聪明才智的社会环境。

人是一切活动的主体。因此以人为本就是要把人作为社会历史发展的目的，使社会发展成果惠及全体人民。在物质财富极端匮乏的年代，注重物质财富的积累是必然的、合理的。然而，当人们的生存问题基本解决而人的发展问题凸显出来之后，如果"只见物不见人"，不去解决人的发展问题，就会付出沉重的代价。这就需要从以物为本的发展逐步走向以人为本的发展，为人们的聪明才智和创新能力的充分发挥提供物质基础。在当代中国，提出以人为本是相对以物为本而言的，是对过去只追求经济增长这种见物不见人的发展方式的超越。

人又是一切活动的手段。因而，以人为本又要求我们的发展必须依靠人，要求人在享受社会发展成果的同时首先要创造成果，人要凭借其能力为社会多做贡献。为此，就必须为劳动者创造能力的发挥提供良好的社会环境。在这个意义上，我们又反对不劳而获和坐享其成。

第三，在人和人的关系上，就是强调公正，不断实现人们之间的和谐发展，既要尊重贫困群体的基本需求、合法权益和独立人格；也要尊重精英群体的能力和贡献，为他们进一步创业提供良好的人际环境。

以人为本蕴涵的社会公正原则，在当前特别要求尊重贫困群体的基本需求、合法权益和独立人格。由此，它要求公正合理地解决社会中存在的贫困群体和精英群体之间的贫富差距问题，更要尊重他们的人权，增强他们的发展能力，为他们提供平等竞争的机会和条件，在社会主义市场经济发展过程中，如果大多数人在社会转型中丧失利益且得不到有效帮助，改革不仅难以继续下去，而且不利于社会和谐。一个社会和谐不和谐，很大程度上取决于贫困群体的生存状态，取决于精英群体对待贫困群体的态度。所以，贫困群体更应受到关注。以人为本，就是要让贫困群体也分享到社会发展的成果。

以人为本蕴涵的社会公正原则，也要求尊重社会精英群体的独创个性、创新能力和业绩贡献。这里的精英群体，主要指靠能力、业绩而在经济社会中具有重要地位的群体。社会精英群体是社会进步的重要力量，是社会发展的火车头，对社会发展起着重要作用。所以，坚持以人为本，也应该尊重精英群体的创新能力和业绩贡献，应为他们进一步创业提供良好的人际环境，使他们各尽其能、各得其所。一个社会是否具有活力，很大程度上取决于如何对待社会精英人才的创新能力与贡献。

第四，在人和组织的关系上，就是各级组织既要注重解放人和开发人的潜力，为人的发展提供平等的机会与舞台、政策与规则、管理与服务，又要努力做到使人们各得其所。

针对组织对人的过度控制，以人为本体现为对人的解放和人尽其才。如果仅把人看作成本，就容易把劳动者当作物，而不是当作人，就会漠视人的基本需求和合法权益及独立人格，就容易降低劳动者的工资，不注重人力资本投资。如果把人当作组织的主体与目的，那就意味着要注重对人的解放和使用，为每个人潜能和能力的发挥提供相对平等的机会与平台、政策与规则、管理与服务，使人各尽其能。这里着重强调尊重人的能力问题。一般来讲，人们不仅要求能够过上健康长寿的生活，而且要求能够充分接受教育，能够具有足够的社会交往和参与社会生活的空间，能够实现自我价值。人的发展的这种特征，意味着要注重人的能力的充分发展和运用，并把人的能力作为基本价值。自 20 世纪 90 年代以来，以联合国为首的国际组织开始关注人类发展，并强调把人的能力放在发展的核心位置。这对我国来讲，是具有现实意义的。

当人凭借其能力为社会做出了贡献，他就必然要求社会给予应有的回报。这种回报是对人的能力和贡献的尊重与肯定，这同样也是以人为本的体现。由此，社会应尽力让每个人各得其所，对每个人的能力和贡献给予应有的尊重。

经济发展中的影响力：中间阶层的形成

有人分析，一个国家缺乏民主法制，就是因为经济不发展，人们收入水平不高，缺少一个有影响力的经济阶层，反过来说要建立健全民主法制，就必须发展经济，提高人们收入水平，让社会形成一个中产阶层。在社会经济学的研究中，提出人均收入 1 000 美元后，是一个转折点，其中也包含着这个道理。

一个国家要提高人的素质，才能推行法制、民主，才能让法制、民主制度有效实施。通常讲要增强公民意识，其含义是：公民要有主人翁意识；公务人员要有公仆意识；公务员是官员，官员代表政府；监督官员，官员对自身的约束是公民社会的特点和优越性。

第五编　信息知多少　贵在敏与思

——微信传递的认知

(21世纪继十年读书笔记)

编者导读：21世纪以来，人们的信息交流中大量使用便捷的沟通工具（如微信）。各种信息每日海量生长，通过微信等传媒传遍四方，浮沉叠加。曾康霖先生时常浏览微信。他以学者的敏锐、智识，常常从微信中去发现发掘开启其传递的诸多认知，给予我们"信息知多少，贵在敏与思"的深刻启示。这一编，曾康霖先生把他从众多微信中提取的11个认知，以读书笔记的形式呈现给读者。

一、乡村振兴报告的亮点

二、土地流转相关的问题

三、刘易斯拐点中的拐点：年轻人不愿意进工厂打工

四、对市场在资源配置中起决定作用的理解

五、对企业家精神的认知

六、收入多少算是中国穷人

七、我国房地产价格在相当长的时期为什么降不下来

八、对各国公众理财方式的评析

九、国内专业人士对互联网的看法

十、对哈耶克商业周期理论的评析

十一、经济全球化带来的影响

一、乡村振兴报告的亮点

出于职业偏好，笔者一直不忘初心，关注"三农"。这次又与弟子们到各地考察了一番。看到和听到了乡村振兴战略实施给"三农"带来新变化。仔细阅读了国家发改委等单位发布的《乡村振兴战略规划实施报告（2018—2019)》（简称"乡村振兴报告"），乡村振兴报告，有其亮点，也能够说有新意：

（1）树人，强调的是乡村振兴要有企业家，而不是一般的农民工返乡创业。对此，舆论应当有正确导向，政府应有支持政策。

（2）压舱石，要优化农业土地、劳力、技术要素配置。优化土地配置，搞"三权分置"有局限性，一家一户承包经营，没有摆脱小农经济思维。要立足于"股份制"，产权与经营权分离。培育发展新型农业经营主体，要组建综合性的农业产业股份公司。土地入股，农民自身以"农龄"入股。

建立线上线下农业服务产业体系。让企业家在"家门口"创业，体面创业，提高从事农业的农民的社会地位。

当前兴起搞观光农业、绿色农业、旅游农业有其合理性，但乡村振兴，绝不只是让农民增加收入，还要注重树人。打造小镇主要为的是树人。既要打造特色小镇，更要打造综合小镇。人的成长必须要有亲情文化。亲情的形成、积淀和发展，文化的传承、交流和普及必须相对集中，一家一户的生活难以实现这一点。

建立健全城乡融合发展体制机制和政策体系：

为建立健全城乡融合发展体制机制和政策体系，加快推进农业农村现代化，在这里我们提出以下制度建设和政策主张：

（1）建立科学的城乡户籍管理制度，鼓励农村人口能够到城镇置业、就业；也激励城镇人口能够到农村置业、就业。

（2）变资源为资产，逐步推行城乡资源资产共享。从改革发展的趋势看，农村人口能够占有、享有城镇的资产、资源，城镇人口也能够占有、享有农村资产、资源。

（3）城乡融合，着力构建产业体系、生产体系、经营体系建设，把科学技术纳入农业、农村现代化的进程中。

（4）城乡互动，以城镇为主导，改善农村的环保状况，提高农村、农民的道德水准和文化生活水平。

二、土地流转相关的问题

（1）土地流转，首先要研究供求双方。供：谁愿意把土地拿出来流转？求：谁需要流入土地？流出流入都涉及利益。涉及利益都应当有主体，应当自主、自愿、自由，不能被别人引诱，更不能强迫，不能施加压力。

（2）土地流转，转让的是使用权（有的说是经营权），转让使用权，首先有时间界限（几十年还是十几年）。

（3）没到期时，政府或集体能不能收回（毁约），如有权收回应怎么赔偿？

（4）流入的土地能不能为所欲为，比如能不能拿来开发旅游，修房子，能不能让它荒芜。

（5）在土地使用期间，怎样维护现在土地的质量和数量，会不会"竭泽而渔"，让土地更加贫瘠。

（6）流入的土地，如果遇到公益事业（比如修路），有没有否决权？有没有补偿权？

（7）土地使用权到期，契约关系完成，如果土地使用权长期承包给农民，农民的后人能不能继续承包？

（8）现在有的地方搞"确权"，即把土地使用权永远"确定"给你，有利于你承包，有利于发挥农民保护土地、爱惜土地、使用土地的积极性，维护农民的利益。

可是农民对确权的积极性不高，他们认为尽管有永久的使用权，但没有所有权。如政府要，不能不给。此外，他们认为：使用权与"增人不增地，减人不减地"是矛盾的，既然土地公有，就该人人有份。

有人认为，农村土地不应当说是"公有"，理由：利益享受，责任承担的主体是不明确的，其管理权是来源于行政权力。是"扩大了的私有制"，如西方股份制！

三、刘易斯拐点中的拐点：年轻人不愿意进工厂打工

现在有个情况很值得注意：年轻人不愿意进工厂当工人。这是什么原因？一是不愿意干体力活，体力活苦，被人瞧不起。说是工厂当工人的，对象都不好找。二是缺乏福利，社保水平不高。三是学历比较高了，原来有农民工，现在有"农二代"大学生，大学生不愿当工人。他们都想从事与自己所学的专业对口的职业，如金融、财会、法律，有的人找不到理想的工作，宁愿从事中介服务行业，如快递、卖房，融资等。

由于年轻人不愿当工人，工厂用工成本高。据说一个成衣厂的工人，一个月的薪金轻松突破1万元。

工厂工人中年化。多数"90后"的农民工，学历低，缺乏专业训练，缺技术，工厂又不愿要，于是新出现了"用工荒"。"用工荒"反映了双方的僵持：一部分年轻人要求高薪金，但缺技术怕吃苦；而工厂的承受力有限，赚不到多少钱，更谈不上积累。

这种状况是社会问题，更是经济怎么发展的问题。经济应怎样高质量发展？

附录：

年轻人不进厂都去哪儿了？

2018年3月9日，在广州鹭江南约大街上，工厂招工的人举着牌子一个挨一个整整站出一公里长。也有人将招工牌摆在路边，自己找板凳坐在一边，摆摊位招工。与壮观的招工队伍形成鲜明对照的是，应聘者寥寥。鹭江村、康乐村是广州市海珠区政府斜对面的城中村，由于毗邻珠三角最大的布匹交

易场所——广州中大布匹市场，这些城中村里聚集起数以万计的大大小小的服装加工厂。

招工队伍中，很多是工厂主亲自披挂上阵，他们普遍表示，去年日薪三四百元能招到的工人，今年四五百元都未必招得到。鹭江村制衣厂老板娘姚女士透露，一名熟练的四线工一个月工资能轻松破万元。但一位制衣厂老板的"90后"儿子表示，目前工人多是中年人，"年轻人不愿意干这个，以后招工可能越来越困难。"

想想2008年前，那时候的"70后"要想进个像样的工厂，还得托熟人，请客送礼之类的。现在呢？没有年轻人再想进工厂当工人了，老板们也牛不起来了，觍着脸好话说尽。以前沿海城市的市区居民90%的人都是工人子弟，但是这些人已经彻底不做工人了，郊区的年轻人也鄙视做工人。

现在的城市子弟们靠着父辈的积累，基本上都完成了转型，根本不可能去工厂上班，那是他们看不上的地方。工厂里都是农民工，而农民工越来越少，工资水平也越来越高，其他成本也是年年看涨，最后产品就毫无价格竞争力了。

更可怕的是社会上的观念完全变了，对于工人，没有正眼相看的。要是哪个男孩子说自己在工厂上班，就是农民工的女儿也不一定瞧得上他。

2018年1月，河南富士康劳务派遣公司的周先生说，河南省当地的年轻人进富士康，都不是为了工作，而是有社会需求。"很多小孩进去都是为了找女朋友的，找到了就出来了。"周先生说，所以低端制造业工人的流动性通常都很强。

农民工哪儿去了？主要成了"农二代"大学生。他们从事的职业最多的是快递、房屋中介、各类销售之类，年纪超过30岁就更不会进工厂了。这也是中国经济的困难之处。"农二代"也是大学毕业，他们的父母亲一般不会让子女去工厂上班，他们觉得那个地方没前途。

制造业工厂需要大量理科生，但是现在企业利润薄，导致大量优秀的理科学生选择从事金融、法律、中介等服务行业，不愿意进工厂。人才断层，导致生产行业人员素质越来越低。

普通员工最希望把企业的利润在年底时全部分掉，房价这么高，分钱最实惠。他们不喜欢把利润留出来搞研发，搞积累。企业垮了，反正明年换一家就是了。大大小小的老板们何尝不是这种心态？辛辛苦苦挣点钱容易吗？

还不如拿着钱去搞金融和房地产得了。

对于进城务工的异乡人来说，更重要的问题来自他们无法在低端制造行业得到任何人身保障，也很难被所在城市接受。工人们能够拿到手的薪水是他们能够从工厂得到的全部东西，如果能够准时发放、没有任何拖欠还要感谢遇到了好老板。用工单位的福利和保障则是不合时宜的要求。

所谓的"用工荒"，是企业和年轻人的"双输"。目前的劳动力市场是供需不匹配，大量的年轻人没有技能，但因为生活成本高，也得要高工资；成本高昂的企业无力支付，双方僵持。于是一方面企业招不到人，一方面农民工找不到工作。

（综合《南方周末》等整理）

四、对市场在资源配置中起决定性作用的理解

　　党的十八届三中全会明确指出：要让市场在资源配置中起决定性作用和更好地发挥政府的调控作用。这样的措辞与十八届三中全会前，"要让市场在资源配置中发挥基础性作用"的含义有什么区别呢？我们认为至少有三个方面：①**有主次之分**，即市场调节是主要的，政府的调控是次要的。②**有配合之意**，市场调节与政府调控需要配合，必须配合。③**有更高的要求**，这一高要求便是政府调控要"更好"，市场调节要"更活"。强调市场在资源配置中发挥决定性作用，不要忘了发挥这种"决定性作用"的基础，这一基础就是"建立统一市场，竞争有序的市场体系"。谁来建立和维护这样的市场体系，当然主要是政府，所以，更好地发挥政府的作用，还应当包含这一层的意思。

　　让市场在资源配置中发挥决定性作用靠什么？概括地说，要靠：竞争、供求、价格。竞争是市场的"催化剂"；供求是市场的"杠杆"；价格是市场的"指挥棒"。它们的关系是：竞争决定供求，供求影响价格，价格又作用于竞争。这三者既能呈良性循环，又可能呈恶性循环。

五、对企业家精神的认知

2017 年 9 月 25 日，中共中央、国务院印发《关于营造企业家健康成长环境弘扬优秀企业家精神更好发挥企业家作用的意见》，明确提出要保护企业家精神，支持企业家专心创新创业。对这一新的提法应怎么理解，怎么让企业家在资源配置中发挥作用，是本文探讨的主题。

"企业家精神" 的内涵和外延

企业是工商界的细胞。我国既有国有独资和控股的公有制企业，又有多种经济成分组成的民营企业，既有大企业又有为数众多的中小企业。每个企业都有 "老板"，都有 "高管层"，是否凡是 "老板" "高管层" 都是企业家呢？答案应当是不正确的。**应当说企业家是 "老板、高管"，但不能说 "老板、高管" 都是企业家。应当说从老板、高管到企业家有一个历练过程，有一个从量变到质变的过程。**

"老板、高管层"，经历量变到质变的过程，或成为企业家，逐步形成企业家精神。企业家精神是企业家意识形态和施展才能（组织建设企业的才能）总的概括。它是抽象的又是具体的，它是内向的又是外向的。企业家精神不仅反映在企业产品的市场占有率中，更展现在企业的形象和它所代表的一切上。能够说，**企业家精神是企业文化的集中表现。**有人概括：①学习是企业家精神的追求；②敬业是企业家精神的动力；③执着是企业家精神的本色；④诚信是企业家精神的基石；⑤创新是企业家精神的灵魂；⑥冒险是企业家精神的天性；⑦合作是企业家精神的精华。这些都是对企业家精神的充分肯定和对企业家的点赞和褒奖！这七组点赞和褒奖词的逻辑，应当是 "学习、敬业、执着、诚信、创新、冒险、合作" 前四者是企业家从业的基础和素质，后三者是企业家从业的选择和进取。

民营企业家"出生"

值得注意的是：我国民营企业家的"出生"，大体说来有四种情况：有勤劳致富起来的，有敢冒风险发起来的，有"两头在外"起家的，有权钱交易起家的。相应地：有逐步积累的民营资本，有负债起家的民营资本，有资产转移的民营资本，有权势掌握的民营资本。不同的民营企业家，有不同的价值观；不同的思维方式；不同的从业选择；不同的做人态度。**他们共同的特征是：先知先觉，锐意进取，但又面临着普遍的弱点和挑战，"先天不足，形势严峻"。**所以，在他们一部分人当中，有"急功近利，短期行为"就不奇怪了。

六、收入多少算是中国穷人

香港凤凰台报道：中等收入世界银行定的标准是每天 10~20 美元，说中国人有 3 亿超过美国，相当于每月收入 7 700~15 000 元。

中产阶级瑞士银行定的标准每月收入 26 000~26 万元，说中国 1.1 亿人超过美国，穷人年收入 23 000 元。最富的人每月 37 000 元，这类人有 9 100 万人。

买不起房，开不起车，甚至租房也只能在隔断间"蚁居"。在自嘲文化的席卷下，越来越多的人都自称"穷屌丝"。然而，"穷屌丝"够得上贫穷标准吗？

改革开放以来，我国政府好多次上调国家扶贫标准，2009 年，中国国家扶贫标准从 2008 年的年收入 1 067 元上调至 1 196 元，2010 年随 CPI 上涨而再上调至 1 274 元，2011 年，中央决定将农民人均年收入 2 300 元作为新的国家扶贫标准，这个上调幅度历史罕见，比 2009 年提高了 92%。

因此，全国贫困人口数量和覆盖面也由 2010 年的 2 688 万人扩大至 1.28 亿人，占农村总人口的 13.4%，占全国总人口（除港澳台地区外）的近 1/10。一条贫困线标准让全国贫困人口飞涨到了 1.28 亿，这是我们在经济高速发展时不得不面对的现实，但这个数字意味着更多的人需要得到帮助。

虽然贫困线标准大幅度提高，但算下来贫困线下的每人每天的收入也只有 6.3 元左右。这足够让生活在较富裕地区的人们感到震惊，因为在城市的写字楼旁，这点钱只够买一个煎饼果子。

2016 年，我国还有 20 多万人用不上电，数千万农村家庭喝不上"干净水"，全国还有 7.7 万个建档立卡的贫困村不通客运班车，83.5 万个自然村中，不通沥青（水泥）路的自然村有 33 万个，占比 39.6%。贫困人口中因疾病导致贫困的比重超过 40%，需要搬迁的贫困人口近 1 000 万[1]。

那么，与国际扶贫标准相比，我国农民人均年收入 2 300 元（折合每日收入约为 1 美元）的标准是高还是低？

2008 年，世界银行将贫困线国际标准划为每人每天消费 1.25 美元。《经济学人》曾撰文分析，按照购买力来看，中国贫困线看起来低于国际标准，实则是高出的。

---

① 参见：搜狐财经，2017-09-20.

七、我国房地产价格在相当长的时期为什么降不下来

第一，钱多而且来得容易，到 2010 年 1 月底，银行供给的 M0 为：40 758.58 亿元，M1 为 229 588.8 亿元，M2 为 625 609.29 亿元。钱来得容易，成本低。想一想这些千万亿万富翁是怎么富起来的？有人说创业板上市，一天就创造十几个千万富翁。山西蒲县（偏远县）一个煤炭局局长（郝某）一个人及其亲属就在北京买了 35 套房子，均位于二环附近的黄金地段，合同价 1.7 亿元。当然，这个郝某被撤职查办了，据说被罚了 3.2 亿元。3.2 亿元相当于蒲县一般预算收入 4.6 亿元的 70%，于是有人说"煤官跌倒，蒲县吃饱"。这需要思考两个问题：

一个问题是钱多了，钱转化为货币资金，怎么为货币资金的增值、保值创造条件？在我国在现阶段，金融机构提供哪些产品让人们选择？有人提出"让炒房资金回归实业"，但搞实业，利润低、难赚钱，不现实。

另一个问题是钱怎么来的？钱的持有者得到钱有没有成本约束？应当说，要获得钱，必须付出成本。钱来得容易了，成本低，花得就痛快，不惜代价。

第二，房地产市场存在垄断，没有竞争，更谈不上充分竞争。没有竞争，何谈效率！

想一想是哪些人在炒房地产？有钱人、有权人，这些人在房地产市场上为所欲为。

第三，土地是稀缺资源。人们预期价格降不到哪里去，降了会回升。多少年来，人们悟出了一个道理，买块地放在那里，稳着赚钱。因此，涉及房地产市场的利益各方，不希望房地产价格垮掉。

地方政府靠房地产业增加 GDP 和增加收入；银行靠房地产展业和收回本息；开发商靠房地产市场涨价赚钱；投资者靠房地产市场涨价赚钱。

我国的财富差距远大于收入差距。

根据国家统计局的相关数据，截至 2007 年年底，当年我国有 41.5 万富人

的个人资产超过 100 万美元，占总人口的 0.03%。富人财富相当于全国 GDP 的 60.1%。不仅如此，中国财富向富人的集中度正以 12.3% 的速度增长，是全球平均增速的 2 倍。2009 年，中国百万美元资产家庭的数量达到 67 万户，位列全球第三，仅次于美国和日本。然而财富迅速增长的背后难以掩盖财富分配严重失衡的现实。报告称，中国的富人家庭只占所有中国家庭户数的 0.2% 左右。这一比例远低于其他国家和地区，美国这一比例为 4.1%，瑞士是 8.4%，中国财富分化的程度异常严重。财富分配的失衡会比一般收入分配差距带来的危害更大，因为它不仅进一步扩大了不同收入阶层在财富创造和财富积累上的差距，即所谓的"马太效应"，而且这种财富积累会一棒接一棒地传递下去，将通过代际的财富转移，进一步恶化代际的分配不公。这种状况还表明：简单地以不同时期基尼系数的差距表明贫富差距，也不完全准确了。因为基尼系数只表明国民收入差距，而不表明财富拥有差距。

　　中国的财富分化现象越来越严重，其根本的原因还不在于表面上的"分配不公"，而是因为"权力致富""资本致富"或者"权利与资本勾结致富"的速度远远快于"劳动致富""创造致富"的速度，而且后者的机会正在变得越来越少。所以，这远远不是提高个税起征点所能调整的，更重要的是要实行政治体制改革，让权利和资本都受到约束而"各安本分"，否则，中国的贫富差距将越拉越大。而眼下正在发生的与此有关的另一个现象是，那些"先富起来"的少数人纷纷移民或正在准备移民，"富二代""官二代"群体成为移民浪潮中的主力军。一浪高一浪的移民大潮的形成自然有着诸多成因，但政治体制改革严重滞后无疑是最重要的原因。而对于中国经济来说，最直接的影响就是大量的财富也随之而流向国外，成了别人的"嫁衣"，最终有掏空国内经济的危险。对此现象，管理者应高度重视。

八、对各国公众理财方式的评析

"你不理财，财不理你。"这话没错，但面对国内数量和种类都远没有西方丰富的理财投资产品，中国民众的热情和单打独斗的方式，多少显得有些盲目。在对欧美几个国家的民众调查后发现，对老百姓理财来说，保守和理性不可或缺。

英国人把炒股当正事

多数英国人在一生中都有过不同类型的商业投资理财经历。有报道称，70%以上的家庭都有这方面的经历，其投资额占家庭收入的重要组成部分。其中用于炒股的占家庭收入的四成。当股市低迷时，便改买房产。不仅在国内买房地产，而且在国外投资房地产，如在法国的南部农郊、西班牙的巴塞罗那海边小镇等投资购房。

英国人把股票投资作为一项长期且严肃的事业，专业的股票经纪公司、专业的财经媒体因此应运而生。此外还有专业的投资顾问，投资者对投资顾问的信任度很高。

德国人投资首选储蓄

德国人喜欢分散投资，把每月的收入分成储蓄、买养老保险、投资股票和基金。德国储蓄银行协会 2009 年 10 月公布的"2009 年财产晴雨表"的调查结果显示，德国人 2008 年将收入的 11.2% 用于储蓄，储蓄额为 1 785 亿欧元。2008 年储蓄首次超过养老金。只有 1/5 的德国人投资股票。投资储蓄主要是为了安全（75% 的人持有这种观点），高回报率在储户心目中的重要性只排第 11 位。

德国人的投资大多靠银行，银行有"私人理财顾问"，银行提供私人理财顾问是免费的。他们按照客户的收入情况和投资风险指数给客户制定"理财方案"。

德国人对消费也很谨慎，即不乐于负债消费，最明显的例子是用现金卡代替信用卡，目前使用信用卡的人不到10%。

加拿大人理财偏保守

加拿大人理财思路偏保守，他们很少将大量资金投入衍生金融工具交易，但投资股市和汇市的大有人在。

加拿大人炒股几乎都委托专门的股票经纪人操作，账户也由经纪人代开。少数股民自己开户，其操作大都在经纪人指导下进行。因为美、加股市拥有成千上万个上市公司，无数的股票品种和交易方式。再说，北美的股市没有涨、跌停板，入市、退市也是家常便饭，投资者凭一己之力别说选股，浏览一遍也会头晕眼花，而有经验的股票经纪人则可凭自己的知识工具从众多的股票中选出推荐股，并提出操作指导。因为经纪人太重要了，故口碑好的经纪人表示"100万元以下的谢绝开户"。

此外，绝大多数加拿大人投资债券或基金，求助于银行或专业的理财顾问公司。加拿大主要的商业银行都有自己的基金组合，有偏股型、稳健型、平衡型等多种结构，既有美元的，也有加元的，如果是在银行的投资顾问处直接开设基金账户，则这种理财账户和银行账户是相通的，用户可以直接在二者间进行转账、购买基金，也可以委托理财顾问代办。专业理财顾问公司则主要代理各银行和其他机构发行的债券，优点是选择余地广（银行只能买本行的基金），缺点是风险增大。

加拿大人的一个重要理财途径，是半福利性、半投资性的专项基金，如退休养老基金（RRSP）和儿童教育基金（RESP）等，这些专项基金需要满足一定的条件方能购买，如RRSP通常需要全职工作领薪满一年方有购买资格，并根据工作年限，工资水平的差异，每年给出一个限购的上限；而RESP则是从婴儿出生到成年，每年均能购买一定限额内的金额。据悉，卑诗省的RESP只要开户，政府每年就会向该账户存进100加元的学费津贴。值得一提的是，专项基金的盈利比率、甚至盈利与否，都不是固定的，投资者同样可以选择银行、大型理财经纪公司或个体执业的经纪人，去购买专项基金，甚至分在几处购买，只是总额不得超过限额。一般而言，银行或大型理财顾问公司提供的金融方案，都是将顾客购买基金的钱用于较稳妥的投资，如购买稳健型基金，投资者也可选择银行推出的最稳健方案——100%定存。但通常投资者会选择半定存、半基金的混合方案，也有少数人会选择纯基金，甚至纯股票的冒险投资方案。因为证券市场的波动很大，他们有可能获得更大的回报，也可能盈利极少甚至还会亏损。

和美国不同的是，加拿大大多数地方的房地产市场并不火爆，这不仅因为加拿大地广人稀，土地、房屋资源不缺乏，更因为加拿大金融业作风谨慎，始终未开展美国十分风行的"次贷"按揭业务。在金融危机爆发后，房贷尺度收得更紧，零首付已绝迹，这在很大程度上抑制了炒房。近年来，加拿大不少大中城市房价升幅同样可观，但主要动力来自移民和急需购房的年轻人的购买需求。

总体上看，加拿大人的投资风格偏向保守。由于是福利国家，贫富差距相对较小，税收相对较重，许多加拿大人更注重家庭生活质量。理财的主要目的是改善生活品质，以及为养老、子女未来教育提供保障，这在很大程度上左右了加拿大人的投资风格。

在中国，对于理财，老百姓的专业知识不够，投资行为不够理性，理财能力不足，急功近利，偏好短期行为。喜欢一哄而上，带有投机性和赌博性。有时还恶性竞争。

从供给方来说，为老百姓提供的产品不多，信息欠透明，甚至欺骗投资者。

从管理者角度来说，多头管理，没形成统一的管理框架，证监会下属证券公司，银监会下属银行，保监会下属保险公司，大都一竿子捅到底。监督与管理的目标需明确，手段要科学。

理财是以钱生钱，学会花钱也是理财。

钱学森：什么叫创新？你必须想别人没有想到的东西，说别人没有说过的话。

九、国内专业人士对互联网的看法

第一种意见：别神化互联网。

互联网是工具，是中介，是高速公路，虽然能给我们带来新闻、娱乐、效率，但它本身不创造财富。它的效益体现在两方面：一是类似广告；二是被别的产业利用，为别的产业降低成本，带来效益，如电子商务。因此，不应称其为网络经济，只能称其为网络文明。

第二种意见：网络经济不等于高科技。

需要发展高科技但发展高科技要靠人，当务之急是要全力以赴，培育人力资本，为发挥人力资本的创造性建立必要的组织制度和其他社会文化条件，而不是去"炒网络股"。炒网络股带来的是"泡沫"。美国新经济持续 9 年增长，但不可否认其中有泡沫。

第三种意见：别给网络泼冷水。

新经济是一场无法回避的革命，要致力于这场革命将会遇到各种障碍，其中包括思想障碍。新经济以高新技术为基础，但它的核心不在于高新技术本身，而在于高新技术的应用和服务。我们需要市场经济，但需要的不是"钢铁巨人+信息侏儒"式的市场经济，而是需要"现代"市场经济，"现代"的内涵就是网络生产力。

怎样看待这一问题？

笔者认为首先要弄清以下几个基本点：①互联网是否仅仅是个工具；②什么是财富，收益是否等于财富；③互联网在当代是一种生产力，还是一种生产关系，或者是二者的结合。

关于互联网是否仅仅是个工具的问题，需要讨论它的作用。关于它的作用可概括为：①广泛地、充分地提供各种信息，为政府、企业和个人提供服务；②建立信息库和各种应用系统（包括营销系统、管理系统、决策系统等）供客户选择（租赁或买断）；③为客户提供"个性服务"，"你需要什么，我就生产什么"；④将各种信息融合配合，使经济稳定，协调发展，消除经济波动和经济危机；⑤促进经济结构调整，体现在：推动着其他产业、行业改变生产方式，以及动作方式、人们的生活方式，使企业可以直接面对大面积的客户，使小企业与大企业在市场竞争中"站在同一条起跑线上"；⑥促进人们思想更进一步解放，拥有更多的创造力。

基于以上认识，把互联网仅仅看作一种工具是不妥当的或不全面的。如果仅仅看作一种工具，则它始终处于被人利用的位置，是被动的。但互联网的主体是电脑，电脑不只是具有代替人的手和足的作用（如缩短时间、空间），而且具有代替人的大脑作用，它不是完全被动的，而具有主动性。再说互联网它能起到改变生产方式、营销方式、生活方式的作用，这也不是能用"工具论"解释的。认为网络仅仅是一种文化未必妥当，其实经济方式也是一种"文化"。

对于什么是财富，收益是否等于财富的问题。

财富是对对象物的价值判断，构成对象物的是人力资源、物力资源和自然资源。但在以信用关系为基础的市场经济条件下，形成财富的对象物派生出一种"权利经济"，这种"权利经济"集中表现为呈现出各种金融资产，金融资产不仅有现期的价值，而且有预期的价值。在这种状况下，财富的判断，必须纳入市场对金融资产的预期。如果从事网络经济的主体也派生出"权利经济"，则不仅仅网络自身创造财富而且还能派生创造财富。

网络经济创造财富，表现在自身带来的收益，推动相关行业带来的收益和服务于政府、企业、个人带来的收益。①自身带来的收益比较明显，比如电脑硬件、软件的创造，本身就是商品，是 IT 业的产品，IT 业的产出有一个很大的特点，即产品使用价值的周期短，推动着消费者频繁地更新换代，这样的消费状况促进 IT 行业开发研究生产的周期缩短，规模扩大，产出增加。②带动相关行业带来的收益，有显形的，如电力及通信设备，也有隐形的，如相应的硬套设施、配套制度和配套组织。这些行业辅助着网络经济为客户服务，推动投入产出，也能带来收益。③服务于政府、企业和个人带来的收益，主要体现在缩短时间、空间、提高效率，减少付出，降低成本，扩大回报，增加收益方面。在这方面的产出，有的能用货币量计算，有的不能用货币量计算，如信息库的建立、拓展了人的创造思维，就不是能用货币能计算的。总之互联网是要创造财富的，财富的创造不仅是互联网的供给者，配套者，而且还包括需求者。需求者越多，覆盖面越大，创造的财富越多。如一部电话机，如果放在那里不使用，则不创造财富，相反，用它打电话的人越多，创造的财富越大。

关于互联网是一种生产力，还是一种生产关系或二者的结合问题，笔者的认知是：它是一种生产力，集中表现在缩短时空距离，提高效率；它又是一种新型的生产关系，因为它改变着经济结构、企业的运作方式和人们的生活方式。如果说工业时代推动着人们进一步分工，则信息时代推动着人们的逐步融合。网络改变着人们的表达方式、交往方式、追求的方式，调整着人们的注意力，所有这些，形成生产力与生产关系的新的组合。

十、对哈耶克商业周期理论的评析

　　哈耶克是瑞典经济学家古典自由主义的一代宗师，他说他一生以捍卫人类自由而努力。他出版了多部著作，如《个人主义与经济秩序》《自由宪章》《通往奴役之路》《致命的自负》等，他在最后一部著作《致命的自负》中说，他的一生基本上致力于一个目标，这个目标分为两部分：一方面批判以苏联和德国纳粹为代表的集体主义和计划经济；另一方面褒奖人类合作、扩展的市场秩序。他对计划经济的批判是：计划经济缺乏真正的货币和市场价格，不能形成价格制度，而价格制度是一种传递信息的机制，缺乏市场的供求信息，就无法有效配置资源。他指出社会主义是不可计算的：一是计划经济下搜集和处理信息的费用，比竞争性市场中价格机制发挥作用的成本要高许多；二是在计划经济条件下，企业家捕捉新的市场机会时，调整价格存在着时滞；三是激励机制不够完美，无法保证在计划经济条件下企业勇于承担风险。

　　哈耶克对市场秩序的褒奖是：①人具有尊严，必须保障人的权利和自由不因任何集体主义、国家主义而受到侵犯；②人有的理性是有限的，但人与人之间的行为相互影响、相互调适、能使人的潜力充分发挥；③个人主义是值得肯定的，个人主义不能解释为完全为自己，而应解释为充分发挥人的智慧。他说"个人主义的传统创造了西方文明，而西方文明则将人当作人那样尊重"。为此，他主张不能让政府对个人市场行为进行干预，他肯定"市场经济"制度是经历了漫长岁月逐渐生成的制度，不能动摇。他指出：政府权力与个人权利保障相互之间的博弈，要靠"法治"。何为"法治"？他指出："凡是与防止强制无关的事情，不得借任何理由使用强制权，此即为法治（rule of law）。"也就说，"法治"具有一般性，"在法治面前人人平等"；"法治"具有透明性，事前人人知晓，人人遵守。"法治"对政府也具有限制权，应当是有限政府，不是无限政府。要限制政府获得它不该获得的权力。

哈耶克的商业周期理论，有如下的表述：在一个不受政府干预的市场经济中，人们的消费时间偏好（是当下消费，还是未来消费）会自发的影响利率的变动。这种利率变动会引起迂回生产阶段的自然调整。如果人们消费的时间偏好下降，即人们更倾向于未来消费，储蓄会增长，利率会下降，这样会刺激企业家增加投资，社会资本会投向"资本化程度更高的领域，使整个社会的生产结构链条拉长因此更加迂回，生产迂回程度会自然拉长"。

哈耶克强调：要把一个社会人们消费时间偏好的变化、引起的利率变化与由政府主导信用扩展所引起的利率变化区别开来。后者使货币供给扩大，利率水平下降。由于实际利息率被人为地压低到自然利率之下，于是投资增加→资源错配→整个社会资本化的程度更高产生虚假繁荣。

笔者的认知是：会不会只是可能性，没有现实性。从可能性到现实性有个过程，还需要条件。储蓄>投资→利率会下降吗？利率下降企业家就会扩大投资吗？企业家扩大投资，会错配资源吗？错配资源——生产链条会拉长吗？生产链条拉长就会延长最终消费时间吗？这里的可能性分析都假定了一个条件：完全决定于供求。而供求完全受利率驱动，没有考虑科学技术的发展、生产要素的变化、消费倾向的变化。

十一、经济全球化带来的影响

对就业带来的影响

经济全球化使美国产业结构有明显的改变。制造业的比重下降，商超、零售、物流业比重上升。在美国 Fortune 500 中，商超、零售、物流的比重大约占 10%。美国劳工部 2015 年 12 月 8 日的一份研究报告中指出，如果产业结构的这种状况不改变，未来 10 年美国增速快的 10 大职业中，将有 7 个不需要大学文凭。

自 1995 年以来，美国大企业中金融企业的数量急剧上升。这与美国制造业的下滑、金融业的无序发展密切相关。有一个新的概念，实体经济金融化，即不少从事实体经济的行业，追求短期利益，进行多元化投资，如搞房地产。

金融业的发展、金融业的收入高扭曲了整个人力资源的价格，大量的有才之士集中到虚拟经济领域。有一个说法，2008 年金融危机爆发前哈佛大学、普林斯顿大学的毕业生有一半以上都集中到华尔街工作了。

对社会保障带来的影响

需要考察中美经贸关系：是中国需要密切依赖美国市场，还是美国需要密切依赖中国市场？

二战以后存在先发国家相互之间争夺原材料市场的问题，也存在先发国家内部贫富差距的问题。还存在不同国家之间发展不均衡的问题。为避免无序竞争，为建立社会安全网络，所以才在全球范围内或地区范围内构建贸易体和社会安全网络，欧共体 GATT 就是共识的产物。

两次大战带来的冲击，使各国有识之士认识到：无论采取何种政治制度，无论是一国的中上层对下层的压制还是一国对另一国的压制，只要超过一定的限度都会激起民愤，贫富悬殊都会带来集体灾难。所以各国都在注意建立和完善自己的社会保障体系。

这个方面，关系着三大问题：税收、医疗、教育。

（1）税收问题。欧洲以消费税为主，美国以所得税为主。以消费税为主，使得政府税收较高，使得欧洲的福利制度有坚实的税源为基础。而以所得税为主的美国，实行代扣所得税的政策，使得政府税收弹性较大，美国的福利制度就缺乏坚实的税源基础。这样，美国福利制度转而通过金融信贷支持而实现。

（2）医疗问题。美国是医疗成本最高的发达国家之一，是唯一没有实现人人医保的大国。在美国必须参加医保，医保费率很高。奥巴马制定《平价医疗法案》，特朗普反对，反对的理由是有更多的医疗保险费支出。

（3）教育问题。美国1944年颁布了一个《退伍军人权利法》，其中由联邦政府为1 610万二战参战者提供高额大学学费。在美国，20世纪中叶，高校是接近免费的，1965年四年制公立大学平均学费只有243美元。这一法案事实上为退伍军人提供了福利。

所谓 "信贷福利主义"

有人研究1980年以前，美国工业化大生产处于全球的领先地位。但1980年以后，里根总统上台进行自由化改革，使中下层的福利需求走向信贷化，称为"信贷福利主义"。所谓"信贷福利主义"就是通过银行信贷，增加中小层的收入，扩大消费。这样的主义，其理论认识背景是美国官方认为：外贸国的对美顺差本应带来外贸国的本币升值→提升外贸国出口产品的价格→出口产品价格提升→降低出口水平，实现美国与外贸国的贸易平衡。但事实上，没有实现平衡，原因是出口国向美国出口得到美元以后，又买美国的美元资产（国债）。这样使外贸国有条件降低本币的价格出口（所谓的汇率操纵），从而使对美顺差不断扩大。

一个国家经济社会的维护和发展，必须建立两大系统：一是社会成员的生活保障体系，二是社会成员的生命和财产的安全保障体系。这两个保障体系的建立，从管理的角度来说，应当是政府的举措。概括地说，在西方资本主义国家，这两大系统有福利国家与非福利国家之分。

美国这样的资本主义国家在治国理政上，奉行的是"大市场""小政府"，崇尚市场竞争，强调个人在市场竞争中发挥决定性的作用。学术界概括为自由主义的市场经济，它有别于欧洲一些国家的社团市场经济。这两种不同的市场经济，其重要的区别点是：前者在收益分配上，是企业家优先，而后者在收益分配上兼顾股东、管理层、社员、上下游关系的利益。

按经济学的原理，生产都是为了消费，消费推动生产的发展，在生产与消费之间，分配交换起中介作用。问题是：怎样架起这个桥梁，构建起从优的框架？在美国这样的社会，在收益分配上企业家优先。这样，年复一年，日积月累，便形成两极分化，有钱的人越来越多，但占人口的极少部分；而收益相对低的人越来越多，占总人口的绝大部分。在这种局面下，怎样建立起人们生活的保障体系，提高人们的生活水平，美国政府建立起一套独特机制。对这套独特的机制，学术界概括为："信贷福利制度"。通俗地说，就是通过银行贷款来增进人们的福利，促进经济社会的发展。这集中表现在吃穿住行的生活消费中。政府实行低利率政策，鼓励人们按揭贷款买房，同时组建"房利美"这样的金融机构，推动人们按揭买房。

通过银行信贷增进人们的福利，实际上是增加人们（主要是低收入阶层）的债务负担。而政府认为有债务负担能激励人们勤奋努力工作，偿还债务。在这种思想的指导下，美国家庭普遍负债累累。

索罗斯的见解与德国的特殊

乔治·索罗斯早在 2002 年就指出全球化的缺陷：

（1）全球化有个最突出的特点：金融资本自由流动，但人的流动受到限制。资本自由流动妨碍了各国政府对资本征税，人的流动受到限制，使那些实行福利制度的国家负担较重。一方面需要提供福利保障人们不能离开这个国家；另一方面又让资本自由流出，缩减征税的对象，这是全球化带来的矛盾。

（2）全球化通过竞争，发挥企业家的作用，推动技术创新。但这只对少数人有好处，而对大部分人带来伤害，特别是对欠发达国家的人。这种伤害是指一方面得不到社会安全网的保护，另一方面被全球市场边缘化。

（3）全球化导致私人产品与公共产品的资源分配不均，有的产品并非满足社会需要，而是纯粹赚钱。市场不能确保社会公正，不能满足集体需要，市场需要法治来维护运转，公共品需要政府创立提供。

在欧洲社会经济的发展中，德国有其特殊性：

（1）重视中小企业制造业的发展，为德国本土提供了大量的薪酬优厚的就业岗位。

（2）银行业的三大支柱（储贷银行、合作银行和私人银行）为中小企业提供了资金支持。

（3）实行双元教育制度（所谓"双元"，即一部分由学校培养，一部分由公司内部培养）。在德国，从事制造业的普通技术人员不需要大学培养，而是通过学徒制就业，学徒制培训时间一般是两年半到三年半。2013年统计在25~34岁的德国人中，只有28%接受过大专以上教育。

（4）实行劳资共享的经济制度，即劳资双方共同享有经济发展的成果。这与德国长期以来实行社团市场经济的理念有关。德国企业的收益分配将股东、管理层、社员、上下游产业链社区纳为一个整体，统一考虑。与美国经济体制最大的不同是：美国收益分配股东、管理层优先。

后记

　　2009 年 8 月 14 日,《中国教育报》上刊载了一篇短文《教师给学生留下些什么》。文章提出:"为什么在教育快速发展、日益普及的今天,却出不了上个世纪二三十年代诸如蔡元培、胡适、张伯苓、陶行知、梅贻琦那样的教育家? 为什么我们数以千万计的庞大教师队伍,却再也走不出像鲁迅、陈寅恪、朱自清、钱穆那样的大师呢?"这篇文章评介了鲁迅、陈寅恪、朱自清、钱穆、顾颉刚和沈从文六位大师的人生历程,文章指出,"他们当初走上教书之路,都实属别无选择和无奈之举,或因家庭变故,经济无着,无法继续求学深造;或是学成归来,却工作难求,理想抱负无法施展,而最终不得不谋求一个教职,用以维系生计。但是一经选择,他们就都义无反顾。尽管在教书这条路上,他们遭遇的是物质匮乏、生活拮据,没有鲜花,没有掌声,没有金钱,没有名利,遇到的常常是缺少支持,不被人理解的心灵孤寂和精神痛苦,但是他们都矢志不渝地在这条路上坚定并且快乐地走下去,把教好书、做好学问作为人生最大的快乐"。

　　学习了这段报道感慨万千。我作为一名高校老师,自然不能与这些大师们相提并论,但总是在想:作为上一代人能够给下一代人留下点什么,作为教师能够给学生留下点什么。大师们当年并没有这样或那样的师德考评细则,但他们恪守的却是教师职业最崇高的道德操守。他们用自身的读书做学问,深深地影响着学生,留给学生的不仅是学识、做学问的经验和方法,更多的是他们的人格魅力。他们用自身的学识、品德默默地引领、教育和帮助学生成长。

2008 年组织上通知我退休。退休后我能做点什么呢？家人劝告我：做点自己喜欢做的事。而我基于教师的职业偏好，仍然把思想、精力放在帮助学生成长上，筹划组织编写了《百年中国金融思想学说史》以弥补金融学科的空缺。在这部著作的绪言中，我们指出：我们编著这部属于中国人自己的金融思想学说史的动因就是：为了彰显中国人在推动人类发展和社会进步中所展现的金融智慧；为了展示业内人士在推动金融事业和金融学科发展方面所做出的贡献；为了能使后人了解和把握前人在金融领域中，想了些什么，说了些什么，做了些什么，也是为了给后人留下一份值得学习、思考、参照的精神财富。

"悠悠岁月见真情，迢迢万里识大千；人生一世勿虚度，留得心声鉴后人。"这是我在《曾康霖文集：基础与前沿》中的又一感慨。退休后我出版了《曾康霖文集：进言与献策》专辑，收录了向中央领导以及其他各级领导写的书信，记录了在中央部委、省市领导主持召开的会上的发言；出版了《曾康霖文集：育英与咀华》专辑，记录了对研究生（主要是博士生）讲课的内容，提出了不少基础理论问题和前沿问题，供学生思考、探讨；出版了《曾康霖文集：调研与认知》专辑，提出了"调研是门大学问"，并记录了多年来去各地调研的报告，努力从感性认知提高到理性认识。出版这一系列专辑，旨在向后人们提出：要爱国，关心国家大事；要不忘初心，砥砺前行；要孜孜以求，经世济民。

将要出版的这部《曾康霖读书笔记》，包含我多年来"学习马恩经典著作读书笔记""学习国外名著读书笔记""学习权威文件笔记"等内容，旨在充实自己，温故知新，启迪思维。原没打算出版，怕误导读者。鼓励出版这部读书笔记的，是母校图书馆副馆长缪明杨教授。他功底深厚，知识渊博，热爱学术，崇尚思想，致力于传承文明。在见到我读经典著作的二十二本读书笔记后，他惊叹好难得，一定要复印整理，好好保存传承。但这二十二本读书笔记已经是过去几十年的读书记录了，每本都不仅纸张发黄而且有些字迹已经模糊，甚至不清楚，为了保存传承这份读书笔记，缪馆长在对笔记本复印的基础上，组织力量精心考究，仔细整理，最后使书稿达到出版的要求。在这里需要特别感谢的是所有为整理出版这部读书笔记做出了无私奉献的校友、同学、同事。他们是：况勋泽、张隽莉、徐培文校友，李林益、范益嘉、钟定萍、杜文静同学，周铭山、赵峰、何毅、吕刚、谢红、严荣、闫霖泽、毛剑飞、聂富强、卿太祥、杨露、谭波、尤娟、张瑶、邓可人、周国靖、曾劲松、欧阳品山、刘小凤、马玲、李春光、李杰、尚元、贝蕾、赵丹、李容、汪涌波同事。没有他们的帮助，这部读书笔记就难以与读者见面。

曾康霖

2021 年春